全世界无产者，联合起来！

列宁全集

第二版增订版

第二十七卷

1915年8月—1916年6月

中共中央 马克思 恩格斯 列宁 斯大林 著作编译局编译

人民出版社

《列宁全集》第二版是根据中国共产党中央委员会的决定，由中共中央马克思恩格斯列宁斯大林著作编译局编译的。

凡　　例

1. 正文和附录中的文献分别按写作或发表时间编排。在个别情况下，为了保持一部著作或一组文献的完整性和有机联系，编排顺序则作变通处理。

2. 每篇文献标题下括号内的写作或发表日期是编者加的。文献本身在开头已注明日期的，标题下不另列日期。

3. 1918 年 2 月 14 日以前俄国通用俄历，这以后改用公历。两种历法所标日期，在 1900 年 2 月以前相差 12 天（如俄历为 1 日，公历为 13 日），从 1900 年 3 月起相差 13 天。编者加的日期，公历和俄历并用时，俄历在前，公历在后。

4. 目录中凡标有星花 * 的标题，都是编者加的。

5. 在引文中尖括号〈　〉内的文字和标点符号是列宁加的。

6. 未说明是编者加的脚注为列宁的原注。

7.《人名索引》、《文献索引》条目按汉语拼音字母顺序排列。在《人名索引》条头括号内用黑体字排的是真姓名；在《文献索引》中，带方括号[　]的作者名、篇名、日期、地点等等，是编者加的。

目　录

1916 年

附　录

插　图

前　　言

本卷收载列宁在1915年8月至1916年6月期间的著作。

世界大战进到第二个年头。列宁曾多次阐明，这是一场帝国主义战争。它既由帝国主义的矛盾所引起，又加深了帝国主义的矛盾。因此，要正确观察这场大战中的各种问题，就必须深入分析帝国主义的经济和政治特征，揭示帝国主义的本质。早在大战以前，列宁就已注意资本主义发展到帝国主义阶段后出现的许多新现象，而战争爆发后，他更是把研究帝国主义作为自己的革命工作和理论工作的首要课题。载入本卷的绝大部分文献都是有关这场帝国主义战争的，阐述关于帝国主义的理论的文献在本卷中占中心地位。

本卷的头一篇文献《反战传单》是列宁在大战中向工人发出的呼吁书。列宁阐明这场战争是两个强盗大国集团为了瓜分殖民地，为了奴役其他民族，为了在国际市场上得到便宜和特权而进行的；战争使各殖民地、波斯、土耳其、中国的亿万人民遭受新的压迫，使各民族遭受新的奴役，使各国工人阶级戴上新的镣铐。列宁介绍了俄国以及其他国家的社会党人左派进行反战革命活动的情况，号召工人阶级奋起反对这场战争，并指出："只有通过革命推翻各国资产阶级政府，首先是推翻最反动、最野蛮、最残暴的沙皇政府，才能开辟通向社会主义和国际和平的道路。"（见本卷第2页）

本卷收入了《国际社会党第一次代表会议(齐美尔瓦尔德会议)文献》以及与这次会议相关的信件和文章。战争爆发后，列宁为团结各国社会党的左派、反对第二国际机会主义进行了不懈努力。1915 年 9 月 5—8 日(公历)，由意大利和瑞士社会党人倡议，在瑞士的齐美尔瓦尔德召开了国际社会党第一次代表会议，有 11 个欧洲国家的 38 名代表参加，多数代表持中派立场。列宁在会上阐明了这场战争的帝国主义性质，论述了社会党人的职责和斗争策略，揭露了第二国际领袖的机会主义面目，批评了中派立场的危害。经过列宁和革命马克思主义者的努力，形成了齐美尔瓦尔德左派，各国社会民主党的国际主义者开始团结在齐美尔瓦尔德左派的周围。列宁在会后写的《致国际社会党委员会(I.S.K.)》的信和《第一步》、《1915 年 9 月 5—8 日国际社会党代表会议上的革命马克思主义者》两篇文章中对这次会议作了积极评价。列宁认为，齐美尔瓦尔德会议所通过的宣言和决议，承认了战争的帝国主义性质，批评了“保卫祖国”的口号，主张将争取和平的斗争同争取社会主义的斗争联系起来这实际上表明这次会议“在从思想上和实践上同机会主义和社会沙文主义决裂方面迈出了一步”(见本卷第 43 页)。列宁同时指出了宣言的不彻底性和缺陷。列宁充分肯定了革命马克思主义者在这次会议上的作用，指出：“在代表会议上，团结一致的国际主义者，即革命的马克思主义者，同构成会议右翼的、摇摆不定的准考茨基主义者展开了思想斗争。革命马克思主义者的团结，是代表会议的最重要的事实之一，也是代表会议的最大的成就之一。”(见本卷第 48 页)。

本卷中的《一位法裔社会党人诚实的呼声》一文批判了第二国

际领袖人物在帝国主义战争中把马克思主义庸俗化并玷污社会主义的行为。列宁强调指出："没有革命的理论，就不可能有被压迫阶级的即历史上最革命的阶级的世界上最伟大的解放运动。"（见本卷第15页）革命理论是不能臆造出来的，它是从世界各国的革命经验和革命思想的总和中生长出来的；这种理论就是马克思主义；谁如果不尽力研究和运用这种理论，谁如果在我们这个时代不同歪曲这种理论的行为进行无情的斗争，谁就不能做一个社会主义者，做一个革命的社会民主党人。

本卷中的许多文献阐述了帝国主义战争所引起的各国社会党内部的政治分野，如《意大利的帝国主义和社会主义》、《真正的国际主义者：考茨基、阿克雪里罗得、马尔托夫》、《致"社会主义宣传同盟"书记》、《堕落到了极点》、《论法国反对派的任务》等等。列宁认为，工人运动和社会主义运动的分裂已经成为事实，工人阶级对待战争问题上存在两种不可调和的策略和政策，各国社会党内部急剧地、明显地划分为右翼（社会沙文主义派）和左翼（革命国际主义派），革命派脱离机会主义派而分立出来，这表现了进步倾向，有利于形成真正的马克思主义的无产阶级政党，将促进新的国际即第三国际（共产国际）的建立。在短文《是分裂还是腐烂？》中，列宁明确指出，事实上当时已存在两个社会民主党，已有两个国际。

列宁以同一题目写成的两篇《机会主义与第二国际的破产》一起收进了本卷。前一篇用俄文写成，当时未见发表；后一篇在当时用德文发表。列宁写这两篇文章，是为了继续说明第二国际破产的原因、批判社会沙文主义以及卡·考茨基的以隐蔽的沙文主义形式出现的中派主义。在这两篇文章以及其他文章中，列宁捍卫《巴塞尔宣言》的反战革命精神，批判社会沙文主义的"保卫祖国"

口号，宣传“变帝国主义战争为国内战争”的口号。

帝国主义时代的民族殖民地问题是列宁关注的重要问题。1915—1916年在国际社会主义运动中展开了一场关于民族自决权的辩论。在收入本卷的《关于〈帝国主义和民族自决权〉演讲的材料》和《革命的无产阶级和民族自决权》一文中，特别是在《社会主义革命和民族自决权(提纲)》中，列宁全面阐述了布尔什维克党在民族殖民地问题上的理论和策略。列宁指出，帝国主义时代最本质的现象是民族分为压迫民族和被压迫民族。压迫民族的无产阶级应当要求受本民族压迫的殖民地和民族有政治分离的自由，应当承认它们的民族自决权，否则无产阶级国际主义就会始终是一句空话；被压迫民族的社会党人必须特别维护和实行被压迫民族工人与压迫民族工人的统一，否则就不可能成功地捍卫无产阶级的独立政策以及它同其他国家无产阶级的阶级团结。在这个提纲中，列宁对民族自决权作了解释。他说：“民族自决权只是一种政治意义上的独立权，即在政治上从压迫民族自由分离的权利。具体说来，这种政治民主要求，就是有鼓动分离的充分自由，以及由要求分离的民族通过全民投票来决定分离问题。因此，这种政治民主要求并不就等于分离、分裂、建立小国，它只是反对任何民族压迫的斗争的彻底表现。”(见本卷第257页)列宁还指出：“正如人类只有经过被压迫阶级专政的过渡时期才能导致阶级的消灭一样，人类只有经过所有被压迫民族完全解放的过渡时期，即他们有分离自由的过渡时期，才能导致各民族的必然融合。”(见本卷第258页)列宁还区分了在帝国主义时代对民族自决采取不同态度的三类国家。第一类是西欧的先进资本主义国家和美国，这些大民族都在压迫殖民地的和本国的其他民族；这些统治民族的无产阶级的任务是捍卫殖民地和国内被压迫民族的自由分离权，同本国的大国沙文主义作斗争。第二类是欧洲东部的奥地利以及巴尔干国家，特别是俄国；在这里，20 世纪使资产阶级民主民族运动特别发展起来；这些国家的无产阶级如果不坚持民族自决权，无论在完成本国资产阶级民主改革方面或帮助其他国家的社会主义革命方面的任务都是不能完成的。第三类是中国、波斯、土耳其等半殖民地国家和所有殖民地；社会党人应当要求无条件地解放殖民地，最坚决地支持民族解放运动，帮助这些国家的革命人民反对压迫他们的帝国主义列强。

世界帝国主义战争的进行并未能消除俄国的革命危机，相反，沙皇政府在战争中的失败更加剧了俄国的革命危机。列宁在《俄国的战败和革命危机》一文中指出，帝国主义战争把俄国的革命危机，即在资产阶级民主革命基础上发生的革命危机，同西欧日益增长的无产阶级社会主义革命的危机联系起来了，俄国资产阶级民主革命不单是西欧社会主义革命的序幕，而且是它的一个不可分割的组成部分。在本文中，以及在《几个要点(编辑部的话)》等文献中，列宁说明俄国当时所面临的革命仍是 1905—1907 年那样的资产阶级民主革命，但它是在世界大战席卷了主要的资本主义国家、更错综复杂的国际关系业已形成、俄国产生了新的政治分野的情况下发展起来的。列宁说，俄国无产阶级和布尔什维克党的口号仍然是：建立民主共和国，没收地主土地，实行八小时工作制。在《几个要点》中，列宁明确提出：俄国当时革命的社会内容只能是无产阶级和农民的革命民主专政。

《论革命的两条路线》一文批评普列汉诺夫在论述俄国革命的基本理论问题时曲解马克思关于法国革命和 1848 年欧洲革命的

论述，用自由主义、庸俗唯心主义偷换马克思主义。列宁阐明了俄国革命的两条路线，一条是无产阶级的路线；另一条是自由派资产阶级的路线。布尔什维克坚持走第一条路线，领导无产阶级和农民去推翻君主制和地主。而孟什维克则走第二条路线，使无产阶级运动顺应自由派的需要，为了资产阶级同君主制和解而分裂群众斗争。列宁还批评了托洛茨基的独创性理论，即"不断革命论"，指出：托洛茨基的这一独创性理论从布尔什维克方面借用了号召无产阶级进行坚决的革命斗争和夺取政权的口号，而从孟什维克方面借用了否定农民作用的思想。在托洛茨基看来，农民已经分化，他们的革命作用愈来愈小了；俄国面临的是社会主义革命，而不是资产阶级民主革命。他否定农民的作用，也就是不愿意发动农民去完成资产阶级民主革命。列宁指出：俄国"无产阶级现在和将来都要为夺取政权、为建立共和国、为没收土地而英勇忘我地斗争，**也就是说**，为争取农民、为**尽量发挥**农民的革命力量、为吸引'**非**无产阶级的人民群众'参加使**资产阶级**俄国摆脱**军事封建**'帝国主义'（＝沙皇制度）的解放运动而斗争。而无产阶级立即利用这个使资产阶级俄国从沙皇制度下、从地主的土地和政权下获得解放的运动，不是为了帮助富裕农民去反对农业工人，而是为了与欧洲各国的无产者联合起来完成社会主义革命。"（见本卷第98—99页）

本卷中的一些文献反映了列宁为召开齐美尔瓦尔德联盟的第二次会议即国际社会党第二次代表会议（昆塔尔会议）所作的努力。齐美尔瓦尔德联盟的执行机构国际社会党委员会于1916年2月5—8日（公历）在伯尔尼（瑞士）举行扩大委员会会议，决定于同年4月24日（公历）举行国际社会党第二次代表会议。列宁为扩大委员会会议草拟了《关于召开社会党第二次代表会议的决议草案》、《关于1916年4月24日代表会议(代表团的建议)》和《对国际社会党扩大委员会会议通过的〈告所属各政党和团体书〉的修正和补充》。在扩大委员会会议期间,他还在伯尔尼国际群众大会上发表了演说。会议之后,列宁又写了《俄国社会民主工党中央委员会向社会党第二次代表会议提出的提案》。在这些文献中,以及在《国际社会党第二次代表会议(昆塔尔会议)文献》中,列宁全面阐述了社会党人对帝国主义战争的态度以及战争期间国际社会主义运动的方针。

列宁在为尼·布哈林的《世界经济和帝国主义》一书写的序言中对这部著作给予了积极评价。他认为,布哈林的这部著作所探讨的问题即帝国主义问题,具有无可置疑的重要性和迫切性,如果不从经济方面和政治方面彻底弄清帝国主义的实质,那就谈不上具体地历史地评价当时的战争;这部著作的科学意义在于它考察了世界经济中有关帝国主义的基本事实,把帝国主义看成一个整体,看成最高度发达的资本主义的一定的发展阶段。列宁批判了考茨基的"超帝国主义论"。考茨基认为各国的帝国主义的国际联合似乎能够消除战争、政治动荡等等,资本巨头在全世界联合成一个统一的世界托拉斯,用实行国际联合的金融资本代替各个国家的彼此分离的金融资本之间的竞争和斗争,这样的日子已经不很远了。列宁认为考茨基宣扬"超帝国主义论"不过是企图回避欧洲已经到来的帝国主义时代、缓和帝国主义的矛盾。列宁指出:毫无疑问,发展正朝着一个包罗一切企业和一切国家的、唯一的世界托拉斯的方向进行;但这种发展是在经济的以及政治、民族等等的矛盾、冲突和动荡之下进行的,在还没有出现一个统一的世界托拉斯即各个不同国家的金融资本实行的“超帝国主义的”世界联合时，帝国主义就必然会崩溃。

列宁的名著《帝国主义是资本主义的最高阶段(通俗的论述)》(简称《帝国主义论》)是系统阐述关于帝国主义的理论的重要著作。在这部著作中，列宁根据马克思主义基本原理，总结了《资本论》问世半个世纪以来世界资本主义的新变化，指出资本主义已经发展到一个新的阶段——帝国主义阶段。这一著作于 1916 年上半年写成，1917 年年中以《帝国主义是资本主义的最新阶段(通俗的论述)》为书名出版。列宁为本书出版所写的序言(1917 年 4 月 26 日)以及他后来为本书法文版和德文版所写的序言(1920 年 7 月 6 日)一并收入本卷。为写作本书，列宁分析了有关帝国主义的各种经济和政治问题的大量材料，利用了许多国家的、用多种文字出版的数百种书籍、文章、小册子、统计汇编中的资料。他尤其看重英国资产阶级经济学家约·霍布森的《帝国主义》一书(1902 年出版)以及德国社会民主党人鲁·希法亭的《金融资本》一书(1910 年出版)，批判地吸收了他们的研究成果。本书的准备材料编入了本版全集第 54 卷:《关于帝国主义的笔记》。

本书共分十章，其中第一、二、三章《生产集中和垄断》、《银行和银行的新作用》、《金融资本和金融寡头》主要论述金融资本的形成及其在国内的垄断。自由竞争必然引起生产集中，而集中发展到一定阶段，就自然而然地走到垄断，这种从竞争到垄断的转变，是最新资本主义的最重要的现象之一。在垄断组织形成过程中，银行起了很大作用。随着银行业的发展及其集中于几家大银行，银行就由普通的中介人变成势力极大的垄断者，他们支配着所有资本家和小业主的几乎全部的货币资本，以及本国和许多国家的大部分生产资料和原料产地。由于资本主义垄断组织的形成而造成的银行资本和工业资本的融合发展为金融资本。在此基础上确立起来的金融寡头主要通过参与制来实现自己对经济的统治。集中在少数人手里并且享有实际垄断权的金融资本，由于创办企业、发行有价证券、办理公债等等而获得大量的、愈来愈多的利润，巩固了金融寡头的统治，替垄断者向整个社会征收贡赋。垄断组织和国家政权相结合，又形成国家垄断资本主义。在金融资本时代，私人垄断组织和国家垄断组织是交织在一起的。

本书的第四、五、六章《资本输出》、《资本家同盟瓜分世界》、《大国瓜分世界》主要论述金融资本的向外扩张及其在国际上的垄断。自由竞争占完全统治地位的旧资本主义的典型现象是商品输出，垄断占统治地位的最新资本主义的典型现象则是资本输出。在资本主义制度下，各个国家的发展是不平衡的。其所以有输出资本的可能，是因为许多落后的国家已经卷入世界资本主义的流通范围；其所以有输出资本的必要，是因为在少数国家中资本主义"已经过度成熟"，"有利可图的"投资场所已经不够了。随着资本输出的增加，各国垄断资本争夺世界市场、划分势力范围的斗争愈来愈激烈，这就自然地使它们之间达成世界性的协议，形成国际卡特尔。在垄断同盟之间为了从经济上瓜分世界而形成一定关系的同时，各个政治同盟、各个国家之间为了从领土上瓜分世界也形成一定的关系。列宁指出，资本主义发展到帝国主义阶段后，开始了夺取殖民地的大高潮，瓜分世界领土的斗争达到了极其尖锐的程度。殖民政策在资本主义最新阶段以前、甚至在资本主义以前就已经有了，但过去的殖民政策同金融资本的殖民政策是有重大差别的。列宁说，瓜分世界，就是由无阻碍地向未被任何一个资本主义大国占据的地区推行的殖民政策，过渡到垄断地占有已经瓜分完了的世界领土的殖民政策。

本书的后四章即第七、八、九、十章《帝国主义是资本主义的特殊阶段》、《资本主义的寄生性和腐朽》、《对帝国主义的批评》、《帝国主义的历史地位》主要是从整体上说明帝国主义的历史地位。列宁在总结前六章内容的基础上，运用历史和逻辑统一的方法把资本主义的新变化概括为五个特征：生产和资本的高度集中造成了在经济生活中起决定作用的垄断组织；银行资本和工业资本融合为金融资本并在此基础上形成了金融寡头；和商品输出不同的资本输出具有特别重要的意义；瓜分世界的资本家国际垄断同盟已经形成；资本主义列强已把世界上的领土瓜分完毕。在对资本主义新变化的基本特征分析的基础上，列宁给帝国主义下了科学的定义："帝国主义是发展到垄断组织和金融资本的统治已经确立、资本输出具有突出意义、国际托拉斯开始瓜分世界、一些最大的资本主义国家已把世界全部领土瓜分完毕这一阶段的资本主义。"（见本卷第 401 页）列宁说明，资本主义进入帝国主义阶段后表现出特有的寄生性和腐朽。这方面的一个现象是：垄断使一切进步的动因、前进的动因在一定程度上消失了，它在经济上有可能人为地阻碍技术进步。另一个现象是：由于货币资本大量聚集于少数国家，在这些国家里，终日游手好闲的食利者阶层大大地增长起来；而资本输出更加使这个阶层完完全全脱离了生产，给那种靠剥削几个海外国家和殖民地的劳动为生的整个国家打上了寄生的烙印。但是，如果以为这种腐朽趋势排除了资本主义的迅速发展，那就错了。实际上，资本主义的发展在这一阶段比从前要快得多，只是发展更加不平衡。帝国主义发展存在两种趋势：迅速发展的趋势和停滞腐朽的趋势。通过对帝国主义经济特征和历史地位的分析，列宁得出结论说："帝国主义是过渡的资本主义，或者更确切些说，是垂死的资本主义。"（见本卷第437页）列宁还批判考茨基鼓吹的"超帝国主义论"，揭露了考茨基主义对马克思主义的背弃。列宁后来为本书写的两篇序言对正文的内容作了重要的概括和补充。在序言中，列宁以当初写作正文时不可能使用的明确语言宣布："帝国主义是无产阶级社会革命的前夜"（见本卷第330页）。

列宁在帝国主义战争时期还继续研究土地和农业问题，本卷收进了他的著作《关于农业中资本主义发展规律的新材料。第一编。美国的资本主义和农业》。列宁写这一著作是为了论证资本主义在农业中的发展不可逆转这一普遍规律，而美国农业的发展对于说明这一普遍规律具有特别意义。有人说什么"美国大多数农场都是劳动农场"、"没有一个地区的大资本主义农业不在解体并被劳动农业所排挤"，以此来捍卫资本主义社会中农业的非资本主义发展的理论。这里提到的"劳动农场"或"劳动农业"，即以使用家庭劳动为特征的小的农业经济单位，它有别于使用雇佣劳动的资本主义农场或农业。列宁根据对美国统计资料所作的科学分析，指出了上述说法的错误。美国是当时先进资本主义国家之一，但资本主义在它的工业和农业中的发展却不平衡。美国农业中的资本主义的发展在工业发达的北部和原先蓄奴的南部以及尚在垦殖开发中的西部也很不相同。但资本主义却使美国不同地区的不同土地占有制和使用制形式都服从于自己。列宁分析了美国商业性农业发展的趋势。他特别提到，南部奴隶主大地产正在转变为小规模的商业性农业，而不是转变为所谓"劳动"农业即非资本主义的小农业。资本主义在农业中的直接标志是雇佣劳动，美国当时农业中雇佣劳动的增长超过了农业人口和全国人口的增长。列宁着重谈到了美国农业发展中的集约化过程。农业的集约化导致经营规模的扩大，引起生产和资本主义的增长。列宁认为仅仅根据土地面积来划分农业中的大生产和小生产是片面的。按土地面积被视为小生产的农业，按其对土地的投资来说却是大生产的农业，这是所有正在以集约化农业代替粗放农业的国家的典型现象，也是一切资本主义国家农业的根本特点。列宁认为，不能笼统地把大地产称为资本主义经济，不能把资本主义大农业同大地产混为一谈。他指出，在资本主义社会的农业中也是大生产排挤小生产；这种排挤不仅指剥夺，也指经过较长时间的小农的破产、经济状况的恶化。列宁说明，小农为了生存必须进行个体劳动、体力劳动这个标志是资本主义以前一切经济结构都具有的，把小农和雇佣工人这两个不同的阶级混在一起，谈论什么小"劳动"农业，就是掩盖和抹杀美国社会经济制度的资产阶级性质。列宁进一步指出，美国当时农业资本主义所处的阶段接近于工场手工业，而不是机器大工业；在农业中，手工劳动还占着优势，机器的使用很不广泛，但这不说明美国的农业在当时的发展阶段上不能社会化。

在《列宁全集》第2版中，本卷文献比第1版相应时期的文献增加15篇。一组国际社会党第一次代表会议（齐美尔瓦尔德会议）文献和另一组国际社会党第二次代表会议（昆塔尔代表会议）文献都是新编入本卷的。《附录》内所载全为新文献。

弗·伊·列宁

（1914年）

反战传单

（1915年8月）

工人同志们：

欧洲大战已经打了一年多了。根据各方面的情况来看，战争还要延续很久，因为，虽然德国对战争作了最充分的准备，现在也还比其他各国强，但是四协约国（俄、英、法、意）[1]却拥有更多的人力和财力，而且还自由地从世界上最富的国家美国那里获得军用物资。

这场给人类带来空前的灾难和痛苦的战争是为什么而进行的呢？每个交战国的政府和资产阶级都拿出成百万卢布来出版书籍和报纸，以便把罪责推给对方，激起人民对敌国的切齿痛恨，他们极尽撒谎之能事，把自己描绘成遭到非正义进攻的"防御的"一方。其实，这场战争是两个强盗大国集团为了瓜分殖民地，为了奴役其他民族，为了在国际市场上得到便宜和特权而进行的。这是一场最反动的战争，是现代奴隶主为了保存和巩固资本主义奴隶制而进行的战争。英国和法国撒谎说，它们是为了比利时的自由而战。实际上，这两个国家老早就在准备战争，它们现在进行战争是为了掠夺德国，夺取德国的殖民地，它们还同意大利和俄国签订了掠夺和瓜分土耳其和奥地利的条约。俄国沙皇君主政府进行掠夺战争，目的在于占领加利西亚，夺取土耳其的领土，奴役波斯、蒙古等等。德国进行战争则是为了抢夺英国、比利时和法国的殖民地。将来德国胜利也好，俄国胜利也好，或者"不分胜负"也好，不管怎样，战争带给人类的只会是使各殖民地、波斯、土耳其、中国的亿万人民遭受新的压迫，使各民族遭受新的奴役，使各国工人阶级戴上新的镣铐。

工人阶级在这场战争中的任务是什么呢？1912年世界各国社会党人一致通过的巴塞尔国际社会党代表大会决议[2]已经回答了这个问题。他们通过这项决议，正是因为预见到1914年爆发的这样的战争。决议指出：战争是反动的，准备这场战争是为了"资本家的利润"；工人认为"互相残杀是犯罪行为"；战争将导致"无产阶级革命"；1871年巴黎公社和俄国1905年10—12月革命为工人提供了策略的范例。

俄国一切觉悟的工人都站在国家杜马中的俄国社会民主党工人党团一边，它的成员（彼得罗夫斯基、巴达耶夫、穆拉诺夫、萨莫伊洛夫和沙果夫）因为进行反战争反政府的革命宣传而被沙皇政府流放到西伯利亚去了[3]。只有进行这种能激起群众愤慨的革命宣传和革命活动，才能拯救人类，使他们摆脱当前这场战争和未来战争的浩劫。只有通过革命推翻各国资产阶级政府，首先是推翻最反动、最野蛮、最残暴的沙皇政府，才能开辟通向社会主义和国际和平的道路。

那些自觉的或不自觉的资产阶级奴仆硬要人民相信：通过革命推翻沙皇君主政府，只能使反动的德国君主政府和德国资产阶级取得胜利，增强力量，这是在撒谎。虽然德国社会党人的首领也像俄国许多最有名的社会党人一样，已经转到"自己的"资产阶级方面，帮助他们用"防御性"战争的鬼话来欺骗人民，但是在德国工人群众中间，对政府的抗议和愤慨却愈来愈强烈。没有转到资产阶级方面的德国社会党人在报刊上宣布，他们认为俄国社会民主党工人党团的策略是“英勇的”策略。在德国，反战争反政府的宣言在秘密地印发。成十上百名优秀的德国社会党人，包括女工运动的著名代表克拉拉·蔡特金在内，因为从事革命宣传而被德国政府关进监牢。在所有一切交战国中，工人群众的愤慨与日俱增，俄国社会民主党人的革命活动的范例，尤其是俄国革命的每一个成就，必然会把社会主义的伟大事业推向前进，把无产阶级战胜血腥的资产阶级剥削者的伟大事业推向前进。

战争使资本家大发横财，大量黄金从列强的国库流进他们的腰包。战争使人们产生对敌国的盲目仇恨，而资产阶级更竭力把人民的不满引向这一方面，使他们忽略**主要的**敌人，即**自己**国家的政府和统治阶级。但是，使劳动群众饱受苦难和灾祸的战争，也教育和锻炼着工人阶级的优秀分子。每一个觉悟的工人都看到和感到：要死，就要为自己的事业、为工人的事业、为社会主义革命斗争而死，决不能为资本家、地主和君主的利益卖命。不管目前社会民主党的革命工作有多么困难，但是它是能够进行的，它正在世界各地向前进展。只有进行革命工作才是唯一的出路！

打倒把俄国拖进罪恶战争的、压迫各族人民的沙皇君主政府！全世界工人的兄弟团结和国际无产阶级革命万岁！

载于1928年1月21日《真理报》
第18号

译自《列宁全集》俄文第5版
第27卷第1—4页

国际社会党第一次代表会议（齐美尔瓦尔德会议）文献[4]

（1915年8月）

1

讲 话 提 纲

（8月23—26日〔9月5—8日〕）

（1）**帝国主义**与掠夺

（2）转移革命无产阶级的注意力，削弱他们的运动……

（3）揭露资产阶级的诡辩，——一个集团

——另一个集团

（4）社会党人的职责……

（5）	引文	倒数 5.第5页顺数—— 7.第5页顺数[1]

(6)德国社会民主党人不能以反对沙皇政府为借口	
(7)我国的报刊因德国领袖们的行为而指责我们	
(8)引文，第8页末尾，从Même一词起	½页
(9)俄国社会民主党用投票和**秘密传单**=履行了自己的职责	
(10)掩饰第二国际的破产是有害的，“中派”特别有害	
(11)这种破产是机会主义的破产	第11页 1

(12)包括部分社会民主党人在内的俄国的沙文主义

(13)沙皇政府战败——为害较小

(14)秘密组织和鼓动

引文(第15页末尾和第16页)	1

译自《列宁全集》俄文第5版
第27卷第431—432页

2

在讨论宣言和关于战争与社会民主党任务的决议草案时的两次发言

(8月25日〔9月7日〕)

(1)

事情现在已经发展成为我们和累德堡两种意见的斗争,这是不可避免的。[5]但是我必须对累德堡在这里攻击拉狄克时所用的手法提出抗议。不许武断地说,在我们的宣言上签了名的只是那些处境安全的人。在宣言上签名的还有拉脱维亚代表和博尔夏特。有人说,如果你自己不能直接参加革命行动,你就不应当号召群众采取革命行动,这种说法也是陈词滥调。再者,我还反对那种认为不能提斗争手段的主张。这在各个革命时期都有过,必须让群众知道斗争手段,使这些手段能够得到充分的理解和讨论。我们在俄国一直是这样做的;早在革命前的年代里,阐明斗争手段就是普列汉诺夫和我争论的题目。当1847年客观历史形势使德国面临革命时,马克思和恩格斯就曾经从伦敦发出宣言,号召使用暴力。[6]德国的运动面临抉择。如果说我们今天真是处在革命时代的前夜,群众将转向革命斗争,那我们同样也应当提出这场斗争所必需的手段来。按照大卫等人的修正主义观点,这当然是徒劳无益的,因为他们根本不相信我们正处在革命时代的前夜。但我们是相信这一点的,我们应当采取不同的行动。不说明革命策略,就无法进行革命。第二国际总是回避作出说明,这正是它最糟糕的本性,被荷兰论坛派[7]马克思主义者十分公正地称之为德国中派的"消极革命性"的正是这一点。

现在谈迫害问题。如果你们想真正有所行动,那么你们在德国本来就应当不只是进行合法活动。你们应当把合法活动同秘密活动结合起来。旧方法已经不再适合新形势了。你们自己说:我们正在迎接阶级大搏斗的时代。那么你们也要有相应的手段。并不是非发表署名的宣言不可,不署名发表也可以。无论如何,你们不应当像克拉拉·蔡特金那样搞半合法活动。那样做牺牲太大。

现在的问题是:要么进行真正的革命斗争,要么只是空谈,而空谈只会对李卜克内西这封信[8]中所痛斥的逃兵们有帮助。拥护和平,这还不能说明任何问题。大卫也写道:我们不是拥护战争,而只是防止失败。每个人都要和平。我们应当根据新的形势,采取新的、特殊的斗争手段,它们应当根本不同于德国的,也不同于俄国的那些旧的手段。

(2)

塞拉蒂说,决议提得或者说是太早了,或者说是太迟了。[9]这个说法我不同意。这次战争以后,还会发生其他战争,主要是殖民战争。如果无产阶级不在前进道路上清除掉社会帝国主义,那么无产阶级的团结将会彻底遭到破坏,因此我们应当制定一个统一的策略。如果我们只通过宣言,那么王德威尔得、《人道报》[10]等还会去欺骗群众;他们会说他们也反对战争,拥护和平。至今不清楚的问题将仍然模糊不清。

译自《列宁全集》俄文第 5 版
第 54 卷第 374—376 页

3

对齐美尔瓦尔德左派声明的补充[11]

（8月26日〔9月8日〕）

№1. 既未涉及机会主义这一最重要的问题，也未揭露社会民主党中派的特别有害的作用。

№2. 我们之所以投赞成票，也是由于两位法国同志提出了一个重要的理由。是他们指出了法国工人受到非常严重的压制，受到革命空谈的极度腐蚀，指出了必须缓慢而谨慎地过渡到采取果断的策略。但就整个欧洲来说，工人运动的敌人就是机会主义。

载于1930年《列宁文集》俄文版第14卷

译自《列宁全集》俄文第5版第27卷第433页

一位法裔社会党人诚实的呼声

（1915 年 8 月）

在亲法沙文主义势力同法国国内几乎一样猖獗的瑞士法语区，一位诚实的社会党人发出了自己的呼声。在我们这个可耻的时代，这真是一件大事。我们尤其应当仔细倾听这个呼声，因为在这里我们看到的是一位具有典型法兰西人的——说得确切一些，是罗曼语民族的，因为意大利人也是这样——气质和思想倾向的社会党人。

我们说的是洛桑一家不大的社会主义报纸的编辑保尔·**果雷**的小册子。1915 年 3 月 11 日，作者在洛桑作了一次题为《正在死亡的社会主义和必将复兴的社会主义》的讲演，随后他把讲演稿印成了单行本①。

作者是这样开头的："1914 年 8 月 1 日，战争爆发了。在这个从此举世闻名的日子的前后几周内，千百万人期待着。"千百万人期待着社会党的领袖们发表决议和声明来指引他们"举行声势浩大的起义，像旋风那样扫荡罪恶的政府"。但是千百万人的期待落空了。果雷说，我们曾经试图以"战争迅雷不及掩耳"或消息不灵通作为理由"同志般地"替社会党人辩解，可是这些理由是不能令

---

① **保尔·果雷**《正在死亡的社会主义和必将复兴的社会主义》1915 年洛桑版，共 22 页，定价 15 生丁。洛桑，民众文化馆，《格吕特利盟员报》**12**经营部经销。

人满意的。“我们觉得很不自在，我们的良心好像浸在暧昧和虚伪的污水里。”读者从这里可以看出，果雷是一个真诚的人。这种品格在我们这个时代可说是不可多得的。

果雷追述了无产阶级的“革命传统”。他充分认识到“对每一种局势必须采取相宜的行动”，他提醒大家：“对特殊的局势必须采取特殊的措施。重病要用重药。”他提到“一些代表大会的决议直接诉诸群众，并激励他们采取革命和起义的行动”。接着，他引用了斯图加特和巴塞尔决议中的一些有关的地方[13]。作者强调指出，“这两个不同的决议都丝毫没有谈到什么防御性战争和进攻性战争，因而也没有提出任何特殊的民族主义的策略来取代公认的基本原则”。

读到这里，读者就会确信，果雷不仅是一位真诚的社会党人，而且还是一位有信念的诚实的社会党人。这种品格在第二国际的著名活动家身上简直是绝无仅有的！

“……军官们向无产阶级致贺，资产阶级报纸则用热情的语句赞美他们所谓的‘民族灵魂’的复活。而这个复活的代价是使我们300万人丧生。

但是，从未有过一个工人组织拥有这么多交纳会费的会员，从未有过这么多的议员，办得这么出色的报刊。同时也从未有过比这更卑鄙的、应当起而攻之的事情。

在关系到千百万人生死存亡的危急关头，一切革命行动不仅是可以容许的，而且是正当的；不仅是正当的，而且是神圣的。为了把我们这一代从血染欧洲的浩劫中拯救出来，无产阶级义不容辞的责任要求我们去尝试难以实现的事情。

既没有采取任何有力的行动，也没有表示愤慨，更没有采取导致起义的行动……

……我们的敌人大叫社会主义运动已经破产。他们太性急了。可是，谁敢断言他们完全不对呢？现在正在死亡的不是整个社会主义，而是社会主义的一个变种。这是甜蜜的、没有理想精神、没有激情、摆官僚架子、要家长威风的社会主义，是缺乏勇敢精神、不敢大胆行动、热衷于统计、同资本主义亲密无间的社会主义，是只知道改良、为了一碗红豆汤而出卖了自己的长子权[14]的社会主义，是替资产阶级消弭人民的愤慨情绪、扼制无产阶级的勇敢行动的社会主义。

人们指责我们软弱无能。正是上述这种眼看要浸染整个国际的社会主义应当在某种程度上对这种软弱无能负责”。

果雷在这本小册子的其他一些地方直言不讳地说，“改良主义的社会主义”和“机会主义”是对社会主义的歪曲。

果雷在谈论这种歪曲时，在承认**所有**交战国的无产阶级都负有“共同的责任”时，在强调“这种责任落在群众曾经寄予信任并期待他们提出口号的领袖们的头上”时，极其正确地以“组织最完善、形态最完备、理论条条最多的”德国的社会党作为例子，揭示“它人数上的强大和革命性方面的软弱”。

“为革命精神所鼓舞的德国社会民主党本来是能够十分明确、十分顽强地抵制军国主义行动，引导中欧其他国家的无产阶级沿着这条唯一的生路前进的。

……德国社会党在国际中有巨大的影响。它能够比所有其他国家的党更有作为。人们期待它作出最大的努力。但是，如果个人的力量因过严的纪律而发挥不了作用，或者如果‘领袖人物’利用自己的影响只是为了能作最小的努力”（后半句话很正确，而前半句话却很错误，因为纪律是很好的和必要的东西，例如开除机会主义者和反对采取革命行动的分子出党的党纪），“那么人数多也毫无用处”。“在负责的领袖们的影响下，德国无产阶级顺从了军事权奸的意旨……国际的其他支部也被吓倒并采取了同样的做法；在法国，有两个社会党人竟认为必须参加资产阶级政府！在代表大会上曾经郑重宣告，社会党人认为互相残杀是犯罪行为，但是事隔数月，千百万工人加入了军队，并且开始那么坚定、那么热心地从事这种犯罪活动，以至资本主义资产阶级和政府一次又一次地向他们致谢。”

但是，果雷并不局限于痛斥“正在死亡的社会主义”。不，他表明他完全懂得是什么东西造成这种死亡，什么样的社会主义将取代正在死亡的社会主义。“每个国家的工人群众在一定程度上都受到资产阶级中间流行的思想的影响。”“当伯恩施坦在修正主义的名义下表述他的民主的改良主义时”，考茨基“用恰当的事实击溃了”他。“但是，在保住了应有的体面之后，党照旧执行它的‘现实的政策’。于是社会民主党就成了现在这副样子。它组织完善，体魄强壮，但是失去了灵魂。”不仅德国社会民主党如此，国际的所有支部都暴露出同样的倾向。“官吏的日益增多”造成了一定的后果；注意力仅仅集中在是否照章交纳党费上；罢工被看成是“旨在”同资本家“达成条件较好的协议的一种示威”。人们习惯于把工人的利益同资本家的利益连在一起，“把工人的命运从属于资本主义本身的命运”，“盼望‘自己’‘国家的’工业加紧发展而不惜损害外国的工业”。

德意志帝国国会议员罗·施米特（Schmiedt）在一篇文章中写道，通过工会来调节劳动条件，对于资本家也是有利的，因为这“将给经济生活带来秩序和稳定”，“使资本家便于经营和抵制不正当的竞争”。

果雷在引用这些话时慨叹道：“这就是说，工会运动应当以能使资本家的利润更加可靠为荣！社会主义的目的大概就是在资本主义社会范围内争取与资本主义制度本身的存在并行不悖的最大利益吧？如果是这样，那就是抛弃了一切原则。无产阶级所追求的不是巩固资本主义制度，不是获得从事雇佣劳动的起码条件，而是消灭私有制，铲除雇佣劳动制。

……大组织的书记成了重要人物。在政治运动中，议员、著作家、科学家和律师们，总之一切有学问同时又有个人虚荣心的人，他们所能造成的影响，有时简直是危险的。

工会拥有强大的组织和雄厚的财力，这使它们的会员滋长起行会习气。实质上具有改良主义性质的工会运动，其消极面之一，就是它改善雇佣工人中某些阶层的境况，使一个阶层高于另一个。这就破坏了基本团结，使那些生活优裕的分子胆小怕事，有时唯恐‘运动’会危及他们的境况、他们的收入、他们的资产。这样，工会运动本身就人为地把无产阶级分割成不同的等级。”

作者想必预见到某些“批评家”会吹毛求疵，因此他说，这当然不能成为反对强有力的组织的理由，这只不过证明，一个组织必须有“灵魂”，有“热情”。

“明天的社会主义应具有哪些根本特点呢？明天的社会主义将是国际的、不调和的和敢于造反的。”

果雷正确指出，“不调和就是力量”，他提请读者回顾一下“各种学说的历史”。“学说在什么时候有影响呢？是它们顺从政府当局的时候呢，还是它们同当局不调和的时候呢？基督教在什么时候丧失了它的价值呢？难道不是在君士坦丁保证它的收入，不但不再迫害和处死它的教徒，反而让它穿上镶金绣银的宫廷侍仆制服的时候吗？……

一个法国哲学家说过下面这样的话：那种披着华美的外衣而没有棱角、没有大胆精神的思想，是僵死的思想。其所以是僵死的，是因为这种思想到处流传，成了众多的庸人们平常的精神财富的一部分。那种推动和引起争吵、激起一些人的不满和愤怒、激发另一些人的热情的思想，是有活力的思想。”作者认为有必要向当代的社会党人提醒这一真理，因为有些社会党人常常缺乏任何“强烈的信念，他们对什么都不相信，既不相信姗姗来迟的改良，也不相信迟迟不来的革命”。

不调和精神和起义的决心，“决不会导致空想，相反，它会导致行动。社会党人不会轻视任何一种活动方式。他能够根据现实的需要和条件，找到新的活动方式……　他要求立刻实行改良，但他不是依靠同对手争吵来取得改良,而是夺得改良,即迫使被热情勇敢的群众吓倒的资产阶级让步"。

在普列汉诺夫、考茨基及其一伙极端无耻地把马克思主义庸俗化并玷污了社会主义之后,看到果雷这本小册子,真是令人精神为之一爽。他的小册子只有两个缺点需要提一提。

第一,果雷同罗曼语国家[15]大多数社会党人(也包括目前的盖得派[16])一样,对"学说",就是说,对社会主义**理论**不够重视。他对马克思主义抱有一定的偏见。由于目前考茨基、《新时代》杂志[17]和很多德国人都对马克思主义进行最恶劣的丑化,这种偏见是可以理解的,但不能认为是正确的。谁像果雷那样认识到改良主义的社会主义必须**死亡**,革命的、"敢于造反的"(即懂得起义的必要性、宣传起义、能够认真准备并策划起义的)社会主义必须**复兴**,谁**实际上**就比那些把马克思主义"条文"背得滚瓜烂熟的先生们更接近马克思主义千百倍,因为现在这些先生(例如在《新时代》杂志上)采取各种方式替社会沙文主义辩护,甚至主张目前应当同沙文主义中央委员会("执行委员会")"言归于好"而"不咎既往"。

但是,尽管果雷对马克思主义抱有偏见可以理解,"合乎人之常情",尽管有许多过错不能归咎于他而应当归咎于法国马克思主义者的那个正在死亡的和**已经死亡的**派别(盖得派),他仍然是有过错的。没有革命的理论,就不可能有被压迫阶级的即历史上最革命的阶级的世界上最伟大的解放运动。革命理论是不能臆造出来的,它是从世界各国的革命经验和革命思想的总和中**生长**出来的。这种理论在19世纪后半期**形成**。它叫做马克思主义。谁如果不尽力参加研究和运用这种理论,谁如果在我们这个时代不同普列汉诺夫、考茨基及其一伙歪曲这种理论的行为进行无情的斗争，谁就不能做一个社会主义者，做一个革命的社会民主党人。

由于轻视理论，果雷的许多抨击是不正确的，或者说是欠考虑的。比如他反对集中制，甚至根本反对纪律；他还反对“历史唯物主义”，说它缺少“理想主义”，等等。因此，他在关于口号的问题上远未把问题讲透。比如，他要求社会主义成为“敢于造反的”社会主义，这个要求充满极深刻的内容，是唯一正确的思想，撇开它来谈国际主义和革命精神，谈马克思主义，简直是愚蠢的，而且往往是虚伪的。这个思想，即国内战争的思想本当加以发挥，使之成为策略的中心，可是果雷却只限于**说出**它而已。“在目前”这已经是很不错了，不过，从无产阶级革命斗争的需要来看是不够的。例如，果雷对以革命来“回答”战争这一问题的提法是比较狭隘的，——如果可以这样说的话。他没有考虑到，即使人们未能以革命来**回答**战争，但战争本身已经造成了革命形势，而且加深和扩大了这种形势，从而教育了而且正继续教育群众采取革命行动。

果雷的第二个缺点最鲜明不过地表现在他的小册子的以下论述上：

> “我们不斥责任何人。为了复兴国际，必须以兄弟精神鼓励各国支部；但是必须指出，当国际面临资本主义资产阶级在 1914 年的 7 月和 8 月加给它的重大任务时，改良主义的、集中制的〈?〉和等级制的社会主义呈现出一派惨象。”

“我们不斥责任何人”…… 果雷同志，您这样说就错了！您自己也承认，“正在死亡的社会主义”同资产阶级思想相联系（也就是说，资产阶级在培养和扶植它），同社会主义运动中的一定的思想流派（“改良主义”）相联系，同某些阶层（议员、官吏、知识分子、某些生活优裕的工人阶层或工人集团）的利益和特殊地位相联系，等等。从这里**必然**得出一个您所没有得出的结论来。人在肉体上是要自然“死亡”的，但是**思想政治**流派**不会这样**死亡。正像资产阶级在未被推翻以前不会死亡一样，受资产阶级培养和扶植的、代表着同资产阶级结盟的一小部分知识分子和工人阶级贵族的利益的那个流派，在没有被“杀死”即被推翻以前，在它对社会主义的无产阶级的**一切**影响没有被清除以前，也是不会死亡的。这个流派所以有力量，正是由于它同资产阶级相联系，它在 1871—1914 年“和平”时代的客观条件下变成了工人运动中一个发号施令的寄生的**阶层**。

因此不仅必须“斥责”，而且还要大声疾呼，无情地揭露、打倒、“撤换”这个寄生阶层，粉碎**它**同工人运动的“统一”，因为这种“统一”事实上意味着无产阶级同本国资产阶级的统一，意味着国际无产阶级的**分裂**，意味着奴仆的统一和革命者的分裂。

果雷说得很对，“不调和就是力量”，他要求“必将复兴的社会主义”是不调和的社会主义。但是，无产阶级是**直接**同资产阶级调和，还是通过工人运动**内部**的资产阶级的拥护者、维护者和代理人即机会主义者**间接**同资产阶级调和，这对资产阶级来说不是一样吗？后一种方式对资产阶级甚至**更有利**，因为它保证资产阶级能够对工人发生更经久稳固的影响！

果雷说，现在有正在死亡的社会主义和必将复兴的社会主义，这是非常正确的，但是这种死亡和这种复兴就是要同机会主义流派进行无情的斗争，不仅要进行思想斗争，而且还要把这个丑陋的瘤子从工人政党的身上割掉，把某些代表这种同无产阶级格格不入的策略的人物从组织中清除出去，同他们彻底决裂。他们不论在肉体上或在政治上都不会死亡，但是工人们一定会同他们决裂，把他们抛到资产阶级奴才的阴沟里去，并用他们腐化的例子来教育新的一代，说得确切一些，就是教育那些能够发动起义的新的无产阶级大军。

载于1915年《共产党人》杂志
第1—2期合刊

译自《列宁全集》俄文第5版
第27卷第5—13页

意大利的帝国主义和社会主义

（短　评）

（1915 年 8 月）

看一下欧洲各个不同国家的情况，以便学会把总的情景中的民族变异和民族特点同根本的和本质的东西区别开来，这对于说明目前的帝国主义战争向社会主义运动提出的问题，是不无好处的。人们常说，旁观者清。所以，意大利和俄国相同的地方愈少，在某些方面把两国的帝国主义和社会主义加以比较也就愈有意思。

本文只打算谈谈战争爆发以后出版的资产阶级教授罗伯托·米歇尔斯的《意大利的帝国主义》和社会党人 T. 巴尔博尼的《国际主义还是阶级民族主义？（意大利无产阶级与欧洲大战）》[1]这两本书所提供的有关这一问题的材料。饶舌的米歇尔斯仍然像在他的其他著作中那样肤浅，对帝国主义的经济方面一掠而过，但是，他的这本书收集了有关意大利帝国主义的产生以及民族解放战争时代向反动的帝国主义掠夺战争时代转变的宝贵材料，这种转变构成目前时代的本质，并且在意大利表现得特别明显。我们亲眼

① **罗伯托·米歇尔斯**《意大利的帝国主义》1914 年米兰版。——**T. 巴尔博尼**《国际主义还是阶级民族主义？（意大利无产阶级与欧洲大战）》1915 年坎皮奥内·迪·因泰尔维（科莫省）版。

看到，革命民主主义的即革命资产阶级的意大利，推翻了奥地利压迫的意大利，加里波第时代的意大利，已经彻头彻尾地变成压迫其他民族、掠夺土耳其和奥地利的意大利，变成粗野的、反动透顶的、卑鄙的资产阶级的意大利了，意大利资产阶级因为也能参加分赃而眉飞色舞，馋涎欲滴。自然，米歇尔斯同任何一个体面的教授一样，认为自己替资产阶级效劳的行为是“科学的客观态度”，把上述的分赃称之为“分配至今仍属于弱小民族的那一部分世界”（第179页）。米歇尔斯轻蔑地把那些反对任何殖民政策的社会党人的观点斥之为“乌托邦”观点，他重弹意大利就人口密度和移民运动的势头来看“应当成为”仅次于英国的“第二殖民大国”的滥调。至于意大利有40％的人是文盲，直到现在还有十分猖獗的霍乱等等，对于这种论调，米歇尔斯则用英国的例子来加以反驳。他说，当英国资产阶级在19世纪前半期成功地奠定了他们目前这种强大的殖民势力的基础时，英国不也是一个工人群众极端穷苦、备受凌辱和大量饿死，城市贫民区充满了酗酒、赤贫和肮脏景象的国家吗？

应当说，从资产阶级观点来看，这种说法是无可争议的。殖民政策和帝国主义根本不是资本主义的一种可以医好的病变（像包括考茨基在内的庸人们所想的那样），而是资本主义基础本身发展的必然结果。因为各个企业之间的竞争只能这样提出问题：或者是自己破产，或者是使别人破产；各个国家之间的竞争只能这样提出问题：或者是居于末等地位，永远摆脱不了比利时那样的遭遇，或者是使别的国家破产并征服它们，从而使自己跻身于“大”国之列。

人们把意大利的帝国主义谑称为“穷汉帝国主义”（l'imperialismo della povera gente)，因为意大利很穷，意大利侨民也都穷得要命。意大利沙文主义者阿尔图罗·拉布里奥拉同他从前的对手格·普列汉诺夫的不同之处，只是他比普列汉诺夫略早一些暴露了他的社会沙文主义，并且是通过小资产阶级的半无政府主义而不是通过小资产阶级的机会主义走到社会沙文主义的。这位阿尔图罗·拉布里奥拉在他关于的黎波里塔尼亚战争[18]的一本书中写道(1912年)：

"……显然，我们不仅仅在同土耳其人战斗……我们也在同财阀统治下的欧洲的阴谋、威吓、金钱和军队战斗，因为这个欧洲不容许小民族有任何冒犯它的铁的霸权的言行"(第92页)。而意大利民族主义者的领袖科拉迪尼则宣称："正像社会主义曾是无产阶级从资产阶级压迫下谋求解放的方法一样，民族主义将是我们意大利人从法国人、德国人、英国人、北美人和南美人的压迫下谋求解放的方法，这些人对于我们来说就是资产阶级。"

任何一个国家，只要它的殖民地、资本、军队比"我们的"多，就会从"我们"这里夺去一定的特权、一定数量的利润即超额利润。在资本家中间，谁的机器优于中等水平或拥有一定的垄断权，谁就会得到超额利润；在国家中也是如此，哪一国的经济状况优于别的国家，哪一国就能得到超额利润。资产阶级要做的事情，就是为自己国家的资本的特权和优越地位而斗争，欺骗(在拉布里奥拉和普列汉诺夫的帮助下)人民即老百姓，把争夺抢掠别国的"权利"的帝国主义斗争说成是民族解放战争。

意大利在的黎波里塔尼亚战争之前没有掠夺过(至少是没有大规模掠夺过)其他民族。这岂不是使民族自豪感受到不可忍受的屈辱吗？意大利人抑郁不欢，感到比其他民族低一头。在上一世纪70年代，意大利每年约有10万人移居国外，现在，每年增加到50万至100万人，他们都是被名副其实的饥饿赶出自己祖国的乞丐，他们都是工资最低的工业部门的劳动力供应者，他们都住在欧美城市的最拥挤最肮脏的贫民窟里。意大利移居国外的人数从1881年的100万增加到了1910年的550万，而且大都住在富裕的“大”国里，对于这些国家说来，意大利人是最粗野的、“只能干粗活的”、贫穷的和无权的苦力。下面是使用便宜的意大利劳动的主要国家：法国在1910年有40万意大利人（1881年是24万）；瑞士有135 000人（41 000人）——（括号内是1881年的人数）；奥地利有8万人（4万人）；德国有18万人（7 000人）；美国有1 779 000人（17万人）；巴西有150万人（82 000人）；阿根廷有100万人（254 000人）。“光荣的”法兰西曾在125年前为自由而斗争，因此把自己目前这场为本国和英国的奴隶主的“殖民权利”而进行的战争称为“解放”战争。就是这个法兰西把几十万意大利工人圈在特划区里，这个“伟大的”民族的小资产阶级坏蛋们尽量把他们隔离起来，百般侮辱和歧视他们。人们用“通心粉”这个侮辱性绰号来称呼意大利人（请大俄罗斯的读者想一下，我国流行着多少侮辱“异族人”的绰号，他们不幸生来就没有权利享受高贵的大国特权，这些特权是普利什凯维奇们用来**既**压迫大俄罗斯人民**又**压迫俄国其他各族人民的工具）。伟大的法兰西在1896年曾经同意大利缔结一项条约，规定意大利不得在突尼斯增加意大利学校的数目！但是从那时以来，突尼斯的意大利人增加了5倍。在突尼斯，意大利人共有105 000人，法国人共有35 000人，但是前者中只有1 167人是土地所有者，拥有土地83 000公顷，而后者中则有2 395人是土地所有者，他们在“自己的”殖民地掠夺了70万公顷土地。是啊，怎么能不同意拉布里奥拉和其他的意大利“普列汉诺夫派”呢？他们认为意大利有“权利”把的黎波里划为自己的殖民地、压迫达尔马提亚的斯拉夫人、瓜分小亚细亚等等。①

正像普列汉诺夫支持俄国进行“解放”战争、反对德国变俄国为其殖民地一样，改良主义政党的领袖莱奥尼达·比索拉蒂声嘶力竭地反对“外国资本侵入意大利”（第 97 页）：反对德国资本侵入伦巴第，英国资本侵入西西里岛，法国资本侵入皮亚琴蒂诺，比利时资本侵入电车公司，等等，等等。

问题已经直截了当地提出来了，并且不能不承认，欧洲大战给人类带来了极大的好处，因为它确实向各国千千万万人民直截了当地提出了一个问题：**要么**用枪杆或笔杆，直接或间接地，不管用什么方式，保护“自己的”资产阶级的大国的乃至一般的民族特权，即优越地位，即野心，从而做资产阶级的追随者或奴才；**要么**利用各国为争夺大国特权所进行的一切斗争尤其是武装斗争，依靠团

① 指出意大利转向帝国主义和政府赞同选举改革这两者之间的联系，真令人受益匪浅。这次改革使选民人数从 3 219 000 名增加到 8 562 000 名，也就是说，“差不多”实现了普选权。同一个乔利蒂，现在实施了选举改革，而在的黎波里塔尼亚战争以前却坚决反对这种改革。米歇尔斯写道，“政府〈以及温和派政党〉对改变方针的理由的说明”本质上是爱国主义的。“尽管在理论上殖民政策一向令人嫌恶，但是完全没有料到，产业工人特别是粗工却很有纪律地很顺从地同土耳其人作战。这种奴隶般顺从政府政策的行为受到了褒奖，为的是鼓励无产阶级继续走这条新的道路。内阁总理在议会中宣布，意大利工人阶级已经用自己在利比亚战场上的爱国行动向祖国证明，他们从此在政治上达到了极其成熟的程度。一个人能够为了崇高目的而献身，也就能够作为一个选民来保卫祖国的利益，因此，他就有权使国家确认他有资格充分享受一切政治权利。”（第 177 页）意大利的部长们说得真妙！但是说得更妙的是“激进的”德国社会民主党人，他们现在重复这样的奴才腔调：“我们”尽到了自己的职责，帮助了“你们”掠夺其他国家，但是“你们”却不愿给“我们”在普鲁士的普选权……

结一致的国际无产阶级的革命行动，来揭露和推翻各国政府，首先是**自己的**政府。这里没有中间道路，换句话说，试图采取中间立场，实际上就是偷偷地转到帝国主义资产阶级方面去。

巴尔博尼的整个小册子实质上就是为这种行为打掩护。巴尔博尼同我国的波特列索夫先生完全一样，硬充国际主义者，说什么须要从国际的观点来判断哪一方获胜对无产阶级益处较大，或者说害处较小。他在这个问题上的结论自然是不利于……奥地利和德国的。巴尔博尼完全按考茨基的精神，建议意大利社会党[19]庄严宣告世界各国——首先当然是交战国——的工人应当团结一致，宣布自己的国际主义信念，宣布以裁军、各民族独立和成立“相互保障不受侵犯和保持独立的国际联盟”（第 126 页）为基础的和平纲领。正是为了实现这些原则，巴尔博尼宣称，军国主义是资本主义的一种“寄生”现象，而“决不是必然”现象；德国和奥地利是彻头彻尾的“军国主义的帝国主义”国家，它们的侵略政策“始终是欧洲和平的威胁”；德国“始终拒绝俄国〈原文如此！！〉和英国提出的关于限制军备的建议”等等，因此，意大利社会党应当赞成意大利在适当时机出面干预，支持三协约国！

德国在 20 世纪经济发展的速度超过其他欧洲国家，而在瓜分殖民地方面特别“受委屈”；英国经济发展的速度则缓慢得多，它已经抢得大量殖民地，在那些地方（远离欧洲的地方）往往采取比德国人毫不逊色的残酷镇压手段，并用几十亿巨款从大陆大国雇用几百万军队去掠夺奥地利、土耳其等国。令人不解的是：什么原则使得巴尔博尼不喜欢德国的资产阶级帝国主义，而喜欢英国的资产阶级帝国主义。原来，巴尔博尼的国际主义实质上同考茨基的一样，口头上是维护社会主义原则，实际上却在这种伪善的幌子下维护自己的即意大利的资产阶级。不能不指出，巴尔博尼是在自由的瑞士出版他这本书的(瑞士的书报检查机关仅仅删掉了第75页上的半行字，看来是一句批评奥地利的话)，但他在这本长达143页的书中没有一个地方愿意引用巴塞尔宣言的基本论点并认真地加以分析。可是对现在所有亲法资产阶级推崇备至的俄国两个从前的革命者的话(第103页)，即无政府主义的小市民克鲁泡特金和社会民主主义的庸人普列汉诺夫的话，我们的巴尔博尼却深有同感，一再引用。那当然啦！普列汉诺夫那一套诡辩同巴尔博尼的诡辩实质上是没有任何区别的。不同的只是，意大利的政治自由更无情地撕下了巴尔博尼的诡辩的外衣，更清楚地揭穿了巴尔博尼作为资产阶级在工人阵营中的代理人的真正立场。

巴尔博尼对德国社会民主党"缺乏真正的革命精神"这一点表示遗憾(完全和普列汉诺夫一样)；他热烈地向卡尔·李卜克内西表示敬意(正像看不见自己眼里的木块[20]的**法国**社会沙文主义者热烈地向李卜克内西表示敬意一样)；但是他断然宣称"根本谈不上国际已经破产"(第92页)，德国人"没有背叛国际的精神"(第111页)，因为他们是按照保卫祖国这一"诚挚的"信念行事的。巴尔博尼和考茨基一样伪善，只是更多了一分罗曼语系语言的华美辞藻，他宣称，国际准备(在战胜德国之后……)"像耶稣宽恕彼得[21]那样宽恕德国人一瞬间的信仰动摇，以不咎既往来医治军国主义的帝国主义造成的严重创伤，并准备为真正的兄弟般的和好而伸出手来"(第113页)。

一幅多么令人感动的情景啊！巴尔博尼和考茨基(大概还会有我们的科索夫斯基和阿克雪里罗得参加)互相宽恕了对方!!

巴尔博尼对考茨基和盖得，对普列汉诺夫和克鲁泡特金十分满意，而对自己的意大利社会主义的工人政党却不满意。你们看，在这个党里（这个党有幸在战前就已经抛弃了改良派比索拉蒂之流）造成了一种使那些不赞成“绝对中立”（也就是坚决反对意大利介入战争的主张）这一口号的人（像巴尔博尼那样）“无法呼吸的气氛”（第 7 页）。可怜的巴尔博尼伤心地哭诉说，意大利社会主义的工人政党把他这样的人叫做“知识分子”，叫做“已经失去同群众的接触、出身于资产阶级的人”，“已经离开了社会主义和国际主义正路的人”（第 7 页）。巴尔博尼愤慨地说，我们党“狂热有余，而教育群众不足”（第 4 页）。

老调子！俄国的取消派和机会主义者曾经叫嚷凶恶的布尔什维克进行“蛊惑宣传”，“嗾使”群众反对《我们的曙光》杂志[22]、组织委员会[23]、齐赫泽党团[24]的优秀的社会党人，现在我们听到的正是这种熟悉的论调的意大利翻版！但是意大利的社会沙文主义者作了多么宝贵的自供：在人们可以对社会沙文主义者的纲领和革命的国际主义者的纲领进行几个月的自由讨论的唯一的国家里，**工人群众、觉悟的无产阶级**恰恰站到后者的一边，而小资产阶级知识分子和机会主义者则站到前者的一边。

说中立是一种狭隘的利己主义，是对国际形势的无知，是在比利时问题上的一种卑鄙态度，是“缺席回避”，而“缺席回避者总是不对的”，巴尔博尼的这些论调同普列汉诺夫和阿克雪里罗得的论调如出一辙。但是，由于意大利有两个公开的党——改良主义政党和社会民主主义工人政党[25]，由于在这个国家里无法欺骗群众，无法用齐赫泽党团或组织委员会的遮羞布来掩盖波特列索夫之流、切列万宁之流、列维茨基之流以及和他们一伙的先生们的真面目，巴尔博尼就坦白地承认：

"从这一点来看,我认为改良主义的社会党人的行动比正式的革命的社会党人的策略更有革命性,因为他们很快就懂得,政治形势的更新〈由于战胜了德国军国主义〉对于未来的反资本主义斗争会有多么巨大的意义,因此,他们坚决站到三协约国一边,而正式的革命的社会党人却拿绝对中立作挡箭牌,像乌龟一样缩起头来。"(第 81 页)

读了这段宝贵的自供以后,我们只有希望那些了解意大利运动情况的同志,收集并系统地研究意大利**两个党**所提供的有关下述问题的极有意义的大量材料:是哪些社会阶层、哪些人在谁的帮助下用什么论据捍卫了意大利无产阶级的革命政策,是哪些人对意大利帝国主义资产阶级卑躬屈膝。我们收集的各国有关这些问题的材料愈多,觉悟的工人对第二国际破产的**真正**原因和意义也就会看得愈清楚。

最后,我们还要指出,巴尔博尼由于面对工人政党,便极力借助诡辩冒充具有工人的**革命**本能。他把反对**实际上**旨在谋求意大利资产阶级的帝国主义利益的战争的意大利国际主义社会党人说成是胆小怕事的人,是想逃避战争灾祸的利己主义者。"对战争的灾祸心怀恐惧的人也一定会被革命灾祸吓倒。"(第 83 页)巴尔博尼一方面恬不知耻地企图伪装成革命者,一方面又露骨地用生意人的腔调引用萨兰德拉部长的"明确无误的"话:"要不惜任何代价维护秩序"——试图用总罢工来破坏动员,就只能引起"毫无益处的大厮杀";"我们没能制止利比亚〈的黎波里塔尼亚〉战争,更无法去制止对奥地利的战争"。(第 82 页)

巴尔博尼同考茨基、库诺及一切机会主义者一样,怀着蒙蔽一部分群众的卑鄙打算,硬说革命派有一个"立刻""使战争打不下去"、使资产阶级在最适当的时机枪杀革命派的愚蠢计划,想以此回避在斯图加特和巴塞尔明确提出过的任务:利用革命危机系统地进行革命宣传并准备群众的革命行动。至于欧洲目前正处在革命的时期，巴尔博尼是看得很清楚的：

“……即使会使读者厌烦，有一点我认为是必须坚持的，因为不弄清这一点就不能正确估计目前的政治形势。这一点就是：我们所处的时期是一个灾变的时期，行动的时期，现在的问题不在于阐明思想，拟定纲领，确定未来的政治行动路线，而在于使用积极的有生力量，争取在几个月内，可能甚至只在几个星期内做出成绩来。在这种情况下，要做的不是高谈无产阶级运动的前途，而是面对当前局势确定无产阶级的观点。”（第 87—88 页）

又是一个冒充革命性的诡辩！从公社到现在已经过去 44 年了，用了将近半个世纪的时间来聚集和准备群众力量的欧洲革命阶级，在欧洲处于**灾变**时期的时刻，应当考虑的却是如何赶快变成自己国家的资产阶级的奴仆，帮助它去掠夺、压迫、毁灭和征服其他国家的人民，而不是如何大规模地开展直接革命的宣传和准备革命的行动。

载于 1915 年《共产党人》杂志
第 1—2 期合刊

译自《列宁全集》俄文第 5 版
第 27 卷第 14—23 页

感谢他的坦率

（1915 年夏）

"……认为国际必须由'社会民主党人中的国际主义者'"……(由)"从各国社会党中搜罗来的反对派分子组成这种糊涂想法…… 国际只能由原来组成国际的人来重建…… 重建的国际不是仅仅为一小撮宗派主义分子和分裂活动能手所需要的'第三'国际，而仍旧是第二国际，第二国际并未死亡，它只是由于世界性灾变而暂时陷于瘫痪罢了……"

这是弗·科索夫斯基先生在崩得的《新闻小报》[26]第 8 号上写的一段话。我们衷心感谢这位不是最聪明的崩得分子的坦率。他赤裸裸地庇护机会主义，使得惯耍外交手腕的崩得分子大感不快，已经不是第一次了。现在他将又一次帮助我们同机会主义作斗争，因为他向工人说明了：崩得同无产阶级社会主义完全是南辕北辙，格格不入。弗·科索夫斯基先生看不到机会主义同社会沙文主义的联系。要看到这种联系，就要很好地思考一下：这两种思潮的基本思想是什么？近几十年来欧洲机会主义的发展情况怎样？欧洲许多国家如俄国、德国、比利时、法国、英国、意大利、瑞典、瑞士、荷兰、保加利亚等国的机会主义派和革命派对待社会沙文主义的态度怎样？

弗·科索夫斯基先生是否想过这些问题呢？哪怕他只试试回答第一个问题，他就很快会看出自己的错误。

附带谈谈。弗·科索夫斯基先生在《新闻小报》第 7 号上暴露了他的亲德沙文主义，因为他在责备法国社会民主党人的同时，却为德国社会民主党人投票赞成军事拨款的行为辩护。有一个署名 W. 的人(第 8 号第 11—12 页)为弗·科索夫斯基先生开脱，反对给他加上沙文主义的“罪名”，他写道，一个在俄国活动的组织是不可能有亲德沙文主义的。弗·科索夫斯基先生是否可以向 W. 先生解释一下，为什么俄国的乌克兰或波兰资产者，法国的丹麦或阿尔萨斯资产者，英国的爱尔兰资产者，常常表现出同压迫他们的民族相敌对的沙文主义呢？

载于 1931 年《列宁文集》俄文版第 17 卷

译自《列宁全集》俄文第 5 版第 27 卷第 24—25 页

俄国的战败和革命危机

（1915 年 9 月 5 日〔18 日〕以后）

第四届杜马因自由派、十月党人[27]和民族党人[28]成立反对派联盟而被“解散”[29]，这是俄国革命危机最明显的征兆之一。沙皇君主政府的军队节节败退，无产阶级的罢工运动和革命运动日益增长，广大群众怨声载道，自由派和十月党人结成联盟以便同沙皇在实行改革和动员工业战胜德国的纲领上达成协议。这就是大战第一年末先后发生的一系列互相联系的事件。

现在人人都看到，俄国的革命危机已经到来，然而并不是所有的人都正确理解这个危机的意义和由此产生的无产阶级的任务。

历史仿佛在重演：像 1905 年那样，又发生了战争，沙皇政府抱着昭然若揭的侵略、掠夺和反动的目的，把整个国家投入一场战争。又是战争中的失败和因此而加速到来的革命危机。又是自由派资产阶级（这次甚至与保守派资产阶级和地主的最广大阶层一道）提出了改革和同沙皇达成协议的纲领。现在的情况和 1905 年夏天布里根杜马召开前或 1906 年夏天第一届杜马解散后的情况几乎一样。

但是事实上有一个很大的差别，这就是当前的战争席卷了整个欧洲，席卷了有着广泛而强大的社会主义运动的所有先进国家。帝国主义战争**把**俄国的革命危机，即在资产阶级民主革命基础上发生的危机，同西欧日益增长的无产阶级社会主义革命的危机**联系起来了**。这种联系非常紧密，以致这个或那个国家的革命任务根本不可能单独解决。这也就是说，俄国资产阶级民主革命现在已不单是西欧社会主义革命的序幕，而且是它的一个不可分割的组成部分了。

1905 年，无产阶级的任务是把俄国的资产阶级革命进行到底，以此点燃西欧的无产阶级革命。1915 年，这个任务的后半部分已经变得非常紧迫，以致和前半部分一样成了当务之急。由于新的、更高的、更发展的、更错综复杂的国际关系，俄国产生了新的政治分野。这种新的分野就是沙文主义派革命者和无产阶级国际主义派革命者之间的分野；前者要革命是为了战胜德国，后者要在俄国革命则是**为了**触发西欧无产阶级革命并与之同时进行。这种新的分野实质上就是俄国城乡小资产阶级和社会主义无产阶级之间的分野。必须清楚地认识这一新的分野，因为马克思主义者，即任何一个觉悟的社会党人，在革命即将来临的情况下的首要任务，就是弄清楚**各个阶级**的立场，把策略分歧和一切原则分歧归结到各个阶级的立场的不同。

在革命庸人中流行的一种思想是，"为了"正在到来的革命中的最迫切的共同任务，应当"忘记"意见分歧。这种思想是最庸俗、最可鄙、最有害不过了。谁如果从 1905—1914 年这 10 年的经验中还看不出这种思想是愚蠢的，谁在革命方面就是不可救药的。谁现在只是一味叫喊革命，而不去分析哪些阶级**已经证明**自己能够而且正在实行某种革命纲领，谁实际上便同赫鲁斯塔廖夫之流、阿拉季因之流和阿列克辛斯基之流的"革命者"没有什么区别。

我们看到，君主政府和农奴主-地主的鲜明立场是：宁愿和德国君主政府勾结也“不把”俄国“交给”自由派资产阶级。自由派资产阶级的立场也同样鲜明:利用战争的失败和正在增长的革命,迫使惊慌失措的君主政府让步而同资产阶级分掌政权。革命无产阶级的立场也很鲜明:利用政府和资产阶级的动摇和困难,力求将革命进行到底。而俄国的小资产阶级,即刚刚觉醒的广大居民群众,则在摸索着走,“盲目地”走,跟着资产阶级走,被民族主义偏见牵着走。一方面,他们被战争所带来的空前惨祸和灾难以及物价高涨、破产、贫困和饥荒推向革命;另一方面,他们一步一**回头**,总想着保卫祖国,保持俄国领土的完整,想着享受战胜沙皇制度和德国而不必战胜资本主义就可得到的小农的幸福生活。

小资产者、小农的这种动摇不是偶然的,而是他们的经济地位的必然结果。这是一个“痛苦”然而深刻的真理,回避这一点是愚蠢的,应当从现有的**政治流派和集团**上去认识和考察这一点,以免自欺欺人,以免削弱和麻痹社会民主主义的无产阶级的革命政党。无产阶级如果容许自己的党像小资产阶级那样动摇,那就会削弱自己。无产阶级只有毫不动摇地朝着自己的伟大目标前进,并推动小资产阶级前进——当小资产阶级向右摇摆时就让它从自己的错误中吸取教训,当实际生活迫使它向左转时就利用它的一切力量去进攻,只有这样,无产阶级才能完成自己的任务。

俄国的劳动派[30]、社会革命党人[31]、取消派-“组委会分子”等政治**流派**,在过去的10年中已经充分地显露了自己,证明它们同小资产阶级的各种集团、各种分子和各个阶层的联系,暴露了它们已从口头上极端革命动摇到实际上同沙文主义的人民社会党人[32]、同《我们的曙光》杂志结成联盟。例如,组织委员会国外书记处的5个书记在1915年9月3日发表了一个关于无产阶级任务的号召书，其中只字未提机会主义和社会沙文主义，但是谈到要在德军后方发动“起义”（这是在同国内战争的口号作了一年的斗争以后啊！），并宣布了立宪民主党人[33]在1905年就曾极力称赞的口号：“为消灭战争和专制制度〈六三政制〉而召开立宪会议”！！无产阶级政党为了革命的胜利，必须同这些小资产阶级流派完全断绝关系，谁不懂得这一点，谁就徒具社会民主党人的虚名。

不，面对因战争失败而加速到来的俄国革命危机（这是“失败主义”的形形色色的反对者所害怕承认的），无产阶级的任务仍旧是同机会主义和沙文主义作斗争（否则就不可能提高群众的革命觉悟），提出明确的革命口号来帮助群众运动。不是要召开立宪会议，而是要推翻君主制，建立共和国，没收地主土地，实行八小时工作制——这些仍将是社会民主主义的无产阶级的口号，仍将是我们党的口号。与此有密切联系的是，为了在实际上，在整个宣传和鼓动工作中，在工人阶级的一切行动中，把社会主义的任务同资产阶级的（包括普列汉诺夫和考茨基的）沙文主义的任务区别开来，形成对照，我们党仍将提出变帝国主义战争为国内战争的口号，即在西欧进行社会主义革命的口号。

战争的教训甚至迫使我们的对手也在实际上承认“失败主义”的立场，承认必须提出（最初只是作为号召书中的一句尖锐有力的话，后来就更加认真、更加深思熟虑地提出）要在德国军国主义者的“后方发动起义”的口号，即进行国内战争的口号。原来，战争的教训正在使我们在战争开始时就鼓吹的见解深入人心。俄国战败**确实**为害最小，因为它极大地促进了革命危机，唤醒了千百万群众，亿万群众。在帝国主义战争的条件下，俄国的革命危机不能不促使人们去考虑拯救各国人民的唯一道路，考虑在德军“后方发动起义”,即考虑在**所有**交战国内发动国内战争。

生活教育着人们。生活正通过俄国的战败**走向**在俄国的革命,并通过这一革命或由于这一革命而**走向**西欧的国内战争。生活就是沿着这条道路前进的。生活的教训证明俄国的革命无产阶级政党是正确的,它从这些教训中吸取新的力量之后,将更加奋力地沿着既定的道路前进。

载于1928年11月7日《真理报》第260号

译自《列宁全集》俄文第5版第27卷第26—30页

致国际社会党委员会(I.S.K.)

（不晚于1915年9月12日〔25日〕）

尊敬的同志们：

你们9月25日的来信收到了。我们完全同意在伯尔尼建立常设的国际"扩大委员会"(erweiterte Kommission)的计划。我们深信，参加国际社会党委员会[34]的其他组织也会同意这个计划，因此我们指定季诺维也夫同志为俄国社会民主工党中央委员会参加这个扩大委员会的委员，指定(1)彼得罗娃同志和(2)列宁同志为其代职者即替补者(suppléant，Stellvertreter)。联络地址是：瑞士　黑尔滕斯泰恩(卢塞恩州)　拉多米斯尔斯基先生(阿施万登夫人处)。

其次，关于你们9月25日来信中所提出的其他问题，我们方面的意见如下：

1. 我们完全同意你们的看法，认为9月5—8日的代表会议所确定的"一般观点"("allgemeine Gesichtspunkte")是"不够充分的"("nicht genügen")。现在迫切需要进一步详尽地发挥这些原则。无论从原则上看，或者从单纯实践的观点来看，这都是必要的，因为要实现国际范围内的**统一行动**，既需要明确基本思想观点，也需要确切规定这种或那种实际的行动方法。毫无疑问，整个欧洲特别是欧洲工人运动所经受的巨大危机，只能缓慢地使群众认清这两方面的问题,而国际社会党委员会和参加这一委员会的各政党的任务,正是要帮助群众认清这一点。我们并不指望很快就把所有的人都统一在一致的和正确制定的观点之下,这是不可能的。我们必须做的是**准确**认清当代国际社会主义运动中的各个**主要流派**和**思潮**,然后让工人群众了解这些流派,全面加以讨论,并用自己实际运动的经验来检验它们。我们认为国际社会党委员会应当把这项任务作为自己的首要任务。

2.9月25日来信中把无产阶级的任务确定为:或者是为和平而斗争(如果战争继续下去的话),或者是"具体而详细地表述无产阶级对于各种和平建议和和平纲领的国际观点"("den internationalen Standpunkt des Proletariats zu den verschiedenen Friedensvorschlägen und Programmen konkret und ins einzelne gehend zu umschreiben")。这里特别着重提到民族问题(阿尔萨斯—洛林、波兰、亚美尼亚等)。

我们认为,在9月5—8日的代表会议所一致通过的两个文件中,也就是在宣言和在"表示同情的决议"("Sympathieerklärung")中,都表达了这样一个思想:争取和平的斗争是和争取社会主义的斗争**相联系**的(宣言说:"争取和平的斗争……就是争取社会主义的斗争"——"dieser Kampf ist der Kampf… für den Sozialismus"),是和"无产阶级的不调和的阶级斗争"("unversöhnlicher proletarischer Klassenkampf"——代表会议通过的决议的原文中用的不是"不调和的"阶级斗争,而是"革命的"阶级斗争。如果说这种变动是为了便于公开发表,那么原意应当说并没有因此而改变)**相联系**的。表示同情的决议则直截了当地说,代表会议必须而且"庄严地许诺""要在国际无产阶级群众中唤起革命精神"。

争取和平的斗争如果不同无产阶级的革命阶级斗争联系起来，那不过是温情的或欺骗人民的资产者的和平主义空话。

我们不能而且也不应当摆出一副“政界大人物”的架子去制定一些“具体的”和平纲领。相反，我们应当向群众解释，如果**不**开展革命的阶级斗争，任何想实现民主的(没有兼并、不使用暴力、不掠夺他国的)和平的愿望都是靠不住的。我们在宣言中一开始就坚决、清楚和明确地告诉了群众：战争的起因是帝国主义，帝国主义就是一小撮“大国”“奴役”各民族，“奴役”全世界所有民族。这就是说，我们要帮助群众推翻帝国主义，否则就不可能实现没有兼并的和平。自然，推翻帝国主义的斗争是艰巨的，但是应当让群众知道斗争艰巨却又非进行不可这一**真理**。不应当让群众沉溺于不推翻帝国主义也可以实现和平的幻想之中。

3. 出于以上这些考虑，我们提议：

把下列问题列入扩大委员会(为拟定或综合和公布提纲或决议草案而设立的)即将召开的会议的议程和下一届国际代表会议(为最后审定通过决议而召开的)的议程；

(a)争取和平的斗争同群众的革命行动或无产阶级的革命阶级斗争的联系；

(b)民族自决；

(c)社会爱国主义和机会主义的联系。

我们要着重指出，**所有**这些问题在代表会议通过的宣言里都非常明确地**接触到了**，这些问题在原则上和在实践上都有非常重要的意义，无产阶级斗争的**任何一个**实际步骤，都**不能不**使社会党人和工会工作者碰上这些问题。

探讨这些问题之所以必要，就是为了促进群众争取和平、民族自决和社会主义的斗争,戳穿所谓进行这场战争是为了“保卫祖国”的“资本家谎言”(宣言语)。

9 月 25 日的来信正确地指出,第二国际的过错或不幸,就在于它没有明确提出和深入研究这些重要问题,因此,我们的任务就是要帮助群众更明确地提出和更正确地解决这些问题。

4. 我们认为,经验证明用三种文字出版公报的计划是不恰当的,如果是每月出版一次,一年就需要 2 000—3 000 法郎,而筹集这样一笔款子是不容易的。况且公报的全部内容,在瑞士的两家报纸——《伯尔尼哨兵报》[35]和《哨兵报》[36]——上几乎全都有了。我们向国际社会党委员会建议:

> 设法同上述两家报纸和美国的一家报纸的编辑部商定,在这几家报纸上刊登国际社会党委员会的公报及一切报道和材料(或者以国际社会党委员会的名义登在报纸上,或者登在附刊上)。

这样做不仅省钱,而且可以让工人阶级更好、更充分、更经常地了解国际社会党委员会的活动情况。我们所关心的是能让更多的工人看到国际社会党委员会的报告;能把一切决议草案都登载出来,让工人看到,并帮助工人确定自己对战争的态度。

我们希望不致有人认为无需既刊载决议草案[37](有 12 名即占总数 40%左右的代表赞成将其作为决议的基础,有 19 名代表反对),又刊载一位著名德国社会党人的来信[38](略去写信人姓名和一切同策略问题**无关**的内容)。

我们希望国际社会党委员会能够经常收到各国有关迫害和逮捕反战分子的情况、反战阶级斗争进展情况、有关战壕联欢、查封报纸、禁止刊登和平宣言等等消息,并希望所有这些消息都能以国际社会党委员会的名义定期刊登在上述报纸上。

关于同美国的一家日报或周报签订协定一事，可以由《我们的言论报》[39]和社会民主党人的其他报纸的撰稿人柯伦泰同志进行，她现在刚刚动身去美国作巡回讲演。我们可以同柯伦泰联系或把她的通讯地址告诉你们。

5.关于如何使各国党(特别是德国和法国的，大概还有英国的)的**不同派别**都有代表的问题，我们建议：

> 由国际社会党委员会建议这些党的同志们讨论一下，是否可以组成名称不同的团体；这些团体对群众的号召(以公告、决议等等形式)由国际社会党委员会发表，并标明这些文件属于哪个团体。

采取这种方式，第一，可以避开战时书报检查的查禁，使群众知道国际主义者的策略和观点；第二，可以根据工人集会和工人组织等通过的关于赞同这个或那个团体的观点的决议，看出宣传国际主义观点的工作的进展情况和成绩；第三，可以反映不同派别的观点(例如，英国的英国社会党[40]、该党**少数派**和独立工党[41]；法国的布尔德朗等社会党人和梅尔黑姆等工会工作者；在德国，如代表会议所指出的，**在**反对派**内部**有不同的派别)。

不言而喻，正如9月25日信中指出的，这些团体不会建立独立的组织，而会留在旧组织内，目的**只是**为了同国际社会党委员会保持联系和宣传争取和平的斗争。

"扩大委员会"和代表会议应当有这些团体的代表参加。

6.关于"扩大委员会"的委员名额和表决办法，我们建议：

> 不要把委员名额限制为最多3人，而应当给人数不多的团体以**部分表决权**(½票、⅓票等)。

这样比较合适,因为剥夺那些具有自己的色彩的团体的代表权,是完全不能容许的,对于发扬和向群众宣传宣言所确定的原则是有害的。

7. 有同志担心扩大委员会有"俄国-波兰化"的危险,对此,我们认为,既然那些同俄国没有多大联系的俄侨团体都可以有代表参加,那么,同志们的这种担心(不管这使俄国人多么不快)也**是合情合理的**。我们认为,只有那些**通过 3 年以上的工作**证明自己确能代表俄国运动的组织或团体,才配享有代表权。我们建议国际社会党委员会讨论并确定这一原则,并要求各个团体提供关于它们在俄国工作的情况和材料。

8. 最后,我们借此机会指出《公报》[42]第 1 号中的一个不确切处并请在第 2 号(或者在《伯尔尼哨兵报》和《哨兵报》)上予以订正。《公报》第 1 号第 7 页第 1 栏的开头提到,在决议草案上签名的有中央委员会、波兰社会民主党人(党总执行委员会)、拉脱维亚人、瑞典人和挪威人。这里略去了:

一位德国代表(由于可以理解的原因,他的名字不宜发表)和一位瑞士代表普拉滕。

载于 1925 年 9 月 6 日《真理报》第 203 号

译自《列宁全集》俄文第 5 版第 27 卷第 31—36 页

第 一 步

（1915 年 9 月 28 日〔10 月 11 日〕）

在战争引起严重危机的时代，国际社会主义运动的发展缓慢。但是它毕竟在朝着同机会主义和社会沙文主义决裂的方向发展。1915 年 9 月 5—8 日齐美尔瓦尔德（瑞士）国际社会党代表会议清楚地表明了这一点。

在整整一年里，各交战国和中立国的社会党人一直处在动摇和观望之中，他们内心里不敢承认危机的深刻程度，不愿意正视现实，千方百计地拖延同控制着西欧各正式政党的机会主义者和考茨基主义者实行不可避免的决裂。

然而，我们一年前在中央委员会的宣言（《社会民主党人报》[43]第 33 号）①中对事态所作的估计是正确的。事态证明了这个估计是对的。事态正是这样**发展**的：处于少数的反对分子（德国、法国、瑞典和挪威的）派代表出席了国际社会党第一次代表会议，他们**违反了**各正式政党的决定，就是说他们实际上是在按分裂的方针行事。

代表会议工作的结果是，通过了宣言和对被捕者与受迫害者表示同情的决议，这两个文件都发表在这一号《社会民主党人报》上。代表会议以 19 票对 12 票否决了把我们和其他一些革命马克

---

① 见本版全集第 26 卷第 12—19 页。——编者注

思主义者提出的决议草案提交给委员会的建议。但是我们的宣言草案则同另外两个草案一起提交给了委员会，作为制定共同宣言的参考。读者可以在这一号报纸的另一个地方看到我们的两个草案，把这两个草案和会议所通过的宣言对照一下，就可以清楚看出，许多革命马克思主义的基本思想得到了采纳。

已通过的宣言实际上意味着在从思想上和实践上同机会主义和社会沙文主义决裂方面迈出了一步。但是，这个宣言正如下面对它的分析所表明的，同时还存在着不彻底和吞吞吐吐的缺陷。

宣言宣布战争是帝国主义战争，指出这个概念有两个特征：**每个**国家的资本家都在竭力追求利润，追求剥削；列强力图瓜分世界和"奴役"弱小民族。在判定战争的帝国主义性质时应当谈到的，以及我们的决议已经谈到的那些最本质的东西，宣言都予以重申了。宣言的这一部分只是把我们的决议**通俗化**。通俗化无疑是件好事。但是我们既然要使工人阶级有明确的思想，既然认为系统的和持之以恒的宣传工作重要，就应当准确而充分地确定有待通俗化的原则。不这样做，我们就可能重犯导致第二国际破产的那种错误和过失，就是说，可能留下语言含糊而易遭曲解的后患。例如，决议中表述的社会主义的客观前提已经成熟的思想具有重要意义，这难道可以否认吗？可是这个思想在宣言的"通俗化"叙述中被漏掉了；把明白而确切的原则性的决议同宣言糅为一体的尝试没有成功。

宣言接着说："所有国家的资本家都断言，进行这场战争是为了保卫祖国……　他们在撒谎……"　直截了当地宣布当前这场战争中的机会主义基本思想即"保卫祖国"的思想是"谎言"，这同样是重申革命马克思主义者的决议中的极重要的思想。但是遗憾的是，这里也同样存在着吞吞吐吐、畏首畏尾、害怕说出全部真相的毛病。在战争已打了一年的今天，有谁不知道社会主义运动的真正不幸，就在于不仅资本家的报刊在**重复和支持**资本家的**谎言**（这些报刊既然是资本家的报刊，当然要重复资本家的谎言），而且大部分社会党的报刊也在这样做呢？有谁不知道不是“资本家的谎言”，而是盖得、海德门、王德威尔得、普列汉诺夫和**考茨基**的**谎言**造成了欧洲社会主义运动的最严重的危机呢？有谁不知道正是这些领袖的**谎言**突然之间证明机会主义十分有力量，能在紧要关头把这些领袖都拉了过去呢？

请看一看结果怎样吧。为了通俗化而向广大群众说，在当前这场战争中保卫祖国的思想是资本家的谎言。但是欧洲的群众并不是没有文化的，几乎所有阅读宣言的人过去和现在都一直从跟着普列汉诺夫、海德门、考茨基及其一伙撒谎的几百种社会党报纸、杂志和小册子中听到**这种谎言**。宣言的读者会怎样想呢？宣言作者如此明显的畏首畏尾的表现会使读者产生什么想法呢？宣言教导工人说：不要听信资本家所谓保卫祖国的谎言。好极了。几乎每个人都会回答或暗自寻思：**资本家**的谎言早就不能迷惑我们了，而考茨基及其一伙的谎言嘛……

接着宣言又重申了我们的决议的另一个重要的思想，指出不同国家的社会党和工人组织“**践踏了**斯图加特、哥本哈根、巴塞尔代表大会的决议[44]所规定的义务”，指出社会党国际局[45]也**没有履行自己的义务**，这表现在投票赞成军事拨款，参加内阁，认可“国内和平”（宣言把这种屈从叫做**卑躬屈膝的行为**，也就是斥责盖得、普列汉诺夫、考茨基及其一伙用宣传**卑躬屈膝**思想代替了宣传社会主义）。

试问,在一个“通俗化的”宣言里只说某些政党(大家全都知道,这里指的是英、法、德等所有最先进国家的最强大的政党和工人组织)不履行自己的义务,而不对这种骇人听闻的、空前未有的事实作出解释,这能算彻底吗?大多数社会党和社会党国际局本身都没有履行自己的义务!这是怎么一回事呢?这是偶然现象和个别人物的破产还是整个时代的转折呢?如果是前者,如果**我们**让群众都持这样的看法,**我们**就等于是背弃了社会主义学说的基本原则。如果是后者,那怎么可以不直截了当地说出来呢?我们面临着一个具有世界历史意义的时刻,面临着整个国际的破产,整个时代的转折,可是我们却**害怕**告诉群众:必须寻求并找到全部真理,必须透彻思考,如果只是指出社会党国际局和某些政党的破产,而**不**把这种现象同具有深刻经济根源(所谓深刻不是指同群众有不可分割的联系,而是指同一定的社会阶层有联系)的全欧机会主义思潮的发生、发展、成熟和**过度**成熟的长期历史过程联系起来,那是荒谬可笑的。

下面,宣言在谈到“争取和平的斗争”时说:“这个斗争就是争取自由、各民族的兄弟团结和社会主义的斗争。”宣言接着解释说,在战争中工人是“为统治阶级”流血牺牲,可是他们应当能做到“**为自己的事业**”(在宣言中曾两度着重提出这一点)、“为社会主义的神圣目的”流血牺牲。在对被捕和受迫害的战士表示同情的决议中说道,“代表会议庄严宣誓要**学习**活着的和已经牺牲的战士的榜样,以此表示对他们的敬意”,代表会议的任务就是要“在国际无产阶级中唤起革命精神”。

所有这些思想都重复了我们的决议的一个重要的思想:**如果不进行**革命斗争,争取和平的斗争就是空话和谎言,摆脱战争惨祸的唯一途径就是开展争取社会主义的革命斗争。但是这里又表现出吞吞吐吐、不彻底和畏首畏尾：只号召群众**学习**革命战士的榜样，宣称俄国社会民主党工人党团的5位被流放到西伯利亚的成员继承了"俄国光荣的革命传统"，宣布必须"唤起革命精神"而……**不**直接地、公开地、明确地**说明**革命的斗争手段。

我们的中央委员会当时是否应当在这个不彻底的和畏首畏尾的宣言上签字呢？我们认为应当。至于我们的不同意见——不仅是中央委员会的也是代表会议全体**国际主义的革命马克思主义**左派的不同意见——无论在专门决议中，在专门宣言草案中，或在投票赞成这个妥协性宣言时所作的专门声明[46]中，都已公开陈述过了。我们丝毫不隐瞒自己的观点、口号和策略。会上分发了德文版小册子《社会主义与战争》①。我们过去传播，现在传播，将来也要传播我们的观点，要使这种传播不逊于宣言的传播。这个宣言在同机会主义作实际斗争方面、在同机会主义实行决裂方面**前进了一步**，这是事实。在我们有充分的自由和充分的可能来批评不彻底性并争取得到更多收获的情况下，如果拒绝**同**处于少数的德国人、法国人、瑞典人、挪威人和瑞士人**一道**向前迈出这一步，那就是宗派主义。② 如果因为反社会沙文主义的国际运动发展缓慢，因为它"仅仅"前进了一步，而且准备并希望明天倒退一步，去同旧

① 见本版全集第26卷第319—363页。——编者注

② 至于"组织委员会"和社会革命党人在宣言上签字不过是玩弄外交手腕，他们同时还和《我们的曙光》杂志、鲁巴诺维奇、俄国人民社会党人和社会革命党人的七月(1915年)代表会议[47]保持着全部联系，保持着**全部密切的关系**，这个我们并不害怕。我们有足够的办法对付这种腐败的外交手腕并且把它加以揭露。它自己就在日益暴露自己。《我们的曙光》杂志和齐赫泽党团在**帮助**我们揭穿阿克雪里罗得及其一伙。

的社会党国际局实现和解,如果因为这些便拒绝同这一日益发展的运动一道前进,那是一种很不高明的战术。准备同机会主义者和解,暂时还只是一个愿望而已。机会主义者是否同意和解呢?**从客观上来看**,在社会沙文主义、考茨基主义和革命的国际主义的马克思主义这些裂痕愈来愈深的**派别**之间是否能和解呢?我们认为不可能,因此我们要继续执行自己的路线,这条路线在 9 月 5—8 日的代表会议上的**胜利**更使我们受到了鼓舞。

我们的路线无疑是胜利了。请比较一下事实吧。1914 年 9 月,我们中央委员会的宣言似乎是孤立的。1915 年 3 月,国际妇女代表会议[48]作出了一个内容贫乏的和平主义决议,组织委员会盲目地附和了这个决议。1915 年 9 月,我们联合成一个完整的国际左派集团,提出了自己的策略,在共同宣言中贯彻了我们的许多基本思想,并且违背旧社会党国际局的意志,在公开谴责旧国际局策略的宣言的基础上,参加了组建国际社会党委员会(实际上这是新的社会党国际局)的工作。

俄国工人绝大多数早在 1912—1914 年间就跟着我们党和我们党的中央委员会走了,他们现在从国际社会主义运动的经验中看到,我们的策略也在更大的范围内得到肯定,我们的基本思想正被无产阶级国际愈来愈多的优秀分子所接受。

载于 1915 年 10 月 11 日《社会民主党人报》第 45—46 号合刊

译自《列宁全集》俄文第 5 版第 27 卷第 37—42 页

1915年9月5—8日国际社会党代表会议上的革命马克思主义者

（1915年9月28日〔10月11日〕）

在代表会议上，团结一致的国际主义者，即革命的马克思主义者，同构成会议右翼的、摇摆不定的准考茨基主义者展开了思想斗争。革命马克思主义者的团结，是代表会议的最重要的事实之一，也是代表会议的最大的成就之一。战争爆发整整一年以后，第二国际中**唯有**以我党为代表的派别提出了十分明确的决议和据此拟定的宣言草案，团结了俄国、波兰、拉脱维亚边疆区、德国、瑞典、挪威、瑞士和荷兰的彻底的马克思主义者。

动摇分子提出了哪些论据来反对我们呢？德国人承认我们正在迈步走向革命搏斗，但是——他们说——像战壕联欢、政治罢工、街头游行示威、国内战争这类事情，是不能向全世界大声叫嚷的。他们说，这样的事做就是了，但不要说。另一些人则进一步说，这是幼稚的行动，是轻举妄动。

德国的半考茨基主义者既然通过决议向俄国社会民主党工人党团的代表表示同情并且声明必须"学习他们的榜样"，却又发表了这些可笑的、不体面的自相矛盾和模棱两可的言论，这就自己打了自己的嘴巴，因为正是这些代表散发了"向全世界大声叫嚷"国内战争的我党中央机关报《社会民主党人报》。

我们回答德国人说，你们是在学习考茨基的坏榜样：口头上承认即将到来的革命，行动上却不愿公开向群众谈论革命，不愿号召他们进行革命，不愿制定极具体的斗争方法，供群众在革命过程中试用和验证。1847年，马克思和恩格斯**在国外**（德国的庸人们对于在国外谈论革命的斗争方法感到吃惊！），在著名的《共产党宣言》中，号召进行革命，直接和公开地谈到使用暴力，并且声明"不屑于"隐瞒自己的革命目的、革命任务和革命斗争方法。1848年的革命证明，**只有**马克思和恩格斯对事变采取了正确的策略。在俄国1905年革命的几年前，当时还是马克思主义者的普列汉诺夫，在1901年的旧《火星报》[49]上写了一篇代表整个编辑部观点的没有署名的文章，谈到即将到来的起义和用游行示威这样一些办法来准备起义，甚至谈到用铁丝网抵抗骑兵这类技术上的方法。俄国革命证明，只有旧"火星派"对事变采取了正确的策略。现在，二者必居其一。或者我们真正坚信战争正在欧洲造成革命形势，帝国主义时代的整个经济和社会政治形势正在导致无产阶级革命。那么，我们义不容辞的责任就是向群众说明革命的必要性，号召他们进行革命，建立相应的组织，不怕用最具体的方式谈论暴力斗争的种种方法和"技术"。这是我们义不容辞的责任，不管革命是否有足够的力量，不管它将随第一次帝国主义战争还是第二次帝国主义战争而爆发等等。或者我们不相信革命形势已经具备，那就用不着侈谈以战争反对战争之类的空话。那么，我们实际上就成为休特古姆—普列汉诺夫式的或考茨基式的民族主义自由派工人政治家。

法国代表也宣称，他们相信欧洲目前的形势将导致革命。但是他们说，我们到这里来不是为了"提出建立第三国际的口号"，这是第一；第二，法国工人“不相信任何人和任何东西”，他们已被无政府主义和爱尔威主义[50]的空谈腐蚀和麻醉了。第一个论据是站不住脚的，因为在妥协性的共同宣言里毕竟还是“提出了”建立第三国际的“口号”，只不过是不彻底、吞吞吐吐、未经深思熟虑罢了。第二个论据很重要，是一个中肯的、合乎实际的论据，它考虑到法国的特殊情况——不是指保卫祖国和敌人的入侵，而是指法国工人运动的“弱点”。但是由此只能得出结论说，法国社会党人加入全欧洲的无产阶级革命行动，可能会**慢一些**，而决不能说，这些行动是不必要的。至于各国无产阶级能够以何种**速度**、何种方法、何种特殊形式转入革命行动，这个问题在代表会议上根本没有提出而且也不可能提出。现在还不具备这样做的条件。眼下我们要做的是共同**鼓吹**正确的策略，而事态将会表明各国运动的**速度**以及共同道路的不同形式（民族的、地方的、职业的）。如果说法国无产阶级已被无政府主义的空话腐蚀了，那么他们同样也被米勒兰主义[51]腐蚀了，而我们不应当用宣言中**那些吞吞吐吐的话来加重**这种腐蚀。

正是梅尔黑姆自己不慎说出了一句很能说明问题的和极其正确的话，他说：“党〈社会党[52]〉、茹奥〈劳动总联合会[53]书记〉和政府——这是三位一体的东西。”这是实话。这是事实。这个事实已由法国国际主义者同上述政党和茹奥先生们一年来的斗争经验所证明了。但是由此只能得出一个结论：不同机会主义者的政党和无政府工团主义的领袖作斗争，就无法和政府作斗争。共同宣言和我们的决议不同，它只提出了这个斗争的任务，但没有透彻地把问题讲清。

一个意大利人在反驳我们的策略时说过：“你们的策略提得或

者说是太迟了〈因为战争已经开始〉，或者说是太早了〈因为战争还没有造成革命的条件〉”，而且你们还提议“修改”国际的“纲领”，因为我们过去进行的一切宣传一直都是“反对暴力”的。要回答这个问题很容易，我们只要引用茹尔·盖得《警惕！》(«En garde!»)一书中的话就够了。他说，第二国际的任何一个有影响的领袖都没有否认过使用暴力和任何直接革命斗争方法。大家总是说，合法斗争、议会活动和起义是互相联系着的，并且**必然会**随着运动条件的变化而互相转化。顺便说说，我们还从《警惕！》一书中援引了盖得在1899年说过的一段话，他说，争夺市场和殖民地等等的战争有可能发生，他还指出，如果法国、德国和英国在这场战争中也出现了米勒兰分子，那么“无产阶级的国际团结会怎样呢？”盖得的这些话预先打了自己的嘴巴。说鼓吹革命“不合时宜”，这种指责是出于罗曼语国家的社会党人所常犯的混淆概念的毛病：他们把开始革命和公开直接地鼓吹革命混为一谈了。在俄国，没有一个人认为1905年革命的开端早于1905年1月9日，可是最严格意义上的鼓吹革命，即宣传和准备群众性行动、游行示威、罢工、街垒战等等，却早在**许多年**以前就进行了。例如，从1900年末起，旧《火星报》就在鼓吹革命，正像马克思从1847年起就在鼓吹革命，而当时欧洲还根本谈不上**开始革命**。

一旦革命已经开始，那时连自由派和革命的其他敌人都会“承认”革命的，而他们承认革命往往是为了欺骗和出卖革命。革命者**在**革命到来**以前**就预见到革命，认识到革命的必然性，教育群众认识革命的必要性，向群众说明革命的途径和方法。

历史惯会捉弄人。考茨基和他的朋友们本想径自从格里姆的手中把代表会议的召集权夺过去，本想径自破坏左派的代表会议

(为此,考茨基的亲密朋友们不惜**四出奔走**——格里姆在代表会议上揭露了这一点),可是,正是**他们**自己把代表会议推**向左转**。机会主义者和考茨基主义者正在以**自己的**实际行动证明我们党所采取的立场是正确的。

载于1915年10月11日《社会民主党人报》第45—46号合刊

译自《列宁全集》俄文第5版第27卷第43—47页

几 个 要 点[54]

编辑部的话

(1915 年 9 月 30 日〔10 月 13 日〕)

今天本报援引的材料表明,我党彼得堡委员会展开了多么巨大的工作。对俄国和整个国际来说,这的确是社会民主党在反动战争时期,在最困难的条件下进行工作的楷模。彼得堡和俄国的工人将全力支持这项工作,并沿着这条道路更坚决、更有力、更广泛地把这项工作继续做下去。

考虑到俄国国内同志们的意见,我们就社会民主党工作中最迫切的问题拟出如下几个要点:(1)把“召开立宪会议”的口号作为一个独立的口号提出,是不正确的,因为**现时的**全部问题在于由谁来召开这个会议。自由派在 1905 年接受了这个口号,因为他们**可以**把这个口号解释为由沙皇召开并与沙皇串通的会议。最正确的口号是“三条鲸鱼”[55](建立民主共和国、没收地主土地、实行八小时工作制),加上号召工人在争取社会主义、争取用革命手段推翻各交战国政府和反对战争的斗争中实行国际团结(参看第 9 号)[56]。(2)我们反对参加那些帮助进行帝国主义反动战争的军事工业委员会[57]。我们主张利用选举运动,譬如参加第一阶段的选举,那**完全**是为了鼓动和组织的目的。现时根本谈不上抵制国家杜马的问题。参加改选**是绝对必须的**。在国家杜马中没有我们党代表的情况下，我们必须从革命社会民主党的观点出发，利用杜马中所发生的一切。（3）我们认为，当前首要的和最迫切的任务就是在无产阶级中加强和扩大社会民主党的工作，然后再将其扩展到农村无产阶级、贫苦农民和军队中去。革命的社会民主党最重要的任务是在“三条鲸鱼”的口号指引下发展已经开始的罢工运动。在鼓动工作中，对立即停止战争的要求必须给以应有的重视。在提其他要求时，工人们不可忘记要求立即放回工人代表即俄国社会民主党工人党团成员。（4）工人代表苏维埃和其他类似机关应当被看成是起义的机关，是革命政权机关。只有同群众政治罢工的发展联系起来，同起义联系起来，并随着起义的准备、发展与胜利，这些机关才会带来实在的好处。（5）俄国当前革命的社会内容只能是无产阶级和农民的革命民主专政。不推翻君主制和农奴主-地主，俄国革命是不可能胜利的。而没有农民对无产阶级的支持，是不可能推翻他们的。农村进一步分化为“独立农庄主-地主”和农村无产者，并没有消灭马尔柯夫之流对农村的压迫。我们过去和现在，在任何情况下，都无条件地主张农村**无产者**必须有**单独的**组织。（6）俄国无产阶级的任务就是把俄国的资产阶级民主革命进行到底，**以便**点燃欧洲的社会主义革命。这第二个任务现在已非常接近第一个任务，但它仍然是另一个任务，是第二个任务，因为这里牵涉到同俄国无产阶级实行合作的**不同阶级**：在实现第一个任务时，合作者是俄国的小资产阶级农民，在实现第二个任务时，合作者是其他国家的无产阶级。（7）我们和从前一样仍然认为，社会民主党人同民主派小资产阶级一起参加临时革命政府是可以允许的，但只是**不能**同沙文主义派革命者一起参加这种政府。（8）我们认为，那些想借推翻沙皇制度来打败德国、掠夺其他国家、巩固大俄罗斯人对俄国其他民族的统治等等的人，是沙文主义派革命者。革命沙文主义的基础是小资产阶级的阶级地位。小资产阶级总是在资产阶级和无产阶级之间摇摆。现在，它正在沙文主义（沙文主义甚至妨碍它在民主革命中成为彻底革命的阶级）和无产阶级国际主义之间摇摆。目前在俄国，这个小资产阶级的政治代表是劳动派、社会革命党人、《我们的曙光》杂志、齐赫泽党团、组织委员会、普列汉诺夫先生等等。（9）如果沙文主义派革命者在俄国取得胜利，我们就会反对在这场战争中保卫**他们的**“祖国”。我们的口号是：反对沙文主义者，即使他们是革命派和共和派，我们**反对**沙文主义者**而主张**国际无产阶级联合起来进行社会主义革命。（10）对于无产阶级在俄国资产阶级革命中能否起领导作用的问题，我们的回答是：能够起领导作用，**如果**小资产阶级在决定关头向左摆的话；而推动小资产阶级向左摆的力量，不仅是我们的宣传，而且是经济、财政（战争的重担）、军事、政治等方面的许多客观因素。（11）在目前这场战争中，如果革命使无产阶级政党掌握了政权，那它要做些什么呢？我们的回答是：我们要向**各**交战国建议媾和，条件是解放殖民地和**所有**从属的、受压迫的、没有充分权利的民族。无论是德国还是英国和法国，只要它们的现政府还在执政，都不会接受这个条件。那时我们就应当准备和进行革命战争，就是说，不仅要采取最坚决的措施来彻底实现我们的整个最低纲领，还要有步骤地推动现在受大俄罗斯人压迫的一切民族、亚洲的一切殖民地和附属国（印度、中国、波斯等）举行起义，而且，首先要推动欧洲的社会主义无产阶级，使他们违反本国社会沙文主义者的意志，举行起义来反对本国政府。毫无疑问，俄国无产阶级的胜利将会给亚洲和欧洲的革命的发展创造非常有利的条件。**甚至**

1905年就已经证明了这一点。尽管有机会主义和社会沙文主义的龌龊泡沫，革命无产阶级的国际团结却已经成为**事实**。我们提出以上这些要点与同志们交换意见，我们将在今后几号中央机关报上进一步阐发我们的观点。

载于1915年10月13日《社会民主党人报》第47号

译自《列宁全集》俄文第5版第27卷第48—51页

真正的国际主义者：考茨基、阿克雪里罗得、马尔托夫

（1915 年 9 月底）

在齐美尔瓦尔德代表会议召开前不久，帕·阿克雪里罗得在苏黎世出版了一本德文小册子：《国际社会民主党的危机和任务》。接着尔·马尔托夫在苏黎世的《民权报》[58]上发表了两篇吹捧这本小册子的文章。我们不知道这两位作者是否还要用俄文来出版这些著作。要了解组织委员会的领袖们是用什么样的论据为机会主义和社会沙文主义辩护的，再也找不到比这更好的例子了。

同"威胁党的统一的危险"作斗争像一根红线贯穿着整本小册子。"分裂和纷争"——这就是阿克雪里罗得所害怕的东西，这就是他喋喋不休、唠叨得令人厌烦的东西。不要以为他是把社会民主党的现状，把社会民主党的领袖们同各自国家的资产阶级结盟看成是纷争和分裂。不是的！阿克雪里罗得是把要同社会沙文主义者划清界限说成是纷争。阿克雪里罗得把考茨基列为"具有毋庸置疑的国际主义情感和觉悟的"同志之一。可是他在长达 46 页的篇幅里根本没有试图把考茨基的观点归纳起来，准确地加以引证，并且考虑考虑：在当前这场战争中认可保卫祖国的主张是否就是沙文主义。没有一个字谈到问题的实质。没有一句话提到我们的论据。可是，里面却有"向上司的告密"，说列宁在苏黎世的讲演

中把考茨基叫做沙文主义者、庸人、叛徒（第 21 页）…… 可爱的马尔托夫和阿克雪里罗得，这已经不是什么著作，而是警察局的“文件”了！

“在西欧……没有哪一种超人可以利用每一次党内危机，每一次困境，把自己打扮成唯一能挽救党于危亡的救星，并心安理得地在党内推行纷争和瓦解组织的政策。”（第 22 页）

这是什么？难道这是著作吗？

但是，既然“在西欧”没有那样的超等怪物能把考茨基“本人”和阿克雪里罗得看成是沙文主义者和机会主义者，而且使可爱的阿克雪里罗得一想到他们便恨得浑身发抖并倾吐出如此优雅芬芳的……“抒情诗”，那么阿克雪里罗得何以要在上述引文之前两页的地方写出如下的话呢：

“如果注意到愈来愈多的党内的人，特别是德国和法国党内的人，对于我们党的负责机关‘坚持到底’的政策日益感到愤慨，那就决不能排除列宁那种宣传的实际倾向通过各种渠道渗透到西欧社会民主党队伍中来的可能性。”

可见，问题并不在于使可爱的阿克雪里罗得感到难堪的真正俄国的超等怪物！可见，是各正式政党的**国际性的**沙文主义——像阿克雪里罗得所亲口承认的，它不但在德国有，在法国也有，请注意这一点！——引起了**国际的**革命的社会民主党人的愤慨和反击。因此，在我们面前存在**两个派别**，它们都是国际性的。阿克雪里罗得所以发怒，所以谩骂，是因为他不理解这两个派别的产生是不可避免的，它们之间的无情斗争是不可避免的；其次还因为公开承认他自己的立场是渴望当一名**表面上的**国际主义者、**实际上的**沙文主义者，使他感到羞愧、难堪和对他不利。

“工人运动的国际化问题并不等同于我们的斗争形式和方法

革命化的问题。”把一切都归结为机会主义而忽视“作为千百年历史过程产物的”“爱国主义思想的”“巨大力量”，这正是“一种意识形态上的解释……”“应当力求在这个资产阶级社会范围内创造真正的**现实**〈黑体是阿克雪里罗得用的〉，创造客观的生活条件（起码为斗争中的工人群众创造），以削弱上面提到的那种依赖性”，即“群众对于历史上形成的民族的和国土的社会构成的依赖性”。阿克雪里罗得对自己的这个深奥的思想进行了解释，他说：“譬如说，有关劳动保护和保险的立法，以及其他各种重要的政治要求，最后还有工人在文化教育方面的需要和愿望，都应当成为”各国无产者“**国际**〈黑体是阿克雪里罗得用的〉行动和**国际**组织的目标”。全部问题在于“使争取实现当前要求的‘日常’斗争国际化……”

啊，这可真妙呀！可是有些超等怪物竟然想出要同机会主义作斗争！不满足于“意识形态上的”解释的真正国际主义——带着重标记的国际主义——和真正“马克思主义”原来是关心保险的立法的国际化！！多么天才的思想……一切国际机会主义者，一切国际自由主义者，从劳合－乔治到弗·瑙曼，从勒鲁瓦－博利厄到米留可夫、司徒卢威、古契柯夫，都会不作任何“斗争、分裂、纷争”地举起双手赞成阿克雪里罗得、马尔托夫和考茨基的这个科学的、深刻的、客观的“国际主义”。

两种“国际主义的”妙论：考茨基说，如果我在帝国主义战争中，即在为了掠夺和奴役别国而进行的战争中保卫自己的祖国，并承认其他交战国的工人也有权利保卫他们自己的祖国，那么这就是真正的国际主义。阿克雪里罗得说，不要热衷于对机会主义作“意识形态上的”攻击，而应当同千百年来的民族主义进行实际斗争，其方法是实现保险法方面的日常工作的国际化（也是千百年的)。马尔托夫赞同阿克雪里罗得的意见!

阿克雪里罗得关于民族主义有千百年根源等论调和俄国农奴主在1861年前关于农奴制有千百年根源的论调政治意义完全相同。这些论调都是为反动派和资产阶级张目的,因为阿克雪里罗得避而不谈——很谦虚地避而不谈——几十年来特别是1871年以后的资本主义发展造成了各国无产者之间**客观上的**国际联系,而恰恰是现在,恰恰是当前应当在国际革命行动中把这种联系变成现实。阿克雪里罗得反对这样做。他主张提醒人们牢记奴役制度有千百年的根源,而反对旨在消灭奴役制度的行动!

那么,无产阶级革命这件事该怎么办呢?1912年的巴塞尔宣言鉴于这场日益迫近的战争(两年后果然爆发了),而谈到了无产阶级革命。阿克雪里罗得想必认为这个宣言是一种轻率的"意识形态"——这一用语完全符合司徒卢威和库诺那种"马克思主义"的精神!——因而**只字不提**这个宣言。对于革命,他则用如下的话加以回避:

> "要是我们真正处于社会革命的前夜,譬如说,就像俄国1901年爆发大学生游行示威(它预示着反专制制度的决战即将到来)时的情况那样,那么把迅猛的群众性的革命行动或起义看做是唯一能够克服民族主义的杠杆的倾向,也许还有一定的道理。但是,即使那些把自己的全部希望都寄托在暴风雨般的革命时期很快到来的同志,现在也不敢绝对肯定:无产阶级和资产阶级之间的决定性冲突马上就要发生。相反,他们也认为这个时期会持续几十年。"(第41页)

不言而喻,接下去就是对俄国侨民中的"空想"和"巴枯宁主义者"的猛烈攻击。

但是阿克雪里罗得所举的例子却再好不过地揭露了我们这位机会主义者。1901年有哪一个头脑清醒的人能够"绝对肯定"同俄国专制制度的决战“马上就要发生”呢？谁也不能这样肯定，谁也没有这样肯定。那时谁也无法知道，决定性的搏斗**之一会在4年以后**(1905年12月)发生；而同专制制度的下一次“决定性”搏斗可能“发生”在1915—1916年，也可能更晚一些。

如果说1901年谁也没有肯定(不仅没有绝对肯定，而且根本没有肯定)一场决定性的搏斗“马上”就要发生，如果说我们当时肯定克里切夫斯基和马尔丁诺夫及其一伙关于一场搏斗“马上就要发生”的“歇斯底里”叫喊是不严肃的，那么，我们革命的社会民主党人当时倒是**绝对**肯定了另一件事：我们当时肯定，只有那些不可救药的机会主义者才会在1901年不明白自己的任务是**马上支持**1901年的革命游行示威，鼓励和扩大游行示威，并为游行示威宣传最坚决的革命口号。尽管决定性的搏斗**没有**“马上”发生，尽管第一次决定性的搏斗在4年以后**才**发生，而且也不是最后的搏斗，不是决定性的搏斗，但是历史毕竟证明我们是正确的，而且只有我们是正确的；历史谴责了机会主义者，把他们长久地抛到了工人运动之外。

现在欧洲的情况完全一样，一模一样。毫无疑问，1915年的欧洲具有像俄国1901年那样的革命形势。我们无法知道，无产阶级和资产阶级的第一次“决定性的”搏斗是否会在4年以后，或在2年或10年以至更长的时间以后发生，也无法知道，“第二次”“决定性的”搏斗是否会再过10年以后发生。但是我们深知并“绝对”肯定，我们目前刻不容缓和责无旁贷的义务，就是支持已经发生的风潮和**已经**开始的游行示威。在德国，群众向谢德曼发出嘘声，在很多国家中，群众举行游行示威反对物价上涨。而社会民主党人阿克雪里罗得却在逃避这个直接和责无旁贷的义务，而且劝阻工人不要履行这个义务。如果考察一下阿克雪里罗得的议论的政治含义和中心思想,那就只能得出一个结论:阿克雪里罗得同社会爱国主义和社会沙文主义的领袖们**一齐反对**立即宣传和准备革命行动。这就是问题的实质。其他一切都是空话。

我们现在**无疑**是处在社会主义革命的前夜。连考茨基这样"最谨慎的"理论家也早在1909年就承认了这一点(《取得政权的道路》)。1912年一致通过的巴塞尔宣言也承认了这一点。正如我们在1901年不知道俄国第一次革命的"前夜"会持续4年之久那样,我们现在对于这一点也同样不知道。革命可以包括,而且将来很可能包括若干次多年的搏斗,即若干个猛烈进攻的时期,其间还会反复出现资产阶级制度的反革命挣扎。当前政治局势的全部关键就在于是否应该支持和发展**革命**运动来利用已有的革命形势。是或者否。这个问题现在是划分社会沙文主义者和革命的国际主义者的政治界限。在这个问题上,考茨基、阿克雪里罗得和马尔托夫尽管和组织委员会国外书记处的5个书记一样满口革命词句,却是站在社会沙文主义者一边的。

阿克雪里罗得不惜用大量漂亮的空话掩饰他为社会沙文主义辩护的行为。在**如何**掩饰自己的观点,**如何**利用语言和文字来隐瞒自己的思想方面,他这本小册子堪称典范。阿克雪里罗得无数次翻来覆去地说国际主义这个词,指责社会爱国主义者及其朋友们不愿向左移动,暗示他比考茨基要"左些",他甚至还说必须建立第三国际,而且这个国际应该强大得足以"用突然爆发的革命风暴而不是用威吓"(第14页)来回答资产阶级燃起世界战火的举动,如此等等。口头上阿克雪里罗得准备什么都承认,甚至可以承认革命风暴,而在行动上却想同考茨基,从而也同德国的谢德曼,同俄国沙文主义的和反革命的《我们的事业》杂志[59]以及齐赫泽党团保持一致,在行动上**反对立即**支持和发展**正在兴起的革命运动**。口头上什么都说到了,行动上却什么也不干。他信誓旦旦地说他们是"国际主义者"和革命者,而在行动上却支持全世界的社会沙文主义者和机会主义者反对革命的国际主义者。

载于1924年《无产阶级革命》杂志第3期

译自《列宁全集》俄文第5版第27卷第52—58页

关于《帝国主义和民族自决权》演讲的材料[60]

（1915年10月15日〔28日〕以前）

1

《宫廷历书》一书摘录

关于民族问题

大国民族

（《宫廷历书》1914年版）

1910年

德意志人 1 200 万在奥匈帝国
　　　　6 000 万在德国
　　　　═══(?)(6 700 万中的)
　总计＝ 7 200 万(?)
英吉利人(?)4 500 万在英国(4 600 万中的)
　　　　　　　　和英国的殖民地
　　　　(?)8 000 万在美国
　　　　12 500 万(?)

殖民地(人口，单位百万)	
1914 年	**1876 年**
570	314
38 年中+**81**%	

英吉利人	——	12 500
大俄罗斯人	——	7 300
德意志人	——	7 200
法兰西人	——	3 800
	总计=	30 800 万
日本人	——	5 000
意大利人	——	3 500
?		39 300
匈牙利人	——	1 000
	总计=	40 300 万

2

提纲草稿

题目:帝国主义和民族**自决**。

不是"民族问题"

删去民族纲领的$\frac{2}{3}$(仅留自决)。

+帝国主义制度下的民主改革?

+1905 年的挪威。"例外"?

+1869 年的爱尔兰。"空想"?

+民族运动:亚洲和殖民地的……

和非洲(埃及)的……

+既然帝国主义是各民族**联合**的时代,为什么还要按民族**划分**?

"如果说"(既然)先进国家已经达到把各民族联合起来的**帝国主义**阶段,如果说先进国家的资本主义(=帝国主义)已经**超出了**民族国家的范围,那"为什么"乌克兰、中国、波斯、印度、埃及等地还发生民族运动? 19 世纪 60 年代的蒲鲁东分子和马克思("其他一切国家都应当停顿下来……等候法国人实行社会革命"①)。

马克思 1848 年在《新莱茵报》[61]上。恩格斯 1866 年和马克思

① 参看《马克思恩格斯全集》第 1 版第 31 卷第 230 页。——编者注

1869年:正是为了**压迫**民族的工人阶级的利益,应当要求**被压迫**民族有分离的自由。

帝国主义是在**新的**历史基础上的民族压迫……这是一半。

(任务的)另外一半=**在东欧**(1905年后的乌克兰)、在亚洲和非洲(中国、印度、埃及)——在**殖民地**(在世界10亿人口中,57 000万+36 000万=93 000万)的**民族运动的**兴起……

第1页:
—2—3①
(压缩和改写)

16亿中有3亿—4亿是压迫者

把民族自决"陈旧的、用烂了的"(schäbig)资产阶级民主口号((对地球上10亿人来说是新的!!))由欺骗变成真理。

第4—5页
删去
第6页(改写)

对英国、法国来说是欺骗——对德国来说也是欺骗。

欺骗的两种形式:普列汉诺夫

反对帕尔乌斯的"用烂了的"口号。

仅仅是资产阶级民主原则吗?而工人的**兄弟团结**呢?

不,**也是**社会主义原则。

如果我们提出自决的自由,**即**分离的自由的口号,我们就是通过**全部**宣传要求压迫者竭力用好处、用文化,**而不用**暴力来维系。

① 大概是引列宁某一手稿的页码。——俄文版编者注

如果我们不承认分离的自由，不把它提到首要地位，**实际上**我们就是为暴力的奴仆们留下敞开的大门。

只有这样我们才击中要害——我们教育工人：把不是**真心诚意地**承认民主原则和社会主义原则的人统统赶走。

3
要 点

?

4个 更好些

5个要点:(1)压迫民族的,特别是所谓大国的社会民主党人,应当要求自决权=被压迫民族分离的权利,不但要在合法的刊物上,而且特别要在秘密刊物上,特别要在战时坚持这种权利。——(2)被压迫民族的社会民主党人应当要求被压迫民族的工人同压迫民族的工人最充分地——包括在组织上——打成一片,而不仅仅是接近。——(3)根据这些原则,20世纪所有先进国家的,特别是大国的社会民主党人,应当把"工人没有祖国"①这个原则放在自己民族政策的首要地位,而同时绝不否定东欧和亚非殖民地的落后民族的民族解放运动重大的世界历史意义。——(4)各国社会民主党人不应当把联邦制原则,把建立小国奉为理想,而应当坚决主张各民族尽可能的接近,说明任何民族分离的害处,民族文化自治的害处,**民主**集中制的好处,大的国家和国家联盟的好处。

第5个要点:鉴于第一个要点是最起码的要求,鉴于它得到了整个民主派和马克思+恩格斯(1848—1876年)的承认,鉴于它已

① 见《马克思恩格斯文集》第2卷第50页。——编者注

被战争的经验所肯定，——必须把不承认这一点的社会民主党人视为无产阶级的敌人，视为最坏的骗子，并把他们开除出党。

光是承认反对**任何**民族压迫，反对**任何**民族不平等的斗争是不够的：

(α)“不平等”包括建立国家的权利？还是不包括？

(β)——包括分离权还是不包括？

(γ)日常鼓动的性质：针对主要方面。

工人的统一，无产阶级国际阶级斗争的统一，比起国家疆界问题，即在帝国主义时代尤其经常地要通过战争来**重新**加以解决的问题，不知要重要多少。

4

帝国主义和民族自决权

(提　　纲)

1915年10月28日

引　　言

(1)问题的迫切性。人人都在谈论的热门话题。为什么?

(α)战争燃起民族仇恨和有造成民族压迫的危险。

(β)帝国主义是在**新的**历史基础上的民族压迫的时代。

(2)***Z.L.***(“齐美尔瓦尔德左派”)的任务是团结起来,而且在这个基础上**还须**粉碎社会沙文主义,使工人阶级认识清楚。

I. 经济观点

(3)“资本**已超出了**民族的范围。各民族的联合(在一国内)是不可避免的和进步的。”说得对!但马克思主义并不=司徒卢威主义[62],不是去替对各民族使用暴力进行辩解和辩护,而是为了社会主义、为了各民族工人的**联合**、为了他们的**兄弟团结**而进行革命斗争。

(4)反对暴力,**赞成**各民族的民主联合。“分离的自由”是**民主制的最高**表现。

(5)民主制，分离自由**有利于**经济上的联合(挪威和瑞典；美国与德国)。

II. 历史观点

(6)“民族自决是已经过去了的资产阶级民主革命和资产阶级民主运动时代的用烂了的口号。”

——帝国主义造成新的基础上的民族压迫。帝国主义更新了这一陈旧的口号。

(7)东方和**殖民地**(占世界人口10亿以上)。“新的”资产阶级民主民族运动。

殖民地　1876年——31 400万
　　　　1914年——57 000万　+81%。

III. 政治观点

(8)我们并不抛弃资产阶级民主的口号，而是更彻底地、更充分地、更坚决地实现其中**民主的东西**。

(9)不是**民族的**利益，而是各民族**工人的**兄弟情谊和团结的利益。

IV. 国家疆界观点

(10)我们并不坚持各国**目前的**疆界。

(11)我们不赞成建立小国的空想，我们不是在任何地方、任何时候都要求“民族国家的独立”……

(12)不管国家疆界可能发生什么样的**变动**，我们都把工人的阶级斗争的利益放在第一位。

(13)俄国的(英国的、奥地利的？)“瓦解”＝联邦。

V. 无产阶级国际阶级斗争的观点

(14)民族仇恨和不信任的危险性(和在资本主义制度下的不可避免性)(像阿克雪里罗得那样？不!)

(15)关键：**压迫**民族对**被压迫**民族的态度。

(16)不承认分离权，就不可能有各民族工人的阶级团结。

VI. “实际的可行性”

(17)“空想”！挪威与瑞典。

(18)“例外”！(“偏僻地方”。)

是的，正如**一切**民主的改革和改造一样。

(19)“实际上＝零”。

不＝(α)宣传分离的自由

(β)用全民投票来决定分离的问题(宪法中的两条)。

(20)“保证何在？只有战争能解决!”

(我们的保证——用各民族的兄弟团结的精神来教育工人群众。)

VII. 战争的观点

(21)“民族自决＝为参战辩护。”

有各种各样的战争。民族战争我们并不“否定”。这种战争在现在也可能发生。

(22)“如果自决，那荷兰、瑞典等有权自卫。”在**帝国主义**战争中**怎么**能自卫呢？

VIII. 同社会沙文主义的斗争

(23)社会沙文主义，像无线电报那样，是帝国主义必然的产物。同它作斗争＝当前的实质。

(24)同**本**民族的沙文主义的斗争。

(25)主要的——**大国**沙文主义。

(26)“承认平等”＝回避关于建立**国家**、关于**分离**、关于发生帝国主义**战争**的情况的问题。

(27)**只有**我们的提法才击中了要害。只有这个提法才能**打垮和切断**国际**社会沙文主义**。

IX. 拿离婚作比喻①

(28)罗莎·卢森堡谈离婚(与自治)。

(29)谢姆柯夫斯基的反驳。

(30)他的错误。

X. 魏尔事件

(31)社会沙文主义者们开除了魏尔，对**他们的**原则的背叛。

(32)从**我们的**观点来看参战**不是**罪过。为了在军队中进行鼓动？为了变战争为国内战争？

(33)民族的选择。(在哪一方军队中？)

XI. 自由派资产阶级的态度

(34)在**俄国**：我们(立宪民主党人)主张平等，但我们从不维护从俄

---

① 见本版全集第28卷第165—169页。——编者注

罗斯国家分离的权利。

(35)卡尔·考茨基论政治**自决**(说什么"文化自决和自治就够了)"……

XII. 俄国社会民主工党的经验

(36)在1903年代表大会上对问题的提法。

(37)波兰社会民主党的退出和在1906年的加入。[63]

(38)从来也没有正式要求取消第9条。

(39)1914年机会主义者同罗莎的"联盟"(取消派谢姆柯夫斯基、李普曼、尤尔凯维奇、阿列克辛斯基)。

XIII. 马克思和恩格斯的范例

(40)1848年 德国**与**被压迫民族(《遗著》第3卷第109、113、114页)。

1866年 恩格斯和**国际**(马克思)论波兰和**德国**。

1869年 马克思论**爱尔兰**。

(41)**压迫**民族**工人**的利益的观点。

注意
马克思赞成同爱尔兰**结成联邦**(注意)

XIV. "齐美尔瓦尔德左派的""提法"

(42)"**不**支持一个民族对另一民族的统治"……

问题:包括分离的自由?还是不包括。 不承认分离的自由也就是"支持统治"。

这个提法="走向接近的第一步"……①

载于1937年《列宁文集》俄文版第30卷

译自《列宁全集》俄文第5版第27卷第434—444页

① 见本卷第42—47页。——编者注

革命的无产阶级和民族自决权[64]

（1915 年 10 月 16 日〔29 日〕以后）

齐美尔瓦尔德宣言也同社会民主党大多数纲领或策略决议一样，宣布了“民族自决权”。巴拉贝伦在《伯尔尼哨兵报》第 252—253 号合刊上却把“争取并不存在的自决权的斗争”说成是“虚幻的”斗争，并**把**“无产阶级反对资本主义的群众革命斗争”**同**这种斗争**对立起来**，同时他**担保说**，“我们反对兼并”（巴拉贝伦的这个担保在他的文章中重复达**五**次之多），反对对各民族施加任何暴力。

巴拉贝伦持这种立场的理由是：现时的所有民族问题，如阿尔萨斯—洛林问题、亚美尼亚问题等，都是帝国主义问题；资本的发展已超出了民族国家的范围；不能把“历史的车轮倒转过来”，退向民族国家这种过了时的理想等等。

让我们来看看巴拉贝伦的论断对不对。

首先，向后看而不向前看的正是巴拉贝伦自己。因为他反对工人阶级接受“民族国家的理想”时，目光只是停留在英国、法国、意大利、德国，即民族解放运动已成为过去的国家，而没有投向东方，投向亚洲、非洲，没有投向民族解放运动方兴未艾或终将兴起的殖民地。这方面只要举印度、中国、波斯、埃及为例就够了。

其次，帝国主义意味着资本的发展超出了民族国家的范围，意味着民族压迫在新的历史基础上的扩大和加剧。由此得出的结论与巴拉贝伦的正好相反:我们应当**把**争取社会主义的革命斗争同民族问题的革命纲领**联系起来**。

照巴拉贝伦说来,他是**为了**社会主义革命,才以轻蔑的态度抛弃民主制方面的彻底革命的纲领的。这是不对的。无产阶级只有通过民主制,就是说,只有充分实现民主,把最彻底的民主要求同自己的每一步斗争联系起来,才能获得胜利。把社会主义革命和反对资本主义的革命斗争同民主问题**之一**(在这里是民族问题)**对立起来**是荒谬的。我们应当**把**反对资本主义的革命斗争同实现**一切**民主要求的革命纲领和革命策略**结合起来**;这些民主要求就是:建立共和国,实行民兵制,人民选举官吏,男女平等,民族自决等等。只要存在着资本主义,所有这些要求的实现只能作为一种例外,而且只能表现为某种不充分的、被扭曲的形式。我们在依靠已经实现的民主制、揭露它在资本主义制度下的不彻底性的同时,要求推翻资本主义,剥夺资产阶级,因为这是消灭群众贫困和**充分地**、**全面地**实行**一切**民主改革的必要基础。在这些改革中,有一些将在推翻资产阶级以前就开始,有一些要**在**推翻资产阶级**过程中**实行,还有一些则要在推翻资产阶级以后实行。社会革命不是一次会战,而是在经济改革和民主改革的所有一切问题上进行一系列会战的整整一个时代。这些改革只有通过剥夺资产阶级才能完成。正是为了这个最终目的,我们应当用彻底革命的方式表述我们的**每一项**民主要求。某一个国家的工人**在**一项基本的民主改革都未充分实现**以前**就推翻资产阶级,这是完全可以设想的。但是,无产阶级作为一个历史阶级,如果不经过最彻底和最坚决的革命民主主义的训练而要战胜资产阶级,却是根本不可设想的。

帝国主义是极少数大国对世界各民族的愈来愈厉害的压迫,

1626 Das revolutionäre Proletariat und
24/1 das Selbstbestimmungsrecht der Nationen.

Das Zimmerwalder Manifest, sowie auch die Mehrheit der Programme oder der taktischen Resolutionen der sozdem. Parteien, proklamiert das Selbstbestimmungsrecht der Nationen. Gen. Parabellum in Nr. 252-3 der „Berner Tagwacht" erklärt „den Kampf um das nicht existierende Selbstbestimmungsrecht" für illusorisch und stellt demselben den „revolutionären Massenkampf des Proletariats gegen den Kapitalismus" entgegen, indem er versichert, daß „wir gegen die Annexionen" sind (diese Versicherung ist fünf Mal im Artikel des Gen. P. wiederholt worden) sowie auch gegen alle „nationale Gewaltakte".

Die Motivierung des Standpunktes des Gen. P. redu-

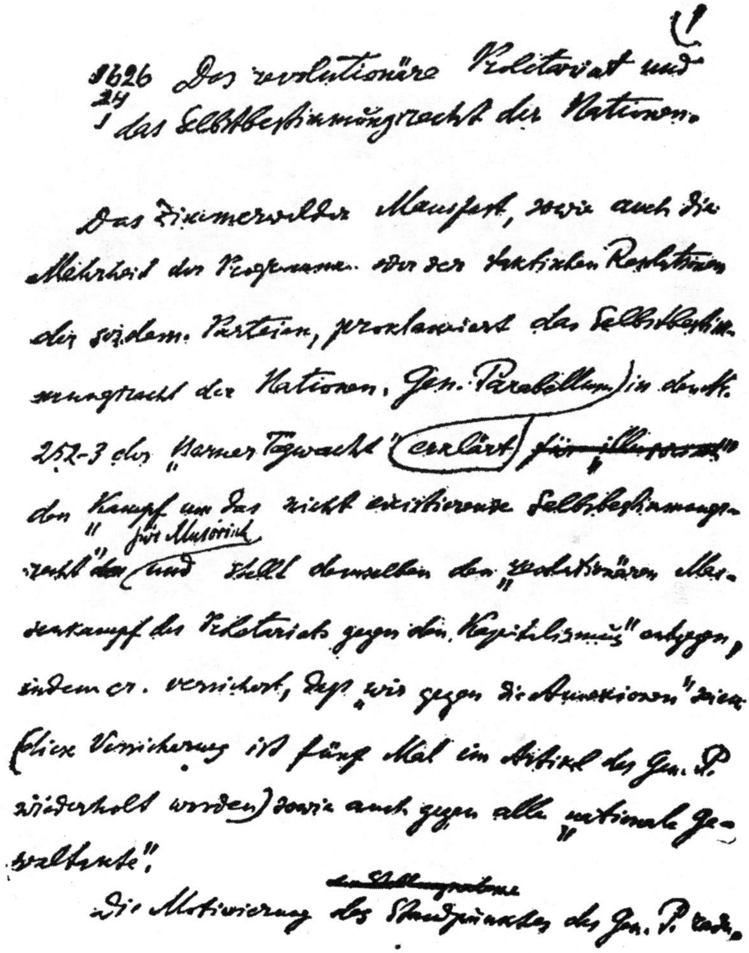

1915 年列宁《革命的无产阶级和民族自决权》手稿第 1 页

（按原稿缩小）

是极少数大国之间为扩大和巩固对各民族的压迫而进行战争的时代，是一些伪善的社会爱国主义者欺骗人民群众的时代，这些人**在**“民族自由”、“民族自决权”和“保卫祖国”**的幌子下**，为一些大国对世界上大多数民族的压迫辩护和开脱。

因此，在社会民主党的纲领中居中心地位的，应当是把民族区分为压迫民族和被压迫民族。这正是帝国主义的**本质**所在，正是社会沙文主义者和考茨基**用谎言**加以回避的东西。从资产阶级的和平主义或小市民的空想的观点，即认为各独立民族在资本主义制度下可以和平竞争的观点看来，这种区分是无关紧要的，但是从反对帝国主义的革命斗争的观点看来，它恰恰是至关重要的。根据这个区分应当得出**我们**对“民族自决权”的彻底民主主义的、革命的、**同**为社会主义而立即斗争的总任务**相适应的**定义。为了这种权利，为了真正承认这种权利，压迫民族的社会民主党人应当提出被压迫民族有分离的自由这一要求，否则，所谓承认民族平等和工人的国际团结，实际上就只能是一句空话，只能是一种欺人之谈。被压迫民族的社会民主党人则应当把被压迫民族的工人同压迫民族的工人的团结一致和打成一片摆到首位，否则，这些社会民主党人就会不由自主地成为**一贯**出卖人民和民主的利益、**一贯**准备兼并和压迫其他民族的这个或那个民族的**资产阶级**的同盟者。

19 世纪 60 年代末期某些人对民族问题的提法可以作为一个有教益的例子。同任何阶级斗争和社会主义革命的思想格格不入的小资产阶级民主派，为自己描绘了自由平等的民族在资本主义制度下和平竞争的乌托邦。蒲鲁东主义者从社会革命的直接任务出发，根本“否认”民族问题和民族自决权。马克思嘲笑了法国的蒲鲁东主义，指出了它同法国沙文主义的血缘关系（“整个欧洲都应当而且将会安静地坐等法国老爷们来消除贫穷”[1]……“他们看来是完全不自觉地把否定民族特性理解为由模范的法兰西民族来吞没各种民族特性了”[2])。马克思曾要求**爱尔兰**从英国**分离**,“虽然分离以后可能会成立联邦”[3]。他提出这个要求不是从小资产阶级的和平资本主义的空想出发,不是要“替爱尔兰主持公道”[4],而是从**压迫民族即英吉利民族**的无产阶级反对资本主义的革命斗争的利益出发的。这个民族对另一个民族的压迫,限制和损害了**这个**民族的自由。如果**英国**无产阶级不提出爱尔兰有分离的自由这个要求,那**它的**国际主义就不过是伪善的言词。马克思从来不主张建立小国,不笼统主张国家分裂,也不赞成联邦制原则,他认为被压迫民族的分离是走向联邦制的一个步骤,因此不是走向分裂,而是走向政治上和经济上集中的一个步骤,但这是在民主主义基础上的集中。在巴拉贝伦看来,马克思提出爱尔兰分离这个要求,想必是在进行“虚幻的斗争”。而事实上**只有**这种要求才是彻底的革命纲领,只有这种要求才符合国际主义,只有这种要求所维护的集中才**不是**帝国主义**性质**的集中。

当今的帝国主义使大国压迫其他民族成为普遍现象。在大国民族为了巩固对其他民族的压迫而进行帝国主义战争,压迫世界上大多数民族和全球大多数居民的今天,唯有同大国民族的社会沙文主义进行斗争的观点应当成为社会民主党民族纲领中决定性的、主要的、基本的观点。

---

① 参看《马克思恩格斯全集》第 1 版第 31 卷第 224 页。——编者注

② 同上书,第 231 页。——编者注

③ 同上书,第 381 页。——编者注

④ 见《马克思恩格斯文集》第 10 卷第 316 页。——编者注

请看一看社会民主党目前在这个问题上的各种思想派别吧。梦想在资本主义制度下实现民族平等和民族和平的小资产阶级空想主义者已让位于社会帝国主义者。巴拉贝伦犹如同风车搏斗[65]一样地同前者搏斗,结果不由自主地为后者效了劳。社会沙文主义者在民族问题上的纲领是怎样的呢?

他们或者引用类似巴拉贝伦那样的论据来根本否定民族自决权(如库诺、帕尔乌斯和俄国的机会主义者谢姆柯夫斯基、李普曼等人);或者显然伪善地承认这种权利,就是说恰恰不把它应用于受他们本民族或本民族的军事盟国压迫的那些民族(如普列汉诺夫、海德门、所有亲法爱国主义者以及谢德曼等等)。考茨基的社会沙文主义谎言说得最漂亮,因而对无产阶级也最危险。口头上他**拥护**民族自决,口头上他主张社会民主党"全面地〈!!〉和无条件地〈??〉尊重和捍卫民族独立"(《新时代》杂志第33年卷第2册第241页;1915年5月21日)。而**实际上**他使民族纲领顺应占统治地位的社会沙文主义,歪曲和删减民族纲领,不去确切地规定压迫民族的社会党人的责任,甚至公然伪造民主原则,说什么为每个民族要求"国家独立"(staatliche Selbständigkeit)是,"非分的"("zu viel")(《新时代》杂志第33年卷第2册第77页;1915年4月16日)。请看,"民族自治"就够了!! 恰恰是帝国主义资产阶级不允许涉及的那个主要问题,即建立在民族压迫之上的**国家疆界**问题,考茨基回避了,他为了讨好帝国主义资产阶级而把最本质的东西从纲领中一笔勾销。资产阶级对什么样的"民族平等"和什么样的"民族自治"都可以允诺,只要无产阶级能够在合法的范围内活动并在国家**疆界**问题上"乖乖地"听命于它就行! 考茨基是用改良主义的方式而不是用革命的方式表述社会民主党的民族纲领的。

对于巴拉贝伦的民族纲领，更确切些说，对于他的“我们反对兼并”的**担保**，德国社会民主党执行委员会、考茨基和普列汉诺夫及其一伙都举双手赞成，因为这个纲领并没有揭露居统治地位的社会爱国主义者。就连资产阶级和平主义者也会赞成这个纲领的。巴拉贝伦的漂亮的**总**纲领（“反对资本主义的群众革命斗争”）对他来说，也像对60年代的蒲鲁东主义者那样，并不是为了依照这个纲领，根据它的精神来制定一个毫不妥协的、彻底革命的民族问题纲领，而是为了在这个问题上替社会爱国主义者扫清道路。在我们所处的帝国主义时代，世界上大多数社会党人属于压迫其他民族并力求扩大这种压迫的民族。因此，如果我们不公开宣布：一个压迫民族的社会党人，无论在和平时期还是在战争时期，不宣传被压迫民族有分离的自由，那他就不是社会主义者，不是国际主义者，而是沙文主义者！一个压迫民族的社会党人如果不违反政府禁令，也就是说在不经书报检查的即秘密的报刊上进行这种宣传，那么他所谓的拥护民族平等就只能是伪善的！——如果我们不这样宣布的话，那我们的“反对兼并的斗争”将始终是一种毫无内容的、社会爱国主义者毫不感到可怕的斗争。

对于尚未完成资产阶级民主革命的俄国，巴拉贝伦**只**说了下面一段话：

“就连经济非常落后的俄国也通过波兰、拉脱维亚和亚美尼亚的资产阶级的行为表明，把各族人民拘禁在这个‘各族人民的牢狱’中的不仅有武装的卫兵，而且还有资本主义扩张的需要，因为对它来说，广大的领土是它借以发展的沃土。”

这不是“社会民主党的观点”，而是自由派资产阶级的观点，不是国际主义的观点，而是大俄罗斯沙文主义的观点。巴拉贝伦虽然同德国社会爱国主义者卓越地进行了斗争，但是看来他对大俄罗斯沙文主义却很不了解。为了从巴拉贝伦这段话中得出社会民主党的原理和社会民主党的结论，应该把这段话修改和补充如下：

俄国是各族人民的牢狱，这不仅是因为沙皇制度具有军事封建性质，不仅是因为大俄罗斯资产阶级支持沙皇制度，而且还因为波兰等民族的资产阶级为了资本主义扩张的利益而牺牲民族自由和整个民主制度。俄国无产阶级若不在现时就彻底地和“无条件地”要求让一切受沙皇制度压迫的民族有从俄罗斯分离的自由，那它就不能领导人民进行胜利的民主革命（这是它的最近任务），也不能同欧洲的兄弟无产者一道为社会主义革命而斗争。我们并不是脱离我们争取社会主义的革命斗争来提这个要求的，而是因为不把这个斗争同所有民主问题，其中包括民族问题的革命提法联系和结合起来，这个斗争就始终只能是一句空话。我们要求民族有自决的自由，**即**独立的自由，**即**被压迫民族有分离的自由，并不是因为我们想实行经济上的分裂，或者想实现建立小国的理想，相反，是因为我们想建立大国，想使各民族接近乃至融合，但是这要在真正民主和真正国际主义的基础上实现；没有分离的自由，这是**不可想象的**。马克思在1869年要求爱尔兰分离，并不是为了制造分裂，而是为了将来爱尔兰能同英国自由结盟，不是“替爱尔兰主持公道”，而是为了英国无产阶级革命斗争的利益；同样，我们认为，俄国社会党人拒绝要求上述意义上的民族自决的自由，那就是对民主主义、国际主义和社会主义的直接背叛。

载于1927年《列宁文集》俄文版
第6卷

译自《列宁全集》俄文第5版
第27卷第61—68页

致“社会主义宣传同盟”书记[66]

（1915年10月31日和11月9日〔11月13日和22日〕之间）

亲爱的同志们：

收到你们的传单我们非常高兴。你们号召社会党的党员进行斗争，争取建立新的国际，实现马克思和恩格斯所教导的真正革命的社会主义，反对机会主义，尤其是反对那些主张工人阶级参加防御性战争的人，这完全符合我们党（俄国社会民主工党，**中央委员会**）在这场战争一开始就采取的和10多年来一直坚持的立场。

我们向你们致以最诚挚的敬礼，并衷心祝愿我们维护真正国际主义的共同斗争获得成功。

在我们的报刊和宣传中，我们在某几点上同你们的纲领存在着分歧。我们认为完全有必要向你们扼要指出这些分歧，以便立即采取认真的步骤，使各国不同意妥协的革命社会党人特别是马克思主义者的国际斗争能够协调一致。

我们最严厉地批评旧的国际即第二国际（1889—1914年），我们宣布它已经死亡，而且不值得在旧的基础上恢复它。但是我们在自己的报刊上从来没有讲过：到目前为止对所谓“眼前要求”注意过多了，这样会阉割社会主义。我们断言并且证明，一切资产阶级政党，除工人阶级革命政党以外的一切政党，在谈论改良的时候，都是在撒谎，都是假仁假义。我们在竭力帮助工人阶级，争取使

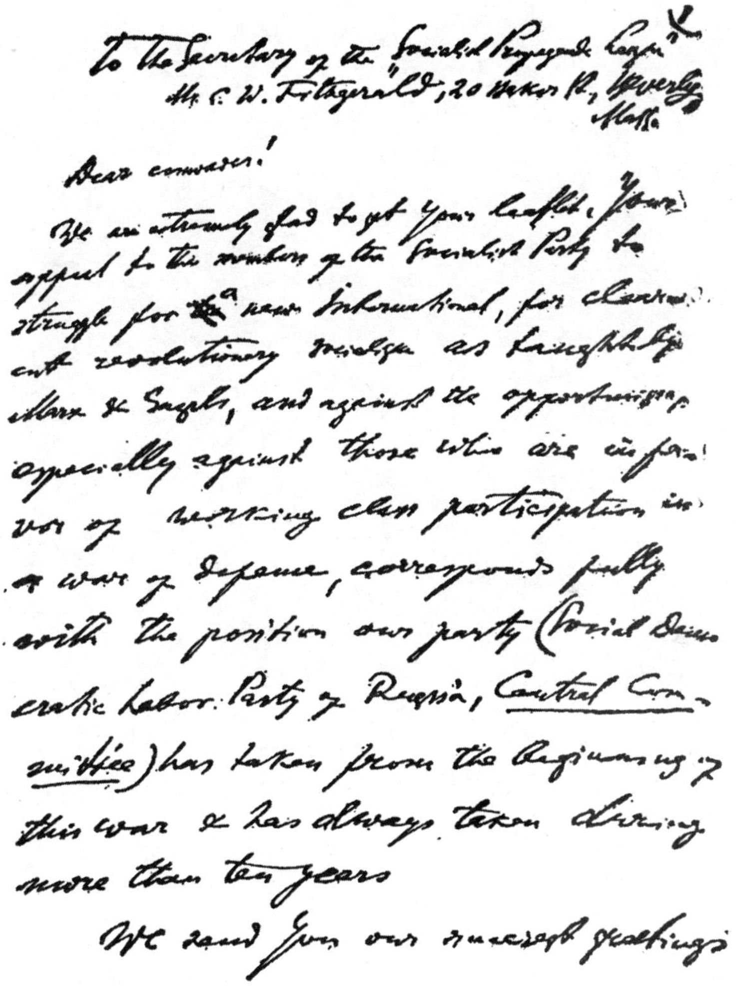

To the Secretary of the "Socialist Propaganda League"
Mr. C. W. Fitzgerald, 20 Hakers St., Waverly, Mass.

Dear comrades!

We are extremely glad to get your leaflet. Your appeal to the members of the Socialist Party to struggle for a new International, for clearcut revolutionary methods as taught by Marx & Engels, and against the opportunism, especially against those who are in favour of working class participation in a war of defence, corresponds fully with the position our party (Social Democratic Labor Party of Russia, Central Committee) has taken from the beginning of this war & has always taken during more than ten years.

We send you our sincerest greetings

1915 年 11 月列宁《致“社会主义宣传同盟”书记》一信第 1 页

（按原稿缩小）

他们的状况（经济和政治状况）能够得到哪怕是极其微小的然而是实际的改善。而与此同时我们一向说，**任何**改良，如果没有革命的群众斗争方法加以支持，都不可能是持久的、真正的、认真的改良。我们一向劝导人们：社会党如果不把这种争取改良的斗争同工人运动的革命方法结合起来，就可能变成一个宗派，就可能脱离群众，对于真正革命的社会主义运动的成功来说，这是一个最严重的威胁。

我们在自己的报刊上一向维护党内民主。但是我们从未反对过党的集中。我们主张民主集中制。我们说，德国工人运动的集中，并不是它的一个弱点，而是它的一个强处，一个优点。现时德国社会民主党的弊病不在于集中，而在于机会主义者占优势；应该把这些机会主义者开除出党，尤其是现在，当他们在战争时期已经表现出叛变行为以后。每当发生某种危机时，能有一个小团体（例如我们党的中央委员会就是一个小团体）把广大群众引**向革命方面**，那是非常好的。在**一切**危机中，群众不会直接行动起来，他们需要党的中央机关这类小团体的帮助。从这场战争一开始，即从1914 年 9 月起，我们党的中央委员会就一直诱导群众，要他们不听信“防御性战争”的谎言，要他们同机会主义者和所谓“琼果[67]社会党人”（我们这样称呼那些**现在**赞成防御性战争的“社会党人”）决裂。我们认为，我们党的中央委员会的这些体现集中制的措施是有用的和必要的。

我们同意你们的意见：我们必须反对行业工会，赞成产业工会即集中的大工会，我们必须使**全体**党员最积极地参加经济斗争和工人阶级的**一切**工会组织和合作社组织。但是我们认为，像德国的列金先生和美国的龚帕斯先生这样的人物都是资产者，他们的政策不是社会主义的政策，而是民族主义的资产阶级政策。列金先生、龚帕斯先生以及像他们这一类的人物，并不是工人阶级的代表，他们代表的只是工人阶级中的贵族和官僚。

在发动政治行动时，你们要求工人举行“群众性行动”，这我们完全赞同。德国革命的国际主义派社会党人也是这样要求的。我们在自己的报刊中力求较详细地阐明，究竟应当怎样理解这样一些群众性政治行动，例如政治罢工（这在俄国是很常见的）、街头游行示威以及当前这场各国间的帝国主义战争在为之作准备的国内战争。

我们并不鼓吹在**当前的**（在第二国际中占优势的）各社会党内部讲统一。相反，我们坚持同机会主义者**决裂**。战争是一堂极好的直观教育课。现时在**一切**国家中，机会主义者，他们的领袖，他们最有影响的报纸和杂志，都**拥护**战争，换句话说，他们事实上已经同“他们”本国的资产阶级（即中产阶级，资本家）**联合起来**反对无产阶级群众。你们说，在美国也有为防御性战争辩护的社会党人。我们坚决认为，同这样的人联合就是犯罪。实行**这样的**联合就是同本国的中产阶级和资本家联合，而同国际的革命工人阶级**决裂**。我们主张的是同民族主义的机会主义者决裂，而同国际的革命马克思主义者和工人阶级的政党联合。

我们在自己的报刊上从未反对过美国的社会党和社会主义工人党[68]（S.P.and S.L.P.）实行联合。我们经常引用马克思和恩格斯一些信件（特别是写给美国社会主义运动积极的一员左尔格的信），①在这些信中，他们都谴责了社会主义工人党（S.L.P.）的宗派

① 见《马克思恩格斯文集》第10卷第559—561、575—577页；《马克思恩格斯全集》第1版第37卷第337—339页。——编者注

主义性质。

我们完全同意你们对旧国际的批评。我们参加了 1915 年 9 月 5—8 日举行的齐美尔瓦尔德(瑞士)代表会议。我们在那里组成了一个**左翼**,还提出了**我们的决议案**和宣言草案。不久前我们用德文公布了这些文件,现在我把这些文件连同我们的《社会主义与战争》这本小册子的德文译本一并寄给你们,希望你们的联盟里有懂德文的同志。如果你们能帮助我们把这些东西用英文出版的话(只能在美国出版,然后我们再把它们送到英国),我们是很乐意接受你们的帮助的。

在我们维护真正的国际主义和反对"琼果社会主义"的斗争中,我们在自己的报刊上经常举美国社会党(S.P.)内的机会主义领袖作为例子,因为他们赞成限制中国工人和日本工人入境(特别是在 1907 年斯图加特代表大会以后,**违反**大会的决定[69])。我们认为,做一个国际主义者,同赞成这种限制,是不能兼容的。我们可以断定,如果美国的和特别是英国的那些属于统治民族和**压迫**民族的社会党人不反对任何入境限制,不反对占有殖民地(如夏威夷群岛),不主张殖民地完全独立,那么,这样的社会党人实际上就是"琼果"社会党人。

最后,我再一次向你们联盟致以最崇高的敬礼和最良好的祝愿。如果今后能继续从你们那里得到信息,如果能把我们反对机会主义、维护真正国际主义的斗争**联合起来**,我们将感到十分高兴。

你们的　**尼·列宁**

请注意:俄国有**两个**社会民主党。我们的党("**中央**委员会")

是反对机会主义的。另一个党(“**组织**委员会”)是机会主义的。我们**反对**同它联合。

来信可写我们机关的地址:瑞士**日内瓦**雨果·德·桑热街7号俄国图书馆交中央委员会。但是最好写我个人的地址:瑞士**伯尔尼**(III)赛登路4a号**弗拉·乌里扬诺夫**。

载于1924年《列宁文集》俄文版第2卷

译自《列宁全集》英文版第21卷第423—428页

论革命的两条路线

（1915年11月7日〔20日〕）

普列汉诺夫先生在《号召报》[70]第3号上试图提出关于即将到来的俄国革命的一个基本理论问题。他引证了马克思的一段话，这段话说，法国1789年的革命是沿着上升的路线行进的，而1848年的革命则是沿着下降的路线行进的。① 在第一种情况下，政权由较温和的政党逐渐转归较左的政党，即从立宪派到吉伦特派，再到雅各宾派。后一种情况恰巧相反（从无产阶级到小资产阶级民主派，到资产阶级共和派，最后到拿破仑第三手中）。我们的作者由此推论说，"最好能使俄国革命沿着上升的路线行进"，也就是说，使政权先转归立宪民主党人和十月党人，然后转归劳动派，然后再转归社会党人。从这种推论中自然会得出这样的结论：俄国左派不愿支持立宪民主党人并过早地败坏他们的声誉是不明智的。

普列汉诺夫先生的这个"理论性"论断是用自由主义偷换马克思主义的又一个实例。普列汉诺夫先生把事情归结为先进分子的"战略概念""正确"还是不正确这样一个问题。马克思不是这样论断的。他指出革命在前后两种情况下发展路线不同这一事实，然而他**没有**到"战略概念"中去寻找这种差别的**原因**。从马克思主义

① 见《马克思恩格斯文集》第2卷第494—495页。——编者注

的观点看来，到概念中去寻找这种差别是可笑的。应当到**阶级关系对比**的差异中去寻找。同一个马克思还曾经写道，在1789年，法国的资产阶级同农民结成了联盟，而在1848年，小资产阶级民主派背叛了无产阶级。① 马克思的这个意见普列汉诺夫先生是知道的，但是他闭口不谈，其目的是要把马克思伪造成"司徒卢威的模样"。在1789年的法国，是推翻专制制度和贵族的问题。在当时经济和政治的发展阶段上，资产阶级相信利益的一致，不担心自己统治的巩固性，而同农民结成了联盟。这个联盟保证了革命的彻底胜利。而在1848年，已经是无产阶级推翻资产阶级的问题。无产阶级当时未能把小资产阶级吸引到自己方面来，小资产阶级的叛变招致了革命的失败。1789年的上升路线是人民群众战胜专制制度的一种革命形式。1848年的下降路线则是小资产阶级对无产阶级的背叛招致革命失败的一种革命形式。

普列汉诺夫先生把问题归结为"战略概念"，而不是阶级关系对比，从而用庸俗的唯心主义偷换了马克思主义。

俄国1905年革命及其以后的反革命时期的经验告诉我们，在我国有革命的**两条**路线：无产阶级和自由派资产阶级这两个阶级都在争取对群众施加指导性影响。无产阶级采取了革命行动，带领民主主义的农民去推翻君主制和地主。1905—1906年的农民起义，同一时期的军人骚动，1905年的"农民协会"[71]，以及头两届杜马中劳动派**农民**的表现不仅"比立宪民主党人要左些"，**而且比社会革命党人**知识分子和劳动派知识分子**还要革命些**——**所有这些**重大的政治事件都在**广泛的**范围内证明，农民表现出了民主主

① 参看《马克思恩格斯全集》第1版第5卷第331页；《马克思恩格斯文集》第2卷第94页和第494—495页。——编者注

义革命的要求。可惜，人们时常忘记这一点，但这是事实。在第三届和第四届杜马中，劳动派**农民**尽管有软弱性，但是仍然表明了农村群众是具有**反对**地主的情绪的。

从事实而不是从“战略”空谈中得出的俄国资产阶级民主革命的第一条路线，就是无产阶级进行了坚决的斗争，农民则犹疑不定地跟着它走。这两个阶级都反对君主制和地主。由于力量不足和决心不够，这两个阶级遭到了失败（虽然他们已在专制制度上打开了一个缺口）。

自由派资产阶级的行为构成了第二条路线。我们布尔什维克一直说（尤其自1906年春季以来），代表这条路线的是立宪民主党人和十月党人这支**统一的**力量。1905—1915年这十年证实了我们的看法。在斗争的紧要关头，立宪民主党人和十月党人一道背叛民主派而“跑去”帮助沙皇和地主。俄国革命中的“自由派”路线就在于为了资产阶级同君主制的和解而“安抚”和分裂群众斗争。俄国革命所处的国际环境和俄国无产阶级的力量都使得自由派的行为必然如此。

布尔什维克自觉地帮助无产阶级走第一条路线，英勇忘我地进行斗争并带领农民前进。孟什维克则总是滚到第二条路线上去，他们把无产阶级引入歧途，使无产阶级运动顺应自由派的需要，——从邀请参加布里根杜马（1905年8月），直到1906年支持立宪民主党内阁和1907年同立宪民主党人结成**反对**民主派的联盟。（这里顺便指出，立宪民主党人和孟什维克的那些在普列汉诺夫先生看来是“正确的战略概念”在当时就遭到了失败。为什么呢？为什么群众不听从英明的普列汉诺夫先生和立宪民主党人的劝告呢——他们的劝告不是散布得比布尔什维克的广泛百倍吗?)

1904—1908年以及后来1908—1914年期间,在**群众**的政治活动中只有布尔什维克和孟什维克这两个派别显露了头角。为什么呢?因为唯有这两个派别有坚实的阶级根基:布尔什维克派的阶级根基是无产阶级,孟什维克派的阶级根基是自由派资产阶级。

现在我们又重新走向革命。这是大家都看到的。连**赫沃斯托夫本人**也说,农民当前的情绪使人联想起1905—1906年。现在我们面前又有**同样的**革命的两条路线,**同样的**阶级关系对比,只是由于国际局势的改变而略有不同罢了。1905年,整个欧洲资产阶级都支持沙皇政府——有的给它亿万金钱(如法国人),有的帮它训练反革命军队(如德国人)。1914年爆发了欧洲大战;资产阶级在各个地方都暂时地战胜了无产阶级,把无产阶级卷入民族主义和沙文主义的浊流。在俄国,占人口多数的仍旧是小资产阶级群众,主要是农民。他们受到的首先是地主的压迫。在政治上,他们有的人还处于沉睡状态,有的人则动摇于沙文主义("战胜德国"、"保卫祖国")和革命之间。这些群众——和这种动摇——在政治上的代表,一方面是民粹主义者(劳动派和社会革命党人),另一方面是社会民主党中的机会主义者(《我们的事业》杂志、普列汉诺夫、齐赫泽党团、组织委员会),这些机会主义者从1910年起就下定决心沿着自由派工人政策的道路滑下去,到了1915年更堕落到波特列索夫、切列万宁、列维茨基、马斯洛夫等先生们的社会沙文主义的地步,或者说堕落到要求同这些人讲"统一"的地步。

这种实际情况明确无误地规定了无产阶级的任务。对君主制进行英勇忘我的革命斗争(1912年一月代表会议[72]的口号,即"三条鲸鱼”），也就是把一切民主派群众主要是农民争取过来的斗争。同时还要与沙文主义作无情的斗争，**同欧洲**无产阶级结成联盟进行争取欧洲社会主义革命的斗争。小资产阶级的动摇不是偶然的，而是必然的，是由它的阶级地位产生的。军事危机**加强了**促使小资产阶级——其中包括农民——左倾的经济因素和政治因素。这就是俄国民主革命完全有可能取得胜利的客观基础。至于西欧社会主义革命的客观条件已经完全成熟，这是无须我们在这里加以证明的；早在大战以前，各先进国家的一切有影响的社会党人就承认了这一点。

弄清即将到来的革命中的阶级关系对比，是革命政党的主要任务。然而组织委员会对这一任务采取回避态度，它在国内依然充当《我们的事业》杂志的忠实盟友，在国外则大谈其毫无意义的“左的”空话。这个任务托洛茨基在《我们的言论报》上解决得不正确，他只是重复他那1905年的“独创性”理论，而不肯想一想，整整十年来生活并没有理睬他那个卓越的理论，原因究竟何在。

托洛茨基的独创性理论从布尔什维克方面借用了号召无产阶级进行坚决的革命斗争和夺取政权的口号，而从孟什维克方面借用了“否定”农民作用的思想。据他说，农民已经分化了，分化成不同的阶层了，他们能起的革命作用愈来愈小了；在俄国不可能进行“民族”革命，因为“我们是生活在帝国主义时代”，而“帝国主义不是使资产阶级民族同旧制度对立起来，而是使无产阶级同资产阶级民族对立起来”。

这真是一个“玩弄字眼”——玩弄帝国主义这个字眼的有趣的例子！如果说**在俄国**无产阶级已经同“资产阶级民族”对立起来，那就是说俄国已经直接面临**社会主义**革命！！那就是说“没收**地主**

土地”这个口号(托洛茨基继1912年一月代表会议之后在1915年又加以重复的口号)是不正确的,那就是说不应该讲“革命工人”政府,而应该讲“工人**社会主义**”政府!! 托洛茨基又说,无产阶级的坚决性能把“**非**无产阶级的〈!〉人民群众”也带动起来(第217号)。从这句话中可以看出,托洛茨基混乱到何等程度!! 托洛茨基也不想一想:如果无产阶级能带动农村非无产阶级群众去没收地主土地,推翻君主制度,那也就是完成俄国“资产阶级民族革命”,那也就是建立无产阶级和农民的革命民主专政!

1905—1915年这整整十年,这伟大的十年,证明了在俄国革命中有两条而且只有两条阶级路线。农民的分化加强了农民内部的阶级斗争,唤醒了很多在政治上沉睡未醒的农民,推动了农村无产阶级向城市无产阶级靠拢(布尔什维克从1906年以来就坚决主张农村无产阶级要**单独**组织起来,并把这个要求列入孟什维克斯德哥尔摩代表大会[73]的决议)。但是“农民”同马尔柯夫们—罗曼诺夫们—赫沃斯托夫们的对抗加强了,增长了,尖锐化了。这个真实情况是如此明显,**甚至**连托洛茨基在巴黎写的洋洋万言的几十篇文章也“推翻”不了。托洛茨基行动上是在帮俄国自由派工人政治家的忙,他们认识到“否定”农民的作用就是**不愿意**发动农民去革命!

而这就是现在问题的症结。无产阶级现在和将来都要为夺取政权、为建立共和国、为没收土地而英勇忘我地斗争,**也就是说**,为争取农民、为**尽量发挥**农民的革命力量、为吸引“**非**无产阶级的人民群众”参加使**资产阶级**俄国摆脱**军事封建**“帝国主义”(=沙皇制度)的解放运动而斗争。而无产阶级立即利用这个使资产阶级俄国从沙皇制度下、从地主的土地和政权下获得解放的运动,不是为了帮助富裕农民去反对农业工人，而是为了与欧洲各国的无产者联合起来完成社会主义革命。

载于 1915 年 11 月 20 日《社会民主党人报》第 48 号

译自《列宁全集》俄文第 5 版第 27 卷第 76—81 页

堕落到了极点

(1915 年 11 月 7 日〔20 日〕)

激进的社会民主党人和革命的马克思主义者中的一些人蜕变为社会沙文主义者，这是所有交战国都有的一种普遍现象。沙文主义潮流如此迅猛、狂暴和强烈，以致各国都有许多没有气节或落伍的左派社会民主党人被它卷走。在俄国革命中就已表现出是个冒险家的帕尔乌斯，现在在他的小刊物《钟声》杂志[74]（«Die Glocke»）中更是堕落到了……极点。他恬不知耻地、洋洋自得地为德国机会主义者辩护。他把自己过去崇拜的一切付之一炬[75]；他"忘记了"革命派和机会主义派之间的斗争以及这两个派别在国际社会民主主义运动中的历史。他以那种自信会受到资产阶级赞许的小品文作者的放肆态度拍着马克思的肩膀"纠正"马克思，而丝毫未作认真的和严肃的批评。至于对那位恩格斯，他简直不屑一顾。他为英国的和平主义者和国际主义者辩护，为德国的民族主义者和狂热爱国主义者辩护。他骂英国的社会爱国主义者是沙文主义者和资产阶级的走狗，却把德国的社会爱国主义者尊称为革命的社会民主党人，同伦施、亨尼施、格龙瓦尔德拥抱接吻。他向兴登堡摇尾乞怜，要读者相信"德国总参谋部是支持俄国革命的"，并下贱地颂扬这个"德国人民精神的体现者"和它的"强烈的革命情感"。他预言，德国通过保守派同一部分社会党人的联盟，通过发放“面包配给证”就可以毫无痛苦地过渡到社会主义。他是一个卑微的懦夫，以宽容的态度似赞成非赞成地对待齐美尔瓦尔德代表会议，他装模作样，似乎他没有觉察到在齐美尔瓦尔德代表会议的宣言中有很多地方是反对从帕尔乌斯和普列汉诺夫到科尔布和考茨基的形形色色的社会沙文主义的。

在他出版的6期杂志中，没有一点诚实的思想，没有一个严肃的论据，没有一篇诚恳的文章。这全然是一堆德国沙文主义垃圾，上面却挂着一块胡乱涂写的招牌：为了俄国革命的利益！科尔布和开姆尼茨的《人民呼声报》[76]这些机会主义者交口称赞这堆垃圾，这是十分自然的。

帕尔乌斯先生竟厚颜无耻地公然宣称，他的“使命”就是“充当武装起来的德国无产阶级和革命的俄国无产阶级之间的思想纽带”。这种丑角的插科打诨，准能使俄国工人笑破肚皮。如果说普列汉诺夫先生、布纳柯夫先生以及和他们一伙的《号召报》理所当然地得到俄国的沙文主义者和赫沃斯托夫的赞许，那么，帕尔乌斯先生的《钟声》杂志就是德国的叛徒和走狗们的喉舌。

因此我们不能不指出目前这场战争的另一个有益的方面。它不仅用“速射炮”摧毁了机会主义和无政府主义，而且也出色地揭露了那些冒险家和社会主义运动中朝三暮四的人。历史在社会主义革命的前夜而不是在社会主义革命过程中对无产阶级运动预先作这番清扫，这对无产阶级是大有好处的。

载于1915年11月20日《社会民主党人报》第48号

译自《列宁全集》俄文第5版第27卷第82—83页

机会主义与第二国际的破产[77]

（不早于1915年11月13日〔26日〕）

1914—1915年的战争暴露了国际的破产。把各个阶级和政党对此所持的态度拿来作一番对比是颇有教益的。一些资产者极力称赞那些主张"保卫祖国"即主张战争和主张帮助资产阶级的社会党人，把他们捧上了天。而另一些比较坦率的或者说不大要外交手腕的资产阶级代表人物，则对国际的破产，对社会主义"幻想"的破灭幸灾乐祸。在"保卫祖国"的社会党人中间也有两派。德国人威·科尔布和沃·海涅这样的"极端派"承认国际的破产，指责"革命幻想"引起这个破产，力图重新建立一个**更加**机会主义的国际。可是在实践中，他们同考茨基、列诺得尔、王德威尔得这一类"温和的"、谨慎的、打着社会主义招牌的"保卫祖国派"殊途同归，尽管后者矢口否认国际的破产，认为它只是暂时停止活动，他们为原有的第二国际辩护，认为它仍然有生命力和生存权。各国革命的社会民主党人则承认第二国际的破产并认为有必要建立第三国际。

为了断定谁是谁非，我们且来看看恰恰是针对当前这次战争的、由世界**所有**社会党一致正式签字通过的历史文件。这个文件就是1912年的巴塞尔宣言。值得注意的是：没有一个社会党人敢从理论上否认对每次战争必须分别作出具体的历史的评价。但是现在，除了人数不多的"左派"社会民主党人以外，人们既不敢直接地、公开地、明确地否定巴塞尔宣言，说它是错误的，也不敢仔细认真地分析一下这个宣言，把它的论点拿来同社会党人在战争爆发后的行为对照一下。

这是为什么呢？因为巴塞尔宣言无情地揭露了大多数正式社会党人的言行的极端虚伪性。这个宣言**没有一个字**谈到“保卫祖国”，谈到区分什么进攻性战争和防御性战争！！也**没有半个字**谈到德国以及四协约国的社会民主党的正式领袖们津津乐道和大叫大嚷的那些东西。巴塞尔宣言十分准确地、清楚地、明确地分析了那些在1912年导向战争而在1914年导致战争的具体的利益冲突。宣言说，这是由“资本帝国主义”引起的冲突，是奥俄两国因争夺“巴尔干霸权”而引起的冲突，是英、法、德三国（**所有**这三个国家！）“在小亚细亚实行侵略政策”而引起的冲突，是奥意两国力图“把阿尔巴尼亚纳入自己势力范围”、使其服从自己的“统治”而引起的冲突，是英德两国由于它们总的“对抗”以及随后由于“沙皇政府企图侵占亚美尼亚、君士坦丁堡等”而引起的冲突。谁都看得出，这完全是针对当前这场战争而言的。宣言十分清楚地确认这场战争具有纯粹掠夺的、帝国主义的、反动的、奴役的性质，并作出了必然的结论：“丝毫不能以任何人民的利益作为借口来为”这场战争“辩护”，这场战争是“为了资本家的利润和王朝的野心”而准备的；从工人方面来说，“互相残杀”是“犯罪行为”。

这些论点包含了为理解两大历史时代的根本区别所必需的全部重要思想。一个是1789—1871年这个时代，当时，欧洲发生的战争无疑大都关系到**重大的**“人民的利益”，即关系到强大的、涉及千百万人的、资产阶级进步的民族解放运动，关系到摧毁封建制度、专制制度和外国压迫。在这个基础上，而且也只有在这个基础上产生了“保卫祖国”、即保卫从中世纪制度下获得解放的资产阶级国家这个概念。只是在这个意义上社会党人才赞成“保卫祖国”。**在这个意义上**，即使是现在也不能不赞成例如保卫波斯或中国不受俄国或英国的侵略，保卫土耳其不受德国或俄国的侵略，保卫阿尔巴尼亚不受奥地利和意大利的侵略，等等。

1914—1915年的战争，如巴塞尔宣言明确指出的，则属于完全不同的历史时代，具有完全不同的性质。这是一场强盗之间为了瓜分赃物和奴役别的国家而进行的战争。俄、英、法三国的胜利将置亚美尼亚、小亚细亚等于死地，——这是巴塞尔宣言**指出了的**。德国的胜利将置小亚细亚、塞尔维亚、阿尔巴尼亚等于死地。这也是巴塞尔宣言**指出了的**，这是所有社会党人都承认了的！大国（应读做：大强盗）的一切有关防御性战争或保卫祖国的言论，都是骗人的、荒谬的、虚伪的，它们进行战争是为了称霸世界，为了争夺市场和“势力范围”，为了奴役别的民族！难怪赞成保卫祖国的“社会党人”**害怕**提到和准确引述巴塞尔宣言，因为宣言**会揭穿**他们的虚伪。巴塞尔宣言**证明**，在1914—1915年的战争中赞成“保卫祖国”的社会党人只在口头上是社会主义者，实际上是沙文主义者。他们是社会沙文主义者。

认为这场战争关系到民族解放利益，会得出社会党人的一种策略。认为这场战争是帝国主义的、侵略性的强盗战争，则会得出另一种策略。巴塞尔宣言明确地表述了这另一种策略。它说：战争将引起“经济和政治危机”。必须“利用”这种危机，来“加速资本统治的崩溃”。这些话**承认**社会革命**已经成熟，已有可能**，它**将**随战争**而到来**。宣言直接举了公社和1905年的例子，即举了革命、罢工、国内战争的例子，宣告说：“统治阶级”害怕“无产阶级革命”。

有人说社会党人“没有讨论过”、“没有决定过”对战争的态度问题，这是撒谎。巴塞尔宣言**决定了**这个策略：无产阶级革命行动和国内战争的策略。

如果认为巴塞尔宣言是一纸空文，是官样文章，是虚张声势的恫吓，那就错了。这个宣言所揭露的那些人正是想这样说的！但这是不对的！巴塞尔宣言是整个第二国际时代即1889—1914年间大量的宣传鼓动材料的概括。这个宣言**概括了**各国社会党人发表的**千百万字的**（这样说并非夸大）①宣言、文章、书籍、演说。宣称这个宣言是错误的，那就是宣称整个第二国际是错误的，各国社会民主党几十年来的全部工作都是错误的。摒弃巴塞尔宣言就等于摒弃社会主义运动的全部历史。巴塞尔宣言并没有说什么**特别的、离奇的话**。它提供的仅仅是社会党人**一向用来指导群众的思想**，即认定“和平”工作是为无产阶级革命**作准备**。巴塞尔宣言只是重申了盖得1899年在代表大会上讲过的话，当时他嘲笑了社会党人为**适应**争夺市场和进行“资本主义掠夺”（《警惕！》第175—176页）的战争而参加内阁的政策；或者说，宣言只是重申了考茨基1909年在《取得政权的道路》中说过的话，当时他指出“和平时代”已经结束，战争和革命的时代，无产阶级夺取政权的时代已经到来。

巴塞尔宣言不容争辩地证明，投票赞成军事拨款、参加内阁、在1914—1915年间赞成保卫祖国的社会党人都彻底**背叛了**社会主义。背叛的事实是无可辩驳的。只有伪君子才会否认这一点。问题只是在于如何**说明**背叛的原因。

---

① “**千百万字的**（这样说并非夸大）”是列宁用铅笔加在未勾掉的“几千万字”上面的。——俄文版编者注

如果把事情归结为**个人**的问题，举考茨基、盖得、普列汉诺夫(“甚至”这样的人物！)为例，那是荒谬的，不科学的，可笑的。这是一种可鄙的手法。要认真说明原因，就必须研究某一项政策的**经济**意义，然后分析它的基本**思想**，最后还要研究社会主义运动中**各个派别**的历史。

在1914—1915年这场战争中“保卫祖国”的**经济**实质是什么呢？巴塞尔宣言已经作了答复。**所有**大国进行战争都是为了进行掠夺，瓜分世界，为了争夺市场，为了奴役其他民族。资产阶级会因此而增加利润。工人官僚和工人贵族以及“参加”工人运动的小资产阶级(知识分子等)这个人数不多的阶层可望从这些利润中分得**一点油水**。“社会沙文主义”(这个术语要比社会爱国主义确切，因为后者把坏事美化了)和机会主义的经济基础是一样的，都是工人运动中的“上层”这个人数极少的阶层同“自己”国家的资产阶级联合起来**反对**无产阶级群众。资产阶级的**奴仆**同资产阶级联合起来反对受资产阶级剥削的**阶级**。社会沙文主义是登峰造极的机会主义。

社会沙文主义和机会主义的政治内容是一样的，都主张阶级合作，放弃无产阶级专政，拒绝革命行动，崇拜资产阶级所容许的合法性，不相信无产阶级而相信资产阶级。政治思想是一样的。策略的政治内容是一样的。社会沙文主义是米勒兰主义、伯恩施坦主义[78]、英国自由派工人政策的直接继续和完成，是它们的总和，它们的总结，它们的结果。

在1889—1914年这一整个时代，我们看到在社会主义运动中一直有两个基本派别：机会主义派和革命派。现在，在对待社会主义的态度问题上也有两派。让我们抛开资产阶级和机会主义的撒谎家惯用的那种把问题推到**个人**身上的手法，来看看许多国家中**派别**的情况吧。我们就拿德国、英国、俄国、意大利、荷兰、瑞典、保加利亚、瑞士、比利时、法国这 10 个欧洲国家来说。在前 8 个国家中，机会主义**派**和革命**派**的划分是与社会沙文主义者和革命的国际主义者的划分相一致的。就社会的、政治的意义上来讲，社会沙文主义的基本**核心**在德国是《社会主义月刊》[79]及其一伙，在英国是费边派[80]和工党[81]（独立工党同他们结成了**联盟**，社会沙文主义在这个联盟中的影响要比它在英国社会党中的影响大得多，在英国社会党内国际主义者约占$^3/_7$：66 和 84），在俄国是《我们的曙光》杂志和组织委员会（以及《我们的事业》杂志），在意大利是比索拉蒂的党，在荷兰是特鲁尔斯特拉的党，在瑞典是布兰亭及其一伙，在保加利亚是"宽广派"[82]，在瑞士是格罗伊利希和"他的"一派人①。然而在**所有**这些国家中，正是从革命的社会民主党人中，发出了反对社会沙文主义的相当强烈的抗议声。这 10 个国家中只有两个国家是例外。但是就是在这两个国家中，国际主义者也只是**力量薄弱**，而不是根本没有。某些事实很可能是鲜为人知（瓦扬就承认，他收到过许多国际主义者的信，但是这些信他没有发表），而不是根本不存在。

社会沙文主义是登峰造极的机会主义。这是无可争辩的。同资产阶级的联盟过去是思想上的、秘密的，现在变成公开的、露骨的了。正是同资产阶级和总参谋部的联盟给了社会沙文主义以力量。那些说无产者"群众"转向了沙文主义的人（包括考茨基在内）是在撒谎，因为任何地方都**没有**征求过群众的意见（也许意大利是

① 在手稿上，列宁在"一派人"这一词上面加写了"一翼"一词。——俄文版编者注

例外，那里在宣战以前曾经进行了9个月的争论！而在意大利，群众是**反对**比索拉蒂的党的）。实行戒严使群众受到打击、摧残、隔离和压制。**只有**领袖们自由地投了票——投票**赞成**资产阶级，反对无产阶级！把机会主义看做一种党**内**现象，是可笑的，荒谬的！德、法等国的一切马克思主义者过去一直说而且一直在证明，机会主义是资产阶级对无产阶级的影响的表现，是资产阶级的工人政策，是一小部分近似无产阶级的分子同资产阶级的联盟。几十年来在"和平的"资本主义条件下成熟起来的机会主义，到1914—1915年已经完全成熟，到了同资产阶级公开结成联盟的地步。同机会主义讲统一，就是要无产阶级同自己国家的资产阶级讲统一，即服从资产阶级，就是使国际革命的工人阶级陷于分裂。这并不是说，在所有国家立刻同机会主义者分裂都是上策，或者至少都有可能；这只是说，这种分裂在历史上已经成熟，已经成为不可避免的和进步的，对无产阶级的革命斗争来说是必要的；历史既然从"和平的"资本主义转向帝国主义，也就转向这种分裂。愿从者天引之，不愿从者天强之。[83]

各国资产阶级，首先是所有交战国的资产阶级，从战争一开始就异口同声地在极力称赞某些社会党人，因为这些社会党人赞成"保卫祖国"即保卫资产阶级在帝国主义战争中的掠夺利益而**反对无产阶级**。请看国际资产阶级的这一基本的和最重大的利益是怎样**在**各国社会党**内部**和工人运动**内部**获得支持，得到表现的。在这方面，德国的例子特别具有教育意义，因为这个国家在第二国际时代建立了一个最强大的党。但是在其他国家我们也可以看到与德国完全**相同的情况**，只不过形式、面貌、外表稍有不同罢了。

1915年4月，有一位**社会民主党人**，社会民主党党员，用**莫尼托尔**的笔名在德国一家保守派杂志《普鲁士年鉴》[84]上发表了一篇文章。这位机会主义者无意中说出了真话，公开道出了**整个**世界资产阶级对20世纪工人运动的政策的**实质**所在。不理睬这个运动，用暴力镇压这个运动，都不行了；应该**收买**它的上层，从内部腐蚀它。英法资产阶级几十年来正是这样干的，它们收买了工联领袖、米勒兰们、白里安们及其一伙。现在，德国资产阶级也正是这样干的。莫尼托尔当着资产阶级的面（实质上是**代表**资产阶级）说：社会民主党在战时的所作所为是"无可非难的"（就是说，它为资产阶级**效劳**、反对无产阶级的行为是无可非难的）。社会民主党变为民族主义自由派工人政党的"蜕化过程"正在卓有成效地向前发展。但是如果这个党**向右转**的话，那对资产阶级是**危险的**。"它应当保持具有社会主义理想的工人政党的性质。因为它一旦放弃了这一点，就会出现一个新的政党把被摒弃的纲领接过来，而且把它表述得更加激进。"（1915年《普鲁士年鉴》第4期第50—51页）

这几句话公开讲出了资产阶级时时处处都在偷偷摸摸干着的事情。群众**需要**"激进的"**言词**，要让群众相信这些言词。机会主义者愿意虚伪地反复讲这样的言词。像第二国际的各社会民主党**这样的党**，对机会主义者是有益的，是需要的，因为这些党可以使社会党人在1914—1915年的危机中**保卫**资产阶级！英国的费边派和自由党的工联领袖、法国的机会主义者和饶勒斯派[85]所执行的政策，与德国人莫尼托尔完全相同。莫尼托尔是一个露骨的或者说肆无忌惮的机会主义者。让我们看看另一种机会主义者，即隐蔽的或者说"真诚的"机会主义者吧。（有一次恩格斯曾经正确指出，“真诚的”机会主义者对于工人运动是最危险的。[①])这样的典型人物就是考茨基。

考茨基在1915年11月26日《新时代》杂志第9期上写道：大多数正式的党都违背了自己的纲领(而考茨基本人在战争爆发后的整整一年间却一直在捍卫这大多数党的政策，并为“保卫祖国”这一谎言辩护!)。“反对多数派的情绪正在增长。”(第272页)(“Die Opposition gegen die Mehrheit im Wachsen ist”)群众“怀有反对情绪”(“oppositionell”)。“战争爆发后〈只是战争爆发**后**吗?〉阶级矛盾将十分尖锐，以至激进主义将在群众中占上风……”(第272页)“战争爆发后〈只是战争爆发**后**吗?〉激进分子将纷纷脱离党，而拥护从事反议会的〈?? 应该说：议会外的〉群众行动的派别，这对我们是一个威胁……” “这样，我们的党就分裂为彼此毫无共同之处的两个极端……”

考茨基想表现“中庸之道”，想使这“**彼此毫无共同之处的**”“两个极端”调和起来!! 现在(在战争开始16个月以后)他承认，群众怀有革命情绪。考茨基在斥责革命行动，称之为“街头的冒险行为”(第272页)的同时，又想使革命群众同“与他们毫无共同之处的”机会主义者首领“调和起来”。**用什么来**调和呢? 用空话! 用帝国国会中少数“左派”的“左的”空话!! 要让少数派像考茨基那样一面斥责革命**行动**，称之为**冒险行为**，一面又用左的空话来款待群众，那样，党内就能保持统一与和平了——同休特古姆之流、列金之流、大卫之流、莫尼托尔之流保持统一与和平!!

而这和莫尼托尔的那个纲领，那个资产阶级的纲领，完全是异

① 见《马克思恩格斯文集》第4卷第414—415页。——编者注

曲同工，只不过是用“优美的声调”和“甜蜜的词句”表达出来罢了!! 武尔姆所执行的也是这个纲领，在 1915 年 3 月 18 日社会民主党帝国国会党团会议上，他“警告党团不要做过头，因为工人群众反对党团策略的情绪正在增长；必须保持马克思主义的中派立场”(《用阶级斗争反对战争！关于“李卜克内西案件”的材料》第 **67** 页。手稿本)。

请注意，在这里他代表全体“马克思主义的中派”(包括考茨基在内)承认，群众怀有革命情绪！这是 1915 年 3 月 18 日的事!!! **过了 8 个半月**，即到 1915 年 11 月 26 日，考茨基又提出用左的言词来安抚革命群众!!

考茨基的机会主义和莫尼托尔的机会主义所不同的只是言词，只是色调，只是达到**同一**目的的手段，而目的就是：**保持**机会主义者(即资产阶级)对群众的影响，保持无产阶级对机会主义者(即资产阶级)的**服从**!! 潘涅库克和哥尔特把考茨基的立场叫做“消极的激进主义”是很恰当的(法国人根据自己“祖国的”例子很好地认清了**这种**变态的革命性，把它称为废话!!)。但是我却宁愿把它叫做隐蔽的、胆怯的、伪善的、甜蜜的机会主义。

实际上现在社会民主党内两个派别的区别根本不在口头上，不在言词上。在把“保卫祖国”(即保卫资产阶级的掠夺行为)同社会主义、国际主义、民族自由等词句结合起来这一方面，王德威尔得、列诺得尔、桑巴、海德门、韩德逊、劳合-乔治等人丝毫不比列金、休特古姆、考茨基和哈阿兹逊色！真正的分界线，就在于完全否认在当前这场战争中保卫祖国，承认由于这场战争而**在**战争**期间和**战争**以后**采取革命行动。但是，在这个唯一严肃、唯一实际的问题上，考茨基和科尔布、海涅却是完全一致的。

让我们把英国的费边派和德国的考茨基派比较一下。费边派和自由党人几乎没有什么区别，他们从来没有承认过马克思主义。关于费边派，恩格斯在1893年1月18日写道：这是“一伙野心家，他们有相当清醒的头脑，懂得社会变革必不可免，但是他们决不肯把这个艰巨的事业交给粗鲁的无产阶级单独去做…… 害怕革命，这就是他们的基本原则。……”[①]恩格斯在1893年11月11日又写道：“高傲的资产者……大发慈悲，要从上面来解放无产阶级，只要无产阶级愿意明白事理，认识到如果没有这些睿智的律师、著作家和悲天悯人的女士们的恩惠，像他们这样的愚昧无知的群众是不可能自己解放自己的，是必将一事无成的。……”[②]考茨基派在自己的“理论”方面，与费边派相去有多远呀！然而在实践上，在他们对待战争的态度上，两者**是完全一致的**！这明显地证明：考茨基派的全部马克思主义已经烟消云散，已经变成僵死的文字，伪善的言词。

从下面的例子可以看到，在战争爆发后，考茨基派是用哪些显而易见的诡辩来推翻社会党人在巴塞尔一致通过的革命的无产阶级的行动策略的。考茨基提出了一种“超帝国主义”理论。他所谓的超帝国主义，意思就是：“以实行国际联合的金融资本共同剥削世界来代替各国金融资本的相互斗争”（1915年4月30日《新时代》杂志第5期第144页）。同时考茨基自己又补充说：“至于资本主义的这样一个新阶段能否实现，现在还没有足够的前提对此作出判断”！！仅根据一个新阶段“可以设想”这一点（而新阶段的发明者本人也还不敢宣布“能够实现”），无产阶级在危机和战争**阶段**显然已经到来的今天的革命任务就被否定掉了！而否定革命行动

① 见《马克思恩格斯文集》第10卷第643页。——编者注

② 参看《马克思恩格斯全集》第1版第39卷第164页。——编者注

的正是这位第二国际的权威，他在 1909 年写了《取得政权的道路》这一整本书（它被译成了欧洲几乎所有的主要文字），证明即将到来的战争同革命的**联系**，证明“革命**不会**是过早的”！！

在 1909 年，考茨基证明，“和平的”资本主义时代已经过去，战争和革命的时代即将到来。在 1912 年，巴塞尔宣言正是把这个观点作为世界各国社会党的整个策略的基础的。在 1914 年，战争已经到来，斯图加特和巴塞尔两次大会所预见的“经济和政治危机”已经到来。而考茨基却臆想出一些**反对**革命策略的理论“遁词”！

帕·波·阿克雪里罗得提出的也是这种思想，只不过用词稍微“左”一些罢了。他在自由的瑞士写了一本书，想影响俄国的革命工人（《国际社会民主党的危机和任务》1915 年苏黎世版）。在这本书中我们可以看到一个使全世界机会主义者和资产者高兴的新发现：“工人运动的国际化问题并不等同于我们的斗争形式和方法革命化的问题。”（第 37 页）“无产阶级解放运动国际化问题的重心就是日常实际工作的进一步发展和国际化”（第 40 页）……“**譬如说**，有关劳动保护和保险的立法……应当成为他们〈工人〉**国际**行动和**国际**组织的目标”（第 39 页）。

不言而喻，不仅休特古姆之流、列金之流、海德门之流和王德威尔得之流，就是劳合-乔治之流、瑙曼之流、白里安之流，也会完全赞成这样的“国际主义”！阿克雪里罗得虽然没有引述和分析考茨基的保卫祖国的任何一个论据，但他捍卫的正是考茨基的“国际主义”。阿克雪里罗得也和亲法社会沙文主义者一样，甚至害怕想起巴塞尔宣言所谈的正是革命策略。对未来——未定的、未知的未来，阿克雪里罗得准备献出种种最左、最最最革命的词句，说什么未来的国际将采取“掀起革命风暴”的对抗行动（在战争造成危险的情况下对付政府)……“社会主义革命的序幕”(第 14 页)。这可不是闹着玩的!! 可是一谈到现在,谈到在当前危机时期运用革命策略时,阿克雪里罗得便完全用考茨基的腔调回答道:“群众性的革命行动”的策略……“在下述情况下也许还有点道理,即要是我们真正处于社会革命的前夜,譬如说,就像俄国 1901 年爆发大学生游行示威(它预示着反专制制度的决战即将到来)时的情况那样”(第 40—41 页),接下去是对“乌托邦”、“巴枯宁主义”的攻击,这同科尔布、海涅、休特古姆、列金完全是一个腔调!! 然而俄国的例子特别明显地揭穿了阿克雪里罗得。从 1901 年到 1905 年,其间经过了 4 年,而在 1901 年,谁也不能担保说俄国革命(反专制制度的第一次革命)会在 4 年以后到来。面临社会主义革命的欧洲,情况也完全一样。现在谁也不能担保说第一次这样的革命是否会在 4 年以后到来。但是革命形势已经**存在**,这是事实,是 1912 年已经预见到和 1914 年已经发生的事实。1914 年俄国和德国的工人和城市饥民的游行示威无疑也“预示着决战即将到来”。社会党人的直接的责无旁贷的义务就是支持和推进**这些**游行示威和各种“群众性的革命行动”(经济罢工、政治罢工、士兵运动直到起义和国内战争),为它们提出明确的口号,建立秘密组织,印发秘密出版物,没有这些就**无法**号召群众进行革命,帮助群众认清革命,组织起来进行革命。俄国社会民主党人 1901 年处在资产阶级革命(它开始于 1905 年,但是直到 1915 年还没有结束)“前夜”时,正是这样做的。欧洲社会民主党人在 1914—1915 年,在社会主义革命的“前夜”也应该这样做。革命从来不是一诞生就非常完备,不是从丘必特脑袋里钻出来[86],不是突然爆发的。革命前总是有一个酝酿、危机、运动、骚动的过程,革命**开始**的过程,而且这个开始**并不总是**能发展到底的(例如,在革命阶级力量弱的情况下)。阿克雪里罗得编造了一些遁词,企图使社会民主党人放弃自己的**义务**,不去帮助和推动在已有的革命形势下开展起来的革命运动。阿克雪里罗得为大卫和费边派的策略辩护,只不过是用左的词句来掩盖自己的机会主义罢了。

德国机会主义者的领袖爱·大卫在反驳我们俄国社会民主工党中央委员会1914年11月1日发表的宣言时写道:“想把世界大战变为国内战争是狂妄的”(《世界大战中的社会民主党》1915年柏林版第172页)。我们的宣言除了提出这个口号以外,还补充说:“既然战争已经成为事实,那么,不管这种转变在某一时刻会遇到多大困难,社会党人也决不放弃在这方面进行**经常不断的**、**坚定不移的**、始终不渝的准备工作。”[①](大卫在第171页上引用了这段话)请注意,在大卫的书出版(1915年5月1日)的前一个月,我们党曾经发表了(3月29日《社会民主党人报》第40号)关于战争的决议,对于采取系统的“步骤变帝国主义战争为国内战争”作了如下的规定:(1)拒绝投票赞成军事拨款,等等;(2)打破“国内和平”;(3)建立秘密组织;(4)支持士兵的战壕联欢;(5)支持无产阶级的各种群众性的革命行动。

啊,勇敢的大卫!1912年他并不认为援引巴黎公社的例子是“狂妄的”。可是1914年他却附和资产阶级说什么“狂妄”!!

“四协约国”社会沙文主义者的典型代表人物普列汉诺夫对革命策略的评价与大卫完全一致。他把关于……的思想[②]　……即

① 见本版全集第26卷第19页。——编者注

② 手稿到此中断。接下去的文字是按照现存的残缺不全(没有开头)的下一页刊印的。——俄文版编者注

社会革命的“前夜”，从这个前夜到“决战”可能要经过4年或者更多的时间。这正是个萌芽，尽管还很柔弱，但毕竟是巴塞尔宣言所说的那个“无产阶级革命”的萌芽，这种革命**从来**不会一下子就强大起来，而必然要经过比较**柔弱的**萌芽阶段。

要支持、发展、扩大和加强群众性的革命行动和革命运动。要建立秘密组织以便进行这方面的宣传鼓动，以便帮助群众理解运动，理解运动的任务、手段和目的。在这场战争期间，社会民主党的任何实际活动纲领必然都要归结为这两点。其他一切，不管用什么左的、假马克思主义的、和平主义的谬论加以粉饰，都是机会主义的、反对革命的空话。

如果有人像第二国际的顽固分子通常那样地反驳我们说：唉！这些“俄国的”办法！！（《俄国策略》——大卫那本书的第8章的标题）那我们只需用事实来回答。1915年10月30日在柏林有几百个（einige Hundert）妇女到党执行委员会门前游行示威，并通过自己的代表团向党执行委员会声明说：“今天，只要有巨大的组织机构，要散发**秘密传单和小册子**，举行**未经许可的集会**，比在反社会党人非常法施行期间容易办到。缺乏的不是办法和手段，而显然是决心。”（黑体是我用的）（《伯尔尼哨兵报》第271号）

看来，这些柏林女工是被俄国党的中央委员会11月1日发表的那个“巴枯宁主义的”、“冒险主义的”、“宗派主义的”（见科尔布及其一伙的话）和“狂妄的”宣言引入了歧途。

载于1924年《无产阶级革命》杂志
第5期

译自《列宁全集》俄文第5版
第27卷第99—114页

机会主义与第二国际的破产[87]

（不早于1915年11月17日〔30日〕）

一

第二国际真的破产了吗？它的最有威望的代表人物，如考茨基和王德威尔得，都矢口否认这一点。除联系中断而外，并没有发生什么事情；一切正常；这就是他们的看法。

为了弄清真相，我们不妨看一看1912年**巴塞尔代表大会的宣言**，这个宣言恰恰是针对这次帝国主义世界大战的，并且是由世界所有社会党通过的。应当指出，没有一个社会党人敢从理论上否认对每次战争必须作出具体的历史的评价。

现在，当战争已经爆发的时候，无论是公开的机会主义者，还是考茨基派，都既不敢否定巴塞尔宣言，也不敢拿这个宣言来检验一下各国社会党在战时的行为。为什么呢？因为宣言会使他们这两伙人都丑态毕露。

宣言中没有一个字谈到保卫祖国，谈到区分什么进攻性战争和防御性战争；也没有一个字谈到德国和四协约国的机会主义者和考茨基派①现在在街头巷尾向世人反复鼓吹的那一切。宣言也

① 这里所指的不是考茨基在德国的那些信徒个人，而是指国际上这一类冒牌马

不可能谈到这些东西，因为它所谈的东西，是绝对不会使用这些概念的。宣言十分具体地指出了一系列经济的和政治的冲突，这些冲突几十年来一直在准备着这场战争，它们到1912年已经充分而明确地显露出来，并且在1914年导致了战争。宣言明确提到俄奥两国因争夺“巴尔干霸权”而引起的冲突，英、法、德三国（**所有**这三个国家！）因“在小亚细亚实行侵略政策”而引起的冲突，奥意两国因争夺对阿尔巴尼亚的“统治权”而引起的冲突，等等。宣言把所有这些冲突用一句话加以概括，这就是：由“资本帝国主义”引起的冲突。这样，宣言十分清楚地确认这场战争具有侵略的、帝国主义的、反动的、奴役的性质，这种性质使保卫祖国是容许的思想成了理论上荒谬、实践上可笑的东西。鲨鱼相斗，为的是吞食别人的“祖国”。宣言根据无可争辩的历史事实作出了必然的结论：“丝毫不能以任何人民的利益作为借口来为”这场战争“辩护”；这场战争是“为了资本家的利润和王朝的野心”而准备的。如果工人“互相残杀”，那是“犯罪行为”。宣言就是这样说的。

资本帝国主义时代是成熟的、而且过度成熟的资本主义时代，这时的资本主义已面临崩溃的前夜，已成熟到要让位给社会主义的地步了。1789—1871年这个时代是进步的资本主义的时代，当时摆在历史日程上的是推翻封建制度、专制制度，摆脱外国奴役。在这个基础上，而且也**只有**在这个基础上，才容许“保卫祖国”，即保卫祖国不受压迫。这个概念现在也还适用于**反对**帝国主义大国的战争，可是要把它应用于帝国主义大国**之间**的战争，应用于决定

克思主义者，他们动摇于机会主义和激进主义之间，但实际上不过是充当了机会主义的遮羞布而已。

谁能更多地掠夺巴尔干国家和小亚细亚等等的战争，那是荒谬的。因此无怪乎在这次战争中赞成“保卫祖国”的“社会党人”，像小偷躲避他偷过东西的地方那样避开巴塞尔宣言。因为宣言证明，他们是社会沙文主义者，即口头上的社会主义者，实际上的沙文主义者，他们帮助“自己的”资产阶级去掠夺别的国家，奴役别的民族。“沙文主义”这个概念的实质就是：即使在“自己”祖国的行为是为了奴役别人的祖国的时候，还是要保卫“自己的”祖国。

认为这场战争是民族解放战争，会得出一种策略，认为这场战争是帝国主义战争，则会得出另一种策略。宣言明确地指出了这第二种策略。战争“将引起经济和政治危机”，必须“利用”这种危机——不是为了缓和危机，不是为了保卫祖国，相反，是为了“**激发**”群众，为了“加速资本家的阶级统治的崩溃”。历史条件还没有成熟的事情，是不能够加速的。宣言认为：社会革命**已有可能**，它的先决条件**已经成熟**，它将正是**随**战争**而到来**。宣言举了**巴黎公社**和俄国**1905年革命**的例子，即举了群众罢工和国内战争的例子，宣告说，“统治阶级”害怕“无产阶级革命”。有人像考茨基那样，硬说社会党对**这次**战争的态度当时并未详细说明，这是撒谎。这个问题在巴塞尔大会上不仅讨论过，而且作出了决定，会上通过了进行革命无产阶级群众性斗争的策略。

有人竟完全避开巴塞尔宣言或避开其中最重要的部分，而援引某些领袖的言论或个别党的决议，这是令人愤慨的伪善态度，因为第一，这些是**在**巴塞尔大会**以前**发表的；第二，这些并不是全世界各国党共同通过的决议；第三，这些是针对**可能发生的**各种各样的战争，唯独不是针对当前这场战争说的。问题的实质在于，欧洲各大国间的民族战争时代已经被它们之间的帝国主义战争的时代所代替了,巴塞尔宣言当时必须首先正式承认这个事实。

如果认为对巴塞尔宣言可以不作这样的评价,认为它是一纸空文,是虚张声势的恫吓,那就错了。这个宣言所揭露的那些人正是想把事情说成是这样的。但这是不对的。这个宣言不过是整个第二国际时代所进行的巨大宣传工作的结果,不过是社会党人用各种语言向群众发表的几十万字的演说、文章和呼吁书的总结。宣言只是重申了例如**茹尔·盖得**在1899年写过的东西,当时他抨击了社会党人在战时参加内阁的政策并谈到由"资本主义掠夺"引起的战争(《警惕!》第175页);宣言只是重申了**考茨基**1909年在《取得政权的道路》中写过的东西,当时他在这本书里承认"和平"时代已经结束,战争和革命的时代已经开始。把巴塞尔宣言说成是空话或错误,那就是把社会党最近25年来的全部工作说成是空话或错误。通过宣言与不实行宣言之间的矛盾之所以使机会主义者和考茨基派感到受不了,是因为这暴露了第二国际工作中极其深刻的矛盾。1871—1914年这个时期的相对"和平的"性质滋养了机会主义——起初是作为一种**情绪**,后来作为一种**思潮**,最后作为一个工人官僚和小资产阶级同路人的**集团或阶层**。这些分子所以能够支配工人运动,只是因为他们口头上承认革命目的和革命策略。他们所以能够取得群众的信赖,是因为他们赌咒发誓,担保全部"和平"工作都是在为无产阶级革命**作准备**。这个矛盾是一个脓疮,它迟早是要破裂的,结果也真的破裂了。现在全部问题就在于,是像考茨基及其一伙所做的那样,为了"统一"(与脓"统一")而设法把脓再挤回机体中去,还是为了促进工人运动的机体的完全健康而尽快地和尽量细心地把脓清除,虽然这样做会引起一时的剧痛。

那些投票赞成军事拨款、参加内阁并在 1914—1915 年间主张保护祖国的人显然背叛了社会主义。只有伪君子才会否认这一事实。对于这一事实应当加以说明。

二

如果把全部问题看成是个人的问题,那是荒谬的。**考茨基**问道(1915 年 5 月 28 日《新时代》杂志):既然像**普列汉诺夫**和**盖得**这样一些人都如此这般,这同机会主义有什么相干呢?**阿克雪里罗得**代表四协约国的机会主义者回答说(《社会民主党的危机……》1915 年苏黎世版第 21 页):既然**考茨基**都如此这般,这同机会主义有什么相干呢?这是一出滑稽剧。**为了说明整个运动发生危机的原因,必须考察:第一,当前政策的经济意义;第二,作为这种政策的基础的思想;第三,这种政策同社会主义运动中各个派别的历史的联系。**

在 1914—1915 年战争期间"保卫祖国"的经济实质是什么呢?**所有**大国的资产阶级进行战争都是为了瓜分和剥削世界,为了压迫其他民族。一群为数不多的工人官僚、工人贵族和小资产阶级同路人可以从资产阶级的巨额利润中分得一点油水。社会沙文主义和机会主义的阶级基础是一样的,都是人数不多的享有特权的工人阶层同"自己"国家的资产阶级联合起来**反对**工人阶级群众,资产阶级的奴仆同资产阶级联合起来**反对**受资产阶级剥削的阶级。

机会主义和社会沙文主义的政治内容是一样的,都主张阶级合作，放弃无产阶级专政，放弃革命行动，无条件地承认资产阶级所容许的合法性，不相信无产阶级而相信资产阶级。**社会沙文主义是英国自由派工人政策、米勒兰主义和伯恩施坦主义的直接继续和完成**。

1889—1914年这一整个时代充满着工人运动中的两个基本倾向，即革命的社会主义和机会主义的社会主义之间的斗争。现在，在所有国家里，在对待战争的态度问题上也存在着两个主要的派别。让我们抛开资产阶级和机会主义者惯用的那种把问题推到个人身上的手法。我们来看看**派别**的情况，看看它们在许多国家中的情况。我们就拿德国、英国、俄国、意大利、荷兰、瑞典、保加利亚、瑞士、比利时、法国这10个欧洲国家来说。在前8个国家中，机会主义派和激进派的划分是与社会沙文主义者和国际主义者的划分相一致的。社会沙文主义的据点在德国是《社会主义月刊》和列金及其一伙；在英国是费边派和工党（独立工党始终同他们结成联盟，支持他们的机关报，它在这个联盟中始终比社会沙文主义者弱些，而在英国社会党内，国际主义者占$^{3}/_{7}$）；在俄国，这一派的代表是《我们的曙光》杂志（现在是《我们的事业》杂志）、组织委员会以及齐赫泽领导下的杜马党团；在意大利是比索拉蒂领导下的改良派；在荷兰是特鲁尔斯特拉的党；在瑞典是布兰亭所领导的党内多数派；在保加利亚是"宽广派"；在瑞士是格罗伊利希及其一伙。然而在**所有**这些国家中，正是从对立的激进派阵营中，发出了反对社会沙文主义的相当坚定的抗议声。只有法国和比利时这两个国家是例外，不过这里也有国际主义存在，只是力量薄弱。

社会沙文主义是登峰造极的机会主义。它已成熟到同资产阶级和总参谋部实行公开的、往往是露骨的联盟的地步。正是这种联盟给了它巨大的力量以及独占合法出版物和欺骗群众的垄断权。**现在还把机会主义看做我们党内的现象，那是可笑的**。想同大卫、列金、海德门、普列汉诺夫、韦伯一起去执行巴塞尔决议，那是可笑的。同社会沙文主义者讲统一，就是同剥削其他民族的"自己"国家的资产阶级讲统一，就是使国际无产阶级陷于分裂。这并不是说，同机会主义者的决裂在任何地方都能立刻办到，这只是说，这种分裂在历史上已经成熟，它对无产阶级的革命斗争来说是必要的和不可避免的，历史已从"和平的"资本主义进到了帝国主义的资本主义，它已经为这种决裂作好了准备。愿从者天引之，不愿从者天强之。

三

资产阶级的聪明的代表人物非常明白这一点。正因为如此，他们极力称赞现在那些以"祖国保卫者"（即帝国主义掠夺的保卫者）为首的社会党。正因为如此，各国政府都对社会沙文主义领袖们给以报酬，——不是酬以阁员的职位（在法国和英国），就是让他们享有合法地不受干扰地存在的特权（在德国和俄国）。正因为如此，在社会民主党力量最强大而又最明显地变成了民族主义自由派的**反革命**工人政党的德国，检察机关竟把"少数派"与"多数派"的斗争看做"阶级仇恨的激发"！正因为如此，聪明的机会主义者极力设法使那些在1914—1915年间对资产阶级帮过大忙的旧党保持原先的"统一"。1915年4月，德国社会民主党的一个党员用**"莫尼托尔"**的笔名在反动杂志《普鲁士年鉴》上发表了一篇文章，他以值得感谢的坦率精神表达了世界各国的这些机会主义者的观点。莫尼托尔认为，如果社会民主党**继续向右**转的话，那对资产阶级是很危险的。“它应当保持具有社会主义理想的工人政党的性质。因为它一旦放弃了这一点，就会出现一个新的政党把被摒弃的纲领接过来，而且把它表述得更加激进。”（1915 年《普鲁士年鉴》第 4 期第 50—51 页）

莫尼托尔说得切中要害。这正是英国的自由党人和法国的激进党人一向要求的：用响亮的革命词句欺骗群众，使他们相信劳合-乔治、桑巴、列诺得尔、列金和考茨基，相信这些能在掠夺战争中鼓吹“保卫祖国”的人。

但是，莫尼托尔所代表的只是一种机会主义：露骨的、粗俗的、肆无忌惮的机会主义。而另一种则是隐蔽的、精巧的、“真诚的”机会主义。（有一次恩格斯曾经说过：“真诚的”机会主义者对于工人阶级是最危险的……　）举个例子来说吧：

考茨基在《**新时代**》杂志（1915 年 11 月 26 日）上写道：“反对多数派的情绪正在增长；群众怀有反对情绪。”“战争爆发后〈只是战争爆发**后**吗？——尼·列·〉，阶级矛盾将十分尖锐，以至激进主义将在群众中占上风。”“战争爆发后〈只是战争爆发**后**吗？——尼·列·〉激进分子将纷纷脱离党，而拥护从事反议会的〈?? 应该说：议会外的〉群众行动的派别，这对我们是一个威胁。”“这样，我们的党就分裂为彼此毫无共同之处的两个极端。”为挽救统一起见，考茨基竭力劝告帝国国会中的多数派，要他们允许少数派在国会里发表一些激进的演说。这就是说，考茨基想利用在国会内发表的一些激进的演说，使革命群众同与革命“毫无共同之处的”机会主义者调和起来，这些机会主义者早就操纵了工会，现在他们仗着同资产阶级和政府的紧密联盟又掌握了党内的领导权。考茨基的这种做法与莫尼托尔的“纲领”在实质上有什么差别呢？除了一些糟塌马克思主义的甜蜜的词句之外，没有任何差别。

考茨基分子**武尔姆**在1915年3月18日的帝国国会党团会议上“警告”党团不要“做过头，因为工人群众反对党团多数派的情绪正在增长；必须保持马克思主义的”（？！也许是印错了吧，应该是“莫尼托尔主义的”）“中派”立场（《用阶级斗争反对战争！关于“李卜克内西案件”的材料》手稿本第67页）。由此可见，**早在1915年3月**就有人代表**全体**考茨基分子（即所谓“中派”）承认了**群众**怀有革命情绪的**事实**！！然而过了8个半月以后，考茨基却又提出使那些要进行斗争的群众同机会主义的、反对革命的党“调和起来”，而且是要利用一些响亮的革命词句来调和！！

战争往往有这样的好处，就是暴露烂疮，破除陈规。

让我们把英国的费边派和德国的考茨基派比较一下。关于费边派，一位**真正的**马克思主义者弗里德里希·恩格斯在1893年1月18日曾写过一段话：这是“一伙野心家，他们有相当清醒的头脑，懂得社会变革必不可免，但是他们决不肯把这个艰巨的事业交给粗鲁的无产阶级单独去做……　害怕革命，这就是他们的基本原则。……”（《与左尔格通信集》第390页）

1893年11月11日，恩格斯又写道：“这些高傲的资产者……大发慈悲，要从上面来解放无产阶级，只要无产阶级愿意明白事理，认识到如果没有这些睿智的律师、著作家和悲天悯人的女士们的恩惠，像他们这样的愚昧无知的群众是不可能自己解放自己的，是必将一事无成的。……”（同上，第401页）

在理论上，考茨基瞧不起费边派，正像法利赛人瞧不起可怜的税吏[88]一样。因为他是发誓信仰“马克思主义”的。但是，他们之间在实践上有什么差别呢？他们都在巴塞尔宣言上签过字，他们又都像威廉二世对待比利时中立那样来对待这个宣言。而马克思毕生都严厉谴责那些竭力扑灭工人的革命火焰的人。

考茨基拿“超帝国主义”的新理论来反对革命的马克思主义者。他对超帝国主义的理解是：“以国际金融资本共同剥削世界”来代替“各国金融资本的相互斗争”（1915 年 4 月 30 日《新时代》杂志）。但是他又补充说：“至于资本主义的这个新阶段能否实现，现在还没有足够的前提对此作出判断。”这样，这个“新阶段”的发明者仅根据对这个“阶段”的想象——尽管他本人也不敢直截了当地宣布它是“能够实现的”——就否定了昨天他自己所作的革命声明，否定了无产阶级在**今天**，在危机**已经开始**、战争已经发生、阶级矛盾空前尖锐化的“阶段”的革命任务和革命策略！难道这不是最卑劣的费边主义吗？

俄国考茨基派的首领**阿克雪里罗得**认为“无产阶级解放运动国际化问题的重心是日常实际工作的国际化”，譬如说，“有关劳动保护和保险的立法应当成为工人国际行动和国际组织的目标”（阿克雪里罗得《**社会民主党的危机……**》1915 年苏黎世版第 39—40 页）。十分明显，不但列金、大卫、韦伯夫妇，甚至劳合-乔治、瑙曼、白里安和米留可夫也会完全赞成这样的“国际主义”的。在谈到遥远遥远的未来时，阿克雪里罗得和在 1912 年时一样，准备献出各种最革命的词句，说什么未来的国际“将采取掀起革命风暴”的对抗行动（在战争造成危险的情况下对付政府）。请看，我们是多么勇敢呀！但是，一谈到**现在**要支持和推动在群众中已经开始的革命风潮时，阿克雪里罗得却回答道：群众性的革命行动的策略“在下述情况下也许还有点道理，即要是我们真正处于社会革命的前夜，譬如说，就像俄国1901年爆发大学生游行示威（它预示着反专制制度的决战即将到来）时的情况那样"。可是，眼下这一切都是"乌托邦"、"巴枯宁主义"等，这同科尔布、大卫、休特古姆和列金完全是一个腔调。

可爱的阿克雪里罗得忘记了一点，就是在1901年，在俄国谁也不知道而且也不可能知道：第一次"决战"会在4年（不多不少就是**4年**）以后到来，而且会仍然"**决不出**"胜负。然而，当时只有我们革命的马克思主义者是对的，我们嘲笑了号召立刻实行冲击的克里切夫斯基之流和马尔丁诺夫之流。我们只是劝工人处处都把机会主义者撵走，竭尽全力支持、加强和扩展游行示威以及其他群众性的革命行动。欧洲现在的形势与此完全类似。如果号召"立刻"实行冲击，那是荒谬的。但是，身为社会民主党人而不去劝说工人同机会主义者决裂，不想方设法去支持、加深、扩展和加强已经开始的革命运动和游行示威，那是可耻的。革命从来不会完全现成地从天而降，而且在革命风潮开始时，从来也没有人知道它是否会形成以及在什么时候形成为"真正的"、"不折不扣的"革命。考茨基和阿克雪里罗得向工人提出的劝告，不过是老一套的、反对革命的陈词滥调。考茨基和阿克雪里罗得要群众相信**未来的**国际一定是个革命的国际，这只是为了**现在**能维护、粉饰和掩盖列金之流、大卫之流、王德威尔得之流和海德门之流这些反对革命的分子的统治。与列金及其一伙保持"统一"是准备"未来的"革命的国际最可靠的办法，这难道还不明白么？

德国机会主义者的领袖**大卫**在回答我们党的中央委员会1914年11月1日发表的宣言时声称："想把世界大战变成国内战

争是狂妄的”(《社会民主党和世界大战》1915年版第172页)。在这个宣言中还有这样一段话：

“既然战争已经成为事实,那么,不管这种转变在某一时刻会遇到多大困难,社会党人也决不放弃在这方面进行经常不断的、坚定不移的、始终不渝的准备工作。”

(大卫在第171页引用了这段话。)在大卫的书出版的前一个月,我们党曾经发表了几个决议,其中对“经常不断的准备工作”作了如下的解释:1.拒绝投票赞成军事拨款;2.打破国内和平;3.建立秘密组织;4.支持表示团结的战壕联欢;5.支持一切群众性的革命行动。①

大卫简直和阿克雪里罗得一样勇敢:他在1912年并不认为在战争发生时援引巴黎公社是“狂妄的”。

四协约国社会沙文主义者的典型代表人物普列汉诺夫对于革命策略的评价和大卫一样,他把这种策略叫做“梦幻般的闹剧”。但是,让我们听听**科尔布**这个露骨的机会主义者的言论吧,他写道:“实行李卜克内西周围那些人的策略的后果,将是德意志民族内部的斗争达到沸点。”(《处在十字路口的社会民主党》第50页)

但是,什么是斗争达到沸点呢?那不就是国内战争吗?

我们党中央的策略大体上是与齐美尔瓦尔德左派的策略一致的,如果这个策略真像大卫、普列汉诺夫、阿克雪里罗得、考茨基等所说的那样,是“狂妄的”,是“梦想”、“冒险”、“巴枯宁主义”,那它就根本不能引起“民族内部的斗争”,更不要说使斗争达到沸点了。无政府主义的空话在世界上任何地方都没有引起过民族内部的斗

① 参看本版全集第26卷第166页。——编者注

争。而事实表明，正是在 1915 年，正是在战争引起的危机的基础上，群众的革命风潮日益加剧，俄国的罢工和政治示威，意大利和英国的罢工，德国的饥民游行示威和政治示威此起彼伏。这不正是群众性的革命行动的开始吗？

要支持、发展、扩大和加强群众性的革命行动，建立秘密组织（没有这种组织，甚至在“自由的”国家里也无法向人民群众说明真相）——**这就是社会民主党在这场战争中的整个实际纲领**。其他一切，不管用什么样的机会主义的或和平主义的理论来加以粉饰，都是谎言或空话。①

当人们向我们说这种“俄国策略”（大卫语）不适于欧洲的时候，我们只需用事实来回答。10 月 30 日在柏林，一个柏林妇女同志代表团来到党执行委员会声明说：“今天，只要有巨大的组织机构，要散发秘密小册子和传单，举行‘未经许可的集会’，比在反社会民主党人非常法施行期间容易办到。”“缺乏的不是办法和手段，而显然是决心。”（1915 年《伯尔尼哨兵报》第 271 号）

难道是俄国的“宗派主义者”等等把这些坏同志引入歧途的吗？难道代表真正的**群众**的不是这些同志，而是列金和考茨基吗？——是那个在 1915 年 1 月 27 日作报告时大骂建立秘密组织这种“无政府主义”思想的列金，是那个如此反对革命，竟然在 11 月 26 日，即在柏林举行万人游行示威的前 4 天说街头游行示威是

① 在 1915 年 3 月伯尔尼国际妇女代表大会上，我们党中央的妇女代表们曾经指出建立秘密组织的绝对必要性。这一点被否定了。英国的妇女代表们讥笑这个建议，而赞美英国的“自由”。但是，几个月以后，我们却收到了一些开了天窗的英文报，例如《工人领袖》89，后来又得到消息说，在那里发生了警察搜查、没收书刊、以及逮捕那些在英国谈论和平而且只是谈论和平的同志并对他们作出严厉判决的事情！

“冒险行为”的考茨基吗!!

空话已经听够了，像考茨基那样糟蹋“马克思主义”的行为已经看够了！在第二国际存在了25年之后，在巴塞尔宣言发表之后，工人们再不会相信空话了。机会主义已经过度成熟了，已经作为社会沙文主义最终转到资产阶级营垒中去了，它在精神上和政治上都已同社会民主党决裂了。它在组织上也会同社会民主党决裂的。工人已经在要求出版“不受检查的”小册子和举行“未经许可的”集会，就是说，要求建立秘密组织来支持群众的革命运动。只有这样“以战争反对战争”才是社会民主党的工作，而不是空话。这种工作尽管会遇到种种困难，尽管会有暂时的失败、错误、迷误和间断，但是，它一定会把人类引向胜利的无产阶级革命。

载于1916年1月《先驱》杂志第1期

译自《列宁全集》德文版第22卷第107—119页

用国际主义词句掩饰社会沙文主义政策

（1915 年 12 月 8 日〔21 日〕）

政治事实同政治出版物的关系怎样？政治事件同政治口号的关系怎样？政治现实同政治思想的关系怎样？这些问题在目前对于了解国际的全部危机非常重要，因为任何危机，以至事物发展中的任何转折，都必然会使旧形式同新内容不相符合。我们且不说资产阶级社会经常豢养着一批喜欢以超阶级自诩的政客和喜欢以社会主义者自称的机会主义者，这些人一贯故意用一些最动听、最“左”的言词来欺骗群众。但是在危机时代，即使是它的真心诚意的参加者也经常有言行不一致的现象。而任何危机，包括最严重、最困难、最痛苦的危机，其伟大的进步意义也正在于它们能够极迅速、极有力、极分明地揭露和扫除那些腐朽的（即使是真心诚意的）言词和腐朽的（即使是基于最良好的愿望的）机构。

目前俄国社会民主党生活中最大的一件事，就是把彼得格勒的工人选入了军事工业委员会[90]。开战以来，唯有这次选举才第一次真正把无产者**群众**吸收来讨论和解决当前政治中的主要问题，第一次向我们展示了社会民主党这个群众性政党的真实**现状**。情况表明，存在着两个（只有两个）派别。一个是革命的、国际主义的、真正无产阶级的、由我们党组织的派别，它**反对护国**。另一个是“护国主义的”或者说社会沙文主义的派别，它是“我们的事业派”(即取消派的主要核心)、普列汉诺夫派、民粹派和无党派人士的联盟，整个这个联盟还得到俄国一切资产阶级报刊和一切黑帮分子的支持，从而证明了这个联盟的政策实质是资产阶级的而不是无产阶级的。

事实就是这样，现实就是如此。那么口号和思想是怎样的呢？彼得格勒的《工人晨报》[91]第 2 号(10 月 22 日)、“组委会分子”的文集(《国际和战争》1915 年 11 月 30 日第 1 辑)[92]和最近几号的《我们的言论报》都提供了答案，对这些答案，任何一个对于政治的兴趣不像果戈理笔下的彼特鲁什卡[93]对于读书的兴趣那样的人，都应该加以深思。

让我们来看一看**这种**思想的内容和意义吧。

彼得格勒《工人晨报》是最重要的文献。取消派和社会沙文主义的首领以及告密者格沃兹杰夫先生都一起待在这里。这些人对于 9 月 27 日选举前和选举中的情况都了如指掌。这些人可以给自己同普列汉诺夫派、民粹派和无党派人士的联盟蒙上一层纱幕，他们也果真这样做了，他们对这个联盟的作用和联盟内不同成分的**数量对比**只字不提。隐瞒这种“小事”(格沃兹杰夫先生及其在《工人晨报》中的友人们无疑有这方面的材料)对他们是有利的，于是他们也就隐瞒了。但是除了 90 人集团和 81 人集团，他们臆造不出**第三个**集团；在当地，在彼得格勒，当着工人的面撒谎，捏造出“第三个”集团(“哥本哈根的匿名者”[94]在德文报纸和《我们的言论报》上谎称有第三个集团)，那是不可能的，因为头脑清醒的人，明知撒谎必然要被当场揭穿，是不会撒谎的。因此《工人晨报》刊载了库·奥兰斯基(老相识！)的一篇文章《两种立场》，极其详尽地分析了 90 人集团和 81 人集团双方的立场，而没有一个字提到第三种立场。顺便指出，书报检查机关把《工人晨报》第 2 号删改得面目全非，开天窗的地方几乎比完整的地方还要多；可是，在所有文章中，恰恰有而且仅仅有两篇文章，即《两种立场》这一篇和用自由派观点歪曲 1905 年历史的一篇小品文，得到了宽恕，因为这两篇文章责骂了布尔什维克的“无政府主义”和“抵制主义”。写作并刊登这样的东西对沙皇政府**是有利的**。这种言论从专制的俄国到共和制的法国，到处都享有合法存在的特权，并不是偶然的！

《工人晨报》是用哪些论据来为自己的“护国主义”即“社会沙文主义”立场辩护的呢？全是遁词，全是国际主义的辞藻！！它说，我们的立场根本不是“民族的”、“护国主义的”立场，我们只是表达了“第一种立场”（即 90 人集团的立场）“丝毫没有表达的东西”，即对“国家状况”和“拯救”国家“免于毁灭和灭亡”的“关心”。它说，我们的立场是“真正国际的”立场，指明了谋求国家“解放”的途径和手段，我们“同样地〈！！和第一种立场同样地〉评价了战争的起因及其社会政治实质”，我们“同样地〈！！和第一种立场同样地〉探讨了无产阶级〈不是闹着玩的！〉和民主派在战争时期和在世界冲突发展的任何时期的国际组织和国际工作的共同问题”。它说，我们在自己的委托书中声明，“在当前的社会政治形势下，工人阶级不能承担任何保卫祖国的责任”，我们“首先坚决赞同民主派的国际任务”，我们“在实现以哥本哈根和齐美尔瓦尔德为里程碑的宏伟事业中贡献了自己的一份力量”（瞧，我们怎么样！）。它说，我们主张“**没有兼并**的和约”（黑体是《工人晨报》用的）这一口号。我们“以自己的立场和自己的策略的现实主义和国际观点来对抗第一个派别的抽象性和世界主义的无政府主义”。

真是妙不可言！但是在这些妙论中，除了无知和列彼季洛夫[95]般的胡说八道以外，还有从资产阶级观点看来是十分清醒的和**正确的**外交辞令。要影响工人，资产者就得装扮成社会主义者、社会民主党人、国际主义者等等，否则便影响不了。于是《工人晨报》也就装扮起来了，它涂脂抹粉，梳妆打扮，频送秋波，不惜采用一切手段！只要……只要不妨碍我们号召工人参加军事工业委员会，即**事实上**参加反动的（“防御性的”）掠夺战争，那么，即使在齐美尔瓦尔德宣言上签一百次名（这对参加齐美尔瓦尔德会议的那些在宣言上签名而不同宣言的懦弱性作斗争、也不作任何保留的人来说是一记耳光！），在关于当前战争的帝国主义实质的任何决议上签一百次名，在宣誓忠于“国际主义”和“革命性”（在受检查的报刊上谈谋求“国家解放”＝在秘密报刊上谈革命）的任何誓词上签一百次名，我们也心甘情愿。

只有这一点才是行动，其余都不过是言词。只有这一点才是实质所在，其余都不过是空谈。**只有这一点才是**警察、沙皇君主制度、赫沃斯托夫和资产阶级**所需要的**。比较聪明的国家中的聪明的资产者，是容许发表国际主义和社会主义的空谈的，只要参加护国就行。这里不妨提一下法国反动报纸对于“三协约国”社会党人伦敦代表会议[96]的评论。其中一家报纸写道：要知道这是社会党人先生们的一种“抽搐”，一种神经疾病，患这种病的人总是不由自主地重复同一个手势，同一种肌肉动作，同一个词。因此，“我们的”社会党人如果不重复地说他们是国际主义者，他们主张社会革命，他们就无话可说了。这并不危险！这只是一种“抽搐”，而对“我们”来说，重要的是他们**主张保护**祖国。

聪明的法国资产者和英国资产者推论说：如果用民主、社会主义等等词句来为参加掠夺战争的行为辩护，这实际上不是对掠夺成性的政府、对帝国主义资产阶级有好处吗？要是贵族老爷有这样一个奴仆，他向人民发誓赌咒说，贵族老爷把毕生精力都用来关怀人民、爱护人民，这不是对贵族老爷有好处吗？

《工人晨报》拿齐美尔瓦尔德来发誓并**在口头上**同普列汉诺夫派划清界限，宣称（第 2 号）它“在很多方面不同意”他们的意见，而**在行动上**却同他们**基本**一致，在行动上同他们一道，同自己的资产阶级一道**参加了**沙文主义资产阶级的“护国主义”机构。

组织委员会不仅拿齐美尔瓦尔德来发誓，而且还一本正经地“签字画押”；组织委员会不仅同普列汉诺夫派划清界限，甚至还推出了一位匿名作者亚·马·。此人隐姓埋名，躲在阴暗的角落里写道：“我们这些加入八月联盟[97]的人〈？或许亚·马·不是一个，而是两个“入盟者”吧？〉认为有必要声明：《号召报》组织已经远远超出了我们所理解的我们党内的容忍限度，因此不能容许协助《号召报》的集团的分子继续留在八月联盟组织内。”这两位“入盟的”亚·马·真是勇敢，这样直言不讳地道出了真情！

组织委员会“国外书记处”（它出版了上面引述的那本文集）的 5 名成员中，没有一个人愿意说出这样大胆的话！由此可见，这 5 个书记是反对同普列汉诺夫决裂的（前不久，帕·阿克雪里罗得还声明过，同他更接近的是孟什维克普列汉诺夫而不是国际主义者布尔什维克），但是他们害怕工人，也不愿败坏自己的“名声”，于是宁愿闭口不谈此事，而推出一位或者两位匿名的入盟者，由他们去吹嘘一下那种廉价的和安全的国际主义……

一方面，亚·马尔丁诺夫、尔·马尔托夫、阿斯特罗夫这几个书记同《我们的事业》杂志进行论战，马尔托夫甚至还以个人名义反对参加军事工业委员会。另一方面，崩得分子约诺夫却鼓吹要“进一步发展旧的策略〈第二国际的导致本身破产的策略〉，而绝不是取消这种策略”。这位约诺夫自认为比那位反映了崩得的真正政策的科索夫斯基“左”一些，因而崩得分子也就乐于把他捧出来掩饰他们的民族主义。编辑部就约诺夫的文章发表了一个模棱两可、言之无物、玩弄外交辞令的保留声明，既没有反对文章的**实质**，也没有反对它为“旧策略”中腐朽的、机会主义的东西所作的辩护。“加入”八月联盟的两位匿名者亚·马·公然**为**《我们的曙光》杂志**辩护**，说它虽然“离开了”国际主义的立场，但是它“反对〈?〉在俄国实行国内和平政策，认为必须立即恢复国际联系，并且就我们〈即“入盟的”匿名者亚·马·〉所知，它还赞成把曼科夫开除出杜马党团”。真是出色的辩护！小资产阶级的民粹派也赞成恢复联系，克伦斯基也反对曼科夫，而把主张“不反对战争”的人说成是反对国内和平(Burgfrieden)政策，那就是用空话来欺骗工人。

组织委员会文集编辑部作为整体发表了一篇题为《危险的倾向》的文章。这是一个政治上支吾搪塞的典型！一方面，它用响亮的左的词句反对护国主义宣言的起草人(莫斯科和彼得格勒的社会沙文主义者)。另一方面，又说“**很难断定，这两篇宣言究竟出自哪些党内人士之手**”!! 事实上，宣言无疑是“**出自**”《我们的事业》杂志的那些“**人士之手**”，即使起草秘密宣言的罪过并不在这家合法杂志的撰稿人身上…… 组委会分子用荒谬的、吹毛求疵的和除了警察没有人需要追究的问题——文章出自哪一**集团**成员的**个人之手**，偷换了关于这两个宣言的思想根源问题，关于这些根源**同**取消主义、社会沙文主义、“我们的事业派”的**思潮**如出一辙的问题。一方面，编辑部大声威胁说：八月联盟的国际主义者们，让我们团结队伍去“最坚决地反对护国主义倾向”(第129页),去进行“不调和的斗争”(第126页);另一方面,紧接着这些话的是骗人的谎言:“组织委员会所支持的杜马党团的路线”(至今)“还未遇到过公开的反对”(第129页)!!

而这条路线,起草人本人也十分清楚,就在于没有路线,就在于暗中为《我们的事业》杂志和《工人晨报》辩护……

我们且拿这个文集中尔·马尔托夫写的一篇最“左”、最有“原则性”的文章来看吧。只要引述代表作者主要思想的一句话,就足以断定他的原则性究竟怎样了。“如果当前的危机导致民主革命的胜利和共和国的建立,那么,不言而喻,战争的性质就会根本改变。”(第116页)这是彻头彻尾的令人气愤的谎言。马尔托夫不会不知道,所谓民主革命和共和国乃是资产阶级的民主革命和资产阶级的共和国。资产阶级的**和帝国主义的**大国之间的战争的性质,不会因某一大国军事独裁的、封建的帝国主义很快被消灭而有**丝毫**的改变。这是因为纯粹资产阶级的帝国主义不会因此而消失,而只**会得到加强**。因此,我们的报纸在第47号的《几个要点》第9点[①]中才声明:只要共和派和革命派还是像普列汉诺夫、民粹主义者、考茨基、我们的事业派、齐赫泽、组织委员会等等那样的沙文主义者,俄国无产阶级的政党就不会在这场战争中保卫哪怕是共和派和革命派的祖国。

第118页的注释中模棱两可的话一点也挽救不了马尔托夫。在这里,马尔托夫违背他在第116页所说的话,“怀疑”资产阶级民主派能否进行“反对国际帝国主义”的斗争(当然不能);“怀疑”资

① 见本卷第55页。——编者注

产阶级是否会把1793年的共和国变为甘必大和克列孟梭的共和国。在这里，他在理论上的基本错误依然存在：在1793年，法国**资产阶级**革命中的先进阶级是同欧洲的**革命前的**君主国家作战。而1915年的俄国则不是同较落后的国家作战，而是同处在**社会主义**革命前夜的较先进的国家作战。这就是说，在1914—1915年的战争中能起到1793年的雅各宾派的作用的，只有进行胜利的社会主义革命的无产阶级。这就是说，**只有**革命真的使无产阶级政党掌握了政权，真的使这个政党能把革命高涨和国家机器的全部力量都用来立即直接实现同德国和欧洲的社会主义无产阶级的联盟，俄国无产阶级才会在目前这场战争中"保卫祖国"，才会认为"战争的性质有了根本的改变"(《社会民主党人报》第47号《几个要点》第11点)。①

马尔托夫在结束他那娓娓动听的玩弄辞藻的文章时，又向"俄国社会民主党"发出十分动人心弦的号召："要在政治危机一开始时就采取鲜明的革命的国际主义立场"。如果读者希望检验一下这是不是挂羊头卖狗肉，他就应该先对自己提出这样一个问题：采取政治立场究竟是什么意思呢？这就是说，(1)要以组织名义(至少以"5个"书记的名义)对时局和策略作出正式的估计，并作出一系列决议；(2)要提出针对当前局势的战斗口号；(3)要把以上两点**同**无产阶级**群众**及其觉悟的先锋队的**行动**结合起来。马尔托夫和阿克雪里罗得，即"5个"书记的思想领袖，不仅第一点、第二点、第三点全都没有做到，而且实际上在这三方面都**支持社会沙文主义者**，掩护他们！在这16个月的战争期间，这5个国外书记在纲领

---

① 见本卷第55—56页。——编者注

和策略问题上不但没有采取“鲜明的”立场，而且根本没有采取任何立场。马尔托夫左右摇摆。阿克雪里罗得一个劲儿地向右倒（特别见之于他的德文小册子）。没有任何鲜明的、正式的、有组织的东西，没有任何立场！马尔托夫以自己的名义写道：“俄国无产阶级当前的中心战斗口号，应该是为消灭沙皇制度和战争而召集全民立宪会议。”这个口号毫无用处，既不是中心的口号，也不是战斗的口号，因为它并没有指明上述两个“消灭”的概念的主要的、社会阶级的、政治上明确的内容。这是庸俗的资产阶级民主主义的空话，而不是什么中心的、战斗的、无产阶级的口号。

最后，在主要问题上，在**同**俄国**群众**的联系方面，马尔托夫及其一伙所能提供的不仅是零，而且是负数。因为他们一无所有。选举证明，只有资产阶级和《工人晨报》的联盟还拥有群众，而搬出组织委员会和齐赫泽党团，只能是虚伪地掩饰这个资产阶级联盟。

载于1915年12月21日《社会民主党人报》第49号

译自《列宁全集》俄文第5版第27卷第84—92页

为尼·布哈林《世界经济和帝国主义》一书写的序言[98]

（1915年12月21日〔1916年1月3日〕以前）

布哈林这本著作所谈的问题，其重要性和迫切性是毋庸赘述的。在研究当代资本主义形式变化的经济科学领域中，帝国主义问题不但是最重要的问题之一，而且可以说是最重要的问题。了解一下作者在最新材料的基础上精选出来的大量有关事实，对于一个不但关心经济而且关心当代社会生活任何一个方面的人，都是绝对必要的。自然，如果不从经济方面和政治方面彻底弄清帝国主义的实质，如果不以此为基础，那就谈不上具体地历史地评价当前这场战争。这样也就无法了解近10年来经济和外交的历史，而不了解这一历史，要想对战争提出正确的看法，那是可笑的。但是，如果以为从外交"文件"或当前的政治事件中随意抽出使某一国家的统治阶级感到称心或满意的个别事实，就算是对战争作出具体的历史的评价，那么，从在这个问题上特别突出地表现出整个现代科学的要求的马克思主义的观点来看，这种方法的"科学"意义只能引人发笑。例如，普列汉诺夫先生就完全放弃了马克思主义，他不分析帝国主义这一高度发达的、成熟的而且过度成熟的最新资本主义经济关系体系的基本特征和趋势，而只是挑出一两件普利什凯维奇们和米留可夫所喜欢的事实。这样一来，帝国主义这个科学概念就被贬低了，成了一种咒骂刚刚提到的两个帝国主义分子的直接竞争者、对手和敌手的用语，而这两个帝国主义分子同自己的对手和敌手完全是站在同一个阶级基础上的！在讲过的话可以忘记、原则性可以抛弃、世界观可以扔到一边、决议和庄严的诺言可以丢到九霄云外的今天，发生这种事情是不足为奇的。

尼·伊·布哈林的这本著作的科学意义特别在于：它考察了世界经济中有关帝国主义的基本事实，它把帝国主义看成一个整体，看成最高度发达的资本主义的一定的发展阶段。曾经有过一个比较“和平的”资本主义时代，当时资本主义在欧洲各个先进国家完全战胜了封建主义，而且能够最（**比较地说**）平静地、平稳地发展，“和平地”扩张到无主的土地和没有完全卷入资本主义漩涡的国家这些广大的地区。当然，即使在这个时代，即大体上从1871年到1914年期间，“和平的”资本主义所创造的生活条件，无论在军事的或一般阶级的意义上来讲，距离真正的“和平”也都是非常非常之远的。对于各先进国家9/10的居民来说，对于殖民地和落后国家的亿万居民来说，这个时代不是什么“和平”，而是压迫、苦难和恐怖，这种“恐怖”也许由于看来“永无终结”而显得更加可怕。这个时代已经一去不复返了，它已经由一个更加动荡和跳跃、充满灾变和冲突的时代代替了，这个时代对于人民群众来说，典型的现象与其说是“永无终结的恐怖”，不如说是“以恐怖而终结”。

同时，非常重要的是要看到：发生这种更替不是由于别的原因，而是资本主义和一般商品生产的最深刻最根本的趋势直接发展、扩大和继续的结果。交换的发展，大生产的发展，这是几百年来全世界范围内处处可见的基本趋势。在交换发展的一定阶段，在大生产发展的一定阶段，即大致在19世纪和20世纪之交所达到的阶段，交换造成了经济关系的国际化和资本的国际化，大生产达到了十分庞大的规模，以至自由竞争开始被垄断所取代。典型的已经不是“自由地”进行竞争（在国内和**在国际关系中**）的企业，而是企业家垄断同盟，托拉斯。典型的世界“主宰”已经是金融资本。金融资本特别机动灵活，在国内和国际上都特别错综复杂地交织在一起，它特别没有个性而且脱离直接生产，特别容易集中而且已经特别高度地集中，因此整个世界的命运简直就掌握在几百个亿万富翁和百万富翁的手中。

如果**抽象地**从理论上来推断，那就会得出考茨基已经得出的结论（虽然他的方式稍微不同，但也是抛弃了马克思主义）：这些资本巨头在全世界联合成一个统一的世界托拉斯，以实行国际联合的金融资本来代替各个国家彼此分离的金融资本之间的竞争和斗争，这样的日子已经不很远了。但是，这个结论和 19 世纪 90 年代我们的“司徒卢威派”和“经济派”得出的类似结论是一样地抽象、简单化和不正确，当时他们根据资本主义的进步性、资本主义的必然性、资本主义在俄国的最终胜利，时而得出辩护性的结论（崇拜资本主义，同资本主义妥协，以歌颂代替斗争），时而得出否定政治的结论（即否认政治，或者否认政治的重要性，否认一般政治动荡的可能性等等；这是“经济派”特有的错误），有时甚至得出纯粹是“罢工主义的”结论（主张举行作为罢工运动顶峰的“总罢工”，甚至忘记或者忽视其他运动形式，要从资本主义直接“跳”到单纯地通过罢工战胜资本主义）。帝国主义要比半小市民的自由竞争的“天堂”进步，在世界上的先进国家里帝国主义必然产生并最终战胜“和平的”资本主义。种种迹象表明，上述无可争辩的事实就是在今天也会使人产生许许多多和形形色色的政治的或否定政治的错误和不幸。

不过，考茨基同马克思主义的公然的决裂，采取的形式不是否认或者忘记政治，不是"**跳**"**过**许许多多和形形色色的（特别是在帝国主义时代）政治的冲突、动荡和改革，不是替帝国主义辩护，而是**幻想**"**和平的**"**资本主义**。"和平的"资本主义已经被非和平的、好战的、充满灾变的帝国主义代替了，这是考茨基不得不承认的。他在1909年的一部专门的著作[99]里已经承认了这一点。在这部著作里，他最后一次作为马克思主义者提出了严整的结论。但是，如果说不能简单地、直接地、粗俗地幻想从帝国主义退回到"和平的"资本主义，那么，为什么不能使这种实质上是小资产阶级的幻想具有天真无邪地期望实现"**和平的**""超帝国主义"这种形式呢？如果把各国的（确切些说，各个国家彼此分离的）帝国主义的国际联合——这种联合"似乎能够"消除使小资产者特别不愉快、特别惊慌不安的冲突，如战争、政治动荡等等——叫做超帝国主义，那么，为什么不用这种较为和平、较少冲突、较少灾变的"超帝国主义"的天真幻想，来回避现在已经到来的、现实存在的、充满冲突和灾变的帝国主义时代呢？为什么不能幻想帝国主义时代也许很快就会过去，也许可以设想紧接着会出现一个较为和平的、不需要"激烈"策略的"超帝国主义"时代，从而回避欧洲已经到来的帝国主义时代正在提出和已经提出的"激烈的"任务呢？考茨基正是这样说的："不管怎样，资本主义的这样一个〈超帝国主义的〉新阶段是可以设想的"，至于"它能否实现，现在还没有足够的前提对此作出判断"（1915年4月30日《新时代》杂志第144页）。

这种回避已经到来的帝国主义、幻想遁入不知道能否实现的"超帝国主义"的企图，是没有丝毫马克思主义的气味的。这套理论承认马克思主义适用于“资本主义的新阶段”，但是这个新阶段**能否实现**，连它的杜撰者也不能担保，而对于现在已经到来的阶段，马克思主义却被小资产阶级的极其反动的缓和矛盾的企图所代替。考茨基曾经**许下诺言**，要在即将到来的、紧张的、充满灾变的时代当一个马克思主义者，他在1909年写文章谈论这个时代时，已经不能不十分明确地预见到和承认这个时代即将到来。现在，当这个时代已经不容置疑地到来的时候，考茨基却又一次**许下诺言**，要在即将到来的、还不知道能否实现的超帝国主义时代当一个马克思主义者！总之，可以满口答应要在**另一个**时代当马克思主义者，就是不在今天，不在当前的条件下，不在当前这个时代！赊账的马克思主义，许愿的马克思主义，明天的马克思主义，今天的缓和矛盾的小资产阶级机会主义理论——**而且不仅仅是理论**。这和“眼下”广泛流行的供出口的国际主义倒是很相像：那些激昂慷慨的——啊，非常激昂慷慨的！——国际主义者和马克思主义者赞成国际主义的任何表现…… 不过，这是指敌人阵营里的，或者说什么地方的都行，只要不是自己家里的，只要不是自己同盟者的；他们赞成民主……只要它仅仅是“同盟者”的诺言；他们赞成“民族自决”，只要**不是**附属于本民族（它以自己的人中间有这样的赞成者而感到荣幸）的那些民族的民族自决…… 一句话，这是第一千零一种伪善。

然而，能不能反驳说，不可以抽象地“设想”帝国主义**之后**将出现一个资本主义的新阶段即超帝国主义呢？不能。抽象地设想这种阶段是可以的。不过，在实践上，这就意味着成为机会主义者，他为了幻想将来的不迫切的任务，而否认当前的迫切的任务。在理论上，这就意味着不以现实中的发展为依据，为了这些幻想而随意**脱离**现实的发展。毫无疑问，发展正在朝着一个包罗一切企业和一切国家的、唯一的世界托拉斯的**方向**进行。但是，这种发展是在这样的条件，这样的速度，这样的矛盾、冲突和动荡——决不只是经济的，还有政治的、民族的等等——之下进行的，就是说在出现一个统一的世界托拉斯即各国金融资本实行“超帝国主义的”世界联合**以前**，帝国主义就必然会崩溃，资本主义一定会转化为自己的对立面。

弗·伊林

1915 年 12 月

载于 1927 年 1 月 21 日《真理报》第 17 号

译自《列宁全集》俄文第 5 版第 27 卷第 93—98 页

关于农业中资本主义发展规律的新材料

第 一 编

美国的资本主义和农业[100]

（不晚于 1915 年 12 月 29 日〔1916 年 1 月 6 日〕）

这个最新资本主义的先进国家，对于研究现代农业的社会经济结构和演进来说，是一个特别令人感兴趣的国家。无论就 19 世纪末和 20 世纪初资本主义的发展速度来说，还是就资本主义发展已经达到的最高程度来说，无论就根据各种不同的自然和历史条件采用最新科学技术的土地面积的广大来说，还是就人民群众的政治自由和文化水平来说，美国都是举世无双的。这个国家在很多方面都是我们的资产阶级文明的榜样和理想。

研究美国农业演进的形式和规律也是比较方便的，因为美国每 10 年进行一次人口普查（“census”），对所有工农业企业也连带作极其详尽的调查。这就提供了世界上任何一个国家都没有的确切而丰富的材料，使我们有可能用来检验许多流行的论断，这些论断在理论上多半是草率的，传播的往往是资产阶级的观点和偏见，可是人们总是不加批判地加以重复。

吉姆美尔先生在 1913 年《箴言》杂志[101] 6 月号上引用了最近

Книгоиздательство „ЖИЗНЬ и ЗНАНІЕ“.
Петроградъ, Поварской пер., д. 2, кв. 9 и 10. Телефонъ 227-42.

Библіотека обществовѣдѣнія. Кн. 42-ая.

В. ИЛЬИНЪ (Н. Ленинъ).

НОВЫЯ ДАННЫЯ О ЗАКОНАХЪ РАЗВИТІЯ КАПИТАЛИЗМА ВЪ ЗЕМЛЕДѢЛІИ.

ВЫПУСКЪ I.

Капитализмъ и земледѣліе въ Соед. Штатахъ Америки.

ПЕТРОГРАДЪ.
1917.

1917 年列宁《关于农业中资本主义发展规律的新材料。第一编。美国的资本主义和农业》一书封面

（按原版缩小）

一次即1910年进行的第13次人口普查中的一些材料，并据此一再重复了最流行的、在理论基础和政治意义上都是十足资产阶级的论断，说什么“美国大多数农场都是**劳动**农场”；“在比较发达的地区，农业资本主义正在解体”；在“全国绝大多数地方”，“小劳动农业正在扩大自己的统治范围”；正是“在文化较悠久、经济发达程度较高的地区”，“资本主义农业日益瓦解，生产正变得分散而零碎”；“没有一个地区的垦殖开发过程已经停止，没有一个地区的大资本主义农业不在解体并被劳动农业所排挤”，等等，等等。

所有这些论断都错得离奇。它们同实际情形正好相反，完全是对实际情况的嘲弄。对于这些论断的错误应当详细加以剖析，因为吉姆美尔先生并不是偶尔在杂志上写点小文章的等闲之辈，而是代表俄国和欧洲社会思想界中最民主、最左的**资产阶级**派别的最有名的经济学家之一。唯其如此，吉姆美尔先生的观点就有可能——而在一部分非无产阶级居民阶层中则已经——广泛流传并产生影响。因为这不是他个人的观点，个人的错误，而是表述了用民主主义精心润色过的、用貌似社会主义的词句精心粉饰过的**一般**资产阶级观点。在资本主义社会的环境中，无论是只知走老路的御用教授，或是千百万小农中觉悟较高的小农，都最容易附和这种观点。

吉姆美尔先生所捍卫的资本主义社会中农业的非资本主义演进理论，实质上是绝大多数资产阶级教授、资产阶级民主派和世界工人运动中的机会主义者即最新的一种资产阶级民主派的理论。说这种理论是整个资产阶级社会的一种幻觉、梦想和自我欺骗，是并不过分的。我在下文中将尽力提供美国农业资本主义的全貌以推翻这一理论，因为资产阶级经济学家的一个主要错误，就是把各种大大小小的个别的事实和数字同政治经济关系的总联系割裂开来。我所引用的材料全部取自北美合众国官方出版的统计资料；首先是 1900 年第 12 次人口普查和 1910 年第 13 次人口普查中有关农业的**第 5** 卷①；其次是 1911 年的《统计汇编》(Statistical Abstract of the United States)。指出了这些资料来源，我就不再一一标出每一个数字的页码和统计表的序号了，那样会加重读者的负担，毫无必要地增加篇幅；有兴趣的人可以按照上面列举的出版物的目录毫不费力地找到相应的材料。

1. 三个主要地区概述。垦殖开发中的西部和移民宅地

美国幅员辽阔(面积仅略小于整个欧洲)，全国各地经济条件千差万别，因此，对经济状况十分不同的各个主要地区必须分别进行考察。美国的统计学家在 1900 年把全国划分为 5 个地区，在 1910 年又划分为以下 9 个地区：(1)新英格兰，即大西洋岸东北部的 6 个州(缅因、新罕布什尔、佛蒙特、马萨诸塞、罗得岛、康涅狄格)。(2)大西洋岸中部各州(纽约、新泽西、宾夕法尼亚)；这两个地区在 1900 年合称“大西洋岸北部”区。(3)中部东北各州(俄亥俄、印第安纳、伊利诺伊、密歇根、威斯康星)。(4)中部西北各州(明尼苏达、艾奥瓦、密苏里、北达科他、南达科他、内布拉斯加、堪

① 《人口普查报告。1900 年第十二次人口普查。第 5 卷。农业。》1902 年华盛顿版。——《美国 1910 年第十三次人口普查。第 5 卷。农业。》1913 年华盛顿版。

萨斯)；这两个地区在1900年合称"中北"区。(5)大西洋岸南部各州(特拉华、马里兰、哥伦比亚特区、弗吉尼亚、西弗吉尼亚、北卡罗来纳、南卡罗来纳、佐治亚、佛罗里达)；这个地区同1900年的一样。(6)中部东南各州(肯塔基、田纳西、亚拉巴马、密西西比)。(7)中部西南各州(阿肯色、俄克拉何马、路易斯安那、得克萨斯)；这两个地区在1900年合称"中南"区。(8)山区各州(蒙大拿、爱达荷、怀俄明、科罗拉多、新墨西哥、亚利桑那、犹他、内华达)。(9)太平洋岸各州(华盛顿、俄勒冈、加利福尼亚)；这两个地区在1900年合称"西部"区。

这种划分过于复杂，因此美国的统计学家在1910年又把它合并为三个大区：北部(1—4)、南部(5—7)和西部(8—9)。我们下面就会看到，这样划成三大地区是极其重要的，非常必需的，当然，在这里也像在其他任何情况下一样，存在着过渡类型，而且在某些基本问题上，还必须把新英格兰和大西洋岸中部各州单独列出。

为了明确这三大地区最根本的差别，我们可以称它们为：**工业的**北部、**原先蓄奴的**南部和**垦殖开发中的**西部。

下面是一份关于土地面积、耕地比例和人口的材料：

地　区	全部土地面积(单位百万英亩)	其中耕地的百分比	人口(1910年，单位百万)
北部 ……………	588	49%	56
南部 ……………	562	27%	29
西部 ……………	753	5%	7
全美国 …………	1 903	25%	92

北部和南部的土地面积大致相等，西部则几乎比它们大一半。但是北部的人口比西部多7倍。西部可以说几乎渺无人烟。至于

西部的人口在以怎样的速度增长，可以从下面的数字看出来：从1900年到1910年这10年间，北部的人口增加了18%，南部增加了20%，而西部竟增加了67%！北部的农场数几乎毫无增加：1900年是2 874 000个，1910年是2 891 000个，（+0.6%）；南部增加了18%，从260万个增加到310万个；而西部却增加了54%，即增加了一半以上，从243 000个增加到373 000个。

西部的土地占有形式怎样，这可以从**移民宅地**的材料看出来。移民宅地是指由政府无偿分发的或者说只是名义上收点费用的地块，一般有160英亩，即约等于65俄亩。从1901年至1910年这10年间，在北部，有主的移民宅地面积为5 530万英亩（其中5 430万英亩即98%以上集中在中部西北区）；在南部为2 000万英亩（其中1 730万英亩集中在中部西南区）；在西部为5 530万英亩，分布于西部的两个地区。这就是说，西部整个是一个移民宅地的地区，全是无偿分发的无主的土地，这和俄国边远地区的强占土地类似，不过不是由农奴制的国家来调整，而是通过民主的办法加以调整（我险些说成通过民粹派的办法；共和制的美国用资本主义的方法实现了“民粹主义的”思想——把无主的土地分发给每一个想要土地的人）。北部和南部都只有**一个**移民宅地地区，它们好像是由渺无人烟的西部到人烟稠密的北部和南部的一个过渡类型。顺便指出，近10年来完全没有分发移民宅地的，只有北部的新英格兰和大西洋岸中部这两个地区。在这两个工业最发达的地区，垦殖开发过程已经完全停止，这我们在下面还要谈到。

上面援引的关于有主的移民宅地的数字，是指申请发给宅地的数字，而不是最后实发的数字；按地区分列的后一种数字，我们没有掌握。但是，即使上面援引的材料作为绝对数字是被夸大了的，它无论如何还是确切地表明了各个地区之间的对比关系。在北部，农场占有的土地在1910年总共为41 400万英亩，也就是说，近10年来申请发给的移民宅地占它的1/8左右，在南部占1/17左右(35 400万英亩中的2 000万英亩)，在西部竟占**一半**(11 100万英亩中的5 500万英亩)！所以，如果把实际上几乎还不存在土地占有的地区的材料同全部土地都已有主的地区的材料混在一起，那显然是对科学研究方法的嘲弄。

美国的事实特别明显地证实了马克思在《资本论》第3卷中所强调的这样一个真理，即农业中的资本主义并不取决于土地所有权和土地使用权的**形式**。资本会碰到各种各样的中世纪和宗法制的土地所有权形式：封建的、“份地农民的”(即依附农民的)、克兰[102]的、村社的、国家的等等。所有这些土地所有权形式，资本都使之服从于自己，只是采取的形式和手段有所不同而已。① 农业统计工作要做得周密合理，就应当根据资本主义渗入农业的不同**形式**而分别采取不同的研究方法和分类方法等，例如，应当把移民宅地单独列出，追踪其经济的变迁。可惜在统计学中盛行的却是因循守旧，毫无意义地、千篇一律地重复着同一的方法。

同其他地区相比，西部的农业究竟粗放到什么程度，这从关于人造肥料费用的材料也可以看出来。在1909年，每英亩耕地的人造肥料费用在北部是13美分(0.13美元)，在南部是50美分，在西部仅为6美分。南部的肥料费用之所以特别高，是因为种植棉

① 参看《马克思恩格斯文集》第7卷第693—694页。——编者注

花需要很多肥料，而这种作物在南部占着最显要的地位：棉花加上烟草的产值，占全部农产品价值的 46.8%，谷物只占 29.3%，干草和牧草占 5.1%。相反，在北部居于首位的是谷物，占 62.6%，其次是干草和牧草，占 18.8%，而且其中主要是播种的牧草。在西部，谷物的产值占全部农产品价值的 33.1%，干草和牧草占 31.7%，而且草地牧草比播种的牧草多。此外，水果产值占 15.5%，这个商业性农业的特殊部门，在太平洋沿岸地带得到迅速的发展。

2. 工业的北部

1910 年，在北部，城市人口的百分比高达 58.6%，而南部只占 22.5%，西部占 48.8%。从下列材料可以看出工业的作用：

	产值（单位十亿美元）				
	农业	畜牧业	总数	工业（原料价值除外）	工业工人数（单位百万）
北部……	3.1	2.1	5.2	6.9	5.2
南部……	1.9	0.7	2.6	1.1	1.1
西部……	0.5	0.3	0.8	0.5	0.3
全美国…	5.5	3.1	8.6	8.5	6.6

这里的农产品总值是夸大了的，因为一部分农产品，例如饲料，被重复计入了畜牧业产值。但是，无论如何可以得出一个无可怀疑的结论，就是美国近⅚的工业集中在北部，工业在这个地区比农业占优势。相反，南部和西部则基本上是农业地区。

从上面援引的材料可以看出，北部有别于南部和西部的特点是，它的工业发达程度高得多，这就给农业开辟了市场，并且促进了农业的集约化。但是，“工业的”（上述意义上的）北部依然是农产品的主要生产者。农业生产的一半以上即大约3/5，集中在北部。至于北部农业的集约化程度高于其他地区的情况，可以从下面按每英亩土地平均计算的全部农业财产（土地、建筑物、农具和机器、牲畜）价值的数字中看出来：在 1910 年，北部是 66 美元，南部是 25 美元，西部是 41 美元。其中每英亩土地的农具和机器的价值，北部是 2.07 美元，南部是 0.83 美元，西部是 1.04 美元。

而新英格兰和大西洋岸中部这两个地区尤为突出。我们曾经指出，在这两个地区，垦殖开发已经结束。在 1900 年到 1910 年间，农场的数目已经绝对地减少了，各农场的耕地面积和土地总面积也都绝对地减少了。从业统计表明，这两个地区只有 10%的人口从事农业，而全美国从事农业的人口平均为 33%，北部其他地区为 25%—41%，南部则为 51%—63%。在这两个地区，谷物种植面积仅占耕地的 6%— 25%（全国平均占 40%，北部平均占 46%），牧草（多半是播种的牧草）占 52%— 29%（全国平均占 15%，北部平均占 18%），蔬菜占 4.6%—3.8%（全国和北部平均都占 1.5%）。这是集约化程度最高的农业区。在 1909 年，这两个地区每英亩耕地的肥料费用平均为 1.30 美元和 0.62 美元；第一个数字是全国最高的，第二个数字仅次于南部的一个地区。每英亩耕地的农具和机器平均价值为 2.58 美元和 3.88 美元，这在美国是最高的数字。我们将从进一步的叙述中看到，工业的北部的这两个工业最发达地区的特点是，它们的农业不但集约化程度最高，而且经营也最具资本主义性质。

3. 原先蓄奴的南部

吉姆美尔先生写道:美国是一个“根本不知道封建制度为何物,绝对没有封建制度的经济残余的国家”(上述文章,第 41 页)。这是与事实截然相反的论断,因为**奴隶制**的经济残余同封建制度的经济残余丝毫没有区别,而在美国原先蓄奴的南部,这种残余**至今还很强大**。如果吉姆美尔先生的这个错误可以看做不过是仓促写成的杂志文章中的一个错误,那就不值一提了。然而俄国自由派和民粹派的全部著作都证明,在俄国的**工役**制度问题上,即我国的封建制度残余问题上,它们一贯地、非常顽固地犯着同样的“错误”。

在 1861—1865 年的国内战争废除奴隶制以前,美国的南部一直是蓄奴地区。南部的黑人至今还占总人口的 22.6%—33.7%,而北部和西部各地区则不超过 0.7%—2.2%。在美国全国,黑人平均占人口的 10.7%。黑人所处的屈辱地位是无需多说的,美国资产阶级在这方面一点也不比其他国家的资产阶级好些。美国资产阶级在“解放”黑人之后,就竭力在“自由的”、民主共和的资本主义基础上恢复一切可能恢复的东西,做一切可能做到和不可能做到的事情,来最无耻最卑鄙地压迫黑人。为了说明黑人的文化水平,只需举出一个小小的统计数字就够了。在 1900 年,美国白人中的文盲占 6.2%(按 10 岁以上的人口计算),而在黑人中,这个百分比竟高达 44.5%!! 高出 6 倍以上!! 在北部和西部,文盲占 4%—6%(1900 年),而在南部则占 22.9%—23.9%!!

在国民文化水平方面既然如此屈辱，在法律和日常生活方面总的情况如何，也就可想而知了。

这个可爱的“上层建筑”是在什么样的经济基础上生长出来和存在下去的呢？

在典型俄国式的、“道地俄国式的”**工役制**即**分成制**的基础上。

1910 年，黑人农场有 920 883 个，占农场总数的 14.5%。在全体农场主中，佃农占 37%，自耕农占 62.1%，剩下 0.9%的农场是由管理人经营的。但是，佃农在白人中只占 39.2%，而在黑人中竟占 75.3%！在美国，典型的白人农场主是自己拥有土地的自耕农，而典型的黑人农场主则是佃农。在西部，佃农一共只占 14%。这是一个垦殖开发中的地区，到处是新的、闲置的土地，是小“独立农民”的埃尔多拉多[103]（暂时的、不牢靠的埃尔多拉多）。在北部，佃农占 26.5%，而在南部竟占 49.6%！南部的农场主有一半是佃农。

不仅如此。这里所说的佃农还根本不是欧洲式的、有文化的、现代资本主义意义上的佃农。这里所说的佃农主要是半封建的，或者说是半奴隶制的（这从经济上来讲是同一个东西）**分成制农民**。在“自由的”西部，分成制农民在佃农中占少数（53 000 个佃农中有 25 000 个）。在老的、早已是人烟稠密的北部，766 000 个佃农中有 483 000 个分成制农民，即占 63%。在南部，1 537 000 个佃农中有 **1 021 000 个分成制农民，即占 66%**。

在 1910 年，自由的、民主共和的美国有 150 万分成制佃农，其中**黑人占 100 万以上**。而且分成制农民在农场主总数中所占的比例不是在降低，而是在不断地、相当迅速地增长。分成制农民在美国农场主总数中所占的百分比，1880 年是 17.5%，1890 年是

18.4%,1900年是22.2%,1910年是24%。

美国统计学家们在1910年人口普查的结论中写道:“南部的条件一向和北部有些不同,南部有很多佃农农场是那些规模巨大的、产生于国内战争以前的种植园的一部分。”在南部,“靠佃农,主要是黑人佃农经营的制度代替了靠奴隶劳动经营的制度”。“租佃制度的发展在南部最引人注目,那里许多过去由奴隶劳动耕作的大种植园,在很多情况下都已分为许多小的地块,出租给佃农。……在很多情况下,这些种植园直到现在实质上还是作为农业单位经营着,因为佃农受到一定程度的监督,和北部农场里的雇佣工人受到监督多少有点相像。”(上述著作第5卷第102、104页)

为了说明南部的特点,还必须作个补充:南部的居民纷纷逃往别的资本主义地区和城市去,正像俄国的农民纷纷从最落后和保留农奴制残余最多的中部农业省份、从土皇帝马尔柯夫之流的统治下,逃往俄国资本主义比较发达的地区,逃往都市、各工业省份和南部去的情况一样(见《俄国资本主义的发展》①)。实行分成制的地区,无论在美国或俄国,都是最停滞的地区,都是劳动群众受屈辱和压迫最厉害的地区。对美国的经济和整个社会生活起着十分重大作用的外来移民,都回避南部。在1910年,非美国出生的居民占美国人口的14.5%。但是他们在南部各地区只占1%—4%,而在美国其他地区,外来人最少也有13.9%,有的则多达27.7%(新英格兰)。闭塞不通,粗野落后,死气沉沉,一座为“解放了的”黑人设置的监狱——这就是美国南部的写照。在这里,居民的定居率最高,“对土地的依恋心理”最重。南部除一个地区在大规模垦殖开发(中部西南区)以外,其余两个地区有91%—92%的居民是土生土长的,而在全国,这样的居民占72.6%,这就是说,居民的流动率要高得多。在整个都是垦殖开发地区的西部,只有

① 参看本版全集第3卷第539—544页。——编者注

35%—41%的居民是土生土长的。

在南部的没有垦殖开发的两个地区，黑人纷纷外逃：在最近两次人口普查之间的10年内，这两个地区向美国其他地区提供了约60万“黑人”居民。黑人主要是逃往城市。在南部，77%—80%的黑人住在农村，而在其他地区只有8%—32%。在经济状况上，美国的黑人和俄国中部农业地区的**“前地主”**农民是极其相似的。

4. 农场的平均面积。南部“资本主义的解体”

在考察了美国三大地区的基本特征和经济条件的一般性质之后，我们现在可以进而分析一下人们通常运用的那些材料。这里首先是关于农场平均面积的材料。许许多多的经济学家，其中包括吉姆美尔先生，根据这些材料作出了一些非常大胆的结论。

美国农场的平均面积(单位英亩)

年　份	全农场土地面积	耕地面积
1850	202.6	78.0
1860	199.2	79.8
1870	153.3	71.0
1880	133.7	71.0
1890	136.5	78.3
1900	146.2	72.2
1910	138.1	75.2

大体上说来，从这个材料一眼看到的是，全农场的土地平均面

积在减少，耕地的平均面积变化则增减不定。但是在1860—1870年期间有一个明显的界限，因此我们在这里划上了一条线。正是在这个时期，全农场的土地平均面积大大**减少**，减少了46英亩(199.2—153.3)；耕地的平均面积也发生了很大的变化，也减少了(79.8—71.0)。

原因何在呢？很明显，是由于1861—1865年的国内战争和奴隶制的废除。奴隶主大地产遭到了决定性的打击。下面我们将看到这个事实一再得到证实，虽然这个事实是众所周知的，再来证实它未免令人感到奇怪。现在我们把南部和北部的材料分列如下：

农场的平均面积(单位英亩)

年份	南部 全农场土地的平均面积	南部 耕地的平均面积	北部 全农场土地的平均面积	北部 耕地的平均面积
1850	332.1	101.1	127.1	65.4
1860	335.4	101.3	126.4	68.3
1870	214.2	69.2	117.0	69.2
1880	153.4	56.2	114.9	76.6
1890	139.7	58.8	123.7	87.8
1900	138.2	48.1	132.2	90.9
1910	114.4	48.6	143.0	100.3

我们看到，南部每个农场耕地的平均面积在1860—1870年间大幅度**减少**(101.3—69.2)，北部则稍有**增多**(68.3—69.2)。这就是说，问题正在于南部的发展条件。我们看到，那里就是在奴隶制废除以后，农场的平均面积也仍然在减少，虽然这种减少是缓慢的，断断续续的。

吉姆美尔先生作出结论说："在这里，小劳动农业在扩大自己的势力范围，资本则放弃了农业而投入其他部门。""……在大西洋岸南部各州，农业资本主义急剧解体……”

真是奇谈怪论，能与之相媲美的恐怕只有我国民粹派的论调了。我国的民粹派说过，俄国在1861年以后由于地主从徭役制经济过渡到工役制（即半徭役制！）经济而引起了“资本主义的解体”。奴隶主大地产的分化被叫做“资本主义的解体”。昨天的奴隶主的未耕地变成了今天黑人的小农场，而这些黑人中有一半是分成制农民（我们还记得，分成制农民的百分比在每一次人口普查中都不断**提高**！），这种变化也被叫做“资本主义的解体”。对经济科学基本概念的歪曲达到了登峰造极的地步！

美国统计学家们在1910年人口普查的说明书第12章中，援引了关于南部现代的、而不是奴隶制时代的典型“种植园”的材料。在39 073个种植园中有39 073个“领主农场”（landlord farms）和398 905个佃农农场。这就是说，平均每一个“领主”，即“地主”有10个佃农。种植园的平均面积是724英亩。其中耕地只有405英亩，平均每个种植园有未耕地300英亩以上。昨天的奴隶主老爷为未来的开拓计划储备了很不少的土地……

中等种植园土地的分配情况如下：“领主农场”有地331英亩，其中耕地87英亩。“佃农”农场，即照旧为“领主”干活并受其监督的分成制黑人的地块，平均有地38英亩，其中耕地31英亩。

南部昨天的奴隶主拥有广大的地产，其中9/10以上的土地直到现在还未耕种，随着人口和对棉花需求的增长，他们正逐渐把这些土地出卖给黑人，尤其常见的是按对分制把小块田地租给黑人。（从1900年到1910年，南部拥有自己全部土地产权的农场主，从1 237 000人增加到1 329 000人，即增加了7.5%，分成制农民则从772 000人增加到1 021 000人，即增加了32.2%。）

而现在居然出现了一位经济学家，把这种现象说成是“资本主义的解体”……

我们把占有土地 1 000 英亩以上的农场算做大地产。这样的农场，1910 年在全美国只占 0.8%(共 50 135 个)，可是它们拥有土地 16 710 万英亩，占总数的 19%。这样，每个大地产平均拥有土地 3 332 英亩。大地产中的耕地只占 18.7%，而全部农场中耕地一般占 54.4%。此外，在资本主义的北部，大地产最**少**，只占农场总数的 0.5%，拥有全部土地的 6.9%，在大地产中耕地占 41.1%。西部的大地产最多，占农场总数的 3.9%，拥有全部土地的 48.3%，大地产中有 32.3%的土地已经耕种。在原先蓄奴的南部，大地产中未耕地的百分比**最高**：在那里，大地产占农场总数的 0.7%，拥有全部土地的 23.9%，大地产中已耕的**土地只占 8.5**%!! 这个详细的材料也清楚地表明，不对每一国家和每一地区的具体材料作专门分析就把大地产算做**资本主义**经济，这种流行的做法是多么轻率。

在 1900—1910 年这 10 年间，恰恰是大地产的、而且也只有大地产的土地总数**减少了**。而且减少得很厉害：从 19 780 万英亩减少到 16 710 万英亩，即减少了 3 070 万英亩。南部大地产的土地减少了 3 180 万英亩(北部增加了 230 万英亩，西部减少了 120 万英亩)。可见，恰恰是南部，也只有蓄奴的南部，大地产的耕地百分比很低(8.5%)，这些大地产正处于大规模分化的过程中。

从这一切必然得出如下的结论：对这一正在发生的经济过程的唯一准确的说明是，有十分之九的土地根本未耕种的奴隶主大地产，正转变为小**商业性**农业。不是像吉姆美尔先生和民粹派以及一切向“劳动”唱廉价颂歌的资产阶级经济学家所爱讲的那样，转变为“劳动”农业，而是转变为商业性农业。“劳动”这个词非但没有任何政治经济意义，而且间接地会使人产生误解。这个词所以说毫无意义，是因为在任何社会经济结构下，无论在奴隶制度下，或是在农奴制度下，或是在资本主义制度下，小农总是要“劳动”的。“劳动”是空话，是毫无内容的空谈，它掩盖了仅仅对资产阶级有利的东西，即**混淆了**各种不同的社会经济结构。“劳动”这个词会使人产生误解，对公众是个欺骗，因为它暗示不存在**雇佣**劳动。

吉姆美尔先生和一切资产阶级经济学家一样，恰恰回避了有关雇佣劳动的材料，虽然这在农业中的资本主义问题上是最重要的材料，虽然不仅在1900年的人口普查中，而且在吉姆美尔先生所引用的（他的文章第49页的注释）1910年的人口普查《公报》（《关于各州农场收成的材料摘编》）中都有这个材料。

南部小农业的发展也就是商业性农业的发展，这从南部主要农产品的性质可以看出来。这种产品就是棉花。在南部的全部农作物总产值中，各种谷物占29.3%，干草和牧草占5.1%，而棉花则占42.7%。从1870年到1910年，美国的羊毛产量从16 200万磅增加到32 100万磅，增加了一倍；小麦从23 600万蒲式耳增加到63 500万蒲式耳，增加了将近两倍；玉米从109 400万蒲式耳增加到288 600万蒲式耳，也增加了将近两倍；而棉花则从400万包（每包500磅）增加到1 200万包，即增加了两倍。主要作为商品的农产品的增长超过了其他商业性较差的农产品的增长。此外，在“大西洋岸南部各州”这个南部的主要地区，以下几种作物的生产也获得了相当大的发展：烟草（在弗吉尼亚州占农业产值的12.1%),蔬菜(在特拉华州占农业总产值的20.1%,在佛罗里达州占23.2%),水果(在佛罗里达州占农业总产值的21.3%)等等。所有这些都属于这样一类农作物,它们表明了农业的集约化,表明了土地面积减少而经营规模扩大,雇佣劳动的使用增加。

现在我们来详细地研究一下关于雇佣劳动的材料。这里我们只指出一点,虽然南部在这方面比其他地区落后(这里雇佣劳动的使用**较少**,因为半奴隶制的分成制还**比较强大**),但是即使在南部,雇佣劳动的使用也在增长。

5. 农业的资本主义性质

人们通常是根据关于农场的大小或者大农场(就土地面积而言)的数量和作用的材料来衡量农业中的资本主义。这类材料,一部分我们已经研究过,一部分下面还要继续研究。但是必须指出,所有这些材料都是间接的,因为面积的大小远不是任何时候都能说明,也远不能直接说明一个**农场**真正是大规模的,说明它是资本主义性质的。

在这方面,关于雇佣劳动的材料更有说服力和更雄辩得多。近年来的农业普查,如奥地利1902年的普查和德国1907年的普查(这些普查我们将在别的地方加以分析)都表明了,现代农业中尤其是小农业中使用雇佣劳动的规模,比人们通常想象的要大得多。再没有比这种材料更能确凿无疑地驳倒小市民们关于小"劳动"农业的无稽之谈了。

美国的统计在这个问题上收集了非常广泛的材料，因为在每个农场主的调查卡上都记载着，是否支出了雇用工人的费用，如果支出了，具体数字是多少。与欧洲的（例如刚才提到的那两个国家的）统计不同，美国的统计没有把每个业主当时雇用的工人数目登记下来，虽然这是很容易做到的，而如果有这方面的材料作为关于雇佣劳动费用总额的材料的补充，其科学价值就很大了。然而尤其糟糕的是，1910 年的那次普查中的这部分材料编制得根本不适用，一般说要比 1900 年的普查差得多。在 1910 年的普查中，农场是按土地面积的大小分类的，这和 1900 年一样，但是与 1900 年不同的是，它并没有按这一分类列出使用雇佣劳动的材料。因此我们就不可能比较大小农场（就土地面积而言）在使用雇佣劳动方面的情况。我们所掌握的只是各州和各地区的平均材料，即把资本主义和非资本主义农场混在一起的材料。

我们在后面将单独来研究编制得较好的 1900 年的材料，现在我们先引用 1910 年的材料。其实它们是有关 1899 年和 1909 年的材料：

地　区	雇用工人的农场所占的百分比（1909 年）	雇佣劳动费用增加的百分比（1899—1909 年）	每英亩耕地的雇佣劳动费用（单位美元）	
			1909 年	1899 年
北　部……	55.1	＋ 70.8	1.26	0.82
南　部……	36.6	＋ 87.1	1.07	0.69
西　部……	52.5	＋119.0	3.25	2.07
全美国……	45.9	＋ 82.3	1.36	0.86

从这个材料首先可以得出这样一个确定无疑的结论：最具资本主义性质的是北部的农业（55.1％的农场使用雇佣劳动），其次是西部（52.5％），最少的是南部（36.6％）。这正是人烟稠密的工

业地区同垦殖开发中的地区和分成制地区三者作对比时应有的情况。要准确地比较各个地区，使用雇佣劳动的农场所占百分比的材料，自然要比每英亩耕地的雇佣劳动费用的材料更为适用。为了使后一种材料具有可比性，各个地区的工资标准应当是一样的。我们没有美国农业工资的材料，但是，既然我们知道各个地区之间存在着根本的差异，那就很难设想它们的工资标准会是一样的。

总之，在北部和西部这两个集中了全国⅔耕地和⅔牲畜的地区，**一半以上**的农场不能不使用雇佣劳动。南部使用雇佣劳动的较少，只是由于那里以分成制形式出现的半封建（也是半奴隶制）剥削还很厉害。毫无疑问，在美国也像在世界上其他一切资本主义国家一样，一部分处境最坏的农场主不得不出卖自己的劳动力。可惜美国的统计根本没有提供这方面的材料，而德国1907年的统计则不同，它不仅收集了这种材料，而且编制得相当详细。根据德国的材料，在5 736 082个农业业主（这是农业业主的全部人数，其中包括最小的“业主”）中有1 940 867人，即30%以上的农业业主，就其**主要**职业来说是雇佣工人。自然，这许多有一小块土地的雇工和日工都应列入最下等的农民。

按照美国一般的惯例，极小的农场（不到3英亩）是根本不登记的。假定在这个国家里，出卖劳动力的农场主只占10%，那我们就会得到这样的结论：全国有**⅓以上**的农场主是**直接**受地主和资本家剥削的（受过去奴隶主的封建剥削或半封建剥削的分成制农民占24%，加上这10%受资本家剥削的，一共是34%）。这就是说在全部农场主中，只有**少数**，未必超过**⅕或¼**，既不雇用工人，也不受人雇用，或者说也不受人奴役。

在这个“典型的和先进的”资本主义国家中，在这个无偿分发千百万亩土地的国家中，实际情况就是如此。那个出名的非资本主义的、小“劳动”农业，在这里也是无稽之谈。

美国农业中的雇佣工人有多少？同农场主的人数比起来，同全体农村人口比起来，他们是在增加呢，还是在减少？

对于这些极端重要的问题，可惜美国的统计没有作出直接的答复。现在我们来寻找大概的答案。

第一，职业统计数字（人口普查报告第4卷）能够提供大概的答案。这种统计美国人也“没有搞好”。它编制得死板、机械、极不合理，竟然没有关于一个人在行业中所处的地位的材料，即没有区分出业主、本户工人和雇佣工人。不在经济上作确切的划分，而满足于使用一些“流行的”、“常见的”字眼，在“农业工人”这一栏里，毫无道理地把农场主的家庭成员和雇佣工人混在一起。大家知道，在这个问题上，**并不是**只有美国的统计中才充满这种极端混乱的现象。

1910年的普查曾试图稍微澄清一下这种混乱现象，纠正某些明显的错误，至少把雇佣工人（working out）部分从本户工人（working on the home farm）中分出来。统计学家们进行了一系列的计算之后，对农业从业人员的总数作了修正，从总数中减去了468 100人（第4卷第27页）。其次，计算出**女**雇佣工人在1900年是220 048人，在1910年是337 522人（增加了53%）。男雇佣工人在1910年是2 299 444人。假定1900年农业雇佣工人在全体农业工人中所占的比例和1910年一样，那么1900年的男雇佣工人就是1 798 165人。这样我们就得出如下的情况：

	1900 年	1910 年	增加的百分比
农业从业人员的全部人数…	10 381 765	12 099 825	+16%
农场主人数……………………	5 674 875	5 981 522	+ 5%
雇佣工人人数………………	2 018 213	2 566 966	+27%

这就是说,雇佣工人人数增加的百分比为农场主人数增加的百分比的 5 倍以上(27%比 5%)。农场主在农村人口中所占的比重**降低了**,雇佣工人所占的比重**提高了**。独立业主在全部农村人口中所占的比重降低了,依附的、被剥削的人增多了。

1907 年德国农业中的本户工人和雇佣工人总数是 1 500 万,其中有农业雇佣工人 450 万。这就是说,雇佣工人占 30%。根据上面大致的计算,美国 1 200 万农业从业人员中,雇佣工人有 250 万,即占 21%。很可能由于无偿地分发闲置土地,以及分成制农民占有很大比重,美国雇佣工人的百分比降低了。

第二,1899 年和 1909 年花在雇佣工人上的费用的数字能够提供大概的答案。在这期间,工业中的雇佣工人从 470 万增加到 660 万,即增加了 40%;他们的工资则从 200 800 万美元增加到 342 700 万美元,即增加了 70%(不要忘记,食品等价格的提高抵消了工资名义上的增加)。

根据这个材料可以这样假设:农业中雇佣工人大约增加了 48%,相应地,花在雇佣工人上的费用增加了 82%。如果我们对三个主要地区作类似的假设,那就得出如下的情况:

	1900—1910 年　增　加　的　百　分　比		
地　　区	全部农村人口	农场数	雇佣工人数
北部…………	+ 3.9%	+ 0.6%	+40%
南部…………	+14.8%	+18.2%	+50%
西部…………	+49.7%	+53.7%	+66%
全美国………	+11.2%	+10.9%	+48%

这个材料也向我们表明,就全国来说,业主的增加落后于农村人口的增加,雇佣工人的增加则超过了农村人口的增加。换句话说,就是独立劳动者的比重降低了,依附劳动者的比重提高了。

要看到,按第一种计算所得的雇佣工人增加数(+27%)和按第二种计算所得的增加数(+48%)之间有很大的差额,这是完全可能的。因为第一种计算只包括**职业**雇佣工人,第二种计算则包括**一切**使用雇佣劳动力的**情况**。在农业中,间或使用雇佣劳动力的情况是很重要的,因此不应当只满足于算出雇佣工人(固定的和临时的)的数目,还要尽可能地算出花在雇佣劳动上的费用总额,这在任何时候都应当作为一条原则。

不管怎样,这两种计算都向我们确切无疑地表明了美国农业中的资本主义的**增长**,雇佣劳动的使用的**增长**,这种增长超过了农村人口和农场主数量的增长。

6. 农业集约化程度最高的地区

我们已经研究了农业中资本主义最直接的指标——雇佣劳动的一般材料。现在可以进而更详细地分析一下,这一国民经济部门中的资本主义是以什么样的特殊**形式**表现出来的。

我们已经知道,有一个地区的农场平均面积正在缩小,这就是南部。在那里,这个过程表明奴隶主大地产正转变为小商业性农业。还有一个地区的农场平均面积也在缩小,那就是北部的一部分——新英格兰和大西洋岸中部各州。下面就是关于这两个地区的材料:

	农场耕地的平均面积(单位英亩)	
	新英格兰	大西洋岸中部各州
1850年	66.5	70.8
1860年	66.4	70.3
1870年	66.4	69.2
1880年	63.4	68.0
1890年	56.5	67.4
1900年	42.4	63.4
1910年	38.4	62.6

新英格兰的农场平均面积在美国各地区中是最小的。在南部,有两个地区的农场平均面积是42—43英亩,在第三个地区,即垦殖开发还在进行的中部西南区,农场平均面积是61.8英亩,这和大西洋岸中部各州差不多。在新英格兰和大西洋岸中部各州,即"在文化较悠久、经济发达程度较高的地区"(吉姆美尔先生的文章,第60页),在没有进行垦殖开发的地区,农场平均面积在缩小,这使我们的作者也像很多其他资产阶级经济学家一样得出结论说:"资本主义农业日益瓦解","生产正变得分散而零碎","没有一个地区的垦殖开发过程已经停止,没有一个地区的大资本主义农业不在解体并被劳动农业所排挤"。

吉姆美尔先生得出这些根本违反事实的结论,是由于他忘记了一件……"小事":农业的集约化过程!这似乎是不可思议的,但这是事实。许多资产阶级经济学家,几乎是所有的资产阶级经济学家,虽然"在理论上"清楚地"知道"并且承认农业的集约化过程,但是在谈到农业中的小生产和大生产时,总是想方设法忘掉这件"小事",因此我们必须特别认真地谈谈这个问题。资产阶级的(包括民粹主义的和机会主义的)经济学在小"劳动"农业问题上漏洞百出,其基本根源之一就在这里。他们忘记的一件"小事”就是：由于农业的技术特点，农业的集约化过程往往导致**经营**规模的扩大，引起**生产**和**资本主义**的增长，同时农场的平均耕地面积却在**减少**。

首先我们来考察一下，新英格兰和大西洋岸中部各州同北部其他地区以及全国其他地区比较起来，在农业技术上，在农业的一般性质和集约化程度上，有没有根本的差别。

下面的材料表明了在种植方面的差别：

几种作物在农业总产值中所占的百分比（1910年）

地　　区	谷物	干草和牧草	蔬菜、水果等特种作物
新英格兰……………………	7.6	41.9	33.5
大西洋岸中部各州…………	29.6	31.4	31.8
中部东北各州………………	65.4	16.5	11.0
中部西北各州………………	75.4	14.6	5.9

种植情况存在着根本的差别。我们看到，前两个地区的农业是高度集约化的，后两个地区的农业是粗放的。在后两个地区中，谷物占总产值的绝大部分，在前两个地区中，谷物不仅只占一小部分，有时甚至微不足道（7.6％），而特种“商业性”作物（蔬菜、水果等）在产值中所占的百分比却**大于**谷物。粗放农业已经让位给集约化农业。这里广泛实行牧草播种。在新英格兰，提供干草和牧草的380万英亩土地中，有330万英亩是**播种的**牧草。在大西洋岸中部各州，提供干草和牧草的850万英亩土地中，有790万英亩是**播种的**牧草。相反，在中部西北各州（这是一个垦殖开发区和粗放农业区），提供干草和牧草的2 740万英亩土地中，有1 450万英亩，即一大半是“野生的”草地等等。

“集约化”各州的收获量明显高于其他地区：

地　　区	每英亩的收获量(单位蒲式耳) 玉　米		小　麦	
	1909年	1899年	1909年	1899年
新英格兰…………………	45.2	39.4	23.5	18.0
大西洋岸中部各州………	32.2	34.0	18.6	14.9
中部东北各州……………	38.6	38.3	17.2	12.9
中部西北各州……………	27.7	31.4	14.8	12.2

在这些地区特别发达的商业性畜牧业和牛奶业方面，也可以看到同样的现象：

地　　区	每个农场的奶牛平均数	每头奶牛的平均产乳量(单位加仑)	
	(1900年)	**1909年**	**1899年**
新英格兰…………………	5.8	476	548
大西洋岸中部各州………	6.1	490	514
中部东北各州……………	4.0	410	487
中部西北各州……………	4.9	325	371
南部(3个地区)…………	1.9—3.1	232—288	290—395
西部(2个地区)…………	4.7—5.1	339—475	334—470
全美国的平均数………	3.8	362	424

从这里可以看出，"集约化"各州的牛奶业规模比所有其他州**大**得多。农场最**小**(就耕地面积而言)的地区是牛奶业规模最**大**的地区，这个事实具有极大的意义，因为大家知道，牛奶业发展得最快的地方是城市近郊和工业高度发达的国家或地区。我们在另一个地方①谈到的丹麦、德国和瑞士的统计材料，也向我们表明了产乳性畜**日益集中**这一事实。

我们看到，在"集约化"各州中，干草和牧草在农业总产值中所占的比重比谷物大得多。这里的畜牧业在很大程度上是靠**购进饲**

① 见本版全集第5卷第183—244页。——编者注

料发展的。下面是1909年有关这方面的材料：

地 区	卖出饲料的收入总额	购进饲料的支出总额	收入超过支出(＋)或支出超过收入(－)
	(单位百万美元)		
新英格兰…………………	＋ 4.3	－34.6	－ 30.3
大西洋岸中部各州……	＋ 21.6	－54.7	－ 33.1
中部东北各州…………	＋195.6	－40.6	＋155.0
中部西北各州…………	＋174.4	－76.2	＋ 98.2

北部粗放各州出卖饲料。集约化各州则购买饲料。不难理解，由于购进饲料，便有可能在**小**块土地上进行**大**规模的高度资本主义性质的经营。

我们现在把北部的两个集约化地区——新英格兰和大西洋岸中部各州拿来同北部最粗放的地区——中部西北区作一比较：

地 区	耕地面积(单位百万英亩)	牲畜总值	卖出饲料的收入	购进饲料的支出
		(单 位 百 万 美 元)		
新英格兰＋大西洋岸中部各州	36.5	447	26	89
中部西北各州…	164.3	1 552	174	76

我们看到，集约化各州平均每英亩耕地的牲畜(447÷36＝每英亩12美元)多于粗放各州(1 552÷164＝9美元)。就是说，在单位土地面积上以牲畜形式投入的资本较多。而且单位面积的饲料贸易(买和卖)总额在集约化各州(3 600万英亩有2 600万＋8 900万＝11 500万美元)要比粗放各州(16 400万英亩有17 400万＋7 600万＝25 000万美元)多得多。很清楚，集约化各州的农业比粗放各州具有更大的**商业**性。

关于肥料费用、农具和机器价值的材料，可以作为说明农业集约化程度的最准确的统计数字。请看下面的材料：

地区		购买肥料的农场的百分比	每个农场的平均肥料费用（单位美元）	每英亩耕地的平均肥料费用（单位美元） 1909年	1899年	每个农场的平均耕地（单位英亩）（1909年）
北部	新英格兰……………	60.9	82	1.30	0.53	38.4
	大西洋岸中部各州…	57.1	68	0.62	0.37	62.6
	中部东北各州………	19.6	37	0.09	0.07	79.2
	中部西北各州………	2.1	41	0.01	0.01	148.0
南部	大西洋岸南部各州…	69.2	77	1.23	0.49	43.6
	中部东南各州………	33.8	37	0.29	0.13	42.2
	中部西南各州………	6.4	53	0.06	0.03	61.8
西部	山区各州……………	1.3	67	0.01	0.01	86.8
	太平洋岸各州………	6.4	189	0.10	0.05	116.1
	全美国……………	28.7	63	0.24	0.13	75.2

在这里，北部粗放各州和集约化各州之间的差别是十分明显的，粗放各州使用购进的肥料的农场所占的百分比是微乎其微的（2％—19％），每英亩耕地的肥料费用也是微不足道的（0.01—0.09 美元）；而集约化各州**大多数**农场（57％—60％）都使用购进的肥料，而且这项费用相当可观。例如新英格兰每英亩的肥料费用达 1.30 美元，这个数字在所有各地区中是**最高的**（又是农场土地面积最小而肥料费用最高！），超过了南部的一个地区（大西洋岸南部各州）。必须指出，在我们已经知道使用分成制黑人的劳动最为盛行的南部，棉花种植业需要特别多的人造肥料。

我们看到，在太平洋岸各州，使用肥料的农场的百分比是很低的（6.4％），而每个农场的平均肥料费用却最高（189 美元），当然这里所计算的只是使用肥料的那些农场。这又是一个农场土地面积**减少**而资本主义**大**农业却增长的例子。在太平洋岸的三个州中，华盛顿和俄勒冈这两个州一般很少使用肥料，每英亩土地的肥料费用不过0.01美元。只有另一个州，即加利福尼亚州，这个数字比较大些：1899年是0.08美元，1909年是0.19美元。在这个州中，水果生产起着特殊的作用，它以纯粹资本主义的形式飞速地发展着，在1909年，它在农业总产值中所占的比重是33.1%，而谷物只占18.3%，干草和牧草只占27.6%。在水果生产中，典型的农场是土地面积**低于平均数**、而使用肥料和雇佣劳动**大大高于**平均数的农场。后面我们还要谈到这种关系，因为这是农业集约化的资本主义国家的典型关系，也是最容易被统计学家和经济学家所忽略的关系。

现在我们再回过头来谈北部的"集约化"各州。在新英格兰，不仅一个农场的耕地面积最小(38.4英亩)而使用的肥料最多(每英亩1.30美元)，而且肥料费用增长得特别快。在1899年到1909年的10年中，每英亩的这项费用从0.53美元提高到1.30美元，增加了一倍半。可见，这里农业的集约化、农业的技术进步以及栽培技术的提高都是非常快的。为了更清楚地说明这个事实的意义，我们把北部集约化程度最高的地区新英格兰和最粗放的中部西北区作一比较。后一个地区几乎不使用人造肥料(使用这种肥料的农场仅占2.1%，每英亩的费用是0.01美元)，然而这里的农场面积在美国所有地区中是最大的(148英亩)，其增长速度也是最快的。人们通常正是把这个地区当做美国农业中资本主义的标本，吉姆美尔先生也是这样做的。这个流行的见解是不对的，这一点我们在后面还要更详细地加以说明。所以产生这种见解，是由于人们把最粗野最原始的粗放农业形式同技术进步的集约农业形式混同了起来。中部西北区的一个农场面积几乎比新英格兰的大三倍(148 英亩比 38.4 英亩),而每个农场的肥料费用(按使用肥料的农场平均计算)却只有新英格兰的一半:41 美元比 82 美元。

可见,现实生活中存在着农场土地面积大量**减少**而同时其人造肥料费用大量**增加**的情况,因此“小”生产——如果仍然按照惯例,根据土地面积把它算做小生产的话——按其投入土地的资本数量来说却是“大”生产。这种情况并不是个别的,而是所有正在以集约农业代替粗放农业的国家的典型现象。**一切**资本主义国家都是如此,如果忽视农业的这个典型的、本质的、根本的特点,就会犯小农业崇拜者常犯的错误——只根据土地面积的大小来作出判断。

7. 农业中的机器和雇佣劳动

现在我们来看看在技术上与前一种不同的另一种对土地投资的形式——使用农具和机器。整个欧洲的农业统计都无可辩驳地证实,农场愈大(就土地面积而言),使用各种机器的农场的百分比就愈高,使用的机器数量也愈多。大农场在这个极重要的方面的优越性是绝对无可怀疑的。美国的统计在这一点上也有点奇怪:农具和农业机器都没有分别加以登记,而只是计算它们的总的价值。自然,这类材料在每一个别情况下也可能不太准确,不过总体上来说,它还是能够使我们在各个地区之间和各类农场之间作一番比较,而这种比较靠别的材料是无法进行的。

下面就是各个地区农具和农业机器的材料:

地区		农具和机器价值（1909 年，单位美元）按每个农场平均	按农场全部土地每英亩平均
北部	新英格兰	269	2.58
	大西洋岸中部各州	358	3.88
	中部东北各州	239	2.28
	中部西北各州	332	1.59
南部（三个地区）		72—88—127	0.71—0.92—0.95
西部（两个地区）		269—350	0.83—1.29
全美国		199	1.44

材料表明原先蓄奴的南部，即分成制的地区，在使用机器方面居于末位。北部集约化各州每英亩土地平均的农具和机器的价值要比这里高两倍、三倍乃至四倍（各个地区有所不同）。这些集约化的州在全国各州中居于首位，甚至中部西北各州这个号称美国粮仓的典型农业地区也望尘莫及，然而至今还有一些肤浅的观察者惯于把这些农业州看做是使用机器的和资本主义的模范地区。

必须指出，美国统计学家在确定每英亩土地机器价值时，也像确定土地、牲畜和建筑物等的价值那样，不是按农场的耕地来计算，而是按其**全部**土地来计算，这种方法低估了北部"集约化"各州的优越性，以至不能认为是正确的。耕地所占的百分比在各个地区差别很大：西部山区各州，这个百分比低到只有 26.7%，而北部的中部东北各州，却高达 75.4%。对于经济统计，更重要的无疑是耕地的面积而不是全部土地的面积。在新英格兰，农场的耕地面积和耕地所占的百分比自 1880 年以来下降得特别厉害，这大概是受了西部闲置土地（不必交纳地租，不必向土地占有者老爷交纳贡税的土地）竞争的影响。同时在这个地区里机器的使用特别普遍，每英亩**耕地**机器价值特别高。在 1910 年，这里每英亩机器价值为 7 美元，大西洋岸中部各州约为$5\frac{1}{2}$美元，其他各地区则不超过 2—3 美元。

情况再一次表明，农场最**小**（就土地面积而言）的地区同时也是以机器形式对土地投资最**多**的地区。

如果我们把北部的"集约化"地区中的大西洋岸中部各州拿来同北部的最粗放地区的中部西北区比较一下，就会看到，按每个农场的平均耕地面积来说，第一个地区的农场是**不到**第二个地区的**一半**（62.6 英亩比 148 英亩）的"**小**"生产，可是按所使用的机器的价值来说，它却**超过了**第二个地区（358 美元比 332 美元）。小农场按使用机器的规模来说却是比较大的农场。

现在我们还要把说明农业集约性质的材料同关于使用雇佣劳动的材料比较一下。在前面第 5 节中，我们曾经以简化的形式引用过后一种材料。现在我们应当更详细地、分地区地考察一下。

	地　区	雇用工人的农场所占的百分比（1909 年）	每个农场雇用工人的平均费用（单位美元）	每英亩耕地的雇佣劳动费用		雇佣劳动费用增加的百分比（1899—1909 年）
				1909 年	**1899 年**	
北部	新英格兰……………	66.0	277	4.76	2.55	+86%
北部	大西洋岸中部各州…	65.8	253	2.66	1.64	+62%
北部	中部东北各州………	52.7	199	1.33	0.78	+71%
北部	中部西北各州………	51.0	240	0.83	0.56	+48%
南部	大西洋岸南部各州…	42.0	142	1.37	0.80	+71%
南部	中部东南各州………	31.6	107	0.80	0.49	+63%
南部	中部西南各州………	35.6	178	1.03	0.75	+37%
西部	山区各州……………	46.8	547	2.95	2.42	+22%
西部	太平洋岸各州………	58.0	694	3.47	1.92	+80%
	全美国……………	45.9	223	1.36	0.86	+58%

从上表可以看出：第一，北部集约化各州的特点就是，它们的农业中的资本主义发展水平，在各方面都无可怀疑地高于粗放各州；第二，资本主义在前一类地区比在粗放地区发展得快；第三，农场最小的地区新英格兰，其农业中的资本主义无论在发展水平方面，还是在发展速度方面，都居全国各区之冠。这里每英亩耕地的雇佣劳动费用增长了 86%。在这方面，太平洋岸各州居第二位。在太平洋岸各州中，加利福尼亚在这方面也是最突出的，在这里，我们已经讲过，“小”资本主义水果种植业发展得很快。

中部西北各州农场的规模最大(在 1910 年，单就耕地计算，平均为 148 英亩)，并且从 1850 年以来就以最快的速度不断扩大，因此人们通常都把这个地区看做是美国农业资本主义的“模范”地区。现在我们看到，这种见解是极其错误的。使用雇佣劳动的多少自然是资本主义发展的最无可置辩的、最直接的标志。这个标志告诉我们，在号称美国“粮仓”的地区，也就是特别引人注目的、声名远扬的所谓“小麦工厂”地区，其资本主义性质要比工业的和农业集约化的地区**弱**，农业集约化地区的农业技术进步不表现于耕地面积的扩大，而表现于在耕地面积**缩小**的情况下对土地投资的**增多**。

尽管雇佣劳动费用增长得不太快，但是在使用机器的情况下，仍然可以很快地扩大“黑土”或任何未开垦处女地的耕种，这是完全想象得到的。在中部西北各州，按每英亩耕地计算的雇佣劳动费用 1899 年是 0.56 美元，1909 年是 0.83 美元，只增加了 48%。在新英格兰——这里耕地的面积在减少而不是在增加，农场的平均面积在减少而不是在增加——雇佣劳动费用不仅在 1899 年(每英亩 2.55 美元)和 1909 年(4.76 美元)都高得多,而且在这个期间获得了无比迅速的增长(+86%)。

新英格兰每个农场的平均耕地面积相当于中部西北各州的¼(38.4 英亩比 148 英亩),而这里的雇佣劳动平均费用却比那里**高**(277 美元比 240 美元)。因此,农场面积的缩小在这种情况下意味着用于农业的资本数额的增大,农业的资本主义性质的增强,资本主义和资本主义生产的增长。

如果说占全国耕地面积 34.3%的中部西北各州是最典型的资本主义"粗放"农业地区的代表的话,那么**山区**各州就是在垦殖开发最快的条件下进行类似的粗放经营的样板。与中部西北区相比,山区各州就雇用工人的农场所占的百分比来看,使用雇佣劳动是比较少的,但是它的雇佣劳动平均费用却高得多。不过这里雇佣劳动的增长在全国所有地区中是最慢的(总共增加了 22%)。这种类型的演进想必是由以下这样一些情况决定的:在这一地区,垦殖开发和分发移民宅地进行得极快。这里耕地面积的增加比其他任何地区都快——从 1900 年到 1910 年增加了 89%。自然,垦殖者即移民宅地的占有者,至少在开始经营时是很少使用雇佣劳动的。另一方面,这里大规模使用雇佣劳动的,首先应该是某些大地产——在这个地区,也和整个西部一样,大地产特别多;其次是种植高度资本主义化的特种作物的农场。譬如在这个地区的某些州中,占农业总产值很大比重的是水果(亚利桑那占 6%,科罗拉多占 10%)、蔬菜(科罗拉多占 11.9%,内华达占 11.2%)等等。

吉姆美尔先生说:"没有一个地区的垦殖开发过程已经停止,没有一个地区的大资本主义农业不在解体并被劳动农业所排挤。"综上所述，我们应当说：吉姆美尔先生的这个论断是对实际情况的嘲弄，是与实际情况截然相反的。新英格兰地区就没有任何垦殖开发现象，它的农场最小，它的农业的集约化程度最高，我们看到，这个地区的农业中的资本主义最发达，资本主义发展得也最快。这个结论对于了解资本主义在农业中的一般发展过程，具有最本质最根本的意义，因为农业集约化以及与之相联系的农场土地平均面积的减少并不是偶然的、局部的、意外的现象，而是所有文明国家的**普遍**现象。一切资产阶级经济学家在有关大不列颠、丹麦、德国等国的农业演进的材料上犯了许许多多错误，其原因就在于他们对这个普遍现象认识、了解、领会、思考得不够。

8. 大农场排挤小农场。耕地面积

我们考察了农业中资本主义发展过程所采取的各种主要形式，看到这些形式是极其多种多样的。其中最主要的几种是南部奴隶主大地产的瓦解，北部粗放区的大规模粗放农业的增长，北部集约化地区农场平均面积最小而资本主义发展最快。许多事实确凿地证明，能够说明资本主义发展的，有时是农场规模的扩大，有时则是农场数目的增加。因此，关于全国农场平均规模的一般材料说明不了任何问题。

那么，各种地方性特点和种植方面的特点造成的总的结果是什么呢？关于雇佣劳动的材料向我们表明了这个总结果。雇佣劳动的使用日益增多是贯穿**所有**这些特点的总过程。但是绝大多数文明国家的农业统计,都自觉或不自觉地秉承占统治地位的资产阶级的观点和偏见办事,根本没有提供关于雇佣劳动的系统材料,或者只提供了最近时期的材料(如德国 1907 年的农业普查),因此不可能和过去进行比较。美国的统计对 1900 年到 1910 年的雇佣劳动材料的综合和研究,搞得非常糟糕,这一点我们到适当的地方再详细谈论。

美国和其他大多数国家在编制总结材料时通常使用的最流行的方法,仍然是按照土地面积来比较农场的大小。现在我们就来看一下这种材料。

美国的统计在按土地多少来进行农场分类时,是按全部土地的面积而不是仅按耕地的面积;这样做当然比较正确,德国的统计就是这样做的。美国在 1910 年的普查中,把农场分为 **7** 类(不满 20 英亩的,20—49 英亩的,50—99 英亩的,100—174 英亩的,175—499 英亩的,500—999 英亩的,1 000 英亩以上的),但是没有说明这样分类的合理根据是什么。看来,这里起主要作用的是在统计上墨守成规。我们把 100—174 英亩的这一类叫做中等农场,因为其中包括的主要是移民宅地(法定标准=160 英亩),还因为通常拥有这样规模的土地正好保证农民能在使用雇佣劳动最少的情况下保持最大的“独立性”,较高的两类我们称之为大农场或资本主义农场,因为按照一般情况,这两类农场不使用雇佣劳动是不行的。1 000 英亩以上(其中的未耕地,在北部占 3/5,在南部占 9/10,在西部占 2/3)的农场我们称之为大地产。不到 100 英亩的农场我们称之为小农场;在这三类小农场中,无马的农场自下而上依次占 51%、43%和 23%,根据这个事实可以在一定程度上判断小农场在经济上的独立程度。不用说,这个说明不能从绝对意义上去理解，也不能不作具体分析地应用于每一个地区或条件特殊的个别地方。

在这里，我们不可能把美国各个主要地区的所有这 7 类的材料都加以引用，因为大量的数字将使文章变得冗长不堪。因此我们只简略地指出北部、南部和西部之间最主要的差别，只有关于整个美国的材料我们才全部加以引用。我们要记住，北部的耕地占全国耕地的 3/5（60.6%），南部不到 1/3（31.5%），西部不到 1/12（7.9%）。

这三大地区之间一个最显著的差别，就是资本主义北部的大地产最少，但是它们的数目及其土地总面积和耕地面积都在不断地增加。在 1910 年，北部 1 000 英亩以上的农场占 0.5%，占有土地总面积的 6.9%和耕地的 4.1%。南部这样的农场数占 0.7%，占有土地总面积的 23.9%和耕地的 4.8%。西部这样的农场占 3.9%，占有土地总面积的 48.3%和耕地的 32.3%。下面的情况是我们已经知道的：南部的大地产是奴隶主大地产，西部的大地产更大，它一部分是最粗放的畜牧业的基地，一部分是“移民者”占据的空地，准备转卖或出租（较少见）给开发“遥远的西部”的真正的农民的。

美国的例子清楚地告诉我们，把大地产同大资本主义农业混为一谈是多么轻率，因为大地产往往是前资本主义关系的残余，即奴隶制、封建制或宗法制关系的残余。无论在南部或西部，大地产都处在分化、瓦解的过程中。在北部，农场的土地总面积增加了 3 070 万英亩；其中大地产的土地一共只增加了 230 万英亩，而资本主义大农场（175—999 英亩）的土地则增加了 3 220 万英亩。在南部，农场的土地总面积减少了 750 万英亩，大地产的土地**减少**

了 3 180 万英亩，小农场的土地增加了 1 300 万英亩，中等农场的增加了 500 万英亩。在西部，农场的土地总面积增加了 1 700 万英亩，大地产的土地减少了 120 万英亩，小农场的土地增加了 200 万英亩，中等农场的增加了 500 万英亩，大农场的增加了 1 100 万英亩。

三个地区的大地产的**耕**地都有所增加：北部增加得最多（＋370 万英亩＝＋47％），南部最少（＋30 万英亩＝＋5.5％），西部也比较多（＋280 万英亩＝＋29.6％）。但是在北部，耕地增加得最多的是**大**农场（175—999 英亩），南部是**小**农场**和中等**农场，西部是**大**农场**和中等**农场。结果，耕地**比重**增加了的在北部是大农场，在南部和西部是小农场和一部分中等农场。这种情况与我们所知道的这三个地区的条件差异完全相符。南部的小商业性农业是在奴隶主大地产解体的基础上发展起来的；在西部，这个过程却是在更大的大地产瓦解得不太厉害的情况下进行的，这种更大的大地产**不是**奴隶制性质的，而是粗放畜牧业和"强占"性质的。此外，关于西部的太平洋岸各州的情况，美国的统计学家指出：

"太平洋沿岸地带的小水果农场和其他农场的蓬勃发展，是近年来进行灌溉的结果，至少部分地是由于这个原因。这使得太平洋岸各州不满 50 英亩的小农场有所增加。"（第 5 卷第 264 页）

在北部，既没有奴隶主大地产，也没有"原始的"大地产，而且也没有出现大地产瓦解以及小农场在大农场瓦解的基础上得到发展的现象。

整个说来，在全美国，这个过程的情况如下：

农场类别	农场数目（单位千）		所占的百分比		增减
	1900年	**1910年**	**1900年**	**1910年**	
不满20英亩的………	674	839	11.7	13.2	+1.5
20— 49英亩的………	1 258	1 415	21.9	22.2	+0.3
50— 99英亩的………	1 366	1 438	23.8	22.6	−1.2
100—174英亩的………	1 422	1 516	24.8	23.8	−1.0
175—499英亩的………	868	978	15.1	15.4	+0.3
500—999英亩的………	103	125	1.8	2.0	+0.2
1 000英亩以上的………	47	50	0.8	0.8	—
共　计………	5 738	6 361	100.0	100.0	—

这就是说，大地产在全部农场中所占的比例没有变化。其余各类对比关系上的变化是：**中间被冲刷**，两头有所增强。中间的一类（100—174英亩的）和小农场中最接近中间的一类，被挤到后面去了。增加得最多的是最小农场和小农场这两类，其次是大资本主义农场（175—999英亩的）。

现在我们来看一下全部土地的面积：

农场类别	农场的全部土地面积（单位千英亩）		所占的百分比		增减
	1900年	1910年	1900年	1910年	
不满20英亩的…………	7 181	8 794	0.9	1.0	+0.1
20— 49英亩的…………	41 536	45 378	5.0	5.2	+0.2
50— 99英亩的…………	98 592	103 121	11.8	11.7	−0.1
100—174英亩的…………	192 680	205 481	23.0	23.4	+0.4
175—499英亩的…………	232 955	265 289	27.8	30.2	+2.4
500—999英亩的…………	67 864	83 653	8.1	9.5	+1.4
1 000英亩以上的…………	197 784	167 082	23.6	19.0	−4.6
共　计…………	838 592	878 798	100.0	100.0	—

这里我们首先看到的是，大地产所占土地的比重大大降低了。在应当提起注意的是，绝对减少的只有南部和西部，在这两个地

区,大地产中的**未**耕地在 1910 年分别占 91.5%和 77.1%。其次,最高一类小农场(50—99 英亩的)的全部土地所占的比重略有下降(−0.1%)。土地比重增加得最多的是大资本主义农场,即 175—499 英亩的和 500—999 英亩的这两类。最小的两类农场土地总量所占的比重增加得比较少。中间的一类(100—174 英亩的)几乎处于停滞状态(+0.4%)。

现在我们再来看一下关于耕地面积的材料:

农场类别	农场耕地面积(单位千英亩)		所占的百分比		增减
	1900 年	1910 年	1900 年	1910 年	
不满 20 英亩的……	6 440	7 992	1.6	1.7	+0.1
20— 49 英亩的……	33 001	36 596	8.0	7.6	−0.4
50— 99 英亩的……	67 345	71 155	16.2	14.9	−1.3
100—174 英亩的……	118 391	128 854	28.6	26.9	−1.7
175—499 英亩的……	135 530	161 775	32.7	33.8	+1.1
500—999 英亩的……	29 474	40 817	7.1	8.5	+1.4
1 000 英亩以上的……	24 317	31 263	5.9	6.5	+0.6
共　计………	414 498	478 452	100.0	100.0	—

只有耕地的面积而不是全部土地的面积可以在一定程度上大致表明**经营**的规模;同时也有一些例外,这些我们曾经讲到过,以后也还要讲到。这里我们也看到,大地产全部土地的总面积所占的比重大大降低,耕地总面积的比重却**增加了**。属于资本主义的两类农场都有所增加,其中以 500—999 英亩的这一类增加得最多。降低得最多的是中等农场(−1.7%)。其次,所有小农场也都有所降低,只有最小的即不满 20 英亩的一类除外,这一类稍有增加(+0.1%)。

这里我们预先指出,在最小的(不满 20 英亩的)这一类农场中还包括不满 3 英亩的农场,不过美国的统计并没有把这样的农场全部列入,而只列入了其中年产 250 美元以上产品的。因此,这些最小的农场(不满 3 英亩的)的特点是:与紧邻的土地面积较大的一类相比,它们的生产规模比较大,资本主义比较发达。下面就是说明这一点的 1900 年的材料,可惜 1910 年的相应的材料我们没有:

农场类别(1900 年)	每个农场平均有:耕地(单位英亩)	总产值(单位美元)	雇佣劳动费用(单位美元)	农具和机器价值(单位美元)	牲畜总值(单位美元)
不满 3 英亩的………	1.7	592	77	53	867
3—10 英亩的………	5.6	203	18	42	101
10—20 英亩的………	12.6	236	16	41	116
20—50 英亩的………	26.2	324	18	54	172

且不说不满 3 英亩的农场,就是 3—10 英亩的农场在某些方面(雇用工人的费用、农具和机器的价值)也比 10—20 英亩的农场"大"。① 所以,我们完全有理由把不满 20 英亩的农场的耕地在耕地总面积中所占的比重的提高,算做规模最小的(就土地面积而言)高度资本主义的农场耕地比重的提高。———

大体上说,根据 1900 年和 1910 年全美国大农场和小农场的耕地分配情况的材料,可以得出十分明确的和不容怀疑的结论:**大**

① 这里有一份 1900 年的说明在按土地面积划分的各类农场中高收入即产值在 2 500 美元以上的农场数目的材料。材料如下:高收入农场在不满 3 英亩的农场中占 5.2%,在 3—10 英亩的农场中占 0.6%,在 10—20 英亩的农场中占 0.4%,在 20—50 英亩的农场中占 0.3%,在 50—100 英亩的农场中占 0.6%,在 100—175 英亩的农场中占 1.4%,在 175—260 英亩的农场中占 5.2%,在 260—500 英亩的农场中占 12.7%,在 500—1 000 英亩的农场中占 24.3%,在 1 000 英亩以上的农场中占 39.5%。我们看到,高收入的农场在不满 20 英亩的各类农场中所占的百分比都**高于**在 20—50 英亩这一类农场中所占的百分比。

农场加强了，中小农场削弱了。因此，**既然**可以根据农场按土地面积分类的材料来判断农业的资本主义性质或非资本主义性质，那么，美国的例子就向我们表明了近10年来大资本主义农场增长和小农场被排挤是一个普遍的规律。

关于每一类农场的数目及其耕地面积增加情况的材料，更加明显地说明了这个结论：

农场类别	农场数目增加的百分比	耕地面积增加的百分比
	(1900—1910年)	
不满20英亩的…………	+24.5%	+24.1%
20— 49英亩的…………	+12.5%	+10.9%
50— 99英亩的…………	+ 5.3%	+ 5.7%
100—174英亩的…………	+ 6.6%	+ 8.8%
175—499英亩的…………	+12.7%	+19.4%
500—999英亩的…………	+22.2%	+38.5%
1 000英亩以上的…………	+ 6.3%	+28.6%
共　计…………	+10.9%	+15.4%

耕地增加的百分比最高的是最后的面积最大的两类。最低的是中间的一类和与其紧邻的那一类小农场(50—99英亩的)。在面积最小的两类中，耕地增加的百分比都小于农场数目增加的百分比。

9. 续。关于农场的价值的材料

美国的统计与欧洲的统计不同，它把每个农场和每类农场的各个因素——土地、建筑物、农具、牲畜——的价值和整个农场的价值都分别列出。这种材料也许没有关于土地面积的材料那么准确，但是总的说来它是同样可靠的，而且(在一定程度上)反映了农业中资本主义的一般状况。

为了对前面所说的作一点补充，现在我们来考察一下包括全部农业财产在内的农场总价值的材料，以及农具和机器价值的材料。我们所以从农场的各个因素中挑出农具和机器，是因为它们能直接说明在进行什么样的农业经营以及在如何进行经营——集约化程度的高低，采用的技术改进的多少。下面就是美国全国的数字：

财产价值所占的百分比

农场类别	农场全部财产		增减	农具和机器		增减
	1900 年	1910 年		1900 年	1910 年	
不满 20 英亩的…………	3.8	3.7	−0.1	3.8	3.7	−0.1
20—49 英亩的…………	7.9	7.3	−0.6	9.1	8.5	−0.6
50—99 英亩的…………	16.7	14.6	−2.1	19.3	17.7	−1.6
100—174 英亩的…………	28.0	27.1	−0.9	29.3	28.9	−0.4
175—499 英亩的…………	30.5	33.3	+2.8	27.1	30.2	+3.1
500—999 英亩的…………	5.9	7.1	+1.2	5.1	6.3	+1.2
1 000 英亩以上的…………	7.3	6.9	−0.4	6.2	4.7	−1.5
共　计…………	100.0	100.0	—	100.0	100.0	—

绝对数字向我们表明，农场全部财产价值在 1900—1910 年间增加了一倍多，由 2 044 000 万美元增加到 4 099 100 万美元，即增加了 100.5%。农产品价格的上涨和地租的增加使得工人阶级的亿万美元落入了一切土地占有者的腰包。那么，小农场和大农场的盈亏情况怎样呢？上面的数字已经作了答复。这些数字表明，大地产衰落了(大家还记得：大地产的全部土地由占 23.6%下降到占 19%，即下降了 4.6%)；其次是**中小农场**遭到了资本主义**大农场**(175—999 英亩的)**的排挤**。把全部中小农场加在一起，就会看到，它们在全部财产中所占的比重由 56.4%**下降**到 52.7%。

再把全部大农场同大地产加在一起，就会看到，它们的比重由43.7%**增加**到47.3%。小农场和大农场在农具和机器总价值中所占比重的变化情况，也同这完全一样。

至于大地产，我们在这个材料中也看到了前面我们指出过的那种现象。大地产的衰落，只限于南部和西部这两个地区。这一方面是奴隶主大地产的衰落，另一方面是原始强占性的和原始粗放经营的大地产的衰落。在人烟稠密和工业发达的北部，大地产却在**增长**：这类农场的数目，它们的全部土地，它们的耕地，在全部财产总价值中所占的比重（1900年占2.5%；1910年占2.8%），以及在所有农具和机器总价值中所占的比重，全都在增加。

而且，大地产作用加强的现象，不仅一般地见之于北部，而且特别见之于北部的**两个**根本没有进行过垦殖开发的集约化地区——新英格兰和大西洋岸中部各州。对于这两个地区必须比较详细地谈一谈，因为一方面，它们的农场平均面积特别小而且日益缩小，这就使吉姆美尔先生和其他许多人产生了误解，另一方面，正是这两个集约化程度最高的地区，对于**欧洲**那些老的、早已人烟稠密的文明国家来说是最典型的地区。

从1900年到1910年，这两个地区的农场的数目、全部土地的面积和耕地的面积全都在减少。在新英格兰，只有不满20英亩的这一类**最小的**农场的数目和大地产的数目有所增加，前者增加了22.4%（其耕地增加了15.5%），后者增加了16.3%，其耕地增加了26.8%。在大西洋岸中部各州，**最小的**农场有所增加（按农场数目计算，+7.7%；按耕地面积计算，+2.5%）；其次是175—499英亩的农场的数目（+1%）和500—999英亩的农场的耕地面积（+3.8%）。在这两个地区，最小一类农场和大地产在全部农场财产总值中所占的比重，以及在农具和机器总值中所占的比重，**都有所增长**。下面是关于这两个地区的比较明显比较完整的材料：

1900—1910 年 的 增 长 百 分 比

农场类别	新英格兰		大西洋岸中部各州	
	农场全部财产价值	农具和机器价值	农场全部财产价值	农具和机器价值
不满 20 英亩的……	60.9	48.9	45.8	42.9
20— 49 英亩的……	31.4	30.3	28.3	37.0
50— 99 英亩的……	27.5	31.2	23.8	39.9
100—174 英亩的……	30.3	38.5	24.9	43.8
175—499 英亩的……	33.0	44.6	29.4	54.7
500—999 英亩的……	53.7	53.7	31.5	50.8
1 000 英亩以上的……	102.7	60.5	74.4	65.2
共 计……	35.6	39.0	28.1	44.1

从上表可以看出，在这两个地区中，实力增长得最快、在经济上获利最多、在技术上进步最大的**正是大地产**。这里最大的资本主义农场**排挤着**其余较小的农场。全部财产价值以及农具和机器价值增长得最少的不是中等农场就是小农场，而不是最小的农场。这就是说，中小农场最落后。

在这两个地区里，最小的农场（不满 20 英亩的）实力的增长**高于中等**农场，仅次于大地产。这个现象的原因我们已经知道，就是在这两个集约化的地区，那些高度资本主义化的作物（蔬菜以及水果、花卉等）占农业产值的 31%—33%。这些作物的特点是用地面积极小而产值极大。这两个地区的谷物只占农业产值的 8%—30%，而干草和牧草竟占 31%—42%，原因是这里的牛奶业很发达，它的特点也是农场面积**低于**平均数，而产值和雇佣劳动费用**高于**平均数。

在集约化程度最高的地区，农场的耕地平均面积在减少，因为这个平均数是由大地产和最小的农场相加之和中得出的，这两类农场数增加得比中等农场快。而最小的农场数又增加得比大地产快。但是资本主义的发展有两种形式：既可以在原有的技术基础上扩大农场面积，也可以建立新的、土地面积很小或极小的、种植特种商业性作物的农场，这种作物的特点就是可以在土地面积很小的条件下大大扩大生产规模和使用雇佣劳动。

结果，大地产和最大的农场大大加强，中等农场和小农场受到排挤，最小的、高度资本主义的农场获得发展。

下面我们就会看到，农业中资本主义如此矛盾的——表面看来是矛盾的——表现，其总的结果是如何用统计数字表示出来的。

10. 通常采用的经济研究方法的缺点。马克思论农业的特征

按照农场占有的或耕种的土地的面积对农场进行分类，是美国1910年的统计曾经采用的以及欧洲绝大多数国家目前还在采用的唯一的分类方法。一般地说，这种分类法的必要和正确，除了有财政方面和官厅行政方面的理由而外，还有一定的科学上的理由，这是无可争辩的。然而它显然是有缺点的，因为它根本没有考虑到农业集约化的过程，没有考虑到以牲畜、机器、改良种子和改进耕作方法等形式投入单位面积土地上的资本的增长。而这个过程，除了极少数还存在着原始农业和纯粹粗放农业的地区和国家之外，到处都恰恰代表了资本主义国家最主要的特点。所以，按照土地面积对农场进行分类，在绝大多数情况下，会对整个农业的发

展，特别是对农业中资本主义的发展得出过于简单粗浅的概念。

那些代表极其流行的资产阶级观点的经济学家和统计学家，发表了不少长篇大论，说什么农业和工业的条件不同呀，农业具有特殊性呀等等，读到这些议论，人们不禁要说：先生们！正是你们自己首先应当对支持和散布这些关于农业演进的简单粗浅的观点负责！请回忆一下马克思的《资本论》吧。你们会看到，这部著作举出了资本出现在历史舞台上时所遇到的各种各样的土地所有权形式：封建的、克兰的、公社的（我们再加上原始强占的）、国家的等等。资本使所有这些不同的土地所有权形式服从于自己，而且按照自己的面貌改造它们。但是为了了解和评价这个过程，并且用统计方法加以表现，就必须善于根据这个过程的不同**形式**而改变问题的提法和研究方法①。不论俄国的村社份地土地所有制，或是民主国家和农奴制国家的强占土地所有制或通过自由地、无偿分发土地来调整的土地所有制（如西伯利亚和美国的“遥远的西部”），或是美国南部蓄奴的土地所有制，或是“道地俄国”省份的半封建的土地所有制，资本主义都使之服从于自己。资本主义在所有这些场合发展和取胜的过程都是一样的，但是形式各不相同。要了解和准确地研究这个过程，就不能只是像小市民那样千篇一律地空谈什么“劳动”农业，或是照搬老一套办法，只作土地面积的对比。

其次，你们会看到，马克思分析了资本主义地租的起源及其同历史上存在过的各种地租如实物地租、工役地租（徭役租及其残余）、货币地租（代役租等）的关系。然而在资产阶级的或小资产阶级的、民粹主义的经济学家或统计学家中间，又有谁曾经稍微认真

① 见《马克思恩格斯文集》第 7 卷第 693—720 页。——编者注

地考虑过运用马克思的这些理论指示来研究资本主义是如何从美国南部奴隶制经济中或从俄国中部徭役经济中产生的呢?

最后,你们会看到,马克思在分析地租的整个过程中始终指出农业的条件千差万别,这不仅由于土地的质量和位置不同,还由于**对土地的投资量**不同。对土地投资,这是什么意思呢?这就意味着改进农业技术,实行农业集约化,逐步走向更高级的耕作制度,更多地使用人造肥料,改良和更多地使用农具和机器,更多地使用雇佣劳动,等等。单靠统计土地的数量不能表示出所有这些复杂的、形形色色的过程,而农业中资本主义发展的总过程正是由这些过程构成的。

俄国地方自治局的统计学家们,特别是革命前的"昔日美好"时代的统计学家们理应受到人们的尊敬,因为他们对于自己的业务不是采取墨守成规的态度,不是只顾财政的或官厅行政的需要,而且照顾到一定的科学性。他们恐怕是最早觉察到单凭土地面积进行农场分类的缺陷而采用了其他一些分类方法,如按播种面积,按耕畜头数,按雇佣劳动的使用情况,等等。我国地方自治局的统计,可以说始终是农奴制的愚昧无知、官僚主义的因循守旧和文牍主义的死气沉沉的沙漠中的一块绿洲,可惜它的资料分散,没有系统,因此未能为俄国的和欧洲的经济科学提供可靠的成果。

应当指出,对现代农业普查所收集来的材料进行分类,这个问题决不像骤然看来那样是一个单纯技术问题,单纯专业问题。这种材料的特点是对每一个农场都有一份异常丰富完整的资料。然而由于人们不善于综合分类,缺乏周密考虑,只知照搬老一套办法,致使这种极其丰富的材料无声无息,黯然失色,往往成了对研究农业演进的规律毫无用处的东西。根据收集来的材料,本可以正确无误地指出一个农场是不是资本主义的，资本主义发展到什么程度，是不是集约化的，集约化到什么程度等等；可是在综合关于千百万农场的材料时，偏偏是那些最应当**好好提出来**加以计算和统计的极重要的差别、特征和标志不见了，于是经济学家所得到的就不是经过适当的统计学整理的材料，而是老一套的毫无意义的一行行数字，用统计表格进行的“数字游戏”。

我们现在正在研究的美国1910年的普查就是一个最明显的例子，它说明极其丰富充实的材料怎样由于整理者的因循守旧和对科学的无知而被弄得一钱不值，成了废物。同1900年的普查比起来，这次材料整理得差得多，甚至连按土地面积进行农场分类这一传统方法也没有贯彻始终，以致我们无法根据雇佣劳动的使用，根据耕作制度的差别，以及根据使用肥料的情况等等来作各类农场的对比。

我们只好求助于1900年的普查。据我们了解，这次普查是世界上独一无二的范例，它不是使用一种而是使用**三种**不同的分类方法即美国人所说的“classification”，整理了那些在同一国家、同一时间、按照同一个大纲收集起来的包括了550万个以上农场的极其丰富的材料。

诚然，在表示农场的类型和规模的一切重要特征方面，这里所用的三种分类方法，也没有一种是完全贯彻始终的。但尽管如此，这些方法，正如我们所希望证明的那样，还是全面得多地表明了资本主义农业和农业中资本主义演进的情景，准确得多地反映了实际情形，这是通常的、片面的、不完全的、单纯一种分类方法所无法相比的。既然有可能更全面地研究那些完全可以说是全世界一切资本主义国家普遍存在的事实和倾向，那么资产阶级和小资产阶级、民粹主义的政治经济学的最大的错误和最深的偏见也就暴露无遗了。

由于这个材料具有如此重要的意义，我们应当特别详细地谈谈它，并且要比过去更多地引用一些表格。我们完全知道，表格会使行文变得累赘和增加阅读的困难，所以我们在以上的叙述中非不得已，尽量少用。如果我们在下面不得不多用一点，希望读者不要埋怨我们，因为分析这里所考察的问题不仅决定着现代农业演进的方向、类型、性质和规律这个主要问题的总的结论，而且决定着对一切经常被人引用而又经常受到歪曲的现代农业统计的材料的评价。

第一种分类法——“按土地分类”——提供了如下的说明1900年美国农业情况的图景：

农场类别	占农场总数的百分比	占全部土地的百分比	每个农场平均 耕地（单位英亩）	每个农场平均 雇佣劳动费用（单位美元）	每个农场平均 产品价值②（单位美元）	每个农场平均 农具和机器价值（单位美元）
不满3英亩的…	0.7	—①	1.7	77	592	53
3—10英亩的…	4.0	0.2	5.6	18	203	42
10—20英亩的…	7.1	0.7	12.6	16	236	41
20—50英亩的…	21.9	4.9	26.2	18	324	54
50—100英亩的…	23.8	11.7	49.3	33	503	106
100—175英亩的…	24.8	22.9	83.2	60	721	155
175—260英亩的…	8.5	12.3	129.0	109	1 054	211
260—500英亩的…	6.6	15.4	191.4	166	1 354	263
500—1 000英亩的…	1.8	8.1	287.5	312	1 913	377
1 000英亩以上的…	0.8	23.8	520.0	1 059	5 334	1 222
共　计……	100.0	100.0	72.3	—	656	133

① 不到0.1%。

② 产品价值不包括用做牲畜饲料的那些产品的价值。

可以肯定地说，任何一个资本主义国家的统计都会提供完全相同的图景。差别可能只是在非本质的细节方面。德国、奥地利、匈牙利、瑞士、丹麦等国最近的普查都证实了这一点。随着不同类别的农场的全部土地面积的递增，平均的耕地面积、平均产品价值、农具和机器价值、牲畜价值（我们省略了这项数字）以及雇佣劳动费用也都增加了。（不满 3 英亩的农场和部分 3—10 英亩的农场是个小小的例外，其意义我们在前面已经讲过了。）

情况似乎只能是这样。雇佣劳动费用的增长好像确凿地证实了按土地面积把农场分为大农场和小农场同把它们分为资本主义农场和非资本主义农场完全一致。通常的关于“小”农业的言论，十之八九就是以上述这种混同和类似的材料为根据的。

现在我们来看看（全部）土地每英亩的而不是每个农场的平均数字：

全部土地每英亩平均 （单位美元）

农场类别	雇佣劳动费用	肥料费用	全部牲畜价值	农具和机器价值
不满 3 英亩的	40.30	2.36	456.76	27.57
3— 10 英亩的	2.95	0.60	16.32	6.71
10— 20 英亩的	1.12	0.33	8.30	2.95
20— 50 英亩的	0.55	0.20	5.21	1.65
50— 100 英亩的	0.46	0.12	4.51	1.47
100— 175 英亩的	0.45	0.07	4.09	1.14
175— 260 英亩的	0.52	0.07	3.96	1.00
260— 500 英亩的	0.48	0.04	3.61	0.77
500—1 000 英亩的	0.47	0.03	3.16	0.57
1 000 英亩以上的	0.25	0.02	2.15	0.29

我们看到，除了极少数的例外，表明农场集约化程度的各项指标从低类农场到高类农场依次递减。

看来，由此可以得出这样一个确定无疑的结论：农业中“小”生产的集约化程度高于大生产；随着生产“规模”的缩小，农业的集约化程度和生产率逐渐提高；“因此”，农业中的资本主义生产只有靠原始的粗放经营来维持等等。

任何一个资本主义国家用按土地面积进行农场分类的方法（这不仅是常用的，而且几乎是唯一的分类方法）都会提供与此十分相似的情景，都会同样表明农业集约化程度的各项指标从低类农场到高类农场递减的情况，因此，在一切资产阶级的和小资产阶级的（机会主义“马克思主义的”和民粹主义的）著作中，时时都在作出这样的结论。例如，试回想一下有名的爱德华·大卫的有名的著作《社会主义和农业》吧，这是一本在“也是社会主义的”词句掩盖下集资产阶级偏见和谎言之大成的著作。这部著作正是用这样的材料来论证“小”生产的“优越性”、“生命力”等等的。

特别容易使人得出这样的结论的是如下的情况：通常在我们所引用的这一类材料中，会提供关于牲畜数量的材料，而关于雇佣劳动的材料，特别是关于雇佣劳动费用总额这种概括性材料，几乎任何国家都没有收集。然而，能够暴露出所有这些结论的错误的正是关于雇佣劳动的材料。情况确实如此，如果说，例如单位面积的牲畜价值（或全部牲畜数量，这也一样）随着农场面积的缩小而增加证实了“小”农业的“优越性”，那么，这种“优越性”却是同雇佣劳动费用随着农场面积的缩小而**增加分不开的**！！而这种雇佣劳动费用——请注意，这里始终是指用在单位面积上即用在每一英亩、每一公顷、每一俄亩土地上的雇佣劳动费用——的增加正表明农场的**资本主义**性质的增加！而农场的资本主义性质是和通常极其流行的关于"小"生产的概念相抵触的，因为人们所理解的小生产是指**不**依靠雇佣劳动的那种生产。

似乎是一团矛盾。按照土地面积进行农场分类的一般性材料向我们表明，"小"农场是非资本主义的，大农场才是资本主义的。然而同样的材料又向我们证明，农场愈"小"，不仅它的集约化程度愈高，而且单位土地面积的雇佣劳动费用也愈多！

为了把问题弄清楚，我们来看看另一种分类方法。

11. 比较大小农场的更精确的方法

我们曾经指出，美国统计在这个场合列出了不包括牲畜饲料在内的农场产品的总值。单独看来，这种材料（恐怕只有美国的统计才有这种材料）自然没有土地面积或牲畜数量等材料那么准确。但是整个看来，就几百万个农场来说，特别是对判定全国各类农场之间的**相互关系**来说，决不能认为它不如其他材料有用。无论如何，这些材料在说明**生产**规模，特别是商业性生产的规模，即供出售的产品总额方面，要比其他任何材料直接得多。而一切关于农业演进和农业规律的议论中所谈的也正是小**生产**和大**生产**。

不仅如此。在这类场合所说的农业的演进始终是指在资本主义制度下，或者说是与资本主义相联系，在资本主义影响下以及在诸如此类条件下的演进。为了估计这种影响，首先的和首要的是必须设法把农业中的自然经济同商业性经济区分开来。如所周知，正是在农业中，自然经济，即不是为市场而是为经营者的家庭本身的消费进行的生产起着比较大的作用，它让位给商业性农业的过程进行得特别缓慢。如果不是机械地死搬硬套，而是经过思考地运用政治经济学上已经确立的理论原理，那么，例如大生产排挤小生产的规律就只能是适用于商业性农业。大概不会有人在理论上反驳这条原理。然而经济学家和统计学家恰恰极少有意识地把那些表明自然经济的农业转变为商业性农业的特征专门提出加以探讨，并且尽可能地加以注意。按照农场产品（不包括牲畜饲料在内）的货币价值来进行农场分类，在满足这个极其重要的理论要求上，可以说是迈进了一大步。

我们看到，当人们谈论工业中大生产排挤小生产这个无可辩驳的事实时，总是按照总产值或雇佣工人数目来进行工业企业的分类。在工业中，由于它的技术特点，事情简单得多。在农业中，由于各种关系极其错综复杂，确定生产规模、产品货币价值以及使用雇佣劳动的规模要困难得多。在确定使用雇佣劳动的规模时，应当计算全年的雇佣劳动数量，而不是普查的那一天现有的数量，因为农业生产带有很大的“季节”性；再者，不仅要计算固定的雇佣工人，而且要计算在农业中起着极其重要作用的日工。但是困难并不等于不可能。合理的、适合农业技术特点的研究方法，包括按照产量、产品货币价值总额和雇佣劳动的使用频率和规模等分类方法，一定会得到推广，一定会冲破资产阶级和小资产阶级偏见的密网，粉碎它们粉饰资产阶级现实的企图。可以大胆地保证，在采用合理的研究方法上的任何一个进步，都将进一步证实这样一个真理：在资本主义社会，不仅在工业中，就是在农业中也是大生产排挤小生产。

下面就是美国1900年按照产品价值划分的各类农场的材料：

按产品价值划分的农场类别	农场数目	全部土地面积	每个农场平均 耕地(单位英亩)	雇佣劳动费用(单位美元)	农具和机器价值
	(在总数中所占的百分比)				
0	0.9	1.8	33.4	24	54
1— 50美元的	2.9	1.2	18.2	4	24
50— 100美元的	5.3	2.1	20.0	4	28
100— 250美元的	21.8	10.1	29.2	7	42
250— 500美元的	27.9	18.1	48.2	18	78
500—1 000美元的	24.0	23.6	84.0	52	154
1 000—2 500美元的	14.5	23.2	150.5	158	283
2 500美元以上的	2.7	19.9	322.3	786	781
共　计…………	100.0	100.0	72.3	—	133

产品价值为0(零)的无收入农场，首先可能是刚刚有主的移民宅地，其所有者还没来得及盖好建筑物，备置牲畜，播下种子，得到收获。在像美国这样一个大规模地进行垦殖开发的国家里，业主要多少时间才能掌握农场的问题有着特别大的意义。

如果撇开无收入农场不算，我们看到的情况与前面援引的按农场全部土地数量分类所提供的完全一样。随着农场产品价值的增加，农场的平均耕地面积、雇佣工人的平均费用、农具和机器的平均价值都在增加。总的说来，收入——指总收入即全部产品的价值——多的农场，也就是按土地面积来说比较大的农场。看来，这个新的分类法根本没有提供任何新东西。

现在让我们不拿每个农场而拿每英亩土地的平均数(牲畜和农具价值、雇佣劳动费用和肥料费用的平均数)来看看：

按产品价值划分的农场类别	每英亩土地平均（单位美元）雇佣劳动费用	肥料费用	全部牲畜价值	农具和机器价值
0	0.08	0.01	2.97	0.19
1— 50美元的	0.06	0.01	1.78	0.38
50— 100美元的	0.08	0.03	2.01	0.48
100— 250美元的	0.11	0.05	2.46	0.62
250— 500美元的	0.19	0.07	3.00	0.82
500—1 000美元的	0.36	0.07	3.75	1.07
1 000—2 500美元的	0.67	0.08	4.63	1.21
2 500美元以上的	0.72	0.06	3.98	0.72

无收入的和收入最高的农场在某些方面是例外，前者总是处于一种完全特殊的地位，后者在我们所列举的四个指标中，有三个指标低于相邻的那一类农场，即集约化程度低于它。一般说来，我们看到的是农业的集约化程度**随着**农场产品价值的**增加**而依次**递增**。

这种情况与我们在按土地面积分类的材料中所看到的完全相反。

由于分类的方法不同，同一个材料竟会提供截然相反的结论。

如果根据土地面积的大小来作农场规模的分类，结论是农业的集约化程度随着农场规模的扩大而**下降**；如果根据农场产品价值来作农场规模的分类，结论则是农业的集约化程度随着农场规模的扩大而**提高**。

两个结论哪一个正确呢？

显然，如果有土地而没有耕种（不要忘记，美国不单是根据耕地分类，而且还根据全部土地面积进行分类；在这个国家，在各类农场中耕地所占的百分比为19%—91%之间，在各个地区中则为27%—75%之间），那么土地面积**根本**不能说明农场的规模；如果各个农场之间在土地的耕种方法、农业的集约化程度、耕作制度、施肥的多少、机器的使用、畜牧业的性质等方面，往往存在重大的差别，那么土地面积**根本**不能**正确地**说明农场的规模。

在**一切**资本主义国家，甚至在资本主义刚刚侵入农业的一切国家，情况正是这样。

认为小农业"优越"的错误见解为什么如此顽固，资产阶级和小资产阶级的这种偏见为什么能如此轻而易举地同近几十年来社会统计包括农业统计的巨大进步相容并存，现在我们看到这方面的一个最深刻最普遍的原因了。当然，这些错误和偏见之所以根深蒂固，还由于有资产阶级的**利益**作为支柱——资产阶级力图抹杀现代资产阶级社会阶级矛盾的深刻性，而当问题涉及到利益的时候，大家知道，即使最明显的真理也会遭到反驳。

不过我们在这里只打算分析一下，所谓小农业"优越"这种错误观点的理论根源是什么。毫无疑问，最主要的根源就是人们对过时的、单单按照全部土地或耕地面积来比较农场的方法不加批判，陈陈相因。

美国还有大量无主的、闲置的、无偿分发的土地，这是所有资本主义国家中的一个例外。在这里，农业靠占用无主的土地，靠耕种从未耕种过的新土地还可以得到发展，也确实有了发展——以最原始最粗放的畜牧业和农业的形式发展。资本主义欧洲的那些老的、文明国家根本没有类似的情况。在欧洲，农业的发展**主要**靠集约经营，不是靠扩大耕地的**面积**，而是靠提高耕作的**质量**，靠增加对原有面积的土地的投资。正是这条资本主义农业发展的主要路线——它也会逐渐成为美国的主要路线——被那些只知道按土地面积来比较农场的人忽视了。

资本主义农业发展的主要路线就是：**小**经济（就土地面积来说**仍然是小**经济）**变成大**经济（就生产规模、畜牧业发展、使用肥料数量、采用机器增多等等来说是大经济）。

所以说，按土地面积来比较各类农场而得出的结论，也就是认为农业的集约化程度随着农场规模的扩大而降低的结论，是绝对不正确的。正相反，唯一正确的结论是按产品价值来比较各类农场所得出的结论：农业的集约化程度随着农场规模的扩大而提高。

因为土地面积只能间接地证明农场的规模，而且农业集约化发展得愈广泛，愈迅速，这种"证明"就愈不可靠。农场的产品价值则是直接地而不是间接地证明农场的规模，并且在任何情况下都能证明。人们谈论小农业的时候，总是指**不靠**雇佣劳动经营的那种农业。但是发展到使用雇佣工人，这不仅是由于在旧的技术基础上扩大农场面积——只有在粗放经济即原始经济的条件下才有这种情况——，也可以是由于提高现有的技术，变旧技术为新技术，由于以采用新机器、使用人造肥料、增加牲畜和改良牲畜品种等方式增加在原有土地面积上的投资。

按产品价值分类就可以把土地面积不等而**生产规模**实际**相同的**农场归在一类了。在这种情况下，在小块土地上进行高度集约经营的农场就同在大面积土地上经营比较粗放的农场列在一类。这两种农场无论就生产规模来说，或者就使用雇佣劳动的数量来说，都会是真正的大农场。

相反，按土地面积分类则把那些土地占有规模相类似的大农场和小农场都归在一类，把生产规模完全不同的农场，也就是以家庭劳动为主的农场同以雇佣劳动为主的农场归为一类。这样就会看到一幅根本不正确的、完全歪曲真实情况、但是非常受资产阶级欢迎的画面，即**缓和**资本主义**阶级矛盾**的画面。这样就会同样错误地、同样受资产阶级欢迎地**粉饰小农的状况**，为资本主义辩护。

情况确实如此。资本主义基本的和主要的趋势就是大生产排挤小生产，无论在工业中或农业中都是如此。不过不能把这种排挤**单单**理解为立即剥夺。排挤也包括可以持续好多年甚至几十年的小农的破产，他们经济状况的恶化。这种恶化表现在小农的劳动过度，饮食恶劣和债务累累，还表现在牲畜的饲料以至整个喂养情况愈来愈坏，也表现在对土地的保养、耕作、施肥等条件愈来愈差以及经营技术停滞不前等等方面。科学研究者要想不被人指责说他是在粉饰遭到破产和压迫的小农的状况以便有意无意地讨好资产阶级，那他首先就必须确切地判定小农破产的种种极其复杂的征兆，其次是要揭示和探讨这些征兆，并且尽可能地估量它们波及的范围和随着时间而发生的变化。然而，对于这个特别重要的方面，现时的经济学家和统计学家却注意得非常不够。

假定统计学家把 90 个小农同 10 个业主归在一类。前者没有资本来改善自己的经营，落在时代后面，逐渐遭到破产；而后者拥有足够的资本，在同样小块的土地上经营着以雇佣劳动为基础的大规模生产。一般说来，这样做一定会得出一幅粉饰所有这 100 个小农状况的画面。

美国 1910 年的普查正是提供了这样一幅在客观上有利于资产阶级的粉饰小农状况的画面，这首先是由于它放弃了 1900 年用过的把按土地分类同按产品价值分类加以比较的方法。例如我们只知道肥料费用大大增加了，增加了115%，即增加了一倍多，而雇佣劳动费用只增加了82%，农业总产值增加了83%。进步是巨大的。这是国民农业的进步。也许会有某位经济学家要作出（如果不是已经作出的话）结论说：这是小"劳动"农业的进步，因为一般地说，按土地进行农场分类的材料向我们表明，"小"农业用于每英亩土地上的肥料费用要高得多。

但是现在我们知道了，这样的结论将是捏造出来的，因为按土地分类恰好把小农同**资本家**列入一类。前者正处于破产境地，起码也贫穷不堪，没有可能购买肥料；而后者即便是小资本家，但毕竟是资本家，他们在小块土地上使用雇佣工人来从事改良的、集约的、大规模的经营。

1900年和1910年的关于农场全部财产价值的材料表明，小农业普遍地遭到大农业的排挤。下面我们将看到，在这个期间，小块土地上的高度资本主义化的作物获得了特别迅速的发展。根据按产品价值分类的大农场和小农场的一般材料来看，随着农场规模的扩大，肥料费用也在增加。既然如此，那就必然会得出如下的结论：1900—1910年在使用肥料方面的"进步"更加强了资本主义农业对小农业的优势，使小农业受到了更厉害的排挤和压迫。

12. 农业中的各种农场类型

前面我们谈到在小块土地上进行集约经营的资本主义大农场，这使人产生这样一个问题：可不可以认为农业集约化一定会导致农场土地面积减少呢？换句话说，是不是有一些与现代农业技术本身有关的条件要求减少农场土地面积以提高农业的集约化程度呢？

无论是一般的理论见解或者是实际例子都不能回答这个问题。这里涉及的是在现有的农业条件下的具体技术水平问题和某种经营制度所必需的资本的具体数量问题。在理论上可以设想，不管土地面积大小，都能以任何方式投入任何数量的资本，但是，不言而喻，“这要取决于”现有的经济、技术、文化等条件，全部问题就在于这一个国家在这一个时期具有一些什么样的条件。实际例子所以不适用，是因为在现代农业经济这样一个各种趋势错综复杂、形形色色、互相交织而又互相矛盾的领域里，随时都可以找到一些实际例子来证实互相对立的观点。这里首先需要的，而且比任何地方都更加需要的，是把**整个**过程描绘出来，把所有趋势都考虑到，并且计算这些趋势的合力，或者说它们的总和，它们的结果。

美国统计学家在 1900 年使用的第三种分类方法，有助于回答上面提出的问题。这就是**按主要收入来源**分类。根据这个标志，所有农场可分为以下几类：(1)干草和谷物作为主要收入来源；(2)混合产品；(3)畜产品；(4)棉花；(5)蔬菜；(6)水果；(7)乳制品；(8)烟草；(9)大米；(10)食糖；(11)花卉；(12)温室产品；(13)芋类；(14)咖啡。后面的 7 类(8—14)一共只占全部农场的 2.2%，由于所占比重太小，我们不准备单独加以叙述。这几类(8—14)按其经济性质和作用来说和前面 3 类(5—7)完全相同，构成同一个类型。

下面就是说明各种不同类型的农场的材料：

按主要收入来源划分的农场类别	在全部农场中占的百分比	每个农场平均土地面积		每英亩土地平均(单位美元)			
		全部土地	耕地	雇佣劳动费用	肥料费用	农具和机器价值	全部牲畜价值
干草和谷物……	23.0	159.3	111.1	0.47	0.04	1.04	3.17
混合产品……	18.5	106.8	46.5	0.35	0.08	0.94	2.73
畜产品……	27.3	226.9	86.1	0.29	0.02	0.66	4.45
棉花……	18.7	83.6	42.5	0.30	0.14	0.53	2.11
蔬菜……	2.7	65.1	33.8	1.62	0.59	2.12	3.74
水果……	1.4	74.8	41.6	2.46	0.30	2.34	3.35
乳制品……	6.2	121.9	63.2	0.86	0.09	1.66	5.58
全部农场总计…	100.0	146.6	72.3	0.43	0.07	0.90	3.66

我们看到,头两类农场(干草和谷物;混合产品)无论就其资本主义发展水平来说(其雇佣劳动费用分别为 0.35 和 0.47,最接近于全美国的平均数字 0.43),或者就农业的集约化程度来说,都可以称为中等农场。说明经营的集约化程度的各种指标——每英亩土地的肥料费用、机器价值和牲畜价值——最接近于全国总平均数字。

这两类农场对于大多数农场来说无疑是特别典型的。干草和谷物,其次是各种农产品兼而有之——("混合的"收入来源)——这在所有国家中都是农场主要类型。要是有一份关于这两类农场的比较详细的材料,例如把它们再分为商业性较差和商业性较强的农场等,那将是很有意义的。但是我们看到,美国的统计在这方面刚刚迈了一步,接着就不再前进而是后退了。

接下去的两类(畜产品和棉花)向我们表明的是资本主义性质最少(它们的雇佣劳动费用分别为 0.29 和 0.30,而平均数是 0.43)和农业集约化程度最低的农场典型。它们的农具和机器价值是最低的,比平均数要低得多(0.66 和 0.53,平均数是 0.90)。以畜产品为主要收入来源的那些农场,每英亩土地的牲畜数目自然要高于全国的平均数字(4.45,平均数是3.66),但这显然是一种粗放的畜牧业,因为它的肥料费用最少,农场平均面积最大(226.9英亩),耕地所占比重最小(在226.9英亩土地中只有86.1英亩耕地)。至于棉花农场,虽然它的肥料费用超过了平均数,但是农业集约化程度的其余指标(每英亩土地的牲畜价值和机器价值)都是最低的。

最后的3类农场——蔬菜、水果、乳制品农场,第一,是最小的农场(耕地是33—63英亩,而前面各类农场的耕地是42—86英亩,46—111英亩);第二,是最具资本主义性质的农场,其雇佣劳动费用最高,比平均数高1—5倍;第三,是集约化程度最高的农场。这里农业集约化程度的所有几项指标——无论是肥料费用,或者是机器价值和牲畜价值都高于平均数(只有水果农场在这方面是一个小小的例外,它的牲畜价值低于平均数,但是高于主要靠干草和谷物获得收入的那些农场)。

我们现在来考察一下,这些高度资本主义的农场在整个国家经济中所占的比重究竟怎样。但是首先我们应当稍微详细地谈一谈这些农场的较高的集约性质。

我们来看看以蔬菜为主要收入来源的农场。大家知道,在一切资本主义国家中,城市、工厂、工业区、火车站和港口等等的发展,大大增加了对蔬菜的需求,提高了蔬菜的价格,为出卖而种植蔬菜的农业企业也增多了。一个中等的"蔬菜"农场的耕地面积**还不到**一个以干草和谷物为主要收入来源的"普通"农场的⅓:前者有33.8英亩,后者有111.1英亩。这就是说,在现有的农业资本积累的情况下,现有的技术要求"蔬菜"农场具有比较小的规模;换句话说,为了向农业投资并且获得不低于平均水平的利润,在现有的技术情况下建立的生产蔬菜的农场，其**土地面积应小于**干草和谷物农场的。

不仅如此。农业中资本主义的发展首先表现在自然经济的农业向商业性农业的转变上。这一点经常被人们忘记，因而必须再三提醒。而商业性农业的发展决不是通过资产阶级经济学家所想象的或预料的那条“简单的”途径——扩大**原有**产品的生产。不，商业性农业的发展往往表现在由生产某一些产品转而生产另一些产品。由生产干草和谷物转而生产蔬菜，正是常见的一种转换。然而在我们所关心的农场土地面积和农业中资本主义发展问题上，这种转换意味着什么呢？

这种转换意味着 111.1 英亩的“大”农场**分化**为三个以上的 33.8 英亩的“小”农场。旧农场的产值是 760 美元，这是以干草和谷物为主要收入来源的农场的平均产值(牲畜饲料除外)。每个新农场的产值是 665 美元。就是说，总数一共是 665×3=1 995 美元，高出原先产值一倍以上。

小生产被农场土地面积**缩小**的大生产所排挤。

旧农场雇用工人的费用平均为 76 美元，新农场则是 106 美元，几乎增加了一半，同时土地面积却减少了⅔以上。每英亩土地的肥料费用从 0.04 美元提高到 0.59 美元，几乎增加了 14 倍；农具和机器价值增加了 1 倍，从 1.04 美元提高到 2.12 美元，等等。

有人会像通常那样反驳我们，说什么这种高度资本主义的农场，即种植特种“商业性”作物的农场的数量与农场总数相比微不足道。但是我们要回答说：第一，这种农场的数目和**作用**，它们的经济作用，要比通常想象的大得多；第二(这是主要的)，在资本主义国家中，**正是这些作物比**其他作物增长得**更快**。正因为如此，在农业集约化过程已经出现的条件下，农场土地面积减少往往意味着生产规模的扩大，而不是缩小，意味着雇佣劳动的使用的增加，而不是减少。

下面是美国统计中关于这一方面的全国性的确切材料。现在我们来看看前面在第 5—14 项中所列举的**所有**特种作物即“商业性”作物：蔬菜、水果、乳制品、烟草、大米、食糖、花卉、温室产品、芋类和咖啡。1900 年全美国以这些产品为**主要**收入来源的农场的数目占全部农场的 12.5%。也就是说，只占一个微不足道的少数，即⅛。这些农场的全部土地占土地总量的 8.6%，即只占1/12。现在我们再看看整个美国农业产品的总值(牲畜饲料除外)。上述农场在这个总值中所占的比重达 16%，即比土地所占比重几乎超过一倍。

这就是说，这些农场的劳动生产率和土地生产率几乎比平均水平高出一倍。

我们再来看看美国农业的雇佣劳动费用总额。在这个总额中，上述农场占 26.6%，即¼以上；这个比重比土地所占的比重大两倍多，也比平均数大两倍多。这就是说，这些农场的资本主义性质大大高于平均水平。

这些农场在农具和机器总值中所占的比重是 20.1%，而在肥料费用总额中所占的比重是 31.7%，即稍低于总数的⅓，接近平均数的 **4 倍**。

于是我们看到一个对于全国都是确定无疑的事实，这就是集约化程度特别高的农场的特点是，土地特别少，所使用的雇佣劳动特别多，劳动生产率特别高；这些农场在本国农业中所起的经济作用与它们在农场总数中所占的比重比起来，要超过一倍、两倍乃至更多，更不用说与它们在全部土地中所占的比重相比了。

与农业中的其他作物和农场相比，这些高度资本主义化的、高度集约化的作物和农场的作用是在减小呢，还是在增大？

把最近两次普查加以比较，就会得出答案：它们的作用毫无疑问在**增大**。我们先来看看种植各种作物的土地面积。从1900年到1910年，美国种植各种谷物的土地面积一共增加了3.5%，种植大豆、豌豆等作物的土地面积增加了26.6%，种植干草和牧草的增加了17.2%，种植棉花的增加了32%，种植蔬菜的增加了25.5%，种植甜菜、甘蔗等作物的增加了62.6%。

我们再来看看农产品产量的材料。从1900年到1910年，各种谷物的总产量一共增加了1.7%；大豆增加了122.2%；干草和牧草增加了23%；甜菜增加了395.7%；甘蔗增加了48.5%；马铃薯增加了42.4%；葡萄增加了97.6%；1910年浆果和苹果等歉收，但橙子和柠檬的产量却增加了两倍；如此等等。

这样，这个看来难以置信但是无可怀疑的事实在整个美国农业中得到了证实：不仅一般说来大生产在排挤小生产，而且这种排挤还是通过以下形式进行的：

大生产排挤小生产的方式是，土地面积较“小”但是生产率、集约化程度和资本主义化水平较高的农场，排挤土地面积较“大”但是生产率、集约化程度和资本主义化水平较低的农场。

13. 农业中大生产排挤小生产的现象是怎样被缩小的

可能有人反驳我们说：既然小**生产**的受排挤“也是”通过小**农**

场的经营集约化(和“资本化”)这种形式进行的，那么可不可以认为按土地面积分类的方法一般说来对某些场合还是适用的呢？如果是那样，岂不是存在两个相反的趋势而不能得出一个总的结论了吗？

为了回答这种反驳，需要把美国农业及其演进的全貌**完整地**展示出来。为此就需要把三种分类方法放在一起加以比较和对照，近年来社会统计在农业方面提供的材料最多的可以说就是这三种分类方法。

作这样比较和对照是可能的。只需编制出一个表格就行，这个表格骤然看来可能令人感到太抽象，太复杂，使读者“望而却步”。其实只要稍加注意，“阅读”、弄懂和分析这样的表格是并不困难的。

为了比较三种不同的分类法，只能拿各类农场**各自所占的百分比**来看。美国1900年的普查提供了全部相应的数字。我们在每一种分类下面都分为**三个**主要类别。按土地面积我们分为：(1)小农场(不满100英亩的)；(2)中等农场(100—175英亩的)；(3)大农场(175英亩以上的)。按产品价值我们分为：(1)非资本主义农场(不满500美元的)；(2)中等农场(500—1 000美元的)；(3)资本主义农场(1 000美元以上的)。按主要收入来源我们分为：(1)资本主义不发达的农场(牲畜；棉花)；(2)中等农场(干草和谷物；混合产品)；(3)高度资本主义的农场(即前面第12节中在5—14项内所列举的那些特种“商业性”作物)。

对于每一类别，我们首先列出农场的百分数，即该类农场在美国全部农场中所占的百分比。然后再列出全部土地的百分数，即该类农场的全部土地面积在美国全部农场土地总面积中所占的百分比。土地的面积可以作为农场粗放程度的指标(可惜我们所掌握的是**全部**土地的材料,而不是单指耕地的材料,后一种材料要更准确些)。如果全部土地的百分比**高于**农场数目的百分比,譬如17.2%的农场占有43.1%的土地,那就是说,这是一些大农场,其规模超过了平均规模,而且超过一倍以上。如果土地的百分比**低于**农场的百分比,结论就相反。

其次,列出农场的**集约化程度**指标,即农具和机器价值以及肥料费用总额。这里也是列出该类农场的农具机器价值和肥料费用在全国总额中所占的百分比。这里也是一样:如果这一百分比**大于土地**的百分比,就可以得出集约化程度**高于**平均水平的结论,等等。

最后,为了准确判断农场的资本主义性质,就要用同样的方法列出该类农场在全国工资总额中所占的百分比;而为了确定生产的规模,就要列出该类农场在全国农业产品价值总额中所占的百分比。

这样就编制成下面这个表格,现在我们就来加以说明和分析。

三种分类法的对照

(数字表明在总数中所占的百分比;三个横栏的总数=100)

	按照农场的主要收入来源分类			按照农场的土地面积分类			按照农场产品价值分类			
	资本主义不发达的农场	中等农场	高度资本主义的农场	小农场	中等农场	大农场	非资本主义农场	中等农场	资本主义农场	
农场数	46.0	41.5	12.5	57.5	24.8	17.7	58.8	24.0	17.2	农场粗放

全部土地面积（单位英亩）		52.9	38.5	8.6	17.5	22.9	59.6	33.3	23.6	43.1	程度指标
不变资本	农具和机器价值	37.2	42.7	20.1	31.7	28.9	39.4	25.3	28.0	46.7	农场集约化程度指标
	肥料费用	36.5	31.8	31.7	41.9	25.7	32.4	29.1	26.1	44.8	
可变资本	雇用工人的费用	35.2	38.2	26.6	22.3	23.5	54.2	11.3	19.6	69.1	农场资本主义性质指标
生产规模	产品价值	45.0	39.0	16.0	33.5	27.3	39.2	22.1	25.6	52.3	

我们先看第一种分类法——按农场的主要收入来源分类。在这里，可以说农场是按农业的专业来分类的，这和工业企业按工业部门来划分有些相像。不过农业中的情况要复杂得多。

第一栏向我们表明，这是一类资本主义不发达的农场。这一类几乎占农场总数的一半——46％，它们的土地占52.9％，就是说，这类农场大于平均规模（其中包括特别大的粗放经营的畜牧农场和小于平均规模的棉花农场）。它的机器价值的百分比（37.2％）和肥料费用的百分比（36.5％）都小于土地的百分比，这就是说，它的集约化程度低于平均水平。这类农场的资本主义性质（35.2％）和产品价值（45％）也是如此。劳动生产率低于平均水平。

第二栏是中等农场。正因为在**所有**三种分类法中列入中间一类的是**各**方面都属于“中等的”农场，所以我们看到，每一分类法中的中等农场的**所有各项**百分比相互之间非常接近，波动较小。

第三栏是高度资本主义的农场。这一栏数字的意义我们在前面已经作了详细的分析。应当指出的是，**只有**这一类农场我们既有 1900 年的也有 1910 年的可比的确切材料，材料说明这些高度资本主义化的作物的增长速度高于平均速度。

这种较快的增长在大多数国家通常的分类法中是怎样反映出来的呢？这一点由下面的一栏，即按土地数量分类的小农场一类来表明。

这类农场的数目很大（占农场总数的 57.5%）。而土地一共才占总数的 17.5%，就是说，这类农场的规模不及平均水平的⅓。因此，这是“土地最少”、最“贫困的”一类农场。但是接下去我们看到，这类农场不论就农业集约化程度（机器价值和肥料费用）或农业的资本主义性质（雇用工人的费用）和劳动生产率（产品价值）来看，都**高于**平均水平：在土地仅占 17.5%的情况下，雇佣劳动费用占 22.3%，肥料费用占 41.9%。

问题在什么地方呢？很明显，问题在于特别多的**高度资本主义的**农场——参看前一个直栏——正好划入按土地面积来说是“小”农场的这一类。在这里面，除了大多数既缺少土地又缺少资本的真正小农外，还有**少数**富裕的、资本雄厚的业主，他们在小块土地上进行生产规模巨大的资本主义性质的经营。这样的业主在美国全国占 12.5%（＝高度资本主义的农场的百分数）；这就是说，即使他们都按土地面积划入小农场一类，这一类中也还有（57.5－12.5＝）45%的业主既没有足够的土地也没有资本。事实上，必然有一部分、尽管是一小部分高度资本主义的农场按土地面积属于中等农场和大农场，因此 45%这个数字还**缩小了**没有资本和缺少土地的农场主的实际数目。

不难看出，把 12%、10%或者大致这样数量的业主同 45%——

至少是45%——的农场列在同一类，是在多大的程度上**掩饰了**后者的状况，因为前者拥有超过平均数量的资本、农具、机器，其肥料费用和雇用工人的费用等也高于平均水平，而后者既少土地又缺资本。

对于这个分类法中的中等农场和大农场，我们不准备分别加以考察了。因为这势必以稍稍改变的说法重复我们谈到小农场时已经说过的话。譬如，如果说按土地分类的小农场的材料掩饰了小**生产**受压迫的状况，那么，按同样标志分类的大农场的材料显然就**缩小了**农业中通过大生产所达到的实际**集中**程度。下面我们就会看到用统计数字准确地表示出来的这种缩小集中程度的情况。

综上所述，就得出了如下这样一个一般性的原理。这个适用于一切资本主义国家农场按土地面积分类的定律，可以表述如下：

农业集约化发展得愈广泛，愈迅速，按土地面积分类的办法就愈能**掩饰**农业中小生产即**既**少土地**又**缺资本的小农受压迫的状况，愈能**模糊**日益发展的大生产和遭到破产的小生产之间真正尖锐的阶级矛盾，愈能**缩小**资本集中于大生产和大生产排挤小生产的事实。

最后一种（第三种）分类法，即按产品价值分类的办法清楚地证实了这个原理。非资本主义农场（既然指的是总收入，也可以说是收入少的农场）占58.8%，比"小"农场的百分比（57.5%）还稍微大一点。而这类农场的土地则要**多**得多，占33.3%（"小"农场主占17.5%）。但是它在产品总值中所占的比重**比"小"农场少50%**：22.1%比33.5%！

问题在哪里呢？问题就在于在这类农场中没有包括那些在小

块土地上经营的高度资本主义的农场，这些农场**人为地和虚假地**提高了属于小农的**资本**如机器、肥料等的比重。

可见，农业中小**生产**受到压迫、排挤因而陷于破产的情况，要比根据有关小**农场**的材料所能想象到的**严重得多**。

按土地面积划分的小农场和大农场的材料根本没有考虑到**资本的作用**。显然，忽视资本主义经济中这样一件“小事”就会歪曲小生产的状况，错误地掩饰小生产的状况。因为“既然”不存在资本，即不存在货币的权力和雇工同资本家的关系、农场主同商人和债权人的关系等等，那么小生产的状况也就“可以”还算是过得去了！

因此，农业中通过大农场所达到的集中远远比不上通过大生产**即**资本主义生产所达到的集中：17.7%的“大”农场只集中了39.2%的产品价值（比平均数的一倍稍微多一点）。而17.2%的**资本主义**农场则集中了全部产品价值的52.3%，即超过平均数**两倍**以上。

在这个无偿分发大量无主土地的国家，在这个被马尼洛夫[104]们称为“劳动”农场国家的美国，全部农业生产有**一半以上**集中在1/6左右的**资本主义**农场手中。这些农场用于雇用工人的费用，按每一农场计算要比平均数多三倍（69.1%的费用集中于17.2%的农场），按每英亩土地计算要比平均数多50%（69.1%的雇佣劳动费用集中于43.1%的土地）。

在另一端，有一半以上的农场，即将近3/5的农场（58.8%）属于非资本主义农场。它们占有全部土地的1/3（33.3%），但是这些土地的机器装备低于平均水平（机器价值占25.3%），肥料的使用也低于平均水平（肥料费用占29.1%），因而它的生产率**比平均水平**

低 50%。这些占有⅓土地的、备受资本压迫的、为数众多的农场的产值还不到生产总额即产品总值的¼(22.1%)。———

因此,对于按土地进行分类的意义这个问题,我们的总的结论就是,不能认为这种分类是毫无用处的。只是任何时候都不应当忘记,这个分类法缩小了大生产排挤小生产的事实,而且农业集约化发展得愈广泛,愈迅速,各农场之间在单位土地面积上的投资的差额愈大,这个分类法也就愈是缩小了这一事实。在有了现代的研究方法,能够获得关于每一个农场的非常精确、非常丰富的材料的情况下,只要把两种分类方法结合起来就行了,比如说,可以在按土地面积划分的五类农场中,每一类再按使用雇佣劳动的多少分为三小类或两小类。如果说没有这样做,那在很大程度上是由于害怕对现实作过分露骨的描绘,害怕提供一幅大批小农备受压迫、陷于赤贫、濒于破产、遭受剥夺的鲜明的图画;而"标准的"资本主义农场(按土地面积来说也是"小"农场,它们与周围大量贫困的农场相比只占少数)又如此"方便地"、"不易觉察地"掩饰着小农的状况。从科学的角度来说,没有一个人敢于否认在现代农业中不仅土地起作用,而且资本也起作用。从统计技术或统计所耗费的劳动量的角度来说,把农场一共分为 10—15 类,同德国 1907 年的统计按土地面积把农场分为 18+7 类比起来,决不能算是过多的。德国的这次统计把关于 5 736 082 个农场的极其丰富的材料按土地面积分成了这么多类,可以说是官僚主义的因循守旧、一钱不值的科学废物以及毫无意义的数字游戏的典型,因为**没有丝毫**合理的、为科学和生活所证实的根据可以认为这么大量的类别全都是典型的。

14. 小农被剥夺

小农被剥夺的问题对于了解和认清整个农业中的资本主义来说，是非常重要的。然而，浸透了资产阶级观点和偏见的现代政治经济学和统计学最大的特点，正是对这个问题几乎根本没有加以研究，或者研究得极不认真。

所有资本主义国家的材料都表明城市人口由于农村人口流入而增长的过程，都表明居民在逃离农村。在美国，这个过程正有增无已地发展着。城市人口的百分比由 1880 年的 29.5％提高到 1890 年的 36.1％，到 1900 年占 40.5％，到 1910 年又提高到 46.3％。在全国所有地区，城市人口的增长都比农村人口快：从 1900 年到 1910 年，在工业的北部，农村人口增加了 3.9％，城市人口增加了 29.8％；在原先蓄奴的南部，前者增加了 14.8％，后者增加了 41.4％；在垦殖开发中的西部，前者增加了 49.7％，后者增加了 89.6％。

看来这个极其普遍的过程在进行农业普查时也一定会研究过。那就自然会产生这样一个在科学方面极为重要的问题：这些从农村逃出来的人属于农村人口的哪些类别，哪些阶层，是在什么情况下逃出来的。既然每 10 年要收集一次每个农业企业以及其中每头牲畜的极为详细的材料，那也就很容易提出这样的问题：有多少农场出卖或出租了产业而迁往城市，都是什么样的农场；有多少家庭成员暂时地或永久地抛弃了农业，是在什么情况下抛弃的。但是并没有提出这样的问题，研究仅止于提供这么一个官方的公式化的数字:"从 1900 年到 1910 年,农村人口从 59.5%下降到 53.7%。"研究者好像连想都不曾想到,在这个公式化的数字后面隐藏着多少穷困、压迫和破产。资产阶级和小资产阶级的经济学家对于居民逃离农村和小生产者遭到破产之间的十分明显的联系,往往连看都不愿意看一下。

我们没有别的办法,只好设法把 1910 年普查中极有限的并且整理得很糟的关于小农被剥夺的材料汇集在一起。

我们手头有一份说明农场占有形式的材料,它首先列出了产权人的数目,他们又分为拥有**整个**农场产权的和拥有**部分**农场产权的;其次列出了交纳一部分产品的佃农人数和交纳货币地租的佃农人数。这个材料是按地区而不是按农场类别列出的。

拿 1900 年和 1910 年的总数来看,首先会看到如下的图景:

农村总人口增加…… 11.2%
农场总数增加…… 10.9%
产权人总数增加…… 8.1%
拥有**整个**农场产权者总数增加…… 4.8%

很明显,这幅图景表明了小农业日益遭到剥夺。农村人口比城市人口增加得慢。农场主比农村人口增加得慢;产权人比农场主增加得慢。拥有**整个**农场产权者又比一般产权人增加得慢。

产权人在农场主总数中所占的百分比几十年来一直在减少。这个百分比如下:

1880 年——74.4%
1890 年——71.6%
1900 年——64.7%
1910 年——63.0%

而佃农的百分比却在相应地增加，其中分成制农民要比交纳货币地租的佃农增加得快。分成制农民在1880年占17.5%，后来占18.4%和22.2%，到1910年已经达到24%。

产权人所占比重的减少和佃农所占比重的增加，整个地说来，意味着小农遭到破产，受到排挤，这从下面的材料可以看出来：

农场类别	有家畜的农场的百分比			有马的农场的百分比		
	1900年	1910年	±	1900年	1910年	±
产权人……	96.7	96.1	-0.6	85.0	81.5	-3.5
佃　农……	94.2	92.9	-1.3	67.9	60.7	-7.2

两个年份的数据都表明，产权人所处的经济地位比较优越。佃农状况的恶化要比产权人状况的恶化**更严重**。

现在我们来看一下各个地区的材料。

前面我们已经指出，南部的佃农最多，而且也增加得最快：从1900年的47%增加到1910年的49.6%。在这里，资本在半个世纪前粉碎了蓄奴制，可是现在又以更新的形式即以分成租的形式把它**恢复起来**。

北部的佃农少得多，增加的速度也慢得多：1900年占26.2%，到1910年，只增加到26.5%。西部的佃农最少，而且**只有**在这个地区佃农才不是增加而是减少了：从1900年的16.6%减少到1910年的14%。在1910年的普查总结中写道："在山区和太平洋沿岸区〈这两个地区合称"西部"〉，佃农农场的百分比特别小；毫无疑问，产生这种情况主要是由于这两个地区不久以前才有人居住，这里很多农场主是移民宅地所有者〈即无偿地或以极少费用获得无主的闲置土地者〉，他们是从政府那里得到土地的。"（第5卷第104页）

在这里，我们特别清楚地看到我们曾经屡次指出的美国的一个特点：存在着无主的闲置土地。一方面，这个特点说明美国的资本主义为什么发展得特别广泛而迅速。一个大国的某些地区没有土地私有制，不仅不排斥资本主义——请我国的民粹派注意！——反而扩大资本主义的基地，加速资本主义的发展。另一方面，欧洲那些老的、早已是人烟稠密的资本主义国家根本不具备的这个特点，**掩盖了**美国那些已经是人烟稠密和工业最发达的地区小农被剥夺的过程。

我们再看看北部。这里我们看到这样一幅图景：

	1900 年	1910 年	增 减
农村总人口(单位百万)	22.2	23.1	+3.9%
农场总数(单位千)	2 874	2 891	+0.6%
产权人总数(单位千)	2 088	2 091	+0.1%
拥有**整个**农场产权者总数(单位千)	1 794	1 749	−2.5%

这里我们看到，虽然占美国全部耕地 60%的这个主要地区的生产日益增长，但是产权人不仅相对减少，不仅同农场主总数等等相比减少了，而且**绝对地减少了！**

同时还有一点不应当忘记：在“北部”四个地区中的**一个**地区，即在中部西北区，**至今还在分发移民宅地**，从 1901 年到 1910 年的 10 年间，一共分发了 5 400 万英亩土地。

资本主义剥夺小农业的趋势如此强大有力，以致美国的“北部”**尽管**分发了几千万英亩无主的闲置土地，但是土地所有者的人数还是**绝对地减少**了。

在美国，只有下面两种情况还在抑制着这一趋势：(1)在黑人受压迫受屈辱的南部，还存在没有分化的奴隶制种植园；(2)西部渺无人烟。但是这两种情况显然都在为资本主义开拓明天的基地，为资本主义更迅速、更广泛的发展准备条件。矛盾的尖锐化和小生产受排挤的状况并没有消除，而是转移到更广阔的场所去了。资本主义的火势似乎“被控制住了”，可是所花的代价是为它准备下了大量新的、更易燃的燃料。

其次，在小农业被剥夺的问题上，我们还有一份关于拥有牲畜的农场数目的材料。下面是美国在这方面的总的情况：

拥有牲畜的农场的百分比	1900年	1910年	增减
有一般家畜的……………………	95.8	94.9	−0.9
有奶牛的………………………	78.7	80.8	+2.1
有马匹的………………………	79.0	73.8	−5.2

这份材料表明，拥有牲畜的农场主在农场主总数中所占的比重总的说来减少了。有奶牛的农场的百分比虽然增加了，但是有马匹的农场的百分比却减少得更厉害。

下面我们来考察一下按照农场类别整理的有关这两种主要牲畜的材料。

农场类别	有奶牛的农场的百分比 1900年	1910年	增减
不满20英亩的……………	49.5	52.9	+3.4
20—49英亩的……………	65.9	71.2	+5.3
50—99英亩的……………	84.1	87.1	+3.0
100—174英亩的……………	88.9	89.8	+0.9
175—499英亩的……………	92.6	93.5	+0.9
500—999英亩的……………	90.3	89.6	−0.7
1 000英亩以上的……………	82.9	86.0	+3.1
全美国…………	78.7	80.8	+2.1

我们看到，饲养奶牛的**小**农场增加得最多，其次是大地产，再其次是中等农场。只有 500—999 英亩土地这一类大业主中有产乳牲畜的农场减少了。

这里总的看来好像是小农业占了优势。然而应当指出，拥有产乳牲畜在农业中具有双重意义：一方面这可能表示生活的普遍提高和饮食条件的改善；另一方面，在更多的情况下，这表示商业性农业和畜牧业的一个部门的发展，即为了向城市和工业中心出卖而生产牛奶。前面我们看到，这种农场，即"牛奶"场，美国统计学家按主要收入来源将其单独划为一类。这类农场的特点是，它的耕地和全部土地面积都**低于**平均数，而每英亩土地的产量却**高于**平均数，每英亩土地所使用的雇佣劳动**高出**平均数的**一倍**。小农场在牛奶业中的作用的增长很可以表示——也确实已经表示——在小块土地上经营的上述那种**资本主义**牛奶场的增加。为了对比起见，这里我们列出一份美国产乳牲畜**集中**情况的材料：

地　　区	每个农场的奶牛平均头数		增加头数
	1900 年	1910 年	
北部…………	4.8	5.3	+0.5
南部…………	2.3	2.4	+0.1
西部…………	5.0	5.2	+0.2
共　计……	3.8	4.0	+0.2

我们看到，产乳牲畜最多的北部，这项财富增加得也最多。下面是各类农场的产乳牲畜增加情况：

北　部 农场类别	奶牛头数增减的百分比 (1900—1910年)
不满20英亩的	－4%(农场数＋10.0%)
20—49英亩的	－3%(农场数－12.6%)
50—99英亩的	＋9%(农场数－7.3%)
100—174英亩的	＋14%(农场数＋2.2%)
175—499英亩的	＋18%(农场数＋12.7%)
500—999英亩的	＋29%(农场数＋40.4%)
1 000英亩以上的	＋18%(农场数＋16.4%)
共　计	＋14%(农场数＋0.6%)

有产乳牲畜的小农场的**数量**增加较快并不妨碍产乳牲畜比较快地**集中**于大农场。

现在我们再来看看拥有马匹的农场数目的材料。这是一份关于耕畜的材料，它表明的是农业的一般结构，而不是商业性农业这个特殊部门。

拥有马匹的农场的百分比

农场类别	1900年	1910年	减少的百分比
不满20英亩的	52.4	48.9	－3.5
20—49英亩的	66.3	57.4	－8.9
50—99英亩的	82.2	77.6	－4.6
100—174英亩的	88.6	86.5	－2.1
175—499英亩的	92.0	91.0	－1.0
500—999英亩的	93.7	93.2	－0.5
1 000英亩以上的	94.2	94.1	－0.1
全美国	79.0	73.8	－5.2

这里我们看到，农场愈小，无马的比例愈高。除了不满20英亩的这类最小的农场(我们知道，这一类所包括的资本主义农场要比与它相邻的那几类多)，我们看到，其他各类中无马的比例迅速递减，而且10年中增加甚微。可能在富裕的农场中，由于使用了蒸汽犁和别种动力机械，部分地补偿了耕畜的减少，但是对于大量

最穷困的农场，这种假设是不能成立的。

最后，从下面关于抵押土地的农场的数字，也可以看到小农日益被剥夺的情况：

地　区	抵押土地的农场的百分比		
	1890 年	1900 年	1910 年
北部 …………………………	40.3	40.9	41.9
南部 …………………………	5.7	17.2	23.5
西部 …………………………	23.1	21.7	28.6
全 美 国 …………	28.2	31.0	33.6

在全国各个地区，抵押土地的农场的百分比都在不断增长，而在人烟最稠密的、工业的和资本主义的北部，这个百分比最高。美国的统计学家指出(第 5 卷第 159 页)，南部抵押土地的农场的增加大概是由于种植园的“分化”，种植园分块卖给了黑人和白人农场主，他们只能交付一部分地价，其余的变成了抵押贷款。于是在蓄奴的南部就出现了一种独特的**赎买行为**。我们看到，1910 年美国的黑人农场一共有 920 883 个，即占全部农场的 14.5%。从 1900 年到 1910 年，白人农场增加了 9.5%，而黑人农场却增加了 19.6%，比前者快一倍。自“战胜”奴隶主以来已经过去了半个世纪，黑人现在依然十分强烈地渴望着从“种植园主”的压迫下解放出来。

美国的统计学家在同一个地方写道：一般说来，农场把土地抵押出去并不是任何时候都出于穷困，有时候是为了弄到资本来改良土壤等等。这是无可争辩的。但是不应当像资产阶级经济学家经常做的那样，利用这个无可争辩的说法来掩盖这样一个事实，就是只有少数富裕的农场主才能够用这种方式弄到改良土壤等等的资本，并且有效地加以利用，大多数的农场主都更加陷于破产境地，通过抵押而落入金融资本的魔掌。

农场主依附于金融资本这件事本来足以——而且也应当——引起研究者极大的注意。但是这方面的问题尽管很重要，却始终没有加以研究。

而抵押土地的农场的增加无论如何都意味着资本实际上已经控制着这些农场。自然，除了正式经过公证人抵押土地的农场之外，还有不少农场债务累累，只不过这些债务是属于私人的，没有那么严格地办理正式手续，或者是没有计入普查材料而已。

15. 工业和农业演进情形的比较

美国统计所提供的材料，尽管存在着一些缺点，但它还是比其他国家的材料更有用处，它的特点是内容完整、收集方法一致。这样就有可能把 1900 年和 1910 年的工业和农业的统计材料加以比较，有可能把国民经济两个部门的经济结构及其演进的一般情况加以对比。资产阶级经济学中最流行的思想，就是把工业和农业**对立起来**，这也是吉姆美尔先生所重述的思想。现在我们要根据大量准确的材料来看一看把这两者对立起来究竟有多少道理。

我们先从工业中和农业中的企业的数量谈起。

	企业数量（单位千）		增加的百分比	人口（城市人口和农村人口）增加的百分比
	1900 年	1910 年		
工业 …………	207.5	268.5	+29.4%	+34.8%
农业 …………	5 737	6 361	+10.9%	+11.2%

农业中的企业要多得多、小得多，这正是农业的落后性、分散

性和零碎性的表现。

农业中企业总数的增加比工业慢得多。美国有两种情况是其他先进国家所没有的,这两种情况特别有力特别迅速地推动着农业企业的增加。第一种情况是:南部的奴隶主大地产至今还处在分化过程中,不断有黑人和白人农场主从"种植园主"手里"赎买"小块土地;第二种情况是,至今还有大量无主的闲置土地可供政府分发给一切愿意要土地的人。尽管如此,农业企业的增加还是比工业慢得多。

这有两方面的原因。一方面,农业在相当大的程度上还保存着自然经济的性质,同时,许多原先由农民家庭自己干的作业还在相继脱离农业(例如生产和修理各种农具和家具等),成为一个个单独的行业。另一方面,农业中存在着工业中所没有的垄断,而且这种垄断在资本主义制度下是无法消除的,这就是土地占有的垄断。即使土地私有制不存在——事实上美国很大一部分地区直到现在还没有土地私有制——土地的占有,土地为各个业主所有,也就造成垄断。在美国各主要地区,全部土地都已被占用了,要增加农业企业只有在现有企业分化的情况下才有可能;要自由地建立新企业同时又保持原有的企业是不可能的。土地占有的垄断阻碍着农业的发展,也阻碍着农业中资本主义的发展。这是农业和工业不同的地方。

对于投入工业企业和农业企业的资本数量,我们无法准确地加以比较,因为土地价值中包括地租。我们只好把投入工业的资本和工业品价格拿来同农场财产总值和主要农产品价格加以比较。在这里,只有表明工业总值和农业总值的增长的百分数才是完全可比的。

		单位百万美元 1900年	1910年	增加的百分比
工业	所有企业的资本…………………………	8 975	18 428	+105.3%
	所有企业的产品价格………………	11 406	20 671	+ 81.2%
农业	农场全部财产价格………………	20 440	40 991	+100.5%
	全部谷物总价格…………………	1 483	2 665	+ 79.8%
	全部谷物的收获量(单位百万蒲式耳)…………………	4 439	4 513	+ 1.7%

我们看到,在1900年到1910年这10年中,无论是投入工业的资本的价值,还是全部农场财产的价值都**增加了一倍**。重大而基本的区别就是农业中主要产品谷物的生产增长得很少,只增加了1.7%,而同时整个人口却增加了21%。

农业的发展落后于工业,这是**一切**资本主义国家所固有的现象,是国民经济各部门间的比例遭到破坏、发生危机和物价高涨的最深刻的原因之一。

资本使农业摆脱了封建制度,摆脱了中世纪和宗法制的停滞落后状态,使农业加入了商业周转,从而进入世界范围的经济发展。但是资本不仅没有消除群众所受到的压迫、剥削、贫困,反而以新的形式制造了这些灾难,并且在"现代的"基础上复活了旧的灾难。资本主义不仅没有消除工农业之间的矛盾,反而扩大了这种矛盾,使矛盾更加尖锐化。主要在商业和工业领域形成的资本,愈来愈沉重地压迫着农业。

农产品产量增加得那么少(+1.7%),而农产品价格却增加得那么多(+79.8%),这个事实一方面向我们清楚地表明了土地占有者从社会索取的地租和贡税的作用。土地占有者依靠自己所处的垄断地位,利用农业赶不上工业发展的这种落后性,把亿万财富装进自己的腰包。农场全部财产 10 年之中增加了 205 **亿**美元。在这个总数中，建筑物、耕畜和农具的价格只增加了 50 亿美元。土地价格，即资本化的地租，10 年之中则增加了 **150 亿**美元（＋118.1％）。

另一方面，在这里我们特别清楚地看到了小农和雇佣工人的**阶级**地位的差别。当然，两者都"劳动"；当然，两者都受到资本的剥削，尽管剥削的形式完全不同。但是，只有庸俗的资产阶级民主派才会根据这一点而把这两个不同的阶级混淆起来，谈论所谓小"劳动"农业。这样做就是掩盖和抹杀经营的**社会**制度，即它的资产阶级结构，而把小农为了生存必需进行劳动，进行个体劳动、体力劳动这个标志提到首要地位，其实这个标志是以前**一切**社会结构都具有的。

在资本主义制度下，小农变成了商品生产者——不管他是否愿意，不管他是否察觉到这一点。问题的全部实质就在于这种变化。甚至在小农还没有剥削雇佣工人的时候，单是这种变化也总归使他成为无产阶级的对抗者，成为小资产者。小农出卖自己的产品，无产者出卖自己的劳动力。小农作为一个阶级不能不力求提高农产品的价格，他们这样做就无异于同大土地占有者一道共同瓜分地租，同地主团结起来共同反对社会的其他阶层。小农就其**阶级**地位来看，随着商品生产的发展，必然变成**小土地所有者**。

在雇佣工人中常常有这样的情形：一部分雇佣工人同自己的业主联合起来反对整个雇佣工人阶级。但这也只是阶级的**一小部分**同自己的敌人联合起来反对**整个**阶级。群众的福利不提高，群众同统治当今社会的资本、同整个资本家阶级的对抗不尖锐化，就不可能设想作为一个阶级的雇佣工人的状况会得到改善。相反，作为一个阶级的小农的状况有所改善，正是小农和地主联合在一起，共同从社会索取高额的地租，同完全或主要靠出卖劳动力为生的无产者和半无产者群众处于对抗地位的结果，这却是完全可以设想的，而且这甚至是资本主义制度下的典型现象。

下面我们把美国统计中关于雇佣工人和小农的状况和人数的材料作个对比：

		1900年	1910年	增加的百分比
工业	雇佣工人人数(单位千)…………	4 713	6 615	+40.4%
	雇佣工人工资(单位百万美元)………	2 008	3 427	+70.6%
农业	雇佣工人人数…………………	?	?	约+47.1%
	雇佣工人工资(单位百万美元)………	357	652	+82.3%
	农场主人数(单位千)…………	5 737	6 361	+10.9%
	农场主要产品——谷物的价格(单位百万美元)………	1 483	2 665	+79.8%

工业工人**吃了亏**，因为他们的人数增加了整整40%，而工资仅仅增加了70.6%(说"仅仅"，是因为现在的谷物数量和过去差不多，等于过去数量的101.7%，而它的价格竟等于过去价格的179.8%!!)。

作为小土地所有者的小农从无产阶级那里**占了便宜**。小农的人数一共增加了10.9%(即使单就小农场主来说，也只不过增加了11.9%)，他们的产品数量几乎没有增加(+1.7%)，而产品的价格却增长了79.8%。

当然，地租的绝大部分为商业资本和金融资本所攫有，但是就其相互关系来说，小农和雇佣工人的阶级地位还是同小资产者和无产者的地位完全一致的。

雇佣工人的增加**超过了**人口的增加(前者增加了40%,而后者只增加了21%)。小生产者和小农日益遭受剥夺。居民日益无产阶级化。①

农场主人数的增加,尤其是自耕农人数的增加**落后于**人口的增加(10.9%比21%)。小农逐渐变成垄断者即小土地所有者。

现在我们来看一下工农业中小生产和大生产之间的相互关系。工业方面的材料不是1900年和1910年的,而是1904年和1910年的。

我们把工业企业按生产规模分为三大类:生产总额在2万美元以下的算做小企业,2万至10万美元之间的算做中等企业,10万美元以上的算做大企业。农业企业我们只能按土地面积来分类。我们把拥有土地100英亩以下的农场算做小农场,拥有土地100至175英亩的算做中等农场,拥有土地175英亩以上的算做大农场。

	企业类别	企业数量(单位千)				增加的
		1900年	百分比	**1910年**	百分比	百分比
工业	小企业……………………	144	66.6	180	67.2	+25.0%
	中等企业……………………	48	22.2	57	21.3	+18.7%
	大企业……………………	24	11.2	31	11.5	+29.1%
	共计……………………	216	100.0	268	100.0	+24.2%
农业	小农场……………………	3 297	57.5	3 691	58.0	+11.9%
	中等农场……………………	1 422	24.8	1 516	23.8	+ 6.6%
	大农场……………………	1 018	17.7	1 154	18.2	+13.3%
	共计……………………	5 737	100.0	6 361	100.0	+10.9%

① 农业中的雇佣工人人数,更确切些说他们的增长,是按下面的比例计算出来的:82.3:70.6=X:40.4,因此X=47.1。

原来二者的演进是很一致的。

无论在工业中或者在农业中，比重降低的都是中等企业，它们的数量增加得既慢于小企业，也慢于大企业。

无论在工业中或者在农业中，小企业的数量增加得都比大企业慢。

各类企业在经济力量或经济作用上发生了怎样的变化呢？在工业方面我们有一份产品价格的材料，在农业方面我们有一份农场全部财产价格的材料：

	企业类别	单位百万美元				增加的
		1900年	百分比	1910年	百分比	百分比
工业	小企业……………………	927	6.3	1 127	5.5	＋21.5％
	中等企业……………………	2 129	14.4	2 544	12.3	＋19.5％
	大企业……………………	11 737	79.3	17 000	82.2	＋44.8％
	共计……………………	14 793	100.0	20 671	100.0	＋39.7％
农业	小农场……………………	5 790	28.4	10 499	25.6	＋81.3％
	中等农场……………………	5 721	28.0	11 089	27.1	＋93.8％
	大农场……………………	8 929	43.6	19 403	47.3	＋117.3％
	共计……………………	20 440	100.0	40 991	100.0	＋100.5％

这里二者的演进也是很一致的。

无论在工业中或者在农业中，中等企业和小企业的比重都在下降，只有大企业的比重在增加。

换句话说，无论在工业中或者在农业中，大生产都在排挤小生产。

这里工农业之间的差别在于，在工业中，小企业的比重比中等企业的比重增加得稍微多一些（前者＋21.5％，后者＋19.5％），而农业中的情形正相反。当然，这个差别并不大，不能据此作出任何概括性的结论。但是，事实毕竟是事实：近10年来，在这个世界先进的资本主义国家中,工业中的小生产确实比中等生产增加得快些,而农业中的情形正相反。这个事实表明,资产阶级经济学家说什么工业绝对地、无例外地证实了大生产排挤小生产这个规律,而农业却推翻了这个规律,他们的这种流行的说法是毫无根据的。

在美国农业中,不仅大生产排挤小生产,而且这个过程要比工业中进行得更有规律,或者说更正常。

在这里不应当忘记我们在前面证明过的那个情况,即按土地面积进行农场分类的方法**缩小了**大生产排挤小生产的现象。

至于谈到已经达到的集中**程度**,那么农业在这方面是非常落后的。在工业中,占 11%的大企业掌握着全部生产的$\frac{8}{10}$以上。小企业的作用微不足道:占工业企业总数$\frac{2}{3}$的小企业只占全部工业生产的 5.5%! 相比之下,农业还很分散:占 58%的小企业拥有农场全部财产总值的$\frac{1}{4}$,占 18%的大企业拥有的还不到一半(47%)。农业企业的总数是工业企业总数的 20 倍以上。

这就证实了早已作出的结论:如果把农业演进比做工业演进的话,那么,农业中资本主义现在所处的阶段比较接近于工场手工业阶段,而不是大机器工业阶段。在农业中,手工劳动还占优势,机器的使用相对来说还很不广泛。但是上面引用的材料决不是证明,农业生产的社会化至少在其发展的现阶段上是不可能的。谁掌握着银行,谁就**直接**掌握着美国$\frac{1}{3}$的农场,并且间接统治着所有农场。按照一个总的计划,把占全部生产总额一半以上的百万农场的生产组织起来,这在现代各种各样的联合以及交通运输技术广泛发展的情况下是完全可以实现的。

16. 总结和结论

美国1900年和1910年的农业普查是社会统计在这一国民经济部门的最新成就。这是所有先进国家中现有的最好的材料。它收集了数百万个农场的材料，使我们有可能对资本主义制度下的农业演进作出准确的合乎实际的总结和结论来。我们所以能够根据这个材料来研究这种演进的规律，特别是因为美国是个幅员最广大、关系最复杂、资本主义农业的色彩和形式最繁多的国家。

这里我们看到，一方面，奴隶制的——在这个场合也就是封建的——农业结构在向商业的和资本主义的农业结构过渡；另一方面，在这个最自由的、最先进的资产阶级国家中，资本主义的发展特别广泛，特别迅速。同时，在这个国家中还进行着极其广泛的建立在民主-资本主义基础上的垦殖开发。

这里我们看到，既有早已人烟稠密、工业极为发达、高度集约化，同文明的、老的资本主义西欧的大多数地区很相似的地区，也有进行原始粗放经营的农业和畜牧业、同俄国的某些边区或西伯利亚的部分地区很相似的地区。我们还看到形形色色、各种类型的大小农场：既有原先蓄奴的南部和垦殖开发中的西部的那种大地产和种植园，又有高度资本主义的北部大西洋沿岸地带的那种大地产和种植园；既有分成制黑人的小农场，又有资本主义的小农场（如工业的北部为市场生产牛奶或蔬菜的小农场和太平洋沿岸地带生产水果的小农场）；既有使用雇佣工人的“小麦工厂”，又有满怀“自食其力”的天真幻想的“独立”小农的**移民宅地**。

种种关系，包罗万象，既包含过去，又包含未来，既包含欧洲，又包含俄国。在下面这个问题上把美国和俄国作一个比较是特别有教益的：如果全部土地不付赎金就转移到农民手中（这种转移是进步的，但无疑是资本主义的），其后果将怎样。

用美国作例子来研究农业中资本主义发展的一般规律和这些规律的种种表现形式是最方便的。这种研究所得出的结论可以概括为以下几个简明的论点。

农业中手工劳动比机器占优势的情况，大大超过了工业。但是机器正在不断发展，在提高农业的技术，使它成为更大的、更资本主义化的农业。在现代农业中，是以资本主义的方式使用机器的。

农业中资本主义的主要特征和指标是雇佣劳动。雇佣劳动的发展也像机器使用的增长一样，在全国**所有**地区中，在农业的所有部门中都可以看到。雇佣工人人数的增长超过了农村人口和全国人口的增长。农场主人数的增长落后于农村人口的增长。阶级矛盾愈来愈激烈，愈来愈尖锐。

农业中大生产日益排挤小生产。比较一下 1900 年和 1910 年关于农场全部财产的材料，就可以充分证实这一点。

但是，由于美国的研究者在 1910 年只按土地面积进行农场分类（几乎欧洲所有国家的研究者都是如此），这就缩小了这种排挤现象，粉饰了小农的状况。而且农业集约化发展得愈广泛、愈迅速，这种缩小和粉饰的程度也就愈严重。

资本主义不仅通过加速发展粗放经营地区中土地多的大农场的方式获得发展，而且通过在集约化地区在较小地块上建立生产规模更大、更资本主义化的农场的方式获得发展。

总之，同关于按土地面积划分的各类农场的材料所提供的情况相比，大农场的生产集中的情形实际上更明显，小生产受排挤的现象实际上更严重，更深刻。编制得比较认真、比较详细、比较科学的1900年普查材料，使人对这一点不会产生丝毫怀疑。

小农业日益遭到剥夺。近几十年来，自耕农在农场主总数中所占的比重不断下降，而农场主的增加又落后于人口的增加。在北部这个出产农产品最多、既没有蓄奴制残余又没有进行大规模垦殖开发的主要地区，拥有全部农场产权的人数在绝对地减少。近10年来，拥有一般牲畜的农场主的比重下降了；拥有产乳牲畜的业主的百分比虽然有所增加，但是同时无马的农场主，特别是无马的小农场主的百分比却增加得更多。

总的说来，把同一时间关于工业和农业的同类材料加以比较，我们就会看到：尽管农业极端落后，然而工业和农业的演进规律却非常一致；无论在工业中还是在农业中，小生产都受到排挤。

1917年在彼得堡由生活和知识出版社印成单行本

译自《列宁全集》俄文第5版第27卷第129—227页

德国社会民主党和民族自决权[105]

（1915 年）

德国社会民主党曾经是第二国际的最强大最有影响的党。因此，一方面，它对第二国际的破产负有最主要的责任，另一方面，它的例子，它的经验，对于研究国际破产的原因，对于分析同扼杀了这个党的机会主义作斗争的措施、方法和途径都**最为重要**。

扼杀了德国社会民主党并把它变为民族主义自由派工人政党的机会主义，在 1914—1915 年大战期间以社会沙文主义的形式表现了出来。

载于 1937 年《列宁文集》俄文版
第 30 卷

译自《列宁全集》俄文第 5 版
第 27 卷第 445 页

关于召开社会党第二次代表会议的决议草案[106]

（1916年1月23日和27日〔2月5日和9日〕之间）

常务局（国际社会党委员会）经与一些国家的若干代表协商以后决定：

召开拥护齐美尔瓦尔德决议的社会党人的第二次**代表会议**。

会议议程：

(1)反对战争；

(2)反对战争和反对民族主义的社会党人的国际联合问题；

(3)组织、宣传和对各国政府进行斗争的实际措施；

(4)进一步阐明齐美尔瓦尔德决议。

会议召开日期定为1916年4月15日。

公布这个决定（公布时召开日期改为3月15日）。

号召一切拥护齐美尔瓦尔德决议的社会党人的组织，对会议议程上的一切问题和各种决议草案进行讨论（辩论）。[107]草案（由两三位代表签名）刊登在《伯尔尼哨兵报》上。

载于1948年《列宁全集》俄文第4版第22卷

译自《列宁全集》俄文第5版第27卷第228页

关于1916年4月24日代表会议

代表团的建议[108]

（1916年1月23日和27日〔2月5日和9日〕之间）

1.只准许拥护齐美尔瓦尔德代表会议决议的政治团体、工会组织的代表或个人参加会议。

2.对那些有正式的党或工会组织参加国际社会党委员会的国家，只准许由这些组织指定的代表参加。

3.对那些正式的党或工会组织未参加国际社会党委员会的国家，只准许下列组织和团体的代表参加：

(a)曾在该国口头或书面发表过符合齐美尔瓦尔德决议精神的言论者；

(b)以自己的实际活动支持国际社会党委员会者。

4.只准许个人代表作为例外情况参加会议，并且仅给予发言权。

5.关于代表资格有效与否的争论，由代表会议选出的委员会在听取各方面的理由并考虑实际情况之后作出最后裁决。该委员会由9人组成，其中包括4名国际社会党委员会委员。

6.表决程序由代表会议确定。

〔〔下述补充不必公布，只记录在案：

凡参加过齐美尔瓦尔德代表会议的同志都有权(法文本是“le droit”)参加第二次代表会议,有发言权。]]

载于1916年2月29日《伯尔尼国际社会党委员会。公报》第3号

译自《列宁全集》俄文第5版第27卷第229—230页

对国际社会党扩大委员会会议通过的《告所属各政党和团体书》的修正和补充

（1916 年 1 月 23 日和 27 日〔2 月 5 日和 9 日〕之间）

关于修改的建议：

1. 更确切更肯定地指出“各正式的党”和“第二国际”的策略的**政治阶级意义**及其**原则性**错误……

(a)保卫祖国＝保护帝国主义资产阶级，维护它对各民族的掠夺和压迫

(b)同机会主义的联系

(c)和自己国家的资产阶级结成联盟反对国际无产阶级。

2. “打破国内和平”的定义。

不参加任何直接或间接支持战争的机构。

α β＋奴役各民族。 删去关于“在整个时代……”的结尾部分。	＋向李卜克内西和吕勒致敬。

3. 不仅是“适当的”，而且是秘密的，即**自由的**，不听命于书报检查机关的出版物。

|γ 没有说:为此必须推翻这个政府

＋

4. 罢工(经济的和政治的)和游行示威。

5. ＋直至举行革命。

6. ＋不仅要引用斯图加特决议,而且要引用巴塞尔决议:互相残杀是犯罪行为,公社,1905 年。

译自《列宁全集》俄文第 5 版
第 27 卷第 446—447 页

在伯尔尼国际群众大会上的演说[109]

（1916年1月26日〔2月8日〕）

同志们！欧洲大战逞狂肆虐已经一年零六个多月了。战争每拖长一月，每拖长一天，工人群众就更加认清齐美尔瓦尔德宣言说的是真理："保卫祖国"之类的词句不过是资本家骗人的话。现在一天比一天显得更清楚：这是一场**资本家、大强盗的战争**，他们之间所争吵的不过是谁能分到更多的赃物，掠夺更多的国家，蹂躏和奴役更多的民族。

说起来似乎令人难以置信，特别是对于瑞士的同志们，然而这一点却是千真万确的，这就是：在我们**俄国**也一样，不但血腥的沙皇政府，不但资本家，而且一部分所谓的社会党人或过去的社会党人，也说俄国进行的是"防御性战争"，俄国不过是抵抗德国的入侵。其实全世界都知道，沙皇政府压迫俄国境内人数达一亿以上的其他民族已经有好几十年，俄国对中国、波斯、亚美尼亚和加利西亚实行强盗政策也已经有好几十年了。**无论是俄国、德国或其他任何一个大国，都没有权利谈什么"防御性战争"**，因为一切大国所进行的都是帝国主义的、资本主义的战争，强盗的战争，压迫其他弱小民族的战争，保证资本家利润的战争，资本家可以从群众水深火热的处境中，从无产阶级的流血牺牲中榨取亿万纯金的收入。

4年以前，1912年11月，当战争显然日益逼近的时候，世界各国的社会党人的代表在巴塞尔举行了国际社会党代表大会，那时已经无可怀疑：即将到来的战争是大国之间、大强盗之间的战争，战争的罪责应当由**所有**大国的政府和资本家阶级承担。全世界的社会党**一致**通过的巴塞尔宣言也公开说出了这个真理。**巴塞尔宣言没有一个字提到“防御性战争”，提到“保卫祖国”**。它一无例外地抨击**所有**大国的政府和资产阶级。它公开说，这场战争是最大的犯罪行为，工人认为互相残杀是犯罪行为，战争的惨祸和工人对此的愤慨，必然引起**无产阶级革命**。

后来战争真的爆发了，于是大家都看到，巴塞尔宣言对这次战争性质的判断是正确的。但是，社会党组织和工人组织并没有一致地照巴塞尔决议办，而是发生了分裂。现在我们都看到，世界所有国家的社会党组织和工人组织都分成了两大阵营。一小部分人，就是那些领袖、干事和官吏，背叛了社会主义，站到各国政府一边。另一部分人，包括觉悟的工人群众，则继续聚集自己的力量，为反对战争、实现无产阶级革命而斗争。

这后一部分人的观点也反映在齐美尔瓦尔德宣言里。

在我们俄国，从战争一开始，杜马中的**工人代表**就坚决进行了反对战争和沙皇君主政府的革命斗争。彼得罗夫斯基、巴达耶夫、穆拉诺夫、沙果夫、萨莫伊洛夫这5位工人代表散发了反对战争的革命号召书，大力进行了革命鼓动。沙皇政府下令逮捕了这5位代表，对他们进行了审判并判处他们终身流放西伯利亚。这些俄国工人阶级的领袖已经在西伯利亚受了好几个月的折磨，但是他们的事业并没有被摧毁，全俄国觉悟的工人正按照原来的方向把他们的工作继续进行下去。

同志们！你们在这里听到各国代表介绍了工人如何进行反战的革命斗争。我只想给你们再举一个最大、最富的国家即美国的例子。这个国家的资本家现在由于欧洲大战而得到巨额的利润。他们也在鼓动战争。他们说，美国也应当准备参战，应当向人民榨取亿万金钱用于新的军备，用于无穷无尽的军备。美国的一部分社会党人也响应这种骗人的、这种罪恶的号召。但是我要把美国社会党人的最有声望的领袖、美国社会党的共和国总统候选人**尤金·德布兹**同志写的一段话念给你们听一听。

在1915年9月11日美国的《向理智呼吁报》(«Appeal to Reason»)[110]上，他说道：“**我不是资本家的士兵，而是无产阶级的革命者。我不是财阀的正规军的一员，而是人民的非正规军的战士。我拒绝为资本家阶级的利益作战。我反对一切战争，只有一种战争除外，只有这样一种战争我是衷心拥护的，那就是为社会革命而进行的世界战争。如果统治阶级终归要挑起战争的话，我准备参加这种战争。**”

美国工人爱戴的领袖、美国的倍倍尔——**尤金·德布兹**同志就是这样向美国工人讲的。

同志们，这又一次表明，**在世界上所有的国家里，工人阶级确实在准备集聚力量**。人民在战争中遭受着难以想象的灾难和痛苦，但是我们不应当也没有任何理由对将来悲观失望。

在战争中牺牲的以及由于战争而丧生的几百万人，是不会白白地死去的。千百万人在挨饿，千百万人在战壕中流血牺牲。但是他们不但在经受苦难，而且也在集聚力量，在思索战争的真正原因，在锻炼自己的意志，在得出愈来愈清楚的革命的认识。在世界上**所有的**国家里，群众的不满情绪都在日益增长，风潮、罢工、游行示威和反战的抗议运动都在不断高涨。**对于我们，这就是保证，保证反对资本主义的无产阶级革命一定会随欧洲大战之后而到来。**

载于1916年2月9日《伯尔尼哨兵报》第33号

译自《列宁全集》俄文第5版第27卷第231—234页

论法国反对派的任务

（给萨法罗夫同志的信）

1916年2月10日

亲爱的同志：对于您被法国驱逐出境一事，甚至沙文主义报纸**《战斗报》**[111]也提出了抗议，然而这家报纸并不想说明事情真相——您是因为同情反对派而被驱逐出境的。您的被驱逐，再一次提醒我要注意法国反对派的状况和任务这个重要而棘手的问题。

我在齐美尔瓦尔德代表会议上见过布尔德朗和梅尔黑姆，听过他们的报告，在报纸上看到过关于他们的工作的情况。在我看来，他们对无产阶级事业的真诚与忠贞，是不容有丝毫怀疑的。然而，他们的策略显然是错误的。他们两人最怕分裂。任何一个步骤，任何一句话，凡是可能导致法国社会党或工会分裂的，或者导致第二国际分裂的，凡是可能导致第三国际建立的，都不允许，——这就是布尔德朗和梅尔黑姆的口号。

然而，工人运动和社会主义运动在全世界的分裂已经成为事实，在工人阶级对待战争的问题上存在着两种不可调和的策略和政策。闭眼不看这个事实是可笑的。试图把不可调和的东西调和起来，只能是一事无成。在德国，连李卜克内西的同志奥托·吕勒议员也公开承认德国党的分裂不可避免，因为现在党内的多数派，正式的“上层分子”，已经站到资产阶级方面去了。所谓“中派”即“泥潭派”(le marais)的代表考茨基和《前进报》[112]攻击吕勒和反对分裂的种种论调，不过是欺骗和伪善，不论这种伪善出于什么样的“好心”。考茨基和《前进报》推翻不了，甚至也不敢去推翻如下事实：德国党内多数派实际上正在实行**资产阶级的**政策。同这种多数派讲统一，对工人阶级是有害的。这样讲统一，就是使工人阶级服从“自己”国家的资产阶级，就是使国际工人阶级陷于分裂。吕勒确实说得对：德国存在着**两个党**。一个是正式的党，它实行资产阶级政策。另一个是少数派，它印发秘密传单和组织游行示威，等等。全世界的情况都是这样，像德国的考茨基、法国的龙格、俄国的马尔托夫和托洛茨基这些软弱无能的外交家即“泥潭派”，都使工人运动受到极大的损害，因为他们维持统一的**假象**，从而**妨碍了**各国**反对派**已经成熟的、迫切需要的联合，妨碍了第三国际的建立。在英国，连《工人领袖》这样温和的报纸也登载了罗素·威廉斯的信件，指出必须同工会“领袖”和“出卖”工人阶级利益的“工党”(Labour Party)**分裂**。而“独立工党”(Independent Labour Party)的许多党员也在报刊上声明赞同罗素·威廉斯的意见。在俄国，现在连“调和者”托洛茨基也不得不承认，同“爱国主义者”分裂，即同认为工人应当加入军事工业委员会的“组织委员会”(组委会)的那个党分裂，已经不可避免。只是由于太爱面子，托洛茨基才仍旧维护同齐赫泽杜马党团的“统一”，而这个党团乃是“爱国主义者”和“组委会”最忠实的朋友，是他们的掩护者和辩护士。

甚至在美国，实际上也完全分裂了。因为那里有一部分社会党人主张扩充军队，主张“备战”(“preparedness”)，主张参战。而另一部分人，包括最有声望的工人领袖、社会党的共和国总统候选人尤金·德布兹(Debs),则鼓吹用国内战争反对各民族间的战争!

请看一下布尔德朗和梅尔黑姆自己的**行动**吧!他们口头上反对分裂。可是,请读一读布尔德朗向法国社会党代表大会提出的决议案吧![113]在这项决议案中要求社会党人退出内阁!!决议案直截了当地"反对"行政常务委员会(**C.A.P.**=Comité Administratif Permanent)和议会党团(**G.P.**=Groupe Parlementaire)!!!显而易见,这项决议案如果被通过,**无论**社会党**或**工会都会分裂,因为列诺得尔们、桑巴、茹奥及其一伙的先生们是决不能容忍这样做的。

布尔德朗和梅尔黑姆也有齐美尔瓦尔德代表会议**多数派**那样的错误、弱点和畏首畏尾的表现。一方面,这个多数派在自己的宣言中**间接**号召进行**革命**斗争,但是又怕明言直说。一方面,他们写道,**所有**国家的资本家都说他们进行这场战争是为了"保卫祖国",这是在**撒谎**。另一方面,多数派又害怕进一步指出**撒谎**的不仅有资本家,而且还有列诺得尔、桑巴、龙格、海德门、考茨基、普列汉诺夫及其一伙,而这是每一个有头脑的工人无论如何都会进一步指出的、明摆着的事实!!齐美尔瓦尔德代表会议多数派又**想**同王德威尔得、胡斯曼、列诺得尔及其一伙妥协。这对工人阶级**是有害的**。"齐美尔瓦尔德左派"把真相**公开地**告诉了工人,是做得很对的。

请看,社会沙文主义者是多么伪善:在法国他们夸奖**德国的**"少数派",在德国他们又夸奖**法国的**!!

要是法国反对派直接地、大胆地、公开地向全世界声明:我们**只**同**德国**反对派,**只同吕勒**及其同志们团结一致,那该有多么巨大的意义!!只和那些大胆地同露骨的和隐蔽的社会沙文主义(socialisme chauvin),即同这场战争中的所有"祖国保卫者"决裂的人团结一致!!我们自己并**不怕**同那些把维护殖民地誉为"保卫祖国"

的法国“爱国主义者”分裂，而且我们呼吁各国社会党人和工会工作者实行**同样的分裂**！！我们向奥托·吕勒和李卜克内西伸出手，**仅仅**向他们和他们的同志们伸出手，我们斥责法国和德国的“多数派”和“泥潭派”。我们宣告要在这次战争中摈弃“保卫祖国”这类谎言，鼓吹和准备世界无产阶级革命的全世界社会党人的伟大国际联合！

这个号召将具有巨大的意义，它会把伪君子撵走，把国际范围的骗局揭穿，并大大促使全世界**真正**仍然忠于国际主义的工人互相接近。

在法国，无政府主义言论经常造成许多危害。可是现在，无政府爱国主义者、无政府沙文主义者，如克鲁泡特金、格拉弗、科尔纳利森以及“**沙文主义的**《战斗报》”的其他骑士们，却会帮助很多很多的工人认清无政府主义者的言论。打倒社会爱国主义者和社会沙文主义者！同时也“打倒无政府爱国主义者”和无政府沙文主义者！这种呼吁**将会**在法国工人的心中得到反应。不要像无政府主义者那样空谈革命，而要进行长期的、认真的、顽强的、坚定不移的和经常不断的工作，在**工人**中间**广泛**建立秘密组织，散发**自由的**即秘密的出版物，准备反对自己的政府的**群众**运动。这才是各国工人阶级所需要的！

认为“法国人不善于”进行经常不断的秘密工作，那是不对的。不对！法国人很快就学会了隐蔽在战壕里。他们也会很快学会在**新的**条件下进行秘密工作和经常不断地准备**群众的革命**运动。我相信法国的革命无产阶级。他们也一定能把法国反对派推向前进。

致最良好的祝愿！

您的　**列宁**

附言:建议法国同志们将我这封信的译文((全译文))印成传单[114]。

1916年在日内瓦用法文印成传单

译自《列宁全集》俄文第5版
第27卷第235—239页

社会主义革命和民族自决权

（提　　纲）

（1916年1—2月）

1. 帝国主义、社会主义和被压迫民族的解放

帝国主义是资本主义发展的最高阶段。在各先进国家里，资本的发展超出了民族国家的范围，用垄断代替了竞争，从而创造了能够实现社会主义的一切客观前提。因此，在西欧和美国，无产阶级推翻资本主义政府、剥夺资产阶级的革命斗争已经提上日程。帝国主义把群众推向这种斗争，因为它使阶级矛盾大大加剧，无论在经济方面或政治方面都使群众的处境日趋恶化——在经济方面，是托拉斯的建立和物价高涨；在政治方面，是军国主义发展，战争频繁，反动势力加强，民族压迫和对殖民地的掠夺不断加剧和扩大。取得胜利的社会主义必将实现充分的民主，因而，不但要使各民族完全平等，而且要实现被压迫民族的自决权，即政治上的自由分离权。任何社会主义政党，如果不能在目前和在革命时期以及革命胜利以后，用自己的全部行动证明它们将做到解放被奴役的民族并在自由结盟的基础上——没有分离自由，自由结盟就是一

句谎话——建立同它们的关系,那就是背叛社会主义。

当然,民主也是一种国家形式,它将随着国家的消失而消失,但那只是在取得最终胜利和彻底得到巩固的社会主义向完全的共产主义过渡时候的事。

2. 社会主义革命和争取民主的斗争

社会主义革命不是一次行动,不是一条战线上的一次会战,而是充满着激烈的阶级冲突的整整一个时代,是在一切战线上,也就是说,在经济和政治的一切问题上进行的一系列的会战,这些会战只有通过剥夺资产阶级才能完成。如果认为争取民主的斗争会使无产阶级脱离社会主义革命,或者会掩盖、遮挡住社会主义革命等等,那是根本错误的。相反,正像不实现充分的民主,社会主义就不能胜利一样,无产阶级不为民主而进行全面的彻底的革命的斗争,就不能作好战胜资产阶级的准备。

如果从民主纲领中删去一条,例如删去民族自决这一条,借口这一条在帝国主义时代似乎“不能实现”,或者说是“一种虚幻”,那同样是错误的。民族自决权在资本主义范围内不能实现的论断,可以从绝对的、经济的意义上来理解,也可以从相对的、政治的意义上来理解。

在第一种场合,这个论断在理论上是根本错误的。第一,从这个意义上来讲,在资本主义制度下,诸如劳动货币或消灭危机等等,是不能实现的。但如果认为民族自决**也同样**不能实现,那就完全不对了。第二,即使只举 1905 年挪威从瑞典分离的例子,也足以驳倒认为民族自决在这个意义上“不能实现”的论断。第三，如果德国和英国稍微改变一下政治上和战略上的相互关系，则今天或明天成立波兰、印度等新国家是完全“可以实现”的，否认这一点是可笑的。第四，金融资本为谋求向外扩张，会“自由”收买和贿赂最自由的民主共和的政府以及任何一个国家哪怕是“独立”国家的由选举产生的官吏。金融资本的统治，也和任何资本的统治一样，是政治民主方面的**任何**改革所不能消灭的；而自决则完全是属于政治民主方面的。但是，政治民主作为阶级压迫和阶级斗争的更自由、更广泛和更明显的**形式**，它的作用是这种金融资本的统治根本无法消除的。因此，从经济意义上来说，关于政治民主的某一种要求在资本主义制度下“不能实现”的一切说法，归结起来，就是在理论上对资本主义和整个政治民主的一般的、基本的关系作了不正确的判定。

在第二种场合，这个论断是不完全和不确切的。因为不单是民族自决权，就是**一切**根本的政治民主要求，在帝国主义时代，如果说它们“可以实现”，那也只能是不充分地、残缺不全地得到实现，而且是罕见的例外（如1905年挪威从瑞典分离）。一切革命的社会民主党人提出的立即解放殖民地的要求，在资本主义制度下，不经过多次革命，也是“不能实现”的。然而，社会民主党绝不因此而拒绝为实现这**一切**要求立即进行最坚决的斗争，因为拒绝这种斗争只会有利于资产阶级和反动势力；恰恰相反，必须用革命的而不是改良的方式表述并且实现这一切要求；不要局限于资产阶级所容许的合法的框框，而要打破这个框框；不要满足于议会中的演讲和口头抗议，而要发动群众积极行动起来，扩大和加强争取实现任何根本的民主要求的斗争，直到无产阶级向资产阶级发起直接的冲击，也就是说，直到进行社会主义革命，剥夺资产阶级。社会主义革命不但可以因大罢工、街头游行示威、饥民骚乱、军队起义或殖民地暴动而爆发，也可以因德雷福斯案件或萨韦纳事件[115]之类的任何政治危机，或者因就被压迫民族的分离问题举行的全民投票等等而爆发。

帝国主义时代民族压迫的加剧不会使社会民主党放弃为争取民族分离自由而进行的"空想的"（像资产阶级所说的那样）斗争，而是相反，会使社会民主党加紧利用**正是**在这种基础上产生的各种冲突，作为发动群众性行动和反资产阶级的革命行动的导火线。

3. 自决权的意义和它同联邦制的关系

民族自决权只是一种政治意义上的独立权，即在政治上从压迫民族自由分离的权利。具体说来，这种政治民主要求，就是有鼓动分离的充分自由，以及由要求分离的民族通过全民投票来决定分离问题。因此，这种政治民主要求并不就等于要求分离、分裂、建立小国，它只是反对任何民族压迫的斗争的彻底表现。一个国家的民主制度愈接近充分的分离自由，在实际上要求分离的愿望也就愈少愈弱，因为无论从经济发展或群众利益来看，大国的好处是不容置疑的，而且这些好处会随着资本主义的发展而日益增多。承认自决并不等于承认联邦制这个原则。可以坚决反对这个原则而拥护民主集中制，但是，与其存在民族不平等，不如建立联邦制，作为实行充分的民主集中制的唯一道路。主张集中制的马克思正是从这种观点出发，宁愿爱尔兰和英国结成联邦，而不愿爱尔兰受英国人的暴力支配。①

社会主义的目的不只是要消灭人类分为许多小国的现象，消灭一切民族隔绝状态，不只是要使各民族接近，而且要使各民族融合。正因为要达到这个目的，我们一方面应当向群众说明伦纳和奥·鲍威尔的所谓“民族文化自治”[116]这个主张的反动性，另一方面应当要求解放被压迫民族，不是说一些泛泛的、模棱两可的言词，不是唱一些内容空洞的高调，不是把这个问题“搁置起来”，到实现社会主义的时候再解决，而是明白确切地规定政治纲领，并且在政治纲领中要特别考虑到压迫民族的社会党人的伪善和胆怯。正如人类只有经过被压迫阶级专政的过渡时期才能导致阶级的消灭一样，人类只有经过所有被压迫民族完全解放的过渡时期，即他们有分离自由的过渡时期，才能导致各民族的必然融合。

4. 对民族自决问题的无产阶级的革命的提法

不仅民族自决这个要求，就是我们最低民主纲领中的**所有**各点，**早在** 17 世纪和 18 世纪就已经由小资产阶级提出来了。而且小资产阶级直到现在还在空想地提出这**一切**，因为他们看不见民主制度下的阶级斗争和这种斗争的激化，相信“和平的”资本主义。那种欺骗人民的并且为考茨基分子所维护的、在帝国主义时代建立各平等民族和平联盟的主张，就是这样的空想。同这种小市民的

① 参看《马克思恩格斯全集》第 1 版第 31 卷第 381 页；《马克思恩格斯文集》第 10 卷第 272 页。——编者注

机会主义的空想相反，社会民主党的纲领应当指出帝国主义时代基本的、最本质的和必然的现象：民族分为压迫民族和被压迫民族。

压迫民族的无产阶级不能只限于发表一些泛泛的、千篇一律的、任何一个和平主义的资产者都会加以重复的反对兼并、赞成一般民族平等的言词。对于帝国主义资产阶级感到特别"不愉快的"问题，即以民族压迫为基础的国家**疆界**问题，无产阶级不能回避，不能默不作声。无产阶级不能不反对把被压迫民族强制地留在一个国家的疆界以内，这也就是说，要为自决权而斗争。无产阶级应当要求受"它的"民族压迫的殖民地和民族有政治分离的自由。否则无产阶级的国际主义就会始终是一句空话，被压迫民族的工人和压迫民族的工人之间的信任和阶级团结都将无从谈起，那些维护民族自决、却闭口不提受"他们自己的"民族压迫并被强制地留在"他们自己"国家内的民族的改良主义者和考茨基主义者的假面具就始终不会被揭穿。

另一方面，被压迫民族的社会党人必须特别维护和实行被压迫民族的工人与压迫民族的工人的充分的无条件的（包括组织上的）统一。否则在资产阶级的种种诡计、背叛和欺骗下，就不可能捍卫住无产阶级的独立政策和它同其他国家无产阶级的阶级团结。因为被压迫民族的资产阶级经常把民族解放的口号变成欺骗工人的手段：在对内政策上，它利用这些口号去同统治民族的资产阶级达成反动的协议（如在奥地利和俄国的波兰人同反动势力勾结起来，压迫犹太人和乌克兰人）；在对外政策上，它竭力同相互对垒的帝国主义大国之一相勾结，来实现自己的掠夺目的（巴尔干小国政策等等）。

争取民族自由、反对某一帝国主义大国的斗争，在某种情况下可能被另一"大"国利用来达到它的同样的帝国主义目的，这种情况并不能使社会民主党拒绝承认民族自决权，正像资产阶级屡次利用共和制口号来达到政治欺骗和金融掠夺的目的（例如在罗曼语国家），并不能使社会民主党人放弃共和制的主张一样。①

5. 民族问题上的马克思主义和蒲鲁东主义

同小资产阶级民主派相反，马克思认为一切民主要求，毫无例外，都不是绝对的东西，而是资产阶级领导的人民群众反封建制斗争的历史表现。在这些要求中，每一项要求在某种情况下都能成为或者会成为资产阶级欺骗工人的工具。在这方面，把政治民主要求之一，即民族自决单独挑出来，同其余的要求对立起来，这在理论上是根本不对的。在实践上，无产阶级只有使自己争取一切民主要求（包括共和制的要求）的斗争服从于自己推翻资产阶级的革命斗争，才能保持住自己的独立。

另一方面，同那些借口"为了社会革命"而"否定"民族问题的蒲鲁东主义者相反，马克思主要着眼于各先进国家无产阶级阶级

① 不用说，如果认为从自决权中似乎会得出"保卫祖国"的结论，因而否认民族自决权，那是很可笑的。社会沙文主义者在1914—1916年间也同样有理由，即同样不严肃地拿民主派的任何一个要求（如拿它的共和制要求）和反对民族压迫的任何一种提法作借口，为"保卫祖国"辩护。马克思主义肯定在欧洲某些战争中，例如，在法国大革命或加里波第战争中保卫祖国，而否定在1914—1916年的帝国主义战争中保卫祖国，这两种结论都是在分析每次战争的具体历史特点后得出的，而决不是从什么"一般原则"或者从纲领的某一条文中得出的。

斗争的利益,而始终把压迫其他民族的民族是不能获得解放的①这个国际主义和社会主义的根本原则放在第一位。正是从德国工人革命运动的利益出发,马克思在 1848 年要求德国民主派一旦获得胜利以后宣布和实现受德国人压迫的各国人民的自由。[117]正是从英国工人革命斗争着想,马克思在 1869 年要求爱尔兰从英国分离,他并且补充说:"即使分离以后还会成立联邦"②。马克思正是通过提出这样的要求,真正用国际主义精神教育了英国工人。正是这样,他做到了用解决这个历史任务的革命方法来抵制机会主义者,抵制直到今天已经过了半个世纪还没有实现爱尔兰"改良"的资产阶级改良主义。正是这样,马克思做到了与叫嚷小民族的分离自由是空想的、不能实现的,叫嚷不但经济集中而且政治集中都是进步的那些资本辩护士针锋相对,**不是**从帝国主义的角度来坚持这种集中是进步的,坚持各民族不是在暴力的基础上,而是在所有国家的无产者自由联盟的基础上的接近。正是这样,马克思做到了在解决民族问题方面**也**用群众的革命行动抵制那种口头承认而且往往是假装承认民族平等和民族自决的态度。1914—1916 年的帝国主义战争以及它所暴露出来的机会主义者和考茨基分子的伪善的奥吉亚斯牛圈[118],鲜明地证实了马克思这个政策的正确性,这个政策应当成为所有先进国家的榜样,因为现在每个先进国家都在压迫其他民族。③

① 见《马克思恩格斯文集》第 3 卷第 355 页。——编者注

② 参看《马克思恩格斯全集》第 1 版第 31 卷第 381 页;《马克思恩格斯文集》第 10 卷第 316—317 页和第 314—315 页。——编者注

③ 常常有人借口马克思对某些民族(如 1848 年的捷克人)的民族运动持否定态度,来否认根据马克思主义观点必须承认民族自决,例如,最近德国的沙文主义者伦施在《钟声》杂志第 8 期和第 9 期上就是这样说的。但这是不对的,因

6. 三类国家对民族自决的态度

在这方面，应当把国家分为三大类：

第一，西欧的先进资本主义国家和美国。资产阶级进步的民族运动在这里早已结束。这些“大”民族每一个都在压迫殖民地的和本国的其他民族。这些统治民族的无产阶级的任务，和19世纪英国无产阶级对爱尔兰的任务是一样的。①

第二，欧洲东部：奥地利、巴尔干、特别是俄国。在这里，20世纪使资产阶级民主民族运动特别发展起来，使民族斗争特别尖锐起来。这些国家的无产阶级如果不坚持民族自决权，它无论在完成本国资产阶级民主改革方面或帮助其他国家的社会主义革命方面的任务都是不能完成的。在这里，特别困难而又特别重要的任务，就是把压迫民族的工人和被压迫民族的工人的

为在1848年，从历史上和政治上都有理由把民族分为“反动的”民族和革命民主的民族。马克思反对前者而维护后者**119**，这是对的。自决权是一种民主要求，它自然应当服从总的民主利益。在1848年和以后的年代，总的民主利益首先就是同沙皇制度作斗争。

① 在某些没有参加1914—1916年战争的小国，如荷兰和瑞士，资产阶级竭力利用“民族自决”的口号为参加帝国主义战争辩护。这是促使这些国家的社会民主党人否定自决的原因之一。人们维护无产阶级的正确政策，即否定在**帝国主义**战争中“保卫祖国”，但用的论据不正确。结果，在理论上歪曲了马克思主义，而在实践上则表现出某种小民族的狭隘性，忘记了被“大国”民族奴役的各民族的**亿万**居民。哥尔特同志在他的《帝国主义、大战和社会民主党》这本出色的小册子中，不正确地否定了民族自决的原则，但是他正确地**运用了**这个原则，因为他要求荷属印度**立即**实行“政治的和**民族的**独立”，并且揭露了拒绝提出这个要求并为这个要求而斗争的荷兰机会主义者。

阶级斗争汇合起来。

第三，中国、波斯、土耳其等半殖民地国家和所有殖民地。这些地方的人口共达10亿。在这里，资产阶级民主运动有的刚刚开始，有的远未完成。社会党人不但应当要求无条件地、无代价地立即解放殖民地，——而这个要求在政治上的表现正是承认自决权；社会党人还应当最坚决地支持这些国家的资产阶级民主的民族解放运动中最革命的分子，帮助他们的起义——如有机会，还要帮助他们的革命战争——，**反对**压迫他们的帝国主义列强。

7. 社会沙文主义和民族自决

帝国主义时代和1914—1916年的战争，特别提出了在各先进国家反对沙文主义和民族主义的斗争任务。社会沙文主义者，也就是说，那些把“保卫祖国”这个概念应用于反动的帝国主义战争并以此粉饰这场战争的机会主义者和考茨基分子，在民族自决问题上可以分为两大类。

一类是相当露骨的资产阶级奴仆，他们借口帝国主义和政治集中是进步的而赞成兼并，否认自决权，说它是空想的、虚幻的、小资产阶级的，等等。属于这一类的，有德国的库诺、帕尔乌斯和极端机会主义者，英国的一部分费边派和工联领袖，俄国的机会主义者谢姆柯夫斯基、李普曼、尤尔凯维奇等。

另一类是考茨基分子，其中也包括王德威尔得、列诺得尔及英法等国的许多和平主义者，他们主张同前一类人讲统一，而且在实践上和他们完全一致，他们维护自决权纯粹是口头上的和伪善的，因为他们认为要求政治分离自由是“非分的”(“zu viel verlangt”,这是考茨基在 1915 年 5 月 21 日《新时代》杂志上用的字眼),他们不坚持压迫民族的社会党人必须采取革命的策略,反而抹杀他们的革命义务,为他们的机会主义辩护,帮助他们欺骗人民,对于把没有充分权利的民族强制地留在本国版图内的国家**疆界**问题,他们恰恰避而不谈,等等。

这两类人同样都是机会主义者,他们糟蹋马克思主义,根本理解不了马克思用爱尔兰的例子说明的策略的理论意义和现实迫切性。

至于讲到兼并,这个问题由于战争而变得特别迫切了。但是,什么是兼并呢?不难理解,反对兼并,要么就是归结为承认民族自决,要么就是停留在主张维护现状和敌视**一切**暴力、甚至革命的暴力的和平主义言词上。这种言词根本是虚伪的,是同马克思主义不相容的。

8. 无产阶级在最近将来的具体任务

社会主义革命可能在最近的将来爆发。在这种情况下,无产阶级将面临的刻不容缓的任务,就是夺取政权、剥夺银行和实行其他专政措施。资产阶级,特别是费边派和考茨基分子类型的知识分子,在这种时刻将会千方百计地破坏和阻止革命,强使革命止于有限的民主目标。在无产者已经开始冲击资产阶级政权基础的情况下,如果说**一切**纯民主要求都会在某种意义上起阻碍革命的作用的话,那么,在社会主义革命中,宣布和实现**一切**被压迫民族的自由(也就是它们的自决权)却非常迫切需要,就像 1848 年德国的或 1905 年俄国的资产阶级民主革命为获得胜利而迫切需要它一样。

然而,爆发社会主义革命,也许还要经过 5 年、10 年或者更多的时间。当务之急是要对群众进行革命教育,使社会沙文主义者和机会主义者无法留在工人政党内,使他们不能取得 1914—1916 年这样的胜利。社会党人应当向群众说明:如果英国社会党人不要求各殖民地和爱尔兰有分离的自由;德国社会党人不要求殖民地、阿尔萨斯人、丹麦人和波兰人有分离的自由,不把直接的革命宣传和群众性的革命行动也扩大到反对民族压迫的斗争方面去,不利用萨韦纳这类事件在压迫民族的无产阶级中进行最广泛的秘密宣传、举行街头游行示威和组织群众性的革命行动;俄国社会党人不要求芬兰、波兰、乌克兰等有分离的自由,如此等等,——这样的社会党人的言行就同沙文主义者一模一样,就同沾满了血污的帝国主义君主政府和帝国主义资产阶级的奴仆毫无二致。

9. 俄国社会民主党和波兰社会民主党及第二国际对自决的态度

俄国革命的社会民主党人和波兰社会民主党人在自决问题上的意见分歧,早在 1903 年的代表大会上就表面化了。这次大会通过了俄国社会民主工党纲领,并且不顾波兰社会民主党代表团的反对,把承认民族自决权的第 9 条列入了这个纲领。此后,波兰社会民主党人从来没有以党的名义再提议把第 9 条从我们党的纲领中删掉,或代以其他条文。

在俄国，被压迫民族占全国人口57%以上，总数超过1亿人；这些民族多半居住在边区；这些民族的一部分在文化上高于大俄罗斯人。在俄国，政治制度的特点是特别野蛮，具有中世纪性质，资产阶级民主革命还没有完成。因此，在俄国，为了完成自己民主主义的和社会主义的任务，社会民主党必须承认受沙皇制度压迫的民族有从俄国自由分离的权利。我们党在1912年1月重建后，在1913年通过了一项决议[120]，这项决议再次肯定了自决权，并且对其具体含义作了如上的解释。1914—1916年大俄罗斯沙文主义在资产阶级中间和机会主义社会党人(鲁巴诺维奇、普列汉诺夫和《我们的事业》杂志等等)中间的猖獗，更加促使我们坚持这个要求，并且认为否定这个要求的人实际上就是在支持大俄罗斯沙文主义和沙皇制度。我们党声明，它对这种反对自决权的言行决不承担任何责任。

波兰社会民主党在民族问题上的立场的最新表述(波兰社会民主党在齐美尔瓦尔德代表会议上的宣言)包含下列一些思想：

这个宣言痛斥德国政府和其他国家政府把“波兰地区”看做将要到来的赔偿赌博中的抵押品，“**剥夺波兰人民自己决定自己命运的可能**”。“波兰社会民主党坚决而严正地提出抗议，反对**重新瓜分**，反对**把一个完整的国家肢解成几部分**……” 宣言斥责那些把……“**解放被压迫民族的**事业”交给霍亨索伦王朝的社会党人。宣言深信只有参加这一即将到来的革命国际无产阶级的斗争，争取社会主义的斗争，“**才能打碎民族压迫的枷锁**和消灭**一切形式的异国**统治，保证**波兰人民**能够在各民族的联盟中作为**平等的**一员获得全面的自由发展”。宣言认为这场战争“**对波兰人**”来说是“**双重**的骨肉相残的战争”(1915年9月27日国际社会党委员会公报第 2 号第 15 页;俄译文见《国际和战争》文集第 97 页)。

这些论点同承认民族自决权并没有什么实质上的区别,只不过它们的政治措辞比第二国际的大多数纲领和决议更加含糊不清。如果尝试用确切的政治措辞来表达这些思想并确定它们适用于资本主义制度还是只适用于社会主义制度,那就会更清楚地表明波兰社会民主党人否认民族自决是错误的。

1896 年伦敦国际社会党代表大会承认民族自决的决议[121],应当根据上述各条作一些补充,指出:(1)这一要求在帝国主义时代特别迫切;(2)一切政治民主要求(其中包括这一要求)都有政治条件和阶级内容;(3)必须区分压迫民族的社会民主党人和被压迫民族的社会民主党人的具体任务;(4)机会主义者和考茨基分子承认自决是不彻底的,纯粹口头上的,因而从政治意义上来说是伪善的;(5)社会民主党人,尤其是大国民族(大俄罗斯人、英美人、德国人、法国人、意大利人、日本人等等)的社会民主党人,如不维护受“他们的”民族压迫的那些殖民地和民族的分离自由,实际上就是和沙文主义者一致;(6)必须使争取实现这一要求和一切根本的政治民主要求的斗争,服从于推翻资产阶级政府和实现社会主义的直接的群众革命斗争。

把某些小民族的观点,尤其是波兰社会民主党人(他们反对波兰资产阶级用民族主义口号欺骗人民,结果却走到了错误地否定自决的地步)的观点搬到第二国际中来,在理论上是错误的,是用蒲鲁东主义代替马克思主义,而在实践上则意味着不由自主地支持大国民族的最危险的沙文主义和机会主义。

俄国社会民主工党中央机关报

《社会民主党人报》编辑部

附言:在刚刚出版的 1916 年 3 月 3 日的《新时代》杂志上,考茨基公开向最肮脏的德意志沙文主义的代表奥斯特尔利茨伸出基督徒的和解之手。但为了向兴登堡和威廉二世效劳,却承认**俄属**波兰有这种自由,考茨基否认哈布斯堡王朝的奥地利的被压迫民族有分离自由,这是考茨基主义自我揭露的再好不过的事例!

载于 1916 年 4 月《先驱》杂志
第 2 期

译自《列宁全集》俄文第 5 版
第 27 卷第 252—266 页

《社会主义革命和民族自决权》提纲的短记

（1916 年 1—2 月）

人类将如何达到阶级的消灭，以及如何达到以后的各民族的融合，二者之间有着某种共同点。这就是：只有被压迫阶级专政的过渡阶段才能导致阶级的消灭。只有被压迫民族的真正的解放，民族压迫的真正根除，才能导致各民族的融合，而检验这种真实性的政治上的标准，恰恰就在于有无分离自由。分离自由是反对愚蠢的小国制和民族隔绝状态的最好的和唯一的**政治**手段，而值得人类庆幸的是，这种隔绝状态正不可抗拒地为资本主义的整个发展所打破。

译自《列宁文集》俄文版第 30 卷
第 128 页

组织委员会和齐赫泽党团有自己的路线吗？

（1916年2月5日〔18日〕）

组委会分子在他们的文集[122]里，更明确地是在他们给国际社会党委员会的报告（《公报》第2号，1915年11月27日用德文出版）里，一再竭力要读者相信齐赫泽党团和组织委员会有自己的路线，这个路线完全是国际主义的，是与《我们的事业》杂志的路线不一致的。这真是弥天大谎。第一，自组织委员会成立（1912年8月）以后，**许多年来**，我们看见齐赫泽党团和组织委员会同《我们的曙光》集团在一切基本问题上在政治上都是完全一致的，政治上的合作也最密切，**只不过**《我们的曙光》集团在群众中进行了经常性的工作（通过取消派的日报）罢了。要证明彼此这么亲密的"朋友"之间有什么真正的分歧，不能光凭嘴说，而要摆出重要的事实。**这样的事实却一个也没有**。第二，在1912—1914年**这几年**，齐赫泽党团和组织委员会给《我们的曙光》杂志当走卒，经常替它的政策辩护，这是彼得格勒和其他地方的工人都很清楚的，同时他们**一次也没有**利用他们的影响去改变《我们的曙光》杂志和《光线报》[123]等的政策。

在与**群众**有关的政策上，如反对"罢工狂热"，选举最大的工会（五金工人等）和最重要的保险机关（全俄保险理事会[124]）的领导人等问题上,《我们的曙光》集团,而且只有他们是独立行动的,组织委员会和齐赫泽党团不过是给他们帮忙,忠心耿耿地为他们效劳而已。第三,在一年半的战争中,没有**一件事实**能够证明齐赫泽党团和组织委员会同《我们的曙光》杂志多年来形成的这种关系有所改变。可是,相反的事实倒是有的,甚至包括可以公开的事实(这类事实多半是不应当公开的)。事实是:无论组织委员会或齐赫泽党团都**没有**在俄国发表过**任何**反对《我们的事业》杂志的政策的言论,而要真正改变该杂志的政策,那就不仅须要发表言论,而且要进行长期的、胜利的斗争,因为《我们的事业》杂志是一个从和自由派的联系中得到营养的、在政治上有影响的组织,而组织委员会和齐赫泽党团不过是政治装饰品。事实是:完全执行《我们的事业》杂志的政策的《晨报》和《工人晨报》,甚至公开强调自己同齐赫泽党团在政治上的亲密关系,并且代表整个八月联盟说话。事实是:齐赫泽党团为《工人晨报》募捐。事实是:整个齐赫泽党团开始给萨马拉的社会沙文主义报纸《我们的呼声报》[125]撰稿(见第17号)。事实是:齐赫泽党团最有名的人物契恒凯里在报刊上,在"护国派"的或者说社会沙文主义者的杂志《现代世界》[126]上,即普列汉诺夫和阿列克辛斯基先生的杂志上发表的原则性声明,同普列汉诺夫、《我们的事业》杂志、考茨基、阿克雪里罗得是完全一致的。我们早就引用过契恒凯里的这个声明,可是不论组委会分子在他们的文集里,或是托洛茨基在他的《我们的言论报》上,都没有替这个声明辩护,虽然他们承担了替齐赫泽党团辩护和捧场的任务。第四,代表整个齐赫泽党团和整个组织委员会的那些露骨的政治言论,证实了我们的看法。现在我们来看看组织委员会的文集所转载的最重要的言论:齐赫泽及其一伙的宣言和组织委员会的传单。这两个文件的观点是**一样的**,立场也完全一样。因为组织委员会是反对我们党的“八月联盟”的最高领导机关,又因为组织委员会出版的是秘密传单,也就是说,可以比齐赫泽在杜马里讲得自由一些、直截了当一些,所以,我们就来分析一下这个传单。

顺便说一句,很有意思的是这个传单在德文社会民主党的报刊上,在伯尔尼的社会民主党的报纸上已经引起了争论。这个报纸的一个撰稿人把这个传单叫做“爱国主义的传单”。组织委员会国外书记处生了气,刊载了一篇反驳文章,宣称连“我们国外书记处也犯了这种爱国主义的罪”,并且把传单完整的德译文交给该报编辑部,请它评判。我们应当指出,这个编辑部显然是袒护组织委员会,给它捧场的。而这个袒护组织委员会的编辑部又是怎样说的呢?

编辑部说(第 250 号):“我们已经读过组织委员会的传单了,应当承认:它的行文无疑会引起误解,并使全文含有一种可能与传单作者的本意相左的意思。”

为什么组委会分子请该报编辑部评判,而又不把编辑部的这个评论转载在自己的文集里呢?因为这是组织委员会的朋友的评论,而这些朋友却公开拒绝为组织委员会辩护!评论写得彬彬有礼,有一种外交上的客气味道,这特别清楚地表明编辑部想给阿克雪里罗得和马尔托夫讲几句“好听的话”。原来,最“好听的话”就是:“可能〈**仅仅**是“可能”而已!〉组织委员会所说的不是它所想说的;但是它所说的‘无疑会引起误解’”!!

我们恳请读者看看在崩得的小报(第 9 号)上也转载的组织委员会的传单。凡是仔细读过这份传单的人,都会看出几个简单明了的事实:(1)传单里没有一个字从原则上驳斥在这场战争中任何护国的思想;(2)传单里没有任何东西是“护国派”或“社会沙文主义者”原则上不能接受的;(3)传单里有许多词句和“护国主义”论调完全相同:“无产阶级对正在到来的毁灭,不能无动于衷”(这和《工人晨报》第 2 号上的对“拯救国家免于毁灭”“不是无动于衷的”,几乎一字不差);“国家的自我护卫同无产阶级有切身的利害关系”;“一场全民革命”将拯救国家“免于外来的毁灭”,等等。谁要是真正仇视社会沙文主义,就**不**应当说这种话,而应当说:地主、沙皇、资产阶级把维护大俄罗斯人对波兰的压迫并将其强留在俄国版图内叫做国家的自我护卫,这是在撒谎;——他们用拯救“国家”免于毁灭这样的词句来掩饰“挽救”大国特权的行为,诱使无产阶级放弃反对**国际**资产阶级的斗争任务,这是在撒谎。一方面承认各交战国无产阶级在这场掠夺性的帝国主义战争中必须建立国际团结,而同时又要“拯救”这些国家中的**某一个**“免于毁灭”,这就是伪善,就是把自己的一切宣言变成完全空洞的、口是心非的夸夸其谈。因为这就是使无产阶级的策略服从于当前该国的战争状态,既然如此,那么法国社会沙文主义者帮助“拯救”奥地利或土耳其“免于毁灭”也是对的了。

组织委员会国外书记处在一家**德文的**社会民主党报纸(伯尔尼的报纸)上还推出一个诡辩,这个诡辩过于无耻,过于笨拙,是专为让德国人上圈套而“编造出来”的,所以组委会分子也很识相,没有拿到俄国读者面前来重复。

他们用一种义愤填膺的语气**向德国人**说:“如果向无产阶级指出革命是拯救国家免于灭亡的唯一手段就是爱国主义”,那么我们也是这样的爱国主义者,“我们希望第二国际在每个社会党里都能有更多这样的‘爱国主义者’;我们确信李卜克内西、罗莎·卢森堡、梅尔黑姆如果看到周围有更多这样的‘爱国主义者’对德国和法国的工人散发**这样的**传单,将会非常满意”。

这也是骗子手法。5个书记都十分清楚，在正在走向社会主义革命的法国和德国，连**资产阶级**革命的影子也没有，连要求进行革命以**战胜敌人**的**资产阶级**社会运动的影子也没有。而在俄国，正因为它正在走向**资产阶级**民主革命，显然存在着**这样的**运动。5个书记用可笑的诡辩欺骗德国人，说什么在俄国，组织委员会和齐赫泽及其一伙不可能是**沙文主义派革命者**，因为在欧洲，把革命同沙文主义连在一起是荒唐的！

是的，在欧洲这是荒唐的。而在俄国这却是事实。你们尽可以责备"号召报派"是很糟糕的资产阶级革命者，但是他们按自己的方式把沙文主义同革命连在一起了，这是你们无法否认的。俄国民粹派的七月代表会议，以及《我们的事业》杂志和《工人晨报》，在这方面完全站在"号召报派"的立场上，他们也在把沙文主义同革命连在一起了。

齐赫泽党团在自己的宣言（组织委员会的文集第141—143页）里也采取了**同样的**立场。齐赫泽也讲过一些关于"毁灭的危险"这种沙文主义的话。如果说他承认战争的帝国主义性质，赞成"没有兼并的和约"、"整个国际无产阶级的共同任务"、"为和平而斗争"等等，等等，那么，《工人晨报》也是承认这些的，俄国民粹派这些小资产者也是承认这些的。在组织委员会那本文集的第146页上，可以看到小资产阶级的民粹派也承认战争的帝国主义性质，主张"没有兼并的和约"，认为社会党人（民粹派同《工人晨报》一样，也想冒充社会党人）必须"尽快地恢复社会党组织的国际团结，以便终止战争"等。民粹派这些小资产者讲的所有这些话，都是为了掩饰他们的"民族自卫"的口号，这个口号，他们是直接提出的，而齐赫泽和组织委员会则同《工人晨报》一样，把这个口号叫做"拯救国家免于毁灭”！！

结果是，无论齐赫泽或组织委员会，都讲了许多可以不负任何责任的、对号召报派和我们的事业派的实际政策毫无妨碍的革命空话，而**关于这种政策却一言不发**。对于参加军事工业委员会，他们总是用各种方式加以支持。

先生们，少讲一些革命的空话吧，对今天的实际政策讲得明白些，坦率些，老实些吧。你们**答应**做个革命者，但是现在你们却在帮助沙文主义者、资产阶级、沙皇政府，你们不是公然主张工人参加军事工业委员会，就是用沉默来庇护参加者，不同他们进行斗争。

马尔托夫可以随便耍花招。托洛茨基可以大喊我们搞派别活动，以这种喊叫来掩饰（这是屠格涅夫笔下的……那位主人公[127]的旧药方！）自己的想必是非派别的“指望”：齐赫泽党团里的某某人会“同意”托洛茨基的意见，发誓说自己是左派，是主张国际主义的，等等。事实总是事实。不但在组织委员会和齐赫泽党团之间，就是在这两个组织和《工人晨报》或《号召报》之间，在政治上也**没有**丝毫重大的差别。

因此，他们**在行动上**是一致反对我们的党，**拥护**工人（同非党工人和民粹派一起）参加军事工业委员会这一资产阶级的政策。“国外书记处的书记们”在口头上声明和发誓，说他们“不同意”，这不过是空话，像休特古姆、列金、大卫的誓言一样并不涉及群众的实际政治。他们声明和发誓，说他们“赞成和平”，“反对战争”，并不能洗刷他们的沙文主义。

载于1916年2月18日《社会民主党人报》第50号

译自《列宁全集》俄文第5版第27卷第240—245页

论俄国当前的口号：没有兼并的和约和波兰独立

(1916 年 2 月 16 日〔29 日〕)

"和平主义和抽象地宣扬和平，是愚弄工人阶级的形式之一…… 在今天，宣传和平而不同时号召群众采取革命行动，那只能是散布幻想，腐蚀无产阶级，使他们相信资产阶级的仁爱，使他们充当交战国秘密外交的玩物。"我们党的伯尔尼决议就是这样写的(见《社会民主党人报》第 40 号和《社会主义与战争》)①。

许多人(在俄国侨民中间，而不是在俄国工人中间)反对我们对和平问题的观点，可是他们从来不花一点力气去分析一下这些论点。它们在理论上是无法反驳的，而在今天，由于我国事态的骤然变化，它们更在实践上得到了特别清楚的证实。

大家知道，在思想上受到组织委员会支持的彼得格勒取消派-合法派的报纸《工人晨报》，在第 1 号上就采取了社会沙文主义的"护国主义"立场。它刊载了彼得格勒的和莫斯科的社会沙文主义者的"护国主义"宣言。在这两个宣言里，也都表达了"没有兼并的和约"的思想，而且《工人晨报》第 2 号还特别突出了这个口号，用黑体字排印，称它为"保证国家摆脱困境的方针"。他们说，有人说

① 见本版全集第 26 卷第 167—168 页和第 339—340 页。——编者注

我们是沙文主义者,这是多么可恶的诽谤啊！我们完全承认"没有兼并的和约"这个最"民主"的、甚至是"真正社会主义的"口号!

毫无疑问,血腥的尼古拉的忠臣现在提出这样的口号,对于尼古拉是很有利的。沙皇政府在地主和资本家的支持下,派兵掠夺和奴役加利西亚(更不必说瓜分土耳其等等的条约了)。同样掠夺成性的德国帝国主义者,派兵打退了俄国强盗,不仅把他们赶出了加利西亚,而且赶出了"俄属波兰"。(为了两个集团的利益,成千上万的俄国和德国的工人和农民死于战场。)这样,"没有兼并的和约"这个口号便成了沙皇政府"秘密外交的"神奇"玩物"。他们说,我们受欺侮了,被掠夺了,波兰被人从我们手中给夺走了,我们反对兼并!

扮演沙皇政府奴仆的角色,多么合乎《工人晨报》的社会沙文主义者的"胃口",这从该报第 1 号上的《波兰侨民》一文中看得特别清楚。这篇文章写道:"由于过去几个月的战争,在波兰广大人民的意识中产生了要求独立的深切愿望。"在战前,这种愿望当然是没有的!!"在波兰民主派的广大阶层的社会意识中,要求波兰民族独立的群众〈显然印错了,应当是:主张,思想等〉胜利了……" "在俄国民主派的面前,不断地、充分地提出了波兰的问题……" "俄国自由派"拒绝对"波兰独立"这些棘手的问题给以直截了当的回答……

当然啦！血腥的尼古拉、赫沃斯托夫、切尔诺科夫、米留可夫及其一伙完全赞成波兰独立,他们**现在**衷心地赞成波兰独立,因为现在这个口号**实际上**的含义是**打败**从俄国手中夺走波兰的德国。请注意,"斯托雷平工党"[128]的创立者**在战前**是根本反对民族自决的口号、反对波兰有分离的自由的。为了达到替沙皇压迫波兰辩护这一高尚的目的,还抬出了机会主义者谢姆柯夫斯基。而现在,当波兰从俄国手里被夺走的时候,他们又**赞成**波兰"独立"了(对德国独立,关于这一点他们谦虚地不置一词……)。

社会沙文主义者先生们,你们骗不了俄国有觉悟的工人!你们在19**15**年提出波兰独立和没有兼并的和约这个"十月党人的"口号[129],实际上是向沙皇政府献媚,沙皇政府正是在现在,在1916年2月,恰好需要用"没有兼并的和约"(把兴登堡赶出波兰)和波兰独立(对威廉独立,而对尼古拉二世依附)这样一些漂亮动听的话来掩饰**它**进行的战争。

没有忘记自己纲领的俄国社会民主党人的看法不同。他会说:俄国民主派——首先是而且主要是指大俄罗斯的民主派,因为只有他们在俄国始终享有语言的自由——无疑**成了受益者**,因为俄国**现在**没有压迫波兰,没有把波兰强留在它的版图内。俄国无产阶级无疑是受益的,因为它现在不再压迫一个它昨天帮助压迫过的民族。德国民主派无疑成了受害者,因为只要德国无产阶级还容忍德国压迫波兰,它就仍然处于一种比奴隶还坏的地位,处于帮助奴役其他民族的打手地位。受益的无疑地只是德国的容克和资产者。

由此可以得出结论:当**现在**在俄国有人提出"没有兼并的和约"和"波兰独立"的口号时,俄国社会民主党人应当揭穿这是沙皇政府在**欺骗**人民。因为在当前的情况下,这两个口号意味着企图继续打仗,并且为这种企图辩护。我们应当说:决不因为波兰而打仗!俄国人民不愿再做波兰的压迫者!

那么,怎样帮助波兰从德国压迫下解放出来呢?难道我们不应当帮助吗?当然应当,只是帮助的办法不应当是支持沙皇俄国或资产阶级俄国甚至资产阶级共和的俄国进行帝国主义战争，而应当是**支持**德国革命的无产阶级，支持那些同休特古姆分子、考茨基及其一伙的**反革命**工人政党作斗争的德国社会民主党人。不久以前，考茨基特别清楚地证明了自己的反革命性：1915 年 11 月 26 日，他把街头游行示威叫做“**冒险行为**”(就像司徒卢威在 1905 年 1 月 9 日前说俄国没有革命的人民一样)。而 1915 年 11 月 30 日在柏林举行了万名女工的游行示威！

无论是谁，只要他不是像休特古姆、普列汉诺夫、考茨基那样，而是**真诚地**想承认民族自由，承认民族自决权，那就应当**反对**为了压迫波兰而打仗，就应当**主张现在**受俄国压迫的乌克兰、芬兰等民族有从俄国分离的自由。无论是谁，只要他不愿意**在行动上**做一个社会沙文主义者，就应当只支持各国社会党内那些公开地、直接地、立即在自己国家内部促进无产阶级革命的人。

不要“没有兼并的和约”，而要给茅屋和平，对宫廷宣战[130]；给无产阶级和劳动者和平，对资产阶级宣战！

载于 1916 年 2 月 29 日《社会民主党人报》第 51 号

译自《列宁全集》俄文第 5 版第 27 卷第 246—249 页

威廉·科尔布和
格奥尔吉·普列汉诺夫

（1916 年 2 月 16 日〔29 日〕）

德国露骨的机会主义者威廉·科尔布的小册子《处在十字路口的社会民主党》（1915 年卡尔斯鲁厄版）正好是在普列汉诺夫的文集《战争》出版之后问世了。考茨基分子鲁道夫·希法亭在《新时代》杂志上对科尔布的回答十分软弱，闭口不谈要害，只是抽抽搭搭地抱怨科尔布如实说出了德国社会民主党人的统一不过是一种"名存实亡的"统一。

谁要想认真思索一下第二国际破产的意义，不妨拿科尔布和普列汉诺夫的**思想**立场作一比较。他们两个人（同考茨基一样）在**基本问题**上是一致的：否定和讥笑借这次战争的机会采取革命行动的思想；他们两个人都用普列汉诺夫派爱用的"失败主义"这个字眼责难革命的社会民主党人。普列汉诺夫把借这次战争的机会进行革命的思想叫做"梦幻般的闹剧"，抱怨"革命的高调"。科尔布则从头到尾不停地诅咒"革命的空谈"、"革命的幻想"、"激进的（Radikalinski）歇斯底里病患者"、"宗派主义"等等。科尔布和普列汉诺夫在主要问题上是一致的，他们两个人都反对革命。至于说科尔布原则上反对革命，而普列汉诺夫和考茨基"原则上赞成"，那不过是色彩上、文字上的差别而已：实际上，普列汉诺夫和考茨基都是科尔布的听差。

科尔布比较诚实，这指的不是他的人品，而是政治表现，也就是说，他的立场始终如一，不必口是心非。所以他不怕承认真实情况，他说，在他看来，整个国际的罪过就在于有“革命幻想精神”，就战争问题进行“威胁”（拿革命来威胁，普列汉诺夫和科尔布先生！）。科尔布说得对：欧洲各国的社会民主党在资本主义国家摇摇欲坠的时候，在“它的生存成了问题”的时候还起来保卫它，既然如此，“从原则上否定”资本主义社会岂不荒谬。他承认客观革命形势的存在，这倒是符合实际的。

科尔布写道：“后果〈实行李卜克内西拥护者的策略的后果〉将是德意志民族**内部的**斗争达到沸点，从而使它在政治上军事上遭到削弱”……**使**“三协约国的帝国主义”**得到好处和取得胜利**！！机会主义分子所以对“失败主义”大发雷霆，关键就在这里！！

这确实是整个问题的关键。“内部的斗争达到沸点”也就是国内战争了。科尔布说左派的策略会**导致**这种后果，这话说得对；这种策略就是使德国“在军事上遭到削弱”，即希望并促使德国失败，这也就是失败主义，这话也说得对。科尔布只有——只有！——一点不对，就是他不愿看到左派的这种策略是国际性的。在所有交战国里都**有可能**使“内部的斗争达到沸点”、使帝国主义资产阶级的“军事力量遭到削弱”，并（因此，由此，借此）变帝国主义战争为国内战争。这才是问题的整个关键。我们感谢科尔布的有益的愿望、承认和说明，因为这一切出自一个始终如一的、诚实的、露骨反对革命的敌人之口，对于向工人揭露普列汉诺夫分子和考茨基分子丑恶的伪善和可耻的毫无气节，就特别有用。

载于 1916 年 2 月 29 日《社会民主党人报》第 51 号

译自《列宁全集》俄文第 5 版第 27 卷第 250—251 页

论“和平纲领”

（1916年2月19日和3月7日〔3月3日和20日〕之间）

社会民主党的“和平纲领”问题，是“齐美尔瓦尔德派”第二次国际代表会议[131]议程上最重要的问题之一。为了使读者一下子就能了解这个问题的真正**实质**，我们不妨引用一下第二国际最有威望的代表人物、各国社会沙文主义者的最有威望的捍卫者考茨基关于这个问题的声明。

“国际在战争时期不是一个合适的工具；它实质上是和平时期的工具…… 为和平而斗争，在和平时期进行阶级斗争”（1914年11月27日《新时代》杂志）。“迄今为止在第二国际内部制定的所有和平纲领，如哥本哈根、伦敦、维也纳等纲领，都要求承认民族独立，这是十分正确的。这个要求应当成为我们在当前这场战争中的指南针。”（同上，1915年5月21日）

这短短的几句话十分清楚地表明了社会沙文主义者实行国际联合和妥协的“纲领”。谁都知道，休特古姆的朋友和拥护者在维也纳开了会，他们完全按照他的精神行事，在“保卫祖国”的幌子下捍卫德国帝国主义。[132]而法、英、俄三国的休特古姆们也在伦敦开了会，他们也在同样的借口下捍卫“自己”国家的帝国主义。无论伦敦的还是维也纳的社会沙文主义英雄们，其真正的政策都是替参加帝国主义战争辩护，替驱使法国工人和德国工人为了确定哪一国资产阶级应在对别国的掠夺中取得优越地位而互相残杀辩护。说什么我们“承认”“民族独立”，或者换句话说，承认民族自决，反对兼并等等，都是伦敦和维也纳的英雄们用来掩饰这个真正的政策，用来欺骗工人的**空话**！

非常明显，这种“承认”是十足的谎言，是最无耻的伪善，因为这是替参加这场**双方**都是为了奴役其他民族，而不是为了这些民族的独立而进行的战争辩护。而现在，这位有威望的考茨基，不但不去揭露、戳穿、痛斥这种伪善，反而加以**推崇**。叛变了社会主义的沙文主义者们在欺骗工人方面意向一致，考茨基以此作为第二国际在和平问题上“意向一致”和仍有活力的证明！！！这种伪善本来是一国的、粗俗的、明显的、公然的、工人看得清的，现在考茨基却把它变成国际性的、精巧的、隐蔽的、工人看不清的了。对工人运动来说，考茨基的政策比休特古姆的政策更有害百倍，危险百倍，考茨基的伪善也更恶劣百倍。

而且问题决不在于考茨基一个人，因为俄国的阿克雪里罗得、马尔托夫、齐赫泽，法国的龙格、普雷斯曼，意大利的特雷维斯等人，实际上执行的也是这种政策。这种政策的客观作用在于，它在工人阶级中支持资产阶级的谎言，向无产阶级传播资产阶级的思想。休特古姆和普列汉诺夫都在重复“自己”国家的资本家的资产阶级谎言，这是一目了然的，但是考茨基推崇的**也是这种**谎言，把它奉为“意向一致的”第二国际的“最高真理”，这就不那么显而易见了。资产阶级正是需要工人把休特古姆们和普列汉诺夫们看成是有威望的、意向一致的、只是一时意见不合的“社会党人”。资产阶级正是需要用一些关于和平的伪善词句、没有任何约束力的空洞词句来**转移**战争时期工人对于革命斗争的注意，用“没有兼并的和约”、民主的和平等等的希望来哄骗工人，安慰工人。

胡斯曼不过是把考茨基的和平纲领通俗化，给它补充了仲裁法庭、对外政策的民主化等等。社会党的和平纲领的头一条和根本的一条，应该是**揭穿**考茨基和平纲领的**伪善**，指出它在**加强**资产阶级对无产阶级的影响。

让我们重提一下遭到考茨基派歪曲的社会主义学说的基本概念吧。战争就是交战大国的统治阶级早在战前推行的政治通过暴力手段的继续。和平也是**同一**政治的继续，它**记下**军事行动所造成的敌对力量对比的变化。战争本身并不改变战前政治的发展方向，而只是**加速**这一发展。

1870—1871年的战争是争取德国的解放和统一这种资产阶级进步的政治(已经延续了几十年)的继续。拿破仑第三被击败和被推翻，加速了德国的解放。那个时代的社会党人提出的不掠夺法国、同共和国签订光荣和约的和平纲领，是对这一进步资产阶级的成果的肯定，是对民主派资产阶级的支持。

可是在1914—1916年的帝国主义战争的条件下机械地"重复"这个例子，却是莫大的笑话。这次战争所继续的是过度成熟的反动的资产阶级掠夺世界、强占殖民地等等的政治。在资产阶级关系的基础上进行的这次战争，**不可能**——因客观情况而不可能——导致任何民主的"进步"，而只会加强和扩大各种压迫，包括民族压迫。不管战争结局如何，结果都是如此。

那次战争加速了朝民主、朝资产阶级进步方向的发展：推翻了拿破仑第三，统一了德国。**这次**战争**只是**加速向社会主义革命的发展。**那时**民主的(资产阶级的)和平纲领有它**客观的**历史基础。而**现在**却**没有**这样的基础，所以关于民主的和平的空喊是资产阶级的谎言，其客观作用就是引诱工人脱离争取社会主义的革命斗争！**那时**社会党人是用民主的和平的纲领来支持当时已经存在的、深刻的、已持续几十年之久的、资产阶级民主**群众**运动(以推翻拿破仑第三、统一德国为目的的)。**现在**社会党人则是用建立在资产阶级关系基础上的民主的和平的纲领来支持力图引诱无产阶级脱离**社会主义**革命的资产阶级对人民的**欺骗**。

正像“保卫祖国”的词句是用欺骗的办法向群众灌输民族解放战争的思想一样,民主的和平的词句是用**迂回的办法**偷运同样的资产阶级谎言!

考茨基派会这样反驳:“那就是说,你们没有任何和平纲领;那就是说,你们反对民主的要求。”他们以为粗心的人看不出在这种反驳后面隐藏着一种偷天换日的做法,即以当前已不存在的资产阶级民主任务偷换当前存在的社会主义任务。

我们回答考茨基派说:不,先生们,我们**赞成**民主的要求,**只有**我们**才不是伪善地**为这些要求而斗争,因为客观历史情况不允许把社会主义革命撇在一边而提出这种要求。考茨基及其一伙用来帮助资产阶级欺骗工人的那个“指南针”就是一个例子。

休特古姆和普列汉诺夫在“和平纲领”上是“意向一致的”:反对兼并!主张民族独立!请注意,休特古姆们说得**对**:俄国对波兰、芬兰等的关系是兼并关系。普列汉诺夫也说得对:德国对阿尔萨斯—洛林、塞尔维亚、比利时等的关系也是这种关系。两方面都对,不是吗?于是考茨基就来给德国的休特古姆和俄国的休特古姆“进行调解”!!

但是,每个头脑清醒的工人一眼就会看出,考茨基也好,**两个**休特古姆也好,都是伪君子。这是很清楚的。要做社会主义者,就不能迁就而要**揭穿**伪善的民主空谈。怎样揭穿呢?很简单:压迫民族的代表人物,无论在战前或战时,都要求受**他自己的**“祖国”压迫的民族有分离的自由，**只有**这样，“承认”民族独立才不是伪善的。

只有这种要求才是符合马克思主义的。马克思曾经从不列颠无产阶级的利益出发，提出过这种要求，他要求给爱尔兰自由，同时设想分离以后可能成立联邦，也就是说，他要求分离的自由，不是为了制造分裂和隔绝状态，而是为了建立比较巩固比较民主的联系。不管在什么情况下，只要存在着被压迫民族和压迫民族，只要不出现那种能区分出革命民主的民族和反动的民族的特殊情况（比如在19世纪40年代就有过这种情况），马克思对爱尔兰的政策就应当是无产阶级政策的范例。而帝国主义恰恰是这样一个时代：这个时代本质的和典型的现象是民族分为压迫民族和被压迫民族，而在欧洲根本不可能区分出反动民族和革命民族。

早在1913年，我们党在关于民族问题的决议里就已经提出，社会民主党人必须在上述意义上使用自决这个概念。1914—1916年的战争完全证明我们是对的。

拿考茨基发表在1916年3月3日《新时代》杂志上的最近一篇文章来看。他公然声明**同意**奥地利彰明较著的极端的德意志沙文主义者、维也纳沙文主义《工人报》[133]的编辑奥斯特尔利茨的意见，同意不应当“把民族独立和民族主权混为一谈”。换言之，对被压迫民族来说，有在“多民族国家”里的民族自治权就够了，不一定要替他们要求政治独立的平等权利。然而就在这篇文章里，考茨基肯定地说，不能证明“波兰人必须隶属于俄国”!!!

这是什么意思呢？这就是说，虽然俄国是个“多民族国家”，但是为了讨好兴登堡、休特古姆、奥斯特尔利茨及他们一伙，考茨基承认波兰有从俄国**分离的自由**，却闭口不谈波兰人有从德国分离的自由!!! 在同一篇文章里,考茨基说法国社会党人背弃了国际主义,因为他们想**通过战争**来取得阿尔萨斯—洛林的自由。至于德国的休特古姆们及其一伙背弃了国际主义,不要求让阿尔萨斯—洛林有**从德国**分离的自由,考茨基却一声不响!

考茨基用“多民族国家”这个词儿——它既可适用于英国,因为有爱尔兰,也可适用于德国,因为有波兰、阿尔萨斯等!——公然替社会沙文主义辩护。考茨基把“反对兼并的斗争”变成了……同沙文主义者讲“**和平**的纲领”,变成了十足的伪善。就在这同一篇文章里,考茨基重复着犹杜什卡[134]式的甜言蜜语:“在变动国家疆界时,国际一直要求征得有关居民的同意。”休特古姆及其一伙要求阿尔萨斯人和比利时人“同意”把他们并入德国,奥斯特尔利茨及其一伙要求波兰人和塞尔维亚人“同意”把他们并入奥地利,这难道还不清楚吗?

而俄国的考茨基分子马尔托夫呢?他在格沃兹杰夫分子的《我们的呼声报》(萨马拉)上证明一个无可争辩的真理,即从民族自决这一点还得不出在帝国主义战争中保卫祖国的结论。但是,如果俄国社会民主党人不提出受大俄罗斯人压迫的民族有**分离的自由**这一要求,就是背弃自决的原则,对这一点,马尔托夫却闭口不谈,而这样做也就是同阿列克辛斯基分子、格沃兹杰夫分子、波特列索夫分子、普列汉诺夫分子握手言和!马尔托夫甚至在秘密报刊上也对这一点默不作声!马尔托夫与荷兰人哥尔特争辩。哥尔特虽然不正确地否定了民族自决的原则,却正确地**运用了**这一原则——他提出了荷属印度**政治独立**这一要求,并且揭露不同意这一点的荷兰机会主义者是背叛社会主义。然而马尔托夫却不愿与同他一起担任书记的谢姆柯夫斯基争辩,在1912—1915年间只有谢姆柯夫斯基**一个人**在取消派的报刊上谈论这个问题，**否定**分离权，根本否定自决！

马尔托夫和考茨基同样伪善地“捍卫”自决，同样在掩饰他同沙文主义者**讲和**的愿望，这难道还不清楚吗？

而托洛茨基呢？他竭力**主张**自决，但在他那里这是一句空话，因为他没有提出受**某一**民族社会党人的“祖国”压迫的民族有分离的自由这一要求；他对考茨基和考茨基分子的伪善**默不作声**！

这种“反对兼并的斗争”是对工人的欺骗，而不是对社会民主党人的纲领的**解释**；是**嘴上敷衍**，而不是具体指明国际主义者的责任；是向民族主义的偏见和民族主义的私利让步（“我们”大家，资产者和社会沙文主义者，都从“我们的”祖国压迫别的民族中得到“好处”！），而不是同民族主义斗争。

社会民主党的“和平纲领”首先应当揭穿资产阶级、社会沙文主义者和考茨基分子的和平词句的伪善。这是首要的和基本的。否则，我们就是有意无意地充当**欺骗**群众的帮凶。我们的“和平纲领”要求民主派在这个问题上的主要的一条——否定兼并，能够真正实行，而不要流于空谈，能够有助于国际主义的宣传，而不是有利于民族主义的伪善。为此，应当向群众说明：**每个**民族的社会党人，只有要求受本民族压迫的民族有分离的自由，才是真心诚意地否定兼并，**即**承认自决。——作为一个积极的口号，以吸引群众参加革命斗争，以说明用革命手段争取“民主的”和平的必要性，应当提出拒绝支付国债的口号。

最后，我们的“和平纲领”应当说明帝国主义大国和帝国主义资产阶级**不可能**给予民主的和平。民主的和平**必须**去寻求和争取，——但**不是向后看**，到**非**帝国主义的资本主义或资本主义制度

之下的各平等民族的联合这种反动的空想里去寻求和争取，而是要**向前看**，到无产阶级社会主义革命中去寻求和争取。在先进的帝国主义国家里，不**经过**在社会主义的旗帜下进行的革命搏斗，任何一个根本的民主要求都不可能比较广泛而巩固地实现。

谁许诺各民族以“民主的”和平，而不同时鼓吹社会主义革命，反而否定争取社会主义革命的斗争，否定在战争期间就要进行这种斗争，谁就是欺骗无产阶级。

载于1916年3月25日《社会民主党人报》第52号

译自《列宁全集》俄文第5版第27卷第267—274页

国外组织委员会给俄国社会民主工党各支部的信[135]

（1916年2—3月）

尊敬的同志们：在最近出版的波兰社会民主党**反对派**的机关报《工人报》[136]第25号（战时出版的第2号）上，刊登了他们的会议（编辑委员会会议）早在1915年**6月**通过的决议。

这些决议清楚地表明：波兰社会民主党**作为组织**（我们不是谈论它的各个成员，因为其中有些人，例如拉狄克，在德国社会民主党的报刊中进行着极其有益的工作），**又毫无**主见地动摇起来了。

没有一句话反对**考茨基主义**，没有一句话明确而坚决地反对作为社会沙文主义的**根源**和**支柱**的**机会主义**!! 这一切的真实用意只有一个，仅仅只有一个：准备再一次（像1914年7月3日（16日）在布鲁塞尔[137]那样）与考茨基分子一起“耍花招”。

现将主要决议（IV）的全文转引如下：

波兰社会民主党（反对派）的《工人报》第25号（1916年1月）。《1915年6月1—2日编辑委员会会议的决议》。

……IV. **波兰和立陶宛社会民主党对俄国社会民主工党的态度**。①

① 《工人报》决议系由娜·康·克鲁普斯卡娅译出。列宁对从波兰文译出的文字作了补充和修改。这些补充和修改在信文中用黑体排印。——俄文版编者注

“革命的波兰社会民主党人认为，在俄国，俄国社会民主工党中央委员会是一个由最坚决的革命的国际主义分子组成的集体，因而将在政治上支持它，在行动上同它协调一致，并授权边疆区组织在将来调整同它的组织关系。

鉴于波兰社会民主党人和中央委员会在他们的政策的主要和根本〈wytycznych(**一定的**?)〉点上有共同的革命立场，波兰和立陶宛社会民主党有责任和过去一样，对中央委员会策略中无疑的过火之处〈wybujałości(**谷物的“疯”长，等等**)〉采取批判的态度。

中央委员会希望强调无产阶级必须对沙皇政府的**掠夺**政策采取绝对敌视的态度，这是正确的，同时它提出了**使俄国战败**的口号，其根据是沙皇政府在欧洲起着特别反动的作用和俄国革命有 !!
着特殊的意义；但是这样一来，中央委员会就与不容许把无产阶级的希望和任务同战争的某种结局联系起来的国际主义方法发生了矛盾，而且甚至会给德国社会爱国主义者留下话柄。 !!

中央委员会指出建立采取革命行动的新国际的必要性，反对任何**掩饰**冲突、把支离破碎的旧国际重新粘合起来的企图，这些都是正确的，但是，中央委员会夸大了把自己同一切比较不坚定的、没有从一开始就赞成它的观点的分子机械地隔离开的作用，**忘记了**(**przeocza**)革命**阵营**(**obozu**)的任务不应当是推开这些分子，而是吸引他们加入反对社会爱国主义**骗局**(**szalbierstwem**)的斗争，通过对他们思想上的不坚定进行尖锐的批评，来促进他们激进化的过程。 !!!

至于组织委员会(俄国社会民主工党)，**会议**(**narada**)**认定**：它在俄国的主要**集团和代表刊物**(ekspozytura literacka)所持的是社会爱国主义观点；其软弱的国际主义派没有力量和勇气同社会爱国主义者决裂；组织委员会这一中央机关持有和平主义的观点。**会议**认为波兰和立陶宛社会民主党对组织委员会的态度只能是批评它的立场，促使它瓦解（rozkładu），并使**组织委员会**的那些团结在《我们的言论报》这个刊物周围的国际主义**分子**脱离组织委员会，这家报纸为在俄国社会民主工党中确立〈形成〉国际主义的革命观点曾做过许多工作。

这一切也适用于它（组织委员会）的成员之一崩得，崩得的立场更是社会爱国主义与和平主义、亲俄主义与亲德主义等等各种成分的大杂烩。”

波兰社会民主党人在这里说：他们想同中央委员会在行动上“协调一致”。

我们认为，我们绝对有责任告诉中央委员会：中央委员会不应当，**也不能够**同波兰社会民主党在行动上“协调一致”。

为什么呢？

因为波兰社会民主党一再地，一千零一次地在我们党的**根本**问题上**摇摆不定**（或者说是耍花招，这在客观上是一回事）。毫无疑问，现在俄国社会民主主义运动的根本问题就是**分裂**问题。

我们在这个问题上是决不妥协的，因为俄国社会民主主义运动的**全部**经验，尤其是 1903—1909 年，特别是 1910—1914 年，最主要的是 1915—1916 年的经验，都使我们**深信**：同组织委员会（或者说，同齐赫泽党团，这是一回事）讲**统一**，对工人运动**是有害的**，**只会使**工人运动受资产阶级支配。

战争和“格沃兹杰夫主义”[138]彻底证明了这一点。

而波兰社会民主党人正是在这个主要的、基本的、根本的问题上，一再地**左右摇摆**。

战争已向他们证实：分裂是必要的，他们在布鲁塞尔（1914 年 7 月 3 日（16 日））的策略是**错误的**。但是，对这一点他们却**只字不提**。

相反，他们在决议里加进了**一句话**，好像是为再次“像在布鲁塞尔那样”投到组织委员会或者齐赫泽方面去、为这种行为辩解而特意编造出来的。这句话是：

“……中央委员会夸大了……机械地隔离开的作用……”

关键就在这里。其余一切都是空话。既然中央委员会“夸大了”分裂的必要性，那显然波兰社会民主党明天或后天就有权利**再一次**投票赞成新的布鲁塞尔-考茨基式的“统一”的决议。

这还是旧梯什卡主义[139]，还是在中央委员会和组织委员会之间耍的旧花招，还是折中式地（说得轻一点）采取摇摆者立场的旧玩意儿。

我们完全不反对不论是在一般场合，还是在齐美尔瓦尔德左派里同波兰社会民主党**一起工作**；我们并不替我们的决议中的每一个**字眼**辩护；但是，对待（1）**在俄国应当分裂**和（2）在欧洲不同考茨基主义妥协的问题，**我们是决不妥协的**。我们认为我们有责任提醒所有的同志，波兰的社会民主党人是**靠不住**的，我们要求中央委员会不要再热衷于重复这种“布鲁塞尔式”的实验，不要相信主持和参加这种实验的人。

致同志的敬礼！

国外组织委员会

载于 1937 年《列宁文集》俄文版第 30 卷

译自《列宁全集》俄文第 5 版第 27 卷第 275—278 页

俄国社会民主工党中央委员会向社会党第二次代表会议提出的提案[140]

（1916 年 2—3 月）

（关于议程第 5、6、7a、7b、8 等项的**提纲**：为结束战争而斗争，对和平问题、议会活动、群众斗争以及召集社会党国际局的态度。）

（国际社会党委员会宣布它将召开第二次代表会议，邀请各组织讨论这些问题并提出自己的提案。下述提纲就是我们党对这一邀请的答复。）

---

1. 一切战争都不过是各交战国及其统治阶级战前多年内、有时是几十年内所推行的政治通过暴力手段的继续；同样，结束任何一场战争的和平，也只能是在这场战争的进程和结果中所达到的实际力量变化的记录和记载。

2. 在现存的即资产阶级的社会关系的基础没有被触动的情况下，帝国主义战争只能导致帝国主义的和平，也就是说，只能巩固、扩大和加强金融资本对弱小民族和国家的压迫。金融资本不但在这场战争以前而且在战争进行中有了特别巨大的增长。**两个**大国集团的资产阶级和政府无论在战前或在战争期间所推行的政治，其客观内容都导致经济压迫、民族奴役和政治反动的加强。因此，

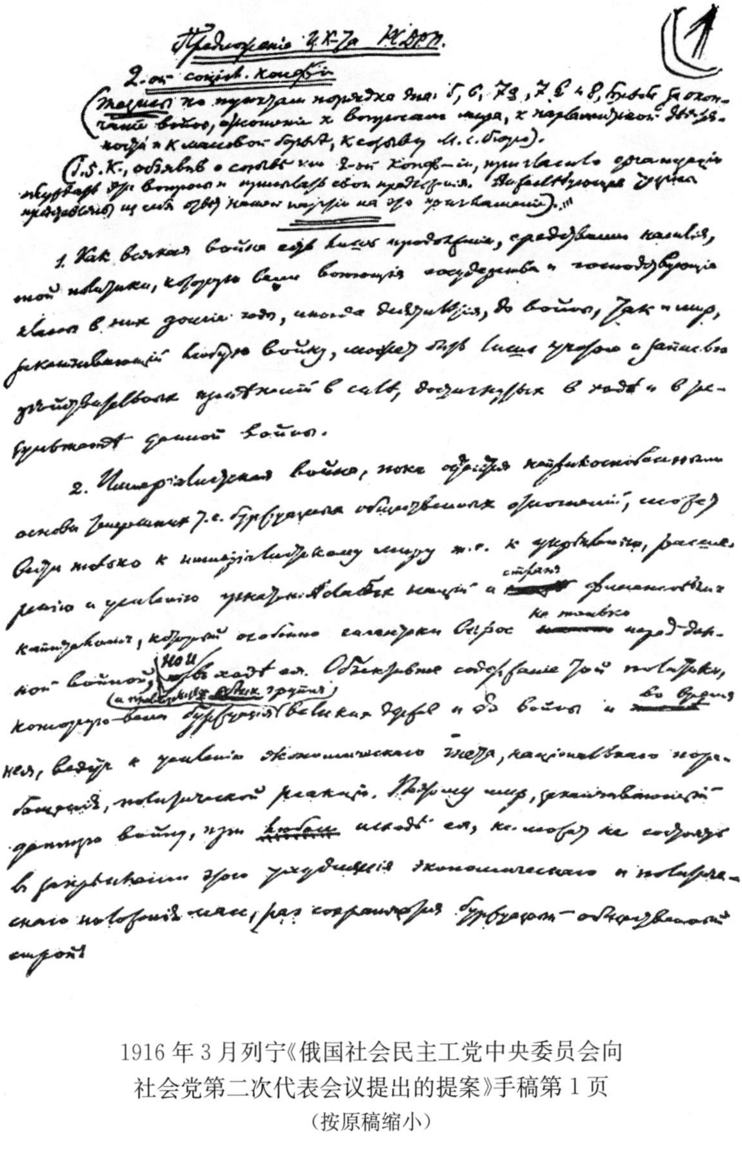

1916 年 3 月列宁《俄国社会民主工党中央委员会向
社会党第二次代表会议提出的提案》手稿第 1 页
（按原稿缩小）

在保存资产阶级社会制度的条件下，不管战争结局如何，结束这场战争的和平都只会使群众的经济政治地位的这种恶化固定下来。

如果认为从帝国主义战争可以产生民主的和平，那在理论上就是用庸俗的空谈代替对在这场战争之前和在战争期间所推行的政治的历史分析，在实践上就是欺骗人民群众，模糊他们的政治意识，掩盖和粉饰统治阶级为未来的和平作准备的实际政治，向群众隐瞒一个主要的道理，即不经过一系列的革命，就不可能有民主的和平。

3.社会党人并不放弃争取改良的斗争。例如，他们现在也应当在议会内投票赞成任何改善群众生活状况的措施——哪怕是不大的改善也好——，赞成增加遭破坏地区居民的救济金，赞成减轻民族压迫，等等。但是，如果鼓吹用改良来解决历史和实际政治形势以革命方式提出的问题，那就是资产阶级的欺骗。这场战争提到日程上来的，正是这样的问题。这是帝国主义的根本问题，即资本主义社会的存亡问题，按照各“大”国的新的力量对比重新瓜分世界以推迟资本主义崩溃的问题。这些大国最近几十年来不但发展得异常迅速，而且特别重要的是，发展得极不平衡。改变社会力量对比而不是只用空谈来欺骗群众的那种实际的政治活动，在当前只能是下列两种形式之一：或者是帮助“自己”国家的资产阶级掠夺别国（并且把这种帮助叫做“保卫祖国”或“拯救国家”），或者是帮助无产阶级的社会主义革命，支持并且加强所有交战国群众中开始掀起的风潮，支持业已开始的罢工、游行示威等等，扩大和加强这些暂时还很微弱的群众革命斗争的表现，促使它们发展成为无产阶级推翻资产阶级的总攻。

现在，一切社会沙文主义者都在欺骗人民，说什么某个资本主义强盗集团发动了“不光明正大的”进攻，而某个集团在进行“光明正大的”防卫，用这一类假话来掩饰通过这场战争所继续的资本家的实际政治，即帝国主义政治。同样，空谈所谓“民主的和平”，似乎现在资本家和外交家已在准备的未来的和平能够“轻而易举地”消除“不光明正大的”进攻，恢复“光明正大的”关系，而不是同一种政治，即帝国主义政治，即金融掠夺、殖民地抢劫、民族压迫、政治反动和百般加剧资本主义剥削这种政治的继续、发展和加强，这也完全是欺骗人民。资本家和他们的外交家目前正需要这样的“社会党人”充当资产阶级的奴仆，需要这些奴仆用“民主的和平”的空话来蒙蔽、愚弄和麻醉人民，用这种空话掩盖资产阶级的实际政治，使群众难以看出它的实质，引诱群众脱离革命斗争。

4. 现在第二国际最有名的代表人物正在制定的“民主的”和平纲领，正是这种资产阶级骗局和伪善。例如，第二国际最有威望和最有“理论修养”的正式代表胡斯曼在阿纳姆召开的代表大会上[141]、考茨基在《新时代》杂志上，都表述了这个纲领：在帝国主义政府缔结和约以前，不进行革命斗争；暂时在口头上反对兼并和赔款，主张民族自决，主张对外政策民主化，用仲裁法庭来解决各国之间的国际冲突，裁军，建立欧洲联邦[142]，等等，等等。

考茨基说伦敦代表会议（1915 年 2 月）和维也纳代表会议（1915 年 4 月）一致确认了这个纲领的主要之点，即“民族独立”，他用这个事实来证明在这个问题上“国际的意向一致”，这样，考茨基就极其明显地暴露了这个“和平纲领”的真实的政治意义。这样，考茨基就向全世界公开批准了社会沙文主义者明目张胆欺骗人民的行为。这些社会沙文主义者伪善地、毫不负责地和毫无用处地在口头上承认民族“独立”或民族自决，同时又支持“自己的”

政府进行帝国主义战争，虽然**双方**进行这场战争都在不断地破坏弱小民族的“独立”，都是**为了**巩固和扩大对弱小民族的压迫。

这个极其流行的“和平纲领”的客观作用，就是使工人阶级更加听命于资产阶级，因为它要开始展开革命斗争的工人同沙文主义领袖“和解”，抹杀社会主义运动中的严重危机，以便恢复各社会党战前状况，而正是这种状况使大多数领袖都转到资产阶级方面了。这种“考茨基主义”政策之所以对无产阶级的危害更大，是因为它用漂亮的言词装潢起来，并且不仅在德国，而且在世界各国都得到了推行。例如，在英国实行这种政策的是大多数领袖；在法国有龙格、普雷斯曼等；在俄国有阿克雪里罗得、马尔托夫、齐赫泽等。齐赫泽用“拯救国家”的字眼来掩盖在这场战争中“保卫国家”的沙文主义思想，他一方面在口头上赞成齐美尔瓦尔德决议，另一方面在党团的正式声明中赞扬胡斯曼在阿纳姆大会上臭名远扬的演说，而且无论在杜马讲坛上或在报刊上，他实际上都不反对工人参加军事工业委员会，并且继续给赞成参加的报纸撰稿。在意大利实行这种政策的有特雷维斯：见 1916 年 3 月 5 日意大利社会党的中央机关报《**前进报**》[143]，该报警告说，要揭露特雷维斯及其他“改良主义的可能派”，揭露那些“不择手段地阻挠党的执行委员会和奥迪诺·莫尔加利促进齐美尔瓦尔德联盟和建立新国际的行动的人”，等等。

5. 现在“和平问题”中的主要问题就是兼并问题。正是在这个问题上最清楚不过地看出目前盛行的社会党人的伪善言论以及真正社会主义的宣传鼓动任务。

必须说明什么是兼并，社会党人为什么和应当怎样反对兼并。不能认为**凡是**把“他人的”领土归并起来就是兼并，因为一般来说，社会党人是赞成铲除民族之间的疆界和建立较大的国家的；不能认为凡是破坏现状就是兼并，因为这样看是极其反动的，是对历史科学的基本概念的嘲弄；也不能认为凡是用武力归并的就是兼并，因为社会党人不能否定对大多数人民有利的暴力和战争。只有**违背**某块领土上的居民的**意志**而归并这块领土，才应当算是兼并；换句话说，兼并的概念是和民族自决的概念不可分割地联系着的。

但是，正因为这场战争从参战的大国集团**双方**来说都是帝国主义性质的，所以在这个战争的基础上就会产生而且已经产生这样一种现象：如果正在实行兼并或者已经实行兼并的是敌国的话，资产阶级和社会沙文主义者就竭力“反对”兼并。显然，这种“反对兼并”和这种在兼并问题上的“意向一致”，完全是伪善的。显然，那些拥护为阿尔萨斯—洛林而战的法国社会党人，那些不要求阿尔萨斯—洛林、德属波兰等地有从德国分离的自由的德国社会党人，那些把沙皇政府重新奴役波兰的战争叫做“拯救国家”、在“没有兼并的和约”的名义下要求将波兰归并俄国的俄国社会党人，等等，等等，**实际上**都是**兼并主义者**。

为了使反对兼并的斗争不是伪善的或流于空谈，为了使这一斗争能真正用国际主义精神教育群众，就必须使这个问题的提法能够让群众看清目前在兼并问题上流行的骗局，而不是掩盖这种骗局。各国社会党人光在口头上承认民族平等，或者唱高调，赌咒发誓，说他们反对兼并，这是不够的。他们还必须立即无条件地要求给**他们自己的**“祖国”压迫的殖民地和民族以**分离的自由**。

缺少这个条件，就连齐美尔瓦尔德宣言所承认的民族自决和国际主义原则，顶多也不过是僵死的文字。

6.社会党人的“和平纲领”也同他们的“为结束战争而斗争”的

纲领一样，其出发点应当是：揭露现在各国巧言惑众的大臣和部长们、和平主义的资产者、社会沙文主义者和考茨基分子向人民宣扬的所谓“民主的和平”、交战国有爱好和平的意愿等等谎言。要是不首先向群众说明革命的必要性，不支持、促进和扩大到处业已开始的群众革命斗争（风潮、抗议、战壕联欢、罢工、游行示威，以及像在法国发生的从前线写信给亲友，劝他们不要认购战时公债等等），任何“和平纲领”都是对人民的欺骗和伪善。

支持、扩大和深入开展一切争取停战的群众运动，是社会党人应尽的义务。可是，实际上只有像李卜克内西那样的社会党人在履行这个义务，他们在国会讲坛上号召士兵放下武器，鼓吹革命，鼓吹变帝国主义战争为争取社会主义的国内战争。

应当提出拒绝支付国债作为一个积极的口号，用这个口号吸引群众参加革命斗争，向他们说明必须采用革命手段才能争得“民主的”和平。

齐美尔瓦尔德宣言固然指出工人应当为自己的事业而不是为他人作出牺牲，以此暗示要进行革命，但这还不够。还必须明确地向群众指出道路。应当让群众知道往哪里走以及为什么要这样走。战争时期的群众性的革命行动，如果发展得顺利，只会使帝国主义战争变为争取社会主义的国内战争，这是显而易见的，对群众隐瞒这一点是有害的。相反，应当明确指出这一目标，不管在我们刚刚走上这条道路时，要达到这一目标是多么困难。齐美尔瓦尔德宣言说：“资本家说他们”进行这场战争“是为了保卫祖国，这是在撒谎”；工人在革命斗争中不应当顾忌本国的戒严状态，只说这些是不够的；还应当把这里所暗示的意思明说出来：不仅资本家而且社会沙文主义者和考茨基分子都在撒谎，因为他们是在这场帝国主义性质的战争中应用保卫祖国这个概念；如不使“自己的”政府有战败的危险，在战争时期就不可能开展革命行动；政府在反动战争中的一切失败都有助于革命，只有革命才能带来持久的民主的和平。最后，必须告诉群众，他们如果不自己建立秘密组织和创办不经战时书报检查的即秘密的报刊，就不可能有效地支持业已开始的革命斗争，促进它的发展，批评它的个别步骤，纠正它的错误，不断扩大和加强这一斗争。

7. 关于社会党人的议会斗争（议会活动）问题，必须指出，齐美尔瓦尔德决议不但对被判流放西伯利亚的我们党的 5 位社会民主党国家杜马代表表示同情，而且赞同他们的策略。既要承认群众的革命斗争，又要满足于社会党人在议会中的纯粹合法的活动，是不可能的。这只会引起工人们正当的不满，使他们离开社会民主党而走向反议会的无政府主义或工团主义。必须明确地大声疾呼：议会中的社会民主党人不但要利用自己的地位在议会中讲话，而且要在议会外面从各方面去协助工人的秘密组织和革命斗争；群众自己也应当通过自己的秘密组织来检查自己的领袖的这类活动。

8. 关于召集社会党国际局的问题可以归结于一个基本的原则问题，即各旧党和第二国际是否能够统一。国际工人运动沿着齐美尔瓦尔德会议所指出的道路每前进一步，都愈来愈清楚地证明齐美尔瓦尔德多数派所持的立场是不彻底的，因为他们一方面认为各旧党和第二国际的政策也就是工人运动中的**资产阶级**政策，即实现资产阶级利益而不是实现无产阶级利益的政策（例如齐美尔瓦尔德宣言中的这样的话：“资本家”说他们进行这场战争是为了“保卫祖国”，这是在撒谎；此外在国际社会党委员会 1916 年 2

月 10 日的通告[144]内还有一些更明确的说法）；另一方面，国际社会党委员会又害怕同社会党国际局分裂，它正式许诺：一旦社会党国际局重新召集，国际社会党委员会就宣布解散。[145]

我们要肯定地说明，这种许诺在齐美尔瓦尔德代表会议上不但没有进行过表决，而且没有讨论过。

齐美尔瓦尔德代表会议以后半年的时间证明：按齐美尔瓦尔德代表会议的精神进行的工作（我们指的不是空话，而是工作），**事实上**在全世界都引起了分裂的加深和扩大。在德国，印发秘密反战传单是违背党的决议的，也就是说，是分裂性质的行动。卡·李卜克内西最亲密的同志、国会议员奥托·吕勒公开声明：事实上已经存在着两个党，一个帮助资产阶级，一个同资产阶级作斗争。于是就有许多人，包括考茨基分子在内，为此责骂吕勒，但是谁也无法驳倒他。在法国，社会党党员布尔德朗坚决反对分裂，但是同时他又向自己的党提出一项反对党中央和议会党团（désapprouver Comm.Adm.Perm. 和 Gr.Parl.）的决议案，这项决议案如果被通过，就一定会马上引起分裂。在英国，独立工党党员 T. 罗素·威廉斯在温和的《工人领袖》上公开承认分裂不可避免，并且得到许多地方工作人员的来信支持。美国的例子也许更有教益，因为甚至在那里，在中立国，在社会党内也产生了两个不可调和的敌对派别：一方面是主张所谓“备战”即主张参战、推行军国主义和海上霸权主义的人，另一方面是像前社会党总统候选人尤金·德布兹这样的社会党人，则针对战事迫近而公开鼓吹进行争取社会主义的国内战争。

在全世界，事实上已经发生分裂，已经暴露出工人阶级对待战争的两种绝不调和的政策。闭眼不看这个事实是不行的，这样只会迷惑工人群众，蒙蔽他们的意识，阻碍全体齐美尔瓦尔德派正式表示支持的群众革命斗争，加强那些被国际社会党委员会在 1916 年 2 月 10 日的通告中公开责备过的领袖们对群众的影响。在这个通告中该委员会责备他们把群众"引入迷途"，并且在策划反社会主义"阴谋"（"Pakt"）。

各国的社会沙文主义者和考茨基分子想要恢复已经破产的社会党国际局。社会党人的任务则是向群众说明，同那些打着社会主义旗帜执行资产阶级政策的人实行分裂是不可避免的。

载于 1916 年 4 月 22 日《伯尔尼国际社会党委员会。公报》第 4 号

译自《列宁全集》俄文第 5 版第 27 卷第 282—293 页

是分裂还是腐烂？

（1916 年 2—4 月）

《社会民主党人报》还在第 35 号上①就针对德国社会民主党提出了这个问题，阐发了我们党的中央委员会关于战争的宣言的基本思想。② 现在来看一看，**事实**怎样证实了这个结论。

显然，德国社会民主党已在腐烂。卡·李卜克内西最亲密的同志**奥托·吕勒**已经**公开**主张分裂，更不用说**一贯**同伪善的考茨基分子作斗争的"德国国际社会党人"（I.S.D.）[146]了。《前进报》举不出任何一个严正的论据来回答他。事实上德国存在着**两个**工人政党。

在英国，连温和的和平主义的《工人领袖》（"独立工党"中央机关报）也登载了 T.罗素·威廉斯的主张，而且他得到许多地方工作人员的支持。因在英国进行国际的工作而享有盛誉的**奥尔纳茨基**同志，在巴黎的调和派的报纸《我们的言论报》上主张在英国立刻实行分裂。不用说，在**奥尔纳茨基**同持有考茨基主义立场的《共产党人》杂志[147]撰稿人**费·罗特施坦**进行的论战中，我们是完全同意前者的。

在法国，布尔德朗是强烈反对分裂的，**可是**……他向党代表大

---

① 见本版全集第 26 卷第 100—107 页。——编者注

② 同上书，第 12—19 页。——编者注

会提出一项直截了当地反对党中央和议会党团的决议案！这项决议案如果被通过,党就会马上分裂。

在美国,“社会党”形式上是统一的。而实际上,这个党内的一部分人,如罗素等,鼓吹“备战”,主张参战,主张扩充陆军和海军。另一部分人,如该党的总统候选人尤金·德布兹,则公开鼓吹“一旦”帝国主义战争临头,或者确切些说,由于有这种战争,就要进行**国内战争**。

目前全世界都事实上存在两个党。现在事实上已经有两个国际。要是齐美尔瓦尔德多数派害怕承认这一点,幻想同社会沙文主义者讲统一,声明自己准备实行这种统一,那么,这种“善良的愿望”实际上只能是一种愿望,只能是思想不彻底和畏首畏尾的表现。意识落后于存在。

载于1931年《列宁文集》俄文版第17卷

译自《列宁全集》俄文第5版第27卷第294—295页

俄国社会民主工党中央委员会关于《共产党人》杂志停刊的决定草案

（1916年3月28日〔4月10日〕以后）

不供刊载。

鉴于：

(1)《共产党人》杂志是由联合组成的编辑部作为一种试验临时创办的，当时，中央机关报编辑部和编辑部其他成员作为一个整体，在一切实质性问题上都没有出现**任何**不同意见；

(2)《共产党人》杂志第1—2期合刊出版以后，编辑部**三个**成员在他们签名的关于自决问题的提纲中提出了这样的不同意见；

(3)就这一问题交换意见时发现，在评价民主要求和整个最低纲领的作用方面存在着深刻的分歧，——

——中央委员会决定：承认继续出版《共产党人》杂志已属不可能，宣布**该刊停止出版**。——

其次，为了就有争论的问题**扩大**讨论，为了使更多的领导同志弄清这些问题，中央决定：

要求三位在提纲上签名的同志就他们和中央机关报编辑部的意见分歧作出**书面申述**。

将这个申述连同中央机关报编辑部的答复向更多的党的领导

干部通报，以便**最终**决定在报刊上进行公开争论是否恰当和有无必要。①

很遗憾，**您**把“令人烦透的”事一直拖延下去。**我再重复一次**——重复也使我烦透了——我**不得不拒绝**参与《**共产党人**》杂志的工作。

您的计划是无原则的，而且是在进一步**制造**混乱。**如果没有**深刻的原则分歧，那么您把计划交给中央委员会，这不是播弄是非就是要阴谋，任何一个“俄国人”都会揭露您。

如果有，就应该把**这一点**说出来，因为第 1—2 期合刊出版以后，就有人开始肆无忌惮地制造混乱了；对此**我们不负责任**；我们认为，我们的责任**不是**鼓励，而是揭露。**作为一种让步**，我们建议（见传单）他们在“扩大的范围”内再次进行争论（以免使他们在报刊上丢脸，**以免**在论战中一下子**将**他们**置于死地**）。

{仅仅为此。}

拟收入《〈**社会民主党人报**〉**文集**》的，除了我们的许多文章②之外，还有瓦林＋亚历山大＋通讯报道＋控告书（我尚未收到）＋萨法罗夫＋拉脱维亚人＋柯伦泰（可能）。

邀请日本人148，只是为了让**他们**出丑。至于布哈林，也只就经济问题向他**约稿**。

不邀请拉狄克（他的文章是**公开的**，这类文章目前**一点也不重要**）。必须和**他的**提纲**作斗争**。

这就是我的意见。《共产党人》杂志已是**一具僵尸**，我不参与

---

① 由此往下加在《俄国社会民主工党中央委员会关于〈共产党人〉杂志停刊的决定草案》上的附言是写给格·叶·季诺维也夫的。——俄文版编者注

② “作家”多得足够出**两本**文集！

使它复活的工作。

必须**从原则高度**向亚历山大（和国外局的俄国工人们）提出如下问题：我们**不接受**那些肆无忌惮地制造混乱，而又不愿稍事学习，甚至连表达自己的意见也不愿意的人进编辑部。显然，他们企图**离间**我们和波兰社会民主党的关系，而自己却躲到一边。

《共产党人》杂志适应了**那一**时期的任务——把所有**反对**社会沙文主义和考茨基主义的人团结起来。

现在任务**不一样了**：反对"帝国主义**经济主义**"的**斗争**已经提到日程上来了。

敬礼！

列　宁

附言：为什么不**回答有没有派苏汉诺夫去日内瓦**？寄上给格里姆的材料。

提纲**尚未译成**外文。

译自《列宁全集》俄文第5版
第27卷第279—281页

国际社会党第二次代表会议（昆塔尔会议）文献[149]

（1916 年 4 月中旬）

1

对《无产阶级对和平问题的态度》提纲草案的意见[150]

（4 月 13 日和 16 日〔26 日和 29 日〕之间）

列宁

无产阶级对和平问题的态度提纲草案

（1）

［客观地］（实质）

当前的战争是资产阶级所有制关系产生的帝国主义矛盾的结果；其目的是按照在战争中取得的军事胜利重新调整世界市场上各资本家阶级之间的力量对比。

既然这场战争的目的不是消灭引起战争的资本主义商品生产，它也就无法消除未来战争的原因。它不能解决旧有问题，反而使这些问题更加复杂化并且造成新的矛盾，这些新的矛盾在帝国主义不受阻碍的发展的基础上，不仅使经济和军事的压力增强，而且引起新的纠纷并从而引起发生进一步军事冲突的危险。

因此，当资产阶级政府及其代理人断言战争的目的是建立持久和平的时候，他们是在撒谎，或者故意不看达到这一目的所必需的条件。正如兼并亦即对其他民族的压迫不能成为保障人类和平发展的手段一样，持久和平也不能用那些尽管是善良的但与资本主义的历史条件相矛盾的要求，诸如限制军备、设立强制性的仲裁法庭、对外政策民主化等等来确立。 —？	不对！用改良主义手段是不能实现的，没有革命是实现不了的，没有社会主义是不可能持久的，例如……
在阶级社会的基础上这些要求始终是空想。限制军备本身只不过是帝国主义国家之间实行休战的手段，它既不能消除战争的原因，也不能使这种原因减少，更不用说，在帝国主义时代不存在共同必须遵守的限制军备的比例。强制性的仲裁法庭是以公认的法律为前提的，而这种法律既不能凭借帝国主义战争这种野蛮的暴力来建立，也无法在阶级社会中实现，因为在阶级社会里，法律意识总是由该社会的统治阶级的物质利益所决定的。对外政策民主化是以各国国内生活中既有政治民主又有社会民主为前提的，然而只要还存在资本主义所有制形式以及由此产生的人剥削人的制度，这种社会民主也就不能建立。	主要问题不在这里。
同样的前提对于所谓的民族自决权也是必需的。当各民族在国内经济、政治和社会关系上受有产阶级的统治，在有产阶级支配着全部经济的和国家的权力手段，凭借这些手段压迫和剥削自己的同胞时，民族是不可能自决的。	完全不对!! 意味着反对民主。
根据这些理由，无产阶级应当像反对帝	

♯改良主义的。

⌐⌐ 改良主义的(机会主义的)。

国主义战争那样坚决地拒绝资产阶级和平主♯义者以及资产阶级化了的社会党人的空想要求,他们打算激起新的 ⌐⌐ 幻想来代替旧的并迫使无产阶级为这些幻想服务,而这些新的幻想归根到底只能更加引起混乱,进一步激起和煽动沙文主义,助长战争狂热,为把战争打到底的政策推波助澜。

(2)

在资本主义社会基础上不可能确立持久的和平,持久和平的前提是在争取社会主义的斗争中创造的。社会主义在消灭资本主义私有制的过程中,同时也就消除有产阶级对人民群众的剥削,从而消除民族压迫以及战争的原因。因此争取持久和平的斗争只能存在于

不明确:改良也是争取实现社会主义的斗争。

争取实现社会主义的斗争之中。无产阶级任何一种放弃阶级斗争并使无产阶级的目的服从资产阶级及其政府的目的的行动,既然是与本民族剥削阶级利益协调一致,那就都是在阻挠为持久和平创造条件。这样的行动不仅是让资本家阶级及资产阶级政府去完成它们所不能完成的任务,它们还毫无意义地把工人阶级的精华投向屠场,从而使工人阶级中最精锐最有才能的部分,即无论是在战时或战后和平时期都是首先负有为争取社会主义而斗争的使命的部分,不可避免地遭到灭亡。

这是正确的论据。

\+ 因此，针对资产阶级的和平目的，从无产阶级的利益来看，唯一可能的解决办法就是：不管现阶段军事和战略形势如何，号召从速停战，立刻开始和平谈判。

\+揭露秘密条约中所规定的掠夺政策等。

(3)

只有这个号召在国际无产阶级队伍中得到
\#响应，并导致以推翻资本主义统治为最终目的的阶级斗争有力地开展起来的时候，工人阶级才能够对未来和约的内容发生影响。任何别的立场都会使无产阶级无法影响和约的内容，而使各国政府、外交界和统治阶级能够为所欲为地确定和约的条件。

和革命

\#在这里忽略了**革命**这一**特殊的**词，因此这句好的句子就成了机会主义的**陈词滥调**。

在进行群众革命斗争，以争取实现社会主义最终目的，从而使人类摆脱军国主义和战争的灾难的时候，无产阶级必须同时反对各交战国任何兼并的欲望。无产阶级之所以必须进行反对兼并的斗争，不是因为它把在战前存在的世界地图看做某种不可改变的东西，不是因为它认为将来形成新的国家疆界是不需要和不可能的。社会主义本身将竭力通过各民族在民主基础上的经济和政治的联合来消灭任何民族压迫，而这种联合在维持资本主义国家疆界的范围内是不可能实现的。但是，正是兼并，不管它以什么形式出现，会阻碍达到这一目的，因为暴力肢解和任意瓜分某些民族，把它们并入其他国家，就会使无产阶级阶级斗争的条件恶化。

正如兼并一样，战争赔款的要求也是同无产阶级的利益不相容的。就像每个国家的统治阶级竭力把进行战争的费用加在工人阶级的肩上一样，有关国家的无产阶级最终也不得不承担偿付战争赔款的重负。这样转嫁经费负担也会使战胜国的工人阶级遭受损失,因为一国的无产阶级经济和社会状况的恶化又反过来影响另一国家的无产阶级,从而使国际阶级斗争的条件增加了困难。

+取消国债。

既不是兼并,也不是战争赔款,而是通过每个国家中无产阶级反对统治阶级的革命斗争来共同解除战争负担——这就是社会主义工人争取立即实现和平的行动口号。

———

正因为帝国主义时代各种关系的总和(争夺世界霸权、金融资本、垄断、瓜分世界等)是当前这场战争的最深刻的根源,所以,所谓持久的和平、民主的和平云云,所谓在资产阶级保持着统治阶级权力的条件下现今各国政府间似乎可能实现和平云云,所有这些出自善良愿望的空话都是在欺骗群众,不让群众看到帝国主义政策的真正起作用的基础,而使他们错误地信任资产阶级,因而这样一些空话也就变成了改良主义。①

译自《列宁文集》俄文版第 37 卷
第 42—46 页

① 列宁的这一段话是写在提纲第 1 页背面的。——俄文版编者注

2

在讨论关于召集社会党国际局的决议时的发言[151]

（1916年4月15日〔28日〕）

（1）

卢加诺代表会议[152]是1914年9月举行的。假如胡斯曼等诸位先生真想召集国际局，他们早就可以召集了。可是他们并没有召集。你们不承认旧国际各支部已经分裂，但这种分裂是事实。现在全世界的社会党事实上都处于危机中。一方面，你们把托马及其一伙视为小人和叛徒，另一方面你们今天又说：啊，我们想同他们会晤，进行讨论，重建国际！你们说的全是空话，其所以是空话，就因为这些话是在今天，在卢加诺代表会议开过16个月之后才说的。你们想和他们一起重建国际的人已经死了，不是说肉体上，而是说政治上，他们已不复存在。

（2）

既然格里姆认为不能按人分别投票表决，我们也完全同意按团体来投票。我们丝毫也没有把自己的意志强加于人的意思，但我们希望能够投票表决;在这之后我们愿意参加各委员会的工作。

(3)

如果投票表决的话,问题早就解决了。在共同工作了好些天之后却拒绝投票表决,这是极端不公正的。其实只消五分钟就能表决完了!马尔托夫的建议[153]是可以接受的,没有反对意见。

译自《列宁全集》俄文第5版
第54卷第376—377页

昆塔尔和俄国“组委会分子”

（1916年5月28日〔6月10日〕以前）

为了拿事实同马尔托夫的“政治”手腕作一个对照，我们让一位研究各种爬行动物等等的博物学家[154]来发言。在《我们的呼声报》第27号上刊登了由（第1类）5名国外书记和（第2类）大家知道的**主张**参加军事工业委员会的叶若夫、策列铁里、唐恩等人签名的对《自卫》文集的抗议书。[155]《我们的呼声报》编辑部（第3类）采取了“中间”立场：既赞成又反对《自卫》文集，既赞成又反对“抗议书”。

下面的表格①是献给尔·马尔托夫的。

（顺便指出，我们的博物学家大概过于好意地想象马尔托夫的立场了。在昆塔尔只有阿克雪里罗得一人声明，他不投票赞成有关反对海牙社会党国际局[156]的决议。博物学家从这里得出结论说，马尔托夫“只拥护齐美尔瓦尔德”，而不是齐美尔瓦尔德和海牙都拥护。恐怕事实不能证明这个对马尔托夫的乐观估计……）

载于1916年6月10日《社会民主党人报》第54—55号合刊

译自《列宁文集》俄文版第39卷第166—169页

① 表格见第318—319页。——编者注

“我们的”各个社会沙

（一位研究“组委会”泥潭栖息物

	不同团体（或派别）由谁组成?	它们的理论：它们的观点：赞成或反对《自卫》文集的思想	它们的实践：赞成或反对 参加军事工业委员会	给《我们的呼声报》和《我们的事业》杂志撰稿	承认和支持 组织委员会	齐赫泽党团	拥护齐美尔瓦尔德还是拥护海牙?
1	国外的组织委员会的5个书记	反对	**反对**	赞成	赞成	赞成（有保留）	只拥护齐美尔瓦尔德
2	在俄国的和被流放的个别人	反对	**赞成**	赞成	赞成	赞成	又拥护齐美尔瓦尔德（“愚昧的”老百姓）又拥护海牙（“聪明的”领导人）
3	《我们的呼声报》编辑部和撰搞人 {“组织委员会”**本身**和齐赫泽及其一伙}	既赞成又反对（既不赞成又不反对）	**赞成**	赞成	赞成	赞成	
4	《自卫》文集	赞成	**赞成**	赞成	赞成	赞成	
5	格·普列汉诺夫和其他“号召报派”	赞成	**赞成** 对沙皇制度和资产阶级来说最主要的东西	有《现代世界》杂志	没有	赞成（有保留）	只拥护海牙

文 主 义 种 类 的 博 物 志

的博物学家所收集的事实）

	它们影响俄国群众的手段 通过报刊、国家杜马，等等			
通过组织	通过**自己的**垄断了合法地位的杂志、报纸、杜马党团	通过资产阶级的宣传和帮助	通过普利什凯维奇们的宣传和帮助	在国外和**为**国外做了什么？
没有一个	没 有	没 有	没 有	撒谎，要人们相信他们代表“组织委员会”
所有“组织委员会的”组织（高加索、发起小组[157]，等等）	有《我们的事业》杂志、《我们的呼声报》、齐赫泽党团	部分有 —— 完全有	部分有；（格沃兹杰夫和古契柯夫，格沃兹杰夫和施秋梅尔等等。）	继续默默地“信任”马尔托夫的手腕
没有一个	有《现代世界》杂志、布里扬诺夫、曼科夫	完全有	完全有	撒谎，要人们相信他们代表“俄国大多数觉悟工人”。

论德国的和非德国的沙文主义

（1916年5月31日〔6月13日〕）

大家知道，德国沙文主义者已把所谓的社会民主主义工人政党（实际上现在已经成了民族主义自由派工人政党）的大多数领袖和官吏控制在自己的影响之下了。至于在多大程度上应当说非德国的沙文主义者，如波特列索夫、列维茨基这帮先生们的情况也是如此，我们接下去就会看到。现在我们不能不先专门谈谈德国的沙文主义者，——公正地说，考茨基也应当包括在内，尽管帕·波·阿克雪里罗得在他的德文小册子中极其热心地和极其错误地为考茨基辩护，说他是“国际主义者”。

德国沙文主义的标志之一，就是“社会党人”——带引号的社会党人——只是谈论别的民族的独立，而把受他们本民族压迫的民族除外。无论是直接说出这一点，还是替说出这一点的人辩护、辩白和掩盖，这中间并没有多大的差别。

例如，德国沙文主义者，也包括帕尔乌斯（他出版一种名叫《钟声》的小型杂志，在这上面常写文章的有伦施、亨尼施和格龙瓦尔德等这帮德国帝国主义资产阶级的“社会党”奴仆），对受英国压迫的民族的独立问题就喋喋不休，津津乐道。德国的社会沙文主义者——口头上的社会主义者，实际上的沙文主义者——和德国资产阶级的一切报刊现在都在声嘶力竭地宣扬英国在它的殖民地的统治是无耻的、残暴的、反动的等等。德国的各种报纸现在都在津津有味地、幸灾乐祸地、兴高采烈地大谈其印度的解放运动。

德国资产阶级为什么幸灾乐祸，这是不难理解的：它希望在印度煽起对英国的不满和反英运动，从而改善自己的军事地位。当然，抱这种希望是很愚蠢的，因为要从一旁，从遥远的地方，用异国的语言去影响一个人口众多的、极其独特的民族的生活，是起不了多大作用的，实在起不了多大的作用，何况这种影响并不是经常不断的，而是偶然的，只是在战争时期。所以，与其说德国帝国主义资产阶级企图影响印度，不如说它想借此自我安慰，想欺骗德国人民，把他们的视线从国内转移到国外。

但是，这里自然而然地产生一个一般理论性问题：这种议论的虚伪性的根源是什么呢？揭穿德国帝国主义者的伪善的正确有效的办法是什么呢？因为要从理论上正确回答虚伪性在哪里的问题，总是会揭露伪善者，他们出于非常明显的原因，想遮盖和掩饰这种虚伪性，给它披上各种华丽辞藻的外衣——各种各样的辞藻，直到国际主义的招牌。伦施们、休特古姆们和谢德曼们口头上都以国际主义者自居，遗憾的是，这帮德国资产阶级的代理人还都是所谓德国"社会民主"党的党员。在评判人们的时候，不应当根据他们的言论，而要根据他们的行动。这是大家早就知道的。在俄国有谁会根据波特列索夫、列维茨基、布尔金这帮先生们的言论去评判他们呢？当然，谁也不会。

德国沙文主义者的虚伪性的根源在于：他们叫嚷说他们同情受他们的敌方英国压迫的民族的独立，而对于受**他们本**民族压迫的那些民族的独立，却谦虚地——有时甚至过于谦虚地——保持沉默。

比如拿丹麦人来说吧。普鲁士把石勒苏益格归并进来时，像其他所有"大"国一样，也占据了一部分丹麦人居住的地方。这显然是侵犯了这些居民的权利，因为奥地利根据 1866 年 8 月 23—30 日签订的布拉格和约，把自己统治石勒苏益格的“权利”让给了普鲁士，但和约中规定，关于石勒苏益格北部的居民是否愿意并入丹麦的问题，应当通过自由投票来征求他们的意见，如果答复是肯定的，那就应当并入丹麦。可是普鲁士并没有这样做，而在 1878 年取消了这些对它十分“不愉快的”条款。

弗·恩格斯对于大国民族的沙文主义并不是漠不关心的，他曾经特别指出普鲁士这一侵犯弱小民族权利的事①。然而，目前德国的社会沙文主义者虽然口头上承认民族自决，就像考茨基口头上也承认这一点一样，而实际上，当问题牵涉到“自己的”民族实行的民族压迫时，他们却从来也不为被压迫民族的解放进行彻底的坚决的民主宣传。“问题的症结”就在这里。关于沙文主义和揭露沙文主义的问题的关键就在这里。

在我们这里，很多人都挖苦说，《俄国旗帜报》**158** 的所作所为往往像是《普鲁士旗帜报》。但是，问题并不只限于《俄国旗帜报》，因为我们的波特列索夫、列维茨基这帮先生们也是完全照着伦施、考茨基这帮人的原则精神发表议论的。例如，只要看一看取消派的《工人晨报》，就会发现这样一些完全是“普鲁士的”，确切些说，是国际沙文主义的论调和议论方法。不管打着什么样的民族的招牌，不管用什么样的和平主义的词句来掩饰，沙文主义就是沙文主义。

载于 1916 年 5 月 31 日《保险问题》杂志第 5 期(总第 54 期)

译自《列宁全集》俄文第 5 版第 27 卷第 296—298 页

① 参看《马克思恩格斯全集》第 1 版第 21 卷第 490 页。——编者注

帝国主义是资本主义的最高阶段

(通俗的论述)[159]

(1916年1—6月)

序　言

现在献给读者的这本小册子,是1916年春天我在苏黎世写成的。在那里的工作条件下,我自然感到法文和英文的参考书有些不足,俄文参考书尤其缺乏。但是,论述帝国主义的一本主要英文著作,即约·阿·霍布森的书[160],我还是利用了的,而且我认为是给了它应得的重视。

我写这本小册子的时候,是考虑到沙皇政府的书报检查的。因此,我不但要极严格地限制自己只作理论上的、特别是经济上的分析,而且在表述关于政治方面的几点必要的意见时,不得不极其谨慎,不得不用暗示的方法,用沙皇政府迫使一切革命者提笔写作"合法"著作时不得不采用的那种伊索式的——可恶的伊索式的——语言。

在目前这种自由的日子里,重读小册子里这些因顾虑沙皇政府的书报检查而说得走了样的、吞吞吐吐的、好像被铁钳子钳住了似的地方,真是感到十分难受。在谈到帝国主义是社会主义革命的前夜，谈到社会沙文主义（口头上的社会主义，实际上的沙文主义）完全背叛了社会主义、完全转到资产阶级方面，谈到工人运动的这种分裂是同帝国主义的客观条件相联系的等等问题时，我不得不用一种“奴隶的”语言，现在，只好请关心这类问题的读者去看我那些即将重新刊印的1914—1917年间在国外写的论文。这里要特别指出的是第119—120页上的一段文字[①]。当时为了用书报检查通得过的形式向读者说明，资本家以及转到资本家方面的社会沙文主义者（考茨基同他们进行的斗争是很不彻底的）怎样无耻地在兼并问题上撒谎，怎样无耻地**掩饰自己的**资本家的兼并政策，我不得不拿……日本作例子！细心的读者不难把日本换成俄国，把朝鲜换成芬兰、波兰、库尔兰、乌克兰、希瓦、布哈拉、爱斯兰和其他非大俄罗斯人居住的地区。

我希望我这本小册子能有助于理解帝国主义的经济实质这个基本经济问题，不研究这个问题，就根本不会懂得如何去认识现在的战争和现在的政治。

作　者

1917年4月26日于彼得格勒

① 见本卷第434页。——编者注

法文版和德文版序言[161]

一

我在俄文版序言里说过，1916 年写这本小册子的时候，是考虑到沙皇政府的书报检查的。现在我不可能把全文改写一遍，而且改写也未必适当，因为本书的主要任务，无论过去或现在，都是根据无可争辩的资产阶级统计的综合材料和各国资产阶级学者的自白，来说明 20 世纪初期，即第一次世界帝国主义大战前夜，全世界资本主义经济在其国际相互关系上的**总的情况**。

不改写对于先进资本主义国家的许多共产党人来说，在某种程度上甚至不无益处，因为他们根据这本**被沙皇书报检查机关认为合法的**书的例子可以看到，甚至像在目前的美国或在法国，在不久以前几乎所有的共产党人都被逮捕之后，还是有可能和有必要利用共产党人还保有的一点点合法机会，来揭露社会和平主义观点和“世界民主”幻想的极端虚伪性。而在这篇序言中，我只想对这本经过检查的书作一些最必要的补充。

二

本书证明，1914—1918 年的战争，从双方来说，都是帝国主义的（即侵略的、掠夺的、强盗的）战争，都是为了瓜分世界，为了瓜分和重新瓜分殖民地、金融资本的“势力范围”等等而进行的战争。

要知道，能够证明战争的真实社会性质，确切些说，证明战争的真实阶级性质的，自然不是战争的外交史，而是对**所有**交战大国统治**阶级**的**客观**情况的分析。为了说明这种客观情况，应当利用的，不是一些例子和个别的材料（社会生活现象极其复杂，随时都可以找到任何数量的例子或个别的材料来证实任何一个论点），而必须是关于**所有**交战大国和**全**世界的经济生活**基础**的材料的**总和**。

我在说明 1876 年和 1914 年**瓜分世界**的情况（第 6 章）以及说明 1890 年和 1913 年瓜分世界**铁路**的情况（第 7 章）时所引用的，正是这样一些驳不倒的综合材料。铁路是资本主义工业最主要的部门即煤炭工业和钢铁工业的结果，是世界贸易和资产阶级民主文明发展的结果和最显著的标志。本书前几章说明了铁路是怎样同大生产，同垄断组织，同辛迪加、卡特尔、托拉斯、银行，同金融寡头联系在一起的。铁路网的分布，这种分布的不平衡，铁路网发展的不平衡，是全世界现代资本主义即垄断资本主义造成的结果。这种结果表明，只要生产资料私有制还存在，在上述**这样的**经济基础上，帝国主义战争是绝对不可避免的。

建筑铁路似乎是一种普通的、自然的、民主的、文化的、传播文明的事业。在那些由于粉饰资本主义奴隶制而得到报酬的资产阶级教授看来，在小资产阶级庸人看来，建筑铁路就是这么一回事。实际上，资本主义的线索像千丝万缕的密网，把这种事业同整个生产资料私有制连结在一起，把这种建筑事业变成对 **10 亿**人（殖民地加半殖民地），即占世界人口半数以上的附属国人民，以及对“文明”国家资本的雇佣奴隶进行压迫的工具。

以小业主的劳动为基础的私有制，自由竞争，民主，——所有这些被资本家及其报刊用来欺骗工农的口号，都早已成为过去的东西。资本主义已成为极少数“先进”国对世界上绝大多数居民实行殖民压迫和金融扼杀的世界体系。瓜分这种“赃物”的是两三个世界上最强大的全身武装的强盗（美、英、日），他们把全世界卷入**他们**为瓜分**自己的**赃物而进行的战争。

三

君主制的德国强迫签订的布列斯特-里托夫斯克和约[162]，以及后来美、法这些“民主的”共和国和“自由的”英国强迫签订的更残暴得多、卑鄙得多的凡尔赛和约[163]，给人类做了一件天大的好事，它们把帝国主义雇用的文丐，把那些虽然自称为和平主义者和社会主义者，但是却歌颂“威尔逊主义”[164]，硬说在帝国主义条件下可能得到和平和改良的反动小市民，全都揭穿了。

英德两个金融强盗集团争夺赃物的战争留下的几千万尸体和残废者，以及上述这两个“和约”，空前迅速地唤醒了千百万受资产阶级压迫、蹂躏、欺骗、愚弄的民众。于是，在战争造成的全世界的经济破坏的基础上，世界革命危机日益发展，这个危机不管会经过多么长久而艰苦的周折，最后必将以无产阶级革命和这一革命的胜利而告终。

第二国际的巴塞尔宣言在 1912 年所估计的正是 1914 年爆发的这样的战争，而不是一般战争（有各种各样的战争，也有革命的战争），——这个宣言现在仍是一个历史见证，它彻底揭露了第二国际英雄们的可耻破产和叛变行为。

因此，我现在把这篇宣言转载在本版的附录里，并且再次请读者注意：这篇宣言中确切、明白、直接地谈到这场即将到来的战争和无产阶级革命之间的联系的那些地方，第二国际的英雄们总是想方设法避开，就像小偷躲避他偷过东西的地方一样。

四

本书特别注意批判“考茨基主义”这一国际思潮，在世界各国代表这一思潮的是第二国际的“最有名的理论家”和领袖（在奥地利是奥托·鲍威尔及其一伙，在英国是拉姆赛·麦克唐纳等人，在法国是阿尔伯·托马等等，等等），以及一大批社会党人、改良主义者、和平主义者、资产阶级民主派和神父。

这个思潮，一方面是第二国际瓦解、腐烂的结果，另一方面是由于整个生活环境而被资产阶级偏见和民主偏见所俘虏的小资产者的意识形态的必然产物。

考茨基及其同伙的这类观点，正好完全背弃了这位著作家在几十年里，特别是在同社会主义运动中的机会主义（伯恩施坦、米勒兰、海德门、龚帕斯等人的机会主义）作斗争时所捍卫的那些马克思主义的革命原理。因此，现在“考茨基派”在全世界都同极端机会主义者（通过第二国际即黄色国际[165]）和资产阶级政府（通过有社会党人参加的资产阶级联合政府）在政治实践上联合起来，这并不是偶然的。

在全世界日益发展的一般无产阶级革命运动，特别是共产主义运动，不能不分析和揭露“考茨基主义”的理论错误。所以要这

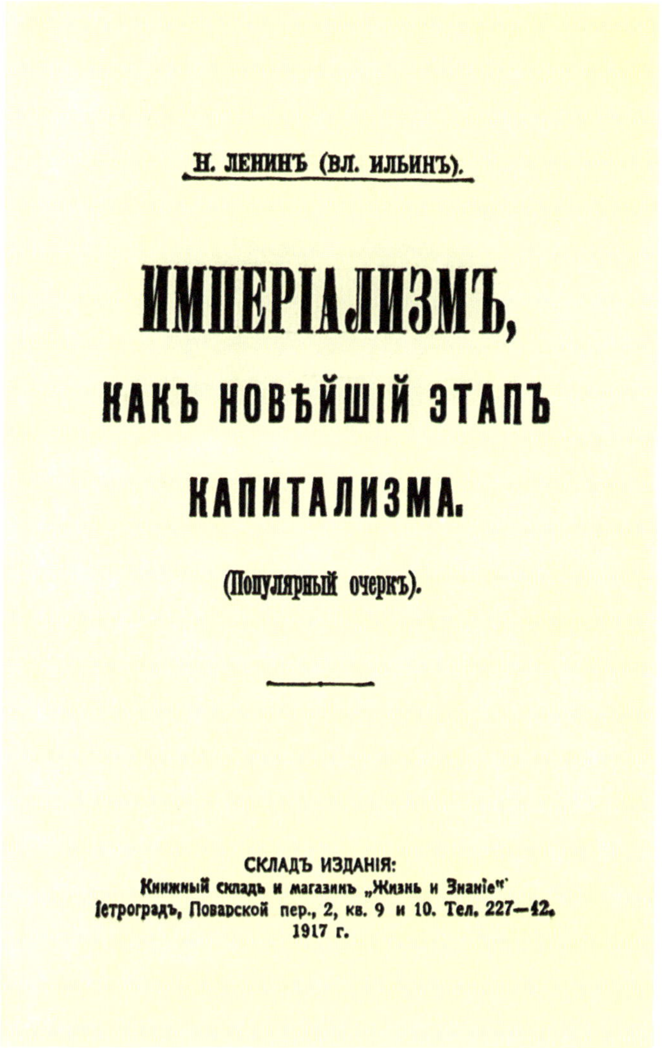
Н. ЛЕНИНЪ (ВЛ. ИЛЬИНЪ).

ИМПЕРІАЛИЗМЪ,
КАКЪ НОВѢЙШІЙ ЭТАПЪ
КАПИТАЛИЗМА.

(Популярный очеркъ).

СКЛАДЪ ИЗДАНІЯ:
Книжный складъ и магазинъ „Жизнь и Знаніе"
Петроградъ, Поварской пер., 2, кв. 9 и 10. Тел. 227—42.
1917 г.

1917 年列宁《帝国主义是资本主义的最高阶段》一书封面

（按原版缩小）

1925—1949 年我国出版的

列宁《帝国主义是资本主义的最高阶段》一书的部分中译本

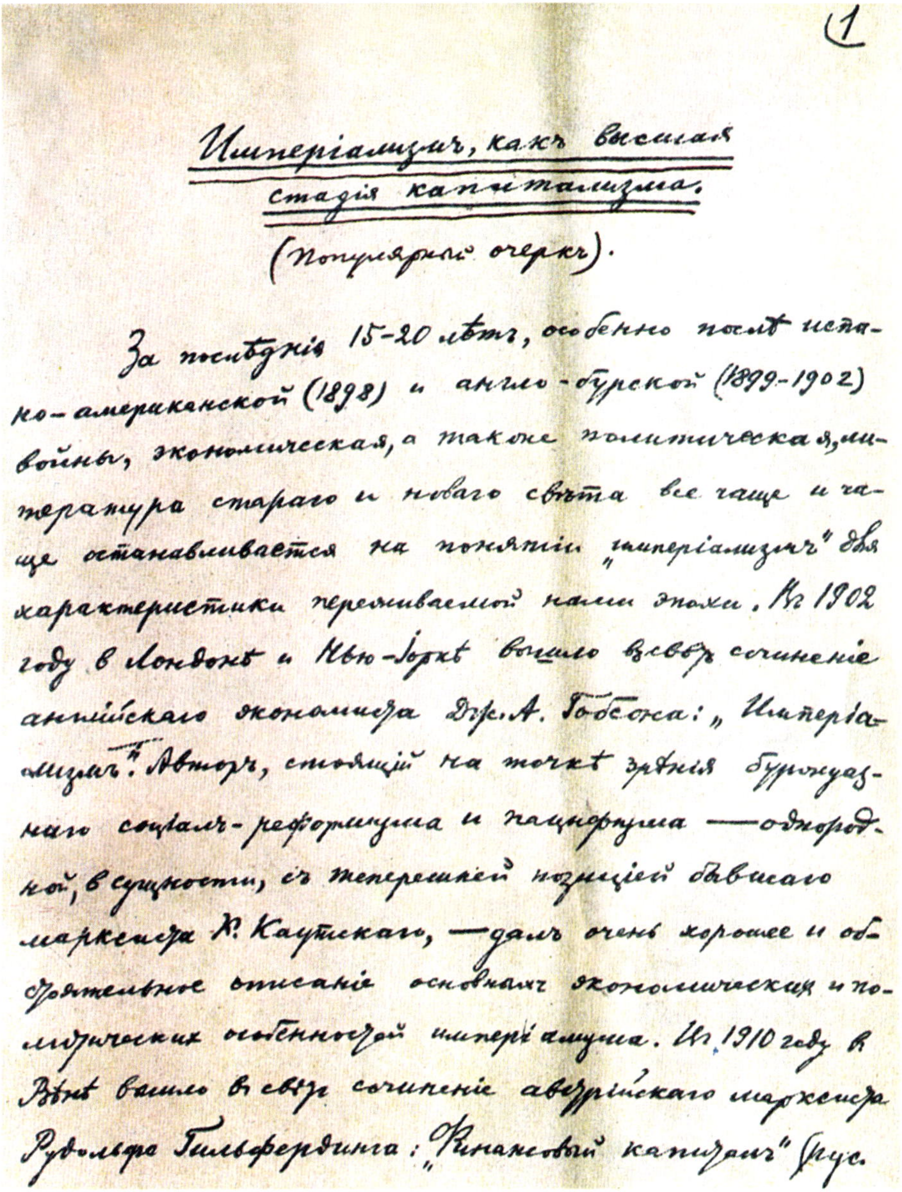

1

Имперіализмъ, как высшая стадія капитализма.

(Популярный очеркъ).

За послѣдніе 15-20 лѣтъ, особенно послѣ испано-американской (1898) и англо-бурской (1899-1902) войны, экономическая, а также политическая, литература стараго и новаго свѣта все чаще и чаще останавливается на понятіи „имперіализмъ" для характеристики переживаемой нами эпохи. Въ 1902 году в Лондонѣ и Нью-Іоркѣ вышло въ свѣтъ сочиненіе англійскаго экономиста Дж. А. Гобсона: „Имперіализмъ". Авторъ, стоящій на точкѣ зрѣнія буржуазнаго соціаль-реформизма и пацифизма — однородной, в сущности, съ теперешней позиціей бывшаго марксиста К. Каутскаго, — далъ очень хорошее и обстоятельное описаніе основныхъ экономическихъ и политическихъ особенностей имперіализма. Въ 1910 году в Вѣнѣ вышло въ свѣтъ сочиненіе австрійскаго марксиста Рудольфа Гильфердинга: „Финансовый капиталъ" (рус.

1916 年列宁《帝国主义是资本主义的最高阶段》一书手稿第 1 页

（按原稿缩小）

样做，尤其是因为和平主义和一般“民主主义”在全世界还十分流行，这些思潮虽然丝毫不想冒充马克思主义，但是完全同考茨基及其一伙一样，也在掩饰帝国主义矛盾的深刻性和帝国主义产生革命危机的必然性。所以，无产阶级的政党必须同这些思潮作斗争，把受资产阶级愚弄的小业主和程度不同地处在小资产阶级生活条件下的千百万劳动者从资产阶级那里争取过来。

五

关于第八章——《资本主义的寄生性和腐朽》，有必要说几句话。在本书正文中已经指出：过去是“马克思主义者”、现在是考茨基的战友和“德国独立社会民主党”[166]的资产阶级改良主义政策主要代表人之一的希法亭，在这个问题上，比**露骨的**和平主义者和改良主义者英国人霍布森还后退了一步。现在，整个工人运动的国际性的分裂已经完全暴露出来了（第二国际和第三国际）。这两派之间的武装斗争和国内战争的事实也同样暴露出来了：在俄国，孟什维克和“社会革命党人”支持高尔察克和邓尼金，反对布尔什维克；在德国，谢德曼分子和诺斯克及其一伙同资产阶级一起反对斯巴达克派[167]；在芬兰、波兰以及匈牙利等国也是如此。这个有世界历史意义的现象的经济基础是什么呢？

就是资本主义的寄生性和腐朽，而这是资本主义的最高历史阶段即帝国主义所特有的。正如本书所证明的，资本主义现在已经划分出**极少数**特别富强的国家（其人口不到世界人口的$\frac{1}{10}$，即使按最“慷慨”和最夸大的计算，也不到$\frac{1}{5}$），它们专靠“剪息票”来掠夺全世界。根据战前的价格和战前资产阶级的统计，资本输出的收入每年有80亿—100亿法郎。现在当然更多得多了。

很明显，这种大量的**超额利润**（因为它是在资本家从“自己”国家工人身上榨取的利润之外得来的）**可以**用来**收买**工人领袖和工人贵族这个上层。那些“先进”国家的资本家也确实在收买他们，用直接的和间接的、公开的和隐蔽的办法千方百计地收买他们。

这个资产阶级化了的工人阶层即“工人贵族”阶层，这个按生活方式、工资数额和整个世界观说来已经完全小市民化的工人阶层，是第二国际的主要支柱，现在则是**资产阶级的**主要**社会支柱**（不是军事支柱）。因为这是**资产阶级在工人**运动**中**的真正**代理人**，是资本家阶级的工人帮办（labor lieutenants of the capitalist class），是改良主义和沙文主义的真正传播者。在无产阶级同资产阶级的国内战争中，他们有不少人必然会站在资产阶级方面，站在“凡尔赛派”[168]方面来反对“公社战士”。

如果不懂得这个现象的经济根源，如果不充分认识这个现象的政治意义和社会意义，那么，在解决共产主义运动和即将到来的社会革命的实践任务方面，就会一步也不能前进。

帝国主义是无产阶级社会革命的前夜。从1917年起，这已经在全世界范围内得到了证实。

尼·列宁

1920年7月6日

在最近15—20年中，特别是在美西战争(1898年)和英布战争(1890—1902年)[169]之后，新旧两大陆出版的经济学著作以及政治学著作，愈来愈多地用“帝国主义”这个概念来说明我们所处时代的特征了。1902年，在伦敦和纽约出版了英国经济学家约·阿·霍布森的《帝国主义》一书。作者所持的是资产阶级社会改良主义与和平主义的观点，这同过去的马克思主义者卡·考茨基今天的立场实质上是一样的，但是，他对帝国主义的基本经济特点和政治特点作了一个很好很详尽的说明。1910年，在维也纳出版了奥地利马克思主义者鲁道夫·希法亭的《金融资本》一书[170]（俄译本1912年在莫斯科出版）。虽然作者在货币理论问题上有错误，并且书中有某种把马克思主义同机会主义调和起来的倾向，但是这本书对“资本主义发展的最新阶段”（希法亭这本书的副标题）作了一个极有价值的理论分析。实质上，近年来关于帝国主义问题的论述，特别是报刊上有关这个问题的大量文章中所谈的，以及各种决议，如1912年秋的开姆尼茨[171]和巴塞尔两次代表大会的决议中所谈的，恐怕都没有超出这两位作者所阐述的，确切些说，所总结的那些思想的范围……

下面，我们准备对帝国主义的**基本**经济特点的联系和相互关系，作一个简要的、尽量通俗的阐述。至于非经济方面的问题，我们就不谈了，尽管这还是值得一谈的。所引资料的出处及其他注释并不是所有的读者都感兴趣的，所以放在本书的最后。①

一 生产集中和垄断

资本主义最典型的特点之一，就是工业蓬勃发展，生产集中于愈来愈大的企业的过程进行得非常迅速。现代工业调查提供了说明这一过程的最完备最确切的材料。

例如在德国，每 1 000 个工业企业中，雇用工人 50 人以上的大企业，1882 年有 3 个，1895 年有 6 个，1907 年有 9 个。每 100 个工人中，这些企业的工人分别占 22 人、30 人、37 人。但是生产集中的程度要比工人集中的程度大得多，因为在大企业中劳动的生产率要高得多。蒸汽机和电动机的材料可以说明这一点。拿德国所谓广义的工业（包括商业和交通运输业等在内）来说，情况如下：在 3 265 623 个企业中，大企业有 30 588 个，只占 0.9%。在 1 440 万工人中，它们的工人占 570 万，即占 39.4%；在 880 万蒸汽马力中，它们占有 660 万马力，即占 75.3%；在 150 万千瓦电力中，它们占有 120 万千瓦，即占 77.2%。

不到 1%的企业，竟占有总数¾以上的蒸汽力和电力！而 297 万个小企业（雇佣工人不超过 5 人的），即占总数 91%的企业，却只占有 7%的蒸汽力和电力！几万个最大的企业就是一切，数百万个小企业算不了什么。

德国在 1907 年雇用工人 1 000 人和 1 000 人以上的企业，有

① 在本版中，这些已分别移至当页正文下面作为脚注。——编者注

586 个。它们的工人几乎占总数的1/10（138 万），它们的蒸汽力和电力**几乎**占总数的1/3（32%）。① 下面我们可以看到，货币资本和银行使极少数最大企业的这种优势变成更强大的而且是名副其实的压倒优势，就是说，几百万中小“业主”，甚至一部分大“业主”，实际上完全受几百个金融富豪的奴役。

在另一个现代资本主义先进国家北美合众国，生产集中发展得更加迅猛。美国统计把狭义的工业单独列出，并且按全年产值的多少把这种企业分成几类。1904 年，产值在 100 万美元和 100 万美元以上的最大的企业有 1 900 个（占企业总数 216 180 个的 0.9%），它们有 140 万工人（占工人总数 550 万的 25.6%），产值为 56 亿美元（占总产值 148 亿美元的 38%）。5 年之后，即 1909 年，相应的数字如下：3 060 个企业（占企业总数 268 491 个的 1.1%），有 200 万工人（占工人总数 660 万的 30.5%），产值为 90 亿美元（占总产值 207 亿美元的 43.8%）。②

美国所有企业的全部产值，差不多有一半掌握在仅占企业总数**百分之一**的企业手里！而这 3 000 个大型企业包括 258 个工业部门。由此可见，集中发展到一定阶段，可以说就自然而然地走到垄断。因为几十个大型企业彼此之间容易达成协议；另一方面，正是企业的规模巨大造成了竞争的困难，产生了垄断的趋势。这种从竞争到垄断的转变，不说是最新资本主义经济中最重要的现象，也是最重要的现象之一，所以我们必须比较详细地谈一下。但是，我们首先应当消除一个可能产生的误会。

美国的统计材料说：在 250 个工业部门中有 3 000 个大型企

① 数字是根据 1911 年《德意志帝国年鉴》**172** 察恩的文章综合的。

② 《美国统计汇编（1912 年）》第 202 页。

业。似乎每个部门只有 12 个规模最大的企业。

但事实上并非如此。并不是每个工业部门都有大企业；另一方面，资本主义发展到了最高阶段，有一个极重要的特点，就是所谓**联合制**，即把不同的工业部门联合在一个企业中，这些部门或者是依次对原料进行加工（如把矿石炼成生铁，把生铁炼成钢，可能还用钢制造各种成品），或者是一个部门对另一个部门起辅助作用（如加工下脚料或副产品，生产包装用品，等等）。

希法亭写道："联合制把各种行情拉平，从而保证联合企业有更稳定的利润率。第二，联合制导致贸易的消除。第三，联合制使技术改进有可能实现，因而与'单纯'企业〈即没有联合的企业〉相比，能够得到更多的利润。第四，联合制使联合企业的地位比'单纯'企业巩固，使它在原料跌价赶不上成品跌价的严重萧条〈营业呆滞，危机〉时期的竞争中得到加强。"①

德国资产阶级经济学家海曼写了一部描述德国钢铁工业中"混合"（即联合）企业的专著，他说："单纯企业由于原料价格高、成品价格低而纷纷倒闭"。结果是：

"一方面，剩下几个采煤量达几百万吨的大煤业公司，它们紧密地组成一个煤业辛迪加；其次，是同它们有密切联系的、组成钢铁辛迪加的一些大铸钢厂。这些大型企业每年生产 40 万吨〈一吨等于 60 普特〉钢，采掘大量的矿石和煤炭，生产钢制品，有 1 万个住在工厂区集体宿舍中的工人，有的还有自己专用的铁路和港口。这种大型企业是德国钢铁工业的典型代表。而且集中还在不断地发展。某些企业愈来愈大；同一工业部门或不同工业部门的企业

① 《金融资本》俄译本第 286—287 页。

结合为大型企业的愈来愈多，而且有柏林的6家大银行作它们的靠山和指挥者。德国采矿工业确切地证实了卡尔·马克思关于集中的学说是正确的；诚然，这里指的是用保护性的关税和运费率来保护采矿工业的国家。德国采矿工业已经成熟到可以被剥夺的地步了。”①

这就是一个诚实的（这是一个例外）资产阶级经济学家势必得出的结论。必须指出，他把德国似乎看得很特殊，因为德国工业受到高额保护关税的保护。但是这种情况只能加速集中，加速企业家垄断同盟卡特尔、辛迪加等等的形成。特别重要的是，在自由贸易的国家英国，集中**同样**导致垄断，尽管时间稍晚，形式也许有所不同。请看赫尔曼·莱维教授根据大不列颠经济发展材料写的专著《垄断组织——卡特尔和托拉斯》中的一段话：

“在大不列颠，正是企业的巨大规模和高度技术水平包含着垄断的趋势。一方面，由于集中的结果，对每一企业必须投入大量资本，因此，新企业在必要资本额方面面临着愈来愈高的要求，这就使新企业难以出现。另一方面（我们认为这一点更重要），每个新企业要想同集中所造成的那些大型企业并驾齐驱，就必须生产大量的过剩产品，而这些产品只有在需求异常增加的时候才能有利地销售出去，否则这种产品过剩就会使价格跌到无论对新工厂或各垄断同盟都不利的程度。”英国和那些有保护关税促进卡特尔化的国家不同，在这里，企业家垄断同盟卡特尔和托拉斯，多半是在互相竞争的主要企业的数目缩减到“一两打”的时候才产生的。“集中对产生大工业垄断组织的影响，在

① 汉斯·吉德翁·海曼《德国大钢铁工业中的混合企业》1904年斯图加特版第256、278—279页。

这里表现得十分明显。”①

在半个世纪以前马克思写《资本论》的时候，绝大多数经济学家都认为自由竞争是一种“自然规律”。官方学者曾经力图用缄默这种阴谋手段来扼杀马克思的著作，因为马克思对资本主义所作的理论和历史的分析，证明了自由竞争产生生产集中，而生产集中发展到一定阶段就导致垄断。现在，垄断已经成了事实。经济学家们正在写大堆大堆的著作，叙述垄断的某些表现，同时却继续齐声宣告：“马克思主义被驳倒了。”但是，英国有句谚语说得好：事实是顽强的东西，不管你愿意不愿意，你都得重视事实。事实证明：某些资本主义国家之间的差别，例如实行保护主义还是实行自由贸易，只能在垄断组织的形式上或产生的时间上引起一些非本质的差别，而生产集中产生垄断，则是现阶段资本主义发展的一般的和基本的规律。

对于欧洲，可以相当精确地确定新资本主义**最终**代替旧资本主义的时间是 20 世纪初。在最近出版的一本关于“垄断组织的形成”的历史的综合性著作中，我们看到有下面几段话：

“我们可以从 1860 年以前的时代里举出资本主义垄断组织的个别例子；从这些例子可以看出现在极常见的那些形式的萌芽；但是这一切无疑还是卡特尔的史前时期。现代垄断组织的真正开始，最早也不过是 19 世纪 60 年代的事。垄断组织的第一个大发展时期，是从 19 世纪 70 年代国际性的工业萧条开始，一直延续到 19 世纪 90 年代初期。”“如果从欧洲范围来看，60 年代和 70 年代

① 赫尔曼·莱维《垄断组织——卡特尔和托拉斯》1909 年耶拿版第 286、290、298 页。

是自由竞争发展的顶点。当时，英国建成了它的那种旧式资本主义组织。在德国，这种组织同手工业和家庭工业展开了坚决的斗争，开始建立自己的存在形式。”

“大转变是从1873年的崩溃时期，确切些说，是从崩溃后的萧条时期开始的；这次萧条在欧洲经济史上持续了22年，只是在80年代初稍有间断，并在1889年左右出现过异常猛烈然而为时甚短的高涨。”“在1889—1890年短促的高涨期间，人们大力组织卡特尔来利用行情。轻率的政策使价格比没有卡特尔时提高得更快更厉害，结果所有这些卡特尔差不多全都不光彩地埋葬在‘崩溃这座坟墓’里了。后来又经过了5年不景气和价格低落的时期，但是这时笼罩在工业界的已经不是从前那种情绪了。人们已经不把萧条看成什么当然的事情，而认为它不过是有利的新行情到来之前的一种间歇。

于是卡特尔运动进入了第二个时期。卡特尔已经不是暂时的现象，而成了全部经济生活的基础之一。它占领一个又一个的工业部门，而首先是占领原料加工部门。早在19世纪90年代初，在组织焦炭辛迪加（后来的煤业辛迪加就是仿照它建立的）时，卡特尔就创造了后来基本上再没有发展的组织卡特尔的技术。19世纪末的巨大高涨和1900—1903年的危机，至少在采矿和钢铁工业方面，都是第一次完全在卡特尔的标志下发生的。当时人们还觉得这是一种新现象，而现在社会上则普遍认为，经济生活的重大方面通常不受自由竞争的支配，是一种不言而喻的事情了。”①

---

① 泰·福格尔施泰因《资本主义工业的金融组织和垄断组织的形成》，见《社会经济概论》1914年蒂宾根版第6部分。参看同一作者所著《英美钢铁工业和纺织工业的组织形式》1910年莱比锡版第1卷。

综上所述,对垄断组织的历史可以作如下的概括:(1)19 世纪 60 年代和 70 年代是自由竞争发展的顶点即最高阶段。这时垄断组织还只是一种不明显的萌芽。(2)1873 年危机之后,卡特尔有一段很长的发展时期,但卡特尔在当时还是一种例外,还不稳固,还是一种暂时现象。(3)19 世纪末的高涨和 1900—1903 年的危机。这时卡特尔成了全部经济生活的基础之一。资本主义转化为帝国主义。

卡特尔彼此商定销售条件和支付期限等等。它们彼此划分销售地区。它们规定所生产的产品的数量。它们确定价格。它们在各个企业之间分配利润,等等。

德国的卡特尔在 1896 年约有 250 个,在 1905 年有 385 个,参加卡特尔的企业约有 12 000 个①。但是,大家都承认,这是缩小了的数字。从上面引用的 1907 年的德国工业统计材料可以看出,单是这 12 000 个最大的企业,就集中了大约占总数一半以上的蒸汽力和电力。北美合众国的托拉斯在 1900 年是 185 个,在 1907 年是 250 个。美国的统计把所有的工业企业分为属于个人的和属于合伙商行、公司的。后者在 1904 年占企业总数的 23.6%,在 1909 年占 25.9%,即¼以上。这些企业的工人,在 1904 年占工人总数的 70.6%,在 1909 年占 75.6%,即¾;产值分别是 109 亿美元和 163 亿美元,即占总产值的 73.7%和 79%。

一个工业部门的生产总量,往往有十分之七八集中在卡特尔和托拉斯手中。莱茵—威斯特伐利亚煤业辛迪加在 1893 年成立

① 里塞尔博士《德国大银行及其随着德国整个经济发展而来的集中》1912 年第 4 版第 149 页;罗·利夫曼《卡特尔与托拉斯以及国民经济组织今后的发展》1910 年第 2 版第 25 页。

时,集中了该地区总采煤量的86.7%,到1910年则已经达到95.4%①。这样造成的垄断,保证获得巨额的收入,并导致组成规模极大的技术生产单位。美国著名的煤油托拉斯(美孚油公司),是1900年成立的。"它的资本是15 000万美元。当时发行了1亿美元的普通股票和10 600万美元的优先股票。1900—1907年,每年支付的优先股票的股息分别为:48%、48%、45%、44%、36%、40%、40%、40%,共计36 700万美元。1882—1907年的纯利为88 900万美元,其中60 600万付股息,其余的作为后备资本。"②"钢铁托拉斯(美国钢铁公司)所有企业的职工,在1907年达210 180人。德国采矿工业中最大的企业盖尔森基兴矿业公司(Gelsenkirchener Bergwerksgesellschaft)在1908年有46 048名职工。"③钢铁托拉斯在1902年就生产了900万吨钢④。它的钢产量在1901年占美国全部钢产量的66.3%,在1908年占56.1%⑤。它的矿石开采量,在1901年占43.9%,在1908年占46.3%。

美国政府专门委员会关于托拉斯的报告中说:"它比竞争者优越,是因为它的企业规模大,技术装备优良。烟草托拉斯从创办的时候起,就竭力在各方面大规模地采用机器来代替手工劳动。为此目的,它收买了与烟草加工多少有关的一切发明专利权,在这方面花费了巨额款项。有许多发明起初是不适用的,必须经过在托

---

① 弗里茨·克斯特纳博士《强迫加入组织。卡特尔与局外人斗争情况的研究》1912年柏林版第11页。

② 罗·利夫曼《参与和投资公司。对现代资本主义和有价证券业的研究》1909年耶拿第1版第212页。

③ 同上,第218页。

④ 齐·契尔施基博士《卡特尔与托拉斯》1903年格丁根版第13页。

⑤ 泰·福格尔施泰因《组织形式》第275页。

拉斯供职的工程师的改进。在1906年年底设立了两个分公司，专门收买发明专利权。为了同一目的，托拉斯又设立了自己的铸造厂、机器厂和修理厂。设在布鲁克莱恩的一个这样的工厂有大约300名工人；这个厂对有关生产纸烟、小雪茄、鼻烟、包装用的锡纸和烟盒等等的发明进行试验，在这里还对各种发明进行改进。”①“其他托拉斯也雇有所谓技术开发工程师(developping engineers)，他们的任务就是发明新的生产方法，进行技术改良的试验。钢铁托拉斯给那些在提高技术或减少费用方面有发明创造的工程师和工人以高额奖金。”②

德国的大工业，例如近几十年来获得巨大发展的化学工业，也是这样组织技术改良工作的。到1908年，生产集中的过程已经在这个工业中造成了两大“集团”，它们也都按自己的方式逐步走向垄断。起初，这两个集团都是由两对大工厂组成的“双边联盟”，各有资本2 000万—2 100万马克：一对是美因河畔赫希斯特的前行东……颜料厂和美因河畔法兰克福的卡塞拉公司；另一对是路德维希港苯胺苏打厂和埃尔伯费尔德的前拜尔公司。后来，一个集团在1905年，另一个集团在1908年，又各同另一个大工厂达成了协议。结果构成了两个“三边联盟”，各有资本4 000万—5 000万马克，而且这两个“联盟”已经开始“接近”，“商定”价格等等。③

竞争转化为垄断。生产的社会化有了巨大的进展。就连技术

① 《专门委员会委员关于烟草工业联合公司的报告》1909年华盛顿版第266页。——引自保尔·塔弗尔博士《北美托拉斯及其对技术进步的影响》一书，1913年斯图加特版第48页。

② 同上，第48—49页。

③ 里塞尔的上述著作第3版第547页及以下各页。据报纸报道(1916年6月)，新近又成立了一个把德国整个化学工业联合起来的大型托拉斯。

发明和技术改进的过程也社会化了。

从前是各个业主自由竞争，他们是分散的，彼此毫不了解，他们进行生产都是为了在情况不明的市场上去销售，现在则完全不同了。集中已经达到了这样的程度，可以对本国的，甚至像下面所说的，对许多国家以至全世界所有的原料来源（例如蕴藏铁矿的土地）作出大致的估计。现在不但进行这样的估计，而且这些来源完全操纵在一些大垄断同盟的手里。这些同盟对市场的容量也进行大致的估计，并且根据协议"瓜分"这些市场。它们垄断熟练的劳动力，雇用最好的工程师，霸占交通线路和交通工具，如美国的铁路、欧美的轮船公司。帝国主义阶段的资本主义紧紧接近最全面的生产社会化，它不顾资本家的愿望与意识，可以说是把他们拖进一种从完全的竞争自由向完全的社会化过渡的新的社会秩序。

生产社会化了，但是占有仍然是私人的。社会化的生产资料仍旧是少数人的私有财产。在形式上被承认的自由竞争的一般架子依然存在，而少数垄断者对其余居民的压迫却更加百倍地沉重、显著和令人难以忍受了。

德国经济学家克斯特纳写了一本专论"卡特尔与局外人斗争情况"的著作，所谓"局外人"，就是未加入卡特尔的企业家。他给这本著作取名为《强迫加入组织》，其实，如果不粉饰资本主义，就应当说是强迫服从垄断者同盟。单是看看垄断者同盟为了这种"组织"而采取的种种现代的、最新的、文明的斗争手段，也是大有教益的。这些手段有：(1)剥夺原料（"……强迫加入卡特尔的主要手段之一"）；(2)用"同盟"方法剥夺劳动力（即资本家和工会订立合同，使工会只接受卡特尔化企业的工作）；(3)剥夺运输；(4)剥夺销路；(5)同买主订立合同，使他们只同卡特尔发生买卖关系；

(6)有计划地压低价格(为了使“局外人”即不服从垄断者的企业破产,不惜耗费巨资,在一段时间内按低于成本的价格出售商品。在汽油工业中就有过这样的例子:把价格从 40 马克压到 22 马克,差不多压低了一半!);(7)剥夺信贷;(8)宣布抵制。

现在已经不是小企业同大企业、技术落后的企业同技术先进的企业进行竞争。现在已经是垄断者在扼杀那些不屈服于垄断、不屈服于垄断的压迫和摆布的企业了。下面就是这一过程在一位资产阶级经济学家意识中的反映。

克斯特纳写道:“甚至在纯粹经济的活动方面,也在发生某种转变,原先意义上的商业活动转变为投机组织者的活动。获得最大成就的,不是最善于根据自己的技术和商业经验来判断购买者需要,找到并且可以说是‘开发’潜在需求的商人,而是那些善于预先估计到,或者哪怕只是嗅到组织上的发展,嗅到某些企业与银行可能发生某种联系的投机天才〈?!〉……”

译成普通人的语言,这就是说:资本主义已经发展到这样的程度,商品生产虽然依旧“占统治地位”,依旧被看做全部经济的基础,但实际上已经被破坏了,大部分利润都被那些干金融勾当的“天才”拿去了。这种金融勾当和欺骗行为的基础是生产社会化,人类历尽艰辛所达到的生产社会化这一巨大进步,却造福于……投机者。下面我们会看到,那些对资本帝国主义作小市民式的反动批评的人,怎样“根据这一点”而梦想**开倒车**,恢复“自由的”、“和平的”、“诚实的”竞争。

克斯特纳说:“由卡特尔的组成引起的价格长期上涨,至今还只出现在最重要的生产资料方面,特别是煤、铁和钾碱等方面,而在成品方面则从来没有过。随之而来的收益的增加,同样也只限于生产生产资料的工业。对此还要作一点补充：原料(而不是半成品)加工工业不仅因组成卡特尔而获得高额利润，使进一步加工半成品的工业受到损失，而且它还取得了对这一工业的一定的**统治关系**，这是自由竞争时代所没有的。”①

我们作了着重标记的几个字，说明了问题的实质，这个实质是资产阶级经济学家很不愿意而且很少承认的，也是以卡·考茨基为首的当代的机会主义辩护士所竭力支吾搪塞、避而不谈的。统治关系和由此产生的强制，正是“资本主义发展的最新阶段”的典型现象，正是势力极大的经济垄断组织的形成所必然引起而且已经引起的结果。

我们再举一个说明卡特尔如何经营的例子。凡是可以把全部或主要的原料产地抓在手里的地方，卡特尔的产生和垄断组织的形成就特别容易。但是，如果以为在无法霸占原料产地的其他工业部门中不会产生垄断组织，那就错了。水泥工业的原料是到处都有的。但是在德国，就连这个工业也高度卡特尔化了。水泥厂联合成了区域性的辛迪加，如南德辛迪加、莱茵—威斯特伐利亚辛迪加等等。规定了垄断价格：成本为180马克的一车皮水泥，售价竟达230—280马克！企业支付12%—16%的股息，而且不要忘记，现代的投机“天才”除分得股息之外，还能使大量的利润滚进自己的腰包。为了从如此盈利的工业部门中排除竞争，垄断者甚至使用各种诡计：散布谣言，说水泥工业情况很坏；在报上登匿名广告说，“资本家们！当心，别在水泥业投资！”；最后是收买没有参加辛迪加的“局外人”的企业，付给他们6万、8万至15万马克的“出让费”②。

---

① 克斯特纳的上述著作第254页。

② 路·埃施韦格《水泥》，见1909年《银行》杂志**173**第1期第115页及以下各页。

垄断组织在一切地方用一切办法为自己开辟道路，从偿付“微薄的”出让费起，直到像美国那样“使用”炸药对付竞争者为止。

用卡特尔消除危机是拼命为资本主义涂脂抹粉的资产阶级经济学家的无稽之谈。相反，在**几个**工业部门中形成的垄断，使**整个**资本主义生产所特有的混乱现象更加厉害，更加严重。作为一般资本主义特点的农业和工业发展不相适应的现象，变得更加严重了。卡特尔化程度最高的所谓**重**工业，尤其是煤铁工业的特权地位，使其余工业部门“更加严重地缺乏计划性”，正如论述“德国大银行与工业的关系”的最佳著作之一的作者耶德尔斯所承认的那样①。

资本主义的无耻的辩护士利夫曼说：“国民经济愈发展，就愈是转向更带冒险性的企业或国外的企业，转向需要长时间才能发展的企业，或者转向那些只有地方意义的企业。”②冒险性的增大，归根到底是同资本的大量增加有关，资本可以说是漫溢出来而流向国外，如此等等。同时，技术的加速发展，又使国民经济各部门不相适应的因素、混乱和危机的因素日益增加。同一个利夫曼不得不承认说：“大概在不久的将来，人类又会碰到技术方面的一些也会影响到国民经济组织的大变革”……如电力、航空……“在发生这种根本性的经济变动的时候，通常而且照例会有很厉害的投机事业发展起来……”③

危机（各种各样的危机，最常见的是经济危机，但不是只有经

① 耶德尔斯《德国大银行与工业的关系，特别是与冶金工业的关系》**174** 1905 年莱比锡版第 271 页。

② 利夫曼《参与和投资公司》第 434 页。

③ 利夫曼《参与和投资公司》第 465—466 页。

济危机）又大大加强了集中和垄断的趋势。我们知道，1900 年的危机，是现代垄断组织史上的转折点。关于这次危机的意义，耶德尔斯有一段非常值得注意的论断：

“遭到 1900 年危机的，除了各主要工业部门的大型企业以外，还有许多在今天说来结构上已经过时了的‘单纯’企业〈即没有联合起来的企业〉，它们是乘着工业高涨的浪头浮上来的。价格的跌落，需求的减少，使这些‘单纯’企业陷于灾难的境地，这种情况，大型的联合企业或者根本没有遇到过，或者仅仅在极短的时期内碰到过。因此，1900 年的危机引起的工业集中，其程度远远超过了 1873 年的危机。1873 年的危机虽然也起了一种淘汰作用，使一些较好的企业保存下来，但是在当时的技术水平下，这种淘汰并没有能够使那些顺利地度过危机的企业获得垄断地位。长期地占据这种垄断地位的，是现在的钢铁工业和电力工业中的大型企业（因为它们的技术复杂，组织分布很广，资本雄厚），而且垄断程度很高；其次是机器制造业以及冶金工业、交通运输业等某些部门的企业，不过垄断程度较低。”①

垄断正是“资本主义发展的最新阶段”的最新成就。但是，如果我们不注意到银行的作用，那我们对于现代垄断组织的实际力量和意义的认识，就会是极不充分、极不完全和极其不足的。

二　银行和银行的新作用

银行基本的和原来的业务是在支付中起中介作用。这样，银

① 耶德尔斯的著作第 108 页。

行就把不活动的货币资本变为活动的即生利的资本，把各种各样的货币收入汇集起来交给资本家阶级支配。

随着银行业的发展及其集中于少数机构，银行就由中介人的普通角色发展成为势力极大的垄断者，它们支配着所有资本家和小业主的几乎全部的货币资本，以及本国和许多国家的大部分生产资料和原料产地。为数众多的普通中介人成为极少数垄断者的这种转变，是资本主义发展成为资本帝国主义的基本过程之一，因此，我们应当首先来谈一谈银行业的集中。

在1907—1908年度，德国所有资本在100万马克以上的股份银行，共有存款70亿马克；到1912—1913年度，已达98亿马克。5年中增加了40%，而且这新增加的28亿马克中，有275 000万马克属于57家资本在1 000万马克以上的银行。存款在大小银行中的分配情形如下①：

在存款总额中所占的百分比

	柏林9家大银行	其余48家资本在1 000万马克以上的银行	115家资本在100万—1 000万马克的银行	资本不到100万马克的小银行
1907—1908年度……	47	32.5	16.5	4
1912—1913年度……	49	36	12	3

小银行被大银行排挤，大银行当中仅仅9家银行就差不多集中了所有存款的一半。但是，这里还有许多情况没有考虑进去，例如有许多小银行实际上成了大银行的分行，等等。关于这些下面就要讲到。

① 阿尔弗勒德·兰斯堡《五年来的德国银行业》，见1913年《银行》杂志第8期第728页。

据舒尔采-格弗尼茨计算，1913 年底，存款总额约为 100 亿马克，而柏林 9 家大银行就占了 51 亿马克。[175]这位作者不仅注意到存款，而且注意到全部银行资本，他写道："1909 年年底，柏林 9 家大银行**及其附属银行**，支配着 113 亿马克，即约占德国银行资本总额的 83%。德意志银行(Deutsche Bank)**及其附属银行**支配着约 30 亿马克，与普鲁士国有铁路管理局同为旧大陆上资本聚集最多、而且分权程度很高的企业。"①

我们在提到"附属"银行的地方用了着重标记，因为这是最新资本主义集中的最重要的特点之一。大企业，尤其是大银行，不仅直接吞并小企业，而且通过"参与"它们的资本、购买或交换股票，通过债务关系体系等等来"联合"它们，征服它们，吸收它们加入"自己的"集团，用术语说，就是加入自己的康采恩。利夫曼教授写了一本 500 页的大"著作"，描述现代的参与和投资公司②，可惜，这本书里给那些往往未经消化的原始材料加上了十分低劣的"理论"推断。[176]关于这种"参与"制在集中方面造成的结果怎样，说得最清楚的是银行"活动家"里塞尔那本论德国大银行的著作[177]。但是，在引用他的材料之前，我们先举一个"参与"制的具体例子。

德意志银行集团，在所有大银行集团当中，不说是最大的集团，也是最大的集团之一。要弄清楚把这一集团所有的银行联系在一起的主要线索，应当区分第一级、第二级和第三级的"参与"，

① 舒尔采-格弗尼茨《德国信用银行》，见《社会经济概论》1915 年蒂宾根版第 12 页和第 137 页。

② 罗·利夫曼《参与和投资公司。对现代资本主义和有价证券业的研究》1909 年耶拿第 1 版第 212 页。

或者说是第一级、第二级和第三级的依附（比较小的银行对德意志银行的依附）。具体情况如下①：

		第一级依附：	第二级依附：	第三级依附：
德意志银行	始终参与…………	17家银行；	其中有9家又参与34家银行；	其中有4家又参与7家银行
	不定期参与………	5家银行；	——	——
	间或参与…………	8家银行；	其中有5家又参与14家银行；	其中有2家又参与2家银行
	共　计…………	30家银行；	其中有14家又参与48家银行；	其中有6家又参与9家银行

在“间或”隶属于德意志银行的8家“第一级依附”的银行中，有3家国外银行：一家是奥地利的（维也纳的联营银行——Bankverein），两家是俄国的（西伯利亚商业银行和俄国对外贸易银行）。直接和间接地、全部和局部地加入德意志银行集团的，共有87家银行，这个集团所支配的资本，包括自己的和他人的，共有20亿—30亿马克。

一家银行既然领导着这样一个集团，并且同其他6家稍小一点的银行达成协议，来办理公债之类的特别巨大、特别有利的金融业务，那么很明显，这家银行已经不仅仅扮演“中介人”的角色，而成了极少数垄断者的同盟。

从下面我们简略地摘引的里塞尔的统计材料可以看出，正是在19世纪末和20世纪初，德国银行业的集中发展得多么迅速：

① 阿尔弗勒德·兰斯堡《德国银行业中的参与制》，见1910年《银行》杂志第1期第500页。

柏林 6 家大银行拥有的机构

年份	在德国的分　行	存款部和兑换所	始终参与的德国股份银行	机构总数[178]
1895 ……	16	14	1	42
1900 ……	21	40	8	80
1911 ……	104	276	63	450

我们看到，银行渠道的密网扩展得多么迅速，它布满全国，集中所有的资本和货币收入，把成千上万分散的经济变成一个统一的全国性的资本主义经济，并进而变成世界性的资本主义经济。舒尔采-格弗尼茨在上面那段引文中代表现代资产阶级政治经济学所说的那个“分权”，实际上却是愈来愈多的从前比较“独立的”、确切些说是地方性的同外界隔绝的经济单位，隶属于一个统一的中心。其实，这是**集权**，是垄断巨头的作用、意义和实力的加强。

在比较老的资本主义国家中，这种“银行网”更密。英国，包括爱尔兰，1910 年所有银行的分行共有 7 151 个。其中 4 家大银行各有 400 个以上的分行（447 个至 689 个），另外还有 4 家大银行各有 200 多个分行，11 家银行各有 100 多个分行。

法国**三家**最大的银行里昂信贷银行、国民贴现银行和总公司[179]的业务和分行网发展的情形如下①：

	分行和部所数目			资本额（单位百万法郎）	
	在地方上	在巴黎	共计	自有的	他人的
1870 年 ……	47	17	64	200	427
1890 年 ……	192	66	258	265	1 245
1909 年 ……	1 033	196	1 229	887	4 363

① 欧根·考夫曼《法国银行业》1911 年蒂宾根版第 356 页和第 362 页。

为了说明现代大银行“联系”的特点，里塞尔引用了德国和全世界最大的银行之一贴现公司（Disconto-Gesellschaft）（它的资本在1914年已经达到3亿马克）收发信件的统计数字：

	信件数目	
	收到的	发出的
1852年…………	6 135	6 292
1870年…………	85 800	87 513
1900年…………	533 102	626 043

巴黎大银行里昂信贷银行的账户数目：在1875年是28 535个，而在1912年就增加到633 539个。[①]

这些简单的数字，也许比长篇大论更能清楚地表明：随着资本的集中和银行周转额的增加，银行的作用根本改变了。分散的资本家合成了一个集体的资本家。银行为某些资本家办理往来账，似乎是在从事一种纯粹技术性的、完全辅助性的业务。而当这种业务的范围扩展到很大的时候，极少数垄断者就控制整个资本主义社会的工商业业务，就能通过银行的联系，通过往来账及其他金融业务，首先**确切地了解**各个资本家的业务状况，然后加以**监督**，用扩大或减少、便利或阻难信贷的办法来影响他们，以至最后**完全决定**他们的命运，决定他们的收入，夺去他们的资本，或者使他们有可能迅速而大量地增加资本等等。

我们刚才谈到柏林的贴现公司有3亿马克的资本。贴现公司资本增加的经过，是柏林两家最大的银行——德意志银行和贴现公司争夺霸权斗争中的一幕。在1870年，德意志银行还是一家新

① 让·莱斯居尔《法国储蓄业》1914年巴黎版第52页。

银行，资本只有1 500万马克，贴现公司有3 000万马克。在1908年，前者有资本2亿，后者有资本17 000万。到1914年，前者的资本增加到25 000万，后者因为同另一家第一流的大银行沙夫豪森联合银行合并，资本就增加到了3亿。当然，在进行这种争夺霸权的斗争的同时，这两家银行也订立愈来愈频繁、愈来愈巩固的"协定"。这种发展的进程，使得那些在观察经济问题时决不越出最温和、最谨慎的资产阶级改良主义范围的银行专家，也不得不作出如下的结论。

德国的《银行》杂志就贴现公司资本增加到3亿马克这一点写道："其他银行也会跟着走上这条道路的，现在在经济上统治着德国的300人，将会逐渐减到50人、25人甚至更少一些。不要以为最新的集中运动将仅限于银行业。各个银行间的紧密联系，自然会使这些银行所保护的工业家的辛迪加也接近起来…… 会有一天，我们一觉醒来，将惊奇地发现我们面前尽是托拉斯，到那时我们必须以国家垄断来代替私人垄断。然而，除了听凭事情自由发展、让股票稍稍加速这种发展以外，我们实在是没有什么别的可以责备自己的。"①

这段话是资产阶级政论界束手无策的典型表现，而资产阶级学术界不同的地方，就在于后者不那么坦率，力图掩饰事情的本质，让人只见树木，不见森林。看见集中的后果而感觉"惊奇"，"责备"资本主义德国的政府或资本主义的"社会"（"我们"），害怕采用股票会"加速"集中，例如德国的一个"卡特尔问题"专家契尔施基就害怕美国托拉斯，"宁愿"要德国的卡特尔，因为德国的卡特尔似

① 阿·兰斯堡《一家有3亿资本的银行》，见1914年《银行》杂志第1期第426页。

乎“不会像托拉斯那样过分地加速技术和经济的进步”①,——这难道不是束手无策的表现吗?

但是,事实终归是事实。德国没有托拉斯,“只”有卡特尔,但**统治**德国的,不超过 300 个资本巨头。而且这些巨头的人数还在不断地减少。在任何情况下,在一切资本主义国家,不管有什么样不同的银行法,银行总是大大地加强并加速资本集中和垄断组织形成的过程。

半个世纪以前马克思就在《资本论》里写过:“银行制度同时也提供了社会范围的公共簿记和生产资料的公共分配的形式,但只是形式而已。”(俄译本第 3 卷下册第 144 页②)我们所引用的关于银行资本的增长、关于最大银行的分支机构数目及其账户数目的增加等材料,都具体地让我们看到了**整个**资本家阶级的这种“公共簿记”,而且不仅是资本家阶级的“公共簿记”,因为银行所收集的(即使是暂时收集的),是各种各样的货币收入,其中也有小业主的,也有职员的,也有极少数上层工人的。“生产资料的公共分配”,从形式上看来,是从现代银行中**生长出来的**;这种最大的银行在法国不过 3 家到 6 家,在德国有 6 家到 8 家,它们支配着几十亿几十亿的款额。但是,生产资料的这种分配,就其**内容**来说,决不是“公共的”,而是私人的,也就是说,是符合大资本(首先是最大的、垄断的资本)的利益的,因为大资本正是在民众挨饿,农业的整个发展无可救药地落后于工业的发展,工业中“重工业”向其他一切工业部门收取贡赋的条件下活动的。

① 齐·契尔施基的上述著作第 128 页。

② 见《马克思恩格斯文集》第 7 卷第 686 页。——编者注

在资本主义经济社会化方面，储金局和邮政机构开始同银行竞争，它们是更加“分权”的，也就是说，它们把更多的地区、更多的偏僻地方和更广大的居民群众纳入自己的势力范围。下面是美国的一个委员会收集的对比银行和储金局存款增加情况的统计材料①：

存款（单位十亿马克）

	英国		法国		德国		
	银行存款	储金局存款	银行存款	储金局存款	银行存款	信贷协会存款	储金局存款
1880年……………	8.4	1.6	?	0.9	0.5	0.4	2.6
1888年……………	12.4	2.0	1.5	2.1	1.1	0.4	4.5
1908年……………	23.2	4.2	3.7	4.2	7.1	2.2	13.9

储金局为了支付4％和4.25％的存款利息，就必须给自己的资本找到“有利的”投资场所，如从事票据、抵押等业务。银行和储金局之间的界限“日益消失”。例如波鸿和爱尔福特的商会，就要求“禁止”储金局经营票据贴现之类的“纯”银行业务，要求限制邮政机构经营“银行”业务②。银行大王好像是在担心国家垄断会不会从意料不到的地方悄悄地钻到他们身旁。不过，这种担心当然没有超出可以说是一个办事处的两个科长之间的竞争。因为储金局的几十亿资本，实际上归根到底是由**同一些**银行资本巨头们支配的，这是一方面；另一方面，在资本主义社会里，国家的垄断不过是提高和保证某个工业部门快要破产的百万富翁的收入的一种手段罢了。

自由竞争占统治地位的旧资本主义，被垄断占统治地位的

① 美国全国金融委员会的材料，见1910年《银行》杂志第2期第1200页。

② 美国全国金融委员会的材料，见1913年《银行》杂志第811、1022页；1914年第713页。

新资本主义所替代，还表现在交易所作用的降低上面。《银行》杂志写道："交易所早已不再是必要的流通中介人了，它过去曾经是，因为过去银行还不能把发行的大部分有价证券推销到自己的顾客中间去。"①

"'任何银行都是交易所'，——这是一句现代的名言。银行愈大，银行业的集中愈有进展，这句名言所包含的真理也愈多。"②"从前，在70年代，像年轻人那样放荡的交易所〈这是对1873年交易所的崩溃[180]，对滥设投机公司的丑事[181]等等所作的一种"微妙的"暗示〉，开辟了德国的工业化时代，而现在银行和工业已经能'独立应付'了。我国大银行对交易所的统治……正表明德国是一个十分有组织的工业国。如果说这样就缩小了自动起作用的经济规律的作用范围，而大大扩大了通过银行进行有意识的调节的范围，那么少数领导人在国民经济方面所负的责任也就因此而大大加重了。"③——德国教授舒尔采-格弗尼茨就是这样写的，这位教授是德国帝国主义的辩护士，是各国帝国主义者眼中的权威，他力图抹杀一件"小事情"，即这种通过银行进行的"有意识的调节"，就是由极少数"十分有组织的"垄断者对大众的掠夺。资产阶级教授的任务不是暴露全部内幕，不是揭穿银行垄断者的种种勾当，而是加以粉饰。

一位更有威望的经济学家和银行"活动家"里塞尔也完全一样，他用一些言之无物的空话来回避无可否认的事实："交易所正

① 1914年《银行》杂志第1期第316页。

② 奥斯卡尔·施蒂利希博士《货币银行业》1907年柏林版第169页。

③ 舒尔采-格弗尼茨《德国信用银行》，见《社会经济概论》1915年蒂宾根版第101页。

在愈来愈失去为整个经济和有价证券流通所绝对必需的性能，即不仅作为汇集到它那里的各种经济运动的最准确的测量器，而且作为对这些经济运动几乎自动起作用的调节器。”①

换句话说，旧的资本主义，即绝对需要交易所作为自己的调节器的自由竞争的资本主义，正在成为过去。代替它的是新的资本主义，这种新的资本主义带有某种过渡性事物、某种自由竞争和垄断混合物的鲜明特征。人们自然要问，这种最新的资本主义是在**向哪里**“过渡”呢？但这个问题资产阶级学者是不敢提出的。

“在30年前，不属于‘工人’体力劳动范围以内的经济工作，9/10都是由自由竞争的企业家来做的。现在，这种经济上的脑力工作9/10都是由**职员们**来担任了。在这一发展中处于领先地位的是银行业。”②舒尔采-格弗尼茨的这种供认，使人们又再次触及这样一个问题：最新的资本主义，即帝国主义阶段的资本主义，究竟是向哪里去的过渡呢？———

在少数几个经过集中过程而仍然在整个资本主义经济中处于领先地位的银行中间，达成垄断协议、组织**银行托拉斯**的倾向自然愈来愈明显，愈来愈强烈。美国现在已经不是9家，而是**2家**最大的银行，即亿万富翁洛克菲勒和摩根的银行，控制着110亿马克的资本③。在德国，我们上面指出的贴现公司吞并沙夫豪森联合银行的事实，引起了代表交易所利益的《法兰克福报》[182]如下的一段评论：

① 里塞尔的上述著作第4版第629页。

② 舒尔采-格弗尼茨《德国信用银行》，见《社会经济概论》1915年蒂宾根版第151页。

③ 1912年《银行》杂志第1期第435页。

“随着银行的日益集中，只能向愈来愈少的机构请求贷款了，这就使大工业更加依赖于少数几个银行集团。在工业同金融界联系密切的情况下，需要银行资本的那些工业公司活动的自由受到了限制。因此，大工业带着错综复杂的感情看待银行的日益托拉斯化〈联合成或转变为托拉斯〉；的确，我们已经多次看到各大银行康采恩之间开始达成某种限制竞争的协议。”①

银行业发展的最新成就还是垄断。

说到银行和工业的密切联系，那么，正是在这一方面，银行的新作用恐怕表现得最明显。银行给某个企业主贴现票据，给他开立往来账户等等，这些业务单独地来看，一点也没有减少这个企业主的独立性，银行也没有越出普通的中介人作用的范围。可是，如果这些业务愈来愈频繁、愈来愈加强，如果银行把大量资本“收集”在自己手里，如果办理某个企业的往来账使银行能够愈来愈详细和充分地了解它的顾客的经济状况（事实上也确实如此），那么，结果就是工业资本家愈来愈完全依赖于银行。

同时，银行同最大的工商业企业之间的所谓人事结合也发展起来，双方通过占有股票，通过银行和工商业企业的经理互任对方的监事（或董事），而日益融合起来。德国经济学家耶德尔斯搜集了关于这种形式的资本集中和企业集中的极为详细的材料。柏林 6 家最大的银行由经理做代表，参加了 **344** 个工业公司，又由董事做代表，参加了 **407** 个公司，一共参加了 **751** 个公司。它们在 **289** 个公司中各有两个监事，或者占据了监事长的位置。在这些工商业公司中，有各种各样的行业，如保险业、交

① 转引自舒尔采-格弗尼茨的著作，见《社会经济概论》第 155 页。

通运输业、饭馆、戏院、工艺美术业等等。另一方面，在这6家银行的监事会中（在1910年）有51个最大的工业家，其中有克虏伯公司的经理、大轮船公司汉堡—美洲包裹投递股份公司（Hamburg－Amerika）的经理等等。在1895—1910年间，这6家银行中的每一家银行都参加了替数百个（281个至419个）工业公司发行股票和债券的工作①。

除银行同工业的“人事结合”以外，还有这些或那些公司同政府的“人事结合”。耶德尔斯写道：“它们自愿把监事职位让给有声望的人物和过去的政府官吏，这些人可以使公司在同当局打交道的时候得到不少方便〈!!〉……”　“在大银行的监事会里，常有国会议员或柏林市议会的议员。”

可见，所谓大资本主义垄断组织正在通过一切“自然的”和“超自然的”途径十分迅速地创立和发展起来。现代资本主义社会中几百个金融大王之间的某种分工正在有步骤地形成：

“除了某些大工业家活动范围的这种扩大〈如加入银行董事会等等〉以及地方银行经理分别专管某一工业区以外，大银行领导人的专业化也有所加强。这样的专业化，只有在整个银行企业的规模很大，尤其是在银行同工业的联系很广的时候，才能设想。这种分工是在两个方面进行的：一方面，把联系整个工业界的事情交给一个经理去做，作为他的专职；另一方面，每个经理都负责监督几个企业或几组在行业上、利益上彼此相近的企业〈资本主义已经发展到可以有组织地**监督**各个企业的程度了〉。某个经理专门管德国工业，甚至专门管德国西部的工业〈德国西部是德国工业最发达

① 耶德尔斯的上述著作和里塞尔的上述著作。

的区域〉，另一些经理则专门负责同外国和外国工业联系，了解工业家等等的个人的情况，掌管交易所业务等等。此外，银行的每个经理又往往专管某个地方或某个工业部门：有的主要是在电力公司监事会里工作，有的是在化学工厂、啤酒厂或制糖厂里工作，有的是在少数几个孤立的企业中工作，同时又参加保险公司监事会…… 总而言之，在大银行里，随着银行业务的扩大和业务种类的增多，领导人的分工无疑也就更加细密，其目的（和结果）是使他们稍微超出纯银行业务的范围，使他们对工业的一般问题以及各个工业部门的特殊问题更有判断力，更加懂行，培养他们在银行势力所及的工业部门中进行活动的能力。除了这一套办法以外，银行还竭力挑选熟悉工业的人物，挑选企业家、过去的官吏、特别是在铁路和采矿部门中工作过的官吏，来参加本银行的监事会”等等。①

在法国银行业里，也有这一类的机构，不过形式稍微有点不同。例如，法国三家最大的银行之一里昂信贷银行，设立了一个专门的金融情报收集部（service des études financières）。在那里工作的经常有 50 多个工程师、统计学家、经济学家和法学家等等。这个机构每年耗资 60 万—70 万法郎。它下面又分 8 个科：有的科专门收集工业企业情报，有的研究一般统计，有的研究铁路和轮船公司，有的研究证券，有的研究财务报告等等。②

这样，一方面是银行资本和工业资本日益融合，或者用尼·伊·布哈林的很恰当的说法，日益长合在一起，另一方面是银行发

① 耶德尔斯的上述著作第 156—157 页。

② 欧·考夫曼关于法国银行的文章，见 1909 年《银行》杂志第 2 期第 851 页及以下各页。

展成为具有真正“包罗一切的性质”的机构。我们认为有必要引用在这方面最有研究的作家耶德尔斯对这个问题的准确的说法：

“我们考察了全部工业联系，结果发现那些为工业工作的金融机构具有**包罗一切的性质**。大银行同其他形式的银行相反，同某些著作中提出的银行应当专门从事某一方面业务或某一工业部门工作，以免丧失立脚点这样的要求相反，力求在尽可能不同的地区和行业同工业企业发生联系，力求消除各个地方或各个工业部门因各个企业历史情况不同而形成的资本分配不均现象。”“一种趋势是使银行同工业的联系成为普遍的现象，另一种趋势是使这种联系更加巩固和加强；这两种趋势在六大银行中虽然没有完全实现，但是已经在同样程度上大规模地实现了。”

在工商界经常听到有人抱怨银行的“恐怖主义”。既然大银行像下面的例子所表明的那样“发号施令”，那么听到这样的抱怨也就不奇怪了。1901 年 11 月 19 日，柏林所谓 **D** 字银行（4 家最大银行的名称都是以字母 **D** 开头的）之一，给西北德—中德水泥辛迪加管理处写了这样一封信：“兹阅贵处本月 18 日在某报上登载的通知，我们不得不考虑到贵辛迪加定于本月 30 日召开的全体大会，可能通过一些改革贵企业而为敝行所不能接受的决议。因此我们深感遗憾，不得不停发贵辛迪加所享有的贷款……　但如此次大会不通过敝行不能接受的决议，并向敝行提出将来也不通过这种决议的相应保证，敝行仍愿就给予贵辛迪加以新的贷款问题举行谈判。”①

其实，这也是小资本对大资本的压迫发出的抱怨，不过这里列

① 奥斯卡尔·施蒂利希博士《货币银行业》1907 年柏林版第 147 页。

入“小”资本的是整整一个辛迪加罢了！大小资本之间过去的那种斗争，又在一个新的、高得多的发展阶段上重演了。当然，拥有亿万巨资的大银行企业，也能用从前远不能相比的办法来推动技术的进步。例如，银行设立了各种专门的技术研究会，研究成果当然只能由“友好的”工业企业来享用。这一类机构有电气铁路问题研究会、中央科学技术研究所等等。

大银行的领导人自己不会看不到，国民经济中正在出现一些新的情况，但是他们在这些情况面前束手无策。

耶德尔斯写道：“凡是近几年来注意大银行经理和监事人选变更情形的人，都不会不觉察到，权力逐渐转到了一些认为积极干预工业的总的发展是大银行必要的、愈来愈迫切的任务的人物手中，于是这些人和老的银行经理在业务方面，往往也在个人方面意见愈来愈分歧。实质的问题是：银行这种信贷机构会不会因为干预工业生产过程而受到损失，会不会因为从事这种同信贷中介作用毫不相干的业务，从事这种会使它比从前更受工业行情的盲目支配的业务，而牺牲掉自己的稳固的原则和可靠的利润。许多老的银行领导人都说会这样。但是，大部分年轻的领导人却认为积极干预工业问题是必然的，正像随着现代大工业的出现必然会产生大银行和最新的工业银行业一样。双方的意见只有一点相同，就是大家都认为大银行的新业务还没有什么固定的原则和具体的目的。”①

旧资本主义已经过时了。新资本主义是向某方面的过渡。想找到什么“固定的原则和具体的目的”来“调和”垄断和自由竞争，

① 耶德尔斯的上述著作第183—184页。

当然是办不到的事情。实践家的自白，听起来和舒尔采-格弗尼茨、利夫曼之流的“理论家”的颂扬完全不同，这些资本主义的辩护士是在用官场口吻颂扬“有组织的”资本主义的美妙。

大银行的“新业务”究竟是什么时候完全确立起来的，——对于这个重要问题，我们可以从耶德尔斯那里找到相当确切的答案：

“工业企业间的联系及其新的内容、新的形式、新的机构即既集权又分权的大银行，成为国民经济的有代表性的现象，大概不会早于19世纪90年代；在某种意义上，甚至可以把这个起点推到1897年，当时许多企业实行了大‘合并’，从而根据银行的工业政策第一次采用了分权组织的新形式。也许还可以把这个起点推到更晚一些的时候，因为只有1900年的危机才大大加速了工业和银行业的集中过程，巩固了这个过程，第一次把同工业的关系变成大银行的真正垄断，并大大地密切了和加强了这种关系。”①

总之，20世纪是从旧资本主义到新资本主义，从一般资本统治到金融资本统治的转折点。

三　金融资本和金融寡头

希法亭写道：“愈来愈多的工业资本不属于使用这种资本的工业家了。工业家只有通过银行才能取得对资本的支配权，对于工业家来说，银行代表这种资本的所有者。另一方面，银行也必须把

① 耶德尔斯的上述著作第181页。

自己愈来愈多的资本固定在工业上。因此，银行愈来愈变成工业资本家。通过这种方式实际上变成了工业资本的银行资本，即货币形式的资本，我把它叫做金融资本。""金融资本就是由银行支配而由工业家运用的资本。"①

这个定义不完全的地方，就在于它没有指出最重要的因素之一，即生产和资本的集中发展到了会导致而且已经导致垄断的高度。但是，在希法亭的整个叙述中，尤其是在我摘引这个定义的这一章前的两章里，着重指出了**资本主义垄断组织**的作用。

生产的集中；从集中生长起来的垄断；银行和工业日益融合或者说长合在一起，——这就是金融资本产生的历史和这一概念的内容。

现在我们应当来叙述一下，在商品生产和私有制的一般环境里，资本主义垄断组织的"经营"怎样必然变为金融寡头的统治。应当指出，德国(而且不只是德国)资产阶级学术界的代表人物，如里塞尔、舒尔采-格弗尼茨、利夫曼等人，完全是帝国主义和金融资本的辩护士。对于寡头形成的"内幕"，寡头所采用的手段，寡头所获得的"正当和不正当"收入的数量，寡头和议会的联系等等，他们不是去揭露，而是加以掩盖和粉饰。他们避开这些"棘手的问题"，只讲一些堂皇而含糊的词句，号召银行经理们拿出"责任心"，赞扬普鲁士官员们的"尽职精神"，煞有介事地分析那些根本无关紧要的"监督"法案、"管理"法案的细枝末节，玩弄无谓的理论游戏，例如利夫曼教授居然写出了这样一个"科学的"定义："……**商业是收集财富、保管财富、把财富供人支配的一种经营活动**"②(着重号和

① 鲁·希法亭《金融资本》1912 年莫斯科版第 338—339 页。

② 罗·利夫曼的上述著作第 476 页。

黑体是该教授著作中原有的）……　这样说来，商业在不知交换为何物的原始人那里就已经有了，而且在社会主义社会也将存在下去！

但是，有关金融寡头骇人听闻的统治的骇人听闻的事实是太触目惊心了，所以在一切资本主义国家，无论是美国、法国或德国，都出现了这样一些著作，这些著作虽然抱着**资产阶级的**观点，但毕竟还是对金融寡头作了近乎真实的描述和批评，当然是小市民式的批评。

应当作为主要之点提出来的是前面已经简略谈到的“参与制”。德国经济学家海曼大概是第一个注意到了这一点，请看他是怎样描述问题的实质的：

“领导人控制着总公司〈直译是“母亲公司”〉，总公司统治着依赖于它的公司〈“女儿公司”〉，后者又统治着‘孙女公司’，如此等等。这样，拥有不太多的资本，就可以统治巨大的生产部门。事实上，拥有 50％的资本，往往就能控制整个股份公司，所以，一个领导人只要拥有 100 万资本，就能控制各孙女公司的 800 万资本。如果这样‘交织’下去，那么拥有 100 万资本就能控制 1 600 万、3 200 万以至更多的资本。”①

其实经验证明，只要占有 40％的股票就能操纵一个股份公司的业务②，因为总有一部分分散的小股东实际上根本没有可能参加股东大会等等。虽然资产阶级的诡辩家和机会主义的“也是社会民主党人”都期望（或者要别人相信他们期望）股票占有的“民主

① 汉斯·吉德翁·海曼《德国大钢铁工业中的混合企业》1904 年斯图加特版第 268—269 页。

② 利夫曼《参与和投资公司》第 1 版第 258 页。

化”会造成“资本的民主化”，会加强小生产的作用和意义等等，可是实际上它不过是加强金融寡头实力的一种手段而已。因此，在比较先进的或比较老、比较“有经验的”资本主义国家里，法律准许发行票额较小的股票。德国法律不准许发行 1 000 马克以下的股票，所以德国金融巨头看见英国法律准许发行一英镑（等于 20 马克，约合 10 卢布）的股票，就很羡慕。1900 年 6 月 7 日，德国最大的工业家和“金融大王”之一西门子，在帝国国会中声称：“一英镑的股票是不列颠帝国主义的基础。”①这个商人对于什么是帝国主义这一问题的理解，同那位被认为是俄国马克思主义创始人的不光彩的作家**183**比起来，显然要深刻得多，“马克思主义”得多，那位作家竟把帝国主义看成是某个民族的劣根性……

但是，“参与制”不仅使垄断者的权力大大增加，而且还使他们可以不受惩罚地、为所欲为地干一些见不得人的龌龊勾当，可以盘剥公众，因为母亲公司的领导人在形式上，在法律上对女儿公司是不担负责任的，女儿公司算是“独立的”，但是**一切事情**都可以**通过**女儿公司去“实施”。下面是我们从 1914 年德国《银行》杂志 5 月号抄下来的一个例子：

“卡塞尔的弹簧钢股份公司在几年以前算是德国最赚钱的企业之一。后来因为管理得很糟糕，股息从 15%跌到 0%。原来，董事会没有通知股东就出借了 **600 万马克**给自己的一个女儿公司哈西亚，而哈西亚的名义资本只有几十万马克。这笔几乎比母亲公司的股份资本大两倍的借款，根本没有记入母亲公司的资产负债表；在法律上，这样的隐瞒是完全合法的，而且可以隐瞒整整两年，

① 舒尔采-格弗尼茨的话，见《社会经济概论》第 5 部分第 2 册第 110 页。

因为这样做并不违反任何一条商业法。以负责人的资格在这种虚假的资产负债表上签字的监事长，至今仍旧是卡塞尔商会的会长。这笔借款被发现是个错误〈错误这两个字，作者应当加上引号〉，知道底细的人开始把'弹簧钢'的股票脱手而使股票价格几乎下跌了100%，在这以后很久，股东们才知道有借款给哈西亚公司这回事……

这个在股份公司里**极常见的、在资产负债表上玩弄平衡把戏的典型例子**，向我们说明为什么股份公司董事会干起冒险勾当来，心里要比私人企业家轻松得多。编制资产负债表的最新技术，不但使董事会能够把所干的冒险勾当瞒过普通的股东，而且使主要的当事人在冒险失败的时候，能够用及时出卖股票的办法来推卸责任，而私人企业家却要用自己的性命来为自己所做的一切事情负责……

许多股份公司的资产负债表，就跟中世纪一种有名的隐迹稿本一样，要先把上面写的字迹擦掉，才能发现下面的字迹，看出原稿的真实内容。"（隐迹稿本是涂掉原来的字迹、写上别的内容的一种羊皮稿本。）

"最简单、因而也是最常用的一种把资产负债表弄得令人捉摸不透的办法，是成立女儿公司或合并女儿公司，把一个统一的企业分成几部分。从各种合法的或非法的目的看来，这种办法的好处是十分明显的，所以现在不采用这种办法的大公司简直是一种例外。"①

作者举出了著名的电气总公司（即A.E.G.，这个公司我们以

① 路·埃施韦格《女儿公司》，见1914年《银行》杂志第1期第545页。

后还要讲到),作为极广泛地采用这种办法的最大垄断公司的例子。据1912年的计算,这个公司参与了**175—200**个公司,自然也就统治了这些公司,总共掌握了大约**15亿马克**的资本。①

好心的——即怀有维护和粉饰资本主义的好心的——教授和官员们用来吸引公众注意的种种有关监督、公布资产负债表、规定一定的资产负债表格式、设立监察机构等等的条例,在这里根本不能起什么作用。因为私有财产是神圣的,谁也不能禁止股票的买卖、交换和典押等等。

"参与制"在俄国大银行里发展到怎样的程度,可以根据欧·阿加德提供的材料作出判断。阿加德曾在俄华银行[184]任职15年,他在1914年5月出版了一本书,书名不十分贴切,叫做《大银行与世界市场》②。作者把俄国大银行分为两大类:(**a**)"参与制"下的银行,(**b**)"独立的"银行,然而他把"独立"任意地解释为不依附于**国外**银行。作者又把第一类分为三小类:(1)德国参与的,(2)英国参与的,(3)法国参与的,即指分别属于这三个国家的最大的国外银行的"参与"和统治。作者把银行资本分为"生产性"的投资(投入工商业的)和"投机性"的投资(投入交易所业务和金融业务的),他抱着他那种小资产阶级改良主义的观点,认为在保存资本主义的条件下,似乎可以把第一种投资和第二种投资分开,并且消除第二种投资。

作者提供的材料如下:

① 库尔特·海尼希《电力托拉斯之路》,见1912年《新时代》杂志第30年卷第2册第484页。

② 欧·阿加德《大银行与世界市场。从大银行对俄国国民经济和德俄两国关系的影响来看大银行在世界市场上的经济作用和政治作用》1914年柏林版。

各银行的资产(根据 1913 年 10—11 月的表报)
(单位百万卢布)

俄国银行种类	所投的资本		
	生产性的	投机性的	共　计
(a 1) 4 家银行:西伯利亚商业银行、俄罗斯银行、国际银行、贴现银行…	413.7	859.1	1 272.8
(a 2) 2 家银行:工商银行、俄英银行…	239.3	169.1	408.4
(a 3) 5 家银行:俄亚银行、圣彼得堡私人银行、亚速海—顿河银行、莫斯科联合银行、俄法商业银行………	711.8	661.2	1 373.0
(11 家银行)总　计 ……(a)=	1 364.8	1 689.4	3 054.2
(b) 8 家银行:莫斯科商人银行、伏尔加—卡马银行、容克股份银行、圣彼得堡商业银行(前瓦韦尔贝尔格银行)、莫斯科银行(前里亚布申斯基银行)、莫斯科贴现银行、莫斯科商业银行、莫斯科私人银行………	504.2	391.1	895.3
(19 家银行)共　计 ……………	1 869.0	2 080.5	3 949.5

从这些材料看来,在近 40 亿卢布的大银行"活动"资本当中,有¾**以上**,即 30 多亿卢布属于实际上是作为国外银行的女儿公司的那些银行;它们主要是巴黎的银行(著名的三大银行:巴黎联合银行、巴黎荷兰银行、总公司)和柏林的银行(特别是德意志银行和贴现公司)。俄国两家最大的银行俄罗斯银行(俄国对外贸易银行)和国际银行(圣彼得堡国际商业银行),在 1906—1912 年间,把资本由 4 400 万卢布增加到 9 800 万卢布,把准备金由 1 500 万卢布增加到 3 900 万卢布,"其中有¾是德国的资本";前一家银行属于柏林德意志银行的康采恩,后一家银行属于柏林贴现公司的康采恩。善良的阿加德对于柏林的银行握有大部分股票而使俄国股东软弱无力,感到十分愤慨。自然,输出资本的国家总是捞到油

水，例如柏林的德意志银行，在柏林发行西伯利亚商业银行的股票，把这些股票压存了一年，然后以193%的行情，即几乎高一倍的行情售出，“赚了”约600万卢布的利润，这就是希法亭所说的“创业利润”。

据该书作者计算，彼得堡各最大银行的全部“实力”为823 500万卢布，即将近82.5亿；同时作者又把各个国外银行的“参与”，确切些说，各个国外银行的统治，划分如下：法国银行占55%，英国银行占10%，德国银行占35%。据作者计算，在这823 500万职能资本当中，有368 700万，即40%以上用于各辛迪加，即煤业公司、五金公司、石油工业辛迪加、冶金工业辛迪加、水泥工业辛迪加。可见，由于资本主义垄断组织的形成而造成的银行资本和工业资本的融合，在俄国也有了长足的进展。[185]

集中在少数人手里并且享有实际垄断权的金融资本，由于创办企业、发行有价证券、办理公债等等而获得大量的、愈来愈多的利润，巩固了金融寡头的统治，替垄断者向整个社会征收贡赋。下面是希法亭从美国托拉斯“经营”的无数实例中举出的一个例子：1887年哈夫迈耶把15个小公司合并起来，成立了一个糖业托拉斯。这些小公司的资本总额为650万美元，而这个托拉斯的资本，按美国的说法，是“掺了水”的，竟估定为5 000万美元。这种“过度资本化”是预计到了将来的垄断利润的，正像美国的钢铁托拉斯预计到将来的垄断利润，就购买愈来愈多的蕴藏铁矿的土地一样。果然，这个糖业托拉斯规定了垄断价格，获得了巨额的收入，竟能为“掺水”**7倍**的资本支付10%的股息，也就是**为创办托拉斯时实际投入的资本支付将近70%的股息！**到1909年，这个托拉斯的资本为9 000万美元。在22年内，资本增加了十倍以上。

法国的"金融寡头"的统治(《反对法国金融寡头》——利西斯一本名著的标题,1908 年出了第 5 版),只是在形式上稍有不同。4 家最大的银行在发行有价证券方面享有不是相对的垄断权,而是"绝对的垄断权"。事实上这是"大银行托拉斯"。垄断保证它们从发行证券获得垄断利润。在借债时,债务国所得到的通常不超过总额的 90%;10%被银行和其他中介人拿去了。银行从 4 亿法郎的中俄债券中得到 8%的利润,从 8 亿法郎的俄国债券(1904 年)中得到 10%的利润,从 6 250 万法郎的摩洛哥债券(1904 年)中得到 18.75%的利润。资本主义的发展是从小规模的高利贷资本开始,而以大规模的高利贷资本结束。利西斯说:"法国人是欧洲的高利贷者。"全部经济生活条件都由于资本主义的这种蜕化而发生深刻的变化。在人口、工商业和海运都发生停滞的情况下,"国家"却可以靠放高利贷发财。"代表 800 万法郎资本的 50 个人,能够支配 4 家银行的 **20 亿**法郎。"我们谈过的"参与"制度,也造成同样的结果:最大银行之一的总公司(Sociéte Générale)为女儿公司埃及精糖厂发行了 64 000 张债券。发行的行情是 150%,就是说,银行在每一个卢布上赚了 50 个戈比。后来发现这个女儿公司的股息是虚拟的,这样就使"公众"损失了 9 000 万至 1 亿法郎;"总公司有一个经理是精糖厂的董事"。难怪这位作者不得不作出结论说:"法兰西共和国是金融君主国";"金融寡头统治一切,既控制着报刊,又控制着政府"。①

作为金融资本主要业务之一的有价证券发行业,盈利极大,对于金融寡头的发展和巩固起着重大的作用。德国的《银行》杂志写

---

①　利西斯《反对法国金融寡头》1908 年巴黎第 5 版第 11、12、26、39、40、48 页。

道:“在发行外国债券的时候担任中介人,能够获得很高的利润,国内没有任何一种生意能够获得哪怕是同它相近的利润。”①

“没有任何一种银行业务能够获得像发行业务那么高的利润。”根据《德国经济学家》杂志的材料,发行工业企业证券的利润每年平均如下:

1895 年——38.6%	1898 年——67.7%
1896 年——36.1%	1899 年——66.9%
1897 年——66.7%	1900 年——55.2%

“在 1891—1900 年的 10 年间,仅靠发行德国工业证券‘赚到’的钱就有 **10 亿以上**。”②

在工业高涨时期,金融资本获得巨额利润,而在衰落时期,小企业和不稳固的企业纷纷倒闭,大银行就“参与”贱价收买这些企业,或者“参与”有利可图的“整理”和“改组”。在“整理”亏本的企业时,“把股份资本降低,也就是按照比较小的资本额来分配收入,以后就按照这个资本额来计算收入。如果收入降低到零,就吸收新的资本,这种新资本同收入比较少的旧资本结合起来,就能获得相当多的收入。”希法亭又补充道:“而且,所有这些整理和改组,对于银行有双重的意义:第一,这是有利可图的业务;第二,这是使经济拮据的公司依附于自己的好机会。”③

请看下面的例子。多特蒙德的联合矿业股份公司,是在 1872 年创办的。发行的股份资本将近 4 000 万马克,而在第一个年度获得 12%的股息时,股票行情就涨到 170%。金融资本捞到了油

① 1913 年《银行》杂志第 7 期第 630 页。

② 施蒂利希的上述著作第 143 页和韦·桑巴特《19 世纪的德国国民经济》1909 年第 2 版第 526 页,附录 8。

③ 《金融资本》第 172 页。

水，稍稍地赚了那么 2 800 万马克。在创办这个公司的时候，起主要作用的就是那个把资本很顺利地增加到 3 亿马克的德国最大的银行贴现公司。后来联合公司的股息降到了零。股东们只好同意“冲销”资本，也就是损失一部分资本，以免全部资本损失。经过多次“整理”，在 30 年中，联合公司的账簿上消失了 7 300 多万马克。“现在，这个公司原先的股东们手里的股票价值，只有票面价值的 5%了”[①]，而银行在每一次“整理”中却总是“赚钱”。

拿发展得很快的大城市近郊的土地来做投机生意，也是金融资本的一种特别盈利的业务。在这方面，银行的垄断同地租的垄断、也同交通运输业的垄断结合起来了，因为地价的上涨，以及土地能不能有利地分块出售等等，首先取决于同市中心的交通是否方便，而掌握交通运输业的，是通过参与制和分配经理职务同这些银行联系起来的大公司。结果就形成了《银行》杂志的撰稿人、专门研究土地买卖和抵押等业务的德国作家路·埃施韦格称做“泥潭”的局面：买卖城郊土地的狂热投机，建筑公司的倒闭（如柏林的波斯瓦—克诺尔公司的倒闭，这个公司靠了“最大最可靠的”德意志银行（Deutsche Bank）的帮助，弄到了 1 亿马克的巨款，而这家银行当然是通过“参与”制暗地里在背后进行了活动，结果银行“总共”损失了 1 200 万马克就脱身了），以及从空头的建筑公司那里一无所得的小业主和工人们的破产，同“廉洁的”柏林警察局和行政当局勾结起来把持颁发土地证和市议会建筑许可证的勾当，等等。[②]

---

① 施蒂利希的上述著作第 138 页和利夫曼的上述著作第 51 页。

② 路·埃施韦格《泥潭》，见 1913 年《银行》杂志第 952 页；同上，1912 年第 1 期第 223 页及以下各页。

欧洲的教授和善良的资产者一向装腔作势地对之表示痛心疾首的“美国风气”,在金融资本时代简直成了各国各大城市流行的风气。

1914 年初,在柏林传说要组织一个“运输业托拉斯”,即由柏林的城市电气铁路公司、有轨电车公司和公共汽车公司这三个运输企业组成一个“利益共同体”。《银行》杂志写道:“当公共汽车公司的大部分股票转到其他两个运输公司手里的消息传出时,我们就知道有这种打算了。……完全可以相信,抱着这种目的的人希望通过统一调整运输业来节省一些费用,最终能使公众从中得到些好处。但是这个问题复杂化了,因为站在这个正在创建的运输业托拉斯背后的是这样一些银行,它们可以任意使自己所垄断的交通运输业服从自己的土地买卖的利益。只要回想一下下面这件事情,就会相信这种推测是十分自然的:在创办城市电气铁路公司的时候,鼓励创办该公司的那家大银行的利益就已经渗透进来了。就是说,这个运输企业的利益和土地买卖的利益交织在一起了。因为这条铁路的东线要经过银行的土地,当该路的建设已经有保证时,银行就把这些土地卖出去,使自己和几个合伙人获得了巨额的利润……”①

垄断既然已经形成,而且操纵着几十亿资本,它就绝对不可避免地要渗透到社会生活的**各个**方面去,而不管政治制度或其他任何“细节”如何。在德国经济著作中,通常是阿谀地赞美普鲁士官员的廉洁,而影射法国的巴拿马案件[186]或美国政界的贿赂风气。但是事实是,**甚至**专论德国银行业务的资产阶级书刊,也不得不经

① 《运输业托拉斯》,见 1914 年《银行》杂志第 1 期第 89 页。

常谈到远远越出纯银行业务范围的事情，例如，针对官员们愈来愈多地转到银行去服务这件事，谈到了“钻进银行的欲望”：“暗地里想在贝伦街〈柏林街名，德意志银行的所在地〉钻营一个肥缺的官员，他们的廉洁情况究竟怎样呢？”①《银行》杂志出版人阿尔弗勒德·兰斯堡在1909年写了《曲意逢迎的经济影响》一文，其中谈到威廉二世的巴勒斯坦之行，以及“此行的直接结果，即巴格达铁路[187]的建筑，这一不幸的‘德意志进取精神的大事件’，对于德国受‘包围’一事应负的责任，比我们所犯的一切政治错误应负的责任还要大”（所谓“包围”是指爱德华七世力图孤立德国、用帝国主义的反德同盟圈来包围德国的政策）②。我们已经提过的这个杂志的撰稿人埃施韦格，在1911年写了一篇《财阀和官吏》的文章，揭露了一位德国官员弗尔克尔的事情。弗尔克尔当过卡特尔问题委员会的委员，并且很卖力气，不久以后他却在最大的卡特尔——钢铁辛迪加中得到了一个肥缺。这类决非偶然的事情，迫使这位资产阶级作家不得不承认说，“德国宪法所保证的经济自由，在经济生活的许多方面，已经成了失去内容的空话”，在现有的财阀统治下，“即使有最广泛的政治自由，也不能使我们免于变成非自由民的民族”③。

说到俄国，我们只举一个例子：几年以前，所有的报纸都登载过一个消息，说信用局局长达维多夫辞去了政府的职务，到一家大银行任职去了，按照合同，他在几年里所得的薪俸将超过100万卢布。信用局是个“统一全国所有信用机关业务”的机关，它给了首

---

① 《钻进银行的欲望》，见1909年《银行》杂志第1期第79页。

② 《钻进银行的欲望》，见1909年《银行》杂志第1期第301页。

③ 1911年《银行》杂志第2期第825页；1913年第2期第962页。

都各银行总数达8亿—10亿卢布的津贴。① ———

资本主义的一般特性，就是资本的占有同资本在生产中的运用相分离，货币资本同工业资本或者说生产资本相分离，全靠货币资本的收入为生的食利者同企业家及一切直接参与运用资本的人相分离。帝国主义，或者说金融资本的统治，是资本主义的最高阶段，这时候，这种分离达到了极大的程度。金融资本对其他一切形式的资本的优势，意味着食利者和金融寡头占统治地位，意味着少数拥有金融"实力"的国家处于和其余一切国家不同的特殊地位。至于这一过程进行到了怎样的程度，可以根据发行各种有价证券的统计材料来判断。

阿·奈马尔克在《国际统计研究所公报》②上发表了关于全世界发行证券的最详尽最完备的对照材料，后来这些材料曾屡次被经济学著作分别引用过。**189**现将4个10年中的总计分列如下：

10年证券发行额(单位十亿法郎)

1871—1880年	76.1
1881—1890年	64.5
1891—1900年	100.4
1901—1910年	197.8

在19世纪70年代，全世界证券发行总额增加了，特别是由于普法战争以及德国战后滥设投机公司时期发行债券而增加了。大体说来，在19世纪最后3个10年里，增加的速度比较起来还不算太快，直到20世纪的头10年才大为增加，10年之内差不多增加了一倍。可见，20世纪初，不仅在我们已经说过的垄断组织(卡特

① 欧·阿加德的上述著作第202页。

② 《国际统计研究所公报》**188** 1912年海牙版第19卷第2册。第2栏关于各个小国家的材料，大致是按1902年的数目增加20%计算出来的。

尔、辛迪加、托拉斯)的发展方面,而且在金融资本的增长方面,都是一个转折时期。

据奈马尔克计算,1910 年全世界有价证券的总额大约是 8 150 亿法郎。他大致地减去了重复的数字,使这个数额缩小到 5 750 亿至 6 000 亿法郎。下面是这个数额在各国分布的情形(这里取的总额是 6 000 亿):

1910 年有价证券数额(单位十亿法郎)

英国	142	479	荷兰	12.5
美国	132		比利时	7.5
法国	110		西班牙	7.5
德国	95		瑞士	6.25
俄国	31		丹麦	3.75
奥匈帝国	24		瑞典、挪威、罗马尼亚等国	2.5
意大利	14		共　计	600.0
日本	12			

从这些数字一下子就可以看出,4 个最富的资本主义国家是多么突出,它们各有约 1 000 亿至 1 500 亿法郎的有价证券。在这 4 个国家中有两个是最老的、殖民地最多的(这一点我们以下就要说到)资本主义国家——英国和法国,其余两个是在发展速度上和资本主义垄断组织在生产中的普及程度上领先的资本主义国家——美国和德国。这 4 个国家一共有 4 790 亿法郎,约占全世界金融资本的 80%。世界上其他各国,差不多都是这样或那样地成为这 4 个国家、这 4 个国际银行家、这 4 个世界金融资本的"台柱"的债务人和进贡者了。

现在,我们应当特别谈一下,资本输出在形成金融资本的依附和联系的国际网方面所起的作用。

四 资本输出

对自由竞争占完全统治地位的旧资本主义来说，典型的是**商品**输出。对垄断占统治地位的最新资本主义来说，典型的则是**资本**输出。

资本主义是发展到最高阶段的商品生产，这时劳动力也成了商品。国内交换尤其是国际交换的发展，是资本主义的具有代表性的特征。在资本主义制度下，各个企业、各个工业部门和各个国家的发展必然是不平衡的，跳跃式的。起先，英国早于别国成为资本主义国家，到19世纪中叶，英国实行自由贸易，力图成为“世界工厂”，由它供给各国成品，这些国家则供给它原料作为交换。但是英国的**这种**垄断，在19世纪最后的25年已经被打破了，因为当时有许多国家用“保护”关税来自卫，发展成为独立的资本主义国家。临近20世纪时，我们看到已经形成了另一种垄断：第一，所有发达的资本主义国家都有了资本家的垄断同盟；第二，少数积累了巨额资本的最富的国家处于垄断地位。在先进的国家里出现了大量的“过剩资本”。

假如资本主义能发展现在到处都远远落后于工业的农业，假如资本主义能提高在技术获得惊人进步的情况下仍然到处是半饥半饱、乞丐一般的人民大众的生活水平，那当然就不会有什么过剩资本了。用小资产阶级观点批评资本主义的人就常常提出这种“论据”。但是这样一来，资本主义就不成其为资本主义了，因为发展的不平衡和民众半饥半饱的生活水平，是这种生产方式的根本的、必然的条件和前提。只要资本主义还是资本主义，过剩的资本就不会用来提高本国民众的生活水平（因为这样会降低资本家的利润），而会输出国外，输出到落后的国家去，以提高利润。在这些落后国家里，利润通常都是很高的，因为那里资本少，地价比较贱，工资低，原料也便宜。其所以有输出资本的可能，是因为许多落后的国家已经卷入世界资本主义的流转，主要的铁路线已经建成或已经开始兴建，发展工业的起码条件已有保证等等。其所以有输出资本的必要，是因为在少数国家中资本主义"已经过度成熟"，"有利可图的"投资场所已经不够了（在农业不发达和群众贫困的条件下）。

下面是3个主要国家国外投资的大概数目①：

国外投资（单位十亿法郎）

年份	英国	法国	德国
1862 ……………………	3.6	—	—
1872 ……………………	15	10(1869年)	—
1882 ……………………	22	15(1880年)	?
1893 ……………………	42	20(1890年)	?
1902 ……………………	62	27—37	12.5
1914 ……………………	75—100	60	44

由此可见，资本输出是在20世纪初期才大大发展起来的。在

① 霍布森《帝国主义》1902年伦敦版第58页；里塞尔的上述著作第395页和第404页；保·阿恩特的文章，见1916年《世界经济文汇》**190**第7卷第35页；奈马尔克的文章，见公报；希法亭《金融资本》第492页；劳合-乔治1915年5月4日在下院的演说，见1915年5月5日《每日电讯》**191**；伯·哈尔姆斯《世界经济问题》1912年耶拿版第235页及其他各页；齐格蒙德·施尔德尔博士《世界经济发展趋势》1912年柏林版第1卷第150页；乔治·佩什《大不列颠……的投资》，见《皇家统计学会杂志》**192**第74卷(1910—1911)第167页及以下各页；乔治·迪乌里奇《德国银行在国外的扩张及其同德国经济发展的联系》1909年巴黎版第84页。

大战前夜,3 个主要国家的国外投资已经达到 1 750 亿—2 000 亿法郎。按 5%的低利率计算,这笔款额的收入一年可达 80 亿—100 亿法郎。这就是帝国主义压迫和剥削世界上大多数民族和国家的坚实基础,这就是极少数最富国家的资本主义寄生性的坚实基础!

这种国外投资在各国之间怎样分配,投在**什么地方**,对于这个问题只能作一个大概的回答,不过这个大概的回答也能说明现代帝国主义的某些一般的相互关系和联系:

国外投资在世界各洲分布的大概情况(1910 年前后)

	英国	法国	德国	
		(单位十亿马克)		共计
欧洲	4	23	18	45
美洲	37	4	10	51
亚洲、非洲、澳洲	29	8	7	44
总　计	70	35	35	140

在英国,占第一位的是它的殖民地,它在美洲也有广大的殖民地(例如加拿大),在亚洲等地就更不必说了。英国资本的大量输出,同大量的殖民地有最密切的联系。关于殖民地对帝国主义的意义,我们以后还要讲到。法国的情况不同。它的国外投资主要是在欧洲,首先是在俄国(不下 100 亿法郎),并且多半是**借贷**资本即公债,而不是对工业企业的投资。法国帝国主义与英国殖民帝国主义不同,可以叫做高利贷帝国主义。德国又是另一种情况,它的殖民地不多,它的国外投资在欧美两洲之间分布得最平均。

资本输出在那些输入资本的国家中对资本主义的发展发生影响,大大加速这种发展。因此,如果说资本输出会在某种程度上引起输出国发展上的一些停滞,那也一定会有扩大和加深资本主义在全世界的进一步发展作为补偿的。

输出资本的国家几乎总有可能获得一定的“利益”，这种利益的性质也就说明了金融资本和垄断组织的时代的特性。例如柏林的《银行》杂志在1913年10月写道：

“在国际的资本市场上，近来正在上演一出可以和阿里斯托芬的作品相媲美的喜剧。国外的很多国家，从西班牙到巴尔干，从俄国到阿根廷、巴西和中国，都在公开或秘密地向巨大的货币市场要求贷款，有时还要求得十分急迫。现在货币市场上的情况并不怎么美妙，政治前景也未可乐观。但是没有一个货币市场敢于拒绝贷款，唯恐邻居抢先同意贷款而换得某种报酬。在缔结这种国际契约时，债权人几乎总要占点便宜：获得贸易条约上的让步，开设煤站，建设港口，得到利益丰厚的租让，接受大炮订货。”①

金融资本造成了垄断组织的时代。而垄断组织则到处实行垄断的原则：利用“联系”来订立有利的契约，以代替开放的市场上的竞争。最常见的是，规定拿一部分贷款来购买债权国的产品，尤其是军用品、轮船等等，作为贷款的条件。法国在最近20年中(1890—1910年)常常采用这种手段。资本输出成了鼓励商品输出的手段。在这种情况下，特别大的企业之间订立的契约，按照施尔德尔“婉转的”说法②，往往“接近于收买”。德国的克虏伯、法国的施奈德、英国的阿姆斯特朗，就是同大银行和政府关系密切、在缔结债约时不容易“撇开”的公司的典型。

法国贷款给俄国的时候，在1905年9月16日缔结的贸易条约上“压了”一下俄国，使俄国直到1917年为止作出相当的让步；

① 1913年《银行》杂志第2期第1024—1025页。

② 施尔德尔的上述著作第346、350、371页。

在1911年8月19日同日本缔结贸易条约时,也是如此。奥地利同塞尔维亚的关税战争从1906年开始,一直继续到1911年,中间只有7个月的休战,这次关税战争部分是由奥地利和法国在供应塞尔维亚军用物资方面的竞争引起的。1912年1月,保尔·德沙内尔在议会里说,法国公司在1908—1911年间供给塞尔维亚的军用物资,价值达4 500万法郎。

奥匈帝国驻圣保罗(巴西)领事在报告中说:“巴西修筑铁路,大部分用的是法、比、英、德的资本;这些国家在办理有关修筑铁路的金融业务时已规定由它们供应铁路建筑材料。”

这样,金融资本的密网可以说确实是布满了全世界。在这方面起了很大作用的,是设在殖民地的银行及其分行。德国帝国主义者看到“老的”殖民国家在这方面特别“成功”,真是羡慕之至。在1904年,英国有50家殖民地银行和2 279个分行(1910年有72家银行和5 449个分行),法国有20家殖民地银行和136个分行,荷兰有16家殖民地银行和68个分行,而德国“总共只有”13家殖民地银行和70个分行。① 美国资本家则羡慕英德两国的资本家,他们在1915年诉苦说:“在南美,5家德国银行有40个分行,5家英国银行有70个分行…… 最近25年来,英德两国在阿根廷、巴西和乌拉圭投资约40亿美元,从而支配了这3个国家全部贸易的46%。”②

输出资本的国家已经把世界瓜分了,那是就瓜分一词的转义

① 里塞尔的上述著作第4版第375页和迪乌里奇的上述著作第283页。

② 1915年5月《美国政治和社会科学学院年刊》**193**第59卷第301页。在这卷第331页上又写着:据著名的统计学家佩什在最近一期的金融周报《统计学家报》**194**上的计算,英、德、法、比、荷5国输出的资本总额是400亿美元,等于2 000亿法郎。

而言的。但是，金融资本还导致对世界的**直接的**瓜分。

五　资本家同盟瓜分世界

资本家的垄断同盟卡特尔、辛迪加、托拉斯，首先瓜分国内市场，把本国的生产差不多完全掌握在自己手里。但是在资本主义制度下，国内市场必然是同国外市场相联系的。资本主义早已造成了世界市场。所以随着资本输出的增加，随着最大垄断同盟的国外联系、殖民地联系和“势力范围”的极力扩大，这些垄断同盟就“自然地”走向达成世界性的协议，形成国际卡特尔。

这是全世界资本和生产集中的一个新的、比过去高得多的阶段。我们来看看这种超级垄断是怎样生长起来的。

电力工业是最能代表最新技术成就，代表19世纪**末**、20世纪初的资本主义的一个工业部门。它在美国和德国这两个最先进的新兴资本主义国家里最发达。在德国，1900年的危机对这个部门集中程度的提高发生了特别巨大的影响。在此之前已经同工业相当紧密地长合在一起的银行，在这个危机时期极大地加速和加深了较小企业的毁灭和它们被大企业吞并的过程。耶德尔斯写道：“银行停止援助的正是那些最需要援助的企业，这样就使那些同银行联系不够密切的公司，起初虽有蓬勃的发展，后来却遭到了无法挽救的破产。”①

结果，在1900年以后，集中有了长足的进展。1900年以前，

① 耶德尔斯的上述著作第232页。

电力工业中有七八个“集团”，每个集团都由几个公司组成（总共有28个公司），这些集团背后各有2至11家银行。到1908—1912年时，所有这些集团已合并成两个甚至一个集团了。这个过程如下：

电力工业中的集团

在1900年以前：	费尔登与吉约姆	拉迈尔	联合电气总公司	西门子与哈耳斯克	舒克尔特公司	贝尔格曼	库梅尔
	费尔登与拉迈尔		电气总公司（A.E.G.）	西门子与哈耳斯克—舒克尔特		贝尔格曼	1900年破产
到1912年时：	电气总公司（A.E.G.）			西门子与哈耳斯克—舒克尔特			

（从1908年开始密切“合作”）

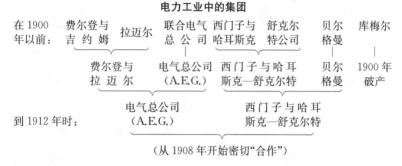

这样生长起来的著名的电气总公司（A.E.G.）统治着175—200个公司（通过“参与”制度），总共支配着约15亿马克的资本。单是它在国外的直接代表机构就有34个，其中有12个是股份公司，分设在10多个国家中。早在1904年，德国电力工业在国外的投资就有23 300万马克，其中有6 200万投在俄国。不言而喻，这个电气总公司是一个大型的“联合”企业，单是它的制造公司就有16个，制造各种各样的产品，从电缆和绝缘体，直到汽车和飞行器为止。

但是，欧洲的集中也就是美国集中过程的一个组成部分。当时的情况如下：

美国	通用电气公司（General Electric C°）	
	汤普逊—霍斯东公司在欧洲创设了一个公司	爱迪生公司在欧洲创设了法国爱迪生公司，后者又把发明专利权转让给德国公司
德国	联合电气公司	电气总公司（A.E.G.）
	电气总公司（A.E.G.）	

于是形成了**两个**电力"大国"。海尼希在他的《电力托拉斯之路》一文中写道："世界上没有一个**完全**不依赖它们的电力公司。"关于这两个"托拉斯"的周转额和企业规模，下列数字可以使我们得到某种(远非完整的)概念：

		商品周转额(单位百万马克)	职员人数	纯　利(单位百万马克)
美国的通用电气公司(G.E.C.) ……………		1907年：252	28 000	35.4
		1910年：298	32 000	45.6
德国的电气总公司(A.E.G.) ……………		1907年：216	30 700	14.5
		1911年：362	60 800	21.7

1907年，美德两国的托拉斯订立了瓜分世界的协定。竞争消除了。通用电气公司(G.E.C.)"获得了"美国和加拿大，电气总公司(A.E.G.)"分得了"德国、奥地利、俄国、荷兰、丹麦、瑞士、土耳其和巴尔干。还就女儿公司渗入新的工业部门和"新的"即尚未正式被瓜分的国家问题，订立了单独的(当然是秘密的)协定。此外还规定要互相交换发明和试验结果。①

这种实际上是统一的世界性托拉斯，支配着几十亿资本，在世界各地有"分支机构"、代表机构、代办处以及种种联系等等，要同这种托拉斯竞争，自然是十分困难的。但是，这两个强大的托拉斯瓜分世界的事实，当然并不排除对世界的**重新瓜分**，如果实力对比由于发展不平衡、战争、崩溃等等而发生变化的话。

煤油工业提供了企图实行这种重新瓜分，为重新瓜分而斗争的一个大有教益的例子。

① 里塞尔的上述著作；迪乌里奇的上述著作第239页；库尔特·海尼希的上述文章。

耶德尔斯在1905年写道："世界的煤油市场直到现在还被两大金融集团分占着：一个是洛克菲勒的美国煤油托拉斯（美孚油公司），一个是俄国巴库油田的老板路特希尔德和诺贝尔。这两个集团彼此有密切的联系，但是几年以来，它们的垄断地位一直受到五大敌人的威胁"[①]：（1）美国石油资源的枯竭；（2）巴库的曼塔舍夫公司的竞争；（3）奥地利的石油资源；（4）罗马尼亚的石油资源；（5）海外的石油资源，特别是荷兰殖民地的石油资源（极富足的塞缪尔公司和壳牌公司，它们同英国资本也有联系）。后面三个地区的企业是同最大的德意志银行为首的那些德国大银行有联系的。这些银行为了拥有"自己的"据点而有计划地独自发展煤油工业，例如在罗马尼亚。在罗马尼亚的煤油工业中，1907年有外国资本18 500万法郎，其中德国资本占7 400万。[②]

斗争开始了，这个斗争在经济著作中就叫做"瓜分世界"的斗争。一方面，洛克菲勒的煤油托拉斯想夺取**一切**，就在荷兰**本土**办了一个女儿公司，收买荷属印度[③]的石油资源，想以此来打击自己的主要敌人——英荷壳牌托拉斯。另一方面，德意志银行和其他柏林银行力求把罗马尼亚"保持"在"自己手里"，使罗马尼亚同俄国联合起来反对洛克菲勒。洛克菲勒拥有大得多的资本，又拥有运输煤油和供应煤油给消费者的出色的组织。斗争的结果势必是德意志银行完全失败，它果然在1907年完全失败了，这时德意志银行只有两条出路：或者是放弃自己的"煤油利益"，损失数百万；或者是屈服。结果德意志银行选择了后者，同煤油托拉斯订立了

① 耶德尔斯的著作第192—193页。
② 迪乌里奇的著作第245—246页。
③ 即今印度尼西亚。——编者注

一项对自己很不利的合同。按照这项合同，德意志银行保证“不做任何损害美国利益的事情”，但同时又规定，如果德国通过国家煤油垄断法，这项合同即告失效。

于是一出“煤油喜剧”开演了。德国金融大王之一、德意志银行的经理冯·格温纳，通过自己的私人秘书施陶斯发动了一场主张煤油垄断的宣传。这家最大的柏林银行的整个庞大机构、一切广泛的“联系”都开动起来了，报刊上一片声嘶力竭的反对美国托拉斯“压制”的“爱国主义”叫喊声。1911 年 3 月 15 日，帝国国会几乎是一致地通过了请政府制定煤油垄断法案的决议。政府欣然接受了这个“受众人欢迎的”主张。于是，德意志银行旨在欺骗它的美国对手并用国家垄断来振兴自己业务的这场赌博，好像是已经赢了。德国煤油大王已经做着一种获得不亚于俄国糖厂主的大量利润的美梦……　但是，第一，德国各大银行在分赃上彼此发生了争吵，贴现公司揭露了德意志银行的自私自利；第二，政府害怕同洛克菲勒斗争，因为德国是否能不通过洛克菲勒而获得煤油，还很成问题（罗马尼亚的生产率不高）；第三，1913 年，正赶上德国要拨款 10 亿来准备战争。垄断法案搁下来了。斗争的结果是，洛克菲勒的煤油托拉斯暂时获得了胜利。

柏林的《银行》杂志关于这点写道，德国只有实行电力垄断，用水力发出廉价的电力，才能同煤油托拉斯斗争。这个杂志又说：但是，“电力垄断只有在生产者需要的时候才会实现，也就是说，只有在下一次电力工业大崩溃逼近、各私营电力工业康采恩现在在各处修建的已经从市政府和国家等等方面获得了某些垄断权的那些成本高的大电站不能获利的时候，才会实现。到那时候就只好使用水力；但是用水力发出廉价的电力也不能靠国家出钱来办，还是要交给‘受国家监督的私人垄断组织’去经营，因为私营工业已经订立了许多契约……争得了巨额的补偿…… 以前钾碱的垄断是如此，现在煤油的垄断是如此，将来电力的垄断也是如此。我们那些被美妙的原则迷住了的国家社会主义者，现在总该明白：德国的垄断组织从来没有抱定过这样的目的，也没有达到过这样的结果，即为消费者带来好处或者哪怕是交给国家一部分企业利润，它们仅仅是为了用国家的钱来振兴快要破产的私营工业罢了。”①

德国资产阶级经济学家不得不作出这种宝贵的供认。这里我们清楚地看到，在金融资本时代，私人垄断组织和国家垄断组织是交织在一起的，实际上这两种垄断组织都不过是最大的垄断者之间为瓜分世界而进行的帝国主义斗争中的一些环节而已。

在商轮航运业中，集中的巨大发展也引起了对世界的瓜分。德国形成了两个最大的公司，即汉堡—美洲包裹投递股份公司和北德劳埃德公司，它们各有资本2亿马克(股票和债券)，各有价值18 500万—18 900万马克的轮船。另一方面，美国在1903年1月1日成立了所谓摩根托拉斯，即国际商轮公司，由美英两国的9个轮船公司合并而成，拥有资本12 000万美元(48 000万马克)。就在1903年，两家德国大公司和这个美英托拉斯签订了一项为瓜分利润而瓜分世界的合同。德国的公司在英美之间的航线上退出了竞争。合同明确地规定了哪些港口“归”谁“使用”，并且设立了一个共同的监察委员会等等。合同期定为20年，同时规定了一个附带条款：一旦发生战争，该合同即告废止。②

国际钢轨卡特尔形成的历史，也是大有教益的。早在1884年

① 1912年《银行》杂志第2期第629、1036页；1913年第1期第388页。

② 里塞尔的上述著作第125页。

工业极为衰落的时候，英国、比利时、德国三国的钢轨制造厂就作过组织这种卡特尔的第一次尝试。它们议定不在缔约各国的国内市场上竞争，国外市场则按下列比例瓜分：英国占 66%，德国占 27%，比利时占 7%。印度完全归英国。对于一个没有参加缔结协议的英国公司，它们就合力进攻，其耗费由出售总额中拿出一部分来补偿。但是到了 1886 年，有两个英国公司退出了同盟，这个同盟也就瓦解了。值得注意的是，在后来几次工业高涨时期，始终没有达成过协议。

1904 年初，德国成立了钢铁辛迪加。1904 年 11 月，国际钢轨卡特尔又按下列比例恢复起来了：英国占 53.5%；德国占 28.83%；比利时占 17.67%。后来法国也加入了，它在第一、第二、第三年中所占份额分别为 4.8%、5.8%、6.4%，这是在 100%以外，即以 104.8%等等为基数的。1905 年，又有美国的钢铁托拉斯（钢铁公司）加入，随后奥地利和西班牙也加入了。福格尔施泰因在 1910 年写道："现在，地面已经分完了，于是那些大用户，首先是国营铁路——既然世界已经被瓜分完毕而没有照顾它们的利益——，就可以像诗人一样生活在丘必特的天宫里了。"①

还要提一提 1909 年成立的国际锌业辛迪加，它把生产量在德、比、法、西、英五国的工厂集团之间作了明确的分配；还有国际火药托拉斯，用利夫曼的话来说，它是"德国所有炸药厂的最新式的紧密同盟，后来这些炸药厂与法美两国用同样的方法组织起来的代那买特炸药工厂一起，可以说是共同瓜分了整个世界"②。

据利夫曼统计，德国所参加的国际卡特尔，在 1897 年共有将

① 福格尔施泰因《组织形式》第 100 页。

② 利夫曼《卡特尔与托拉斯》第 2 版第 161 页。

近 40 个，到 1910 年就已经接近 100 个了。

有些资产阶级作家（现在卡·考茨基也加入了他们的行列，他完全背叛了像他在 1909 年所采取的那种马克思主义的立场）认为，国际卡特尔作为资本国际化的最突出的表现之一，给人们带来了在资本主义制度下各民族间实现和平的希望。这种意见在理论上是十分荒谬的，在实践上则是一种诡辩，是用欺骗的手段为最恶劣的机会主义辩护。国际卡特尔表明了现在资本主义垄断组织已经发展到怎样的程度，资本家同盟是**为了什么**而互相斗争。后面这一点是最重要的，只有它才能向我们说明当前发生的事情的历史经济意义，因为斗争的**形式**由于各种比较局部的和暂时的原因，可能发生变化，而且经常在发生变化，但是，只要阶级存在，斗争的**实质**，斗争的阶级**内容**，是始终**不会**改变的。很明显，掩饰现代经济斗争的**内容**（瓜分世界），而强调这个斗争的这种或那种**形式**，这是符合比如说德国资产阶级的利益的（考茨基在理论见解方面实质上已经转到德国资产阶级那边去了，这点我们以后还要说到）。考茨基也犯了同样的错误。这里所说的当然不是德国资产阶级，而是全世界的资产阶级。资本家瓜分世界，并不是因为他们的心肠特别狠毒，而是因为集中已经达到这样的阶段，使他们不得不走上这条获取利润的道路；而且他们是“按资本”、“按实力”来瓜分世界的，在商品生产和资本主义制度下也不可能有其他的瓜分方法。实力则是随经济和政治的发展而变化的；要了解当前发生的事情，就必须知道哪些问题要由实力的变化来解决，至于这些变化是“纯粹”经济的变化，还是**非**经济的（例如军事的）变化，却是次要的问题，丝毫不能改变对于资本主义最新时代的基本观点。拿资本家同盟互相进行斗争和订立契约的形式（今天是和平的，明天是非和平的，后天又是非和平的）问题来偷换斗争和协议的**内容**问题，就等于堕落成诡辩家。

最新资本主义时代向我们表明，资本家同盟之间**在**从经济上瓜分世界的**基础上**形成了一定的关系，而与此同时，与此相联系，各个政治同盟、各个国家之间在从领土上瓜分世界、争夺殖民地、“争夺经济领土”的基础上也形成了一定的关系。

六　大国瓜分世界

地理学家亚·苏潘在他的一本论述“欧洲殖民地的扩展”的书[①]中，对19世纪末的这种扩展情况，作了如下简短的总结：

属于欧洲殖民大国（包括美国在内）的土地面积所占的百分比

	1876年	**1900年**	增减数
在非洲	10.8%	90.4%	+79.6%
在波利尼西亚	56.8%	98.9%	+42.1%
在亚洲	51.5%	56.6%	+ 5.1%
在澳洲	100.0%	100.0%	—
在美洲	27.5%	27.2%	− 0.3%

苏潘得出结论说：“可见，这个时期的特点是瓜分非洲和波利尼西亚。”因为在亚洲和美洲，无主的土地，即不属于任何国家的土地已经没有了，所以应当扩大苏潘的结论，应当说，我们所考察的这个时期的特点是世界瓜分完毕。所谓完毕，并不是说不可能**重新瓜分了**——相反，重新瓜分是可能的，并且是不可避免的——，而是说在资本主义各国的殖民政策之下，我们这个行星上无主的

① 亚·苏潘《欧洲殖民地的扩展》1906年版第254页。

土地都被霸占**完了**。世界已第一次被瓜分完毕，所以以后**只能**是重新瓜分，也就是从一个"主人"转归另一个"主人"，而不是从无主的变为"有主的"。

可见，我们是处在一个同"资本主义发展的最新阶段"即金融资本密切联系的世界殖民政策的特殊时代。因此，首先必须较详细地研究一下实际材料，以便尽量确切地弄清楚这个时代和先前各个时代有什么不同，现在的情况究竟怎样。这里，首先就产生了两个事实问题：殖民政策的加强，争夺殖民地斗争的尖锐化，是不是恰好在金融资本时代出现的，在这方面，现在世界瓜分的情况究竟怎样。

美国作家莫里斯在他写的一本关于殖民史的著作中①，对英、法、德三国在19世纪各个时期的殖民地面积的材料作了归纳。**195** 现在把他所得出的结果简单列表如下：

殖　民　地　面　积

年　份	英国 面积（单位百万平方英里）	英国 人口（单位百万）	法国 面积（单位百万平方英里）	法国 人口（单位百万）	德国 面积（单位百万平方英里）	德国 人口（单位百万）
1815—1830年	?	126.4	0.02	0.5	—	—
1860年	2.5	145.1	0.2	3.4	—	—
1880年	7.7	267.9	0.7	7.5	—	—
1899年	9.3	309.0	3.7	56.4	1.0	14.7

英国特别加紧夺取殖民地是在1860—1880年这个时期，而且在19世纪最后20年还在大量地夺取。法德两国加紧夺取殖民地也正是在这20年间。我们在上面已经看到，垄断前的资本主

① 亨利·C.莫里斯《殖民史》1900年纽约版第2卷第88页；第1卷第419页；第2卷第304页。

义，即自由竞争占统治的资本主义，发展到顶点的时期是19世纪60年代和70年代。现在我们又看到，**正是在这个时期以后**，开始了夺取殖民地的大"高潮"，瓜分世界领土的斗争达到了极其尖锐的程度。所以，毫无疑问，资本主义向垄断资本主义阶段的过渡，即向金融资本的过渡，**是**同瓜分世界的斗争的尖锐化**联系着的**。

霍布森在论述帝国主义的著作中，把1884—1900年这个时期划为欧洲主要国家加紧"扩张"（扩大领土）的时期。据他计算，在这个时期，英国夺得了370万平方英里的土地和5 700万人口，法国——360万平方英里的土地和3 650万人口，德国——100万平方英里的土地和1 470万人口，比利时——90万平方英里的土地和3 000万人口，葡萄牙——80万平方英里的土地和900万人口。在19世纪末，特别是自19世纪80年代以来，各资本主义国家拼命争夺殖民地，已是外交史和对外政策史上众所周知的事实。

在1840—1860年英国自由竞争最兴盛的时期，英国居于领导地位的资产阶级政治家是**反对**殖民政策的，他们认为殖民地的解放和完全脱离英国，是一件不可避免而且有益的事情。麦·贝尔在1898年发表的一篇论述"现代英国帝国主义"的文章①中指出，在1852年的时候，像迪斯累里这样一个一般说来是倾向于帝国主义的英国政治家，尚且说过："殖民地是吊在我们脖子上的磨盘。"而到19世纪末，成为英国风云人物的，已经是公开鼓吹帝国主义、肆无忌惮地实行帝国主义政策的塞西尔·罗得斯和约瑟夫·张伯伦了！

值得注意的是，这些居于领导地位的英国资产阶级政治家当

① 1898年《新时代》杂志第16年卷第1册第302页。

时就清楚地看到现代帝国主义的所谓纯粹经济根源和社会政治根源之间的联系。张伯伦鼓吹帝国主义是“正确、明智和经济的政策”，他特别举出目前英国在世界市场上遇到的来自德国、美国、比利时的竞争。资本家说，挽救的办法是实行垄断，于是就创办卡特尔、辛迪加、托拉斯。资产阶级的政治领袖随声附和说，挽救的办法是实行垄断，于是就急急忙忙地去夺取世界上尚未瓜分的土地。据塞西尔·罗得斯的密友新闻记者斯特德说，1895 年罗得斯曾经同他谈到自己的帝国主义的主张，罗得斯说：“我昨天在伦敦东头〈工人区〉参加了一个失业工人的集会。我在那里听到了一片狂叫‘面包，面包！’的喊声。在回家的路上，我反复思考着看到的情景，结果我比以前更相信帝国主义的重要了…… 我的一个夙愿就是解决社会问题，就是说，为了使联合王国 4 000 万居民免遭流血的内战，我们这些殖民主义政治家应当占领新的土地，来安置过剩的人口，为工厂和矿山生产的商品找到新的销售地区。我常常说，帝国就是吃饭问题。要是你不希望发生内战，你就应当成为帝国主义者。”①

百万富翁、金融大王、英布战争的罪魁塞西尔·罗得斯在 1895 年就是这样讲的。他对帝国主义的辩护只是比较粗俗，比较肆无忌惮，而实质上和马斯洛夫、休特古姆、波特列索夫、大卫诸先生以及那位俄国马克思主义创始人[196]等等的“理论”并没有什么不同。塞西尔·罗得斯是个比较诚实一点的社会沙文主义者……

为了对世界领土的瓜分情况和近几十年来这方面的变化作一个尽可能确切的描述，我们要利用苏潘在上述那部关于世界各大

① 1898 年《新时代》杂志第 16 年卷第 1 册第 304 页。

国殖民地问题的著作中提供的综合材料。苏潘选的是1876年和1900年，我们则选用1876年（这一年选得很恰当，因为正是到这个时候，垄断前阶段的西欧资本主义的发展，整个说来可以算是完成了）和1914年（用许布纳尔的《地理统计表》上的比较新的数字来代替苏潘的数字）。苏潘只列出了殖民地；我们认为，把关于非殖民国家和半殖民地的简略数字补充进去，对描绘瓜分世界的全貌是有益的。我们把波斯、中国和土耳其列入半殖民地，其中第一个国家差不多已经完全变成了殖民地，第二个和第三个国家正在变成殖民地。[197]

结果如下：

大国的殖民地

（面积单位百万平方公里，人口单位百万）

	殖民地				宗主国		共计	
	1876年		1914年		1914年		1914年	
	面积	人口	面积	人口	面积	人口	面积	人口
英国………	22.5	251.9	33.5	393.5	0.3	46.5	33.8	440.0
俄国………	17.0	15.9	17.4	33.2	5.4	136.2	22.8	169.4
法国………	0.9	6.0	10.6	55.5	0.5	39.6	11.1	95.1
德国………	—	—	2.9	12.3	0.5	64.9	3.4	77.2
美国………	—	—	0.3	9.7	9.4	97.0	9.7	106.7
日本………	—	—	0.3	19.2	0.4	53.0	0.7	72.2
6个大国总计	40.4	273.8	65.0	523.4	16.5	437.2	81.5	960.6
其余大国（比利时、荷兰等）的殖民地………							9.9	45.3
半殖民地（波斯、中国、土耳其）………							14.5	361.2
其余国家………							28.0	289.9
全　球………							133.9	1 657.0

我们从这里清楚看到在19世纪和20世纪之交世界被瓜分

“完毕”的情况。1876 年以后，殖民地有极大的扩张：6 个最大的大国的殖民地增加了一半以上，由 4 000 万平方公里增加到 6 500 万平方公里，增加了 2 500 万平方公里，比各宗主国的面积（1 650 万）多一半。有 3 个大国在 1876 年根本没有殖民地，另一个大国法国，当时也差不多没有。到 1914 年，这 4 个大国获得的殖民地面积为 1 410 万平方公里，即大致比欧洲面积还大一半，这些殖民地的人口差不多有 1 亿。殖民地的扩张是非常不平衡的。例如拿面积和人口都相差不远的法、德、日三国来比较，就可以看出，法国的殖民地（按面积来说）几乎比德日两国殖民地的总和多两倍。不过在我们所谈的这个时代的初期，法国金融资本的数量大概也比德日两国的总和多几倍。除纯粹的经济条件而外，地理和其他条件也在这些经济条件的基础上影响到殖民地的大小。近几十年来，在大工业、交换和金融资本的压力下，世界的均等化，即各国经济条件与生活条件的平均化，虽然进展得很快，但差别还是不小的。在上述 6 个国家中，我们看到，一方面有年轻的进步非常快的资本主义国家（美、德、日），另一方面有近来进步比前面几国慢得多的老的资本主义国家（法、英），另外还有一个经济上最落后的国家（俄国），这个国家的现代资本帝国主义可以说是被前资本主义关系的密网紧紧缠绕着。

除大国的殖民地以外，我们还列进了小国的小块殖民地。这些殖民地可以说是可能发生而且极可能发生的对殖民地的“重新瓜分”的最近目标。这些小国能够保持自己的殖民地，主要是因为大国之间存在着利益上的对立，存在着摩擦等等，妨碍了它们达成分赃的协议。至于“半殖民地”国家，它们是自然界和社会一切领域常见的过渡形式的例子。金融资本是一种存在于一切经济关系和一切国际关系中的巨大力量,可以说是起决定作用的力量,它甚至能够支配而且实际上已经支配着一些政治上完全独立的国家;这种例子我们马上就要讲到。不过,对金融资本最“方便”最有利的当然是使从属的国家和民族丧失政治独立**这样的**支配。半殖民地国家是这方面的“中间”形式的典型。显然,在金融资本时代,当世界上其他地方已经瓜分完毕的时候,争夺这些半附属国的斗争也就必然特别尖锐起来。

殖民政策和帝国主义在资本主义最新阶段以前,甚至在资本主义以前就已经有了。以奴隶制为基础的罗马就推行过殖民政策,实行过帝国主义。但是,“泛泛地”谈论帝国主义而忘记或忽视社会经济形态的根本区别,必然会变成最空洞的废话或吹嘘,就像把“大罗马和大不列颠”相提并论那样①。就是资本主义**过去**各阶段的资本主义殖民政策,同金融资本的殖民政策也是有重大差别的。

最新资本主义的基本特点是最大企业家的垄断同盟的统治。当这种垄断组织独自霸占了**所有**原料产地的时候,它们就巩固无比了。我们已经看到,资本家国际同盟怎样拼命地致力于剥夺对方进行竞争的一切可能,收买譬如蕴藏铁矿的土地或石油资源等等。只有占领殖民地,才能充分保证垄断组织自如地应付同竞争者的斗争中的各种意外事件,包括对方打算用国家垄断法来实行自卫这样的意外事件。资本主义愈发达,原料愈感缺乏,竞争和追逐全世界原料产地的斗争愈尖锐,抢占殖民地的斗争也就愈激烈。

施尔德尔写道:“可以作出一个在某些人看来也许是怪诞不经

① 查·普·卢卡斯《大罗马和大不列颠》1912 年牛津版,或克罗美尔伯爵《古代帝国主义和现代帝国主义》1910 年伦敦版。

的论断，就是说，城市人口和工业人口的增长，在较近的将来与其说会遇到食品缺乏的障碍，远不如说会遇到工业原料缺乏的障碍。”例如木材（它变得日益昂贵）、皮革和纺织工业原料，都愈来愈缺乏。“工业家同盟企图在整个世界经济的范围内造成农业和工业的平衡；1904 年几个主要工业国家的棉纺业工厂主同盟成立的国际同盟就是一个例子；后来在 1910 年，欧洲麻纺业厂主同盟也仿照它成立了一个同盟。”①

当然，资产阶级改良主义者，其中尤其是现在的考茨基主义者，总是企图贬低这种事实的意义，说不用“代价很大而且很危险的”殖民政策就“可以”在自由市场上取得原料，说“简单地”改善一下一般农业的条件就“可以”大大增加原料的供应。但是，这样说就成了替帝国主义辩护，替帝国主义涂脂抹粉，因为这样说就是忘记了最新资本主义的主要特点——垄断。自由市场愈来愈成为过去的事情，垄断性的辛迪加和托拉斯一天天地缩小自由市场，而“简单地”改善一下农业条件，就得改善民众的处境，提高工资，减少利润。可是，除了在甜蜜的改良主义者的幻想里，哪里会有能够关心民众的处境而不关心夺取殖民地的托拉斯呢？

对于金融资本来说，不仅已经发现的原料产地，而且可能有原料的地方，都是有意义的，因为当代技术发展异常迅速，今天无用的土地，要是明天找到新的方法（为了这个目的，大银行可以配备工程师和农艺师等等去进行专门的考察），要是投入大量资本，就会变成有用的土地。矿藏的勘探，加工和利用各种原料的新方法等等，也是如此。因此，金融资本必然力图扩大经济领土，甚至一

① 施尔德尔的上述著作第 38—42 页。

般领土。托拉斯估计到将来“可能获得的”（而不是现有的）利润，估计到将来垄断的结果，把自己的财产按高一两倍的估价资本化；同样，金融资本也估计到可能获得的原料产地，唯恐在争夺世界上尚未瓜分的最后几块土地或重新瓜分已经瓜分了的一些土地的疯狂斗争中落后于他人，总想尽量夺取更多的土地，不管这是一些什么样的土地，不管这些土地在什么地方，也不管采取什么手段。

英国资本家用尽一切办法竭力在**自己的**殖民地埃及发展棉花生产（1904 年埃及的 230 万公顷耕地中，就有 60 万公顷，即$\frac{1}{4}$以上用来种植棉花），俄国资本家在**自己的**殖民地土耳其斯坦也这样做，因为这样他们就能较容易地打败外国的竞争者，较容易地垄断原料产地，成立一个实行“联合”生产、包揽棉花种植和加工的**各个**阶段的、更经济更盈利的纺织业托拉斯。

资本输出的利益也同样地在推动人们去夺取殖民地，因为在殖民地市场上，更容易（有时甚至只有在那里才可能）用垄断的手段排除竞争者，保证由自己来供应，巩固相应的“联系”等等。

在金融资本的基础上生长起来的非经济的上层建筑，即金融资本的政策和意识形态，加强了夺取殖民地的趋向。希法亭说得很对：“金融资本要的不是自由，而是统治。”有一个法国资产阶级作家好像是在发挥和补充上述塞西尔·罗得斯的思想[①]，他写道，现代殖民政策除经济原因外，还应当加上社会原因：“愈来愈艰难的生活不仅压迫着工人群众，而且压迫着中间阶级，因此在一切老的文明国家中都积下了‘一种危及社会安定的急躁、愤怒和憎恨的情绪；应当为脱离一定阶级常轨的力量找到应用的场所，应当给它

① 见本卷第 392 页。——编者注

在国外找到出路，以免在国内发生爆炸’。”①

既然谈到资本帝国主义时代的殖民政策，那就必须指出，金融资本和同它相适应的国际政策，即归根到底是大国为了在经济上和政治上瓜分世界而斗争的国际政策，造成了许多**过渡的**国家依附形式。这个时代的典型的国家形式不仅有两大类国家，即殖民地占有国和殖民地，而且有各种形式的附属国，它们在政治上、形式上是独立的，实际上却被金融和外交方面的依附关系的罗网缠绕着。上面我们已经说过一种形式——半殖民地。而阿根廷这样的国家则是另一种形式的典型。

舒尔采-格弗尼茨在一本论不列颠帝国主义的著作中写道："南美，特别是阿根廷，在金融上如此依附于伦敦，应当说是几乎成了英国的商业殖民地。"②施尔德尔根据奥匈帝国驻布宜诺斯艾利斯的领事 1909 年的报告，确定英国在阿根廷的投资有 875 000 万法郎。不难设想，由于这笔投资，英国金融资本及其忠实"友人"英国外交，同阿根廷资产阶级，同阿根廷整个经济政治生活的领导人物有着多么巩固的联系。

葡萄牙的例子向我们表明了政治上独立而金融上和外交上不独立的另一种稍微不同的形式。葡萄牙是个独立的主权国家，但是实际上从西班牙王位继承战争（1701—1714 年）起，这 200 多年来它始终处在英国的保护之下，英国为了加强它在反对自己的敌

① 瓦尔《法国在殖民地》，转引自昂利·吕西埃《大洋洲的瓜分》1905 年巴黎版第 165 页。

② 舒尔采-格弗尼茨《20 世纪初的不列颠帝国主义和英国自由贸易》1906 年莱比锡版第 318 页，以及萨尔托里乌斯·冯·瓦尔特斯豪森《国外投资的国民经济制度》1907 年柏林版第 46 页。

人西班牙和法国的斗争中的地位，保护了葡萄牙及其殖民地。英国以此换得了商业上的利益，换得了向葡萄牙及其殖民地输出商品、尤其是输出资本的优惠条件，换得了使用葡萄牙的港口、岛屿、电缆等等的便利。[①] 某些大国和小国之间的这种关系过去一向就有，但是在资本帝国主义时代，这种关系成了普遍的制度，成了“瓜分世界”的全部关系中的一部分，成了世界金融资本活动中的环节。

为了结束关于瓜分世界问题的讨论，我们还要指出下面一点。不但美西战争以后的美国著作和英布战争以后的英国著作，在19世纪末和20世纪初十分公开而明确地提出了这个问题，不但最“忌妒地”注视着“不列颠帝国主义”的德国著作经常在估计这个事实，而且在法国资产阶级著作中，就资产阶级可以达到的程度来说，问题也提得相当明确而广泛。让我们来引证历史学家德里奥的一段话，他在《19世纪末的政治问题和社会问题》一书中论述“大国与瓜分世界”的一章里写道：“近年来世界上所有未被占据的地方，除了中国以外，都被欧洲和北美的大国占据了。在这个基础上已经发生了某些冲突和势力变动，这一切预示着最近的将来会有更可怕的爆发。因为大家都得急急忙忙地干：凡是没有及时得到一份的国家，就可能永远得不到它的一份，永远不能参加对世界的大规模开拓，而这将是下一世纪即20世纪最重要的事实之一。所以近来全欧洲和美国都充满了殖民扩张和‘帝国主义’的狂热，‘帝国主义’成了19世纪末最突出的特点。”作者又补充说：“在这种瓜分世界的情况下，在这种疯狂追逐地球上的宝藏和巨大市场的角斗中，这个世纪即19世纪建立起来的各个帝国之间的力量对

---

① 施尔德尔的上述著作第1卷第160—161页。

比，是与建立这些帝国的民族在欧洲所占的地位完全不相称的。在欧洲占优势的大国，即欧洲命运的主宰者，**并非**在全世界也占有同样的优势。因为强大的殖民实力和占有尚未查明的财富的希望，显然会反过来影响欧洲大国的力量对比，所以殖民地问题（也可以说是“帝国主义”）这个已经改变了欧洲本身政治局面的问题，一定还会日甚一日地改变这个局面。”①

七 帝国主义是资本主义的特殊阶段

现在我们应当试作一个总结，把以上关于帝国主义的论述归纳一下。帝国主义是作为一般资本主义基本特性的发展和直接继续而生长起来的。但是，只有在资本主义发展到一定的、很高的阶段，资本主义的某些基本特性开始转化成自己的对立面，从资本主义到更高级的社会经济结构的过渡时代的特点已经全面形成和暴露出来的时候，资本主义才变成了资本帝国主义。在这一过程中，经济上的基本事实，就是资本主义的自由竞争为资本主义的垄断所代替。自由竞争是资本主义和一般商品生产的基本特性；垄断是自由竞争的直接对立面，但是我们眼看着自由竞争开始转化为垄断：自由竞争造成大生产，排挤小生产，又用更大的生产来代替大生产，使生产和资本的集中达到这样的程度，以致从中产生了并且还在产生着垄断，即卡特尔、辛迪加、托拉斯以及同它们相融合的十来家支配着几十亿资金的银行的资本。同时，从自由竞争中

① J. 爱·德里奥《政治问题和社会问题》1900年巴黎版第299页。

生长起来的垄断并不消除自由竞争，而是凌驾于这种竞争之上，与之并存，因而产生许多特别尖锐特别剧烈的矛盾、摩擦和冲突。垄断是从资本主义到更高级的制度的过渡。

如果必须给帝国主义下一个尽量简短的定义，那就应当说，帝国主义是资本主义的垄断阶段。这样的定义能包括最主要之点，因为一方面，金融资本就是和工业家垄断同盟的资本融合起来的少数垄断性的最大银行的银行资本；另一方面，瓜分世界，就是由无阻碍地向未被任何一个资本主义大国占据的地区推行的殖民政策，过渡到垄断地占有已经瓜分完了的世界领土的殖民政策。

过于简短的定义虽然方便（因为它概括了主要之点），但是要从中分别推导出应当下定义的现象的那些最重要的特点，这样的定义毕竟是不够的。因此，如果不忘记所有定义都只有有条件的、相对的意义，永远也不能包括充分发展的现象一切方面的联系，就应当给帝国主义下这样一个定义，其中要包括帝国主义的如下五个基本特征：(1)生产和资本的集中发展到这样高的程度，以致造成了在经济生活中起决定作用的垄断组织；(2)银行资本和工业资本已经融合起来，在这个"金融资本的"基础上形成了金融寡头；(3)和商品输出不同的资本输出具有特别重要的意义；(4)瓜分世界的资本家国际垄断同盟已经形成；(5)最大资本主义大国已把世界上的领土瓜分完毕。帝国主义是发展到垄断组织和金融资本的统治已经确立、资本输出具有突出意义、国际托拉斯开始瓜分世界、一些最大的资本主义国家已把世界全部领土瓜分完毕这一阶段的资本主义。

下面我们还会看到，如果不仅注意到基本的、纯粹经济的概念（上述定义就只限于这些概念），而且注意到现阶段的资本主义同一般资本主义相比所占的历史地位，或者注意到帝国主义同工人运动中两个主要派别的关系，那就可以而且应当给帝国主义另外下一个定义。现在先必须指出，帝国主义，按上述意义来了解，无疑是资本主义发展的一个特殊阶段。为了使读者对于帝国主义有一个有充分根据的了解，我们故意尽量多引用了一些不得不承认最新资本主义经济中十分确凿的事实的**资产阶级**经济学家所发表的意见。为了同一目的，我们又引用了一些详细的统计材料，从中可以看出银行资本等究竟发展到了怎样的程度，看出量转化为质，发达的资本主义转化为帝国主义，究竟表现在什么地方。不用说，自然界和社会里的一切界限当然都是有条件的、变动的，如果去争论帝国主义究竟在哪一年或哪一个10年"最终"确立，那是荒唐的。

但是，我们不得不在帝国主义的定义问题上，首先同所谓第二国际时代(1889—1914年这25年间)主要的马克思主义理论家卡·考茨基进行争论。在1915年，甚至早在1914年11月，考茨基就十分坚决地反对我们给帝国主义下的定义所表述的基本思想，他说不应当把帝国主义了解为一个经济上的"时期"或阶段，而应当了解为一种政策，即金融资本"比较爱好的"政策；不应当把帝国主义和"现代资本主义""等同起来"；如果把帝国主义了解为"现代资本主义的一切现象"(卡特尔、保护主义、金融家的统治、殖民政策)，那么帝国主义是资本主义所必需的这个问题就成了"最乏味的同义反复"，因为那样的话，"帝国主义就自然是资本主义生存所必需的了"，等等。为了最确切地表述考茨基的思想，我们引用他给帝国主义所下的定义，这个定义是直接反对我们所阐述的那些思想的实质的(因为，考茨基早已知道，多年来贯彻类似思想的德国马克思主义者阵营中所提出的反驳，正是马克思主义的一个派别所提出的反驳)。

考茨基的定义说:

"帝国主义是高度发达的工业资本主义的产物。帝国主义就是每个工业资本主义民族力图吞并或征服愈来愈多的**农业**〈黑体是考茨基用的〉区域,而不管那里居住的是什么民族。"①

这个定义是根本要不得的,因为它片面地,也就是任意地单单强调了一个民族问题(虽然这个问题无论就其本身还是就其对帝国主义的关系来说,都是极其重要的),任意地和**错误地**把这个问题**单单**同兼并其他民族的那些国家的工业资本联系起来,又同样任意地和错误地突出了对农业区域的兼并。

帝国主义就是力图兼并,——考茨基的定义的**政治**方面归结起来就是这样。这是对的,但是极不完全,因为在政治方面,帝国主义是力图使用暴力和实行反动。不过在这里我们要研究的是考茨基**本人**纳入**他的**定义中的**经济**方面。考茨基定义的错误是十分明显的。帝国主义的特点,恰好**不是**工业资本**而是**金融资本。在法国,恰好是在工业资本削弱的情况下**金融**资本特别迅速的发展,从上一世纪80年代开始使兼并政策(殖民政策)极度加强起来,这并不是偶然的。帝国主义的特点恰好**不只是**力图兼并农业区域,甚至还力图兼并工业极发达的区域(德国对比利时的野心,法国对洛林的野心),因为第一,世界已经瓜分完了,在**重新瓜分**的时候,就不得不把手伸向**任何**一块土地;第二,帝国主义的重要特点,是几个大国争夺霸权,即争夺领土,其目的与其说是直接为了自己,不如说是为了削弱对方,破坏**对方的**霸权(比利时作为反英据点对

① 1914年《新时代》杂志第32年卷第2册(1914年9月11日)第909页;参看1915年第2册第107页及以下各页。

德国来说特别重要，巴格达作为反德据点对英国来说也一样重要，如此等等）。

考茨基特地搬出、并且屡次搬出英国人来，似乎英国人确定的帝国主义一词的纯粹政治含义，是和他考茨基的意思相符的。现在就来看看英国人霍布森在他1902年出版的《帝国主义》一书中是怎样写的：

"新帝国主义和老帝国主义不同的地方在于：第一，一个日益强盛的帝国的野心，被几个互相竞争的帝国的理论和实践所代替，其中每个帝国都同样渴望政治扩张和贪图商业利益；第二，金融利益或投资利益统治着商业利益。"①

我们看到，考茨基笼统地搬出英国人来，是绝对没有事实根据的（他要搬的话，也只能是搬出那些庸俗的英国帝国主义者或帝国主义的公开辩护士）。我们看到，考茨基标榜自己在继续维护马克思主义，实际上比**社会自由主义者**霍布森还后退了一步，因为霍布森还**比较正确地**估计到现代帝国主义的两个"历史的具体的"（考茨基的定义恰好是对历史的具体性的嘲弄！）特点：(1)**几个**帝国主义互相竞争；(2)金融家比商人占优势。如果主要是工业国兼并农业国的问题，那就把商人抬上首要地位了。

考茨基的定义不仅是错误的和非马克思主义的，而且还成了全面背离马克思主义理论和马克思主义实践的那一整套观点的基础，这一点以后还要讲到。考茨基挑起的那种字面上的争论，即资本主义的最新阶段应当叫做帝国主义还是叫做金融资本阶段，是毫无意义的争论。随便你怎样叫都是一样。关键在

① 霍布森《帝国主义》1902年伦敦版第324页。

于考茨基把帝国主义的政治同它的经济割裂开了，把兼并解释为金融资本"比较爱好的"政策，并且拿同一金融资本基础上的另一种似乎可能有的资产阶级政策和它对立。照这样说来，经济上的垄断是可以同政治上的非垄断、非暴力、非掠夺的行动方式相容的。照这样说来，瓜分世界领土(这种瓜分恰巧是在金融资本时代完成的并成了最大的资本主义国家现在互相竞争的特殊形式的基础)也是可以同非帝国主义的政策相容的。这样一来，就不是暴露资本主义最新阶段最根本的矛盾的深刻性，而是掩饰、缓和这些矛盾；这样一来，就不是马克思主义，而是资产阶级改良主义。

考茨基同德国的一个帝国主义和兼并政策的辩护士库诺争论过。库诺笨拙而又无耻地推论说：帝国主义是现代资本主义；资本主义的发展是不可避免的和进步的，所以帝国主义也是进步的，所以必须跪在帝国主义面前歌功颂德！这种话就像民粹派在1894—1895年讽刺俄国马克思主义者的时候所说的那些话，说什么如果马克思主义者认为资本主义在俄国是不可避免的和进步的，那么他们就应当开起酒馆来培植资本主义。考茨基反驳库诺说：不对，帝国主义并不是现代资本主义，而只是现代资本主义政策的形式之一，我们可以而且应当同这种政策作斗争，同帝国主义，同兼并等等作斗争。

这种反驳好像很有道理，实际上却等于更巧妙更隐蔽地(因此是更危险地)宣传同帝国主义调和，因为同托拉斯和银行的政策"作斗争"而不触动托拉斯和银行的经济基础，那就不过是资产阶级的改良主义与和平主义，不过是一种善良而天真的愿望而已。不是充分暴露矛盾的深刻性，而是回避存在的矛盾，忘掉其中最重要的矛盾，——这就是考茨基的理论，它同马克思主义毫无共同之点。显然，这种“理论”只能用来维护同库诺之流保持统一的思想！

考茨基写道：“从纯粹经济的观点看来，资本主义不是不可能再经历一个新的阶段，即把卡特尔政策应用到对外政策上的超帝国主义的阶段”①，也就是全世界各帝国主义彼此联合而不是互相斗争的阶段，在资本主义制度下停止战争的阶段，“实行国际联合的金融资本共同剥削世界”的阶段②。

关于这个“超帝国主义论”，我们以后还要谈到，以便详细地说明这个理论背弃马克思主义到了何等彻底而无可挽回的地步。现在，按照本书的总的计划，我们要看一看有关这个问题的确切的经济材料。“从纯粹经济的观点看来”，这个“超帝国主义”究竟是可能实现的呢，还是超等废话？

如果纯粹经济的观点指的是一种“纯粹的”抽象概念，那么，说到底只能归结为这样一个论点：发展的趋势是走向垄断组织，因而也就是走向一个全世界的垄断组织，走向一个全世界的托拉斯。这是不容争辩的，不过也是毫无内容的，就好像说：“发展的趋势”是走向在实验室里生产食物。在这个意义上，超帝国主义“论”就如同什么“超农业论”一样是荒唐的。

如果谈金融资本时代的“纯粹经济”条件，是指20世纪初这个历史的具体时代，那么对于“超帝国主义”这种僵死的抽象概念(它完全是为了一个最反动的目的，就是使人不去注意**现有**矛盾的深

① 1914年《新时代》杂志第32年卷第2册(1914年9月11日)第921页；参看1915年第2册第107页及以下各页。

② 1915年《新时代》杂志第1册(1915年4月30日)第144页。

刻性)的最好回答,就是拿现代世界经济的具体经济现实同它加以对比。考茨基关于超帝国主义的毫无内容的议论还鼓舞了那种十分错误的、为帝国主义辩护士助长声势的思想,似乎金融资本的统治是在**削弱**世界经济内部的不平衡和矛盾,其实金融资本的统治是在**加剧**这种不平衡和矛盾。[198]

理·卡尔韦尔在他写的《世界经济导论》①这本小册子里,对可以具体说明19世纪和20世纪之交世界经济内部相互关系的最重要的纯粹经济材料,作了归纳的尝试。他把整个世界分为5个"主要经济区域":(1)中欧区(除俄国和英国以外的整个欧洲);(2)不列颠区;(3)俄国区;(4)东亚区;(5)美洲区。同时他把殖民地列入所属国的"区域"内,而"撇开了"少数没有按上述区域划分的国家,例如亚洲的波斯、阿富汗和阿拉伯,非洲的摩洛哥和阿比西尼亚等等。

现在把他所列出的这些区域的经济材料摘录如下:

世界主要经济区域	面积（单位百万平方公里）	人口（单位百万）	交通运输业 铁路（单位千公里）	交通运输业 商船（单位百万吨）	贸易（进出口共计）（单位十亿马克）	工业 煤炭产量（单位百万吨）	工业 生铁产量（单位百万吨）	工业 棉纺织业纱锭数目（单位百万）
(1)中欧区	27.6 (23.6)②	388 (146)②	204	8	41	251	15	26
(2)不列颠区	28.9 (28.6)②	398 (355)②	140	11	25	249	9	51
(3)俄国区	22	131	63	1	3	16	3	7
(4)东亚区	12	389	8	1	2	8	0.02	2
(5)美洲区	30	148	379	6	14	245	14	19

① 理·卡尔韦尔《世界经济导论》1906年柏林版。

② 括号里是殖民地的面积和人口。

我们看到,有三个区域是资本主义高度发达(交通运输业、贸易和工业都十分发达)的区域,即中欧区、不列颠区和美洲区。其中德、英、美三国是统治着世界的国家。它们相互间的帝国主义竞争和斗争是非常尖锐的,因为德国的地区很小,殖民地又少,而"中欧区"的形成还有待于将来,现时它正在殊死的斗争中逐渐产生。目前整个欧洲的特征是政治上分散。相反,在不列颠区和美洲区,政治上却高度集中,但是它们之间又有极大的差别:前者有广大的殖民地,后者的殖民地却十分少。在殖民地,资本主义刚刚开始发展。争夺南美的斗争愈来愈尖锐。

有两个区域是资本主义不发达的区域,即俄国区和东亚区。前者人口密度极小,后者极大;前者政治上很集中,后者不集中。瓜分中国才刚刚开始,日美等国争夺中国的斗争愈来愈激烈。

请把考茨基关于"和平的"超帝国主义那种愚蠢可笑的胡说,拿来同经济政治条件极不相同、各国发展速度等等极不一致、各帝国主义国家间存在着疯狂斗争的实际情形比较一下吧。难道这不是吓坏了的小市民想逃避可怕的现实的反动企图吗?难道被考茨基当做"超帝国主义"的胚胎的国际卡特尔(正像"可以"把在实验室里生产片剂说成是超农业的胚胎一样),不就是向我们表明瓜分世界**和重新瓜分**世界、由和平瓜分转为非和平瓜分、再由非和平瓜分转为和平瓜分的一个例子吗?难道从前同德国一起(例如在国际钢轨辛迪加或国际商轮航运业托拉斯里)和平地瓜分过整个世界的美国和其他国家的金融资本,现在不是在按照以完全**非**和平的方式改变着的新的实力对比**重新瓜分**世界吗?

金融资本和托拉斯不是削弱而是加强了世界经济各个部分在

发展速度上的差异。既然实力对比发生了变化，那么**在资本主义制度下**，除了用**实力**来解决矛盾，还有什么别的办法呢？在铁路的统计中，我们可以看到说明整个世界经济中资本主义和金融资本发展速度不同的非常准确的材料。① 在帝国主义发展的最近几十年中，铁路长度变更的情形如下：

铁路长度（单位千公里）

	1890 年		1913 年		增 加 数	
欧洲	224		346		＋ 122	
美国	268		411		＋ 143	
所有殖民地	82	125	210	347	＋ 128	＋222
亚美两洲的独立国和半独立国	43		137		＋ 94	
共　计	617		1 104			

可见，铁路发展得最快的是殖民地和亚美两洲的独立国（以及半独立国）。大家知道，这里是由四五个最大的资本主义国家的金融资本统治着一切，支配着一切。在殖民地及亚美两洲其他国家建筑 20 万公里的新铁路，这意味着在特别有利的条件下，在收入有特别的保证、铸钢厂可以获得厚利订货等等的条件下，新投入 400 多亿马克的资本。

资本主义在殖民地和海外国家发展得最快。在这些国家中出现了**新的**帝国主义大国（如日本）。全世界帝国主义之间的斗争尖锐起来了。金融资本从特别盈利的殖民地企业和海外企业得到的贡款日益增加。在瓜分这种"赃物"的时候，有极大一部分落到了

① 1915 年《德意志帝国统计年鉴》**[199]**；1892 年《铁路业文汇》**[200]**；关于 1890 年各国殖民地间铁路分布方面的某些详细情形，只能作一个大致的估计**[201]**。

那些在生产力发展的速度上并不是常常占第一位的国家手里。各最大的强国及其殖民地的铁路总长度如下：

（单位千公里）

	1890 年	1913 年	
美国	268	413	+145
不列颠帝国	107	208	+101
俄国	32	78	+ 46
德国	43	68	+ 25
法国	41	63	+ 22
5 个大国共计	491	830	+339

可见，将近 80％的铁路集中在 5 个最大的强国手中，但是这些铁路的**所有权**的集中程度，金融资本的集中程度，还要高得多，例如美、俄及其他国家铁路的大量股票和债券都属于英法两国的百万富翁。

英国靠自己的殖民地，把“自己的”铁路网增加了 10 万公里，比德国增加的多 3 倍。但是，谁都知道，这一时期德国生产力的发展，特别是煤炭和钢铁生产的发展，其速度之快是英国无法比拟的，更不必说法国和俄国了。1892 年，德国的生铁产量为 490 万吨，英国为 680 万吨；但是到 1912 年，已经是 1 760 万吨比 900 万吨，也就是说，德国永远地超过英国了！① 试问，**在资本主义基础上**，要消除生产力发展和资本积累同金融资本对殖民地和“势力范围”的瓜分这两者之间不相适应的状况，除了用战争以外，还能有什么其他办法呢？

① 并参看埃德加·克勒芒德《不列颠帝国同德意志帝国的经济关系》，该文载于 1914 年 7 月《皇家统计学会杂志》第 777 页及以下各页。

八　资本主义的寄生性和腐朽

现在我们还要来研究一下帝国主义的另一个非常重要的方面，大多数关于帝国主义的论述，对这个方面往往认识不足。马克思主义者希法亭的缺点之一，就是他在这一点上比非马克思主义者霍布森还后退了一步。我们说的就是帝国主义所特有的寄生性。

我们已经看到，帝国主义最深厚的经济基础就是垄断。这是资本主义的垄断，也就是说，这种垄断是从资本主义生长起来并且处在资本主义、商品生产和竞争的一般环境里，同这种一般环境始终有无法解决的矛盾。尽管如此，这种垄断还是同任何垄断一样，必然产生停滞和腐朽的趋向。在规定了(即使是暂时地)垄断价格的范围内，技术进步因而也是其他一切进步的动因，前进的动因，就在一定程度上消失了；其次**在经济上**也就有可能人为地阻碍技术进步。例如，美国有个姓欧文斯的发明了一种能引起制瓶业革命的制瓶机。德国制瓶工厂主的卡特尔收买了欧文斯的发明专利权，可是却把这个发明束之高阁，阻碍它的应用。当然，在资本主义制度下，垄断决不能完全地、长久地排除世界市场上的竞争(这也是超帝国主义论荒谬的原因之一)。用改良技术的办法可能降低生产费用和提高利润，这种可能性当然是促进着各种变化的。但是垄断所固有的停滞和腐朽的**趋势**仍旧在发生作用，而且在某些工业部门，在某些国家，在一定的时期，这种趋势还占上风。

垄断地占有特别广大、富饶或地理位置方便的殖民地，也起着同样的作用。

其次，帝国主义就是货币资本大量聚集于少数国家，其数额，如我们看到的，分别达到 1 000 亿—1 500 亿法郎（有价证券）。于是，以“剪息票”为生，根本不参与任何企业经营、终日游手好闲的食利者阶级，确切些说，食利者阶层，就大大地增长起来。帝国主义最重要的经济基础之一——资本输出，更加使食利者阶层完完全全脱离了生产，给那种靠剥削几个海外国家和殖民地的劳动为生的整个国家打上了寄生性的烙印。

霍布森写道：“在 1893 年，不列颠在国外的投资，约占联合王国财富总额的 15％。”[①]我们要指出，到 1915 年，这种资本又增加了大约一倍半。霍布森又说：“侵略性的帝国主义，要纳税人付出很高代价，对于工商业者来说殊少价值，……然而对于寻找投资场所的资本家〈在英语里，这个概念是用“investor”一词来表示的，意即“投资者”，食利者〉，却是大量利润的来源。”“据统计学家吉芬计算，1899 年大不列颠从全部对外贸易和殖民地贸易（输入和输出）得到的全部年收入是 1 800 万英镑〈约合 17 000 万卢布〉，这是按贸易总额 8 亿英镑的 2.5％推算出来的。”尽管这个数目不小，它却不能说明大不列颠侵略性的帝国主义。能够说明它的是 9 000 万—10 000 万英镑从“投资”得到的收入，也就是食利者阶层的收入。

在世界上“贸易”最发达的国家，食利者的收入竟比对外贸易的收入高 **4 倍**！这就是帝国主义和帝国主义寄生性的实质。

---

① 霍布森的书第 59、62 页。

因此，“食利国”(Rentnerstaat)或高利贷国这一概念，就成了论述帝国主义的经济著作中通用的概念。世界分为极少数高利贷国和极大多数债务国。舒尔采-格弗尼茨写道：“在国外投资中占第一位的，是对政治上附属的或结盟的国家的投资：英国贷款给埃及、日本、中国和南美。在必要时，英国的海军就充当法警。英国的政治力量保护着英国，防止债务人造反。”[①]萨尔托里乌斯·冯·瓦尔特斯豪森在他所著的《国外投资的国民经济制度》一书中，把荷兰当做“食利国”的典型，并且说现在英国和法国也正在成为这样的国家。[②] 施尔德尔认为英国、法国、德国、比利时和瑞士这5个工业国家，是“明显的债权国”。他没有把荷兰算进去，只是因为荷兰“工业不大发达”[③]。而美国仅仅是美洲的债权人。

舒尔采-格弗尼茨写道：“英国逐渐由工业国变成债权国。虽然工业生产和工业品出口有了绝对的增加，但是，利息、股息和发行证券、担任中介、进行投机等方面的收入，在整个国民经济中的相对意义愈来愈大了。依我看来，这个事实正是帝国主义繁荣的经济基础。债权人和债务人之间的关系，要比卖主和买主之间的关系更巩固些。”[④]关于德国的情形，柏林的《银行》杂志出版人阿·兰斯堡1911年在他的《德国是食利国》一文中写了如下一段话：“德国人喜欢讥笑法国人显露出来的那种渴望变为食利者的倾向。但是他们忘记了，就资产阶级来说，德国的情况同法国是愈来

① 舒尔采-格弗尼茨《不列颠帝国主义》第320页及其他各页。
② 萨·冯·瓦尔特斯豪森《国外投资的国民经济制度》1907年柏林版第4册。
③ 施尔德尔的著作第393页。
④ 舒尔采-格弗尼茨《不列颠帝国主义》第122页。

愈相像了。”①

食利国是寄生腐朽的资本主义的国家，这不能不影响到这种国家的一切社会政治条件，尤其是影响到工人运动的两个主要派别。为了尽量把这一点说清楚，我们还是引用霍布森的话。他是一个最“可靠的”证人，因为谁也不会疑心他偏袒“马克思主义的正统思想”；另一方面他又是英国人，很了解这个殖民地最广大、金融资本最雄厚、帝国主义经验最丰富的国家的情况。

霍布森在对英布战争的印象很鲜明的情况下，描述了帝国主义同“金融家”利益的联系，以及“金融家”从承包、供应等业务获得的利润增加的情形，他说：“资本家是这一明显的寄生性政策的指挥者；但是同一动机对工人中间的特殊阶层也起作用。在很多城市中，最重要的工业部门都要依靠政府的订货；冶金工业和造船工业中心的帝国主义，也在不小的程度上可以归因于这个事实。”这位作者认为，有两种情况削弱了旧帝国的力量：(1)“经济寄生性”；(2)用附属国的人民编成军队。“第一种情况是经济寄生习气，这种习气使得统治国利用占领地、殖民地和附属国来达到本国统治阶级发财致富的目的，来收买本国下层阶级，使他们安分守己。”我们要补充一句：为了在经济上有可能进行这样的收买，不管收买的形式如何，都必须有垄断高额利润。

关于第二种情况，霍布森写道：“帝国主义盲目症的最奇怪的症候之一，就是大不列颠、法国等帝国主义国家走上这条道路时所抱的那种漫不经心的态度。在这方面走得最远的是大不列颠。我们征服印度帝国的大部分战斗都是我们用土著人编成的军队进行

① 1911年《银行》杂志第1期第10—11页。

的;在印度和近来在埃及,庞大的常备军是由英国人担任指挥的;我们征服非洲的各次战争,除了征服南部非洲的以外,几乎都是由土著人替我们进行的。”

瓜分中国的前景,使霍布森作出了这样一种经济上的估计:“到那时,西欧大部分地区的面貌和性质,都将同现在有些国家的部分地区,如英格兰南部、里夫耶拉以及意大利和瑞士那些游人最盛、富人最多的地方一样,也会有极少数从远东取得股息和年金的富豪贵族,连同一批人数稍多的家臣和商人,为数更多的家仆以及从事运输和易腐坏产品最后加工的工人。主要的骨干工业部门就会消失,而大批的食品和半成品会作为贡品由亚非两洲源源而来。”“西方国家更广泛的同盟,即欧洲大国联邦向我们展示的前途就是,这个联邦不仅不会推进全世界的文明事业,反而有造成西方寄生性的巨大危险:产生出这样一批先进的工业国家,这些国家的上层阶级从亚非两洲获得巨额的贡款,并且利用这种贡款来豢养大批驯服的家臣,他们不再从事大宗的农产品和工业品的生产,而是替个人服务,或者在新的金融贵族监督下从事次要的工业劳动。让那些漠视这种理论〈应当说:前途〉、认为这个理论不值得研究的人,去思考一下已经处于这种状态的目前英格兰南部各区的经济条件和社会条件吧。让他们想一想,一旦中国受这种金融家、‘投资者’及其政治方面和工商业方面的职员的经济控制,使他们能从这个世界上所知道的最大的潜在富源汲取利润,以便在欧洲消费,这套方式将会扩展到怎样巨大的程度。当然,情况是极为复杂的,世界上各种力量的变化也难以逆料,所以不能很有把握地对未来作出某种唯一的预测。但是,现在支配着西欧帝国主义的那些势力,是在向着这个方向发展的。如果这些势力不遇到什么抵抗,不被引上另一个方面，它们就确实会朝着完成这一过程的方向努力。”①

作者说得完全对：**如果**帝国主义的力量不遇到抵抗，它就确实会走向这种结局。这里对于目前帝国主义情况下的“欧洲联邦”的意义，作了正确的估计。要补充的只有一点，就是**在**工人运动**内部**，目前在大多数国家暂时获得胜利的机会主义者，**也是**经常地一贯地朝着这个方向“努力”的。帝国主义意味着瓜分世界而不只是剥削中国一个国家，意味着极少数最富的国家享有垄断高额利润，所以，它们在经济上就有可能去收买无产阶级的上层，从而培植、形成和巩固机会主义。不过不要把反对帝国主义、特别是反对机会主义的那些力量忘掉，这些力量，社会自由主义者霍布森自然是看不到的。

德国机会主义者格尔哈德·希尔德布兰德过去因为替帝国主义辩护而被开除出党，现在满可以充当德国所谓“社会民主”党的领袖，他给霍布森作了一个很好的补充，鼓吹“西欧联邦”（俄国除外），以便“共同”行动……反对非洲黑人、反对“大伊斯兰教运动”，以便维持“强大的陆海军”，对付“中日联盟”②，等等。

舒尔采-格弗尼茨对“不列颠帝国主义”的描绘，向我们揭示了同样的寄生性特征。从1865年到1898年，英国的国民收入增加了大约1倍，而这一时期“来自国外”的收入却增加了**8倍**。如果说帝国主义的“功劳”是“教育黑人去劳动”（不用强制手段是不行的……），那么帝国主义的“危险”就在于，“欧洲将把体力劳动，起

① 霍布森的著作第103、205、144、335、386页。

② 格尔哈德·希尔德布兰德《工业统治地位和工业社会主义的动摇》1910年版第229页及以下各页。

初把农业劳动和矿业劳动，然后把比较笨重的工业劳动，推给有色人种去干，自己则安然地当食利者，也许这样就为有色人种的经济解放以及后来的政治解放作好了准备”。

在英国，愈来愈多的土地不再用于农业生产，而成了专供富人运动作乐的场所。人们谈到苏格兰这个最贵族化的、用做打猎和其他运动的地方时，都说“它是靠自己的过去和卡内基先生〈美国亿万富翁〉生活的”。英国每年单是花在赛马和猎狐上面的费用，就有1 400万英镑（约合13 000万卢布）。英国食利者的人数约有100万。从事生产的人口的百分比日益下降：

	英国人口	主要工业部门的工人人数	工人在人口总数中所占的百分比
	（单位百万）		
1851年……	17.9	4.1	23%
1901年……	32.5	4.9	15%

这位研究“20世纪初的不列颠帝国主义”的资产阶级学者谈到英国工人阶级的时候，不得不经常把工人“**上层**”和“**真正的无产阶级下层**”加以区别。上层中间有大批人参加合作社、工会、体育团体和许多教派。选举权是同这个阶层的地位相适应的，这种选举权在英国“还有**相当多的限制，以排除真正的无产阶级下层**”！！为了粉饰英国工人阶级的状况，人们通常只谈论在无产阶级中占**少数**的这个上层，例如，“失业问题主要是涉及伦敦和无产阶级下层，**这个下层是政治家们很少重视的……**”① 应当说资产阶级政客和“社会党人”机会主义者们很少重视。

从帝国主义国家移往国外的人数逐渐减少，从比较落后的、工

① 舒尔采-格弗尼茨《不列颠帝国主义》第301页。

资比较低的国家移入帝国主义国家的人数(流入的工人和移民)却逐渐增加,这也是与上面描述的一系列现象有关的帝国主义特点之一。据霍布森说,英国移往国外的人数从 1884 年起开始减少:1884 年有 242 000 人,而 1900 年只有 169 000 人。德国移往国外的人数,在 1881—1890 年的 10 年中达到了最高峰,有 1 453 000 人,但是在后来的两个 10 年里,又减少到 544 000 人和 341 000 人。同时,从奥、意、俄及其他国家移入德国的工人却增加了。根据 1907 年的人口调查,德国有 1 342 294 个外国人,其中产业工人有 440 800 人,农业工人有 257 329 人。① 法国的采矿工业工人“很大一部分”是外国人——波兰人、意大利人和西班牙人②。在美国,从东欧和南欧移入的侨民做工资最低的工作,在升为监工和做工资最高的工作的工人中,美国工人所占的百分比最大。③ 帝国主义有一种趋势,就是在工人中间也分化出一些特权阶层,并且使他们脱离广大的无产阶级群众。

必须指出:在英国,帝国主义分裂工人、加强工人中间的机会主义、造成工人运动在一段时间内腐化的这种趋势,在 19 世纪末和 20 世纪初以前很久,就已经表现出来了。因为英国从 19 世纪中叶起,就具备了帝国主义的两大特点:拥有广大的殖民地;在世界市场上占垄断地位。马克思和恩格斯在几十年中一直密切注视着工人运动中的机会主义和英国资本主义的帝国主义特点之间的这种联系。例如,恩格斯在 1858 年 10 月 7 日给马克思的信中说:“英国无产阶级实际上日益资产阶级化了,因而这一所有民族中最

① 《德意志帝国统计》第 211 卷。

② 亨盖尔《法国的投资》1913 年斯图加特版。

③ 古尔维奇《移民与劳动》1913 年纽约版。

资产阶级化的民族，看来想把事情最终弄到这样的地步，即**除了**资产阶级，它还要有资产阶级化的贵族和资产阶级化的无产阶级。自然，对一个剥削全世界的民族来说，这在某种程度上是有道理的。”过了将近¼世纪，恩格斯又在1881年8月11日写的信里说到了“被资产阶级收买了的，或至少是领取资产阶级报酬的人所领导的最坏的英国工联”。恩格斯在1882年9月12日给考茨基的信中又说：“您问我：英国工人对殖民政策的想法如何？这和他们对一般政策的想法一样。这里没有工人政党，只有保守派和自由主义激进派，工人十分安然地分享英国在世界市场上的垄断权和英国的殖民地垄断权。”①（恩格斯在1892年为《英国工人阶级状况》第2版所写的序言中，也叙述了同样的看法。②）

这里已经把原因和后果明白地指出来了。原因是：(1)这个国家剥削全世界；(2)它在世界市场上占有垄断地位；(3)它拥有殖民地垄断权。后果是：(1)英国一部分无产阶级已经资产阶级化了；(2)英国一部分无产阶级受那些被资产阶级收买或至少是领取资产阶级报酬的人领导。在20世纪初，帝国主义完成了极少数国家对世界的瓜分，其中每个国家现在都剥削着(指榨取超额利润)“全世界”的一部分，只是比英国在1858年剥削的地方稍小一点；每一个国家都由于托拉斯、卡特尔、金融资本以及债权人对债务人的关

① 《马克思和恩格斯通信集》第2卷第290页；第4卷第433页(见《马克思恩格斯文集》第10卷第165页；参看《马克思恩格斯全集》第1版第35卷第18页。——编者注)。卡·考茨基《社会主义与殖民政策》1907年柏林版第79页；这本小册子是考茨基在很早很早以前，当他还是马克思主义者的时候写的(书中所引的恩格斯1882年9月12日给考茨基的信，见《马克思恩格斯文集》第10卷第480—481页。——编者注)。

② 见《马克思恩格斯文集》第1卷第365—381页。——编者注

系等等而在世界市场上占有垄断地位；每个国家都在一定程度上拥有殖民地垄断权（我们已经看到，世界上 7 500 万平方公里的**全部**殖民地中，有 **6 500 万**平方公里，即 86%集中在 6 个大国手里；有 **6 100 万**平方公里，即 81%集中在 3 个大国手里）。

现在局势的特点在于形成了以下这些经济政治条件：帝国主义已经从萌芽状态生长为统治的体系，资本主义垄断组织在国民经济和政治中居于首要地位，世界已经瓜分完毕；另一方面我们看到，作为整个 20 世纪初期特征的已经不是英国独占垄断权，而是少数帝国主义大国为分占垄断权而斗争。这些经济政治条件，不能不使机会主义同工人运动总的根本的利益更加不可调和。现在，机会主义已经不能像在 19 世纪后半期的英国那样，在一个国家的工人运动里取得完全胜利达几十年之久，但是它在许多国家里已经成熟，已经过度成熟，已经腐烂，并且作为社会沙文主义而同资产阶级的政策完全融合起来了。①

九 对帝国主义的批评

这里所说的对帝国主义的批评是指广义的批评，是指社会各阶级根据自己的一般意识形态对帝国主义政策所采取的态度。

集中在少数人手里的大量金融资本，建立了非常广泛而细密

① 波特列索夫之流、契恒凯里之流、马斯洛夫之流等等先生们所代表的俄国社会沙文主义，无论是它的公开形式，或是它的隐蔽形式（如齐赫泽、斯柯别列夫、阿克雪里罗得、马尔托夫等先生），都是从机会主义的俄国变种即从取消主义生长起来的。

的关系和联系网，从而不仅控制了大批中小资本家，而且控制了大批最小的资本家和小业主，这是一方面；另一方面，同另一些国家的金融家集团为瓜分世界和统治其他国家而进行着尖锐的斗争，——这一切使所有的有产阶级全都转到帝国主义方面去了。“普遍”迷恋于帝国主义的前途，疯狂地捍卫帝国主义，千方百计地美化帝国主义，——这就是当代的标志。帝国主义的意识形态也渗透到工人阶级里面去了。工人阶级和其他阶级之间并没有隔着一道万里长城。德国现在的所谓“社会民主”党的领袖，被人们公正地称为“社会帝国主义者”，即口头上的社会主义者，实际上的帝国主义者，而霍布森早在 1902 年，就已经指出英国存在着属于机会主义“费边社”的“费边帝国主义者”了。

资产阶级的学者和政论家替帝国主义辩护，通常都是采用比较隐蔽的方式，掩盖帝国主义的完全统治和帝国主义的深刻根源，竭力把局部的东西和次要的细节放在主要的地位，拼命用一些根本无关紧要的“改良”计划，诸如由警察监督托拉斯或银行等等，来转移人们对实质问题的注意。至于那些肆无忌惮的露骨的帝国主义者的言论却比较少见，这些人倒敢于承认改良帝国主义的基本特性的想法是荒谬的。

举个例子来说吧。一些德国帝国主义者在《世界经济文汇》这一刊物中，力图考察殖民地的民族解放运动，当然特别是那些非德属殖民地的民族解放运动。他们提到了印度的风潮和抗议运动，纳塔尔（南部非洲）的运动，荷属印度的运动等等。其中有人在评论一家英国刊物有关亚、非、欧三洲受外国统治的各民族代表于 1910 年 6 月 28—30 日举行的从属民族和种族代表会议的报道时，对会议上的演说作了这样的评价，他说：“据称，必须同帝国主义作斗争;统治国应当承认从属民族的独立权;国际法庭应当监督大国同弱小民族订立的条约的履行。除了表示这些天真的愿望以外,代表会议并没有继续前进。我们看不出他们对下面这个真理有丝毫的了解:帝国主义同目前形式的资本主义有不可分割的联系,所以〈!!〉同帝国主义作直接的斗争是没有希望的,除非仅限于反对某些特别可恶的过火现象。”①因为用改良主义的方法修改帝国主义的基础不过是一种欺骗,是一种“天真的愿望”,因为被压迫民族的资产阶级代表没有“继续”前进,所以压迫民族的资产阶级代表就“继续”**后退**了,后退到在标榜“科学性”的幌子下向帝国主义卑躬屈膝的地步。这也是一种“逻辑”!

能不能用改良主义的方法改变帝国主义的基础?是前进,去进一步加剧和加深帝国主义所产生的种种矛盾呢,还是后退,去缓和这些矛盾?这些问题是对帝国主义批评的根本问题。帝国主义在政治上的特点,是由金融寡头的压迫和自由竞争的消除引起的全面的反动和民族压迫的加强,所以在20世纪初期,几乎在所有帝国主义国家中都出现了反对帝国主义的小资产阶级民主派反对派。考茨基以及考茨基主义这一广泛的国际思潮背离马克思主义的地方,就在于考茨基不仅没有设法、没有能够使自己同这个经济上根本反动的小资产阶级改良主义反对派对立起来,反而在实践上和它同流合污。

1898年对西班牙的帝国主义战争,在美国引起了“反帝国主义者”,即资产阶级民主派的最后的莫希干人[202]的反对。他们把这次战争叫做“罪恶的”战争,认为兼并别国土地是违背宪法的,认

① 《世界经济文汇》第2卷第193页。

为对菲律宾土著人领袖阿奎纳多的行为是“沙文主义者的欺骗”（先答应阿奎纳多给菲律宾以自由，后来又派美国军队登陆，兼并了菲律宾），并且引用了林肯的话：“白人自己治理自己是自治；白人自己治理自己同时又治理别人，就不是自治而是专制。”①但是，既然这全部批评都不敢承认帝国主义同托拉斯、也就是同资本主义的基础有不可分割的联系，不敢同大资本主义及其发展所造成的力量站在一起，那么这种批评就始终是一种“天真的愿望”。

霍布森批评帝国主义的时候所采取的基本立场也是如此。霍布森否认“帝国主义的不可避免性”，呼吁必须“提高”居民的“消费能力”（在资本主义制度下！），比考茨基还早。用小资产阶级的观点批评帝国主义，批评银行支配一切，批评金融寡头等等的，还有我们屡次引用过的阿加德、阿·兰斯堡、路·埃施韦格，在法国作家中有《英国与帝国主义》这本肤浅的书（1900年出版）的作者维克多·贝拉尔。所有这些人丝毫不想冒充马克思主义者，他们用自由竞争和民主来反对帝国主义，谴责势必引起冲突和战争的建筑巴格达铁路的计划，表示了维护和平的“天真的愿望”等等。最后还有从事国际证券发行统计的阿·奈马尔克，他在1912年计算出“国际”有价证券数达几千亿法郎的时候，不禁叫了起来：“难道可以设想和平会受到破坏吗？……有了这样大的数字，还会去冒险挑起战争吗？”②

资产阶级经济学家这样天真，倒没有什么奇怪，而且他们显得这样天真，“郑重其事地”谈论帝国主义制度下的和平，对他们反而

① 约·帕图叶《美国帝国主义》1904年第戎版第272页。
② 《国际统计研究所公报》第19卷第2册第225页。

是有利的。可是考茨基在1914年、1915年、1916年也采取了这种资产阶级改良主义的观点，硬说在和平问题上，“大家〈帝国主义者、所谓社会党人和社会和平主义者〉意见都是一致的”，试问他还有一点马克思主义的气味吗？这不是分析和揭露帝国主义矛盾的深刻性，而不过是抱着一种改良主义的“天真的愿望”，想撇开这些矛盾，回避这些矛盾。

下面是考茨基从经济上对帝国主义进行批评的典型例子。他举出1872年和1912年英国对埃及进出口的统计材料，看到这方面的进出口额比英国总的进出口额增长得慢。于是考茨基得出结论说：“我们没有任何根据认为，不用武力占领埃及而依靠单纯的经济因素的作用，英国同埃及的贸易就会增长得慢些。”“资本扩张的意图”“不通过帝国主义的暴力方法，而通过和平的民主能够实现得最好”。①

考茨基的这个论断，被他的俄国随从（也是俄国的一个为社会沙文主义者打掩护的人）斯佩克塔托尔先生用各种各样的调子重弹过的论断，是考茨基主义对帝国主义的批评的基础，所以我们必须较详细地谈一谈。我们从引证希法亭的言论开始，因为考茨基曾经多次（包括1915年4月那次在内）声称，希法亭的结论是“所有社会党人理论家一致同意的”。

希法亭写道：“无产阶级不应当用自由贸易时代的和敌视国家的那种已经落后的政策去反对向前发展了的资本主义政策。无产阶级对金融资本的经济政策的回答，对帝国主义的回答，不可能是贸易自由，而只能是社会主义。现在无产阶级政策的目的不可能

① 考茨基《民族国家、帝国主义国家和国家联盟》1915年纽伦堡版第72页和第70页。

是恢复自由竞争这样的理想(这种理想现在已经变成反动的理想了),而只能是通过消除资本主义来彻底消灭竞争。”①

考茨基维护对金融资本时代来说是“反动的理想”,维护“和平的民主”和“单纯的经济因素的作用”,从而背离了马克思主义,因为这个理想**在客观上**是开倒车,是从垄断资本主义倒退到非垄断资本主义,是一种改良主义的骗局。

如果**不用**武力占领,如果没有帝国主义,没有金融资本,那么英国同埃及(或者同其他殖民地或半殖民地)的贸易“就会增长得”快些。这是什么意思?这是不是说,如果自由竞争没有受到任何垄断的限制,没有受到金融资本的“联系”或压迫(这也是垄断)的限制,没有受到某些国家垄断地占有殖民地的限制,那么资本主义就会发展得快些呢?

考茨基的论断不可能有别的意思,而**这个**“意思”却是毫无意思的。就假定**会这样**,如果没有任何垄断,自由竞争**会**使资本主义和贸易发展得更快些。但是,要知道贸易和资本主义发展得愈快,**产生**垄断的生产和资本的集中就愈是加强。况且垄断**已经**产生了,恰好是**从**自由竞争中产生出来的!即使现在垄断开始延缓发展,这也不能成为主张自由竞争的论据,因为在产生垄断以后自由竞争就不可能了。

不管你怎样把考茨基的论断翻来覆去地看,这里面除了反动性和资产阶级改良主义以外,没有任何别的东西。

即使把这种论断修改一下,像斯佩克塔托尔说的那样,现在英属殖民地同英国的贸易,比英属殖民地同其他国家的贸易发展得

① 《金融资本》第567页。

慢些，——这也挽救不了考茨基。因为打击英国的**也是**垄断，**也是**帝国主义，不过是其他国家的（美国的、德国的）垄断和帝国主义。大家知道，卡特尔导致了一种新型的、独特的保护关税，它所保护的（这一点恩格斯在《资本论》第 3 卷上就已经指出来了[①]）恰好是那些可供出口的物品。其次，大家知道，卡特尔和金融资本有一套“按倾销价格输出”的做法，也就是英国人所说的“抛售”的做法：卡特尔在国内按垄断的高价出卖产品，而在国外却按极低廉的价格销售，以便打倒自己的竞争者，把自己的生产扩大到最大限度等等。即使同英属殖民地的贸易，德国比英国发展得快些，那也只能证明德国帝国主义比英国帝国主义更新、更强大、更有组织、水平更高，而决不能证明自由贸易的“优越”，因为这里并不是自由贸易同保护主义或殖民地附属关系作斗争，而是一个帝国主义同另一个帝国主义、一个垄断组织同另一个垄断组织、一个金融资本同另一个金融资本作斗争。德国帝国主义对英国帝国主义的优势，比殖民地疆界的屏障或保护关税的壁垒更厉害。如果由此得出**主张**自由贸易与“和平的民主”的“论据”，那是庸俗的，是忘掉帝国主义的基本特点和特性，是用小市民的改良主义来代替马克思主义。

有趣的是，甚至资产阶级经济学家阿·兰斯堡，虽然也同考茨基一样对帝国主义作了小市民式的批评，但是他对贸易统计材料毕竟作了比较科学的整理。他并不是随便拿一个国家，也不是单拿一个殖民地来同其余国家比较，而是拿一个帝国主义国家的两种输出作比较：第一种是对在金融上依附于它、向它借钱的国家的输出，第二种是对在金融上独立的国家的输出。结果如下：

---

① 见《马克思恩格斯文集》第 7 卷第 136 页。——编者注

德国的输出(单位百万马克)

		1889 年	1908 年	增加的百分数
对在金融上依附于德国的国家的输出	罗马尼亚	48.2	70.8	＋ 47%
	葡萄牙	19.0	32.8	＋ 73%
	阿根廷	60.7	147.0	＋ 143%
	巴西	48.7	84.5	＋ 73%
	智利	28.3	52.4	＋ 85%
	土耳其	29.9	64.0	＋ 114%
	总计	**234.8**	**451.5**	＋ **92**%
对在金融上不依附于德国的国家的输出	大不列颠	651.8	997.4	＋ 53%
	法国	210.2	437.9	＋ 108%
	比利时	137.2	322.8	＋ 135%
	瑞士	177.4	401.1	＋ 127%
	澳大利亚	21.2	64.5	＋ 205%
	荷属印度	8.8	40.7	＋ 363%
	总计	**1 206.6**	**2 264.4**	＋ **87**%

兰斯堡没有作**总结**,所以他令人奇怪地没有察觉:**如果**这些数字能够证明什么的话,那只能证明他自己**不对**,因为对在金融上不独立的国家的输出,**毕竟**要比对在金融上独立的国家的输出增加得**快些**,虽然快得并不多(我们把"如果"两字加上着重标记,是因为兰斯堡的统计还是很不完全的)。

兰斯堡在考察输出和贷款的关系时写道:

"在 1890—1891 年度,罗马尼亚通过几家德国银行签订了一项债约。其实在前几年,这些德国银行就已经在提供这笔贷款了。这笔贷款主要是用来向德国购买铁路材料的。1891 年德国对罗马尼亚的输出是 5 500 万马克。下一年就降到 3 940 万马克;以后断断续续地下降,到 1900 年一直降到 2 540 万马克。直到最近几年,因为有了两笔新的贷款,才又达到了 1891 年的水平。

德国对葡萄牙的输出,由于 1888—1889 年度的贷款而增加到 2 110 万马克(1890 年),在以后两年内,又降到 1 620 万马克和 740 万马克,直到 1903 年才达到原先的水平。

德国同阿根廷贸易的材料更为明显。由于 1888 年和 1890 年的两次贷款,德国对阿根廷的输出在 1889 年达到了 6 070 万马克。两年后,输出只有 1 860 万马克,还不到过去的⅓。直到 1901 年,才达到并超过 1889 年的水平,这是同发行新的国家债券和市政债券,同出资兴建电力厂以及其他信贷业务有关的。

德国对智利的输出,由于 1889 年的贷款,增加到 4 520 万马克(1892 年),一年后降到了 2 250 万马克。1906 年通过德国几家银行签订了一项新的债约以后,输出又增加到 8 470 万马克(1907 年),而到 1908 年又降到了 5 240 万马克。”①

兰斯堡从这些事实中得出了一种可笑的小市民说教:同贷款相联系的输出是多么不稳定、不均衡;把资本输出国外而不用来“自然地”、“和谐地”发展本国工业,是多么不好;办理外国债券时,克虏伯要付出几百万的酬金,代价是多么“巨大”,等等。但是事实清楚地说明:输出的增加,**恰好**是同金融资本的骗人勾当相联系的,金融资本并不关心什么资产阶级的说教,它要从一头牛身上剥下两张皮来:第一张皮是从贷款取得的利润,第二张皮是在**同一笔**贷款被用来购买克虏伯的产品或钢铁辛迪加的铁路材料等等时取得的利润。

再说一遍,我们决不认为兰斯堡的统计是完备的,但是必须加以引用,因为它比考茨基和斯佩克塔托尔的统计科学一些,因为兰斯堡提供了对待问题的正确方法。要议论金融资本在输出等等方

① 1909 年《银行》杂志第 2 期第 819 页及以下各页。

面的作用，就要善于着重地、专门地说明输出同金融家骗人勾当的联系，同卡特尔产品的销售等等的联系。简单地拿殖民地同非殖民地比较，拿一个帝国主义同另一个帝国主义比较，拿一个半殖民地或殖民地（如埃及）同其余一切国家比较，那就正是回避和掩饰问题的**实质**。

考茨基在理论上对帝国主义进行的批评，其所以同马克思主义毫无共同之点，其所以只能用来鼓吹同机会主义者和社会沙文主义者保持和平和统一，就是因为这种批评恰恰回避和掩饰了帝国主义最深刻、最根本的矛盾：垄断同与之并存的自由竞争的矛盾，金融资本的庞大"业务"（以及巨额利润）同自由市场上"诚实的"买卖的矛盾，卡特尔、托拉斯同没有卡特尔化的工业的矛盾等等。

考茨基胡诌出来的那个臭名昭著的"超帝国主义"论，也具有完全相同的反动性质。请把考茨基在1915年关于这个问题的论断同霍布森在1902年的论断比较一下。

考茨基说："……现在的帝国主义的政策会不会被一种新的超帝国主义的政策所取代，这种新的超帝国主义的政策，将以实行国际联合的金融资本共同剥削世界来代替各国金融资本的相互斗争。不管怎样，资本主义的这样一个新阶段是可以设想的。至于它能否实现，现在还没有足够的前提对此作出判断。"①

霍布森说："基督教在各自占有若干未开化的属地的少数大联邦帝国里已经根深蒂固了，很多人觉得基督教正是现代趋势的最合理的发展，并且是这样一种发展，它最有希望在国际帝国主义的

① 1915年4月30日《新时代》杂志第144页。

巩固的基础上达到永久的和平。”

被考茨基叫做超帝国主义的东西，也就是霍布森比他早13年叫做国际帝国主义的那个东西。除了用一个拉丁语词头代替另一个词头，编造出一个深奥的新词以外，考茨基的“科学”见解的唯一的进步，就是企图把霍布森所描写的东西，实质上是英国牧师的伪善言词，冒充为马克思主义。在英布战争以后，英国牧师这一高贵等级把主要力量用来**安慰**那些在南部非洲作战丧失了不少生命，并且为保证英国金融家有更高的利润而交纳了更高捐税的英国小市民和工人，这本来是很自然的。除了说帝国主义并不那么坏，说它很快就要成为能够保障永久和平的国际(或超)帝国主义，还能有什么更好的安慰呢？不管英国的牧师或甜蜜的考茨基抱着什么样的善良意图，考茨基的“理论”的客观即真正的社会意义只有一个，就是拿资本主义制度下可能达到永久和平的希望，对群众进行最反动的安慰，其方法就是使人们不去注意现代的尖锐矛盾和尖锐问题，而去注意某种所谓新的将来的“超帝国主义”的虚假前途。在考茨基的“马克思主义”理论里，除了对群众的欺骗以外，没有任何别的东西。

其实只要同那些人人皆知的不容争辩的事实好好对比一下，就会清楚地知道，考茨基硬要德国工人(和各国工人)相信的那种前途是多么虚假。拿印度、印度支那和中国来说吧。谁都知道，这三个共有6亿—7亿人口的殖民地和半殖民地的国家，是受英、法、日、美等几个帝国主义大国的金融资本剥削的。假定这些帝国主义国家组成了几个彼此敌对的联盟，以保持或扩大它们在上述亚洲国家中的领地、利益和“势力范围”，这将是一些“国际帝国主义的”或“超帝国主义的”联盟。假定**所有**帝国主义大国组成一个联盟来“和平”瓜分上述亚洲国家，这将是一种“实行国际联合的金融资本”。在20世纪的历史上就有这种联盟的实际例子，如列强共同对付中国[203]就是这样。试问，在保存着资本主义的条件下（考茨基正是以这样的条件为前提的），“可以设想”这些联盟不是暂时的联盟吗？“可以设想”这些联盟会消除各种各样的摩擦、冲突和斗争吗？

只要明确地提出问题，就不能不给以否定的回答。因为在资本主义制度下，瓜分势力范围、利益和殖民地等等，除了以瓜分者的**实力**，也就是以整个经济、金融、军事等等的实力为根据外，**不**可能设想有其他的根据。而这些瓜分者的实力的变化又各不相同，因为在资本主义制度下，各个企业、各个托拉斯、各个工业部门、各个国家的发展不可能是**平衡的**。如果拿半个世纪以前德国的资本主义实力同当时英国的实力相比，那时德国还小得可怜；日本同俄国相比，也是如此。是否“可以设想”一二十年之后，帝国主义大国的实力对比依然**没有**变化呢？绝对不可以。

所以，资本主义现实中的（而不是英国牧师或德国“马克思主义者”考茨基的庸俗的小市民幻想中的）“国际帝国主义的”或“超帝国主义的”联盟，不管形式如何，不管是一个帝国主义联盟去反对另一个帝国主义联盟，还是**所有**帝国主义大国结成一个总联盟，都**不可**避免地只会是两次战争之间的“喘息”。和平的联盟准备着战争，同时它又是从战争中生长出来的，两者互相制约，在世界经济和世界政治的帝国主义联系和相互关系这个**同一**基础上，形成和平斗争形式与非和平斗争形式的彼此交替。聪明绝顶的考茨基为了安定工人，使他们同投到资产阶级方面去的社会沙文主义者调和，就把一条链子上的这一环节同另一环节**割开**，把今天**所有**大国为了“安定”中国（请回忆一下对义和团起义的镇压）而结成的和平的（而且是超帝国主义的，甚至是超而又超的帝国主义的）联盟，同明天的、非和平的冲突割开，而这种非和平的冲突，又准备着后天“和平的”总联盟来瓜分譬如说土耳其，**如此等等**。考茨基不提帝国主义和平时期同帝国主义战争时期之间的活生生的联系，而把僵死的抽象概念献给工人，是为了使工人同他们那些僵死的领袖调和。

美国人希尔在他的《欧洲国际关系发展中的外交史》一书序言中，把现代外交史分为以下几个时期：(1)革命时代；(2)立宪运动；(3)当今的“商业帝国主义”时代①。另一个作家则把 1870 年以来的大不列颠“世界政策”史分为四个时期：(1)第一个亚洲时期（反对俄国在中亚朝印度方向扩张）；(2)非洲时期（大约在 1885—1902 年），为了瓜分非洲而同法国斗争（1898 年的“法索达”事件**204**，——差一点同法国作战）；(3)第二个亚洲时期（与日本缔约反对俄国）；(4)“欧洲”时期，主要是反对德国②。早在 1905 年，银行“活动家”里塞尔就说过：“政治前哨战是在金融的基础上开展起来的。”他指出，法国金融资本在意大利进行活动，为法意两国的政治联盟作了准备；德英两国为了争夺波斯以及所有欧洲国家的资本为了贷款给中国而展开了斗争，等等。这就是“超帝国主义的”和平联盟同普通帝国主义的冲突有不可分割的联系的活生生的现实。

考茨基掩盖帝国主义的最深刻的矛盾，就必然会美化帝国主义，这在他对帝国主义政治特性的批评中也表现出来了。帝国主

---

① 戴维·杰恩·希尔《欧洲国际关系发展中的外交史》第 1 卷第 X 页。

② 施尔德尔的上述著作第 178 页。

义是金融资本和垄断组织的时代，金融资本和垄断组织到处都带有统治的趋向而不是自由的趋向。这种趋势的结果，就是在一切政治制度下都发生全面的反动，这方面的矛盾也极端尖锐化。民族压迫、兼并的趋向即破坏民族独立的趋向（因为兼并正是破坏民族自决）也变本加厉了。希法亭很正确地指出了帝国主义和民族压迫加剧之间的联系，他写道："在新开辟的地区，输入的资本加深了各种矛盾，引起那些有了民族自觉的人民对外来者的愈来愈强烈的反抗；这种反抗很容易发展成为反对外国资本的危险行动。旧的社会关系发生了根本的变革，各'史外民族'千年来的农村闭塞状态日益被破坏，他们正被卷到资本主义的漩涡中去。资本主义本身在逐渐地为被征服者提供解放的手段和方法。于是他们也就提出了欧洲民族曾经认为是至高无上的目标：建立统一的民族国家，作为争取经济自由和文化自由的手段。这种独立运动，使欧洲资本在它那些最有价值的、最有光辉前途的经营地区受到威胁；因此，欧洲资本只有不断地增加自己的兵力，才能维持自己的统治。"①

对此还要补充的是，帝国主义不仅在新开辟的地区，而且在原有地区也实行兼并，加紧民族压迫，因而也使反抗加剧起来。考茨基表示反对帝国主义加强政治上的反动，然而他不去说明在帝国主义时代决不能同机会主义者统一这个变得十分迫切的问题。他表示反对兼并，然而采取的却是毫不触犯机会主义者、最容易为机会主义者接受的方式。他是直接对德国听众说话的，然而他恰恰把最重要、最有现实意义的事实，例如德国兼并阿尔萨斯—洛林的

① 《金融资本》第 487 页。

事实掩盖起来。为了评价考茨基的这种“思想倾向”，我们来举一个例子。假定日本人指责美国人兼并菲律宾，试问会不会有很多人相信这是因为他根本反对兼并，而不是因为他自己想要兼并菲律宾呢？是不是应当承认，只有日本人起来反对日本兼并朝鲜，要求朝鲜有从日本分离的自由，才能认为这种反对兼并的“斗争”是真挚的，政治上是诚实的呢？

考茨基对帝国主义的理论分析，以及他在经济上和政治上对帝国主义的批评，都**始终**贯穿着一种同马克思主义绝不相容的、掩饰和缓和最根本矛盾的精神，一种尽力把欧洲工人运动中同机会主义的正在破裂的统一保持下去的意图。

十 帝国主义的历史地位

我们已经看到，帝国主义就其经济实质来说，是垄断资本主义。这就决定了帝国主义的历史地位，因为在自由竞争的基础上、而且正是从自由竞争中生长起来的垄断，是从资本主义社会经济结构向更高级的结构的过渡。必须特别指出能够说明我们研究的这个时代的垄断的四种主要形式，或垄断资本主义的四种主要表现。

第一，垄断是从发展到很高阶段的生产集中生长起来的。这指的是资本家的垄断同盟卡特尔、辛迪加、托拉斯。我们看到，这些垄断同盟在现代经济生活中起着多么大的作用。到20世纪初，它们已经在各先进国家取得了完全的优势。如果说，最先走上卡特尔化道路的，是那些实行高额保护关税制的国家（德国和美国），那么实行自由贸易制的英国也同样表明了垄断由生产集中产生这个基本事实，不过稍微迟一点罢了。

第二，垄断导致加紧抢占最重要的原料产地，尤其是资本主义社会的基础工业部门，即卡特尔化程度最高的工业部门，如煤炭工业和钢铁工业所需要的原料产地。垄断地占有最重要的原料产地，大大加强了大资本的权力，加剧了卡特尔化的工业和没有卡特尔化的工业之间的矛盾。

第三，垄断是从银行生长起来的。银行已经由普通的中介企业变成了金融资本的垄断者。在任何一个最先进的资本主义国家中，为数不过三五家的最大银行实行工业资本同银行资本的"人事结合"，集中支配着占全国资本和货币收入很大部分的几十亿几十亿资金。金融寡头给现代资产阶级社会中所有一切经济机构和政治机构罩上了一层依附关系的密网，——这就是这种垄断的最突出的表现。

第四，垄断是从殖民政策生长起来的。在殖民政策的无数"旧的"动机以外，金融资本又增加了争夺原料产地、争夺资本输出、争夺"势力范围"（即进行有利的交易、取得租让、取得垄断利润等等的范围）直到争夺一般经济领土的动机。例如，当欧洲大国在非洲的殖民地占非洲面积十分之一的时候（那还是1876年的情况），殖民政策可以用非垄断的方式，用所谓"自由占领"土地的方式发展。但是，当非洲十分之九的面积已经被占领（到1900年时）、全世界已经瓜分完毕的时候，一个垄断地占有殖民地、因而使瓜分世界和重新瓜分世界的斗争特别尖锐起来的时代就不可避免地到来了。

垄断资本主义使资本主义的一切矛盾尖锐到什么程度，这是大家都知道的。只要指出物价高涨和卡特尔的压迫就够了。这种矛盾的尖锐化，是从全世界金融资本取得最终胜利时开始的过渡历史时期的最强大的动力。

垄断，寡头统治，统治趋向代替了自由趋向，极少数最富强的国家剥削愈来愈多的弱小国家，——这一切产生了帝国主义的这样一些特点，这些特点使人必须说帝国主义是寄生的或腐朽的资本主义。帝国主义的趋势之一，即形成为"食利国"、高利贷国的趋势愈来愈显著，这种国家的资产阶级愈来愈依靠输出资本和"剪息票"为生。如果以为这一腐朽趋势排除了资本主义的迅速发展，那就错了。不，在帝国主义时代，某些工业部门，某些资产阶级阶层，某些国家，不同程度地时而表现出这种趋势，时而又表现出那种趋势。整个说来，资本主义的发展比从前要快得多，但是这种发展不仅一般地更不平衡了，而且这种不平衡还特别表现在某些资本最雄厚的国家（英国）的腐朽上面。

论述德国大银行的那本著作的作者里塞尔谈到德国经济发展的速度时说："德国前一个时代（1848—1870 年）的进步并不太慢，但是同德国现时代（1870—1905 年）整个经济特别是银行业发展的速度比起来，就好像拿旧时邮车的速度同现代汽车的速度相比一样；现代汽车行驶之快，对于不小心的行人和坐汽车的人都是很危险的。"这个已经异常迅速地生长起来的金融资本，正因为生长得这样迅速，所以它不反对转向比较"安稳地"占有殖民地，而这些殖民地是要用不单是和平的手段从更富有的国家手里夺取的。美国近几十年来经济的发展比德国还要快，**正因为**如此，最新的美国资本主义的寄生性特征就表现得特别鲜明。另一方面，就拿共和派的美国资产阶级同君主派的日本或德国的资产阶级作比较，也可以看出：在帝国主义时代，它们之间极大的政治差别大大减弱了，这倒不是因为这种差别根本不重要，而是因为在所有这些场合谈的都是具有明显寄生性特征的资产阶级。

许多工业部门中的某一部门、许多国家中的某一国家的资本家获得了垄断高额利润，在经济上就有可能把工人中的某些部分，一时甚至是工人中数量相当可观的少数收买过去，把他们拉到该部门或该国家的资产阶级方面去反对其他一切部门或国家。帝国主义国家因瓜分世界而加剧的对抗，更加强了这种趋向。于是形成了帝国主义同机会主义的联系，这种联系在英国表现得最早而且最鲜明，因为某些帝国主义发展特点的出现，在英国比在其他国家早得多。有些作家，例如尔·马尔托夫，爱用一种“官场的乐观主义的”（同考茨基、胡斯曼一样）论断，来回避帝国主义同工人运动中的机会主义相联系这个现在特别引人注目的事实，说什么假如正是先进的资本主义会加强机会主义，或者，假如正是待遇最好的工人倾向于机会主义，那么反对资本主义的人们的事业就会没有希望了，等等。不要看错了这种“乐观主义”的意义：这是对机会主义的乐观主义，这是用来掩护机会主义的乐观主义。其实，机会主义特别迅速和特别可恶的发展，决不能保证机会主义取得巩固的胜利，正像健康的身体上的恶性脓疮的迅速发展，只能加速脓疮破口而使身体恢复健康一样。在这方面最危险的是这样一些人，他们不愿意了解：反对帝国主义的斗争，如果不同反对机会主义的斗争密切联系起来，就是空话和谎言。

根据以上对帝国主义的经济实质的全部论述可以得出一个结论，即应当说帝国主义是过渡的资本主义，或者更确切些说，是垂死的资本主义。在这一方面特别耐人寻味的是，资产阶级经济学家在描述最新资本主义时也常用“交织”、“不存在孤立状态”等等这样一些说法；他们也说什么银行“就其任务和发展而言，不是带有单纯私有经济性质的企业，而是日益超出单纯私有经济调节范围的企业”。而就是讲这话的里塞尔，却又非常郑重地宣称，马克思主义者关于“社会化”的“预言”“并没有实现”！

“交织”这个说法说明了什么呢？它只抓住了我们眼前发生的这个过程的最引人注目的一点。它表明观察者只看到一棵棵的树木而看不到森林。它盲目地复写表面的、偶然的、紊乱的现象。它暴露出观察者被原始材料压倒了，完全没有认识这些材料的含义和意义。股票的占有，私有者的关系，都是“偶然交织在一起的”。但是隐藏在这种交织现象底下的，构成这种交织现象的基础的，是正在变化的社会生产关系。既然大企业变得十分庞大，并且根据对大量材料的精确估计，有计划地组织原料的供应，其数量达几千万居民所必需的全部原料的$\frac{2}{3}$甚至$\frac{3}{4}$，既然运送这些原料到最便利的生产地点（有时彼此相距数百里数千里）是有步骤地进行的，既然原料的依次加工直到制成许多种成品的所有工序是由一个中心指挥的，既然这些产品分配给数千万数万万的消费者是按照一个计划进行的（在美、德两国，煤油都是由美国煤油托拉斯销售的），那就看得很清楚，摆在我们面前的就是生产的社会化，而决不是单纯的“交织”；私有经济关系和私有制关系已经变成与内容不相适应的外壳了，如果人为地拖延消灭这个外壳的日子，那它就必然要腐烂，——它可能在腐烂状态中保持一个比较长的时期（在机会主义的脓疮迟迟不能治好的最坏情况下），但终究不可避免地要被消灭。

德国帝国主义的狂热崇拜者舒尔采-格弗尼茨惊叹道：

“如果领导德国银行的责任归根到底是落在十来个人身上，那么现在他们的活动对于人民福利说来，就比大多数国务大臣的活动还要重要〈在这里，把银行家、大臣、工业家和食利者“交织”的情形忘掉，是更有利的……〉……　如果把我们所看到的那些趋势的发展情况彻底想一番，那么结果就会是：一国的货币资本汇集在银行手里；银行又互相联合为卡特尔；一国寻找投资场所的资本都化为有价证券。到那时就会实现圣西门的天才预言：‘现在生产的无政府状态是同经济关系的发展缺乏统一的调节这个事实相适应的，这种状态应当被有组织的生产所代替。指挥生产的将不是那些彼此隔离、互不依赖、不知道人们经济要求的企业家；这种事情将由某种社会机构来办理。有可能从更高的角度去观察广阔的社会经济领域的中央管理委员会，将把这种社会经济调节得有利于全社会，把生产资料交给适当的人运用，尤其是将设法使生产和消费经常处于协调的状态。现在有一种机构已经把某种组织经济工作的活动包括在自己的任务以内了，这种机构就是银行。’我们现在还远远没有实现圣西门的这些预言，但是我们已经走在实现这一预言的道路上：这是和马克思本人所设想的马克思主义不同的马克思主义，不过只是形式上不同。”①

这真是对马克思的一个绝妙的“反驳”，这样就从马克思的精确科学分析倒退到圣西门的猜测上去了，那虽然是天才的猜测，但终究只是猜测而已。

1917 年年中在彼得格勒由生活和知识出版社印成单行本；法文版和德文版序言载于 1921 年《共产国际》杂志第 18 期

译自《列宁全集》俄文第 5 版第 27 卷第 299—426 页

① 《社会经济概论》第 146 页。

附　　录

在左派社会民主党人会议上的报告的提纲[205]

（不晚于1915年8月22日〔9月4日〕）

提　　纲：

1. 战争的事实和后果。概况。
2. 帝国主义性质
   (1)殖民掠夺
   (2)民族压迫
   (3)瓜分世界。
3. 揭露目的。
4. 歪曲战争性质
   (a)民族解放——压迫
   (b)民主——专制(反动?)
   (c)文化——战争的残暴
   (d)福利——社会改良
   (e)资本家的收入——物价高涨!

5. 资本主义(托洛茨基)。

(资产阶级世界的崩溃)……

6. 在最严重的资本主义**危机**使无产阶级遭受最大牺牲的时刻,有人号召他们去保卫资本主义,要求国内和平。

7. 反战斗争……

8. 几次代表大会的决议……

9. 各正式政党——反对这些决议

投票赞成军事拨款
参加内阁
赞成联盟 } **保卫祖国**。

10. 各国少数派(和政党)的反战斗争。

11. 工人阶级重新担负起它的任务。

12. 社会党国际局。

13. 伯尔尼会议[206]。(建立**联系**。)

14. 阶级斗争的旗帜。

15. (a)交战国的行动……

(b)中立国的行动……

16. 国际范围。

17. 和平的条件。

18. 宣言。

译自《列宁全集》俄文第5版
第27卷第429—430页

关于齐美尔瓦尔德代表会议的文章的提纲[207]

（1916 年 8 月 26 日〔9 月 8 日〕以后）

注意

（1）阿克雪里罗得的报告：保护和掩护《**我们的曙光**》杂志。

（2）保加利亚人的报告：1912 年巴尔干战争中的士兵起义。

（3）莫尔加利的“垮台”（“看问题过于简单化”，**支持**德国等等）。

（4）布尔德朗：列宁，您是想提出**建立第三国际的口号**，我们却不是为此而来的。

（5）星期六的非正式会议[208]（和平在各国现政府统治下是幻想和空话）。

（6）考茨基（及其一伙）的企图——他们的伯尔尼之行——是把重建第二国际的事业从格里姆及其一伙手中夺过去。

（7）拉脱维亚人的报告。

《警惕!》一书中的两则引语：

（8）中央委员会的报告。

（9）崩得分子的行为。

（10）李卜克内西的信（“**国内战争**”）……

（11）投票反对军事拨款（累德堡歇斯底里大发作）……

（12）同累德堡的论战。

(13)德国代表团内的“考茨基主义”。

(14)等待革命搏斗(有**累德堡**也有**梅尔黑姆**)。

(15)罗兰-霍尔斯特的讲话(平生一次右倾的联盟)。

(16)梅尔黑姆的报告:同**茹奥**和《**人道报**》的斗争。

(17)我们反对累德堡“最后通牒”的抗议书。

(18)意大利党内的屠拉梯(听天由命)及其一伙。

载于1933年《列宁文集》俄文版第14卷

译自《列宁全集》俄文第5版第54卷第462—463页

《革命的无产阶级和民族自决权》一文材料[209]

（1915 年 10 月 16 日〔29 日〕以后）

……在巴拉贝伦同志看来，“民族自决权”就是回到早已逝去的时代，回到小资产阶级的“分离主义”乌托邦和独立的民族国家间的和平竞争。

巴拉贝伦同志同这种实际上早已死亡、早已被埋葬的敌人（小资产阶级空想主义者）搏斗，就是不知不觉地为在英国、法国、德国以及部分地在俄国居于统治地位的社会沙文主义者效了劳。

我们不能把争取社会主义的群众革命斗争同民族问题上的彻底的革命纲领对立起来。我们应当**把**前者同后者**结合起来**。不能设想社会主义革命只是一条战线上的一次战斗：帝国主义对社会主义。这个革命将是充满尖锐的阶级斗争和各种各样的社会动荡的整整一个时代，是在各种不同的战线上，由各种各样业已成熟并要求彻底摧毁旧关系的经济改革和政治改革引起的一系列会战。在社会革命这一概念**所包含的**这些民主改革之中，民族关系的改革也不能不占据显著地位。革命的无产阶级如果不是现在就在这个问题上**也**捍卫彻底的纲领，将不能完成自己的使命……①

---

① 手稿上“在……看来，‘民族自决权’……完成自己的使命……”这几段话被勾掉。——俄文版编者注

……民族问题的革命纲领。照巴拉贝伦同志说来，似乎社会主义革命只是经济这一条战线上的一次战斗：社会主义对帝国主义。这是不正确的。无产阶级革命将是在**所有**战线上，即在**所有**经济和政治问题上，其中也包括民族问题上进行的一系列会战的整整一个时代。解决所有这些尚未解决的问题所引起的全部冲突，也就导致社会革命。由所有这些改革引起的全部会战加在一起也就导致推翻资产阶级，实现无产阶级专政，确立彻底的民主制，建立社会主义社会。把反对资本主义的革命斗争同民主问题**之一**的民族问题对立起来是荒谬的。无产阶级只有**通过**民主制，只有充分实现民主，才能获得胜利。因此**一切**民主要求，即实行民兵制，人民选举官吏，民族平等，民族自决等等，都应当由反对资本主义的革命斗争这个要求来完成，来统一。不是把这一斗争同个别民主要求对立起来，而是在**每一个**民主问题上给我们的任务作一个同争取社会主义的整个革命斗争**相联系的**、**同样革命的**规定——这才是唯一合乎社会民主主义的问题提法。

巴拉贝伦同志不去规定无产阶级在民族问题上的革命路线，却向我们**担保说**，“我们反对兼并，反对对各民族施加暴力。”这类担保无论在社会沙文主义者那里，还是在考茨基及其一伙那里，也都屡见不鲜。所有这些人都会拒绝巴拉贝伦的公式：“反对资本主义的群众革命斗争”，**但会欣然**……

……民族自决是伪善的，如果恰恰不承认受他们本民族压迫的那些民族有这种权利的话，——这里不仅有普列汉诺夫和海德门，而且还有考茨基，他为了谋求同社会沙文主义者的“统一”，说什么为每个民族要求“国家独立”（staatliche Selbständigkeit）是“非分的”

(“zu viel”)(《新时代》杂志第33年卷第2册第77页,1915年4月16日)。他们或者就用类似巴拉贝伦那样的论据来根本否定民族自决权(如库诺、帕尔乌斯、俄国的机会主义者和取消派)。考茨基的立场是对工人阶级最有害最危险的立场,因为他**口头上**承认民族自决,**口头上**承认社会民主党“全面地〈!〉和无条件地〈?〉尊重和捍卫民族独立”(同上,第241页,1915年5月21日),而**实际上**恰恰把这种权利化成一个毫无意义的公式,恰恰是在删减它,不区分出被压迫民族的社会主义者……[①]

……1848年以后,根本不是同小资产阶级民主派搏斗(他们那时已被打倒,已被埋葬),而是同**英国**工人中的沙文主义和蒲鲁东的无政府主义搏斗了,蒲鲁东当时“否定”民族问题,几乎同拉狄克现在一样坚决。

马克思在1868年要求爱尔兰从英国**分离**! 马克思不仅没有幻想弱小的爱尔兰人民能在强大的、当时已经成为最大的世界性帝国的英国旁边单独生存下去,——不,马克思当时就直接预见到在分离之后必须立即同英国**结成联邦**。马克思一分钟也没有……

……帝国主义的,对**所有**大国和**所有**被它们压迫的民族来说都是迫切的,极其正确的。“大国”民族,即英国人、德国人、法国人、大俄罗斯人径直地和变相地、直接地和间接地压迫世界上的大多数居民,他们现在正在进行**第一次**——而且大概不是最后一次——帝国主义战争,为的是扩大和加强这种压迫,为的是**重新分配**大国的强权、优越地位和特权,使之更加“公平”,与各国资本现在的实力更加相称。

---

① 手稿上“只有**通过**民主制,只有充分实行民主……不区分出被压迫民族的社会主义者”这几段话被勾掉。——俄文版编者注

现在应当成为**决定性**观点的正是同居于统治地位的、先进的、掌握世界命运的大国民族的沙文主义进行斗争的观点——而决不是“弱小民族的”和“欧洲”各个“角落”的观点。正是**无产阶级**反对资本主义的革命斗争的利益，而决不是弱小民族的利益**要求**大国的社会党人维护被压迫民族的**分离权**(＝自决权)。争取社会主义的斗争是**国际**革命无产阶级的斗争。正是因为资本主义**把**全世界**结合成**一个经济机体，所以这个斗争就不能不是国际性的。为了使斗争在事实上，而不只在口头上成为国际性的，就必须使无产阶级不是按照资产阶级的方式反对民族压迫，不是按照……

……的民主派。我们不同于他们，不同于谢德曼分子(他们代表执行委员会“担保说”他们反对兼并)，不同于考茨基，他把民族自决的要求变成了对资产阶级无害的、资产阶级可以接受的、不承担任何义务的文化(非政治)自决的要求，我们恰恰应当根据先进国家无产阶级革命斗争的观点，提出彻底揭露资产阶级、彻底戳穿它的诡辩、能反映民族自由事业的基本点和主要点的要求，即**分离自由**的要求。这一要求对资产阶级来说是无法接受的——在绝大多数情况下和从充分付诸实现的角度来说，这一要求当然是无法接受的——，但这并不意味着它是个“空想”(只有库诺们及类似他们的帝国主义资产阶级的奴仆才**这样**看，才认为是“空想”!)。不，资产阶级无法接受，意味着我们，革命无产阶级的代表们，不幻想什么资本主义的和平发展，也不散布这类幻想。我们所期待的**正是**通过向群众解释以及在群众面前坚持我们彻底的民主要求，来促进斗争和革命。

不言而喻，要求分离自由决不意味着一般地宣传建立小的民族国家，马克思在1868年要求爱尔兰从英国分离的例子也特别清楚地证明这一点。一方面，它仅仅意味着要始终不渝地以无产阶级的革命性，而不是以资产阶级的动摇性坚持**彻底的**民主主义要求，——并不因为彻底的民主主义会导致社会革命而停步不前，相反正是要从中吸取力量和增强决心，为争取民主而进行坚决斗争。另一方面，它意味着……

……将构成社会主义革命并展示它的全部内容，由于民族压迫也将发生民族冲突。萨韦纳一类的事件将会增多，而不是减少，因此无产阶级的任务就是对于所有这些“事件”不要忽视，而是相反，要使其激化，扩大，**变成**社会主义革命的开端。只有我们提出的关于自决问题的彻底的民主主义纲领能适应这一使命。

小资产阶级民主派和因循守旧的、看不到第二国际破产的深刻程度的社会党人满足于老的公式即“……自决……

……(4)反对兼并(这是连资产阶级和平主义民主派也可以接受的)。

(5)从资本主义制度**下**“各民族的兄弟团结”的空想的观点来看，**压迫**民族和**被压迫**民族的区别是非本质的。而从反对**和平主义**的革命斗争的观点来看，他们的区别却是本质的。

(6)无论什么样的“平等”，无论什么样的“民族自治”，资产阶级都愿意允诺，只要无产阶级在国家**疆界**问题上像谢德曼那样、像考茨基那样乖乖地听命于他们就行。

载于1937年《列宁文集》俄文版
第30卷

译自《列宁全集》俄文第5版
第54卷第463—468页

《两个国际》

(1916年1月30日和2月

两 个 国 际

1. 主题：不是对战争的评价(一年多以前的，并且是过时了的[重复])，而是工人运动和社会主义运动发展中的(两条)**基本路线**。

或者：不是对战争和策略**原则**的**评价**，而是对工人运动的发展所‖采取的方针的评价。‖

所以，主要之点是工人运动和社会主义运动的事实(在广泛范围内)以及各国情况的**比较**。

2. **引言**。胡斯曼在阿纳姆和在鹿特丹与怀恩科普和**罕丽达·罗兰-霍尔斯特**在《**伯尔尼哨兵报**》上。[211]

? ＋参看《**前进报**》(1916.2.12.)[212]? 《前进报》①

2a **大致是**：

1. 俄国：爱国主义者(普列汉诺夫及其一伙) ——组委会和托洛茨基(《我们的言论报》) ——
2. 德国：多数派 ——卡·考茨基及其一伙——
3. 法国：多数派 ——龙格及其一伙 ——

① “《前进报》”一词是列宁用铅笔写的，看来是后加的。——俄文版编者注

报告的提纲[210]

4 日〔2 月 12 日和 17 日〕之间)

主题:
可以说是用世界工人运动和社会主义运动的经验检验理论。

注意:

在组织委员会中:(1)归罪于工人;(2)忘记同取消派的联系。

——中央委员会。

——少数派。“德国国际社会党人”——(**吕勒**)——**维尼希**

——布尔德朗及其一伙。 ‖ 布尔德朗的决议案 ‖ 《**工人领袖**》**上的通讯**[213]

4. 英国:多数派(费边社、工党、海德门)——艾斯丘(?)——

5. 意大利:少数派(比索拉蒂)——

6. **奥地利**:多数派(佩尔讷斯托弗)

7. 美国:罗素 ——(希尔奎特)

8. 澳大利亚:多数派(执政党)

3. **俄国**。选举**军事工业**委员会。

中央委员会的**第一次**选举(+动摇分子)+**防御同盟**(拉林)。资产阶级和政府的不满。格沃兹杰夫的告密。**第二次**选举。沙文主义者的胜利。

《我们的事业》杂志+《我们的呼声报》+《工人晨报》组织委员会

托洛茨基和《**我们的言论报**》(齐赫泽党团?)

中央委员会

马尔托夫的演进:从"《前进报》已经死亡"和"我们不加入国际"**到**维护和《**我们的事业**》**杂志**的联盟(博列茨基)。

可能这是一种绝妙的"外交手腕",但是这里**没有一点社会主义气息**。

总结:俄国工人运动中的两条路线。

只有两条(其余的已不再存在)。

它们的**阶级基础**:

《前进报》[214]。

《格拉斯哥社会党人报》[216]　　注意："梅瑟"[215]注意

{《**我们的言论报**》上奥尔纳茨基的文章}（和工党决裂）　　致《**工人领袖**》的**信**

— — — — — — —

意大利正式党。（1916年2月12日《前进报》）

——阿德勒——少数派。（《**伯尔尼哨兵报**》上的通讯[217]）

— — —德布兹（**德布兹**的文章[218]）　　（"炸弹与美元"）

—？——社会党人。

"……不是为了防卫，而是为了组织……"

社会沙文主义者嘲弄马尔托夫（《**我们的言论报**》上博列茨基的文章）。

注意　斯托雷平工党

"**赫沃斯托夫工党**"[219]

(α)和本国资产阶级结成联盟 =

(β)和国际无产阶级结成联盟 =

他们的**主张**:赞成“防卫”(“保卫祖国”);

(“护国派”);

反对“保卫祖国”……

(参看齐美尔瓦尔德宣言)①

4.**德国**。

党团内部的斗争:李卜克内西和**吕勒**

2 和 **20**(他们的不彻底性)。[221]

博尔夏特和《**光线**》**杂志**[222]

维尼希。

吕勒和《**前进报**》的回答(评论)。[223]

(α)秘密书刊的散发和秘密组织。

(β)协助政府。

5.**法国**。

(1)《**人道报**》上瓦扬的文章(信?)[225]

(“用血污的棉花塞住了两耳”,

“学理主义者”等等,等等)

(2)梅尔黑姆在齐美尔瓦尔德代表会议上的话:

“党、政府和茹奥——这是三位

一体的东西”。

(3)布尔德朗的决议案((对决议案内容的评论))。

(4)《**工人领袖**》**关于分裂**的通讯。

6.**英国**。

① 第2点和第3点在手稿上已用铅笔勾掉。——俄文版编者注

＝主张加强“本国”资产阶级（＝主张战争）
＝主张无产阶级的国际革命。

是否在这里
＋
《欧洲与革命》[220]？

小册子“李卜克内西案件”
“再生”
“民族主义自由派政党”。

不伦瑞克的游行示威。[224]
（汉诺威的罢工。）

索莫诺的传单。[226]

（布里宗及其一伙在昆塔尔）①。

① 从“‘再生’”到“（布里宗及其一伙在昆塔尔）”是列宁用铅笔写的，看来是后加的。——俄文版编者注

多数派(参加内阁)

防卫。

《新政治家》杂志[227](和它的态度)

(工党+费边社)。

相反,在**英国社会党**内,国际主义派却占3/7

《格拉斯哥社会党人报》((在齐美尔瓦尔德代表会议上的声明[228]))。

致《工人领袖》的信。

关于**背叛**的文章。

梅瑟。

7. **意大利**。

比索拉蒂——党

(特雷维斯和他的演说[230])

意大利:比索拉蒂和工人党
保加利亚:紧密派[231]和宽广派
瑞典:布兰亭和霍格伦
荷兰:特鲁尔斯特拉和《论坛报》[232]。 ①

8. **奥地利**。

《**新时代**》**杂志**上**佩尔讷斯托弗的文章**[233]

——维·阿德勒——**国际主义派**……

同上: 决议
维·阿德勒的和“15”。②

9. **北美合众国**。(“置身一旁看得清”……)

罗素(维·伯杰及其一伙)主张“备战”。

① 第7点在手稿上已用铅笔勾掉。——俄文版编者注

② 这两行是列宁用铅笔写的,看来是后加的。——俄文版编者注

劳合-乔治在**格拉斯哥**和工人们的回答。

英国社会党

(海德门的退出[229])。①

① 这两行是列宁用铅笔写的,看来是后加的。——俄文版编者注

"琼果"希尔奎特＝外交家①

德布兹和他的文章。

10. **澳大利亚**。

《**伯尔尼哨兵报**》上的通讯[234]。

《新政治家》杂志上的文章

（《国际通讯》杂志[235]）②。

11. **总结**。

{卡·考茨基在致布克沃耶德的信中…… / 同上。在《新时代》杂志上多次。} {"没有两个派别"}

虚伪和谎言。

卡·考茨基在布赖特沙伊德通讯中（"或者是旧国际，或者是半打"）。

两个，只有两个。

在全世界。

① 从"'琼果'"到"外交家"在手稿上已用铅笔勾掉。——俄文版编者注

② 从"《新政治家》杂志"到"《国际通讯》杂志"是列宁用铅笔写的，看来是后加的。——俄文版编者注

外交手腕——**伪善**——**动摇**——**自我欺骗**?

实质不在于怎么说。

阿克雪里罗得和马尔托夫　　在俄国
卡·考茨基和哈阿兹　　在德国
龙格和　　在法国
普雷斯曼
希尔奎特在美国
艾斯丘等在英国

一个类型

总结＝**胡斯曼**。[1]

① 从“外交手腕”到“胡斯曼”已被列宁用铅笔勾掉。——俄文版编者注

“山岳派”和吉伦特派(普列汉诺夫发表在1901年《火星报》第2号上的文章《在20世纪的门槛上》)。

《向理智呼吁报》上的有“2美元”和有资产阶级“头脑”的“小伙子们”。

不是用外交手腕掩饰(“圣彼得堡的败类”——不如说是考茨基主义的),

而是向群众阐明。

分裂的必然性。

革命 (参看**报道** + 欧洲**与**革命)①

《火星报》第2号(1901年):山岳派和吉伦特派。

同机会主义的斗争 {伯恩施坦。米勒兰主义和饶勒斯主义。英国自由派工人政策。许多国家中的分裂。}

战争加速了

发展——向两个方面崩溃的。

昆塔尔会议是怎么回事?②

译自《列宁全集》俄文第5版
第27卷第448—456页

① 从“《向理智呼吁报》”到“革命”已被列宁用铅笔勾掉。——俄文版编者注

② 从“《火星报》第2号”到结尾是列宁用铅笔写的,看来是后加的。——俄文版编者注

俄国社会民主工党中央委员会向社会党第二次代表会议提出的提案的要点和初稿①

（1916 年 2—3 月）

1
要　　点

1 (1)　**1.** **一般的**战争与和平。
从政治上看是什么？

(2)　**2.** 搞乱政治意识
＝“**一般的**”“简单的”评价。

2 (3、4)　**3.** 帝国主义战争导致**帝国主义**和平（如果革命不推翻），因为客观的政治等等，等等。

3 (9)　客观地、**革命地**提出了问题。不能用改良的方式（现在，即在这场战争与和平之中）解决**它们**。

4 (5、6、7、8)　事实上，流行的“和平纲领”是同沙文主义者讲和

① 该提案见本卷第 294—304 页。——编者注

平的纲领。用改良主义的空话来推卸客观的革命任务。

胡斯曼,维也纳+伦敦,考茨基

5(10、11、12)　兼并

6(13)　与革命斗争的联系

7(14)　“议会”“**活动**”

8(15)　社会党国际局和**分裂**……

译自《列宁文集》俄文版第17卷第163页

2

初　稿

俄国社会民主工党中央委员会
向国际社会党委员会(伯尔尼)召开的社会党
第二次代表会议提出的提案

(关于议程第5、6、7a、7b、8等项的提纲)

国际社会党委员会宣布将召开国际社会党第二次代表会议，并公布了如下几项主要的议程：

5.“为结束战争而斗争”
6.“和平问题”
7a. 议会“活动”
7b. 群众“活动”
(7a、7b)“鼓动和宣传”
8. 社会党国际局。

国际社会党委员会邀请各组织讨论这些问题并提出自己的提案。下面就是我们党中央对这一邀请的答复：

1. 一切战争都不过是各交战大国及其统治阶级在战前多年内或几十年内所推行的政治通过暴力手段的继续；同样，结束任何一场战争的和平，也只能是在这场战争的结果中所达到的实际力量变化的记录和记载。

2. 因此，根据防御和进攻的“简单”概念来评价这场战争，以及根据对持久的、民主的、体面的和诸如此类的和平所抱的“简单的”虔诚愿望来评价未来的和平，这些言论从理论上来看，从社会主义学说来看，是最荒唐、最愚蠢的，在实践上则是对工人阶级最大的欺骗。

3. 当前这场战争是帝国主义战争，就是说这是一场由于高度发达的、垄断的、已经成熟到可以向社会主义过渡的资本主义的矛盾引起的战争。进行这场战争是为了争夺世界霸权即为了进一步压迫弱小民族、为了重新瓜分世界、瓜分殖民地、划分势力范围等等，而这种瓜分是要老的强盗国家英国、法国、俄国把自己掠夺来的一部分赃物让给年轻的、更强大的强盗国家德国。

4. 因此，除非无产阶级革命推翻各交战“大”国现在的政府和现在的统治阶级，**绝对不可能有任何其他的**和平，而只能是帝国主义大国之间或长或短的休战，只能是**加强**各国国内的反动势力、**加强**民族压迫和对弱小民族的奴役、为准备新战争**增添**燃料等等的和平。因为从整个帝国主义时代所形成的和**所有**交战“大”国的资产阶级无论在**这场**战争之前或**在战争期间**所推行的政治的客观内容来看，必然产生以对其他民族的新的更加残酷的压迫等等为基础的和平。

5. 使人民群众相信或者期待各国现政府和现在的统治阶级（即同地主联盟的资产阶级）之间有可能实现持久的或者民主的或者诸如此类的和平，像大多数正式的社会党现在所做的那样，那就不仅是无耻地欺骗人民，而且是麻醉人民，引诱他们脱离现在实际上已经开始以罢工和游行示威的形式表现出来的革命斗争。

6. 现在第二国际的正式代表胡斯曼（在荷兰社会民主工党在

阿纳姆召开的代表大会上)和第二国际最有影响的理论家、各国社会爱国主义者和社会沙文主义者的最有影响的辩护人考茨基“一致”提出的“和平纲领”,正是具有这种欺骗人民和引诱无产阶级脱离革命斗争的性质。他们的纲领就是要在口头上伪善地承认某些善良的民主愿望,如反对兼并和赔款,主张民族自决,主张对外政策民主化,用仲裁法庭来解决各国之间的冲突,裁军,建立欧洲联邦,等等,等等。

7.一方面,交战国的许多资产阶级和平主义者和巧言惑众的大臣和部长们都在口头上承认这个纲领,另一方面,彰明较著的(notorisch)沙文主义者在一个参战的大国集团的“社会党人”于1915年2月在伦敦举行的代表会议上和另一个参战的大国集团的“社会党人”于1915年4月在维也纳举行的代表会议上都一再重复这个纲领。这一切最明显地证明了这个和平纲领是十足伪善的。正是这些加入进行掠夺战争的资产阶级内阁的“社会党人”投票赞成军事拨款,参加各种组织和机构来帮助进行战争,正是他们这些**实际上**执行为旧的和新的兼并、为殖民压迫等辩护的政策的人,却向全世界宣布自己的“和平纲领”是要反对兼并等等。

8.第二国际最大的权威考茨基在1915年5月21日(《新时代》杂志)向全世界声明,“社会党人”在伦敦[①]和维也纳在民族“独立”或者说民族自决这个原则问题上所表现出来的这种“意向一致”证明了第二国际在“和平纲领”上的“意向一致”和“仍有活力”,他的这种替最令人愤恨、最厚颜无耻的伪善和对工人的欺骗进行

① 手稿上误写为“哥本哈根”。——俄文版编者注

辩护的行为，并不是什么偶然的事情，而是许多国家中那些在口头上冒充“国际主义者”、实际上却用“保卫祖国”的思想来粉饰帝国主义战争、鼓吹同背叛了社会主义的社会沙文主义者讲“统一”以巩固他们对工人运动的统治的人们所一贯执行的政策。德国的考茨基、哈阿兹等人，法国的龙格、普雷斯曼等人，英国的大多数领袖，俄国的阿克雪里罗得、马尔托夫、齐赫泽及其一伙，意大利的特雷维斯等人(见1916年3月5日意大利党的中央机关报《**前进报**》，该报警告说，要揭露特雷维斯及其他“改良主义的可能派”，说他们“不择手段地阻挠党的执行委员会和奥迪诺·莫尔加利促进齐美尔瓦尔德联盟和建立新国际的行动”)所执行的正是这种对工人阶级最有害最危险的政策。这种对工人阶级最危险的世界性政策，可以借用它的最有威望的代表人物的名字称为**考茨基主义**政策。

9. 社会党人不能放弃争取改良的斗争。他们也应当在议会内投票赞成任何改善群众生活状况的措施——哪怕是微乎其微的改善也好——，例如赞成增加遭破坏地区居民的救济金，赞成减轻民族压迫，等等。但是，显而易见，在**这场**战争和**由它**产生的和平的基础上，这种改善人民群众状况的改良主义的活动，其范围是十分有限的。直接或者间接地向群众灌输一种用改良主义手段可以解决**这场**战争所提出的各种问题的想法，乃是十足的欺骗群众的行为。因为**这场**战争在欧洲造成了革命的形势，把帝国主义的**最根本的**问题提上了日程。解决这些问题，除非用革命的手段推翻欧洲各国的现政府和统治阶级，用帝国主义的方式是解决不了的。因此，社会党人在争取持久和民主的和平的斗争中，主要的和基本的任务应当是：第一，向群众阐明**群众革命斗争**的必要性，经常地宣传这一思想并建立相应的组织；第二，揭露资产阶级和平主义者和社会党人、特别是考茨基主义者关于和平问题和关于第二国际在“和平纲领”问题上“意向一致”等言论的**伪善性**和**欺骗性**。这些词句出自那些跟在资产阶级后面否认可以变当前这场帝国主义战争为争取社会主义的国内战争，并反对在这方面进行任何革命工作的“社会党人”之口，那就是双料的伪善了。

10. 目前盛行的关于“和平纲领”的伪善言论中，中心问题是似乎一致承认反对**旧的**和**新的兼并**的斗争。但是谈论兼并和反兼并斗争的人，大部分却不会或者说不愿意考虑一下**什么是兼并**。显然，不能说凡是把“他人的”领土归并起来就是兼并，因为一般来说，社会党人是赞成铲除民族之间的疆界，赞成各民族的接近和融合，赞成建立较大的国家的。显然，不能认为凡是破坏现状就是兼并，这样看是极其反动的，是对历史科学的基本概念的嘲弄。显然，不能认为凡是用暴力、用武力归并的就是兼并，因为社会党人不能反对为了人民群众的利益，为了人类进步的利益而使用暴力。显然，只有**违背**某块领土上的居民的**意志**而归并这块领土，才能够和应当算是兼并。换句话说，兼并的概念是和**民族自决**的概念不可分割地联系着的。

11. 正因为**这场**战争从参战的“大”国集团**双方**来说都是帝国主义性质的，所以在这个战争的基础上就会产生而且已经产生了这样一种现象：**如果**已经实行兼并或者正在实行兼并的是**敌**国的话，资产阶级和社会沙文主义者就竭力“**反对**”“兼并”。休特古姆同他的德奥朋友和拥护者，直到哈阿兹和考茨基，对于德国兼并阿尔萨斯—洛林、丹麦、波兰等等都默不作声，却常常“反对”俄国“兼并”芬兰、波兰、乌克兰、高加索等等，“反对”英国“兼并”印度等等。另一方面，英国、法国、意大利和俄国的休特古姆们，即海德门、盖得、王德威尔得、列诺得尔、特雷维斯、普列汉诺夫、阿克雪里罗得、齐赫泽及其同伙们，对于英国兼并印度，法国兼并尼斯或者摩洛哥，意大利兼并的黎波里或阿尔巴尼亚，俄国兼并波兰、乌克兰等等都默不作声，可是**大部分**却“反对”德国所实行的“兼并”。

显然，社会沙文主义者和考茨基分子的这种“反对兼并的斗争”都带有彻头彻尾的伪善性质，难怪资产阶级除了直接帮助这种斗争——给他们拨几百万款子，让他们进行沙文主义的宣传外，还间接帮助这种斗争——，仅仅给予社会沙文主义者和考茨基分子进行合法活动的特权。

显然，为争夺阿尔萨斯—洛林的战争辩护的法国“社会党人”，不要求给阿尔萨斯—洛林以从德国分离的自由的德国“社会党人”，都同样是兼并主义者，不管他们怎样发誓反对兼并。显然，那些口头或著文反对“瓦解俄国”、高喊“没有兼并的和约”的口号、直接或间接地在当前为决定由谁来奴役波兰而进行的战争辩护的俄国“社会党人”，也是同样的兼并主义者，等等。

12. 为了不把“反对兼并的斗争”变成空谈或令人作呕的伪善，社会党人**第一**应当向群众说明，无产阶级必须进行革命斗争，来夺取政权和实行社会主义变革，这种变革是从帝国主义时代和这场帝国主义战争的各种条件中发展起来的，只有这种变革才能持久地普遍地保证民族自决，即解放被压迫民族，并且不是在暴力的基础上，而是在各民族无产阶级和劳动群众平等和睦的基础上实现各民族的接近和融合；**第二**，应当立刻展开最广泛的宣传鼓动工作，来反对正式的社会党(特别是各“大”国中的社会党)的隐蔽的沙文主义和兼并主义。社会党人应当向群众说明，那些不立刻为爱尔兰和印度等的分离自由而斗争的英国社会党人，那些不为法属殖民地的自由而斗争、不反对兼并阿尔萨斯—洛林等等的战争的法国社会党人，那些不为阿尔萨斯—洛林以及丹麦人、波兰人、比利时人、塞尔维亚人等的分离自由而斗争的德国社会党人，那些不为乌克兰、芬兰等的分离自由而斗争、不反对争夺波兰的战争的俄国社会党人，那些不为的黎波里、阿尔巴尼亚等的分离自由而斗争的意大利社会党人，那些不为荷属印度的分离自由和独立而斗争的荷兰社会党人，那些不为受波兰人压迫的犹太人和乌克兰人的完全自由和平等而斗争的波兰社会党人，等等——都是口头上的社会主义者和国际主义者，实际上的沙文主义者和兼并主义者。

13. 从齐美尔瓦尔德宣言和国际社会党委员会1916年2月10日的通告(公报第3号)必然会得出这样的结论：一切“以战争反对战争”和“争取和平的斗争”，如果不同刻不容缓的**群众革命斗争**，同宣传和准备这种斗争密切结合起来，就是**伪善的东西**。但是应当直截了当地明确地说明这个结论。第一，应当向群众说明，在欧洲大战的形势下，群众革命斗争的发展可能和**应当**(muß)导致什么结果。它的发展势必导致变帝国主义战争为争取社会主义的国内战争。工人应当为自己的事业而不是为他人作出牺牲，所有这样的话**暗示**的都是这个意思。但是仅仅作暗示是不够的。还必须向群众明确地提出伟大的目标，虽然这个目标也许不是最近能够实现的。应当使群众知道往哪里走以及为什么要这样走。第二，既然我们号召群众“不顾本国的戒严状态”而反对自己的政府，那我们就不仅在原则上否认在**这场**战争中可以“保卫祖国”，而且承认我们**希望**所有一切**资产阶级**政府失败，以便把这种失败转变为革命。还应当直截了当地说：如果群众革命斗争的有觉悟的代表人物不为了使**一切**资产阶级政府失败并推翻它们而公开联合起来，那么这个斗争就不可能成为国际性的斗争。第三(这是最主要的)，如果不普遍地、不仅在上层而且在群众中建立秘密组织，来宣传、准备、讨论群众革命斗争的进程和条件，那就**不可能**进行这个斗争。既然在德国举行了街头游行示威，既然在法国有许多前线来信号召**不要**认购战时公债，既然在英国(更不必说俄国了)发生了群众性的罢工，那么为了支援这些斗争，为了这些斗争的国际主义团结，就绝对必须在**不经书报检查的即秘密的**报刊上阐明这方面的**每一**步骤，检查成绩，衡量取得这些成绩的条件，团结和加强这一斗争。没有秘密组织和秘密报刊，承认“**群众性行动**”就只能是一句空话(瑞士的情况就是这样)。①

14. 关于社会党人的议会斗争(议会活动)问题，必须指出，齐美尔瓦尔德决议不但对被判流放西伯利亚的我们党的5位社会民主党国家杜马代表表示同情，而且**赞同**他们的策略。既要承认群众的革命斗争，又要满足于社会党人在议会中的**纯粹**合法、**纯粹**改良主义的活动，是不可能的。这只会引起工人们正当的不满，使他们离开社会民主党而走向反议会的无政府主义或工团主义。必须明确地大声疾呼：议会中的社会民主党人**不但**要利用自己的地位在议会中讲话，而且要在**议会外面**从各方面去协助工人的秘密组织和革命斗争；**群众**自己也应当通过自己的秘密组织来**检查**自己的领袖的这类活动。

15. 即将举行的国际社会党第二次代表会议日程上的关于召集社会党国际局的问题，必然会引出一个更基本的原则问题，即各旧党和第二国际是否能够统一。群众对齐美尔瓦尔德联盟的同情

① 手稿上勾掉了第12条和第13条。——俄文版编者注

愈广泛、愈增长，这个联盟的不彻底和畏首畏尾的立场在群众看来就愈是无法理解，对群众斗争的发展就愈是有害，这个立场认为各旧党和第二国际的政策实质上也就是工人运动中的资产阶级政策（见齐美尔瓦尔德宣言和国际社会党委员会 1916 年 2 月 10 日的通告），另一方面又害怕同它们分裂，许诺一旦旧的社会党国际局召集，国际社会党委员会就宣布解散。

这种许诺在齐美尔瓦尔德代表会议上**没有**进行过表决，甚至没有讨论过。

齐美尔瓦尔德代表会议已过去半年了，现在看得更加清楚，分裂是不可避免的，齐美尔瓦尔德宣言所建议的工作是无法在同各旧党保持统一的情况下进行的，害怕分裂的心理阻挠着在这方面采取的一切步骤。在德国，不仅一批德国国际社会党人斥责了害怕分裂的心理，公开反对宣扬统一的人的伪善，而且卡·李卜克内西最亲密的同志、**帝国国会党团成员**奥托·吕勒也公开主张分裂。《前进报》也举不出任何一个严肃而光明正大的论据来反驳吕勒。在法国，社会党党员布尔德朗口头上反对分裂，而实际上向代表大会提出了一项直截了当地“反对（désapprouve）行政常务委员会〈Comité Administratif Permanent＝党中央〉和 G.P.〈Groupe Parlementaire＝议会党团〉”的决议案。显然，这项决议案如果被通过，就一定会马上引起党的分裂。在英国，T. 罗素·威廉斯甚至在温和的《工人领袖》上不止一次地公开表示分裂不可避免，并且得到很多党员的支持。在美国，在形式上统一的社会党内，一些党员主张推行军国主义和参战（所谓的备战），另外一些党员，包括前社会党总统候选人尤·德布兹，则**针对**战事迫近而公开鼓吹进行争取社会主义的国内战争。

在全世界，事实上已经**发生**分裂，闭眼不看这个事实只会对齐美尔瓦尔德派有害，只会使他们在群众的心目中变成滑稽可笑的人物，因为群众非常清楚，**他们**根据齐美尔瓦尔德代表会议精神所做的**工作**，每一步都意味着分裂的继续和加深。

必须有勇气公开承认不可避免的和已经发生的事情，丢掉那种认为可以同这场战争中的“祖国保卫者”讲统一的有害的幻想，帮助群众摆脱那些“把他们引入迷途”（见国际社会党委员会1916年2月10日通告）或者用实行“大赦”的办法策划**反**社会主义“阴谋”（Pakt）的领袖们的影响。

这就是我们对议程上关于在海牙召集社会党国际局问题的提案。

* * *

当客观形势把最大的世界危机——这一危机是不以某些党的意志为转移的，它只能或者被推迟到下一次帝国主义战争，或者用社会主义革命来解决——提到历史日程上来的时候，改良主义的空话是欺骗人民的主要手段。不是偶然事件，也不是某些政府或某个国家的资本家的险恶用心，而是各种资产阶级关系的整个发展，导致了帝国主义和当前这场帝国主义战争。同样不是偶然事件，也不是某种蛊惑宣传或鼓动的结果，而是战争所造成的危机和阶级矛盾的激化这些客观条件，现在在许多交战国中引起了罢工、游行示威等各种群众革命斗争。

问题客观上是这样而且只能是这样提出：是帮助这种暂时还微弱的，但实质上强大的、深刻的、能发展为社会主义革命的群众风潮和群众运动，**还是**实行帮助资产阶级政府的政策（将战争进行到胜利的政策）。关于民主的和平的甜言蜜语，其实际作用全在于用伪善地蒙蔽和愚弄群众的手法**帮助**政府。

* * *

这场战争把帝国主义的根本问题，即资本主义社会的存亡问题提上了日程，因此直接或间接地向人民灌输用改良主义手段可以解决这些问题的想法，就是招摇撞骗。当前的问题是各资本主义国家要按照新的力量对比重新瓜分世界，这些资本主义国家最近几十年来不但发展得异常迅速，而且特别重要的是，发展得极不平衡。在资本主义社会关系的基础上，这种对世界的重新瓜分不能不通过战争和暴力。客观形势不容许用改良主义的办法来解决已经激化了的矛盾，除了进行一系列帝国主义战争或无产阶级的社会主义革命，没有任何别的出路，而为社会主义革命的胜利创造了条件的正是这个帝国主义时代。在现有条件下，实际的政治活动只能是下列两种之一：或者是帮助“自己”国家的资产阶级掠夺别国，或者是帮助业已开始的……①

载于1927年11月6—7日《真理报》第255号

译自《列宁全集》俄文第5版第27卷第458—469页

① 手稿到此中断。——俄文版编者注

注　释

1 协约国(三国协约)是指与德、奥、意三国同盟相对立的英、法、俄三国帝国主义联盟。这个联盟的建立,始于1891—1893年缔结法俄同盟,中经1904年签订英法协定,而由1907年签订英俄协定最终完成。在第一次世界大战期间先后有美、日、意等20多个国家加入。十月革命后,协约国联盟的主要成员——英、法、美、日等国发动和组织了对苏维埃俄国的武装干涉。意大利是在1915年退出三国同盟加入协约国的。——1。

2 指巴塞尔国际社会党代表大会通过的《国际局势和社会民主党反对战争危险的统一行动》决议。

巴塞尔国际社会党代表大会于1912年11月24—25日在巴塞尔举行。这是在巴尔干战争爆发、世界大战危险日益迫近的形势下召开的国际社会党非常代表大会。出席代表大会的有来自23个国家的555名代表,俄国社会民主工党的代表有6名。

代表大会只讨论了一个问题,即反对军国主义与战争威胁问题。在代表大会召开的当天,来自巴登、阿尔萨斯和瑞士各地的工人及与会代表在巴塞尔明斯特教堂举行了声势浩大的反战集会。11月25日,代表大会一致通过了《国际局势和社会民主党反对战争危险的统一行动》决议,德文本称《国际关于目前形势的宣言》,即著名的巴塞尔宣言。宣言谴责了各国资产阶级政府的备战活动,揭露了即将到来的战争的帝国主义性质,号召各国人民起来反对帝国主义战争。宣言斥责了帝国主义的扩张政策,号召社会党人为反对一切压迫小民族的行为和沙文主义的表现而斗争。宣言写进了1907年斯图加特代表大会决议中列宁提出的基本论点:帝国主义战争一旦爆发,社会党人就应该利用战争所造成的经济危机和政治危机，来加速资本主义的崩溃，进行社会主义革命。——2。

3 第一次世界大战一开始，第四届国家杜马的布尔什维克党团成员格·伊·彼得罗夫斯基、阿·叶·巴达耶夫、马·康·穆拉诺夫、费·尼·萨莫伊洛夫和尼·罗·沙果夫就积极进行反对战争的宣传，揭露战争的帝国主义性质。他们执行党的路线，在杜马表决军事拨款时拒绝投票。1914 年 11 月 5 日(18 日)夜，5 名杜马布尔什维克党团成员被逮捕，其直接原因是他们参加了在彼得格勒附近的奥泽尔基村举行的布尔什维克党组织代表会议。警察从他们那里搜出了列宁关于战争的提纲(《革命的社会民主党在欧洲大战中的任务》)和载有俄国社会民主工党中央委员会宣言《战争和俄国社会民主党》的《社会民主党人报》第 33 号。1915 年 2 月 10 日(23 日)，彼得格勒高等法院特别法庭开庭审判布尔什维克党团成员及其他参加代表会议的社会民主党人。他们被指控参加以推翻现存国家制度为宗旨的组织，因而犯了叛国罪。5 名党团成员全被判处终身流放图鲁汉斯克边疆区(东西伯利亚)。关于这一审判，参看列宁在 1915 年 3 月 29 日《社会民主党人报》第 40 号上发表的《对俄国社会民主党工人党团的审判证明了什么?》一文(本版全集第 26 卷)。——2。

4 这是有关国际社会党第一次代表会议(齐美尔瓦尔德会议)的一组文献。

国际社会党第一次代表会议于 1915 年 9 月 5—8 日在瑞士齐美尔瓦尔德举行。这次会议是根据意大利和瑞士社会党人的倡议召开的。出席代表会议的有德国、法国、意大利、俄国、波兰、罗马尼亚、保加利亚、瑞典、挪威、荷兰和瑞士等 11 个欧洲国家的 38 名代表。第二国际的两个最大的党——德国社会民主党和法国社会党没有正式派代表参加会议:来自德国的 10 名代表代表了德国社会民主党内的三个不同色彩的反对派，来自法国的代表是工会运动中的一些反对派分子。巴尔干社会党人联盟、瑞典社会民主党反对派和挪威青年联盟、荷兰左派社会党人、波兰王国和立陶宛社会民主党边疆区执行委员会派代表出席了代表会议。在出席会议的俄国代表中,列宁和格·叶·季诺维也夫代表俄国社会民主工党中央委员会,帕·波·阿克雪里罗得和尔·马尔托夫代表孟什维克的俄国社会民主工党组织委员会,维·米·切尔诺夫和马·安·纳坦松代表社会革命党。出席会议的大多数代表持中派立场。

代表会议讨论了下列问题:各国代表的报告;德国和法国代表的共同宣言;齐美尔瓦尔德左派关于通过原则决议的建议;通过宣言;选举国际社会党委员会;通过对战争牺牲者和受迫害者表示同情的决议。

列宁积极参加了代表会议的工作,并在会前进行了大量的准备工作。他曾于 1915 年 7 月起草了左派社会民主党人的决议草案(见本版全集第 26 卷第 294—296 页),并寄给各国左派征求意见。他还曾写信给季·布拉戈耶夫、戴·怀恩科普等人,阐述左派共同宣言的基本原则,即谴责社会沙文主义者和中派,断然拒绝在帝国主义战争中“保卫祖国”和“国内和平”的口号,宣传革命行动。在代表会议前夕,9 月 2 日和 4 日之间,俄国和波兰两国代表举行了会议,讨论了列宁起草的决议草案和卡·拉狄克起草的决议草案,决定向代表会议提出按列宁意见修改过的拉狄克草案。9 月 4 日,参加代表会议的左派代表举行了非正式会议。列宁在会上作了关于世界大战的性质和国际社会民主党策略的报告(报告的提纲见本卷第 441—442 页)。会议通过了准备提交代表会议的决议草案和宣言草案。

在代表会议上,以列宁为首的革命的国际主义者同以格·累德堡为首的考茨基主义多数派展开了尖锐的斗争。代表会议通过了专门委员会起草的宣言——《告欧洲无产者书》。代表会议多数派否决了左派提出的关于战争与社会民主党的任务的决议草案和宣言草案。但是,由于列宁的坚持,在会议通过的宣言中还是写进了一些革命马克思主义的基本论点。会议还通过了德法两国代表团的共同宣言,通过了对战争牺牲者和因政治活动而遭受迫害的战士表示同情的决议,选举了齐美尔瓦尔德联盟的领导机关——国际社会党委员会。

列宁在《第一步》和《1915 年 9 月 5—8 日国际社会党代表会议上的革命马克思主义者》两篇文章中,对齐美尔瓦尔德代表会议和布尔什维克在会上的策略作了评价(见本卷第 42—47、48—52 页)。——4。

5 在代表会议讨论卡·拉狄克以齐美尔瓦尔德左派名义提出的宣言草案和关于战争与社会民主党的任务的决议草案时,以列宁为首的革命国际主义者与以格·累德堡为首的考茨基主义多数派之间展开了尖锐的斗争。累德堡和瑞士社会民主党人罗·格里姆发言反对这两个文件,声称左派的宣言和决议草案提出革命行动的具体要求,这便在敌人面前暴露了革命社会民主党的策略措施。他们还认为,在交战国,签署和宣传这些文件的人将会受到迫害。——6。

6 指《共产党宣言》。宣言的末尾提出:"共产党人不屑于隐瞒自己的观点和意图。他们公开宣布:他们的目的只有用暴力推翻全部现存的社会制度才能达到。"(见《马克思恩格斯文集》第 2 卷第 66 页)——6。

7 *论坛派*是 1907—1918 年荷兰左派社会民主党人的称谓,因办有《论坛报》而得名。领导人为戴·怀恩科普、赫·哥尔特、安·潘涅库克、罕·罗兰-霍尔斯特等。1907—1909 年,论坛派是荷兰社会民主工党内的左翼反对派,反对该党领导人的机会主义。1909 年 2 月,《论坛报》编辑怀恩科普等人被荷兰社会民主工党开除。同年 3 月,论坛派成立了荷兰社会民主党。第一次世界大战期间,论坛派基本上持国际主义立场。1918 年 11 月,论坛派创建了荷兰共产党。——7。

8 指卡·李卜克内西 1915 年 9 月 2 日给齐美尔瓦尔德国际社会党代表会议的信。李卜克内西本人没有参加这次代表会议,因为他在 1915 年初被征召入伍。他在这封信中写道:"要国内战争,不要国内和平。无产阶级要加强国际团结,反对假民族的假爱国主义的阶级调和,即展开争取和平、争取社会主义革命的国际阶级斗争…… 只有同心协力,只有各国互相支持,只有在这种互相支持中增强自己的力量,才能求得必要的手段,才能获得实际的效果…… 新的国际必将出现,它只能在旧的废墟上,在新的、更加坚实的基础上诞生。各国的社会党人朋友们,你们今天应该为明天的大厦奠立基石。要对假社会主义者进行无情的审判,要把包括……德国在内的各国的一切动摇分子和不坚定分子推向前进。”李卜克内西的信受到大多数与会者的热烈欢迎。列宁对李卜克内西所提出的口号十分赞同，并把这封信转寄给俄国的齐美尔瓦尔德派。——7。

9 意大利社会党代表扎·塞拉蒂在发言中说，左派关于战争与社会民主党的任务的决议，提得或者说是太早了，或者说是太迟了，因为战争已经开始，要阻挡它爆发已不可能。参看本卷第50—51页。——7。

10 《人道报》(«L'Humanité»)是法国日报，由让·饶勒斯于1904年创办。该报起初是法国社会党的机关报，在第一次世界大战期间为法国社会党极右翼所掌握，采取了社会沙文主义立场。1918年该报由马·加香领导后，反对法国政府武装干涉苏维埃俄国的帝国主义政策。在法国社会党分裂和法国共产党成立后，从1920年12月起，该报成为法国共产党中央机关报。——7。

11 在代表会议就宣言进行表决以后，齐美尔瓦尔德左派发表了一个特别声明，说明自己投赞成票的理由。

列宁的这两条补充意见是为这一声明写的，但没有写进在代表会议上宣读的声明稿。关于这个声明，见注46。——9。

12 《格吕特利盟员报》(«Le Grutléen»)是瑞士社会主义报纸，1909—1917年在洛桑出版。它的编辑是保·果雷。——10。

13 指斯图加特国际社会党代表大会和巴塞尔国际社会党代表大会关于战争问题的决议。

斯图加特国际社会党代表大会(第二国际第七次代表大会)于1907年8月18—24日举行。出席代表大会的有来自25个国家的886名社会党和工会的代表。

代表大会审议了下列问题：军国主义和国际冲突；政党和工会的相互关系；殖民地问题；工人的侨居；妇女选举权。列宁参加了军国主义和国际冲突问题委员会的工作。通过同奥·倍倍尔的直接谈判，列宁同罗·卢森堡和尔·马尔托夫对倍倍尔的决议草案作了如下具有历史意义的修改，提出："如果战争……爆发了的话，他们（指各国工人阶级及其在议会中的代表。——编者注）的责任是……竭尽全力利用战争引起的经济危机和政治危机唤醒各阶层人民的政治觉悟，加速推翻资产阶级的统治。"这一决议案作了一些文字修改后被代表大会一致通过。

关于巴塞尔代表大会，见注 2。——11。

14 出典于圣经《旧约全书·创世记》第 25 章。故事说，一天，雅各熬红豆汤，其兄以扫打猎回来，累得昏了，求雅各给他汤喝。雅各说，须把你的长子名分让给我。以扫就起了誓，出卖了自己的长子权。这个典故常被用来比喻因小失大。——12。

15 指法国、西班牙、意大利等西南欧国家。——15。

16 盖得派是 19 世纪 80 年代至 20 世纪初法国社会主义运动中以茹·盖得为首的一个派别，基本成员是 19 世纪 70 年代末期团结在盖得创办的《平等报》周围的进步青年知识分子和先进工人。1879 年组成了法国工人党。1880 年 11 月在勒阿弗尔代表大会上制定了马克思主义纲领。在米勒兰事件上持反对加入资产阶级内阁的立场。1901 年与其他反入阁派一起组成法兰西社会党。盖得派为在法国传播马克思主义作出过重要贡献。1905 年法兰西社会党与饶勒斯派的法国社会党合并为统一的法国社会党（工人国际法国支部）。第一次世界大战爆发后，盖得和相当大一部分盖得派分子转到了社会沙文主义方面，盖得、马·桑巴参加了法国政府。1920 年，以马·加香为首的一部分左翼盖得派分子在建立法国共产党方面起了重要作用。——15。

17 《新时代》杂志（«Die Neue Zeit»）是德国社会民主党的理论刊物，1883—1923 年在斯图加特出版。1890 年 10 月前为月刊，后改为周刊。1917 年 10 月以前编辑为卡·考茨基，以后为亨·库诺。1885—1895 年间，杂志发表过马克思和恩格斯的一些文章。恩格斯经常关心编辑部的工作，帮助它端正办刊方向。为杂志撰过稿的还有威·李卜克内西、保·拉法格、格·瓦·普列汉诺夫、罗·卢森堡、弗·梅林等国际工人运动活动家。《新时代》杂志在介绍马克思主义基本理论、宣传俄国1905—1907年革命等方面做了有益的工作。随着考茨基转到机会主义立场，1910年以后，《新时代》杂志成了中派分子的刊物。第一次世界大战期间，杂志持中派立场，实际上支持社会沙文主义者。——15。

18 的黎波里塔尼亚战争也称意土战争，是意大利在1911—1912年进行的一场掠夺战争。通过这场战争，意大利夺取了奥斯曼帝国在北非的的黎波里塔尼亚和昔兰尼加两省，把它们变成为自己的殖民地（两地后来合称为利比亚）。——21。

19 意大利社会党于1892年8月在热那亚代表大会上成立，最初叫意大利劳动党，1893年改称意大利劳动社会党，1895年开始称意大利社会党。从该党成立起，党内的革命派就同机会主义派进行着尖锐的思想斗争。1912年在艾米利亚雷焦代表大会上，改良主义分子伊·博诺米、莱·比索拉蒂等被开除出党。从第一次世界大战爆发到1915年5月意大利参战，意大利社会党一直反对战争，提出"反对战争，赞成中立！"的口号。1914年12月，拥护资产阶级帝国主义政策、主张战争的叛徒集团（贝·墨索里尼等）被开除出党。意大利社会党人曾于1914年同瑞士社会党人一起在卢加诺召开联合代表会议，并积极参加齐美尔瓦尔德（1915年）和昆塔尔（1916年）国际社会党代表会议。但是，意大利社会党基本上采取中派立场。1916年底意大利社会党在党内改良派的影响下走上了社会和平主义的道路。俄国十月社会主义革命胜利后，意大利社会党内的左翼力量增强。1919年10月5—8日在波伦亚举行的意大利社会党第十六次代表大会通过了加入共产国际的决议，该党代表参加了共产国际第二次代表大会的工作。1921年1月15—21日在里窝那举行的第十七次代表大会上，处于多数地位的中派拒绝同改良派决裂，拒绝完全承认加入共产国际的21项条件；该党左翼代表于21日退出代表大会并建立了意大利共产党。——24。

20 出自一句形容明于察人、暗于察己的谚语："看得见别人眼里的草屑，看不见自己眼里的木块。"——25。

21 彼得是耶稣的十二门徒之一,曾发誓效忠于耶稣,但在耶稣被捕时却不敢承认自己是耶稣的门徒,在三次受盘问时都说他根本不认识耶稣(见圣经《新约全书·路加福音》第22章)。——25。

22 《我们的曙光》杂志(«Наша Заря»)是俄国孟什维克取消派的合法的社会政治刊物(月刊),1910年1月—1914年9月在彼得堡出版。领导人是亚·尼·波特列索夫,撰稿人有帕·波·阿克雪里罗得、费·伊·唐恩、尔·马尔托夫、亚·马尔丁诺夫等。围绕着《我们的曙光》杂志形成了俄国取消派中心。第一次世界大战一开始,该杂志就采取了社会沙文主义立场。——26。

23 组织委员会(组委会)是1912年在取消派的八月代表会议上成立的俄国孟什维克的领导中心。第一次世界大战期间,组委会采取社会沙文主义立场,站在沙皇政府方面为战争辩护。组委会先后出版过《我们的曙光》、《我们的事业》、《事业》、《工人晨报》、《晨报》等报刊。1917年8月孟什维克党选出中央委员会以后,组委会的职能即告终止。除了在俄国国内活动的组委会外,在国外还有一个组委会国外书记处。这个书记处由帕·波·阿克雪里罗得、伊·谢·阿斯特罗夫-波韦斯、尔·马尔托夫、亚·萨·马尔丁诺夫和谢·尤·谢姆柯夫斯基组成,持和中派相近的立场,实际上支持俄国的社会沙文主义者。书记处的机关报是《俄国社会民主工党组织委员会国外书记处通报》,1915年2月—1917年3月在日内瓦出版,共出了10号。——26。

24 齐赫泽党团指以尼·谢·齐赫泽为首的俄国第四届国家杜马中的孟什维克党团,1916年其成员为马·伊·斯柯别列夫、伊·尼·图利亚科夫、瓦·伊·豪斯托夫、齐赫泽和阿·伊·契恒凯里。第一次世界大战期间,该党团采取中派立场,实际上全面支持俄国社会沙文主义者。列宁对齐赫泽党团的机会主义路线的批判,见《组织委员会和齐赫泽党团有自己的路线吗?》(本卷第270—275页)、《齐赫泽党团及其作用》(本版全集第28卷)等文。——26。

25 指莱·比索拉蒂1912年被社会党开除后建立的改良社会党和意大利

社会党。——26。

26 《新闻小报》即《崩得国外组织新闻小报》(«Информационный Листок Заграничной Организации Бунда»),是崩得的报纸,1911年6月—1916年6月在日内瓦出版,共出了11号。该报后来改名为《崩得国外委员会公报》继续出版。——29。

27 十月党人是俄国十月党的成员。十月党(十月十七日同盟)代表和维护大工商业资本家和按资本主义方式经营的大地主的利益,属于自由派的右翼。该党于1905年11月成立,名称取自沙皇1905年10月17日宣言。十月党的主要领导人是大工业家和莫斯科房产主亚·伊·古契柯夫、大地主米·弗·罗将柯,活动家有彼·亚·葛伊甸、德·尼·希波夫、米·亚·斯塔霍维奇、尼·阿·霍米亚科夫等。十月党完全拥护沙皇政府的对内对外政策,支持政府镇压革命的一切行动,主张用调整租地、组织移民、协助农民退出村社等办法解决土地问题。第一次世界大战期间,号召支持政府,后来参加了军事工业委员会的活动,曾同立宪民主党等结成"进步同盟",主张把帝国主义战争进行到最后胜利,并通过温和的改革来阻止人民革命和维护君主制。二月革命后,该党参加了资产阶级临时政府。十月革命后,十月党人反对苏维埃政权,在白卫分子政府中担任要职。——31。

28 民族党人是指全俄民族联盟的成员。全俄民族联盟是俄国地主、官僚的反革命君主主义政党。该党前身是1908年初从第三届国家杜马右派总联盟中分离出来的一个独立派别,共20人,主要由西南各省的杜马代表组成。1909年10月25日,该派同当年4月19日组成的温和右派党的党团合并成为"俄国民族党人"共同党团(100人左右)。1910年1月31日组成为统一的党——全俄民族联盟,党和党团主席是彼·尼·巴拉绍夫,领导人有帕·尼·克鲁平斯基、弗·阿·鲍勃凌斯基、米·奥·缅施科夫和瓦·维·舒利金。该党以维护贵族特权和地主所有制、向群众灌输好战的民族主义思想为自己的主要任务。该党的纲领可以归结为极端沙文主义、反犹太主义和要求各民族边疆区俄罗斯化。1915年初,"进步"民族党人从全俄民族联盟分离出来,后来参加了“进步同盟”。1917 年二月资产阶级民主革命后，该党即不复存在。——31。

29 第一次世界大战一开始，俄国所有资产阶级地主政党都在 1914 年 7 月 26 日(8 月 8 日)的国家杜马非常会议上表示要为“保卫祖国”而团结在政府的周围。但是 1915 年春夏两季俄国军队在前线的失败和国内革命危机的趋向成熟，引起了资产阶级的惊恐不安。1915 年 8 月，国家杜马中的 6 个党派(“进步”民族党人、中派集团、地方自治人士-十月党人、“十月十七日同盟”党团，立宪民主党人、“进步党人”)和国务会议中的一些党派一起组成了“进步同盟”。参加者有 300 多人，其中杜马代表有 236 人，占杜马代表总数(422 人)的一半以上。同盟提出温和的改革纲领，要求成立所谓“信任政府”即为资产阶级所信任的内阁，实行“维持国内和平”的政策，部分地大赦政治犯和宗教犯，废除对农民和少数民族权利的某些限制，恢复工会活动等等，指望以此来制止革命，保持君主制，把战争进行到最后胜利。在国家杜马内，没有参加“进步同盟”的是绝对支持政府的右派和民族党人。孟什维克和劳动派没有参加同盟，但实际上执行它的路线。

“进步同盟”的纲领尽管很温和，但沙皇政府仍认为不能接受。1915 年 9 月 3 日(16 日)，沙皇尼古拉二世颁布诏书解散第四届国家杜马。国家杜马休会到 1916 年 2 月 9 日始恢复工作。——31。

30 *劳动派*(劳动团)是俄国国家杜马中的农民代表和民粹派知识分子代表组成的小资产阶级民主派集团，1906 年 4 月成立。领导人是阿·费·阿拉季因、斯·瓦·阿尼金等。劳动派要求废除一切等级限制和民族限制，实行自治机关的民主化，用普选制选举国家杜马。劳动派的土地纲领要求建立由官地、皇族土地、皇室土地、寺院土地以及超过劳动土地份额的私有土地组成的全民地产，由农民普选产生的地方土地委员会负责进行土地改革，这反映了全体农民的土地要求，同时它又容许赎买土地，则是符合富裕农民阶层利益的。在国家杜马中，劳动派动摇于立宪民主党和布尔什维克之间。布尔什维克党支持劳动派的符合农民利益的社会经济要求，同时批评它在政治上的不坚定，可是劳动派始终没有成为彻底革命的农民组织。六三政变后，劳动派在地方上停止了活动。第一次世界大战期间，劳动派多数采取沙文主义立场。二月革命后，劳动派积极支持资产阶级临时政府，1917年6月与人民社会党合并为劳动人民社会党。十月革命后，劳动派站在资产阶级反革命势力方面。——33。

31 社会革命党人是俄国最大的小资产阶级政党社会革命党的成员。该党是1901年底—1902年初由南方社会革命党、社会革命党人联合会、老民意党人小组、社会主义土地同盟等民粹派团体联合而成的。成立时的领导人有马·安·纳坦松、叶·康·布列什柯-布列什柯夫斯卡娅、尼·谢·鲁萨诺夫、维·米·切尔诺夫、米·拉·郭茨、格·安·格尔舒尼等，正式机关报是《革命俄国报》(1901—1904年)和《俄国革命通报》杂志(1901—1905年)。社会革命党人的理论观点是民粹主义和修正主义思想的折中混合物。他们否认无产阶级和农民之间的阶级差别，抹杀农民内部的矛盾，否认无产阶级在资产阶级民主革命中的领导作用。在土地问题上，社会革命党人主张消灭土地私有制，按照平均使用原则将土地交村社支配，发展各种合作社。在策略方面，社会革命党人采用了社会民主党人进行群众性鼓动的方法，但主要斗争方法还是搞个人恐怖。为了进行恐怖活动，该党建立了事实上脱离该党中央的秘密战斗组织。

在1905—1907年俄国第一次革命中，社会革命党曾在农村开展焚烧地主庄园、夺取地主财产的所谓“土地恐怖”运动，并同其他政党一起参加武装起义和游击战，但也曾同资产阶级的解放社签订协议。在国家杜马中，该党动摇于社会民主党和立宪民主党之间。该党内部的不统一造成了1906年的分裂，其右翼和极左翼分别组成了人民社会党和最高纲领派社会革命党人联合会。在斯托雷平反动时期，社会革命党经历了思想上、组织上的严重危机。在第一次世界大战期间，社会革命党的大多数领导人采取了社会沙文主义的立场。1917年二月革命后，社会革命党中央实行妥协主义和阶级调和的政策，党的领导人亚·费·克伦斯基、尼·德·阿夫克森齐耶夫、切尔诺夫等参加了资产阶级临时政府。七月事变时期该党公开转向资产阶级方面。社会革命党中央的妥协政策造成党的分裂，左翼于1917年12月组成了一个独立政党——左派社会革命党。十月革命后，社会革命党人（右派和中派）公开进行反苏维埃的活动，在国内战争时期进行反对苏维埃政权的武装斗争，对共产党和苏维埃政权的领导人实行个人恐怖。内战结束后，他们在“没有共产党人参加的苏维埃”的口号下组织了一系列叛乱。1922年，社会革命党彻底瓦解。——33。

32　人民社会党人是1906年从俄国社会革命党右翼分裂出来的小资产阶级政党人民社会党的成员。人民社会党的领导人有尼·费·安年斯基、韦·亚·米雅柯金、阿·瓦·彼舍霍诺夫、弗·格·博哥拉兹、谢·雅·叶尔帕季耶夫斯基、瓦·伊·谢美夫斯基等。人民社会党提出“全部国家政权应归人民”，即归从无产者到资产阶级知识分子的全体劳动者，主张对地主土地进行赎买和实行土地国有化，但不触动份地和经营“劳动经济”的私有土地。在俄国1905—1907年革命趋于低潮时，该党赞同立宪民主党的路线，六三政变后，因没有群众基础，实际上处于瓦解状态。第一次世界大战期间，持社会沙文主义立场。二月革命后，该党开始恢复组织。1917年6月，同劳动派合并为劳动人民社会党。这个党代表富农利益，积极支持资产阶级临时政府，十月革命后参加反革命阴谋活动和武装叛乱，1918年后不复存在。——33。

33　立宪民主党人是俄国自由主义君主派资产阶级的主要政党立宪民主党的成员。立宪民主党（正式名称为人民自由党）于1905年10月成立。中央委员中多数是资产阶级知识分子、地方自治人士和自由派地主。主要活动家有帕·尼·米留可夫、谢·安·穆罗姆采夫、瓦·阿·马克拉柯夫、安·伊·盛加略夫、彼·伯·司徒卢威、约·弗·盖森等。立宪民主党提出一条与革命道路相对抗的和平的宪政发展道路，主张俄国实行立宪君主制和资产阶级的自由。在土地问题上，主张将国家、皇室、皇族和寺院的土地分给无地和少地的农民；私有土地部分地转让，并且按“公平”价格给予补偿；解决土地问题的土地委员会由同等数量的地主和农民组成，并由官员充当他们之间的调解人。1906年春，曾同政府进行参加内阁的秘密谈判，后来在国家杜马中自命为“负责任的反对派”。第一次世界大战期间，支持沙皇政府的掠夺政策，曾同十月党等反动政党组成“进步同盟”，要求成立责任内阁，即为资产阶级和地主所信任的政府，力图阻止革命并把战争进行到最后胜利。二月革命后，立宪民主党在资产阶级临时政府中居于领导地位，竭力阻挠土地问题、民族问题等基本问题的解决，并奉行继续帝国主义战争的政策。七月事变后，支持科尔尼洛夫叛乱，阴谋建立军事独裁。十月革命胜利后，苏维埃政府于1917年11月28日(12月11日)宣布立宪民主党为“人民公敌的党”。该党随之转入地下，继续进行反革命活动，并参与白卫将军的武装叛乱。国内战争结束后，该党上层分子大多数逃亡国外。1921年5月，该党在巴黎召开代表大会时分裂，作为统一的党不复存在。——34。

34 国际社会党委员会(I.S.K.)是齐美尔瓦尔德联盟的执行机构，在1915年9月5—8日举行的国际社会党第一次代表会议(齐美尔瓦尔德会议)上成立。组成委员会的是中派分子罗·格里姆、奥·莫尔加利、沙·奈恩以及担任译员的安·伊·巴拉巴诺娃。委员会设在伯尔尼。齐美尔瓦尔德代表会议之后不久，根据格里姆的建议，成立了国际社会党扩大委员会，参加扩大委员会的是同意齐美尔瓦尔德会议决议的各党的代表。代表俄国社会民主工党中央委员会参加扩大委员会的是列宁、伊·费·阿尔曼德和格·叶·季诺维也夫。

在1915年9月21日国际社会党委员会《公报》第1号上发表的关于代表会议的正式报告中说：国际社会党委员会“绝对不应代替现有的社会党国际局，而应在社会党国际局能够完全与自己使命相称之时即行解散”。在苏共中央马克思列宁主义研究院中央党务档案馆保存的一份正式报告的这个地方，列宁画了着重线，并在旁边加了批语：“并无此项决定。”也就是说，这个决定并不是齐美尔瓦尔德联盟通过的，而是国际社会党委员会在代表会议以后通过的。——36。

35 《伯尔尼哨兵报》(«Berner Tagwacht»)是瑞士社会民主党的机关报，于1893年在伯尔尼创刊。1909—1918年，罗·格里姆任该报主编。第一次世界大战初期，该报发表过卡·李卜克内西、弗·梅林及其他左派社会民主党人的文章。从 1917 年起,该报公开支持社会沙文主义者。——39。

36 《哨兵报》(«La Sentinelle»)是纳沙泰尔州(瑞士法语区)瑞士社会民主党组织的机关报,1890 年创刊于绍德封。1906—1910 年曾停刊。第一次世界大战期间,该报持国际主义立场。1914 年 11 月 13 日该报第 265 号曾摘要发表了俄国社会民主党中央委员会宣言《战争和俄国社会民主党》。——39。

37 指齐美尔瓦尔德左派在齐美尔瓦尔德会议上提出的关于战争与社会民主党的任务的决议草案。——39。

38 指卡·李卜克内西给齐美尔瓦尔德会议的信。见注 8。——39。

39 《我们的言论报》(«Наше Слово»)是俄国孟什维克国际主义派的报纸(日报),1915 年 1 月—1916 年 9 月在巴黎出版,以代替被查封的《呼声报》。参加该报工作的有:弗·亚·安东诺夫-奥弗申柯、索·阿·洛佐夫斯基、列·达·托洛茨基、阿·瓦·卢那察尔斯基和尔·马尔托夫。1916 年 9 月—1917 年 3 月改用《开端报》的名称出版。——40。

40 英国社会党是由英国社会民主党和其他一些社会主义团体合并组成的,1911 年在曼彻斯特成立。英国社会党是马克思主义的政治组织,但是由于带有宗派倾向,并且党员人数不多,因此未能在群众中展开广泛的宣传活动。第一次世界大战前夕和大战期间,在党内国际主义派(威·加拉赫、约·马克林、阿·英克平、费·罗特施坦等)同以亨·海德门为首的社会沙文主义派之间展开了激烈的斗争。但是在国际主义派内部也有一些不彻底分子,他们在一系列问题上采取中派立场。第一次世界大战爆发以后,1914 年 8 月 13 日,英国社会党的中央机关报《正义报》发表了题为《告联合王国工人》的爱国主义宣言。1916 年 2 月英国社会党的一部分活动家创办的《号召报》对团结国际主义派起了重要作用。1916 年 4 月在索尔福德召开的英国社会党年会上,以马克林、英克平为首的多数代表谴责了海德门及其追随者的立场,迫使他们退出了党。该党从1916年起是工党的集体党员。1919年加入了共产国际。该党左翼是创建英国共产党的主要发起者。1920年该党的绝大多数地方组织加入了英国共产党。——40。

41 独立工党(I.L.P.)是英国改良主义政党,1893年1月成立。领导人有基·哈第、拉·麦克唐纳、菲·斯诺登等。党员主要是一些新、旧工联的成员以及受费边派影响的知识分子和小资产阶级分子。独立工党从建党时起就采取资产阶级改良主义立场,把主要注意力放在议会斗争和同自由主义政党进行议会交易上。1900年,该党作为集体党员加入英国工党。在第一次世界大战期间,独立工党领袖采取资产阶级和平主义立场。1932年7月独立工党代表会议决定退出英国工党。1935年该党左翼成员加入英国共产党,1947年许多成员加入英国工党,独立工党不再是英国政治生活中一支引人注目的力量。——40。

42 指《伯尔尼国际社会党委员会。公报》。

《伯尔尼国际社会党委员会。公报》(«Internationale Sozialistische Kommission zu Bern.Bulletin»)是国际社会党委员会的机关报,于1915年9月—1917年1月在伯尔尼用德、法、英三种文字出版,共出了6号。1916年2月29日和4月22日《公报》第3号和第4号分别刊载了列宁所写的文件《关于1916年4月24日代表会议。代表团的建议》(非全文)和《俄国社会民主工党中央委员会向社会党第二次代表会议提出的提案》(见本卷第241—242、294—304页)。——41。

43 《社会民主党人报》(«Социал-Демократ»)是俄国社会民主工党秘密发行的中央机关报。1908年2月在俄国创刊,第2—32号(1909年2月—1913年12月)在巴黎出版,第33—58号(1914年11月—1917年1月)在日内瓦出版,总共出了58号,其中5号有附刊。根据俄国社会民主工党第五次代表大会选出的中央委员会的决定,该报编辑部由布尔什维克、孟什维克和波兰社会民主党人的代表组成。实际上该报的领导者是列宁。1911年6月孟什维克尔·马尔托夫和费·伊·唐恩退出编辑部,同年12月起《社会民主党人报》由列宁主编。该报先后刊登过列宁的80多篇文章和短评。在斯托雷平反动时期和新的革命高涨年代，该报同取消派、召回派和托洛茨基分子进行斗争，宣传布尔什维克的路线，加强了党的统一和党与群众的联系。第一次世界大战期间，该报同国际机会主义、民族主义和沙文主义进行斗争，反对帝国主义战争，团结各国坚持国际主义立场的社会民主党人，宣传布尔什维克在战争、和平和革命等问题上提出的口号，联合并加强了党的力量。该报在俄国国内和国外传播很广，影响很大。列宁在《〈反潮流〉文集序言》中写道，"任何一个觉悟的工人，如果想了解国际社会主义革命思想的发展及其在1917年10月25日的第一次胜利"，《社会民主党人报》上的文章"是不可不看的"(见本版全集第34卷第116页)。——42。

44　指斯图加特、哥本哈根和巴塞尔代表大会通过的有关反对帝国主义战争的决议。

哥本哈根国际社会党代表大会(第二国际第八次代表大会)于1910年8月28日—9月3日举行。出席代表大会的有来自33个国家的896名代表。代表大会的主要议题是:反对军国主义与战争、合作社与党的关系、国际团结和工会运动的统一等问题。

代表大会通过的《仲裁法庭和裁军》这一决议重申了斯图加特代表大会的决议，要求各国社会党人利用战争引起的经济危机和政治危机来推翻资产阶级。决议还责成各国社会党及其议员在议会中提出下列要求:必须把各国的一切冲突提交国际仲裁法庭解决;普遍裁军;取消秘密外交;主张各民族都有自治权并保护他们不受战争侵略和暴力镇压。决议号召各国工人反对战争的威胁。

关于斯图加特代表大会和巴塞尔代表大会，见注13和注2。——44。

45　社会党国际局是第二国际的常设执行和通讯机关，根据1900年9月巴黎代表大会的决议成立，设在布鲁塞尔。社会党国际局由各国社会党代表组成。执行主席是埃·王德威尔得，书记是卡·胡斯曼。俄国社会民主党人参加社会党国际局的代表是格·瓦·普列汉诺夫和波·尼·克里切夫斯基。从1905年10月起，列宁代表俄国社会民主工党参加社会党国际局。1914年6月，根据列宁的建议，马·马·李维诺夫被任命为社会党国际局俄国代表。社会党国际局在第一次世界大战开始后实际上不再存在。——44。

46 这个声明全文如下:“下面签名的人声明:代表会议通过的宣言不能令我们完全满意。宣言既没有评论露骨的机会主义,也没有评论用激进词句作掩饰的机会主义——这种机会主义不仅是使国际破产的罪魁,而且还想使这种破产永久化。宣言没有明确阐明反战的斗争手段。

我们将一如既往,在社会党人的报刊上和国际的各次会议上,就对待帝国主义时代向无产阶级提出的任务的问题,捍卫坚定的马克思主义立场。

我们之所以投票赞成宣言,是因为我们认为宣言是在号召进行斗争,而在这场斗争中我们愿与国际的其他部分携手并进。

我们请求把这一声明附在正式报告上。

尼·列宁、格·季诺维也夫、拉狄克、
涅尔曼、霍格伦和文特尔”。——46。

47 俄国人民社会党人和社会革命党人代表会议于1915年7月在彼得格勒召开。代表会议通过了一项决议,号召群众在帝国主义战争中“保护祖国”。——46。

48 指国际妇女社会党人代表会议。

国际妇女社会党人代表会议于1915年3月26—28日在伯尔尼举行。这次代表会议是根据《女工》杂志国外组织的倡议,在当时担任妇女社会党人国际局主席的克拉拉·蔡特金的直接参与下召开的。出席会议的有来自英国、德国、荷兰、法国、波兰、俄国、瑞士的妇女组织的29名代表。代表会议的全部筹备工作是由伊·费·阿尔曼德、娜·康·克鲁普斯卡娅等在列宁领导下进行的。列宁还为会议起草了决议草案(见本版全集第26卷第220—222页)。

但是代表会议的多数代表受中派影响,她们不讨论战争所引起的社会主义的总任务,而只限于讨论蔡特金的《关于妇女社会党人维护和平的国际行动》的报告。这个问题的决议案是蔡特金在英国和荷兰代表参与下起草的,具有中派主义性质。会议通过了这个决议,而否决了俄国社会民主工党中央委员会的代表提出的列宁起草的决议草案。——47。

49 《火星报》(«Искра»)是第一个全俄马克思主义的秘密报纸,由列宁创办。创刊号于1900年12月在莱比锡出版,以后各号的出版地点是慕尼黑、伦敦(1902年7月起)和日内瓦(1903年春起)。参加《火星报》编辑部的有:列宁、格·瓦·普列汉诺夫、尔·马尔托夫、亚·尼·波特列索夫、帕·波·阿克雪里罗得和维·伊·查苏利奇。编辑部的秘书起初是因·格·斯米多维奇,1901年4月起由娜·康·克鲁普斯卡娅担任。列宁实际上是《火星报》的主编和领导者。他在《火星报》上发表了许多文章,阐述有关党的建设和俄国无产阶级的阶级斗争的基本问题,并评论国际生活中的重大事件。

《火星报》在国外出版后,秘密运往俄国翻印和传播。《火星报》成了团结党的力量、聚集和培养党的干部的中心。在俄国许多城市成立了俄国社会民主工党列宁火星派的小组和委员会。1902年1月在萨马拉举行了火星派代表大会,建立了《火星报》俄国组织常设局。

《火星报》在建立俄国马克思主义政党方面起了重大的作用。在列宁的倡议和亲自参加下,《火星报》编辑部制定了党纲草案,筹备了俄国社会民主工党第二次代表大会。这次代表大会宣布《火星报》为党的中央机关报。

根据俄国社会民主工党第二次代表大会的决议,《火星报》编辑部改由列宁、普列汉诺夫、马尔托夫三人组成。但是马尔托夫坚持保留原来的六人编辑部,拒绝参加新的编辑部,因此《火星报》第46—51号是由列宁和普列汉诺夫二人编辑的。后来普列汉诺夫转到了孟什维主义的立场上,要求把原来的编辑都吸收进编辑部,列宁不同意这样做,于1903年10月19日(11月1日)退出了编辑部。《火星报》第52号是由普列汉诺夫一人编辑的。1903年11月13日(26日),普列汉诺夫把原来的编辑全部增补进编辑部以后,《火星报》由普列汉诺夫、马尔托夫、阿克雪里罗得、查苏利奇和波特列索夫编辑。因此,从第52号起,《火星报》变成了孟什维克的机关报。人们将第52号以前的《火星报》称为旧《火星报》,而把孟什维克的《火星报》称为新《火星报》。

1905 年 5 月第 100 号以后，普列汉诺夫退出了编辑部。《火星报》于 1905 年 10 月停刊，最后一号是第 112 号。——49。

50 爱尔威主义即以法国社会党人古·爱尔威为代表的半无政府主义的反军国主义主张。爱尔威在 1907 年斯图加特国际社会党代表大会上提出用罢工和起义来反对一切战争。——50。

51 米勒兰主义是社会党人参加资产阶级政府的一种机会主义策略，因法国社会党人亚·埃·米勒兰于 1899 年参加瓦尔德克-卢梭的资产阶级政府而得名。1900 年 9 月 23—27 日在巴黎举行的第二国际第五次代表大会讨论了米勒兰主义问题。大会通过了卡·考茨基提出的调和主义决议。这个决议虽谴责社会党人参加资产阶级政府，但却认为在“非常”情况下可以这样做。法国社会党人和其他国家的社会党人就利用这项附带条件为他们在第一次世界大战期间参加帝国主义资产阶级政府的行为辩护。列宁认为米勒兰主义是一种修正主义和叛卖行为，社会改良主义者参加资产阶级政府必定会充当资本家的傀儡，成为这个政府欺骗群众的工具。——50。

52 即法国社会党。

法国社会党（工人国际法国支部）是由 1902 年建立的法国社会党（饶勒斯派）和 1901 年建立的法兰西社会党（盖得派）合并而成的，1905 年成立。在统一的社会党内，改良派居领导地位。第一次世界大战一开始，该党领导就转向社会沙文主义立场，公开支持帝国主义战争，参加资产阶级政府。该党党内有以让·龙格为首的同社会沙文主义分子妥协的中派，也有站在国际主义立场上的革命派。俄国十月社会主义革命后，法国社会党内公开的改良派和中派同革命派之间展开了激烈的斗争。在 1920 年 12 月举行的图尔代表大会上，革命派取得了多数地位。代表大会通过了该党参加共产国际的决议，并创立了法国共产党。改良派和中派退党，另行建立一个独立的党，仍称法国社会党。——50。

53 劳动总联合会（工会总同盟）是法国工会的全国性组织，成立于 1895

年。总联合会长期受无政府工团主义者和改良主义者的影响，其领袖们仅承认经济斗争，不接受无产阶级政党对工会运动的领导。第一次世界大战期间，总联合会的领导核心倒向帝国主义者一边，实行阶级合作，鼓吹“保卫祖国”。第一次世界大战后，总联合会内部形成了革命的一翼。1921 年，以莱·茹奥为首的改良主义领导采取分裂行动，把革命的工会开除出总联合会。这些工会于 1922 年另组统一劳动总联合会。——50。

54 1915 年 10 月初（公历），列宁收到了俄国社会民主工党彼得堡委员会托人从俄国寄给他的一批传单和其他反映彼得格勒布尔什维克工作情况的材料。《社会民主党人报》利用这些材料，于 1915 年 10 月 13 日出版了第 47 号，专门报道布尔什维克在彼得格勒的工作情况。《几个要点》一文就是列宁为这一号报纸写的按语。列宁在 1915 年 10 月 6 日给维·阿·卡尔宾斯基的信中曾谈到出版这一号报纸的问题（见本版全集第 47 卷第 167 号文献）。

列宁仔细研究了这批材料。他为从彼得格勒寄来的传单编了目录，标明顺序号码、出版日期、署名和印刷方法。他把传单上的口号单列一栏。最后一栏用来记载“主要论点的内容”。列宁在许多传单上作了批语，并在另外一张纸上写下了对一些传单的意见。列宁还审阅了娜·康·克鲁普斯卡娅写的《俄国社会民主工党彼得堡委员会在战争期间的传单》一文，该文也刊载于《社会民主党人报》第 47 号。——53。

55 三条鲸鱼意即三大支柱或三个要点，出典于关于开天辟地的俄国民间传说：地球是由三条鲸鱼的脊背支撑着的。布尔什维克常借用这一传说，在合法报刊和公开集会上以“三条鲸鱼”暗指建立民主共和国、没收地主全部土地、实行八小时工作制这三个基本革命口号。——53。

56 《社会民主党人报》第 47 号发表的娜·康·克鲁普斯卡娅的《俄国社会民主工党彼得堡委员会在战争期间的传单》一文引用了这份传单。据列宁编的传单目录，9 号传单的口号是：“打倒战争！第二次革命万岁。三条鲸鱼＋工人的国际团结和社会主义。”——53。

57 军事工业委员会是第一次世界大战时期俄国资产阶级的组织。这一组织是根据1915年5月第九次全俄工商界代表大会的决议建立的，其目的是把供应军火的工厂主联合起来，动员工业企业为战争需要服务，在政治上则对沙皇政府施加压力，并把工人阶级置于资产阶级影响之下。1915年7月，军事工业委员会召开了第一次代表大会。这次大会除讨论经济问题外，还提出了建立得到国家杜马信任的政府等政治问题。大会选出以十月党人亚·伊·古契柯夫(任主席)和进步党人亚·伊·柯诺瓦洛夫为首的中央军事工业委员会。军事工业委员会企图操纵全国的经济，然而沙皇政府几乎在军事工业委员会成立的同时就采取对策，成立了自己的机构，即国防、运输、燃料和粮食等"特别会议"。这就使军事工业委员会实际上只充当了国家和私营工业之间的中介人。1915年7月，军事工业委员会的领导人在孟什维克和社会革命党的支持下，开始在委员会内建立工人团。布尔什维克在大多数工人的支持下对工人团的选举进行了抵制。在244个地方军事工业委员会中，只有76个委员会进行了选举，成立了工人团的委员会则只有58个。中央军事工业委员会内组织了以孟什维克库·安·格沃兹杰夫为首的工人团。1917年二月革命后，中央军事工业委员会的领导人在临时政府中担任部长职务，委员会成了资产阶级反对工人阶级的组织。十月革命胜利后，苏维埃政府曾试图利用军事工业委员会里的专家来整顿被战争破坏了的生产，遭到了资产阶级上层的反抗。1918年7月24日军事工业委员会被撤销。——53。

58 《民权报》(«Volksrecht»)是瑞士社会民主党、苏黎世州社会民主党组织和苏黎世工人联合会的机关报(日报)，1898年在苏黎世创刊。第一次世界大战期间，该报刊登过一些有关工人运动的消息和齐美尔瓦尔德左派的文章。第一次世界大战后，该报反映瑞士社会民主党的立场，反对该党加入共产国际，不接受加入共产国际的21项条件。——57。

59 《我们的事业》杂志(«Наше Дело»)是俄国孟什维克取消派和社会沙文主义者的主要刊物(月刊)。1915年1月在彼得格勒出版，以代替1914年10月被查封的《我们的曙光》杂志，共出了6期。为该杂志撰稿的有叶·马耶夫斯基、彼·巴·马斯洛夫、亚·尼·波特列索夫、涅·切列万宁等。——63。

60 这是列宁关于《帝国主义和民族自决权》演讲的一组材料。演讲是1915年10月15日(28日)在日内瓦作的。——64。

61 《新莱茵报》(«Neue Rheinische Zeitung»)是德国和欧洲革命民主派中无产阶级一翼的日报,1848年6月1日—1849年5月19日在科隆出版。马克思任该报的主编,编辑部成员恩格斯、恩·德朗克、斐·沃尔弗、威·沃尔弗、格·维尔特、斐·弗莱里格拉特、亨·毕尔格尔斯等都是共产主义者同盟的盟员。报纸编辑部作为无产阶级革命运动的领导核心,实际履行了共产主义者同盟中央委员会的职责。该报揭露反动的封建君主派和资产阶级反革命势力,主张彻底解决资产阶级民主革命的任务和用民主共和国的形式统一德国。该报创刊不久,就遭到反动报纸的围攻和政府的迫害,1848年9—10月间曾一度停刊。1849年5月,普鲁士政府借口马克思没有普鲁士国籍而把他驱逐出境,并对其他编辑进行迫害,该报于5月19日被迫停刊。——66。

62 司徒卢威主义即合法马克思主义,是19世纪90年代出现在俄国自由派知识分子中的一种思想政治流派,主要代表人物是彼·伯·司徒卢威。司徒卢威主义利用马克思经济学说中能为资产阶级所接受的个别论点为俄国资本主义的发展作论证。在批判小生产的维护者民粹派的同时,司徒卢威赞美资本主义,号召人们"承认自己的不文明并向资本主义学习",而抹杀资本主义的阶级矛盾。司徒卢威主义者起初是社会民主党的暂时同路人,后来彻底转向资产阶级自由主义。到1900年《火星报》出版时,司徒卢威主义作为思想流派已不再存在。第一次世界大战期间,司徒卢威在马克思主义词句的掩护下坚持社会沙文主义,为掠夺战争、兼并和民族压迫辩护。——71。

63 在俄国社会民主工党第二次代表大会(1903年7—8月)讨论党纲草案时,波兰王国和立陶宛社会民主党人的代表阿·瓦尔斯基和雅·斯·加涅茨基反对其中的民族自决权的条文,而提出在纲领中列入成立保障国内各民族有发展文化的充分自由的机构的要求。如列宁所说:“他们所提出来**代替**自决的东西,实质上不过是那个臭名远扬的‘民族文化自治’的别名而已!”(见本版全集第25卷第277—278页)第二次代表大会纲领委员会否决了波兰社会民主党的提议,波兰社会民主党人便留下申述他们观点的声明,退出了代表大会。

波兰王国和立陶宛社会民主党在1906年俄国社会民主工党第四次(统一)代表大会上被接收入党。无论在这次代表大会上,还是在代表大会以后,波兰社会民主党的代表都没有再提出修改党纲第9条的意见。党纲第9条的全文是:“国内各民族都有自决权。”(见本版全集第7卷第427页)——75。

64 《革命的无产阶级和民族自决权》一文是用德文写的,写作日期应在1915年10月16日(29日)以后。娜·康·克鲁普斯卡娅把它译成了俄文,译文经列宁校订。本文在《列宁全集》俄文第4版和第5版中都是根据这个译文排印的。本卷《附录》中收有列宁用俄文写的《革命的无产阶级和民族自决权》一文初稿片段和提纲片段。——77。

65 同风车搏斗是西班牙作家米·塞万提斯的小说《唐·吉诃德》里的一个故事。一心要做游侠骑士而头脑中充满幻想的唐·吉诃德把田野里的旋转着的风车当成巨人,奋勇上前与之搏斗,结果被打得人仰马翻(见该书第1部第8章)。——83。

66 这封信是列宁1915年11月13日收到美国社会主义宣传同盟的传单后写的,原文是英文。

社会主义宣传同盟是美国社会党内一个有自己党证和自行收交党费的独立的派别,根据美国国际主义者和以荷兰侨民塞·尤·鲁特格尔斯为首的一批政治流亡者的倡议于1915年在波士顿成立。在帝国主义世界大战问题上,社会主义宣传同盟持与齐美尔瓦尔德左派纲领相近的立场。俄国十月社会主义革命以后,该同盟支持年轻的苏维埃共和国,并在各工会组织中开展社会主义宣传活动。1918年,同盟加入了美国社会党的左翼。——86。

67　琼果是英文“Jingo”一词的音译。19 世纪 70 年代俄土战争期间，在英国流行过一首好战的军国主义歌曲，其歌词中反复出现“by Jingo”一语，意即“以上帝的名义起誓”。“琼果”后来就成了表示极端沙文主义情绪的专用名词。——89。

68　美国社会党是由美国社会民主党（尤·维·德布兹在 1897—1898 年创建）和以莫·希尔奎特、麦·海斯为首的一批原美国社会主义工人党党员联合组成的，1901 年 7 月在印第安纳波利斯召开代表大会宣告成立。该党社会成分复杂，党员中有美国本地工人、侨民工人、小农场主、城市小资产阶级和知识分子。该党重视同工会的联系，提出自己的纲领，参加选举运动，在宣传社会主义思想和开展反垄断的斗争方面作出了贡献。后来机会主义分子（维·路·伯杰、希尔奎特等）在党的领导中占了优势，他们强使 1912 年该党代表大会通过了摒弃革命斗争方法的决议。以威·海伍德为首的一大批左派分子退党。第一次世界大战期间，社会党内形成了三派：支持美国政府帝国主义政策的社会沙文主义派；只在口头上反对帝国主义战争的中派；站在国际主义立场上反对帝国主义战争的革命少数派。1919 年，退出社会党的左派代表建立了美国共产党和美国共产主义工人党。社会党的影响下降。

美国社会主义工人党是由第一国际美国支部和美国其他社会主义团体合并而成的，1876 年 7 月在费城统一代表大会上宣告成立，当时称美国工人党，1877 年起改用现名。绝大多数党员是侨居美国的德国社会主义运动参加者，同本地工人联系很少。19 世纪 70 年代末，党内领导职务由拉萨尔派掌握，他们执行宗派主义和教条主义政策，不重视在美国工人群众组织中开展工作，一部分领导人热衷于议会选举活动，轻视群众的经济斗争，另一些领导人则转向工联主义和无政府主义。党的领导在思想上和策略上的摇摆削弱了党。90 年代初，以丹·德莱昂为首的左派领导该党，党的工作有一些活跃。从 90 年代末起，宗派主义和无政府工团主义倾向又在党内占了上风，表现在放弃争取实现工人局部要求的斗争，拒绝在改良主义工会中进行工作，致使该党更加脱离群众性的工人运动。第一次世界大战期间，该党倾向于国际主义。在俄国十月革命的影响下，党内一部分最革命的分子退出了党，积极参加建立美国共产党。此后美国社会主义工人党成了一个人数很少、主要和知识分子有联系的集团。——90。

69 斯图加特国际社会党代表大会关于工人侨居问题的讨论和决定，见本版全集第16卷第71页和第83页。——91。

70 《号召报》(«Призыв»)是俄国孟什维克和社会革命党人的机关报(周报)，1915年10月—1917年3月在巴黎出版。

这里提到的格·瓦·普列汉诺夫的文章，题为《革命的两条路线》，载于1915年10月17日《号召报》第3号。——93。

71 农民协会(全俄农民协会)是俄国1905年革命中产生的群众性的革命民主主义政治组织，于1905年7月31日—8月1日(8月13—14日)在莫斯科举行了成立大会。据1905年10—12月的统计，协会在欧俄有470个乡级和村级组织，会员约20万人。根据该协会成立大会和1905年11月6—10日(19—23日)举行的第二次代表大会通过的决议，协会的纲领性要求是：实现政治自由和在普选基础上立即召开立宪会议，支持抵制第一届国家杜马；废除土地私有制，由农民选出的委员会将土地分配给自力耕作的农民使用，同意对一部分私有土地给以补偿。农民协会曾与彼得堡工人代表苏维埃合作，它的地方组织在农民起义地区起了革命委员会的作用。农民协会从一开始就遭到警察镇压，1907年初被解散。——94。

72 一月代表会议即俄国社会民主工党第六次全国代表会议，于1912年1月5—17日(18—30日)在布拉格举行，会址在布拉格民众文化馆捷克社会民主党报纸编辑部内。

这次代表会议共代表20多个党组织。出席会议的有来自彼得堡、莫斯科、中部工业地区、萨拉托夫、梯弗利斯、巴库、尼古拉耶夫、喀山、基辅、叶卡捷琳诺斯拉夫、德文斯克和维尔诺的代表。由于警察的迫害和其他方面的困难，叶卡捷琳堡、秋明、乌法、萨马拉、下诺夫哥罗德、索尔莫沃、卢甘斯克、顿河畔罗斯托夫、巴尔瑙尔等地党组织的代表未能到会，但这些组织都送来了关于参加代表会议的书面声明。出席会议的还有中央机关报《社会民主党人报》编辑部、《工人报》编辑部、国外组织委员会、俄国社会民主工党中央运输组等单位的代表。代表会议的代表中有两位孟什维克护党派分子Д.М.施瓦尔茨曼和雅·达·捷文，其余都是布尔什维克。这次代表会议实际上起了代表大会的作用。

出席代表会议的一批代表和俄国组织委员会的全权代表曾经写信给拉脱维亚边疆区社会民主党中央委员会、崩得中央委员会、波兰和立陶宛社会民主党总执行委员会以及国外各集团，请它们派代表出席代表会议，但被它们所拒绝。马·高尔基因病没有到会，他曾写信给代表们表示祝贺。

列入代表会议议程的问题是：报告（俄国组织委员会的报告，各地方以及中央机关报和其他单位的报告）；确定会议性质；目前形势和党的任务；第四届国家杜马选举；杜马党团；工人国家保险；罢工运动和工会；"请愿运动"；关于取消主义；社会民主党人在同饥荒作斗争中的任务；党的出版物；组织问题；党在国外的工作；选举；其他事项。

列宁代表中央机关报编辑部出席代表会议，领导了会议的工作。列宁致了开幕词，就确定代表会议的性质讲了话，作了关于目前形势和党的任务的报告和关于社会党国际局的工作的报告，并在讨论中央机关报工作、关于社会民主党在同饥荒作斗争中的任务、关于组织问题、关于党在国外的工作等问题时作了报告或发了言。他起草了议程上所有重要问题的决议案，代表会议通过的决议也都经过他仔细审定。

代表会议的一项最重要的工作是从党内清除机会主义者。当时取消派聚集在两家合法杂志——《我们的曙光》和《生活事业》——的周围。代表会议宣布"《我们的曙光》和《生活事业》集团的所作所为已使它们自己完全置身于党外"，决定把取消派开除出俄国社会民主工党。代表会议谴责了国外反党集团——孟什维克呼声派、前进派和托洛茨基分子——的活动，认为必须在国外建立一个在中央委员会监督和领导下进行协助党的工作的统一的党组织。代表会议还通过了关于党的工作的性质和组织形式的决议，批准了列宁提出的党的组织章程修改草案。

代表会议共开了23次会议，对各项决议进行了详细的讨论（《关于党的工作的性质和组织形式》这一决议，是议程上的组织问题与罢工运动和工会问题的共同决议）。会议的记录至今没有发现，只保存了某些次会议的片断的极不完善的记录。会议的决议由中央委员会于1912年以小册子的形式在巴黎出版。

代表会议恢复了党，选出了中央委员会，并由它重新建立了中央委员会俄国局。当选为中央委员的是：列宁、菲·伊·戈洛晓金、格·叶·季诺维也夫、格·康·奥尔忠尼启则、苏·斯·斯潘达良、施瓦尔茨曼、罗·瓦·马林诺夫斯基（后来发现是奸细）。在代表会议结束时召开的中央委员会全会决定增补伊·斯·别洛斯托茨基和斯大林为中央委员。过了一段时间又增补格·伊·彼得罗夫斯基和雅·米·斯维尔德洛夫为中央委员。代表会议还决定安·谢·布勃诺夫、米·伊·加里宁、亚·彼·斯米尔诺夫、叶·德·斯塔索娃和斯·格·邵武勉为候补中央委员。代表会议选出了以列宁为首的《社会民主党人报》编辑委员会，并选举列宁为俄国社会民主工党驻社会党国际局的代表。

这次代表会议规定了党在新的条件下的政治路线和策略，决定把取消派开除出党，对俄国社会民主工党这一新型政党的进一步发展和巩固党的统一具有决定性意义。

关于这次代表会议，参看《俄国社会民主工党第六次（布拉格）全国代表会议文献》（本版全集第21卷）。——96。

73 指1906年4月10—25日（4月23日—5月8日）在斯德哥尔摩举行的俄国社会民主工党第四次（统一）代表大会。列宁在《关于俄国社会民主工党统一代表大会的报告（给彼得堡工人的信）》（见本版全集第13卷）这本小册子中对这次代表大会的工作作了分析。

列宁所说的农村无产阶级单独组织起来的这个要求，列入了代表大会关于土地问题的策略决议。这个决议说：“同时，在实行民主土地改革的一切场合下和任何情况下，党的任务都是：始终不渝地争取成立农村无产阶级的独立阶级组织，向农村无产阶级说明他们的利益和农民资产阶级利益的根本对立，警告他们不要受在商品生产下永远不能消灭群众的贫困的小经济制度的引诱，最后，指出必须实行彻底的社会主义革命，作为消灭一切贫困和剥削的唯一手段。”（参看《苏联共产党代表大会、代表会议和中央全会决议汇编》1964 年人民出版社版第 1 分册第 151 页)——98。

74 《钟声》杂志(«Die Glocke»)是德国社会民主党党员、社会沙文主义者亚·李·帕尔乌斯办的刊物(双周刊),1915—1925 年先后在慕尼黑和柏林出版。——100。

75 把自己过去崇拜的一切付之一炬出自俄国作家伊·谢·屠格涅夫的长篇小说《贵族之家》,是书中人物米哈列维奇的诗句(原话是:"把自己过去崇拜的东西付之一炬"),后来常被人们引用来譬喻背叛自己过去的信念。——100。

76 《人民呼声报》(«Volksstimme»)是德国社会民主党报纸(日报),1891 年 1 月—1933 年 2 月在开姆尼茨出版。1907—1917 年担任该报主编的是右派社会民主党人恩·海尔曼。第一次世界大战期间,该报采取社会沙文主义立场。——101。

77 《机会主义与第二国际的破产》一文写于 1915 年底。保留下来的手稿不够完整,共有 10 页笔记本纸,每一页都写得满满的,但字迹清晰,并编了页码,另外还有未编页码的半张纸。文章首次发表于 1924 年《无产阶级革命》杂志第 5 期。列宁稍晚又用德文写了同一题目的另一篇文章。该文(见本卷第 117—130 页)于 1916 年 1 月发表在齐美尔瓦尔德左派的理论机关刊物《先驱》杂志第 1 期上。两篇文章在文字上略有不同。——102。

78 伯恩施坦主义是德国社会民主党人爱·伯恩施坦的修正主义思想体系,产生于 19 世纪末 20 世纪初。伯恩施坦的《社会主义的前提和社会民主党的任务》(1899 年)一书是对伯恩施坦主义的全面阐述。伯恩施坦主义在哲学上否定辩证唯物主义和历史唯物主义,用庸俗进化论和诡辩论代替革命的辩证法;在政治经济学上修改马克思主义的剩余价值学说,竭力掩盖帝国主义的矛盾,否认资本主义制度的经济危机和政治危机;在政治上鼓吹阶级合作和资本主义和平长入社会主义,传播改良主义和机会主义思想，反对马克思主义的阶级斗争学说，特别是无产阶级革命和无产阶级专政的学说。伯恩施坦主义得到德国社会民主党右翼和第二国际其他一些政党的支持。在俄国，追随伯恩施坦主义的有合法马克思主义者、经济派等。——106。

79 《社会主义月刊》(«Sozialistische Monatshefte»)是德国机会主义者的主要刊物，也是国际修正主义者的刊物之一，1897—1933年在柏林出版。编辑和出版者为右翼社会民主党人约·布洛赫。撰稿人有爱·伯恩施坦、康·施米特、弗·赫茨、爱·大卫、沃·海涅、麦·席佩耳等。第一次世界大战期间，该刊持社会沙文主义立场。——107。

80 费边派是1884年成立的英国改良主义组织费边社的成员，多为资产阶级知识分子，代表人物有悉·韦伯、比·韦伯、拉·麦克唐纳、肖伯纳、赫·威尔斯等。费边·马克西姆是古罗马统帅，以在第二次布匿战争(公元前218—前201年)中采取回避决战的缓进待机策略著称。费边社即以此人名字命名。费边派虽然认为社会主义是经济发展的必然结果，但只承认演进的发展道路。他们反对马克思主义的阶级斗争和无产阶级革命学说，鼓吹通过细微的改良来逐渐改造社会，宣扬所谓"地方公有社会主义"(又译"市政社会主义")。1900年费边社加入工党(当时称劳工代表委员会)，但仍保留自己的组织。在工党中，它一直起制定纲领原则和策略原则的思想中心的作用。第一次世界大战期间，费边派采取社会沙文主义立场。关于费边派，参看列宁《社会民主党在1905—1907年俄国第一次革命中的土地纲领》第4章第7节和《英国的和平主义和英国的不爱理论》(本版全集第16卷和第26卷)。——107。

81 英国工党成立于1900年，起初称劳工代表委员会，由工联、独立工党和费边社等组织联合组成，目的是把工人代表选入议会。1906年改称工党。工党的领导机关执行委员会同工联总理事会、合作党执行委员会共同组成所谓全国劳动委员会。工党成立初期就成分来说是工人的政党(后来有大批小资产阶级分子加入)，但就思想和政策来说是一个机会主义的组织。该党领导人从党成立时起就采取同资产阶级实行阶级合作的路线。第一次世界大战期间，工党领导机构多数人持沙文主义立场，工党领袖阿·韩德逊等参加了王国联合政府。从1924年起，工党领导人多次组织政府。——107。

82 宽广派即保加利亚社会民主工党(宽广社会党人)，1903年保加利亚社会民主工党分裂后成立，领导人是扬·伊·萨克佐夫。宽广派力求把党变成包括资产阶级在内的所有"生产阶层"的宽广组织。第一次世界大战期间，宽广派持社会沙文主义立场。1918—1923年宽广派领袖曾参加资产阶级政府和灿科夫法西斯政府。——107。

83 这是古罗马新斯多亚派哲学家鲁·安·塞涅卡的话。——108。

84 《普鲁士年鉴》(«Preußische Jahrbücher»)是德国保守派的政治、哲学、历史和文学问题杂志(月刊)，1858—1935年在柏林出版。——109。

85 饶勒斯派是19世纪末20世纪初法国社会主义运动中以让·饶勒斯为首的右翼改良派。饶勒斯派以要求"批评自由"为借口，修正马克思主义基本原理，宣传无产阶级同资产阶级的阶级合作。他们认为社会主义的胜利不会通过无产阶级同资产阶级的阶级斗争而取得，这一胜利将是民主主义思想繁荣的结果。他们还赞同蒲鲁东主义关于合作社的主张，认为在资本主义条件下合作社的发展有助于逐渐向社会主义过渡。在米勒兰事件上，饶勒斯派竭力为亚·埃·米勒兰参加资产阶级内阁的背叛行为辩护。1902年，饶勒斯派成立了改良主义的法国社会党。1905年该党和盖得派的法兰西社会党合并成统一的法国社会党(工人国际法国支部)。第一次世界大战期间，在法国社会党领导中占优势的饶勒斯派采取了社会沙文主义立场，公开支持帝国主义战争。——109。

86 丘必特是罗马神话中的最高天神，相当于希腊神话中的宙斯。据古罗马神话故事，智慧女神密纳发从丘必特脑袋里一生下来，就身着盔甲，手执长矛，全副武装。"从丘必特脑袋里钻出来"意思是一开始就完美无缺。——114。

87 这一篇《机会主义与第二国际的破产》是用德文写的，发表于在伯尔尼用德文出版的齐美尔瓦尔德左派的理论机关刊物《先驱》杂志第1期。该杂志共出了两期(1916年1月第1期和1916年4月第2期)，正式出版人是罕·罗兰-霍尔斯特和安·潘涅库克。列宁参与了杂志的创办和把第1期译成法文的组织工作。杂志曾就民族自决权和“废除武装”口号问题展开讨论。——117。

88 出典于圣经《新约全书·路加福音》第18章。耶稣向那些仗着自己是义人而藐视别人的人设比喻说：“有两个人上殿里去祷告：一个是法利赛人，一个是税吏。法利赛人站着，自言自语地祷告说：‘上帝啊，我感谢你，我不像别人，勒索，不义，奸淫，也不像这个税吏……’那税吏远远地站着，连举目望天也不敢，只捶着胸说：‘上帝啊，开恩可怜我这个罪人！’我告诉你们，这人回家去，比那人倒算为义了；因为凡自高的，必降为卑；自卑的，必升为高。”——126。

89 《工人领袖》(«The Labour Leader»)是英国的一家月刊，1887年起出版，最初刊名是《矿工》(«Miner»)，1889年起改用《工人领袖》这一名称，是苏格兰工党的机关刊物；1893年起是独立工党的机关刊物；1894年起改为周刊；在1904年以前，该刊的编辑是詹·基尔·哈第。1922年该报改称《新领袖》；1946年又改称《社会主义领袖》。——129。

90 这里说的是彼得格勒工人选举中央军事工业委员会工人团一事。按规定，选举分两个阶段进行，先由工人选举初选人，再由初选人选举工人团；有500人以上的工厂的工人才被允许参加选举，全市共有101个企业的219 036名工人参加选举。对于这次选举，俄国社会民主工党彼得堡委员会于1915年8月底制定了如下抵制策略：吸引尽可能多的工人参加第一阶段的选举，借以公开宣传布尔什维克的政治路线，并力争选出布尔什维克提名的初选人；由布尔什维克方面的初选人在全市会议上宣读布尔什维克的反战决议，声明拒绝参加军事工业委员会。在初选人的选举中，沙文主义者占了优势。但是在9月27日(10月10日)举行的全市初选人会议上，布尔什维克把一些动摇分子争取了过来，结果布尔什维克的抵制军事工业委员会的决议获得95票，而孟什维克的决议只获得 81 票。布尔什维克得到了胜利。这时，孟什维克库·安·格沃兹杰夫在 10 月 5 日(18 日)的《工人晨报》上发表公开信，借口所谓“局外人”参加了初选人会议(指彼得堡委员会委员谢·雅·巴格达季耶夫等按惯例由别人委托出席会议)而要求重新开会选举工人团。当局也对布尔什维克加强了防范，逮捕了巴格达季耶夫等人。在 11 月 29 日(12 月 12 日)重开的初选人会议上，布尔什维克和左派社会革命党人宣读抗议宣言后退出了会议。这样，护国派在资产阶级的帮助下“取得了胜利”，从孟什维克和社会革命党的代表中选出 10 个人组成了“工人团”，由格沃兹杰夫担任主席。——131。

91 《工人晨报》(«Рабочее Утро»)是俄国孟什维克的合法报纸，1915 年 10—12 月在彼得格勒出版，以接替 1915 年 8 月出版的《晨报》。——132。

92 指由俄国社会民主工党组织委员会国外书记处 1915 年出版的《国际和战争》文集第 1 辑。文集中收有亚·马尔丁诺夫、阿斯特罗夫、尤·拉林、斯佩克塔托尔(米·伊·纳希姆松)、约诺夫、尔·马尔托夫、帕·阿克雪里罗得等人的文章以及其他材料。——132。

93 彼特鲁什卡是俄国作家尼·瓦·果戈理的小说《死魂灵》中的主角乞乞科夫的跟丁。他爱看书，但不想了解书的内容，只对字母总会拼出字来感兴趣。——132。

94 哥本哈根的匿名者是指列·达·托洛茨基。他在哥本哈根国际社会党代表大会(1910 年)期间曾在 1910 年 8 月 28 日的德国社会民主党中央机关报《前进报》上匿名发表了一篇关于俄国社会民主工党党内状况的诽谤性文章。出席哥本哈根代表大会的俄国代表团成员列宁、格·瓦·普列汉诺夫和波兰社会民主党代表阿·瓦尔斯基为此曾联名向德国社会民主党中央提出抗议(见本版全集第 45 卷《附录》)。

列宁在这里指的是两篇未署名的文章：1915 年 12 月 18 日《民权报》上发表的《俄国的民族主义与工人阶级》和 12 月 19 日《我们的言论报》上发表的《事实与结论(再论彼得格勒的选举)》。《我们的言论报》

当时由托洛茨基主编。——132。

95 列彼季洛夫是俄国作家亚·谢·格里鲍耶陀夫的喜剧《智慧的痛苦》中的一个丑角。他是一个不务正业、游手好闲、混迹于俄国贵族上层社会的浪荡子，经常胡说八道，夸夸其谈，尽说些不着边际的空话。——134。

96 “三协约国”社会党人伦敦代表会议于1915年2月14日召开。出席代表会议的有英、法、比、俄四国的社会沙文主义派和和平主义派的代表：英国独立工党的詹·基尔·哈第、詹·拉·麦克唐纳等，英国社会党、工党、费边社的代表；法国社会党的马·桑巴、爱·瓦扬、让·龙格、阿·托马、阿·孔佩尔-莫雷尔，法国劳动总联合会的莱·茹奥；比利时社会党的埃·王德威尔得等；俄国社会革命党的维·米·切尔诺夫、马·安·纳坦松(博勃罗夫)、伊·阿·鲁巴诺维奇。伊·米·马伊斯基代表孟什维克组织委员会出席了代表会议。

列入代表会议议程的问题有：(1)民族权利问题；(2)殖民地问题；(3)保障未来和平问题。

布尔什维克未被邀请参加代表会议。但是，马·马·李维诺夫受列宁委托为宣读俄国社会民主工党中央委员会的宣言而出席了代表会议。这篇宣言是以列宁拟定的草案为基础写成的。宣言要求社会党人退出资产阶级政府，同帝国主义者彻底决裂，坚决反对帝国主义政府，谴责投票赞成军事拨款的行为。在李维诺夫宣读宣言过程中，会议主席打断了他的发言并取消了他的发言权，声称会议宗旨不是批评各个党。李维诺夫交了一份书面宣言给主席团以后退出了代表会议。这篇宣言后来刊登于1915年3月29日俄国社会民主工党中央机关报《社会民主党人报》第40号。列宁对这次代表会议的评论，见《关于伦敦代表会议》和《谈伦敦代表会议》两文(本版全集第26卷)。——134。

97 八月联盟是俄国社会民主工党第六次全国代表会议后试图与党对抗的各个派别结成的联合组织，1912年8月12—20日(8月25日—9月2日)在维也纳举行的代表会议上成立，倡议者是列·达·托洛茨基。出席会议的代表共29名，其中有表决权的代表18名：彼得堡“中央发起小组”2名，崩得4名，高加索区域委员会4名，拉脱维亚边疆区社会民主党中央4名，莫斯科调和派小组1名，塞瓦斯托波尔、克拉斯诺亚尔斯克和黑海舰队水兵组织各1名；有发言权的代表11名：组织委员会代表2名，维也纳《真理报》代表1名，《社会民主党人呼声报》代表1名，《涅瓦呼声报》代表1名，莫斯科取消派小组代表1名，波兰社会党“左派”代表4名和以个人身份参加的尤·拉林。29人中只有3人来自俄国国内，其余都是同地方工作没有直接联系的侨民。普列汉诺夫派——孟什维克护党派拒绝出席这一会议。前进派代表出席后很快就退出了。代表会议通过的纲领没有提出建立民主共和国和没收地主土地的口号，没有提出民族自决权的要求，而仅仅提出了宪法改革、全权杜马、修订土地立法、结社自由、“民族文化自治”等自由派的要求。八月联盟还号召取消秘密的革命党。代表会议选出了试图与俄国社会民主工党中央委员会抗衡的组织委员会，但它在俄国国内只得到少数取消派小组、《光线报》和孟什维克七人团的承认。八月联盟成立后只经过一年多的时间就瓦解了。关于八月联盟的瓦解，可参看列宁的《“八月”联盟的瓦解》、《“八月联盟”的空架子被戳穿了》、《论高喊统一而实则破坏统一的行为》(本版全集第25卷)。——135。

98 这篇序言完稿后，当即由列宁寄回俄国，但后来在1917年七月事变中由于《真理报》印刷厂被捣毁而丢失了。因此尼·伊·布哈林的书于1917年11月底问世时这篇序言未能收入。在《列宁全集》俄文版里，这篇序言是按列宁自己抄存的稿子排印的。——140。

99 指卡·考茨基的小册子《取得政权的道路》。该书是1909年在汉堡和柏林出版的。——143。

100 《关于农业中资本主义发展规律的新材料。第一编。美国的资本主义和农业》一书是1915年初着手写的。列宁对美国农业统计材料的研究则要早一些。列宁1914年2月14日(27日)和5月5日(18日)分别给在纽约的俄国经济学家伊·阿·古尔维奇和尼·尼·纳科里亚科夫的信(见本版全集第46卷第289、321号文献)都可以说明这一点。1915年底，列宁写完本书后，把手稿寄给在彼得格勒的马·高尔基，以便由他交孤帆出版社出版。在和手稿同时寄出的信(见本版全集第47卷第179号文献)中列宁指出,这些材料对于普及和用事实论证马克思主义特别有帮助,同时也表示,他想继续进行这一工作,并出版关于德国的第二编。1914年8月7日,列宁在波罗宁的住所遭到奥地利宪兵搜查时,曾被抄走三个小笔记本,其中有关于德国、奥地利和匈牙利的土地制度的统计资料。这也说明,列宁曾打算写作本书关于德国和奥地利的各编,并已开始动笔。列宁的《现代农业的资本主义制度》一文(见本版全集第19卷)就是专门论述德国资本主义农业的巨著的一个部分。

《关于农业中资本主义发展规律的新材料。第一编。美国的资本主义和农业》一书的准备材料,见本版全集第56卷。——146。

101 《箴言》杂志(«Заветы»)是倾向俄国社会革命党的合法的文学政治刊物(月刊),1912年4月—1914年7月在彼得堡出版。为杂志撰稿的有Р.В.伊万诺夫-拉祖姆尼克、波·维·萨文柯夫、尼·苏汉诺夫、维·米·切尔诺夫等。——146。

102 克兰是凯尔特民族中对氏族的叫法,有时也用以称部落。在氏族关系瓦解时期,则指一群血缘相近且具有想象中的共同祖先的人们。克兰内部保存着土地公有制和氏族制度的古老习俗(血亲复仇、连环保等)。在苏格兰和威尔士的个别地区,克兰一直存在到19世纪。——153。

103 埃尔多拉多是西班牙语el dorado的音译,意为黄金国。哥伦布发现美洲之后,欧洲就流传着新大陆有一个遍地是黄金珠宝的“黄金国”的传说。这种传说曾驱使西班牙殖民者在16—17世纪到南美洲的奥里诺科河和亚马孙河流域千方百计寻找这个黄金国。埃尔多拉多后被人们用做想象中的富庶神奇之邦的代称。——157。

104 马尼洛夫是俄国作家尼·瓦·果戈理的小说《死魂灵》中的一个地主。他生性怠惰,终日想入非非,崇尚空谈,刻意讲究虚伪客套。马尼洛夫通常被用来形容耽于幻想、无所作为的人。——218。

105 看来这是一篇未完成的文章的开头。——239。

106 这一草案是在1916年2月5—9日于伯尔尼举行的国际社会党扩大委员会会议期间拟定的。出席这次会议的有来自德国、俄国、意大利、挪威、奥地利、波兰、瑞士、保加利亚、罗马尼亚等国的22名代表。会议的组成表明力量对比的变化有利于左派。但是和齐美尔瓦尔德会议一样，这次会议的大多数与会者仍是中派。

列宁积极地参加了会议的工作。除写本决议草案外，还写了代表团关于会议代表资格的建议(见本卷第241—242页)。会上，列宁批评了孟什维克的虚伪的国际主义，提出了关于国际社会党委员会《告所属各政党和团体书》草案的讨论程序，发表了对这个草案的修改意见，并代表布尔什维克以及波兰王国和立陶宛社会民主党边疆区执行委员会发表声明，反对邀请卡·考茨基、胡·哈阿兹和爱·伯恩施坦参加国际社会党第二次代表会议。声明说："他们在战前几年的活动、他们反对人民群众革命行动的行为以及他们的社会爱国主义和社会和平主义的观点，都没有提供任何根据可以设想他们能够真正地而不是仅仅在口头上拥护齐美尔瓦尔德运动的纲领。"

会议通过了《告所属各政党和团体书》。这封通告信采纳了布尔什维克和左派社会民主党人的一些修改意见。它谴责了社会党人参加资产阶级政府、在帝国主义战争中"保卫祖国"以及投票赞成军事拨款等行为，指出必须支持工人运动和为反对帝国主义战争的群众性的革命行动作好准备，但是没有提出与社会沙文主义和机会主义决裂的要求。齐美尔瓦尔德左派的代表在表决时声明，虽然他们并不是对通告信的每一条都感到满意，但还是投赞成票，因为他们认为通告信同在齐美尔瓦尔德举行的国际社会党第一次代表会议的决议相比是前进了一步。

会议也讨论了列宁提出的《关于召开社会党第二次代表会议的决议草案》，通过了它的一些条文，同时确定了召开国际社会党第二次代表会议的日期。

在国际社会党扩大委员会会议以后不久，列宁给布尔什维克国外各支部分别寄去了会议通报，并指示要立即着手筹备即将举行的国际社会党第二次代表会议。——240。

107 列宁的这项建议为会议所通过。根据这一建议，国际社会党委员会号召所属各政党、组织和团体就国际社会党第二次代表会议议程上的主要问题提出提案。俄国社会民主工党中央委员会的提案是列宁起草的（见本卷第294—304页和第463—473页）。——240。

108 这个建议是在国际社会党扩大委员会会议期间起草的。会议讨论并通过了这一建议。——241。

109 列宁的这个演说是在国际社会党扩大委员会会议期间在伯尔尼民众文化馆举行的国际群众大会上作的。除列宁外，在大会上讲话的还有维·埃·莫迪利扬尼（意大利）、克·格·拉柯夫斯基（罗马尼亚）和罗·格里姆（瑞士）。——245。

110 《向理智呼吁报》（«Appeal to Reason»）是美国社会党人的报纸，1895年在美国堪萨斯州吉拉德市创刊。该报宣传社会主义思想，很受工人欢迎。第一次世界大战期间，该报采取国际主义立场。——247。

111 《战斗报》（«La Bataille»）是法国无政府工团主义者的机关报，1915—1920年在巴黎出版，以代替被查封的《工团战斗报》。参加该报领导工作的有格拉弗、居约姆、迪布勒伊、茹奥、科尔纳利森等。第一次世界大战期间，该报采取社会沙文主义立场。——249。

112 《前进报》（«Vorwärts»）是德国社会民主党的中央机关报（日报），1876年10月在莱比锡创刊，编辑是威·李卜克内西和威·哈森克莱维尔。1878年10月反社会党人非常法颁布后被查禁。1890年10月反社会党人非常法废除后，德国社会民主党哈雷代表大会决定把1884年在柏林创办的《柏林人民报》改名为《前进报》（全称是《前进。柏林人民报》），从1891年1月起作为中央机关报在柏林出版，由李卜克内西任主编。恩格斯曾为《前进报》撰稿，同机会主义的各种表现进行斗争。1895年恩格斯逝世以后，《前进报》逐渐转入党的右翼手中。它支持过俄国的经济派和孟什维克。第一次世界大战期间持社会沙文主义立场。俄国十月革命以后，进行反对苏维埃的宣传。1933年停刊。

——250。

113 法国社会党的这次代表大会于1915年12月25—29日举行。阿·布尔德朗提出的决议案被代表大会以2 736票对76票的多数所否决。——251。

114 列宁的这封信译成了法文，于1916年在日内瓦印成传单，标题是《给萨法罗夫同志的信》，署名：尼·列宁。——253。

115 德雷福斯案件指1894年法国总参谋部尉级军官犹太人阿·德雷福斯被法国军界反动集团诬控为德国间谍而被军事法庭判处终身服苦役一案。法国反动集团利用这一案件煽动反犹太主义和沙文主义，攻击共和制和民主自由。在事实证明德雷福斯无罪后，当局仍坚决拒绝重审，引起广大群众强烈不满。法国社会党人和资产阶级民主派进步人士(包括埃·左拉、让·饶勒斯、阿·法朗士等)发动了声势浩大的运动，要求重审这一案件。在社会舆论压力下，1899年瓦尔德克-卢梭政府撤销了德雷福斯案件，由共和国总统赦免了德雷福斯。但直到1906年7月，德雷福斯才被上诉法庭确认无罪，恢复了军职。

萨韦纳事件发生在阿尔萨斯的萨韦纳市。1913年11月，由于一个普鲁士军官粗暴侮辱阿尔萨斯人，该市爆发了当地居民(大多数是法国人)反对普鲁士军阀压迫的怒潮。关于这一事件，详见列宁的《萨韦纳》一文(本版全集第24卷)。——257。

116 民族文化自治是奥地利社会民主党人奥·鲍威尔和卡·伦纳制定的资产阶级民族主义的解决民族问题的纲领。俄国孟什维克取消派和崩得分子都提出过民族文化自治的要求。1903年俄国社会民主工党第二次代表大会在讨论党纲草案时否决了崩得分子提出的增补民族文化自治内容的建议。列宁对民族文化自治的批判，见《关于民族问题的批评意见》、《论"民族文化"自治》、《论民族自决权》(本版全集第24卷和第25卷)等著作。——258。

117 这一论点是恩格斯在《布拉格起义》一文中提出的(参看《马克思恩格斯

全集》第 1 版第 5 卷第 95 页)。列宁从弗·梅林编辑的《卡·马克思、弗·恩格斯和斐·拉萨尔的遗著》一书中引用了这一论点,而该书没有注明《布拉格起义》一文的作者是谁。——261。

118 奥吉亚斯的牛圈出典于希腊神话。据说古希腊西部厄利斯的国王奥吉亚斯养牛 3 000 头,30 年来牛圈从未打扫,粪便堆积如山。奥吉亚斯的牛圈常被用来比喻藏垢纳污的地方。——261。

119 这里说的是恩格斯的《民主的泛斯拉夫主义》一文(参看《马克思恩格斯全集》第 1 版第 6 卷)。列宁是从弗·梅林编辑的《卡·马克思、弗·恩格斯和斐·拉萨尔的遗著》一书中引用这篇文章的,而该书没有注明这篇文章的作者是谁。——262。

120 指列宁起草并由 1913 年 9 月 23 日—10 月 1 日(10 月 6—14 日)在波罗宁举行的有党的工作者参加的俄国社会民主工党中央委员会会议通过的关于民族问题的决议(见本版全集第 24 卷第 60—62 页;《苏联共产党代表大会、代表会议和中央全会决议汇编》1964 年人民出版社版第 1 分册第 405—407 页)。——266。

121 1896 年伦敦国际社会党代表大会(第二国际第四次代表大会)通过的承认民族自决的决议说:"代表大会宣布,它主张一切民族有完全的自决权,它同情现在受到军事的、民族的或其他的专制制度压迫的一切国家的工人。大会号召所有这些国家的工人加入全世界有觉悟的工人队伍,以便和他们一起为打倒国际资本主义、实现国际社会民主党的目标而斗争。"列宁在《论民族自决权》一文中分析了这个决议(见本版全集第 25 卷第 262 页)。——267。

122 指《国际和战争》文集第 1 辑。见注 92。——270。

123 《光线报》(«Луч»)是俄国孟什维克取消派的合法报纸(日报),1912 年 9 月 16 日(29 日)—1913 年 7 月 5 日(18 日)在彼得堡出版,共出了 237 号。为该报撰稿的有帕·波·阿克雪里罗得、费·伊·唐恩、弗·叶若夫(谢·奥·策杰尔包姆)、诺·尼·饶尔丹尼亚、弗·科索夫斯基等。

该报主要靠自由派捐款维持。对该报实行思想领导的是组成原国外取消派机关报《社会民主党人呼声报》编辑部的尔·马尔托夫、阿克雪里罗得、亚·马尔丁诺夫和唐恩。该报反对布尔什维克的革命策略,鼓吹建立所谓“公开的党”的机会主义口号,反对工人的革命的群众性罢工,企图修正党纲的最重要的论点。列宁称该报是叛徒的机关报。

从1913年7月11日(24日)起,《光线报》依次改用《现代生活报》、《新工人报》、《北方工人报》和《我们的工人报》等名称出版。——270。

124 全俄保险理事会是沙皇俄国工人保险问题的最高机构,根据1912年6月23日(7月6日)沙皇政府颁布的工人保险法于同年12月底成立。理事会的组成是:工商大臣(任主席)、15名官员、彼得堡地方自治机关的代表、彼得堡市杜马的代表、5名业主代表和5名工人代表。理事会的5名工人代表是由彼得堡工人在1914年初选出的。布尔什维克一方面向工人群众解释工人保险法的反人民性质,另一方面号召群众不要抵制伤病保险基金会,而要利用这种合法组织进行革命工作。围绕着保险机关的选举,布尔什维克同取消派、左派民粹派展开了尖锐的斗争。最后,保险理事会工人团的选举以布尔什维克取得胜利而结束。参加选举的57名受托人中,有47人投票赞成布尔什维克的委托书。《真理之路报》提出的候选人以多数票当选。被选为理事会理事的是:Г.М.施卡平、С.Д.丘金、Г.И.奥西波夫、Н.И.伊林和С.И.扬金。他们都是布尔什维克建立的秘密保险中心的成员。孟什维克取消派号召工人不服从保险理事会的决议。——270。

125 《我们的呼声报》(«Наш Голос»)是俄国孟什维克的合法报纸(周报),1915—1916年在萨马拉出版。该报采取社会沙文主义立场。齐赫泽党团全体成员以及其他著名的孟什维克著作家均列名于该报撰稿人名单。——271。

126 《现代世界》杂志(«Современный Мир»)是俄国文学、科学和政治刊物(月刊),1906年10月—1918年在彼得堡出版,编辑为尼·伊·约尔丹斯基等人。孟什维克格·瓦·普列汉诺夫、费·伊·唐恩、尔·马尔托夫等积极参加了该杂志的工作。布尔什维克在同普列汉诺夫派联盟期间以及在1914年初曾为该杂志撰稿。第一次世界大战期间,《现代世界》杂志成了社会沙文主义者的刊物。——271。

127 指俄国作家伊·谢·屠格涅夫的散文诗《处世之道》(1878年)中的主人公。这个老奸巨猾之徒如此阐发自己的处世哲学:如果你想加害对方,那你就"斥责对方具有你感到自己身上存在的那种缺点或恶行。你要显得义愤填膺……并且痛加斥责!"——275。

128 斯托雷平工党是人们对孟什维克取消派的一种称呼,因为该派在俄国第一次革命失败以后,顺应斯托雷平反动时期的制度,以放弃俄国社会民主工党的纲领和策略为代价,企图换取沙皇政府准许公开的、合法的"工人"政党存在。——277。

129 列宁称这个口号为十月党人的口号,是因为这一口号就其性质来说,是符合十月党人这个工商业资产阶级和大地主的反革命政党的立场的。——278。

130 给茅屋和平,对宫廷宣战是18世纪法国资产阶级革命时期的口号,由雅各宾派誓词中的"让暴君死亡,给茅屋和平!"演化而来,后来被19世纪的革命家广泛采用作为革命的口号。无产阶级也接受了这一口号,在俄国十月革命前后有许多革命的政治文章和宣传画使用过它。——279。

131 指国际社会党第二次代表会议。

国际社会党第二次代表会议(昆塔尔会议)于1916年4月24日在伯尔尼开幕,以后的会议于4月25—30日在瑞士的一个山村昆塔尔举行。出席会议的有来自俄国、德国、法国、意大利、瑞士、波兰、塞尔维亚和葡萄牙等国的40多名代表。在出席会议的俄国代表中:列宁和伊·费·阿尔曼德、格·叶·季诺维也夫代表俄国社会民主工党中央委员会,尔·马尔托夫和帕·波·阿克雪里罗得代表孟什维克组织委员会,马·安·纳坦松和化名为萨韦利耶夫、弗拉索夫的两个人代表社会革命党人左翼。代表会议讨论了下列问题:为结束战争而斗争;无产阶级对和平问题的态度；鼓动和宣传；议会活动；群众斗争；召集社会党国际局。

由于列宁和布尔什维克在会议前做了大量工作，左翼力量在这次会议上比在齐美尔瓦尔德会议上有所增强。在这次代表会议上参加齐美尔瓦尔德左派的有“德国国际社会党人”小组的1名代表、“国际”派的两名代表、法国社会党人昂·吉尔波、塞尔维亚社会民主党人的代表特·卡茨列罗维奇、意大利社会党人扎·梅·塞拉蒂。齐美尔瓦尔德左派在昆塔尔会议上共有代表12名，而在某些问题上可以获得12—19票，即几乎占了半数，这反映了国际工人运动中力量对比发生了有利于国际主义者的变化。在昆塔尔会议期间，列宁主持了一系列左派会议，讨论《俄国社会民主工党中央委员会向社会党第二次代表会议提出的提案》。列宁成功地把左派团结了起来，以便在会议上同考茨基主义多数派进行共同的、有组织的斗争。齐美尔瓦尔德左派制定并提出了和平问题的决议草案。这个草案包括了列宁的基本原则。代表会议的右派多数被迫在一系列问题上追随左派，但他们继续反对同社会沙文主义者决裂。

会议围绕对召集社会党国际局的态度问题展开了极其激烈的斗争，列宁参加了关于召集社会党国际局问题的委员会。经过左派的努力，会议对一项谴责社会党国际局的工作、但不反对召集社会党国际局的决议作了如下补充：社会党国际局一旦召集，即应召开国际社会党扩大委员会来讨论齐美尔瓦尔德联盟代表的共同行动的问题。代表会议通过了关于为争取和平而斗争问题的决议，并通过了《告遭破产和受迫害的人民书》。由于法国议会党团少数派投票赞成军事拨款，齐美尔瓦尔德左派在代表会议上发表声明，指出这种行为同社会主义、同反战斗争是不相容的。

尽管昆塔尔会议没有通过变帝国主义战争为国内战争、使“自己的”帝国主义政府在战争中失败、建立第三国际等布尔什维主义的基本原则，列宁认为这次代表会议的工作仍然是前进的一步。昆塔尔会议促进了国际主义分子的团结。这些国际主义分子后来组成了第三国际即共产国际的核心。——282。

132 指德国和奥匈帝国社会民主党人于1915年4月在维也纳举行的代表会议。这次会议是对“三协约国”社会党人伦敦代表会议(见注96)的回答。会议赞同德、奥社会民主党的领导为战争辩护的社会沙文主义立场,赞成“保卫祖国”的口号,并且声称这同工人争取和平的斗争中的国际团结并不矛盾。——282。

133 《工人报》(«Arbeiter-Zeitung»)是奥地利社会民主党的中央机关报。1889年7月由维·阿德勒在维也纳创办。1893年以前为周报,1894年每周出版两期,从1895年1月起改为日报。第一次世界大战期间,该报采取社会沙文主义立场。1934年被查封。1945年复刊后是奥地利社会党中央机关报。——286。

134 犹杜什卡是对犹大的蔑称,是俄国作家米·叶·萨尔蒂科夫-谢德林的长篇小说《戈洛夫廖夫老爷们》中的主要人物波尔菲里·弗拉基米罗维奇·戈洛夫廖夫的绰号。谢德林笔下的犹杜什卡是贪婪、无耻、伪善、阴险、残暴等各种丑恶品质的象征。——287。

135 这是列宁为俄国社会民主工党国外组织委员会起草的一封通告信。

俄国社会民主工党国外组织委员会是在1911年12月布尔什维克国外小组巴黎会议上选出的。这次会议决定“在拒绝同取消派-呼声派达成任何直接或间接的协议的基础上”,“在执行真正的党的路线的基础上”建立俄国社会民主工党国外组织。会议还“决定在各地设立这一国外组织的分部,并认为必须吸收一切同意支持俄国组织委员会、中央机关报和《工人报》的护党分子参加这些分部”(参看《苏联共产党代表大会、代表会议和中央全会决议汇编》1964年人民出版社版第1分册第337页)。会议选出的国外组织委员会成员有:尼·亚·谢马什柯、米·费·弗拉基米尔斯基、伊·费·阿尔曼德等人。国外组织委员会的成员几经变动。在1915年2月27日—3月4日于伯尔尼举行的俄国社会民主工党国外支部代表会议上,娜·康·克鲁普斯卡娅、阿尔曼德、格·李·什克洛夫斯基、弗·米·卡斯帕罗夫被选进了国外组织委员会。第一次世界大战期间,该委员会设在瑞士,在列宁的直接领导下开展工作。

俄国社会民主工党第六次(布拉格)全国代表会议批准了国外组织委员会,谴责了在国外的所有的派别活动,确认在国外建立一个在中央委员会的监督和领导下工作的统一的党组织是完全必要的。

国外组织委员会在团结党的力量,同孟什维克取消派、调和派、托洛茨基派和其他机会主义分子进行的斗争中发挥了重要的作用。

国外组织委员会于1917年停止活动。——290。

136 《工人报》(«Gazeta Robotnicza»)是波兰王国和立陶宛社会民主党华沙委员会的秘密机关报,1906年5—10月先后在克拉科夫和苏黎世出版,由亨·多姆斯基(卡缅斯基)主编,出了14号以后停刊。1912年波兰社会民主党分裂后,出现了两个华沙委员会。两个委员会所办的机关报都叫《工人报》,一家是由在华沙的总执行委员会的拥护者办的,出了4号,另一家是由在克拉科夫的反对派华沙委员会办的,出了11号(最后两号是作为波兰王国和立陶宛社会民主党边疆区执行委员会机关报在苏黎世出版的)。波兰王国和立陶宛社会民主党两派合并后,《工人报》在1918年8月还出了一号。——290。

137 指在布鲁塞尔召开的"统一"会议。

布鲁塞尔"统一"会议是根据社会党国际局1913年十二月会议的决定于1914年7月3—5日(16—18日)召开的。按照这个决定,召开会议是为了就恢复俄国社会民主工党统一的可能性问题"交换意见"。但是,早在1914年夏初,社会党国际局主席埃·王德威尔得访问彼得堡时,就同取消派的领袖们商定:社会党国际局将不是充当调停者,而是充当布尔什维克和孟什维克之间分歧的仲裁人。列宁和布尔什维克知道,布鲁塞尔会议所追求的真正目的是要取消布尔什维克党,但是考虑到布尔什维克如拒绝参加,将会使俄国工人无法理解,因此还是派出了俄国社会民主工党中央委员会的代表团。代表团由伊·费·阿尔曼德(彼得罗娃)、米·费·弗拉基米尔斯基(卡姆斯基)和伊·费·波波夫(巴甫洛夫)三人组成。列宁当时住在波罗宁,同代表团保持着最密切的联系。他指示代表团要采取进攻的立场,要牢牢记住社会党国际局是调停者,而不是法官,这是十二月会议决议宣布了的,谁也别想把别人意志强加于布尔什维克。

派代表参加布鲁塞尔会议的除俄国社会民主工党中央委员会外，还有10个团体和派别：组织委员会(孟什维克)以及归附于它的一些组织——高加索区域委员会和“斗争”集团(托洛茨基分子)；社会民主党杜马党团(孟什维克)；格·瓦·普列汉诺夫的“统一”集团；“前进”集团；崩得；拉脱维亚边疆区社会民主党；立陶宛社会民主党；波兰社会民主党；波兰社会民主党反对派；波兰社会党“左派”。

会议充满着尖锐斗争。国际局的领导人不让阿尔曼德在这次会议上读完列宁写的俄国社会民主工党中央委员会向会议的报告的全文，她只读了报告的一部分便不得不转到统一的条件问题。机会主义分子极力反对列宁拟定的条件。普列汉诺夫说这不是实现统一的条件，而是“新刑法条文”。王德威尔得声称，即使这些条件在俄国得到赞同，国际也不允许付诸实施。卡·考茨基以社会党国际局的名义提出了关于俄国社会民主工党统一的决议案，断言俄国社会民主党内不存在妨碍统一的任何重大分歧。由于通过决议一事已超出会议的权限，布尔什维克和拉脱维亚社会民主党人拒绝参加表决。但社会党国际局的决议案仍以多数票通过。布尔什维克拒绝服从布鲁塞尔会议决议。

会后，取消派、托洛茨基分子、前进派、普列汉诺夫派、崩得分子以及高加索区域组织的代表结成了反对布尔什维克的布鲁塞尔联盟(“七三联盟”)。但这一联盟没有存在多久就瓦解了。——290。

138 格沃兹杰夫主义即与帝国主义资产阶级实行合作的政策，因积极参加中央军事工业委员会、担任该委员会工人团主席的孟什维克库·安·格沃兹杰夫而得名。——292。

139 梯什卡主义一词由波兰社会民主党的领导人之一扬·梯什卡(莱·约吉希斯)的名字而来。列宁对梯什卡主义的评述，见《波兰社会民主党的分裂》、《也是“统一派”》、《国外小集团和俄国取消派》(本版全集第22卷和第24卷)等文。——293。

140 《俄国社会民主工党中央委员会向社会党第二次代表会议提出的提案》是按照国际社会党委员会《告所属各政党和团体书》的要求写的，公布于1916年2月29日国际社会党委员会《公报》第3号。

这个文件完稿后，列宁安排力量把它译成了德文和法文，并把它分寄给布尔什维克各国外支部以及法国、瑞典、英国等国的左派国际主义者。列宁写道："应在代表会议前的数周内使所有左派和同情者都能看到并加以讨论。"在昆塔尔会议期间举行的左派会议上也讨论了这一文件。

文件现存两种稿本：定稿和初稿。这里收载的是定稿。文件的要点及初稿收在本卷《附录》中。——294。

141 指社会党国际局书记卡·胡斯曼1916年1月9日在荷兰社会民主工党阿纳姆非常代表大会上作的关于国际的活动的报告。他在报告中证明第二国际"没有死亡"，并提出了"民主的和平"的改良主义纲领。列宁在《有关民族问题的"和平条件"的报告提纲》(参看《列宁文稿》人民出版社版第14卷第23—44页)中批评了胡斯曼的这一纲领。——298。

142 欧洲联邦是资产阶级政治家在第一次世界大战以前提出并在战争期间得到广泛传播的一个口号。在各国社会民主党人中也有人宣传这一口号。列宁在第一次世界大战爆发后所写的《革命的社会民主党在欧洲大战中的任务》和《战争和俄国社会民主党》这两个文件中曾把建立共和制的欧洲联邦作为社会民主党当前口号之一(见本版全集第26卷第6、17页)。后来经过进一步分析，列宁认为"欧洲联邦"的口号是不正确的。关于这个问题，见列宁的《论欧洲联邦口号》和《为俄国社会民主工党中央的宣言〈战争和俄国社会民主党〉加的注释》(本版全集第26卷)。——298。

143 《前进报》(«Avanti!»)是意大利社会党中央机关报(日报)，1896年12月在罗马创刊。第一次世界大战期间，该报采取不彻底的国际主义立场。1926年该报被贝·墨索里尼的法西斯政府查封，此后在国外不定期地继续出版。1943年起重新在意大利出版。——299。

144 指国际社会党委员会《告所属各政党和团体书》(详见注106)。这一文件发表于1916年2月29日《伯尔尼国际社会党委员会。公报》第3号和 1916 年 3 月 25 日《社会民主党人报》第 52 号。——303。

145 指国际社会党委员会 1915 年 9 月 29 日的正式声明，这个声明发表于 1915 年 11 月 27 日国际社会党委员会《公报》第 2 号。国际社会党委员会不顾国际社会党第一次代表会议的决议，在声明中宣称，只要社会党国际局在海牙一恢复活动，它便承认自己已经解散。这样，国际社会党委员会便走上了协助重建第二国际的道路。——303。

146 德国国际社会党人(I.S.D.)是第一次世界大战期间围绕着在柏林出版的《光线》杂志而组成的德国左派社会民主党人集团，它公开反对战争和机会主义，在同社会沙文主义者和中派划清界限方面持最彻底的立场。在齐美尔瓦尔德会议上，该集团代表尤·博尔夏特在齐美尔瓦尔德左派的决议草案上签了名。但该集团与群众缺乏广泛联系，不久就瓦解了。——305。

147 《共产党人》杂志(«Коммунист»)是列宁创办的，由《社会民主党人报》编辑部和资助杂志的格·列·皮达可夫、叶·波·博什共同出版，尼·伊·布哈林参加了杂志编辑部。杂志于 1915 年 9 月在日内瓦出了一期合刊，刊载了列宁的三篇文章：《第二国际的破产》、《一位法裔社会党人诚实的呼声》和《意大利的帝国主义和社会主义》。列宁曾打算把《共产党人》杂志办成左派社会民主党人的国际机关刊物，为此力求吸收波兰左派社会民主党人(卡·拉狄克)和荷兰左派社会民主党人参加杂志的工作。可是在杂志筹办期间，《社会民主党人报》编辑部和布哈林、皮达可夫、博什之间很快就发生了严重的意见分歧。杂志创刊以后，分歧愈益加剧。这些分歧涉及对民主要求的作用和整个最低纲领的作用的估计。而拉狄克也与布哈林等结成联盟反对《社会民主党人报》编辑部。根据列宁的提议，《共产党人》杂志只出这一期就停刊了(参看本卷第 307—309 页)。《社会民主党人报》编辑部随后出版了《〈社会民主党人报〉文集》来代替这个刊物。

关于《共产党人》杂志的创办以及处理同布哈林、皮达可夫、博什之间的分歧问题，可参看列宁 1916 年 3 月(11 日以后)、1916 年 5 月(6—13 日之间)给亚·加·施略普尼柯夫的信，1916 年 5 月 21 日给格·

叶·季诺维也夫的信，1916年6月（17日以前）给施略普尼柯夫的信和1916年11月30日给伊·费·阿尔曼德的信（本版全集第47卷第203、236、245、258、344号文献）。——305。

148 日本人是格·列·皮达可夫和叶·波·博什的代称，他们是由俄国途经日本流亡到瑞士来的。——308。

149 关于国际社会党第二次代表会议（昆塔尔会议），见注131。——310。

150 这是列宁在昆塔尔会议主席罗·格里姆提出的《无产阶级对和平问题的态度》这一提纲草案上批注的意见。提纲经过讨论和修改后作为决议被代表会议通过，发表于1916年7月10日《伯尔尼国际社会党委员会。公报》第5号。——310。

151 1916年4月27日和28日两天，昆塔尔代表会议就如何对待召集社会党国际局的问题展开了激烈的辩论。代表会议中的考茨基派提出了好几个决议草案，其共同的论点是认为有必要召集社会党国际局。以列宁为首的齐美尔瓦尔德左派的代表对此表示反对。由于左派的压力，右派代表不得不转而支持由专门委员会拟定的折中的决议草案。这一决议尖锐地批评了社会党国际局，但是没有写入有关立即同社会党国际局决裂、成立新的国际的内容，反而确认参加齐美尔瓦尔德联盟的各国社会党有权以自己的名义要求召集社会党国际局。——315。

152 卢加诺代表会议即1914年9月27日在瑞士卢加诺举行的意大利和瑞士两国社会党人联合代表会议。参加这次代表会议的有意大利社会党人扎·塞拉蒂、康·拉查理、奥·莫尔加利、菲·屠拉梯、维·莫迪利扬尼、安·巴拉巴诺娃等和瑞士社会民主党人罗·格里姆、保·普夫吕格尔等。这是在第一次世界大战期间召开的第一次试图恢复国际联系的社会党人代表会议。

卢加诺代表会议的决议采纳了列宁关于战争的提纲中的一些论点。但是会议没有支持布尔什维克关于变帝国主义战争为国内战争和使“自己的”政府在战争中失败的口号，不赞成同社会沙文主义者彻底决裂。代表会议号召社会党人采取各种办法，反对把战争继续扩大到其他国家，并委托瑞士社会民主党执行委员会和意大利社会党执行委员会一起筹备召开中立国社会党人代表大会来讨论国际局势。——315。

153 尔·马尔托夫在发言中建议把关于召集社会党国际局的各种决议草案都交给一个委员会，以便拟出一个折中的决议。——316。

154 指莫·索·乌里茨基。1916年上半年，他曾在孟什维克的《我们的言论报》上发表文章，评述俄国社会民主主义运动中各派的立场，其中包括组委会成员尔·马尔托夫和帕·波·阿克雪里罗得的立场。

乌里茨基在俄国社会民主工党第二次代表大会后是孟什维克，第一次世界大战中持中派立场，1917年俄国社会民主工党第六次代表大会后是布尔什维克。——317。

155 指载于1916年4月24日《我们的呼声报》第13号的有22名孟什维克签名的"公开信"。该报编辑部对此信的答复也刊登在这一号上。

《自卫》文集是孟什维克1916年在彼得格勒出版的，其中收有维·伊·查苏利奇、亚·尼·波特列索夫、彼·巴·马斯洛夫、诺·尼·饶尔丹尼亚等人的文章。——317。

156 第一次世界大战开始后，社会党国际局从布鲁塞尔迁到了海牙。——317。

157 发起小组（社会民主党公开工人运动活动家发起小组）是俄国孟什维克取消派为与秘密的党组织相抗衡而从1910年底起先后在彼得堡、莫斯科、叶卡捷琳诺斯拉夫和康斯坦丁诺夫卡建立的组织。取消派把这些小组看做是他们所鼓吹的适应斯托雷平六三制度的新的广泛的合法政党的支部。这些小组是一些人数不多、同工人阶级没有联系的知识分子小集团，其领导中心是取消派在国外出版的《社会民主党人呼声报》和他们在俄国国内出版的《我们的曙光》杂志和《生活事业》杂志。发起小组反对工人举行罢工斗争和革命的游行示威，在第四届国家杜马选举中反对布尔什维克。第一次世界大战期间，发起小组采取社会沙文主义立场。——319。

158　《俄国旗帜报》（«Русское Знамя»）是黑帮报纸（日报），俄罗斯人民同盟的机关报，1905 年 11 月在彼得堡创刊。该报的出版者是亚·伊·杜勃洛文，编辑是杜勃洛文和帕·费·布拉采尔等。报纸得到沙皇尼古拉二世的支持。1917 年二月革命后，根据 1917 年 3 月 5 日（18 日）彼得格勒苏维埃执行委员会的决议，该报被查封。——322。

159　《帝国主义是资本主义的最高阶段（通俗的论述）》一书是列宁在 1916 年上半年写的。1915 年，根据马·高尔基的倡议，刚刚在彼得格勒成立的孤帆出版社准备出版一套题为《战前和战时的欧洲》的通俗丛书，并委托在巴黎的米·尼·波克罗夫斯基编辑这套丛书。1915 年 11 月，波克罗夫斯基约请列宁撰写这套丛书中带导言性质即关于帝国主义的一种，列宁接受了这一建议。

列宁很早就注意到了资本主义发展中的新现象。他在 1895—1913 年写的一系列著作如《社会民主党纲领草案及其说明》（1895—1896）、《对华战争》（1900）、《危机的教训》（1901）、《内政评论》（1901）、《马克思主义和修正主义》（1908）、《俄国的生产集中》（1912）、《关于工人代表的某些发言问题》（1912）、《马克思学说的历史命运》（1913）、《落后的欧洲和先进的亚洲》（1913）、《资本主义财富的增长》（1913）中都揭示和分析了帝国主义时代所具有的个别特征。他还非常注意论述资本主义的最新书籍的出版，曾写关于约·阿·霍布森的《现代资本主义的演进》一书的书评（见本版全集第 4 卷第 135—137 页），并在 1904 年 8 月着手翻译霍布森的《帝国主义》一书（译稿目前尚未找到）。第一次世界大战爆发后，出于领导革命斗争的需要，他从 1915 年中开始，在伯尔尼集中力量认真研究有关帝国主义的问题。他从 148 本书籍（德文书 106 本，法文书 23 本，英文书 17 本和俄文译本 2 本）和刊登在 49 种不同的期刊（德文 34 种，法文 7 种，英文 8 种）上的 232 篇文章（德文 206 篇，法文 13 篇，英文 13 篇）中作了共约 50 个印张的摘录、提要、笔记等等（这些资料于 1939 年用《关于帝国主义的笔记》的书名在苏联首次出版，见本版全集第54卷)。列宁研究、检验和科学地分析了浩瀚的实际资料，为写作《帝国主义是资本主义的最高阶段》一书作了准备。

1916年1月，列宁在伯尔尼开始撰写《帝国主义是资本主义的最高阶段》一书。2月列宁移居苏黎世，继续研究帝国主义问题和撰写此书。他除了利用苏黎世州立图书馆的藏书外，还从其他城市借阅一些书籍。1916年6月19日(7月2日)《帝国主义是资本主义的最高阶段》一书完稿，列宁把手稿挂号寄给了波克罗夫斯基。这份稿子未被波克罗夫斯基收到，只得由娜·康·克鲁普斯卡娅重抄一份寄去。在此期间，出版社曾要求把手稿由原来议定的5印张压缩为3印张，被列宁拒绝。

高尔基在1916年9月29日给波克罗夫斯基的信里说，列宁的这本书"的确很出色"，可单独出版。然而孤帆出版社编辑部中的孟什维克却对列宁的书稿作了不少修改，如删去了对卡·考茨基和尔·马尔托夫的尖锐批评，把列宁原用的"发展成为"一词(资本主义发展成为资本帝国主义)改为"变成"，"反动性"一词("超帝国主义"论的反动性)改为"落后性"等等。1916年11月，《年鉴》杂志以《最新资本主义》这一书名刊登了该书的出版预告。1917年中，这本书在彼得格勒用《帝国主义是资本主义的最新阶段(通俗的论述)》的书名由生活和知识出版社第一次印成单行本，书中附有列宁回国后于1917年4月26日写的序言。列宁1920年7月为本书法文版和德文版写的序言，对本书内容作了一些重要的概括和补充。

1935年，本书首次以《帝国主义是资本主义的最高阶段》为书名并按照列宁手稿全文刊印于《列宁全集》俄文第2、3版第19卷。

在我国，《帝国主义是资本主义的最高阶段》一书早在1925年2月就出版过以《帝国主义浅说》为书名的中译文单行本。——323。

160　指英国经济学家约·阿·霍布森的《帝国主义》一书。该书于1902年在伦敦出版，列宁曾于1904年翻译过。列宁在《关于帝国主义的笔记》中对它作了详细的分析和摘录(见本版全集第54卷《笔记"к"("卡帕")》中的《约·阿·霍布森:〈帝国主义〉》)，指出该书"一般说来是有益的，特别有益的是它有助于揭露考茨基主义在这一问题上的主要虚伪之处”(同上书,《笔记“β”(“贝塔”)》中的《评卡·考茨基论帝国主义》)。列宁在利用霍布森这部著作中的大量事实材料的同时,批判了他的改良主义的结论和暗中维护帝国主义的企图。——323。

161 《帝国主义是资本主义的最高阶段》一书德文版于1921年出版,法文版于1923年出版。这篇专为法文版和德文版写的序言先以《帝国主义和资本主义》为题刊载于1921年10月《共产国际》杂志第18期。——325。

162 布列斯特-里托夫斯克和约是1918年3月3日苏维埃俄国在布列斯特-里托夫斯克同德国、奥匈帝国、保加利亚和土耳其签订的条约,3月15日经全俄苏维埃第四次(非常)代表大会批准。和约共14条,另有一些附件。根据和约,苏维埃共和国同四国同盟之间停止战争状态。波兰、立陶宛全部以及白俄罗斯和拉脱维亚部分地区脱离俄国。苏维埃俄国应从拉脱维亚和爱沙尼亚撤军,由德军进驻。德国保有里加湾和蒙海峡群岛。苏维埃军队撤离乌克兰、芬兰和奥兰群岛,并把阿尔达汉、卡尔斯和巴统各地区让与土耳其。苏维埃俄国总共丧失100万平方公里土地(含乌克兰)。此外,苏维埃俄国必须复员全部军队,承认乌克兰中央拉达同德国及其盟国缔结的和约,并须同中央拉达签订和约和确定俄国同乌克兰的边界。布列斯特和约恢复了对苏维埃俄国极其不利而对德国有利的1904年的关税税率。1918年8月27日在柏林签订了俄德财政协定,规定俄国必须以各种形式向德国交付60亿马克的赔款。布列斯特和约是当时刚建立的苏维埃政权为了摆脱帝国主义战争,集中力量巩固十月革命取得的胜利而实行的一种革命的妥协。这个和约的签订,虽然使苏维埃俄国受到割地赔款的巨大损失,但是没有触动十月革命的根本成果,并为年轻的苏维埃共和国赢得了和平喘息时机去巩固无产阶级专政,整顿国家经济和建立正规红军,为后来击溃白卫军和帝国主义的武装干涉创造了条件。1918年德国十一月革命推翻了威廉二世的政权。1918年11月13日,全俄中央执行委员会宣布废除布列斯特和约。——327。

163 凡尔赛和约即第一次世界大战后英、法、意、日等国对德和约,于1919

年6月28日在巴黎郊区凡尔赛宫签订。和约的主要内容是，德国将阿尔萨斯—洛林归还法国，萨尔煤矿归法国；德国的殖民地由英、法、日等国瓜分；德国向美、英、法等国交付巨额赔款；德国承认奥地利独立；限制德国军备，把莱茵河以东50公里的地区划为非军事区。中国虽是战胜国，但和约却把战前德国在山东的特权交给了日本。这种做法遭到了中国人民的强烈反对，中国代表因而没有在和约上签字。列宁认为凡尔赛和约“是一个闻所未闻的、掠夺性的和约，它把亿万人，其中包括最文明的一部分人，置于奴隶地位”（见本版全集第39卷第394页）。——327。

164 威尔逊主义指美国总统伍·威尔逊的一套用资产阶级和平主义和改良主义装扮起来的对内对外政策。1913年威尔逊就任总统以后，进行了一些无损于资产阶级根本利益的“改革”，实行了关税法、累进所得税法、反托拉斯法等等，同时残酷地镇压工人运动。第一次世界大战爆发后，他一方面发表“中立”宣言和“没有胜利的和平”的演说，另一方面加紧向拉丁美洲扩张。1917年美国参战后，他又叫嚷“以战争拯救世界民主”。1918年1月8日，他提出了所谓“十四点”和平纲领。在巴黎和会上，他参与制定了掠夺性的凡尔赛和约，并积极支持日本帝国主义侵略中国的要求。列宁在共产国际第二次代表大会上所作的《关于国际形势和共产国际基本任务的报告》中谈到了威尔逊主义的实质和威尔逊政策的破产（参看本版全集第39卷第215—216页）。——327。

165 指伯尔尼国际。

伯尔尼国际是持社会沙文主义、机会主义和中派主义立场的各国社会民主党的领袖们在1919年2月伯尔尼代表会议上成立的联盟。伯尔尼国际的领袖是卡·亚·布兰亭、卡·考茨基、爱·伯恩施坦、皮·列诺得尔等。他们力图恢复已于1914年瓦解的第二国际，阻挠革命和共产主义运动的发展，防止成立共产国际。他们反对苏维埃俄国的无产阶级专政，颂扬资产阶级民主。1921年2月，德国独立社会民主党、奥地利社会民主党、法国社会党、英国独立工党等退出伯尔尼国际，成立了维也纳国际（第二半国际）。1923年5月，在革命斗争浪潮开始低落的形势下，伯尔尼国际同维也纳国际合并成为社会主义工人国际。——328。

166 德国独立社会民主党是中派政党，1917 年 4 月在哥达成立。代表人物是卡·考茨基、胡·哈阿兹、鲁·希法亭、格·累德堡等。基本核心是中派组织“工作小组”。该党以中派言词作掩护，宣传同公开的社会沙文主义者“团结”，放弃阶级斗争。1917 年 4 月—1918 年底，斯巴达克派曾参加该党，但保持组织上和政治上的独立，继续进行秘密工作，并帮助工人党员摆脱中派领袖的影响。1920 年 10 月，德国独立社会民主党在该党哈雷代表大会上发生了分裂，很大一部分党员于 1920 年 12 月同德国共产党合并。右派分子单独成立了一个党，仍称德国独立社会民主党，存在到 1922 年。——329。

167 斯巴达克派（国际派）是德国左派社会民主党人的革命组织，第一次世界大战初期形成，创建人和领导人有卡·李卜克内西、罗·卢森堡、弗·梅林、克·蔡特金、尤·马尔赫列夫斯基、莱·约吉希斯（梯什卡）、威·皮克等。1915 年 4 月，卢森堡和梅林创办了《国际》杂志，这个杂志是团结德国左派社会民主党人的主要中心。1916 年 1 月 1 日，全德左派社会民主党人代表会议在柏林召开，会议决定正式成立组织，取名为国际派。代表会议通过了一个名为《指导原则》的文件，作为该派的纲领，这个文件是在卢森堡主持和李卜克内西、梅林、蔡特金参与下制定的。1916 年—1918 年 10 月，该派定期出版秘密刊物《政治书信》，署名斯巴达克，因此该派也被称为斯巴达克派。1917 年 4 月，斯巴达克派加入了德国独立社会民主党，但保持组织上和政治上的独立。斯巴达克派在群众中进行革命宣传，组织反战活动，领导罢工，揭露世界大战的帝国主义性质和社会民主党机会主义领袖的叛卖行为。斯巴达克派在理论和策略问题上也犯过一些错误，列宁曾屡次给予批评和帮助。1918 年 11 月，斯巴达克派改组为斯巴达克联盟，12 月 14 日公布了联盟的纲领。1918 年底，联盟退出了独立社会民主党，并在 1918 年 12 月 30 日—1919 年 1 月 1 日举行的全德斯巴达克派和激进派代表会议上创建了德国共产党。——329。

168 凡尔赛派是指法国1871年巴黎公社起义胜利后在凡尔赛成立的以阿·梯也尔为首的反革命资产阶级政府的拥护者。凡尔赛派对公社战士实行极为残酷的镇压，是巴黎公社最凶狠的敌人。1871年后，凡尔赛派一词成了灭绝人性的反革命派的同义语。——330。

169 美西战争是指1898年美国对西班牙发动的战争。1898年4月，在古巴摆脱西班牙殖民统治的起义取得决定性胜利时，美国借口其战舰“缅因号”在哈瓦那港口被炸沉而对西班牙宣战，向西属殖民地发动进攻。7月，西班牙战败求和，12月在巴黎签订和约。西班牙将其殖民地菲律宾、关岛、波多黎各割让给美国。古巴形式上取得独立，实际上成为美国的保护国。列宁称这场战争为重新瓜分世界的第一次帝国主义战争。

英布战争亦称布尔战争，是指1899年10月—1902年5月英国对布尔人的战争。布尔人是南非荷兰移民的后裔，19世纪建立了德兰士瓦共和国和奥兰治自由邦。为了并吞这两个黄金和钻石矿藏丰富的国家，英国发动了这场战争。由于布尔人战败，这两个国家丧失了独立，1910年被并入英国自治领南非联邦。——331。

170 列宁在《帝国主义是资本主义的最高阶段》和《关于帝国主义的笔记》中，不止一次地引用过鲁·希法亭的《金融资本》一书。列宁在肯定这本书对帝国主义的理论分析的同时，也批评了作者在帝国主义的一些重要问题上的非马克思主义的论点和结论(参看本版全集第54卷《笔记“ϑ”(“太塔”)》中的《希法亭:〈金融资本〉》和《笔记“o”(“奥米克隆”)》中的《希法亭(考茨基主义观点)》)。——331。

171 指德国社会民主党开姆尼茨代表大会于1912年9月20日通过的关于帝国主义和社会党人对战争的态度的决议。该决议谴责帝国主义政策，强调争取和平的重要性。决议指出:“虽然只有通过铲除资本主义经济方式才能彻底消灭帝国主义这个资本主义经济方式的产物，但不能放弃任何旨在减少其一般性危险作用的工作。党代表大会决心尽一切可能促成各民族之间的谅解和保卫和平。党代表大会要求通过国际协定来结束军备竞赛，因为它威胁和平，给人类带来可怕的灾难。……

党代表大会希望，党员同志要全力以赴、孜孜不倦地为扩大觉悟了的无产阶级的政治、工会和合作社组织而奋斗，以便更强有力地反对专横跋扈的帝国主义，直到它被打倒为止。无产阶级的任务就是使已经发展到最高阶段的资本主义过渡到社会主义社会，以保障各国人民的持久和平、独立和自由。”——331。

172 《德意志帝国年鉴》即《德意志帝国立法、行政和国民经济年鉴》(«Annalen des Deutschen Reichs für Gesetzgebung, Verwaltung und Volkswirtschaft»)，是德国杂志，1868—1931年先后在慕尼黑、莱比锡和柏林出版。——333。

173 《银行》杂志(«Die Bank»)是德国金融家的刊物，1908—1943年在柏林出版。——343。

174 列宁在《关于帝国主义的笔记》中对奥·耶德尔斯《德国大银行与工业的关系，特别是与冶金工业的关系》一书作了详细的评述(见本版全集第54卷《笔记“β”(“贝塔”)》中的《耶德尔斯:〈德国大银行与工业的关系〉》)。——344。

175 列宁在《关于帝国主义的笔记》中对格·舒尔采-格弗尼茨的《德国信用银行》和《20世纪初的不列颠帝国主义和英国自由贸易》两本书作了批判性评述(见本版全集第54卷《笔记“α”(“阿耳法”)》中的《〈社会经济概论〉摘录》和《笔记“λ”(“拉姆达”)》中的《舒尔采-格弗尼茨:〈不列颠帝国主义〉》)。——347。

176 列宁在《关于帝国主义的笔记》中对罗·利夫曼《参与和投资公司。对现代资本主义和有价证券业的研究》一书作了批判性分析(见本版全集第54卷《笔记“ι”(“伊奥塔”)》中的《利夫曼:〈参与和投资公司〉》)。——347。

177 列宁利用了雅·里塞尔《德国大银行及其随着德国整个经济发展而来的集中》的两个版本:1910年耶拿版和1912年耶拿版。在《关于帝国主义的笔记》中，列宁详细分析了该书中历年的实际材料(见本版全集

第54卷《笔记“ϑ”(“太塔”)》中的《里塞尔:〈德国大银行及其集中〉》)。——347。

178 在原统计材料中,本栏数字是4类机构数字的总和,而列宁在本表中只列举了3类机构的数字。参看本版全集第54卷《笔记“ϑ”(“太塔”)》中的《里塞尔:〈德国大银行及其集中〉》。——349。

179 总公司的全称是法国贸易和工业发展促进总公司,我国通称为法国兴业银行,1864年成立,是法国大商业银行之一。该行总行设在巴黎,在国内外有分支机构。——349。

180 1873年交易所的崩溃发生在这年上半年。19世纪70年代,信用扩张、滥设投机公司以及交易所投机达到空前规模。在工业以及商业都出现了世界经济危机的明显征兆的情况下,交易所投机还在继续发展。于是灾难终于在1873年5月9日降临到维也纳交易所。24小时之内,股票贬值好几亿,破产的公司数目惊人。这一灾难随即蔓延到德国和其他一些国家。恩格斯曾对这一事件作过评述(参看《马克思恩格斯全集》第1版第19卷第193页)。——354。

181 滥设投机公司的丑事指19世纪70年代初德国加紧创办股份公司的热潮。根据1871年法兰克福和约,德国从法国得到赔款50亿金法郎。德国资本家为了趁机牟取暴利,就在各地纷纷开设股份公司和银行企业,进行投机活动。从1871年下半年到1874年之间就成立了857个股份公司,等于前20年所建立的公司总数的4倍。恩格斯描述当时的情况说:“人们滥设股份公司或两合公司、银行、土地信用和动产信用机构、铁路建筑公司、各种工厂、造船厂、以土地和建筑物进行投机的公司以及其他表面上叫做工业企业而实际上进行最可耻的投机活动的事业。……过度的投机活动最终造成了普遍的崩溃。”(参看《马克思恩格斯全集》第1版第19卷第193页)。——354。

182 《法兰克福报》(«Frankfurter Zeitung»)是德国交易所经纪人的报纸(日报),1856—1943年在美因河畔法兰克福出版。——355。

183 指格·瓦·普列汉诺夫。普列汉诺夫关于帝国主义问题的看法见他的《论战争》文集，该文集于大战期间在彼得格勒出版。——364。

184 俄华银行由沙皇俄国政府设立，是推行其侵华政策的工具，中文名称为华俄道胜银行。该行于 1895 年 12 月在彼得堡设总行，次年起先后在上海、天津、汉口、北京、哈尔滨、大连等地设分行。该行资本以法国投资占多数，而董事会中的席位则由俄国占多数。沙皇政府还迫使清朝政府从"俄法借款"中拨出 500 万两白银入股，使该行取得中俄合办名义，但中国方面无董事席位，对该行事务无权过问。该行曾承办中东铁路的建造和经营，在旧中国发行纸币（在东北还推行卢布的使用），参加对华贷款的帝国主义银行团。1910 年该行和沙皇俄国政府设立的另一家有法国投资的银行——俄国北方银行合并，改称俄亚银行，中文名称未改。俄亚银行是俄国当时最大的商业银行，十月革命后被苏维埃政府收归国有，并入统一的苏维埃共和国人民银行。1920 年俄亚银行总行改设于巴黎。1926 年巴黎总行和各分行一起停业。——366。

185 由于《帝国主义是资本主义的最高阶段》一书是准备作为合法读物在沙皇俄国出版的，所以书中对俄国帝国主义的分析比较简略。在《关于帝国主义的笔记》中，列宁除了使用欧·阿加德的《大银行与世界市场。从大银行对俄国国民经济和德俄两国关系的影响来看大银行在世界市场上的经济作用和政治作用》一书外，还利用了 A.H.扎克《俄国工业中的德国人和德国资本》和 B.伊施哈尼安《俄国国民经济中的外国成分》这两本书中的资料（见本版全集第 54 卷《笔记"β"（"贝塔"）》中的《欧·阿加德：〈大银行与世界市场〉》，《笔记"γ"（"伽马"）》中的《关于扎克的〈俄国工业中的德国人和德国资本〉一书》，《笔记"δ"（"迭耳塔"）》中的《伊施哈尼安：〈俄国国民经济中的外国成分〉》）。此外，《关于帝国主义的笔记》中还包含有其他大量论述俄国垄断资本主义的材料和列宁对俄国帝国主义各个方面的评价。——368。

186 法国的巴拿马案件是指法兰西第三共和国时期的一个大的贪污贿赂案。1879 年法国为开凿穿过巴拿马地峡的运河而成立了巴拿马运河公司，由苏伊士运河建筑师斐·莱塞普斯任董事长。1881 年工程开工，由于管理不善和贪污舞弊，公司发生资金困难。公司负责人乃向政府和有关人员行贿，以进行股票投机。1888 年公司破产，几十万股票持有者在经济上受到重大损失。1893 年议会大选前，这一贿赂事件被揭露，受贿者有总理、部长、议员等多人，结果引起了一场政治风潮。为掩盖真相，法国政府匆忙宣告被控告的官员和议员无罪，只有一些次要人物被判有罪。1894 年该公司改组；1903 年公司把运河开凿权卖给了美国。后来“巴拿马”一词就成了官商勾结进行诈骗的代名词。——372。

187 巴格达铁路是 20 世纪初人们对连接博斯普鲁斯海峡和波斯湾的铁路线(全长约 2 400 公里)的通称。德国帝国主义为了向中近东扩张，从 19 世纪末就开始谋求修建这条铁路。1898 年，德皇威廉二世为此亲自访问了土耳其首都伊斯坦布尔。1903 年德国同土耳其正式签订了关于修建从科尼亚经巴格达到巴士拉的铁路的协定。这条铁路建成后可以把柏林、伊斯坦布尔、巴格达连接起来，使德国的势力延伸到波斯湾。这不仅威胁着英国在印度和埃及的殖民统治地位，而且同俄国在高加索和中亚的利益发生矛盾。因此，英俄法三国结成同盟来反对德国。这条铁路到第一次世界大战爆发时尚未建成，它最后是由英法两国的公司于 1934—1941 年修建完成的。——373。

188 《国际统计研究所公报》(«Bulletin de l'Institut International de Statistique»)于 1885—1912 年在海牙出版。——374。

189 列宁在《关于帝国主义的笔记》中将阿·奈马尔克在《国际统计研究所公报》上列举的有关全世界的证券发行和各国占有有价证券的资料同他引自瓦·措林格尔《国际有价证券转移对照表》中的资料加以比较和核对，并作出了自己的计算(见本版全集第 54 卷《笔记“β”(“贝塔”)》中的《措林格尔(国际对照表)和奈马尔克》)。——374。

190 《世界经济文汇》(«Weltwirtschaftliches Archiv»)是德国基尔大学世界经济研究所的刊物，1913 年起在耶拿出版。——377。

191 《每日电讯》(«The Daily Telegraph»)是英国报纸(日报)，1855 年在伦

敦创刊,起初是自由派的报纸,从 19 世纪 80 年代起成为保守派的报纸。1937 年同《晨邮报》合并成为《每日电讯和晨邮报》。——377。

192 《皇家统计学会杂志》(«Journal of the Royal Statistical Society»)是英国刊物,1838 年起在伦敦出版。——377。

193 《美国政治和社会科学学院年刊》(«The Annals of the American Academy of Political and Social Science»)是美国杂志,1890 年起在费拉德尔菲亚出版。——380。

194 《统计学家报》(«The Statist»)是英国保守派的经济和政治问题周报,1878 年起在伦敦出版。——380。

195 列宁在《关于帝国主义的笔记》中摘引了亨·C.莫里斯的《从上古到今日的殖民史》一书中的统计资料,认为该书汇集的统计材料很有趣。列宁根据该书提供的资料,计算出了说明各资本主义大国的殖民地占有情况的具体数字(见本版全集第 54 卷《笔记"γ"("伽马")》中的《莫里斯:〈殖民史〉》)。——390。

196 指格·瓦·普列汉诺夫。——392。

197 列宁对亚·苏潘的资料和奥·许布纳尔的《地理统计表》的详细分析,见本版全集第 54 卷《笔记"ζ"("捷塔")》中的《苏潘:〈欧洲殖民地的扩展〉和奥托·许布纳尔的〈地理统计表〉》。——393。

198 列宁在《关于帝国主义的笔记》中对卡·考茨基及其他考茨基分子关于帝国主义的观点作了批判性分析(见本版全集第 54 卷《笔记"β"("贝塔")》中的《评卡·考茨基论帝国主义》、《几点看法((关于整个金融资本))》和《笔记"δ"("迭耳塔")》中的《1914 年和 1915 年的考茨基(论帝国主义、战争和社会民主党)》)。——407。

199 《德意志帝国统计年鉴》(«Statistisches Jahrbuch für das Deutsche Reich»)是德国杂志,1880—1941 年在柏林出版。——409。

200 《铁路业文汇》(«Archiv für Eisenbahnwesen»)是德国公共工程部机关刊物,1878—1943 年在柏林出版。——409。

201 从《关于帝国主义的笔记》引用的材料中可以看出,列宁如何根据各方面的资料收集和整理了 1890 年和 1913 年不同国家(大国、独立国和半独立国、殖民地)铁路网发展的详尽数字(见本版全集第 54 卷《笔记"μ"("谬")》中的《铁路》、《关于铁路的统计》)。他将这一研究的结果概括在两张简表之中(见本书第 409—410 页)。——409。

202 最后的莫希干人一语出自美国作家詹·费·库珀的小说《最后一个莫希干人》。小说描写北美印第安土著中的莫希干人在欧洲殖民主义者奴役和欺骗下最终灭绝的故事。后来人们常用"最后的莫希干人"来比喻某一社会集团或某一组织、派别的最后的代表人物。——422。

203 指八国联军镇压中国义和团起义和帝国主义列强强迫清政府签订辛丑条约(辛丑议定书)。该条约于 1901 年 9 月 7 日由清政府全权代表奕劻和李鸿章同英、美、俄、德、日、奥、法、意、西、荷、比 11 个国家的代表在北京签订。——431。

204 指 1898 年 9 月英、法两国殖民军队在法索达(位于苏丹南部,现名科多克)武装对峙的事件。这一冲突是由英、法两国争夺非洲殖民地的斗争引起的。英国为巩固自己在埃及的统治,以最后通牒方式要求法军撤离法索达。法国因处境不利,又恐在对英作战时德国乘机进攻,被迫于 1899 年 3 月 21 日同英国签订了放弃尼罗河上游的协定,但它也取得了乍得湖和过去双方一直有争议的瓦达伊地区作为补偿。——432。

205 这是列宁于齐美尔瓦尔德会议开幕的前一天(1915 年 9 月 4 日)在参加齐美尔瓦尔德会议的左派社会民主党人的非正式会议上作的关于世界大战的性质和国际社会民主党策略的报告的提纲。出席这次会议的除左派代表外,还有齐美尔瓦尔德会议的其他一些代表。——441。

206 指 1915 年 7 月 11 日在伯尔尼就召开国际社会党第一次代表会议问题而举行的预备会议。这次会议是根据意大利和瑞士社会党人的倡议召开的。持中派立场的瑞士社会民主党领导人罗·格里姆主持了会议。参加会议的除了格里姆(作为《伯尔尼哨兵报》的代表)外,还有意大利社会党、波兰王国和立陶宛社会民主党、组织委员会(孟什维克)和俄国社会民主工党中央委员会的代表。格里姆还曾邀请卡·考茨基、胡·哈阿兹和爱·伯恩施坦,但他们借口会议违背社会党国际局的愿望而拒绝参加。

这次预备会议主要讨论哪些人参加国际社会党第一次代表会议的问题。会上占多数的中派力图吸收以考茨基为首的中派分子以至于露骨的社会沙文主义者彼·耶·特鲁尔斯特拉和卡·亚·布兰亭参加代表会议。俄国社会民主工党中央委员会的代表则建议邀请国际工人运动中真正的左派代表参加以后的预备会议,但为会上占多数的中派所拒绝。这次预备会议未能就哪些人参加代表会议的问题达成一致意见,而仅仅决定于8月7日召开第二次预备会议。可是第二次预备会议没有举行,就直接召开了齐美尔瓦尔德会议。——442。

207 这个提纲中所列各点大部分在《第一步》和《1915年9月5—8日国际社会党代表会议上的革命马克思主义者》这两篇文章(见本卷第42—47、48—52页)中有所反映。——443。

208 指1915年9月4日参加齐美尔瓦尔德会议的左派社会民主党人举行的非正式会议(见注205)。——443。

209 这是《革命的无产阶级和民族自决权》(见本卷第77—85页)一文初稿的零散篇页,其中部分文字在手稿中被删去。末尾的(4)、(5)、(6)三条是本文提纲的片段。——445。

210 以《两个国际》为题的专题报告是1916年2月4日(17日)在苏黎世作的。国际社会党第二次代表会议于1916年4月24—30日在昆塔尔召开后,列宁根据新的材料对报告提纲作了修订,并重新编号(列宁修改过的地方见正文脚注)。根据修改过的提纲,列宁于1916年5月19日和21日(6月1日和3日)之间在洛桑、5月20日(6月2日)在日内瓦作了题为《国际工人运动中的两派》的专题报告。——451。

211 指罕·罗兰-霍尔斯特在1916年1月22日《伯尔尼哨兵报》第18号附刊上发表的关于社会党国际局书记卡·胡斯曼1月9日在荷兰社会民主党阿纳姆非常代表大会上的报告的通讯;胡斯曼2月2日还在鹿特丹发表了讲话。左派国际主义者戴·怀恩科普发言反对胡斯曼,声明在胡斯曼投票赞成军事拨款以后,社会党人不能承认他是社会党国际局的书记。怀恩科普说:"我们要另立国际。"

列宁作过标记的1916年1月22日《伯尔尼哨兵报》第18号附刊的剪报和列宁从1916年2月9日《人道报》中摘录下来的胡斯曼在鹿特丹的讲话载于《列宁文稿》人民出版社版第13卷第439—440页。——450。

212 指1916年2月12日意大利社会党中央机关报《前进报》第43号的编辑部文章《在社会主义国际周围》。列宁对这篇文章作过摘录并加了评语。——450。

213 大概指有关1915年12月25—29日召开的法国社会党代表大会的巴黎通讯。这些通讯载于1915年12月30日《工人领袖》第52号以及1916年1月13日和27日该报第2号和第4号。——451。

214 《前进报》(«Forward»)是英国格拉斯哥的一家报纸,1906年创刊。第一次世界大战期间,该报支持英国独立工党的政策。1915年,该报报道了当地工人对抵达该市的军械大臣戴·劳合-乔治报以嘘声,随后在反战和反政府的口号下在市中心举行声势浩大的游行示威这一所谓"圣诞节事件",因而被当局查禁。由于工人威胁要用罢工来反对查禁报纸,禁令被撤销。——453。

215 梅瑟是南威尔士的一个区。列宁大概是指这个区的补充选举。选举中英国社会党代表曾组织自由党人和保守党人的选票来反对英国独立工党候选人。1915年11月18日《工人领袖》第46号刊登了梅瑟区竞选斗争情况的报道。——453。

216 看来是指格拉斯哥的《社会党人报》。

《社会党人报》(«The Socialist»)是苏格兰社会主义工人党正式机关报,1904、1909—1910、1916、1918—1923 年在格拉斯哥出版。——453。

217 大概指刊登在 1915 年 12 月 3 日和 4 日《伯尔尼哨兵报》第 283 号和第 284 号附刊上的《奥地利国际主义者告各国国际主义者书》这篇通讯。——453。

218 指尤·德布兹的下列文章:《何时我会去作战》、《合我心意的"备战"》、《我愿参加的唯一的战争》、《永远不当兵》。这些文章分别载于 1915 年 9 月 11 日、12 月 11 日、12 月 25 日、8 月 28 日《向理智呼吁报》第 1032、1045、1047、1030 号。列宁保留有这些文章的剪报,并在上面写了批语。——453。

219 赫沃斯托夫工党与斯托雷平工党意思相同(参看注 128)。这里的赫沃斯托夫是指 1915—1916 年任沙皇俄国内务大臣的阿·尼·赫沃斯托夫,他曾通过副大臣 С.П.别列茨基加紧对左派政党活动的监视,残酷镇压工人运动、农民运动和民族解放运动,并花了 1 500 万卢布巨款来资助君主派组织和收买报刊。——453。

220 《欧洲与革命》是 1916 年 2 月 11 日《民权报》第 35 号的一篇编辑部评论。该评论是针对瑞士卢塞恩沙文主义报纸《祖国报》上一篇署名为 I.S.的文章而发表的。I.S.说战争继续下去就会引起革命,这"对王位和祭坛"来说比战争更危险。列宁从《民权报》上摘录了这篇评论并加了批语。——455。

221 这里列宁把 1915 年 12 月 21 日德国帝国国会中 20 个社会民主党人代表投票反对军事拨款和 1915 年 3 月 20 日只有两人(卡·李卜克内西和奥·吕勒)投票反对军事拨款相比较。20 个代表投票反对军事拨款说明了群众对德国社会民主党领导及其帝国国会党团的压力日益加大。可是德国社会民主党中央委员会(执行委员会)的多数和德国社会民主党帝国国会党团的多数却谴责 12 月 21 日的投票是违反党的纪律的行为。

列宁所说的20人的不彻底性是指盖尔代表12月21日投票反对军事拨款的社会民主党党团成员发表的声明。声明没有阐明战争的帝国主义性质,也没有提到无产阶级国际主义,却认可德国的掠夺计划只是最近才出现的这种提法。——454。

222 《光线》杂志(«Lichtstrahlen»)是德国社会民主党人左派集团——“德国国际社会党人”的机关刊物(月刊),1913—1921年在柏林不定期出版。尤·博尔夏特任该杂志主编,参加杂志工作的还有安·潘涅库克、安·伊·巴拉巴诺娃等人。——454。

223 1916年1月12日德国社会民主党中央机关报《前进报》第11号登载了奥·吕勒的声明《论党的分裂》,他在声明中指出德国社会民主党的分裂是不可避免的。《前进报》编辑部在发表吕勒声明的同时发表了一篇编辑部文章,声称尽管把吕勒的声明全文照登,但它认为声明中所提出的争论问题不仅为时过早,而且完全是无的放矢。——454。

224 指1916年5月初不伦瑞克青年工人举行的五一节游行示威和随后举行的罢工。这次罢工是为抗议政府从青年工人的工资中扣除一部分作为战时公债而举行的。参加不伦瑞克罢工和游行示威的有1 500多人。经过顽强的斗争,政府被迫于5月5日撤销了克扣工资的命令。——455。

225 指爱·玛·瓦扬的《形式主义者——学理主义者》一文。该文以社论形式发表于1914年10月9日《人道报》第3827号。战争一开始就转到社会沙文主义立场上去的瓦扬,在文章中不得不承认收到许多法国社会党人对法国社会党领导人政策的抗议信。他对社会党人批评他的社会沙文主义立场大为恼火,谩骂他们是书呆子、学理主义者等等。列宁对该文的摘录,参看《列宁文稿》人民出版社版第13卷第371页。——454。

226 指路易莎·索莫诺代表法国妇女社会党人行动委员会签署的号召书

《告无产阶级妇女!》。号召书呼吁无产阶级妇女为争取和平和反对沙文主义而斗争。列宁在这份号召书上作了标记。——455。

227 《新政治家》杂志(«The New Statesman»)是英国费边社的刊物(周刊),1913年在伦敦创办,1931年起改称《新政治家和民族》杂志。——456。

228 这里大概是指英国社会党执行委员会对齐美尔瓦尔德宣言的赞同。1915年底英国社会党执行委员会决定征询地方组织对加入齐美尔瓦尔德联盟的意见;绝大多数基层党组织表示赞成。1916年2月29日国际社会党委员会《公报》第3号载有关于这次征询意见的报道。——456。

229 指亨·迈·海德门及其拥护者退出1916年4月23—24日在索尔福德举行的英国社会党年会一事。会上英国社会党和社会沙文主义者最终决裂。会议通过了一系列具有一般民主性质的反战决议和号召利用党的全部影响来结束战争的决议。会上以绝对的多数票通过了关于社会党人只赞成阶级战争的决议。海德门退出索尔福德代表会议后,于1916年6月初创建了民族社会党,该党自1918年起改称社会民主联盟。——457。

230 指克·特雷维斯1915年12月2日在意大利众议院的演说。有关演说的报道,载于1915年12月3日《前进报》第335号。——456。

231 紧密派即保加利亚社会民主工党(紧密社会党人),因主张建立紧密团结的党而得名,1903年保加利亚社会民主工党分裂后成立。紧密派的创始人和领袖是季·布拉戈耶夫,后来的领导人为格·约·基尔科夫、格·米·季米特洛夫、瓦·彼·柯拉罗夫等。第一次世界大战期间,紧密派反对帝国主义战争。1919年,紧密派加入共产国际并创建了保加利亚共产党。——456。

232 《论坛报》(«De Tribune»)是荷兰社会民主工党左翼的报纸,1907年在阿姆斯特丹创刊。从1909年起是荷兰社会民主党的机关报。从1918年起是荷兰共产党的机关报。1940年停刊。——456。

233 大概指恩·佩尔纳斯托弗的评论《俄国和我们》和《再论俄国和我们》。评论载于1915年12月24日和1916年2月11日《新时代》杂志第13期和第20期。——456。

234 指载于1916年2月8日《伯尔尼哨兵报》第32号附刊和2月10日《伯尔尼哨兵报》第34号的《澳大利亚社会民主党人对待战争的态度》一文，署名：J.K.。——458。

235 《国际通讯》杂志(«Internationale Korrespondenz»)是德国社会沙文主义者的国际政治和工人运动问题周刊。1914年9月底—1918年10月1日在柏林出版。提纲中提到的大概是《休斯和澳大利亚工会》一文，该文载于1916年5月23日《国际通讯》杂志第15期。——458。

人名索引

A

阿德勒,维克多(Adler,Victor 1852—1918)——奥地利社会民主党创建人和领袖之一。早年是资产阶级激进派,19 世纪 80 年代中期参加工人运动。1883 年和 1889 年曾与恩格斯会晤,1889—1895 年同恩格斯有通信联系。是 1888 年 12 月 31 日—1889 年 1 月 1 日奥地利社会民主党成立大会上通过的党纲的主要起草人之一。在克服奥地利社会民主主义运动的分裂和建立统一的党方面做了许多工作。在党的一系列重要政策问题上(包括民族问题)倾向改良主义立场。1886 年创办《平等》周刊,1889 年起任奥地利社会民主党中央机关报《工人报》编辑。1905 年起为议员。第一次世界大战期间持中派立场,鼓吹阶级和平,反对工人阶级的革命发动。1918 年 11 月短期担任奥地利资产阶级共和国外交部长。——453、456。

阿恩特,保尔(Arndt,Paul)——《法国资本的实力》一文的作者。——377。

阿尔曼德,伊涅萨·费多罗夫娜(彼得罗娃)(Арманд,Инесса Федоровна(Петрова)1874—1920)——1904 年加入俄国社会民主工党,长期从事国际共产主义运动和妇女运动。曾在莫斯科、彼得堡和国外做党的工作,积极参加 1905—1907 年革命。多次被捕和流放。1909 年流亡国外,1912 年秘密回国。第一次世界大战期间,在列宁的领导下,为筹备国际妇女社会党人代表会议(1915)做了大量工作,在会上捍卫布尔什维克关于战争、和平与革命的口号。1915—1916 年代表布尔什维克党出席国际青年代表会议、齐美尔瓦尔德代表会议和昆塔尔代表会议。1916 年初受列宁的委托在巴黎工作,在法国社会党人和持国际主义立场的工团主义分子以及法国青年和工会中宣传布尔什维主义观点。1917 年二月革命后回到俄国,参加了莫斯科武装起义的准备工作。十月革命后任党的莫斯科省委委员、莫斯科省执行委员会委员和省国民经济委员会主席。1918年起任俄共(布)中央妇女部部长。曾参加共产国际第二次代表大会的工作。——36。

阿加德,欧根(Agahd,Eugene)——德国经济学家,在俄华银行工作过15年,任总稽核。——366、367、374、423。

阿克雪里罗得,帕维尔·波里索维奇(Аксельрод,Павел Борисович 1850—1928)——俄国孟什维克领袖之一。19世纪70年代是民粹派分子。1883年参与创建劳动解放社。1900年起是《火星报》和《曙光》杂志编辑部成员。这一时期在宣传马克思主义的同时,也在一系列著作中把资产阶级民主制和西欧社会民主党议会活动理想化。1903年在俄国社会民主工党第二次代表大会上是《火星报》编辑部有发言权的代表,属火星派少数派,会后是孟什维主义的思想家。1905年提出召开广泛的工人代表大会的取消主义观点。1906年在党的第四次(统一)代表大会上代表孟什维克作了关于国家杜马问题的报告,宣扬无产阶级同资产阶级实行政治合作的机会主义思想。斯托雷平反动时期和新的革命高涨年代是取消派的思想领袖,参加孟什维克取消派《社会民主党人呼声报》编辑部。1912年加入"八月联盟"。第一次世界大战期间表面上是中派,实际持社会沙文主义立场;曾参加齐美尔瓦尔德代表会议和昆塔尔代表会议,属于右翼。1917年二月革命后任彼得格勒苏维埃执行委员会委员,支持资产阶级临时政府。十月革命后侨居国外,反对苏维埃政权,鼓吹武装干涉苏维埃俄国。——25—26、46、57—63、73、113—114、115、121、126、127—128、135、138、271、272、283、299、317、320、420、443、459、466、467。

阿奎纳多,埃米利奥(Aguinaldo,Emilio 1869—1964)——菲律宾政治活动家。1896年代表地主和资产阶级的利益参加了菲律宾人民反抗西班牙统治的起义。1897年策划杀害起义领袖安·滂尼发秀,篡夺了运动的领导权。1898年美西战争爆发后,参加反西战争,成为菲律宾政府首脑。1899年1月任刚成立的菲律宾共和国总统。在美国取代西班牙侵占菲律宾后,又领导菲律宾人反对美国侵略者的斗争。1901年3月被美军俘虏,宣誓效忠美国,号召人民停止反抗。——423。

阿拉季因,阿列克谢·费多罗维奇(Аладьин,Алексей Федорович 1873—1927)——俄国劳动派领袖之一。在喀山大学学习时曾参加秘密小组的活动。19 世纪 90 年代中期被捕后被开除学籍，监禁九个月后流亡国外九年。1905 年回国，当选为第一届国家杜马辛比尔斯克省农民选民团的代表，并加入劳动团。作为杜马代表出席在伦敦举行的各国议会代表会议；在此期间，国家杜马解散。1917 年以前侨居国外，1917 年二月革命后回国。十月革命后竭力反对革命，是白俄流亡分子。——32。

阿列克辛斯基，格里戈里·阿列克谢耶维奇（Алексинский，Григорий Алексеевич 1879—1967）——俄国社会民主党人，后蜕化为反革命分子。1905—1907 年革命期间是布尔什维克。第二届国家杜马彼得堡工人代表，社会民主党党团成员，参加了杜马的失业工人救济委员会、粮食委员会和土地委员会，并就斯托雷平在杜马中宣读的政府宣言，就预算、土地等问题发了言。作为社会民主党杜马党团代表参加了俄国社会民主工党第五次（伦敦）代表大会的工作。斯托雷平反动时期是召回派分子、派别性的卡普里党校（意大利）的讲课人和前进集团的组织者之一。第一次世界大战期间是社会沙文主义者，曾为多个资产阶级报纸撰稿。1917 年加入孟什维克统一派，持反革命立场；七月事变期间伙同特务机关伪造文件诬陷列宁和布尔什维克。1918 年逃往国外，投入反动营垒。——32、75、271、287。

阿姆斯特朗（Armstrong）——英国"阿姆斯特朗—威特沃思"军事工业公司的代表，该公司由威廉·乔治·阿姆斯特朗（1810—1900）创办，存在到 1937 年。——379。

阿斯特罗夫（**波韦斯，伊萨克·谢尔盖耶维奇**）（Астров（Повес，Исаак Сергеевич）死于 1922 年）——俄国社会民主党人，孟什维克。1905—1907 年革命的参加者，后为取消派。第一次世界大战期间是孟什维克国际主义者。——135。

埃施韦格，路德维希（Eschwege，Ludwig）——德国经济学家，德国《银行》杂志撰稿人，在该杂志上发表过一些有关金融资本问题的文章。——343、365、371、373、423。

艾斯丘，约翰·B.（Askew，John B.）——英国社会党人。——452、459。

爱德华七世（Edward VII 1841—1910）——英国国王（1901—1910）。——373。

奥尔纳茨基——见契切林，格奥尔吉·瓦西里耶维奇。

奥兰斯基，库·(**库钦，格奥尔吉·德米特里耶维奇**)(Оранский，К.(Кучин，Георгий Дмитриевич))——俄国孟什维克取消派分子，曾为取消派的《生活事业》、《我们的曙光》等杂志撰稿。——132。

奥斯特尔利茨，弗里德里希(Austerlitz，Friedrich 1862—1931)——奥地利社会民主党领袖之一，该党中央机关报《工人报》主编，议员。第一次世界大战期间持社会沙文主义立场。——268、286。

B

巴达耶夫，阿列克谢·叶戈罗维奇(Бадаев，Алексей Егорович 1883—1951)——1904 年加入俄国社会民主工党，在彼得堡做党的工作。第四届国家杜马彼得堡省工人代表，参加布尔什维克杜马党团，同时在杜马外做了大量的革命工作，是中央委员会俄国局成员，为布尔什维克的《真理报》撰稿，出席了有党的工作者参加的俄国社会民主工党中央委员会克拉科夫会议和波罗宁会议。因进行反对帝国主义战争的革命活动，1914 年 11 月被捕，1915 年流放图鲁汉斯克边疆区。1917 年二月革命后从流放地回来，在彼得格勒参加布尔什维克组织的工作，是十月武装起义的参加者。十月革命后在党、苏维埃和经济部门担任领导工作。在党的第十四至第十八次代表大会上当选为中央委员。1938—1943 年任俄罗斯联邦最高苏维埃主席团主席和苏联最高苏维埃主席团副主席。——2、246。

巴尔博尼，T.(Barboni，T.)——意大利社会沙文主义者。——19、24—28。

巴拉贝伦——见拉狄克，卡尔·伯恩哈多维奇。

白里安，阿里斯蒂德(Briand，Aristide 1862—1932)——法国国务活动家，外交家；职业是律师。19 世纪 80 年代参加法国社会主义运动，1898 年加入法国独立社会党人联盟，一度属社会党左翼；1902 年参加改良主义的法国社会党，同年被选入议会。1906 年参加资产阶级政府，任教育部长，因此被开除出社会党；后同亚·米勒兰、勒·维维安尼等人一起组成独立社会党人集团(1911 年取名"共和社会党")。1909—1911 年任"三叛徒(白里安、米勒兰、维维安尼)内阁"的总理。1910 年宣布对铁路实行军管，残酷镇压铁路工人的罢工。1913 年任总理，1915—1917 年、1921—1922 年任总理兼外交部长，1924 年任法国驻国际联盟代表。1925 年参与签订洛迦诺公约。1925—1931 年任外交部长。1931 年竞选总统失败后退出政界。——109、113、126。

鲍威尔，奥托(Bauer，Otto 1882—1938)——奥地利社会民主党和第二国际领袖之一，"奥地利马克思主义"理论家。同卡·伦纳一起提出资产阶级民族主义的民族文化自治论。1907 年起任社会民主党议会党团秘书，同年参与创办党的理论刊物《斗争》杂志。1912 年起任党中央机关报《工人报》编辑。第一次世界大战期间应征入伍，在俄国前线被俘。俄国 1917 年二月革命后在彼得格勒，同年 9 月回国。敌视俄国十月革命。1918 年 11 月—1919 年 7 月任奥地利共和国外交部长，赞成德奥合并。1920 年在维也纳出版反布尔什维主义的《布尔什维主义还是社会民主主义?》一书。1920 年起为国民议会议员。第二半国际和社会主义工人国际的组织者和领袖之一。曾参与制定和推行奥地利社会民主党的机会主义路线，使奥地利工人阶级的革命斗争遭受严重损失。晚年修正了自己的某些改良主义观点。——258、328。

贝尔，麦克斯(Beer，Max 1864—1943)——德国社会主义史学家。19 世纪 80 年代属德国社会民主党左翼(青年派)。因参加社会主义报刊工作被捕，1894 年流亡伦敦，后去美国。1901 年又回到伦敦，成为《前进报》通讯员。1915 年回到德国，追随右派社会民主党人。在 1917—1918 年革命事件影响下又向左靠拢，写了一些较接近于马克思主义的著作，如《卡尔·马克思，他的生平和学说》(1923)等。——391。

贝拉尔，维克多(Bérard，Victor 1864—1931)——法国经济学家、政论家和语文学家。——423。

倍倍尔，奥古斯特(Bebel，August 1840—1913)——德国工人运动和国际工人运动活动家，德国社会民主党和第二国际的创建人和领袖之一，马克思和恩格斯的朋友和战友；旋工出身。19 世纪 60 年代前半期开始参加政治活动，1867 年当选为德国工人协会联合会主席，1868 年该联合会加入第一国际。1869 年与威·李卜克内西共同创建了德国社会民主工党(爱森纳赫派)，该党于 1875 年与拉萨尔派合并为德国社会主义工人党，后又改名为德国社会民主党。多次当选国会议员，利用国会讲坛揭露帝国政府反动的内外政策。1870—1871年普法战争期间持国际主义立场，在国会中投票反对军事拨款，支持巴黎公社，为此曾被捕和被控叛国，断断续续在狱中度过近六年时间。在反社会党人非常法施行时期，领导了党的地下活动和议会活动。90年代和20世纪初同党内的改良主义和修正主义进行斗争，反对伯恩施坦及其拥护者对马克思主义理论的歪曲和庸俗化。是出色的政论家和演说家，对德国和欧洲工人运动的发展有很大影响。马克思和恩格斯高度评价了他的活动。——247。

比索拉蒂，莱奥尼达（Bissolati，Leonida 1857—1920）——意大利社会党创建人和右翼改良派领袖之一。1896—1903年和1908—1912年任社会党中央机关报《前进报》主编。1897年起为议员。1912年因支持意大利政府进行侵略战争被开除出社会党，后组织了改良社会党。第一次世界大战期间是社会沙文主义者，主张意大利站在协约国方面参战。1916—1918年参加政府，任不管部大臣。——23、26、107—108、122、452、456。

彼得罗夫斯基，格里戈里·伊万诺维奇（Петровский，Григорий Иванович 1878—1958）——1897年参加俄国社会民主主义运动。俄国第一次革命期间是叶卡捷琳诺斯拉夫工人运动的领导人之一。第四届国家杜马叶卡捷琳诺斯拉夫省工人代表，布尔什维克杜马党团主席。1912年被增补为党中央委员。因进行反对帝国主义战争的革命活动，1914年11月被捕，1915年流放图鲁汉斯克边疆区，在流放地继续进行革命工作。积极参加十月革命。1917—1919年任俄罗斯联邦内务人民委员，1919—1938年任全乌克兰中央执行委员会主席。1922—1937年为苏联中央执行委员会主席之一，1937—1938年任苏联最高苏维埃主席团副主席。在党的第十至第十七次代表大会上当选为中央委员，1926—1939年为中央政治局候补委员。1940年起任国家革命博物馆副馆长。——2、246。

彼得罗娃——见阿尔曼德，伊涅萨·费多罗夫娜。

波特列索夫，亚历山大·尼古拉耶维奇（Потресов，Александр Николаевич 1869—1934）——俄国孟什维克领袖之一。19世纪90年代初参加马克思主义小组。1896年加入彼得堡工人阶级解放斗争协会，后被捕，1898年流放维亚特卡省。1900年出国，参与创办《火星报》和《曙光》杂志。在俄国社会民主工党第二次代表大会上是《火星报》编辑部有发言权的代表，属火星派少数派，会后是孟什维克刊物的主要撰稿人和领导人。斯托雷平反动时期和新的革命高涨年代是取消派思想家，在《复兴》杂志和《我们的曙光》杂志中起领导作用。第一次世界大战期间是社会沙文主义者。1917年在反布尔什维克的资产阶级《日报》中起领导作用。十月革命后侨居国外，为克伦斯基的《白日》周刊撰稿，攻击苏维埃政权。——24、26、96、287、320、321、322、392、420。

伯恩施坦，爱德华（Bernstein，Eduard 1850—1932）——德国社会民主党和第二国际右翼领袖之一，修正主义的代表人物。1872年加入社会民主党，曾是欧·杜林的信徒。1879年和卡·赫希柏格、卡·施拉姆在苏黎世发表《德国社会主义运动的回顾》一文，指责党的革命策略，主张放弃革命斗争，适应俾斯麦制度，受到马克思和恩格斯的严厉批评。1881—1890年任党的中央机关报《社会民主党人报》编辑。从90年代中期起完全同马克思主义决裂。1896—1898年以《社会主义问题》为题在《新时代》杂志上发表一组文章，1899年发表《社会主义的前提和社会民主党的任务》一书，从经济、政治和哲学方面对马克思主义的理论和策略作了全面的修正。1902年起为国会议员。第一次世界大战期间持中派立场。1917年参加德国独立社会民主党，1919年公开转到右派方面。1918年十一月革命失败后出任艾伯特—谢德曼政府的财政部长助理。——328、460。

伯杰，维克多·路易（Berger，Victor Louis 1860—1929）——美国社会党人，美国社会党的组织者和领导人之一。第一次世界大战期间持和平主义立场。多次当选国会议员，反对美国政府承认苏维埃俄国。——456。

博尔夏特，尤利安（Borchardt，Julian 1868—1932）——德国社会民主党人，经济学家和政论家。1900—1906年任社会民主党机关报《人民报》编辑。1911—1913年为普鲁士邦议会议员。1913—1916年和1918—1921年任左派社会民主党人《光线》杂志编辑。第一次世界大战期间领导以《光线》杂志为中心组成的左派社会民主党人的组织“德国国际社会党人”，开展反对社会沙文主义、反对帝国主义战争的斗争；曾参加齐美尔瓦尔德代表会议，加入齐美尔瓦尔德左派。但因不了解与社会沙文主义者彻底决裂和建立工人阶级独立政党的必要性，于战争结束前夕转向工团主义立场。战后不再积极参加政治活动。——6、454。

博列茨基——见乌里茨基，莫伊塞·索洛蒙诺维奇。

布尔德朗，阿尔伯(Bourderon, Albert 1858—1930)——法国社会党人，工会运动左翼领袖之一，制桶工人工会书记。1915年参加齐美尔瓦尔德代表会议，持中派立场。1916年主张重建第二国际，同年12月在法国社会党代表大会上投票赞成支持帝国主义战争、为社会党人参加资产阶级政府辩护的中派主义决议。与齐美尔瓦尔德派彻底决裂后，转入反对革命工人运动的营垒。——40、249、251、303、305、443、451、454、471。

布尔金(**谢苗诺夫**)，费多尔·阿法纳西耶维奇(Булкин(Семенов), Федор Афанасьевич 生于1888年)——1904年加入俄国社会民主工党，孟什维克。曾在彼得堡和哈尔科夫做党的工作，是彼得堡组织出席党的第五次(伦敦)代表大会的代表。斯托雷平反动时期和新的革命高涨年代是取消派分子。第一次世界大战期间是护国派分子，在诺夫哥罗德、萨马拉和彼得堡的军事工业委员会工作。十月革命后，作为孟什维克的代表在奥伦堡苏维埃工作。后脱离孟什维克，1920年加入俄共(布)，做经济和工会工作。1922年因参加工人反对派被开除出党。1927年重新入党，在列宁格勒、伊尔库茨克等城市做经济工作。1935年被再次开除出党。——321。

布哈林，尼古拉·伊万诺维奇(Nota-Bene)(Бухарин, Николай Иванович (Nota-Bene) 1888—1938)——1906年加入俄国社会民主工党。1907年进入莫斯科大学法律系经济学专业学习。1908年起任党的莫斯科委员会委员。1909—1910年几度被捕，1911年从流放地逃往欧洲。在国外开始著述活动，参加欧洲工人运动。1917年二月革命后回国，当选为莫斯科苏维埃执行委员会委员、党的莫斯科委员会委员，任《社会民主党人报》和《斯巴达克》杂志编辑。在党的第六至第十六次代表大会上当选为中央委员。1917年10月起任莫斯科军事革命委员会委员，参与领导莫斯科的武装起义。同年12月起任《真理报》主编。1918年初反对签订布列斯特和约，是“左派共产主义者”集团的领袖。1919年3月当选为党中央政治局候补委员。1919年共产国际成立后任共产国际执行委员会委员和主席团委员。1920—1921年工会问题争论期间领导“缓冲”派。1924年6月当选为中央政治局委员。1926—1929年主持共产国际的工作。1929年被作为“右倾派别集团”的领袖受到批判，同年被撤销《真理报》主编、中央政治局委员、共产国际执行委员会委员和主席团委员职务。1931年起任苏联最高国民经济委员会主席团委员。1934—1937年任《消息报》主编。1934年当选为候补中央委员。1937年3月被开除出党。1938年3月13日被苏联最高法院军事审判庭以“参与托洛茨基的恐怖、间谍和破坏活动”的罪名判处枪决。1988年平反并恢复党籍。——140—145、308、358。

布克沃耶德——见梁赞诺夫，达维德·波里索维奇。

布兰亭，卡尔·亚尔马（Branting，Karl Hjalmar 1860—1925）——瑞典社会民主党和第二国际创建人和领袖之一，持机会主义立场。1887—1917年（有间断）任瑞典社会民主党中央机关报《社会民主党人报》编辑。1896年起为议员。1907年当选为党的执行委员会主席。第一次世界大战期间是社会沙文主义者。1917年参加埃登的自由党—社会党联合政府，支持武装干涉苏维埃俄国。1920年、1921—1923年、1924—1925年领导社会民主党政府，1921—1923年兼任外交大臣。曾参与创建和领导伯尔尼国际。——107、122、456。

布里扬诺夫，安德列·法捷耶维奇（Бурьянов，Андрей Фаддеевич 生于1880年）——俄国孟什维克。斯托雷平反动时期和新的革命高涨年代是取消派分子。第四届国家杜马塔夫利达省代表，社会民主党杜马党团成员。1914年脱离取消派，加入孟什维克护党派，第一次世界大战期间倾向护国派。——319。

布里宗，皮埃尔（Brizon，Pierre 1878—1923）——法国社会党人，政论家；职业是律师。1910—1919年为众议员。第一次世界大战期间持中派和平主义立场；曾出席昆塔尔代表会议，是法国齐美尔瓦尔德右派领袖之一。1918年起出版和平主义的《浪潮报》。1921年参加法国共产党，但不久即退党。——455。

布纳柯夫，伊里亚（**丰达明斯基，伊里亚·伊西多罗维奇**）（Бунаков，Илья（Фундаминский，Илья Исидорович）1879—1942）——俄国社会革命党领袖之一。第一次世界大战期间是社会沙文主义者，积极参加巴黎社会沙文主义报纸《号召报》的工作。1918年加入反革命组织“俄罗斯复兴会”。后移居法国，参加《现代纪事》杂志的出版工作。——101。

C

蔡特金，克拉拉（Zetkin，Clara 1857—1933）——德国工人运动和国际工人运动活动家，国际社会主义妇女运动领袖之一，德国共产党创建人之一。19世纪70年代末参加革命运动，1881年加入德国社会民主党。1882年流亡奥地利，后迁居瑞士苏黎世，为秘密发行的德国社会民主党机关报《社会民主党人报》撰稿。1889年积极参加第二国际成立大会的筹备工作。1890年回国。1892—1917年任德国社会民主党主办的女工运动机关刊物《平等》杂志主编。1907年参加国际社会党斯图加特代表大会，在由她发起的第一次国际妇女社会党人代表会议上当选为国际妇女联合会书记处书记。1910年在哥本哈根举行的第二次国际妇女社会党人代表会议上，根据她的倡议，通过了以3月8日为国际妇女节的决议。第一次世界大战期间持国际主义立场，反对社会沙文主义。曾积极参与组织1915年3月在伯尔尼召开的国际妇女社会党人代表会议。1916年参与组织国际派（后改称斯巴达克派和斯巴达克联盟）。1917年德国独立社会民主党成立后为党中央委员。1919年起为德国共产党党员，当选为中央委员。1920年起为国会议员。1921年起先后当选为共产国际执行委员会委员和主席团委员，领导国际妇女书记处。1925年起任国际支援革命战士协会主席。——3、7。

策列铁里，伊拉克利·格奥尔吉耶维奇（Церетели，Ираклий Георгиевич 1881—1959）——俄国孟什维克领袖之一。1902年参加社会民主主义运动。第二届国家杜马代表，在杜马中领导社会民主党党团，参加土地委员会，就斯托雷平在杜马中宣读的政府宣言以及土地等问题发了言。作为社会民主党杜马党团的代表参加了俄国社会民主工党的第五次（伦敦）代表大会的工作。斯托雷平反动时期和新的革命高涨年代是取消派分子。第一次世界大战期间是中派分子。1917年二月革命后任彼得格勒苏维埃执行委员会委员、第一届中央执行委员会主席团委员，护国派分子。1917年5—7月任临时政府邮电部长，七月事变后任内务部长，极力反对布尔什维克争取政权的斗争。十月革命后领导立宪会议中的反苏维埃联盟；是格鲁吉亚孟什维克反革命政府首脑之一。1921年格鲁吉亚建立苏维埃政权后流亡法国。1923 年是社会主义工人国际的组织者之一。1940 年移居美国。——317。

察恩,弗里德里希(Zahn,Friedrich 1869—1946)——《从 1905 年人口统计和 1907 年职业与企业统计看德国经济的发展》一文的作者。——333。

D

达维多夫,列昂尼德·费多罗维奇(Давыдов,Леонид Федорович)——俄国圣彼得堡信用局局长,银行投机家。——373。

大卫,爱德华(David,Eduard 1863—1930)——德国社会民主党右翼领袖之一,经济学家;德国机会主义者的主要刊物《社会主义月刊》创办人之一。1893 年加入社会民主党。公开修正马克思主义关于土地问题的学说,否认资本主义经济规律在农业中的作用。1903 年出版《社会主义和农业》一书,宣扬小农经济稳固,维护所谓土地肥力递减规律。1903—1918 年和 1920—1930 年为国会议员,社会民主党国会党团领袖之一。第一次世界大战期间是社会沙文主义者;在《世界大战中的社会民主党》(1915)一书中为德国社会民主党右翼在第一次世界大战中的机会主义立场辩护。1919 年 2 月任魏玛共和国国民议会第一任议长。1919—1920 年任内务部长,1922—1927 年任中央政府驻黑森的代表。——6—7、110、115、116、123、126、127、128、129、198、275、392。

德布兹,尤金·维克多(Debs,Eugene Victor 1855—1926)——美国工人运动活动家。1893 年组织美国铁路工会,任该工会主席至 1897 年。1897 年领导建立美国社会民主党,是 1901 年成立的美国社会党左翼领袖之一。1905 年参与创建美国工会组织——世界产业工人联合会。在工人群众中享有极高声望,于 1900、1904、1908、1912、1920 年五次被提名为美国社会党的总统候选人。第一次世界大战期间持国际主义立场,谴责社会沙文主义者的背叛行径,反对美国参战。拥护俄国十月革命。1918 年因进行反对帝国主义的宣传被判处十年徒刑,于 1921 年获赦。——247、250—251、303、306、453、458、471。

德里奥,J.爱德华(Driault,J.Edouard)——法国历史学家。——399—400。

德沙内尔,保尔(Deschanel,Paul 1856—1922)——法国国务活动家,政论家。

1889—1919 年为众议员，并多次担任众议院议长。——380。

邓尼金，安东·伊万诺维奇（Деникин，Антон Иванович 1872—1947）——沙俄将军。第一次世界大战期间曾任旅长和师长。1917 年 4—5 月任俄军最高总司令的参谋长，后任西方面军司令和西南方面军司令。积极参加科尔尼洛夫叛乱。十月革命后参与组建白卫志愿军，1918 年 4 月起任志愿军司令。在协约国扶植下，1919 年 1 月起任"南俄武装力量"总司令。1919 年夏秋进犯莫斯科，被击溃后率残部退到克里木。1920 年 4 月将指挥权交给弗兰格尔，自己逃亡国外。——329。

迪斯累里，本杰明，比肯斯菲尔德伯爵（Disraeli，Benjamin，Earl of Beaconsfield 1804—1881）——英国国务活动家，著作家，保守党领袖，新兴的帝国主义资产阶级思想家。1852 年、1858—1859 年和 1866—1868 年任财政大臣，1868 年和 1874—1880 年任首相。推行殖民扩张政策。1880 年因对阿富汗的殖民战争失败和布尔人的反英起义，内阁倒台。——391。

迪乌里奇，乔治（Diouritch，Georges）——《德国银行在国外的扩张及其同德国经济发展的联系》（1909）一书的作者。——377、380、383、384。

E

恩格斯，弗里德里希（Engels，Friedrich 1820—1895）——科学共产主义创始人之一，世界无产阶级的领袖和导师，马克思的亲密战友。——6、49、66、69、75、86、90、100、109、112、124、125、322、418—419、426。

F

弗尔克尔（Völker）——德国政府官员，后为德国钢业联合公司的领导人。——373。

弗里多林，弗拉基米尔·尤利耶维奇（瓦林）（Фридолин，Владимир Юльевич（Варин）1879—1942）——1904 年加入俄国社会民主工党，曾在萨马拉、乌法、彼得堡等地做党的工作。1905 年是俄国社会民主工党第三次代表大会乌拉尔联合会有发言权的代表。1906 年是党的彼得堡委员会布尔什维克军事组织成员；曾参加俄国社会民主工党军事和战斗组织第一次代表会议的工作，并在会上作为组织局的报告人发言。斯托雷平反动时期脱离政治活动。1910—1917年侨居国外。第一次世界大战期间曾为托洛茨基派的《我们的言论报》撰稿。1918年起在彼得格勒从事科研教学工作。——308。

福格尔施泰因，泰奥多尔（Vogelstein，Theodor 生于1880年）——德国经济学家，《资本主义工业的金融组织和垄断组织的形成》、《现代大工业中的资本主义组织形式》等著作的作者。——337、339、387。

G

盖得，茹尔（**巴西尔，马蒂厄**）（Guesde，Jules（Basile，Mathieu）1845—1922）——法国工人运动和国际工人运动活动家，法国工人党创建人之一，第二国际的组织者和领袖之一。19世纪60年代是资产阶级共和主义者。拥护1871年的巴黎公社。公社失败后流亡瑞士和意大利，一度追随无政府主义者。1876年回国。在马克思和恩格斯影响下逐步转向马克思主义。1877年11月创办《平等报》，宣传社会主义思想，为1879年法国工人党的建立作了思想准备。1880年和拉法格一起在马克思和恩格斯指导下起草了法国工人党纲领。1880—1901年领导法国工人党，同无政府主义者和可能派进行坚决斗争。1889年积极参加创建第二国际的活动。1893年当选为众议员。1899年反对米勒兰参加资产阶级内阁。1901年与其拥护者建立了法兰西社会党，该党于1905年同改良主义的法国社会党合并，盖得为统一的法国社会党领袖之一。20世纪初逐渐转向中派立场。第一次世界大战一开始即采取社会沙文主义立场，参加了法国资产阶级政府。1920年法国社会党分裂后，支持少数派立场，反对加入共产国际。——15、25、44、51、105、120、121、467。

甘必大，莱昂·米歇尔（Gambetta，Léon Michelle 1838—1882）——法国政治活动家；职业是律师。法兰西第二帝国时期为资产阶级共和派左翼领袖之一。1870年9月拿破仑第三被推翻后，参加国防政府，任内务部长。第三共和国最初十年中领导了反对教权派和保皇派复辟阴谋的斗争；同时逐渐同资产阶级共和派右翼接近，公开放弃自己原来的民主和社会改革纲领，鼓吹并推行殖民扩张政策。1879—1881年任众议院议长，1881—1882年任总理兼外交部长。——138。

高尔察克，亚历山大·瓦西里耶维奇(Колчак,Александр Васильевич 1873—1920)——沙俄海军上将(1916)，君主派分子。第一次世界大战期间任波罗的海舰队作战部部长、水雷总队长，1916—1917年任黑海舰队司令。1918年10月抵鄂木斯克，11月起任白卫军“西伯利亚政府”陆海军部长。11月18日在外国武装干涉者支持下发动政变，在西伯利亚、乌拉尔和远东建立军事专政，自封为“俄国最高执政”和陆海军最高统帅。叛乱被平定后，1919年11月率残部逃往伊尔库茨克，后被俘。1920年2月7日根据伊尔库茨克军事革命委员会的决定被枪决。——329。

哥尔特，赫尔曼(Gorter,Herman 1864—1927)——荷兰左派社会民主党人，诗人和政论家。1897年加入荷兰社会民主工党。1907年是荷兰社会民主工党左翼刊物《论坛报》创办人之一，1909年起是荷兰社会民主党领导人之一。第一次世界大战期间是国际主义者，齐美尔瓦尔德左派的拥护者。1918年参与创建荷兰共产党，曾参加共产国际的工作，采取极左的宗派主义立场。1921年退出共产党，组织了荷兰共产主义工人党。1922年脱离政治活动。——111、262、287。

格拉弗，让(Grave,Jean 1854—1939)——法国小资产阶级社会主义者，无政府主义理论家。无政府主义刊物《反抗者》和《反抗》的编辑，写过一些论述无政府主义的著作。20世纪初转向无政府工团主义立场。第一次世界大战期间是社会沙文主义者，《工团战斗报》撰稿人。——252。

格里姆，罗伯特(Grimm,Robert 1881—1958)——瑞士社会民主党和第二国际领袖之一；职业是印刷工人。1909—1918年任《伯尔尼哨兵报》主编，1919年以前任瑞士社会民主党主席。第一次世界大战期间是中派分子，齐美尔瓦尔德代表会议和昆塔尔代表会议主席，国际社会党委员会主席。1921年参与组织第二半国际。1911年起为议员，1945—1946年任瑞士国民院议长。——51—52、309、315、443。

格龙瓦尔德，麦克斯(Grunwald,Max)——奥地利社会民主党人，机会主义者。——100、320。

格罗伊利希，海尔曼(Greulich,Hermann 1842—1925)——瑞士社会民主党创建人之一，该党右翼领袖，第二国际改良派领袖之一。原为德国装订工人，1865年侨居苏黎世。1867年起为国际瑞士支部委员。1869—1880年在苏黎世编辑《哨兵报》。1887—1925年任瑞士工人联合会书记。曾任瑞士社会民主党执行委员会委员。1902年起为联邦议会议员，1919年和1922年任瑞士国民院议长。第一次世界大战期间是社会沙文主义者，反对齐美尔瓦尔德左派。后来反对瑞士社会民主党左翼加入共产国际。——107、122。

格温纳，阿尔图尔（Gwinner，Arthur 1856—1931）——德国大金融家。1894—1919年任德意志银行经理，后任德意志银行和贴现公司的银行联合公司监事会副会长。——385。

格沃兹杰夫，库兹马·安东诺维奇（Гвоздев，Кузьма Антонович 生于1883年）——俄国孟什维克取消派分子。第一次世界大战期间是社会沙文主义者，中央军事工业委员会工人团主席。主持了军事工业委员会第一次候选人大会，护国派在会上失败后，又和亚·伊·古契柯夫筹划了第二次选举。1917年二月革命后任彼得格勒苏维埃执行委员会委员，在临时政府中先后任劳动部副部长和部长。——132、287、292、319、452。

龚帕斯，赛米尔（Gompers，Samuel 1850—1924）——美国工会运动活动家。生于英国，1863年移居美国。1881年参与创建美国与加拿大有组织的行业工会和劳工会联合会，该联合会于1886年改组为美国劳工联合会（劳联），龚帕斯当选为美国劳工联合会第一任主席，并担任此职直至逝世（1895年除外）。实行同资本家进行阶级合作的政策，反对工人阶级参加政治斗争。第一次世界大战期间是社会沙文主义者。敌视俄国十月革命和苏维埃俄国。——89—90、328。

古尔维奇，伊萨克·阿道福维奇（Гурвич，Исаак Адольфович 1860—1924）——俄国经济学家。早年参加民粹派活动，1881年流放西伯利亚。在流放地考察了农民的迁移，1888年出版了根据考察结果写出的《农民向西伯利亚的迁移》一书。从流放地归来后，在工人中进行革命宣传，参加组织明斯克的第一个犹太工人小组。1889年移居美国，积极参加美国工会运动和民主运动。20世纪初成为修正主义者。所著《农民向西伯利亚的迁移》、《俄国农村的经济状况》（1892）和《移民与劳动》（1912）等书，得到列宁的好评。——418。

古契柯夫,亚历山大·伊万诺维奇(Гучков, Александр Иванович 1862—1936)——俄国大资本家,十月党的组织者和领袖。1905—1907年革命期间支持政府镇压工农。1907年5月作为工商界代表被选入国务会议,同年11月被选入第三届国家杜马;1910年3月—1911年3月任杜马主席。第一次世界大战期间是中央军事工业委员会主席和国防特别会议成员。1917年3—5月任临时政府陆海军部长。同年8月参与策划科尔尼洛夫叛乱。十月革命后反对苏维埃政权,1918年起为白俄流亡分子。——59、319。

果戈理,尼古拉·瓦西里耶维奇(Гоголь, Николай Васильевич 1809—1852)——俄国作家,俄国批判现实主义文学的奠基人之一。在《钦差大臣》(1836)、《死魂灵》(1842)等作品中展现了一幅农奴制俄国地主和官吏生活与习俗的丑恶画面。抨击专制农奴制的腐朽,同情人民群众的悲惨命运,以色彩鲜明的讽刺笔调描绘庸俗、残暴和欺诈的世界。但是他的民主主义是不彻底的,幻想通过人道主义、通过道德的改进来改造社会,后期更陷入博爱主义和宗教神秘主义。1847年发表《与友人书信选》,宣扬君主制度,为俄国专制制度辩护,这本书在别林斯基《给果戈理的信》中受到严厉的批判。——132。

果雷,保尔(Golay, Paul 1877—1951)——瑞士社会民主党人,瑞士西部区(法语区)社会民主党组织的成员,政论家。曾任洛桑社会党报纸《格吕特利盟员报》编辑。第一次世界大战初期反对第二国际中的机会主义和社会沙文主义,但当时已表现出对机会主义者的调和主义态度。列宁曾邀请他参加齐美尔瓦尔德代表会议,但他未出席,后来很快转向中派和平主义立场。——10、18。

H

哈阿兹,胡戈(Haase, Hugo 1863—1919)——德国社会民主党领袖之一,中派分子。1911—1917年为德国社会民主党执行委员会主席之一。1897—1907年和1912—1918年为帝国国会议员。1912年起任社会民主党国会党团主席。第一次世界大战期间持中派立场。1917年4月同考茨基等人一起建立德国独立社会民主党。1918年十一月革命期间参加所谓的人民代表委员会，支持镇压无产阶级革命运动。——111、459、466、467。

哈布斯堡王朝（Habsburg）——神圣罗马帝国皇朝（1273—1806，有间断）、西班牙王朝（1516—1700）、奥地利皇朝（1804—1867）和奥匈帝国皇朝（1867—1918）。——268。

哈尔姆斯，伯恩哈德（Harms，Bernhard 1876—1939）——德国经济学家，讲坛社会主义的代表人物之一，德国帝国主义的辩护士。1908 年起任基尔大学教授，是基尔世界经济和海运研究所的创办人和所长（1911—1933）。写有一些关于世界经济和政治问题的著作。——377。

哈夫迈耶，约翰·克雷格（Havemeyer，John Craig 1833—1922）——美国企业家，最大的糖业托拉斯的老板，铁路公司及其他一些公司的股东。——368。

海德门，亨利·迈尔斯（Hyndman，Henry Mayers 1842—1921）——英国社会党人。1881 年创建民主联盟（1884 年改组为社会民主联盟），担任领导职务，直至 1892 年。曾同法国可能派一起夺取 1889 年巴黎国际工人代表大会的领导权，但未能得逞。1900—1910 年是社会党国际局成员。1911 年参与创建英国社会党，领导该党机会主义派。第一次世界大战期间是社会沙文主义者。1916 年英国社会党代表大会谴责他的社会沙文主义立场后，退出社会党。敌视俄国十月革命，赞成武装干涉苏维埃俄国。——44、83、111、113、123、127、251、328、446、452、457、467。

海曼，汉斯·吉德翁（Heymann，Hans Gideon）——德国经济学家。——334—335、363。

海尼希，库尔特（Heinig，Kurt 1886—1956）——德国社会民主党人，经济学家和政论家。——366、383。

海涅，沃尔弗冈（Heine，Wolfgang 1861—1944）——德国政治活动家，右派社会民主党人；职业是律师。1898 年被选入帝国国会，但不久因拒绝参加社会民主党人组织的政治游行而被撤销当选证书。曾为《社会主义月刊》撰稿。他的修正主义观点受到倍倍尔、梅林等人的严厉批判。第一次世界大战期间是社会沙文主义者。1918 年十一月革命后任普鲁士政府司法部长，1919—1920 年任内务部长。1920 年起脱离政治活动，从事律师工作。——102、111、114。

韩德逊，阿瑟(Henderson，Arthur 1863—1935)——英国工党和工会运动领袖之一。1903年起为议员，1908—1910年和1914—1917年任工党议会党团主席，1911—1934年任工党书记。第一次世界大战期间是社会沙文主义者。1915—1917年先后参加阿斯奎斯政府和劳合-乔治政府，任教育大臣、邮政大臣和不管部大臣等职。俄国1917年二月革命后到俄国鼓吹继续进行战争。1919年参与组织伯尔尼国际。1923年起任社会主义工人国际执行委员会主席。1924年和1929—1931年两次参加麦克唐纳政府，先后任内务大臣和外交大臣。——111。

赫鲁斯塔廖夫-诺萨尔，格奥尔吉·斯捷潘诺维奇(Хрусталев-Носарь，Георгий Степанович 1877—1918)——俄国政治活动家，律师助理。1906年加入俄国社会民主工党，孟什维克。1905年10月作为无党派人士当选为孟什维克控制的彼得堡工人代表苏维埃主席。1906年因彼得堡苏维埃案受审，流放西伯利亚，1907年逃往国外。俄国社会民主工党第五次(伦敦)代表大会代表。支持关于召开所谓"非党工人代表大会"和建立"广泛的无党派的工人党"的思想。斯托雷平反动时期和新的革命高涨年代是取消派分子，为孟什维克的《社会民主党人呼声报》撰稿。1909年退党。第一次世界大战期间回国。十月革命后在乌克兰积极从事反革命活动，支持帕·彼·斯科罗帕茨基和西·瓦·佩特留拉。1918年被枪决。——32。

赫沃斯托夫，阿列克谢·尼古拉耶维奇(Хвостов，Алексей Николаевич 1872—1918)——俄国大地主。曾任莫斯科专区法院副检察官、图拉省副省长和沃洛格达省省长，1910—1912年任下诺夫哥罗德省省长。因发表黑帮演说而臭名远扬。第四届国家杜马奥廖尔省代表，杜马中右派党团领袖之一。1915—1916年任内务大臣和宪兵团名誉团长。1918年9月根据人民委员会的决定被枪决。——96、98、101、134、277、453。

亨盖尔，汉斯(Henger，Hans)——《法国对有价证券的投资，特别是对工商业的投资》一书的作者。——418。

亨尼施，康拉德(Haenisch，Konrad 1876—1925)——德国社会民主党人，政论家。普鲁士邦议会议员。第一次世界大战期间是德国社会沙文主义思想家之一；1915年10月起任社会沙文主义者的刊物《钟声》杂志的编辑。1918—1921年任普鲁士宗教和教育部长。——100、320。

胡斯曼，卡米耶(Huysmans,Camille 1871—1968)——比利时工人运动最早的活动家之一，比利时社会党领导人之一，语文学教授，新闻工作者。1905—1922年任第二国际社会党国际局书记。第一次世界大战期间持中派立场，实际上领导社会党国际局。1910—1965年为议员，1936—1939年和1954—1958年任众议院议长。1940年当选为社会主义工人国际常务局主席。多次参加比利时政府，1946—1947年任首相，1947—1949年任教育大臣。——251、284、298、299、315、437、450、459、461、464。

怀恩科普，戴维(Wijnkoop,David 1877—1941)——荷兰左派社会民主党人，后为共产党人。1907年是荷兰社会民主工党左翼刊物《论坛报》创办人之一，后任该报主编。1909年参与创建荷兰社会民主党，并任该党主席。第一次世界大战期间是国际主义者，曾为齐美尔瓦尔德左派理论刊物《先驱》杂志撰稿。1918—1925年和1929年起为议员。1918年参与创建荷兰共产党，并任该党主席。在共产国际第二次代表大会上当选为共产国际执行委员会委员。1925年从极左的宗派主义立场出发反对荷兰共产党和共产国际的政策，为此于1926年被开除出荷兰共产党。1930年重新入党，1935年当选为中央委员。——450。

霍布森，约翰·阿特金森(Hobson,John Atkinson 1858—1940)——英国经济学家，资产阶级改良主义者和和平主义者。著有《贫困问题》(1891)、《现代资本主义的演进》(1894)、《帝国主义》(1902)等书。用大量材料说明了帝国主义的经济和政治特征，但没有揭示出帝国主义的本质，认为帝国主义仅仅是一种政策的产物，只要改进收入的分配、提高居民的消费能力，经济危机就可以消除，争夺海外投资市场也就没有必要，帝国主义就可以避免。还幻想只要帝国主义采取联合原则，形成所谓国际帝国主义，就能消除帝国主义之间的矛盾，达到永久和平。晚年支持反法西斯主义的民主力量。——323、329、331、377、391、404、411、412、414、415、418、421、423、429。

霍格伦，卡尔·塞特·康斯坦丁(Höglund,Carl Zeth Konstantin 1884—1956)——瑞典社会民主党人，瑞典社会民主主义运动和青年社会主义运动的左翼领袖。1908—1918年任《警钟报》编辑。第一次世界大战期间是国际主义者，参加齐美尔瓦尔德左派。1916年因进行反战宣传被捕入狱。

1917年参与创建瑞典共产党，1917年和1919—1924年任该党主席。1924年因犯机会主义错误和公开反对共产国际第五次代表大会的决议，被开除出瑞典共产党。1926年回到社会民主党。——456。

霍亨索伦王朝(Hohenzollern)——勃兰登堡选帝侯世家(1415—1701)，普鲁士王朝(1701—1918)和德意志皇朝(1871—1918)。——266。

J

吉姆美尔，尼·尼·——见苏汉诺夫，尼·。

季诺维也夫(**拉多梅斯尔斯基**)，格里戈里·叶夫谢耶维奇(Зиновьев(Радомысльский)，Григорий Евсеевич 1883—1936)——1901年加入俄国社会民主工党，党的第二次代表大会后是布尔什维克。在党的第五至第十四次代表大会上当选为中央委员。1908—1917年侨居国外，参加布尔什维克《无产者报》编辑部和党的中央机关报《社会民主党人报》编辑部。斯托雷平反动时期对取消派、召回派和托洛茨基分子采取调和主义态度。1912年后和列宁一起领导中央委员会俄国局。第一次世界大战期间持国际主义立场。1917年4月回国，进入《真理报》编辑部。十月革命前夕反对举行武装起义的决定。1917年11月主张成立有孟什维克和社会革命党人参加的联合政府，遭到否决后声明退出党中央。1917年12月起任彼得格勒苏维埃主席。1919年共产国际成立后任共产国际执行委员会主席。1919年当选为党中央政治局候补委员，1921年当选为中央政治局委员。1925年参与组织"新反对派"，1926年与托洛茨基结成"托季联盟"。1926年被撤销中央政治局委员和共产国际的领导职务。1927年11月被开除出党，后来两次恢复党籍，两次被开除出党。1936年8月25日被苏联最高法院军事审判庭以"参与暗杀基洛夫、阴谋刺杀斯大林及其他苏联领导人"的罪名判处枪决。1988年6月苏联最高法院为其平反。——36。

加里波第，朱泽培(Garibaldi，Giuseppe 1807—1882)——意大利民族英雄，意大利统一时期民族解放运动的著名军事家，资产阶级民主派领袖之一。1834年参加热那亚海军起义，起义失败后逃往国外。1836—1848年流亡南美，参加了当地人民争取独立和解放的斗争。1848年回国投身革命，是

1849 年罗马共和国保卫战的领导人之一。1848—1849 年、1859 年和 1866 年领导志愿军，参加对抗奥地利的解放战争。1860 年组织千人志愿军，解放了波旁王朝统治下的西西里后，实际上统一了意大利。1862 年和 1867 年两度进攻教皇统治下的罗马，但均告失败。1870—1871 年普法战争期间，他和两个儿子一起参加法军同入侵法国的普军作战。拥护第一国际，积极协助建立第一国际意大利支部。支持巴黎公社，曾缺席当选为国民自卫军中央委员会委员。——20、360。

K

卡尔韦尔，理查(Calwer，Richard 1868—1927)——德国经济学家，德国社会民主党内改良主义和修正主义的代表人物。1898 年被选入帝国国会。给自己的改良主义观点加上一种超党派的性质，认为消灭私有制不是社会主义的必备条件。1909 年退出社会民主党。1908—1913 年主持德国工会总委员会的经济评论和通讯小报的工作。1918 年以后在柏林工会训练班任教员。写有《临近 20 世纪初期的世界经济》、《商业》、《世界经济导论》等著作。——407。

考茨基，卡尔(Kautsky，Karl 1854—1938)——德国社会民主党和第二国际的领袖和主要理论家之一。1875 年加入奥地利社会民主党，1877 年加入德国社会民主党。1881 年与马克思和恩格斯相识后，在他们的影响下逐渐转向马克思主义。从 19 世纪 80 年代到 20 世纪初写过一些宣传和解释马克思主义的著作：《卡尔·马克思的经济学说》(1887)、《土地问题》(1899)等。但在这个时期已表现出向机会主义方面摇摆，在批判伯恩施坦时作了很多让步。1883—1917 年任德国社会民主党理论刊物《新时代》杂志主编。曾参与起草 1891 年德国社会民主党纲领(爱尔福特纲领)。1910 年以后逐渐转到机会主义立场，成为中派领袖。第一次世界大战前夕提出超帝国主义论，大战期间打着中派旗号支持帝国主义战争。1917 年参与建立德国独立社会民主党，1922 年拥护该党右翼与德国社会民主党合并。1918 年后发表《无产阶级专政》等书，攻击俄国十月革命，反对无产阶级专政。——13、15、20、24—25、27、34、44、49、51—52、57—63、75、81、83—84、102、105、107、110、111、112、113、114、117、119、120、121、124—125、

126、127、128、129、137、142、143、144、250、251、261、263、264、267、268、271、279、280、281、282、283、284、285、286、287、288、290、298、301、303、304、305、320、322、324、328、329、331、343、388、402—406、408、419、422、423、424、425、426、428、429—430、431、432、433—434、437、443、447、448、449、450、458、459、461、465、466、467—468。

考夫曼，欧根(Kaufmann，Eugen)——《法国银行业》一书和《法国大储蓄银行的组织》一文的作者。——349、358。

柯伦泰，亚历山德拉·米哈伊洛夫娜(Коллонтай，Александра Михайловна 1872—1952)——19世纪90年代参加俄国社会民主主义运动。1906—1915年是孟什维克，1915年加入布尔什维克党。曾参加1905—1907年革命。1908—1917年侨居国外。第一次世界大战一开始即持革命的国际主义立场；受列宁委托，在斯堪的纳维亚国家和美国进行团结社会民主党国际主义左派的工作。1917年二月革命后回国，被选入彼得格勒苏维埃执行委员会，在波罗的海舰队水兵和彼得格勒卫戍部队士兵中开展工作。1917年七月事变时被临时政府逮捕入狱。在俄国社会民主工党(布)第六次代表大会上当选为中央委员。在彼得格勒参加十月武装起义。十月革命后参加第一届人民委员会，任国家救济人民委员。1918年持"左派共产主义者"立场。1920年起任党中央妇女部部长。1920—1921年工会问题争论期间是工人反对派的骨干分子。1921—1922年任共产国际国际妇女书记处书记。1923年起在外交部门担任负责工作，历任驻挪威、墨西哥全权代表和商务代表，驻瑞典公使和大使等职。——40、308。

科尔布，威廉(Kolb，Wilhelm 1870—1918)——德国社会民主党人，机会主义者和修正主义者，《人民之友报》编辑。第一次世界大战期间是社会沙文主义者。——101、102、111、114、116、127、128、280—281。

科尔纳利森，克里斯蒂安(Cornelissen，Christian)——荷兰无政府主义者，克鲁泡特金的追随者，反对马克思主义。第一次世界大战期间是沙文主义者，曾为法国《工团战斗报》撰稿。——252。

科索夫斯基，弗拉基米尔(**列文松，М.Я.**)(Косовский，Владимир(Левинсон，М.Я.)1870—1941)——崩得创建人和领袖之一。19世纪90年代中期加入维尔诺社会民主主义小组，1897年参加崩得成立大会，被选入崩得中央委员会，任崩得中央机关报《工人呼声报》主编。1903 年在俄国社会民主工党第二次代表大会上是崩得国外委员会的代表，反火星派分子，会后成为孟什维克。斯托雷平反动时期和新的革命高涨年代为孟什维克取消派刊物《我们的曙光》杂志和《光线报》撰稿。第一次世界大战期间是社会沙文主义者，采取亲德立场。敌视十月革命，革命后侨居国外，在波兰的崩得组织中工作。1939 年移居美国。——25、29—30、136。

克勒芒德，埃德加（Crammond，Edgar）——《不列颠帝国同德意志帝国的经济关系》一文的作者。——410。

克里切夫斯基，波里斯·尼古拉耶维奇（Кричевский，Борис Николаевич 1866—1919）——俄国社会民主党人，政论家，经济派领袖之一。19 世纪 80 年代末参加社会民主主义小组的工作。90 年代初侨居国外，加入劳动解放社，参加该社的出版工作。90 年代末是国外俄国社会民主党人联合会的领导人之一。1899 年任该会机关刊物《工人事业》杂志的编辑，在杂志上宣扬伯恩施坦主义观点。1903 年俄国社会民主工党第二次代表大会后不久脱离政治活动。——61、127。

克列孟梭，若尔日（Clemenceau，Georges 1841—1929）——法国国务活动家。第二帝国时期属左翼共和派。1871 年巴黎公社时期任巴黎第十八区区长，力求使公社战士与凡尔赛分子和解。1876 年起为众议员，80 年代初成为激进派领袖，1902 年起为参议员。1906 年 3—10 月任内务部长，1906 年 10 月—1909 年 7 月任总理。维护大资产阶级利益，镇压工人运动和民主运动。第一次世界大战期间是沙文主义者。1917—1920 年再度任总理，在国内建立军事专制制度，积极策划和鼓吹经济封锁和武装干涉苏维埃俄国。1919—1920 年主持巴黎和会，参与炮制凡尔赛和约。1920 年竞选总统失败后退出政界。——138。

克虏伯家族（Krupp）——德国最大的军火工业垄断资本家家族，领导德国主要军火库之一的军火钢铁康采恩。该康采恩是由弗里德里希·克虏伯（1787—1826）于 1811 年开办的克虏伯铸钢厂发展而成的。靠军火生产发家，曾积极参与准备第一次和第二次世界大战，在战争中获得巨额利润。——357、428。

克鲁泡特金，彼得·阿列克谢耶维奇（Кропоткин，Петр Алексеевич 1842—

1921)——俄国无政府主义的主要活动家和理论家之一，公爵。1872年出国，在瑞士加入第一国际，属巴枯宁派。回国后作为无政府主义者参加民粹主义运动，为此于1874年被捕并被监禁在彼得保罗要塞。1876年逃往国外，在瑞士等国从事著述活动，宣传无政府主义，反对马克思关于阶级斗争和无产阶级专政的学说。第一次世界大战期间是沙文主义者。1917年6月回国，仍坚持资产阶级立场，但在1920年发表了给欧洲工人的一封信，信中承认十月革命的历史意义，并呼吁欧洲工人制止对苏维埃俄国的武装干涉。写有《科学和无政府主义》、《无政府主义及其哲学》、《1789—1793年法国大革命》以及一些地理学和地质学著作。——25、252。

克伦斯基，亚历山大·费多罗维奇（Керенский，Александр Федорович 1881—1970）——俄国政治活动家，资产阶级临时政府首脑。1917年3月起为社会革命党人。第四届国家杜马代表，劳动派党团领袖。第一次世界大战期间是护国派分子。1917年二月革命后任彼得格勒工兵代表苏维埃副主席、国家杜马临时委员会委员。在临时政府中任司法部长（3—5月）、陆海军部长（5—9月）、总理（7月21日起）兼最高总司令（9月12日起）。执政期间继续进行帝国主义战争，七月事变时镇压工人和士兵，迫害布尔什维克。1917年11月7日彼得格勒爆发武装起义时，从首都逃往前线，纠集部队向彼得格勒进犯，失败后逃亡巴黎。在国外参加白俄流亡分子的反革命活动，1922—1932年编辑《白日》周刊。1940年移居美国。——136。

克罗美尔，伊夫林·巴林（Cromer，Evelyn Baring 1841—1917）——英国国务活动家和外交家，勋爵。1872—1876年任印度总督办公厅主任，英国占领埃及（1882）后任英国驻埃及驻扎官（总督）。独揽埃及的统治大权，强使埃及的经济和政治生活服从英国资本的利益。在保存地方政权的幌子下建立起来的残酷的殖民制度，被称为“克罗美尔制度”。由于英帝国主义者迫害登沙万村一带的埃及和平居民而激起的反英运动，于1907年被迫辞职，后从事写作。写有《古代帝国主义和现代帝国主义》（1910）一书。——395。

克斯特纳，弗里茨（Kestner，Fritz）——德国经济学家。——339、341—343。

库诺，亨利希（Cunow，Heinrich 1862—1936）——德国社会民主党的理论家，历史学家、社会学家和民族志学家。早期倾向马克思主义，后成为修正主义者。1902年任《前进报》编委。第一次世界大战期间是社会沙文主义者，战后在社会民主党内持极右立场。1917—1923年任德国社会民主党理论刊物《新时代》杂志编辑。1919—1930年任柏林大学教授，1919—1924年任民族志博物馆馆长。——27、60、83、263、405、406、447、448。

L

拉布里奥拉，阿尔图罗（Labriola，Arturo 1873—1959）——意大利政治活动家，法学家和经济学家，意大利工团主义运动领袖之一。写有一些工团主义理论方面的著作，试图使自己的所谓“革命工团主义”纲领趋附马克思主义，同时又对马克思主义加以“纠正”。1911—1912年意土战争期间和第一次世界大战期间采取沙文主义立场。1920—1921年任乔利蒂政府的劳工大臣。1926—1939年侨居国外；反对法西斯主义。1948—1953年为参议员。1949年意大利政府签订北大西洋公约后，参加了保卫和平运动，1950年被选入世界和平理事会。——21、22。

拉狄克，卡尔·伯恩哈多维奇（巴拉贝伦）（Радек，Карл Бернгардович（Парабеллум）1885—1939）——生于东加利西亚。20世纪初参加加利西亚、波兰和德国的社会民主主义运动。1901年起为加利西亚社会民主党的积极成员，1904—1908年在波兰王国和立陶宛社会民主党内工作。1908年到柏林，为德国左派社会民主党人的报刊撰稿。第一次世界大战期间持国际主义立场，但表现出向中派方面动摇。1917年加入俄国社会民主工党（布）。十月革命后在外交人民委员部工作。1918年是“左派共产主义者”。在党的第八至第十二次代表大会上当选为中央委员。1920—1924年任共产国际执行委员会书记、委员和主席团委员。1923年起属托洛茨基反对派。1925—1927年任莫斯科中山大学校长。长期为《真理报》、《消息报》和其他报刊撰稿。1927年被开除出党，1930年恢复党籍，1936年被再次开除出党。1937年1月，被苏联最高法院军事审判庭以“进行叛国、间谍、军事破坏和恐怖活动”的罪名判处十年监禁。1939年死于狱中。1988年6月苏联最高法院为其平反。——6、77、78、82—85、290、308、445、446—447。

拉林，尤·（**卢里叶，米哈伊尔·亚历山德罗维奇**）（Ларин，Ю.（Лурье，

1916)——法国自由派经济学家和社会学家,写过一些反对科学社会主义的书籍。——59。

累德堡,格奥尔格(Ledebour,Georg 1850—1947)——德国工人运动活动家,德国独立社会民主党创建人和领袖之一。1900—1918年和1920—1924年是国会议员。斯图加特国际社会党代表大会的参加者,在会上反对殖民主义。第一次世界大战期间是中派分子,主张恢复国际的联系;曾出席齐美尔瓦尔德代表会议,参加齐美尔瓦尔德右派。德国社会民主党分裂后,1916年加入帝国国会的社会民主党工作小组,该小组于1917年构成德国独立社会民主党的基本核心。曾参加1918年十一月革命。1920—1924年在国会中领导了一个人数不多的独立集团。1931年加入社会主义工人党。希特勒上台后流亡瑞士。——6、443—444。

李卜克内西,卡尔(Liebknecht,Karl 1871—1919)——德国工人运动和国际工人运动活动家,德国社会民主党左翼领袖之一,德国共产党创建人之一;威·李卜克内西的儿子;职业是律师。1900年加入社会民主党,积极反对机会主义和军国主义。1912年当选为帝国国会议员。第一次世界大战期间持国际主义立场,反对支持本国政府进行掠夺战争。1914年12月2日是国会中唯一投票反对军事拨款的议员。是国际派(后改称斯巴达克派和斯巴达克联盟)的组织者和领导人之一。1916年因领导五一节反战游行示威被捕入狱。1918年10月出狱,领导了1918年十一月革命,与卢森堡一起创办《红旗报》,同年底领导建立德国共产党。1919年1月柏林工人斗争被镇压后,于15日被捕,当天惨遭杀害。——7、25、249、252、281、301、303、305、443、454、471。

李普曼,弗·(**格尔什,П.М.**)(Либман,Ф.(Герш,П.М.)生于1882年)——著名的崩得分子,1911年进入崩得中央委员会,是《崩得评论》编辑部成员,追随取消派。第一次世界大战期间支持沙皇政府的兼并政策;住在瑞士。——75、83、263。

里塞尔,雅科布(Riesser,Jacob 1853—1932)——德国经济学家和银行家。1888—1905年是达姆施塔特银行经理。1901年创建德国银行和银行业中央联合会,1909年创建汉萨同盟,并长期担任这两个团体的主席。1905年起出版《银行文汇》杂志。1916—1928年为国会议员。写有一些为帝国主义和金融资本辩护的著作。——338、340、347—348、350、354、355、357、362、377、380、383、386、432、436、437。

利夫曼，罗伯特（Liefmann，Robert 1874—1941）——德国经济学家，教授，写有一些关于经济和社会问题的著作。——338、339、344、347、361、362、363、371、387、388。

利西斯（**勒太耶尔，欧仁**）（Lysis（Letailleur，Eugène））——法国经济学家，写有一些关于金融问题和政治问题的著作。——369。

梁赞诺夫（**戈尔登达赫**），达维德·波里索维奇（布克沃耶德）（Рязанов（Гольдендах），Давид Борисович（Буквоед）1870—1938）——1889年参加俄国革命运动。曾在敖德萨和基什尼奥夫开展工作。1900年出国，是著作家团体斗争社的组织者之一；该社反对《火星报》制定的党纲和列宁的建党组织原则。俄国社会民主工党第二次代表大会反对斗争社参加大会的工作，并否决了邀请梁赞诺夫作为该社代表出席大会的建议。第二次代表大会后是孟什维克。1905—1907年在国家杜马社会民主党党团和工会工作。后再次出国，为《新时代》杂志撰稿。1909年在前进集团的卡普里党校（意大利）担任讲课人，1911年在隆瑞莫党校（法国）讲授工会运动课。曾受德国社会民主党委托从事出版《马克思恩格斯全集》和第一国际史的工作。第一次世界大战期间是中派分子，为孟什维克的《呼声报》和《我们的言论报》撰稿。1917年二月革命后参加区联派，在俄国社会民主工党（布）第六次代表大会上随区联派集体加入布尔什维克党。十月革命后从事工会工作。1918年初因反对签订布列斯特和约一度退党。1920—1921年工会问题争论期间持错误立场，被解除工会职务。1921年参与创建马克思恩格斯研究院，担任院长直到1931年。1931年2月因同孟什维克国外总部有联系被开除出党。——458。

列宁，弗拉基米尔·伊里奇（**乌里扬诺夫，弗拉基米尔·伊里奇**；列宁，尼·；伊林，弗·）（Ленин，Владимир Ильич（Ульянов，Владимир Ильич，Ленин，Н.，Ильин，В.）1870—1924）——36、42、46、57—58、127—128、137、138、157—158、172—173、249、443。

列诺得尔，皮埃尔（Renaudel，Pierre 1871—1935）——法国社会党右翼领袖之一。1899年参加社会主义运动。1906—1915年任《人道报》编辑，

1915—1918年任社长。1914—1919年和1924—1935年为众议员。第一次世界大战期间是社会沙文主义者。反对社会党参加共产国际，主张社会党人参加资产阶级政府。1927年辞去社会党领导职务，1933年被开除出党。——102、111、124、251、263、467。

列维茨基(**策杰尔包姆**)，弗拉基米尔·奥西波维奇(Левицкий(Цедербаум)，Владимир Осипович 生于1883年)——俄国社会民主党人，孟什维克。19世纪90年代末参加革命运动，在德文斯克崩得组织中工作。1906年初是俄国社会民主工党统一的彼得堡委员会委员；彼得堡组织出席党的第四次(统一)代表大会的代表。在第二届国家杜马选举期间主张同立宪民主党结盟。斯托雷平反动时期和新的革命高涨年代是取消派领袖之一；加入孟什维克中央，在关于取消党的"公开信"上签了名；编辑《我们的曙光》杂志并为《社会民主党人呼声报》、《复兴》杂志以及孟什维克取消派的其他定期报刊撰稿。炮制了"不是领导权，而是阶级的政党"的"著名"公式。第一次世界大战期间是社会沙文主义者，支持护国派极右翼集团。敌视十月革命，反对苏维埃政权。1920年因"战术中心"案受审。后从事写作。——26、96、320、321、322。

林肯，阿伯拉罕(Lincoln，Abraham 1809—1865)——美国国务活动家，共和党领袖之一，美国总统(1861—1865)。1847—1849年为众议员。主张维护联邦统一，逐步废除奴隶制度。1860年作为共和党候选人当选总统。美国内战时期，在人民群众推动下实行一系列革命民主改革，颁布《宅地法》和《解放黑奴宣言》，使战争成为群众性的革命斗争，保证了战争的胜利。1865年4月被维护奴隶制的狂热分子暗杀。——423。

龙格，让(Longuet，Jean 1876—1938)——法国社会党和第二国际领袖之一，政论家；沙尔·龙格和燕妮·马克思的儿子。19世纪末至20世纪初积极为法国和国际的社会主义报刊撰稿。1914年和1924年当选为众议员。第一次世界大战期间持中派和平主义立场。是法国中派分子的报纸《人民报》的创办人(1916)和编辑之一。谴责外国武装干涉苏维埃俄国。反对法国社会党加入共产国际，反对建立法国共产党。1920年起是法国社会党中派领袖之一。1921年起是第二半国际执行委员会委员。1923年起是社会主义工人国际领导人之一。30年代主张社会党人和共产党人联合起来反对法西斯主义,参加了反法西斯和反战的国际组织。——250、251、283、299、450、459、466。

卢卡斯,查理·普雷斯特伍德(Lucas,Charles Prestwood 1853—1931)——英国殖民部官员和历史学家,英国帝国主义的辩护士。1877 年起在英国殖民部供职,1907—1911 年在该部任自治领司司长。鼓吹无产阶级和资产阶级的阶级合作。写有一些关于英帝国殖民史的著作。《大罗马和大不列颠》(1912)一书的作者。——395。

卢森堡,罗莎(罗莎)(Luxemburg,Rosa(Rosa)1871—1919)——德国、波兰和国际工人运动活动家,德国社会民主党和第二国际左翼领袖和理论家之一,德国共产党创建人之一。生于波兰。19 世纪 80 年代后半期开始革命活动,1893 年参与创建和领导波兰王国社会民主党,为党的领袖之一。1898 年移居德国,积极参加德国社会民主党的活动,反对伯恩施坦主义和米勒兰主义。曾参加俄国第一次革命(在华沙)。1907 年参加俄国社会民主工党第五次(伦敦)代表大会,在会上支持布尔什维克。斯托雷平反动时期和新的革命高涨年代对取消派采取调和主义态度。1912 年波兰王国和立陶宛社会民主党分裂后,曾谴责最接近布尔什维克的所谓分裂派。第一次世界大战期间持国际主义立场,是建立国际派(后改称斯巴达克派和斯巴达克联盟)的发起人之一。参加领导了德国 1918 年十一月革命,同年底参与领导德国共产党成立大会,作了党纲报告。1919 年 1 月柏林工人斗争被镇压后,于 15 日被捕,当天惨遭杀害。主要著作有《社会改良还是革命》(1899)、《俄国社会民主党的组织问题》(1904)、《资本积累》(1913)等。——74。

鲁巴诺维奇,伊里亚·阿道福维奇(Рубанович,Илья Адольфович 1860—1920)——俄国社会革命党领袖之一。早年积极参加民意党运动,19 世纪 80 年代侨居巴黎,1893 年在巴黎加入老民意党人小组。社会革命党成立后即为该党积极成员。曾参加《俄国革命通报》杂志的工作,该杂志从 1902 年起成为社会革命党正式机关刊物。是出席国际社会党阿姆斯特丹代表大会(1904)和斯图加特代表大会(1907)的社会革命党代表,社会党国际局成员。第一次世界大战期间是社会沙文主义者。十月革命后反对苏维埃政权。——46、266。

吕勒，奥托(Rühle，Otto 1874—1943)——德国左派社会民主党人，政论家和教育家。1912 年起为帝国国会议员。第一次世界大战期间持国际主义立场，在国会中投票反对军事拨款。1919 年加入德国共产党。德共分裂后，1920 年初参与创建德国共产主义工人党，后因进行破坏党的统一的活动，被开除出德国共产主义工人党，重新回到社会民主党。——243、249—250、252、303、305、451、454、471。

吕西埃，昂利(Russier，Henri)——《大洋洲的瓜分》(1905)一书的作者。——398。

伦纳，卡尔(Renner，Karl 1870—1950)——奥地利政治活动家，奥地利社会民主党右翼领袖，"奥地利马克思主义"理论家。同奥·鲍威尔一起提出资产阶级民族主义的民族文化自治论。1907 年起为社会民主党议员，同年参与创办党的理论刊物《斗争》杂志并任编辑。第一次世界大战期间是社会沙文主义者。1918—1920 年任奥地利共和国总理，赞成德奥合并。1931—1933 年任国民议会议长。1945 年出任临时政府总理，同年 12 月当选为奥地利共和国总统，直至 1950 年 12 月去世。——258。

伦施，保尔(Lensch，Paul 1873—1926)——德国社会民主党人。1905—1913 年任德国社会民主党左翼机关报《莱比锡人民报》编辑。第一次世界大战爆发后转向社会沙文主义立场。战后任鲁尔工业巨头主办的《德意志总汇报》主编。1922 年根据德国社会民主党普通党员的要求被开除出党。——100、261、320—321、322。

罗得斯，塞西尔·约翰(Rhodes，Cecil John 1853—1902)——英国政治活动家，积极推行英国的殖民政策，鼓吹帝国主义扩张；英国殖民主义者侵占南非和中非领土的组织者，后以他的名字将被占领的部分领土命名为罗得西亚。1890—1896 年任开普殖民地总理；1899—1902 年英布战争的主要策动者之一。——391、392、397。

罗兰-霍尔斯特，罕丽达(Roland Holst，Henriette 1869—1952)——荷兰左派社会党人，女作家。曾从事组织妇女联合会的工作。1907—1909 年属于论坛派。第一次世界大战初期持中派立场，后转向国际主义，曾参加齐美尔瓦尔德左派理论刊物《先驱》杂志的工作。1918—1927 年是荷兰共产党党员，参加共产国际的工作。1927 年退出共产党，后转向基督教社会主义的立场。——444、450。

罗曼诺夫——见尼古拉二世(罗曼诺夫)。

罗莎——见卢森堡,罗莎。

罗素,查理·爱德华(Russel,Charles Edward 1860—1941)——美国社会党人,新闻工作者和政论家,《纽约的美国人》杂志的文学编辑之一。主张美国参加第一次世界大战。——306、452、456。

罗特施坦,费多尔·阿罗诺维奇(Ротштейн,Федор Аронович 1871—1953)——1901年加入俄国社会民主工党。1890年侨居英国,积极参加英国工人运动。1895—1911年是英国社会民主联盟(1907年改组为社会民主党)成员。曾为英、俄、德、美等国的马克思主义报刊撰稿。1911年英国社会党成立后,是该党左翼领袖之一。第一次世界大战期间,在与社会沙文主义者分裂的问题上一度采取中派立场。1918—1920年是以“从俄国滚出去!”为口号的英国群众运动的领导人之一。1920年参与创建英国共产党,同年回到俄国。1921—1922年为俄罗斯联邦驻波斯全权代表,1923—1930年任外交人民委员部部务委员。积极参加苏联高等教育的建设和苏联科学的发展工作,1924—1925年任世界经济和世界政治研究所所长。1939年起为苏联科学院院士。写有工人运动史、殖民政策史和国际关系史等方面的著作。——305。

洛克菲勒,约翰·戴维森(Rockefeller,John Davison 1839—1937)——美国石油大王,洛克菲勒财团的创始人。1870年创办美孚油公司,垄断了美国的石油工业。洛克菲勒家族曾控制美国大通银行、纽约花旗银行等大银行,对美国的内外政策有重大影响。——355。

M

马尔丁诺夫,亚历山大(**皮凯尔,亚历山大·萨莫伊洛维奇**;亚·马·)(Мартынов,Александр(Пиккер,Александр Самойлович,А. М.)1865—1935)——俄国经济派领袖之一,孟什维克著名活动家,后为共产党员。19世纪80年代初参加民意党人小组,1886年被捕,流放东西伯利亚十年;流放期间成为社会民主党人。1900年侨居国外,参加经济派的《工人事业》杂志编辑部,反对列宁的《火星报》。在俄国社会民主工党第二次代表大会上是国外俄国社会民主党人联合会的代表，反火星派分子，会后成为孟什维克。1907年作为叶卡捷琳诺斯拉夫组织的代表参加了党的第五次（伦敦）代表大会的工作，在代表大会上当选为中央委员。斯托雷平反动时期和新的革命高涨年代是取消派分子，参加取消派的机关报《社会民主党人呼声报》编辑部。第一次世界大战期间持中派立场。1917年二月革命后为孟什维克国际主义者。十月革命后脱离孟什维克。1918—1922年在乌克兰当教员。1923年加入俄共（布），在马克思恩格斯研究院工作。1924年起任《共产国际》杂志编委。——61、127、135、136。

马尔柯夫，尼古拉·叶夫根尼耶维奇（Марков，Николай Евгеньевич 生于1876年）——俄国大地主，反动的政治活动家，黑帮组织"俄罗斯人民同盟"和"米迦勒天使长同盟"领袖之一。第三届和第四届国家杜马代表，杜马中极右翼领袖之一。十月革命后为白俄流亡分子。——54、98、158。

马尔托夫，尔·（**策杰尔包姆，尤利·奥西波维奇**）（Мартов，Л.（Цедербаум，Юлий Осипович）1873—1923）——俄国孟什维克领袖之一。1895年参与组织彼得堡工人阶级解放斗争协会。1896年被捕并流放图鲁汉斯克三年。1900年参与创办《火星报》，为该报编辑部成员。在俄国社会民主工党第二次代表大会上是《火星报》组织的代表，领导机会主义少数派，反对列宁的建党原则；从那时起成为孟什维克中央机关的领导成员和孟什维克报刊的编辑。曾参加党的第五次（伦敦）代表大会的工作。斯托雷平反动时期和新的革命高涨年代是取消派分子，编辑《社会民主党人呼声报》，参与组织"八月联盟"。第一次世界大战期间是中派分子，参加齐美尔瓦尔德代表会议和昆塔尔代表会议。曾参加孟什维克组织委员会国外书记处，为书记处编辑机关刊物。1917年二月革命后领导孟什维克国际主义派。十月革命后反对镇压反革命和解散立宪会议。1919年当选为全俄中央执行委员会委员，1919—1920年为莫斯科苏维埃代表。1920年9月侨居德国。参与组织第二半国际，在柏林创办和编辑孟什维克杂志《社会主义通报》。——57—63、135、137、138、139、250、272、275、283、287、299、316、317、319、420、437、452、453、459、466。

马克思，卡尔（Marx，Karl 1818—1883）——科学共产主义的创始人，世界无产阶级的领袖和导师。——6、49、51、66、69、75、81—82、85、86、90、93—

94、100、126、153、192、194、257、260、261、264、286、335、336、352、418、439、447、449。

马斯洛夫,彼得·巴甫洛维奇(Маслов,Петр Павлович 1867—1946)——俄国经济学家,社会民主党人。写有一些土地问题著作,修正马克思主义政治经济学原理。曾为《生活》、《开端》和《科学评论》等杂志撰稿。俄国社会民主工党第二次代表大会后是孟什维克;曾提出孟什维克的土地地方公有化纲领。在俄国社会民主工党第四次(统一)代表大会上代表孟什维克作了关于土地问题的报告,被选入中央机关报编辑部。斯托雷平反动时期和新的革命高涨年代是取消派分子。第一次世界大战期间是社会沙文主义者。十月革命后脱离政治活动,从事教学和科研工作,研究社会主义政治经济学问题。1929年起为苏联科学院院士。——96、392、420。

麦克唐纳,詹姆斯·拉姆赛(MacDonald,James Ramsay 1866—1937)——英国政治活动家,英国工党创建人和领袖之一。1885年加入社会民主联盟。1886年加入费边社。1894年加入独立工党,1906—1909年任该党主席。1900年当选为劳工代表委员会书记,该委员会于1906年改建为工党。1906年起为议员,1911—1914年和1922—1931年任工党议会党团主席。推行机会主义政策,鼓吹阶级合作和资本主义逐渐长入社会主义的理论。第一次世界大战初期采取和平主义立场,后来公开支持劳合-乔治政府进行帝国主义战争。1918—1920年竭力破坏英国工人反对武装干涉苏维埃俄国的斗争。1924年和1929—1931年先后任第一届和第二届工党政府首相。1931—1935年领导由保守党决策的国民联合政府。——328。

曼科夫,伊万·尼古拉耶维奇(Маньков,Иван Николаевич 生于1881年)——俄国孟什维克取消派分子,第四届国家杜马伊尔库茨克省代表,社会民主党杜马党团成员。第一次世界大战期间是社会沙文主义者,1915年违背社会民主党党团决议,在杜马中投票赞成军事预算,因而被开除出杜马党团。——136。

梅尔黑姆,阿尔丰斯(Merrheim,Alphonse 1881—1925)——法国工会活动家,工团主义者。1905年起为法国五金工人联合会和法国劳动总联合会领导人之一。第一次世界大战初期是反对社会沙文主义和帝国主义战争的法国工团主义运动左翼领导人之一;曾参加齐美尔瓦尔德代表会议,属齐美尔瓦尔德右派。当时已表现动摇并害怕同社会沙文主义者彻底决裂，1916年底转向中派和平主义立场，1918年初转到公开的社会沙文主义和改良主义立场。——40、50、249、251、444、454。

米勒兰，亚历山大·埃蒂耶纳（Millerand，Alexandre Étienne 1859—1943）——法国政治家和国务活动家，法国社会党和第二国际的机会主义代表人物。1885年起多次当选议员。原属资产阶级激进派，90年代初参加法国社会主义运动，领导运动中的机会主义派。1898年同让·饶勒斯等人组成法国独立社会党人联盟。1899年参加瓦尔德克-卢梭内阁，任工商业部长，是有史以来社会党人第一次参加资产阶级政府，列宁把这个行动斥之为"实践的伯恩施坦主义"。1904年被开除出法国社会党，此后同阿·白里安、勒·维维安尼等前社会党人一起组成独立社会党人集团（1911年取名为"共和社会党"）。1909—1915年先后任公共工程部长和陆军部长，竭力主张把帝国主义战争进行到底。俄国十月革命后是武装干涉苏维埃俄国的策划者之一。1920年1—9月任总理兼外交部长，1920年9月—1924年6月任法兰西共和国总统。资产阶级左翼政党在大选中获胜后，被迫辞职。1925年和1927年当选为参议员。——51、109、328。

米留可夫，帕维尔·尼古拉耶维奇（Милюков，Павел Николаевич 1859—1943）——俄国立宪民主党领袖，俄国自由派资产阶级思想家，历史学家和政论家。1886年起任莫斯科大学讲师。90年代前半期开始政治活动，1902年起为资产阶级自由派的《解放》杂志撰稿。1905年10月参与创建立宪民主党，后任该党中央委员会主席和中央机关报《言语报》编辑。第三届和第四届国家杜马代表。第一次世界大战期间为沙皇政府的掠夺政策辩护。1917年二月革命后任第一届临时政府外交部长，推行把战争进行到"最后胜利"的帝国主义政策；同年8月积极参与策划科尔尼洛夫叛乱。十月革命后同白卫分子和武装干涉者合作。1920年起为白俄流亡分子，在巴黎出版《最新消息报》。著有《俄国文化史概要》、《第二次俄国革命史》及《回忆录》等。——59、126、140、277。

米歇尔斯，罗伯托（Michels，Roberto 1876—1936）——意大利籍德国人，历史学家、经济学家和社会学家，教授。写有政治经济学史和社会学史方面的著作。——19、20、23。

摩根，约翰·皮尔庞特（Morgan，John Pierpont 1867—1943）——美国金融巨头，摩根财团的金融中心、美国最大的一家银行——摩根公司的首脑。摩根公司主要经营各种有价证券发行业务，并通过持股及参与董事会等方式控制国内外许多大企业和金融组织，后来发展成庞大的国际性金融资本集团。摩根财团对美国的内外政策有重大影响。——355。

莫尔加利，奥迪诺（Morgari，Oddino 1865—1929）——意大利社会党人，新闻工作者。曾参加意大利社会党的创建工作和活动，采取中派立场，加入所谓整体派。1897年起为议员。1906—1908年领导意大利社会党中央机关报《前进报》。第一次世界大战期间主张恢复社会党的国际联系。曾参加齐美尔瓦尔德代表会议，在会上持中派立场。1919—1921年为社会党议会党团秘书。——443、466。

莫里斯，亨利·C.（Morris，Henry C. 生于1868年）——美国历史学家和法学家，写有历史和经济方面的著作。——390。

莫尼托尔（Monitor）——1915年4月，德国社会民主党中的一个机会主义分子曾用这个笔名在《普鲁士年鉴》杂志上发表一篇文章，公开鼓吹要社会民主党继续保持中派主义性质，以便机会主义者能够用"左"的词句掩盖他们同资产阶级实行阶级合作的政策。——109、110、111、123—124、125。

穆拉诺夫，马特维·康斯坦丁诺维奇（Муранов，Матвей Константинович 1873—1959）——1904年加入俄国社会民主工党，布尔什维克；职业是钳工。曾在哈尔科夫做党的工作。第四届国家杜马哈尔科夫省工人代表，参加布尔什维克杜马党团。曾为布尔什维克的《真理报》撰稿。因进行反对帝国主义战争的革命活动，1914年11月被捕，1915年流放图鲁汉斯克边疆区。1917—1923年在党中央机关工作。1923—1934年是苏联最高法院成员。在党的第六、第八和第九次代表大会上当选为中央委员。1922—1934年为中央监察委员会委员。——2、246。

N

拿破仑第三（波拿巴，路易）（Napoléon III（Bonaparte，Louis）1808—1873）——法国皇帝（1852—1870），拿破仑第一的侄子。法国1848年革命失败后被选为法兰西共和国总统。1851年12月2日发动政变，1852年12

月称帝。在位期间,对外屡次发动侵略战争,包括同英国一起发动侵略中国的第二次鸦片战争。对内实行警察恐怖统治,强化官僚制度,同时以虚假的承诺、小恩小惠和微小的改革愚弄工人。1870 年 9 月 2 日在普法战争色当战役中被俘,9 月 4 日巴黎革命时被废黜。——93、284、285。

纳希姆松,米龙·伊萨科维奇(斯佩克塔托尔)(Нахимсон,Мирон Исаакович (Спектатор)1880—1938)——俄国经济学家和政论家。1899—1921 年是崩得分子。第一次世界大战期间持中派立场。1935 年在莫斯科国际农业研究所和共产主义科学院工作。写有一些关于世界经济问题的著作。——424、425、428。

奈马尔克,阿尔弗勒德(Neymarck,Alfred 1848—1921)——法国经济统计学家。——374、375、377、423。

瑙曼,弗里德里希(Naumann,Friedrich 1860—1919)——德国政治活动家,政论家,"民族社会主义"理论的创始人之一。早年当过牧师,积极参加基督教社会运动。创办《辅助》周刊和《时代报》,宣扬劳动者顺从现行制度的思想,拥护建立强有力的帝国政权,要求实行殖民掠夺的"民族"政策和建立强大的海军和陆军。1896 年成立民族社会联盟,该联盟于 1903 年被解散。1907—1919 年(稍有间断)为国会议员。第一次世界大战期间持帝国主义立场,提出建立在德国庇护下的"中欧"思想,实际上是鼓吹侵占中欧各国的政策。1919 年建立德国民主党,并任该党主席;参与制定魏玛宪法。他的某些思想后来被德国法西斯主义思想家所利用。——59、113、126。

尼古拉二世(罗曼诺夫;血腥的尼古拉)(Николай II(Романов,Николай Кровавый)1868—1918)——俄国最后一个皇帝,亚历山大三世的儿子。1894 年即位,1917 年二月革命时被推翻。1918 年 7 月 17 日根据乌拉尔州工兵代表苏维埃的决定在叶卡捷琳堡被枪决。——98、277、278。

诺斯克,古斯塔夫(Noske,Gustav 1868—1946)——德国社会民主党右翼领袖之一。第一次世界大战爆发前就维护军国主义,大战期间是社会沙文主义者,在国会中投票赞成军事拨款。1918 年 12 月任人民代表委员会负责国防的委员,血腥镇压了 1919 年柏林、不来梅及其他城市的工人斗争。1919 年 2 月—1920 年 3 月任国防部长,卡普叛乱平息后被迫辞职。

1920—1933年任普鲁士汉诺威省省长。法西斯专政时期从希特勒政府领取国家养老金。——329。

O

欧文斯,迈克尔·约瑟夫(Owens,Michael Joseph 1859—1923)——美国制瓶机发明人,后成为该行业企业家。——411。

P

帕尔乌斯(**格尔方德,亚历山大·李沃维奇**)(Парвус(Гельфанд,Александр Львович)1869—1924)——生于俄国,19世纪80年代移居国外。90年代末起在德国社会民主党内工作,属该党左翼;曾任《萨克森工人报》编辑。写有一些世界经济问题的著作。20世纪初参加俄国社会民主工党的工作,为《火星报》撰稿。俄国社会民主工党第二次代表大会后支持孟什维克的组织路线。1905年回到俄国,曾担任彼得堡工人代表苏维埃执行委员会委员,为孟什维克的《开端报》撰稿;同托洛茨基一起提出"不断革命论",主张参加布里根杜马,坚持同立宪民主党人搞交易。斯托雷平反动时期脱离俄国社会民主工党,后移居德国。第一次世界大战期间是社会沙文主义者和德国帝国主义的代理人。1915年起在柏林出版《钟声》杂志。1918年脱离政治活动。——67、83、100、101、263、320、447。

帕图叶,约瑟夫(Patouillet,Joseph)——法国经济学家,《美国帝国主义》(1904)一书的作者。——423。

潘涅库克,安东尼(Pannekoek,Antonie 1873—1960)——荷兰工人运动活动家,天文学家。1907年是荷兰社会民主工党左翼刊物《论坛报》创办人之一。1909年参与创建荷兰社会民主党。1910年起与德国左派社会民主党人关系密切,积极为该党的报刊撰稿。第一次世界大战期间是国际主义者,曾参加齐美尔瓦尔德左派理论刊物《先驱》杂志的出版工作。1918—1921年是荷兰共产党党员,参加共产国际的工作。20年代初是极左的德国共产主义工人党领袖之一。1921年退出共产党,不久脱离政治活动。——111。

佩尔讷斯托弗,恩格尔伯特(Pernerstorfer,Engelbert 1850—1918)——奥地

利社会民主党人；职业是教师。1885年当选为议员。1896年加入社会民主党右翼，1897年起任该党中央委员。几乎参加了第二国际的历次代表大会。1907年作为社会民主党议会党团主席，被选为副议长。第一次世界大战期间采取极端的沙文主义立场。——452、456。

佩什，乔治（Paish，George 1867—1957）——英国经济学家和统计学家，和平主义者。1881—1900年为英国保守党报纸《统计学家报》编辑部撰稿人，1900—1916年是该报编辑之一。1914—1916年任英国国库（财政部）财政和经济问题顾问。一些经济学会和统计学会的主席和会员。写有一系列关于世界经济和政治问题的著作。——377、380。

蒲鲁东，皮埃尔·约瑟夫（Proudhon，Pierre-Joseph 1809—1865）——法国政论家，经济学家，社会学家，小资产阶级思想家，无政府主义理论的创始人之一。1840年出版《什么是财产？》一书，从小资产阶级立场出发批判大资本主义所有制，幻想使小私有制永世长存。主张由专门的人民银行发放无息贷款，帮助工人购置生产资料，使他们成为手工业者，再由专门的交换银行保证劳动者"公平地"销售自己的劳动产品，而同时又不触动生产工具和生产资料的资本主义所有制。认为国家是阶级矛盾的主要根源，提出和平"消灭国家"的空想主义方案，对政治斗争持否定态度。1846年出版《经济矛盾的体系，或贫困的哲学》，阐述其小资产阶级的哲学和经济学观点。马克思在《哲学的贫困》一书中对该书作了彻底的批判。1848年革命时期被选入制宪议会后，攻击工人阶级的革命发动，赞成1851年12月2日的波拿巴政变。——447。

普拉滕，弗里德里希（弗里茨）（Platten，Friedrich（Fritz）1883—1942）——瑞士左派社会民主党人，后为共产党人；瑞士共产党的组织者之一。1904年参加社会民主主义运动。1906年秘密到俄国，在里加从事革命活动。1908年起任瑞士俄国侨民基金会秘书。1912—1918年任瑞士社会民主党书记。第一次世界大战期间是国际主义者，曾出席齐美尔瓦尔德代表会议和昆塔尔代表会议，参加齐美尔瓦尔德左派。1917年4月是护送列宁从瑞士返回俄国的主要组织者。1919年参加共产国际第一次代表大会，为大会主席团成员，曾为《共产国际》杂志撰稿。1921—1923年任瑞士共产党书记。1923年移居苏联，在苏联领导瑞士工人农业公社，后在国际农业研究所和莫斯科外语师范学院从事科研和教学工作。——41。

普雷斯曼，阿德里安（Pressemanne，Adrien 1879—1929）——法国社会党人。1912年是法国社会党常驻社会党国际局的代表。第一次世界大战期间持中派立场。——283、299、459、466。

普利什凯维奇，弗拉基米尔·米特罗范诺维奇（Пуришкевич，Владимир Митрофанович 1870—1920）——俄国大地主，黑帮反动分子，君主派。1900年起在内务部任职，1904年为维·康·普列韦的内务部特别行动处官员。1905年参与创建黑帮组织“俄罗斯人民同盟”，1907年退出同盟并成立了新的黑帮组织“米迦勒天使长同盟”。第二届、第三届和第四届国家杜马代表，因在杜马中发表歧视异族和反犹太人的演说而臭名远扬。第一次世界大战期间鼓吹把战争进行到“最后胜利”。1917年二月革命后主张恢复君主制。十月革命后竭力反对苏维埃政权，是1917年11月初被揭露的军官反革命阴谋的策划者。——22、140、319。

普列汉诺夫，格奥尔吉·瓦连廷诺维奇（Плеханов，Георгий Валентинович 1856—1918）——俄国早期的马克思主义理论家，后来成为孟什维克和第二国际机会主义领袖之一。19世纪70年代参加民粹主义运动，是土地和自由社成员及土地平分社领导人之一。1880年侨居瑞士，逐步同民粹主义决裂。1883年在日内瓦创建俄国第一个马克思主义团体——劳动解放社。翻译和介绍了马克思和恩格斯的许多著作，对马克思主义在俄国的传播起了重要作用；写过不少优秀的马克思主义著作，批判民粹主义、合法马克思主义、经济主义、伯恩施坦主义、马赫主义。20世纪初是《火星报》和《曙光》杂志编辑部成员。曾参与制定俄国社会民主工党纲领草案和参加党的第二次代表大会的筹备工作。在代表大会上是劳动解放社的代表，属火星派多数派，参加了大会常务委员会，会后逐渐转向孟什维克。1905—1907年革命时期反对列宁的民主革命的策略，后来在孟什维克和布尔什维克之间摇摆。在俄国社会民主工党第四次（统一）代表大会上作了关于土地问题的报告，维护马斯洛夫的孟什维克方案；在国家杜马问题上坚持极右立场，呼吁支持立宪民主党人的杜马。斯托雷平反动时期和新的革命高涨年代反对取消主义，领导孟什维克护党派。第一次世界大战期间持社会沙文主义立场。1917年二月革命后支持资产阶级临时政府。对十月革命持否定态度,但拒绝支持反革命。最重要的理论著作有《社会主义与政治斗争》(1883)、《我们的意见分歧》(1885)、《论一元论历史观之发展》(1895)、《唯物主义史论丛》(1896)、《论个人在历史上的作用》(1898)、《没有地址的信》(1899—1900),等等。——6、15、21、22、23、25、26、34、44、49、55、67、83、84、93、94、95、96、101、105、115、121、128、132、135、137、140、251、266、271、279、280—281、283、285、287、318、446、450、460、467。

Q

齐赫泽,尼古拉·谢苗诺维奇(Чхеидзе,Николай Семенович 1864—1926)——俄国孟什维克领袖之一。19 世纪 90 年代末参加社会民主主义运动。俄国社会民主工党第二次代表大会后是孟什维克。第三届和第四届国家杜马代表,第四届国家杜马孟什维克党团主席。第一次世界大战期间是中派分子。1917 年二月革命后任国家杜马临时委员会委员、彼得格勒工兵代表苏维埃主席和第一届中央执行委员会主席,极力支持资产阶级临时政府。1918 年起是反革命的外高加索议会主席,1919 年起是格鲁吉亚孟什维克政府——立宪会议主席。1921 年格鲁吉亚建立苏维埃政权后流亡法国。——26、46、55、63、96、122、137、139、250、270—275、283、292—293、299、318—319、420、452、466、468。

契尔施基,齐格弗里特(Tschierschky,Siegfried 生于 1872 年)——德国经济学家,曾在一些托拉斯和辛迪加做实际工作。著有《卡特尔与托拉斯》一书,曾出版《卡特尔评论》杂志。——339、351—352。

契恒凯里,阿卡基·伊万诺维奇(Чхенкели,Акакий Иванович 1874—1959)——格鲁吉亚孟什维克领袖之一;职业是律师。1898 年参加社会民主主义运动。斯托雷平反动时期和新的革命高涨年代是取消派分子。第四届国家杜马代表,参加孟什维克杜马党团。第一次世界大战期间是社会沙文主义者。1917 年二月革命后是临时政府驻外高加索的代表。1918 年 4 月任外高加索临时政府主席,后任格鲁吉亚孟什维克政府外交部长。1921 年格鲁吉亚建立苏维埃政权后成为白俄流亡分子。——271、420。

契切林,格奥尔吉·瓦西里耶维奇(奥尔纳茨基)(Чичерин,Георгий Васильевич(Орнатский)1872—1936)——1904 年参加俄国革命运动,1905 年在

柏林加入俄国社会民主工党。长期在国外从事革命活动。斯托雷平反动时期是孟什维主义的拥护者。第一次世界大战期间是国际主义者。1917年底转向布尔什维主义立场,1918年加入俄共(布)。1918年初回国后被任命为副外交人民委员,参加了布列斯特的第二阶段谈判,同德国签订了布列斯特和约。1918年5月—1930年任外交人民委员,是出席热那亚国际会议和洛桑国际会议的苏俄代表团团长。曾任全俄中央执行委员会和苏联中央执行委员会委员。在党的第十四次和第十五次代表大会上当选为中央委员。——305、453。

乔利蒂,乔万尼(Giolitti,Giovanni 1842—1928)——意大利国务活动家,自由党领袖。1882年起为议会议员。1889—1890年任财政大臣,1901—1903年任内务大臣。1892—1921年多次出任首相。是意大利大资本利益的代表,为意大利资产阶级与教权派的联盟奠定了基础。力求通过一些微不足道的改革和让步(实行国家保险,承认工人组织的合法地位和工人有罢工的权利等)以及通过与社会党改良派领袖的合作,来扩大意大利资产阶级制度的社会基础,缓和国内阶级矛盾。赞成法西斯分子掌权(1922),但于1924年11月转向反对派。——23。

切尔诺科夫,米哈伊尔·瓦西里耶维奇(Челноков,Михаил Васильевич 生于1863年)——俄国大企业家和房产主,立宪民主党创建人之一。1891—1894年任莫斯科县地方自治局主席。曾任地方自治机关议员和市议员、省地方自治局成员,参加过地方自治和城市自治活动家代表大会。第二届和第三届国家杜马莫斯科省代表,第四届国家杜马莫斯科市代表。1914—1917年任莫斯科市市长,城市联合会全权代表、全俄地方自治机关联合会主席。是把战争进行到“最后胜利”的狂热支持者。十月革命后在南方从事反革命活动,后逃亡国外。——277。

切列万宁,涅·(**利普金,费多尔·安德列耶维奇**)(Череванин,Н.(Липкин,Федор Андреевич)1868—1938)——俄国政论家,“马克思的批评家”,后为孟什维克领袖之一,取消派分子。俄国社会民主工党第四次(统一)代表大会和第五次(伦敦)代表大会的参加者,取消派报刊撰稿人,16个孟什维克关于取消党的“公开信”的起草人之一。1912年反布尔什维克的八月代表会议后是孟什维克领导中心——组委会成员。第一次世界大战期间是社会沙文主义者。1917年是孟什维克中央机关报《工人报》编辑之一和孟什维克中央委员会委员。敌视十月革命。——26、96。

R

饶勒斯，让（Jaurès，Jean 1859—1914）——法国社会主义运动和国际社会主义运动活动家，法国社会党领袖，历史学家和哲学家。1885年起多次当选议员。原属资产阶级共和派，90年代初开始转向社会主义。1898年同亚·米勒兰等人组成法国独立社会党人联盟。1899年竭力为米勒兰参加资产阶级政府的行为辩护。1901年起为社会党国际局成员。1902年与可能派、阿列曼派等组成改良主义的法国社会党。1903年当选为议会副议长。1904年创办《人道报》，主编该报直到逝世。1905年法国社会党同盖得领导的法兰西社会党合并后，成为统一的法国社会党的主要领导人。在理论和实践问题上往往持改良主义立场，但始终不渝地捍卫民主主义，反对殖民主义和军国主义。由于呼吁反对临近的帝国主义战争，于1914年7月31日被法国沙文主义者刺杀。写有法国大革命史等方面的著作。——109。

茹奥，莱昂（Jouhaux，Léon 1879—1954）——法国工会运动和国际工会运动活动家。1909—1940年和1945—1947年任法国劳动总联合会书记，1919—1940年是阿姆斯特丹工会国际右翼领袖之一。20世纪初支持无政府工团主义的“极左”口号。第一次世界大战期间是沙文主义者。——50、251、444。

S

萨尔托里乌斯·冯·瓦尔特斯豪森，奥古斯特（Sartorius von Waltershausen，August 1852—1938）——德国经济学家，德国帝国主义的辩护士。1888—1918年任斯特拉斯堡大学教授。写有一些关于世界经济和政治问题的著作。——398、413。

萨法罗夫，格奥尔吉·伊万诺维奇（Сафаров，Георгий Иванович 1891—1942）——1908年加入俄国社会民主工党。曾在彼得堡和国外做党的工作。第一次世界大战期间参加齐美尔瓦尔德左派，先在法国工作，1916年

1月起在瑞士工作。1917年二月革命后任俄国社会民主工党(布)彼得堡委员会委员。十月革命后从事党和苏维埃的工作。在讨论布列斯特和约期间是“左派共产主义者”。1921年起为俄共(布)中央委员会土耳其斯坦局成员,后为共产国际执行委员会委员、共产国际东方部负责人。在党的第十、第十一和第十三次代表大会上当选为候补中央委员。在党的第十四次代表大会上追随“新反对派”,后参加“托季联盟”,1927年被开除出党,1928年恢复党籍,1934年被再次开除出党。——249—252、308。

萨兰德拉,安东尼奥(Salandra, Antonio 1853—1931)——意大利国务活动家,意大利工业垄断组织和大地主的“自由联盟”的极右翼领袖之一。原为律师,曾在罗马大学任教。1886年起为意大利众议员。曾任农业大臣、财政大臣和国库大臣。1914—1916年任意大利内阁首相,1915年领导意大利参加协约国一方作战。战后是意大利参加巴黎和会和国际联盟的代表。支持意大利法西斯的夺权斗争;法西斯上台后,1922—1924年同墨索里尼政府合作。1925年起不再积极参加政治活动。——27。

萨莫伊洛夫,费多尔·尼基季奇(Самойлов, Федор Никитич 1882—1952)——1903年加入俄国社会民主工党,布尔什维克;职业是纺织工人。曾积极参加俄国第一次革命,在伊万诺沃-沃兹涅先斯克做党的工作。第四届国家杜马弗拉基米尔省工人代表,参加布尔什维克杜马党团。因进行反对帝国主义战争的革命活动,1914年11月被捕,1915年流放图鲁汉斯克边疆区。1917年二月革命后任伊万诺沃-沃兹涅先斯克苏维埃主席和党的委员会委员;在弗拉基米尔省参加建立苏维埃政权的领导工作。十月革命后在乌克兰和莫斯科工作。1921年起任全俄中央执行委员会委员,1922—1928年任俄共(布)中央党史委员会副主任,1932—1935年任全苏老布尔什维克协会副主席,1937—1941年任国家革命博物馆馆长。——2、246。

塞拉蒂,扎钦托·梅诺蒂(Serrati, Giacinto Menotti 1872或1876—1926)——意大利工人运动活动家,意大利社会党领导人之一,最高纲领派领袖之一。1892年加入意大利社会党。与康·拉查理等人一起领导该党中派。曾被捕,先后流亡美国、法国和瑞士,1911年回国。1914—1922年任社会党中央机关报《前进报》社长。第一次世界大战期间是国际主义者,曾参加齐美尔瓦尔德代表会议和昆塔尔代表会议。共产国际成立后,坚决主张意大利社会党参加共产国际。1920年率领意大利社会党代表团出席共产国际第二次代表大会;在讨论加入共产国际的条件时,反对同改良主义者无条件决裂。他的错误立场受到列宁的批评,不久即改正了错误。1924年带领社会党内的第三国际派加入意大利共产党。——7。

桑巴,马赛尔(Sembat,Marcel 1862—1922)——法国社会党改良派领袖之一,新闻工作者。曾为社会党和左翼激进派刊物撰稿。1893年起为众议员。1905年法国社会党与法兰西社会党合并后,是统一的法国社会党的右翼领袖之一。第一次世界大战期间是社会沙文主义者。1914年8月—1917年9月任法国帝国主义"国防政府"公共工程部长。1920年在法国社会党图尔代表大会上,支持以莱·勃鲁姆、让·龙格为首的少数派立场,反对加入共产国际。——111、124、251。

沙果夫,尼古拉·罗曼诺维奇(Шагов,Николай Романович 1882—1918)——1905年加入俄国社会民主工党,布尔什维克;职业是织布工人。第四届国家杜马科斯特罗马省工人选民团的代表,1913年加入布尔什维克杜马党团。曾出席有党的工作者参加的俄国社会民主工党中央委员会克拉科夫会议和波罗宁会议。因进行反对帝国主义战争的革命活动,1914年11月被捕,1915年流放图鲁汉斯克边疆区,1917年二月革命后回到彼得格勒。——2、246。

圣西门,昂利·克洛德(Saint-Simon,Henri Claude 1760—1825)——法国空想社会主义者。贵族出身。参加过美国独立战争,同情法国大革命。长期考察革命后的社会矛盾,于19世纪初逐渐形成空想社会主义思想。把社会发展看做人类理性的发展,有时也认为社会发展是经济发展引起的。抨击资本主义制度,认为竞争和无政府状态是一切灾难中最严重的灾难。所设想的理想制度是由"实业家"和学者掌握各方面权力、一切人都要劳动、按"才能"分配的"实业制度"。由于历史的局限,把资本家和无产阶级合称"实业家阶级",并主张在未来社会中保留私有制。提出关于未来社会必须有计划地组织生产和生活、发挥银行调节流通和生产的作用、国家将从对人的政治统治变为对物的管理和对生产的指导等一系列有重大意义的思想。晚年宣告他的最终目的是工人阶级的解放,但不理解工人阶级的历史使命，寄希望于统治阶级的理性和善心。主要著作有《一个日内瓦居民给当代人的信》(1803)、《人类科学概论》(1813)、《论实业制度》(1821)、《实业家问答》(1823—1824)、《新基督教》(1825)等。——439。

施蒂利希，奥斯卡尔(Stillich,Oskar 生于 1872 年)——《货币银行业》一书的作者。——354、259、370、371。

施尔德尔，齐格蒙德(Schilder,Sigmond 死于 1932 年)——德国经济学家，曾任商业博物馆秘书。写有《世界经济发展趋势》、《世界大战的世界经济前提》等著作。——377、379、396、398—399、413、432。

施略普尼柯夫，亚历山大·加甫里洛维奇(亚历山大)(Шляпников, Александр Гаврилович(Александр)1885—1937)——1901 年加入俄国社会民主工党。曾在索尔莫沃、穆罗姆、彼得堡和莫斯科做党的工作。1905—1906 年两度被捕，1908 年移居国外。第一次世界大战期间在彼得堡和国外做党的工作，负责在党中央委员会国外局同俄国局和彼得堡委员会之间建立联系。1917 年二月革命后任党的彼得堡委员会委员、彼得格勒工兵代表苏维埃执行委员会委员和彼得格勒五金工会主席。十月革命后参加第一届人民委员会，任劳动人民委员，后领导工商业人民委员部。1918 年参加国内战争，先后任南方面军革命军事委员会委员和里海—高加索方面军革命军事委员会主席。1919—1922 年任全俄五金工会中央委员会主席，1921 年 5 月起任最高国民经济委员会主席团委员。1920—1922 年是工人反对派的组织者和领袖。1921 年在党的第十次代表大会上当选为中央委员。后在经济部门担任负责职务。1933 年清党时被开除出党。1935 年因所谓"莫斯科反革命组织'工人反对派'集团"案被追究刑事责任，死于狱中。1988 年恢复名誉。——308、309。

施米特，罗伯特(Schmidt, Robert 1864—1943)——德国社会民主党人，1898—1930 年(有间断)为国会议员。1893—1903 年任德国社会民主党中央机关报《前进报》编辑。1903 年起为德国工会领袖之一。1919—1930 年历任粮食部长、经济部长和复兴部长。——13。

施奈德(Schneider)——法国金融巨头家族，对法国的经济和政治生活有巨大影响。施奈德兄弟(艾蒂安·施奈德和阿道夫·施奈德)于 1836 年开办的施奈德公司掌管着法国最大的康采恩之一"施奈德—克勒佐公司"。第一次世界大战前夕，这家康采恩的老板因生产军需品而同其他国家的军事工业集团保持密切联系。——379。

施秋梅尔，波里斯·弗拉基米罗维奇（Штюрмер，Борис Владимирович 1848—1917）——俄国国务活动家，大地主。1894—1902年任诺夫哥罗德省和雅罗斯拉夫尔省省长。1904年起为国会议员。1916年被任命为大臣会议主席、内务大臣和外交大臣。同年11月，因被控亲德和准备俄德单独媾和，被迫辞职。——319。

施陶斯，埃米尔·格奥尔格（Stauß，Emil Georg 生于1877年）——德国金融家，哲学家，经济学家。1898年起在德意志银行任职；从1906年至第一次世界大战结束，主管该银行的石油公司。1915年起是德意志银行和贴现公司的董事和监事。——385。

舒尔采-格弗尼茨，格尔哈特（Schulze-Gaevernitz，Gerhart 1864—1943）——德国经济学家，讲坛社会主义者。1892—1893年研究俄国的纺织工业和土地关系，并在莫斯科大学讲学。1893—1926年任弗赖堡大学政治经济学教授。试图论证在资本主义社会里有可能确立改善所有各阶级（资本家、工人和农民）状况的社会和平和"社会和谐"。把垄断资本、大银行的统治看做是"有组织的资本主义"。主要著作有《大生产及其对经济和社会进步的意义》（1892）、《论俄国社会经济和经济政策》（1899）等。——347、349、354、355—356、361、362、364、398、413、416—417、438—439。

司徒卢威，彼得·伯恩哈多维奇（Струве，Петр Бернгардович 1870—1944）——俄国经济学家，哲学家，政论家，合法马克思主义主要代表人物，立宪民主党领袖之一。19世纪90年代编辑合法马克思主义者的《新言论》杂志和《开端》杂志。1896年参加第二国际第四次代表大会。1898年参加起草《俄国社会民主工党宣言》。在1894年发表的第一部著作《俄国经济发展问题的评述》中，在批判民粹主义的同时，对马克思的经济学说和哲学学说提出"补充"和"批评"。20世纪初同马克思主义和社会民主主义彻底决裂，转到自由派营垒。1902年起编辑自由派资产阶级刊物《解放》杂志，1903年起是解放社的领袖之一。1905年起是立宪民主党中央委员，领导该党右翼。1907年当选为第二届国家杜马代表。第一次世界大战爆发后鼓吹俄国的帝国主义侵略扩张政策。十月革命后敌视苏维埃政权，是邓尼金和弗兰格尔反革命政府成员，后逃往国外。——59、60、94、142、279。

斯柯别列夫，马特维·伊万诺维奇（Скобелев，Матвей Иванович 1885—1938）——1903年参加俄国社会民主主义运动，孟什维克；职业是工程师。1906年侨居国外，为孟什维克出版物撰稿，参加托洛茨基的维也纳《真理报》编辑部。第四届国家杜马代表，社会民主党杜马党团领袖之一。第一次世界大战期间是中派分子。1917年二月革命后任彼得格勒工兵代表苏维埃副主席、第一届中央执行委员会副主席；同年5—8月任临时政府劳动部长。十月革命后脱离孟什维克，先后在合作社系统和对外贸易人民委员部工作。1922年加入俄共（布），在经济部门担任负责工作。1936—1937年在全苏无线电委员会工作。——420。

斯佩克塔托尔——见纳希姆松，米龙·伊萨科维奇。

斯特德，威廉·托马斯（Stead，William Thomas 1849—1912）——英国新闻工作者。1871年起在达灵顿编辑《北方回声报》。1880年任资产阶级报纸《派尔-麦尔新闻》助理编辑，1883—1889年为编辑。1890年创办《评论的评论》。写过不少著作，其中包括《欧洲联邦》、《世界的美国化》等。1905年为伦敦《泰晤士报》驻俄国记者。——392。

斯托雷平，彼得·阿尔卡季耶维奇（Столыпин，Петр Аркадьевич 1862—1911）——俄国国务活动家，大地主。1884年起在内务部任职。1902年任格罗德诺省省长。1903—1906年任萨拉托夫省省长，因镇压该省农民运动受到尼古拉二世的嘉奖。1906—1911年任大臣会议主席兼内务大臣。1907年发动"六三政变"，解散第二届国家杜马，颁布新选举法以保证地主、资产阶级在杜马中占统治地位，残酷镇压革命运动，大规模实施死刑，开始了"斯托雷平反动时期"。实行旨在摧毁村社和培植富农的土地改革。1911年被社会革命党人Д.Г.博格罗夫刺死。——453。

苏汉诺夫，尼·（**吉姆美尔，尼古拉·尼古拉耶维奇**）（Суханов，Н.（Гиммер，Николай Николаевич）1882—1940）——俄国经济学家和政论家。早年是民粹派分子，1903年起是社会革命党人，1917年起是孟什维克。曾为《俄国财富》、《同时代人》等杂志撰稿；企图把民粹主义和马克思主义结合起来。第一次世界大战期间自称是国际主义者，为《年鉴》杂志撰稿。1917

年二月革命后任彼得格勒苏维埃执行委员会委员、半孟什维克的《新生活报》编辑之一；支持资产阶级临时政府。曾参加马尔托夫的孟什维克集团。十月革命后在苏维埃经济机关工作。1922—1923年发表《革命札记》(共七卷)，宣扬俄国没有实现社会主义的经济前提，受到列宁的尖锐批判。1931年因参加孟什维克地下组织被判刑。——146、149、156、159、160—161、162—163、170、175、180—181、190、228、309。

苏潘，亚历山大(Supan，Alexander 1847—1920)——德国地理学家，哥达大学和布雷斯劳大学教授。——389、392—393。

索莫诺，路易莎(Saumoneau，Louise 1875—约1958)——法国女社会党人。第一次世界大战期间持国际主义立场，反对战争。1915年3月出席了伯尔尼国际妇女社会党人代表会议。曾一度为共产国际执行委员会机关刊物《共产国际》杂志撰稿，后担任社会党的宣传员。第二次世界大战期间参加抵抗运动。——455。

T

塔弗尔，保尔(Tafel，Paul)——《北美托拉斯及其对技术进步的影响》(1913)一书的作者。——340。

唐恩(**古尔维奇**)，费多尔·伊里奇(Дан(Гурвич)，Федор Ильич 1871—1947)——俄国孟什维克领袖之一；职业是医生。1894年参加社会民主主义运动，加入彼得堡工人阶级解放斗争协会。1896年8月被捕，监禁两年左右，1898年流放维亚特卡省，为期三年。1901年夏逃往国外，加入《火星报》柏林协助小组。1902年作为《火星报》代办员参加了俄国社会民主工党第二次代表大会的筹备会议，会后再次被捕，流放东西伯利亚。1903年9月逃往国外，成为孟什维克。俄国社会民主工党第四次(统一)代表大会和第五次(伦敦)代表大会及一系列代表会议的参加者。斯托雷平反动时期和新的革命高涨年代在国外领导取消派，编辑取消派的《社会民主党人呼声报》。第一次世界大战期间是社会沙文主义者。1917年二月革命后任彼得格勒苏维埃执行委员会委员和第一届中央执行委员会主席团委员，支持资产阶级临时政府。十月革命后反对苏维埃政权，1922年被驱逐出境，在柏林领导孟什维克进行反革命活动。1923年参与组织社会主义工人国际。同年被取消苏联国籍。——317。

特雷维斯,克劳狄奥(Treves,Claudio 1868—1933)——意大利社会党改良派领袖之一。1909—1912年编辑社会党中央机关报《前进报》。1906—1926年为议员。第一次世界大战期间是中派分子,反对意大利参战。敌视俄国十月革命。1922年意大利社会党分裂后,成为改良主义的统一社会党领袖之一。法西斯分子上台后,于1926年流亡法国,进行反法西斯的活动。——283、299、456、466、467。

特鲁尔斯特拉,彼得·耶莱斯(Troelstra,Pieter Jelles 1860—1930)——荷兰工人运动活动家,右派社会党人。荷兰社会民主工党创建人和领袖之一。1897—1925年(有间断)任该党议会党团主席。20世纪初转向极端机会主义立场,反对党内的左派论坛派,直至把论坛派开除出党。第一次世界大战期间是亲德的社会沙文主义者。1918年11月在荷兰工人运动高潮中一度要求将政权转归社会主义者,但不久放弃这一立场。列宁曾严厉批判他的机会主义政策。——107、122、456。

屠格涅夫,伊万·谢尔盖耶维奇(Тургенев,Иван Сергеевич 1818—1883)——俄国作家,对俄罗斯文学语言的发展作出重大贡献。他的作品反映了19世纪30—70年代俄国社会的思想探索和心理状态,揭示了俄国社会生活的特有矛盾,塑造了一系列"多余人"的形象;这些"多余人"意识到贵族制度的必然灭亡,但对于改变这一制度又束手无策。在俄国文学中第一次描写了新一代的代表人物——平民知识分子。反对农奴制,但寄希望于亚历山大二世,期望通过"自上而下"的改革使俄国达到渐进的转变,主张在俄国实行立宪君主制。——275。

屠拉梯,菲力浦(Turati,Filippo 1857—1932)——意大利工人运动活动家,意大利社会党创建人之一,该党右翼改良派领袖。1896—1926年为议员,领导意大利社会党议会党团。推行无产阶级同资产阶级阶级合作的政策。第一次世界大战期间持中派立场。敌视俄国十月革命。1922年意大利社会党分裂后,参与组织并领导改良主义的统一社会党。法西斯分子上台后,于1926年流亡法国,进行反法西斯的活动。——444。

托洛茨基(**勃朗施坦**),列夫·达维多维奇(Троцкий(Бронштейн),Лев Давидович 1879—1940)——1897年参加俄国社会民主主义运动。在俄国社会民主工党第二次代表大会上是西伯利亚联合会的代表，属火星派少数派。1905年同亚·帕尔乌斯一起提出和鼓吹“不断革命论”。斯托雷平反动时期和新的革命高涨年代，打着“非派别性”的幌子，实际上采取取消派立场。1912年组织“八月联盟”。第一次世界大战期间持中派立场。1917年二月革命后参加区联派，在党的第六次代表大会上随区联派集体加入布尔什维克党，当选为中央委员。参加十月武装起义的领导工作。十月革命后任外交人民委员，1918年初反对签订布列斯特和约，同年3月改任共和国革命军事委员会主席、陆海军人民委员等职。参与组建红军。1919年起为党中央政治局委员。1920年起历任共产国际执行委员会候补委员、委员。1920—1921年挑起关于工会问题的争论。1923年起进行派别活动。1925年初被解除革命军事委员会主席和陆海军人民委员职务。1926年与季诺维也夫结成“托季联盟”。1927年被开除出党，1929年被驱逐出境，1932年被取消苏联国籍。在国外组织第四国际。死于墨西哥。——97—98、250、271、275、288、442、450、452。

托马，阿尔伯(Thomas，Albert 1878—1932)——法国政治活动家，右派社会党人。1904年起为社会党报刊撰稿。1910年起为社会党议会党团领袖之一。第一次世界大战期间是社会沙文主义者。曾参加资产阶级政府，任军需部长。俄国1917年二月革命后到俄国鼓吹继续进行战争。1919年是伯尔尼国际的组织者之一。1920—1932年任国际联盟国际劳工组织的主席。——315、328。

W

瓦尔，莫里斯(Wahl，Maurice)——《法国在殖民地》一书的作者。——398。

瓦林——见弗里多林，弗拉基米尔·尤利耶维奇。

瓦扬，爱德华·玛丽(Vaillant，Édouard-Marie 1840—1915)——法国工人运动活动家，布朗基主义者。1866—1867年加入第一国际。1871年为巴黎公社执行委员会委员，领导教育委员会。公社失败后流亡伦敦，被选为第一国际总委员会委员。曾被缺席判处死刑，1880年大赦后返回法国，1881年领导布朗基派革命中央委员会。参与创建第二国际，是第二国际1889

年巴黎和1891年布鲁塞尔代表大会代表。1893年和1897年两度当选为议员。在反对米勒兰主义的斗争中与盖得派接近，是1901年盖得派与布朗基派合并为法兰西社会党的发起人之一。1905—1915年是法国社会党(1905年建立)的领导人之一。第一次世界大战期间持社会沙文主义立场。——107、454。

王德威尔得，埃米尔(Vandervelde，Émile 1866—1938)——比利时政治活动家，比利时工人党领袖，第二国际的机会主义代表人物。1885年加入比利时工人党，90年代中期成为党的领导人。1894年起多次当选为议员。1900年起任第二国际常设机构——社会党国际局主席。第一次世界大战爆发后成为社会沙文主义者，是大战期间欧洲国家中第一个参加资产阶级政府的社会党人。1918年起历任司法大臣、外交大臣、公共卫生大臣、副首相等职。俄国1917年二月革命后到俄国鼓吹继续进行战争。敌视俄国十月革命，支持武装干涉苏维埃俄国。曾积极参加重建第二国际的活动，1923年起是社会主义工人国际书记处书记和常务局成员。——7、44、102、111、113、117、127、251、263、467。

威廉二世(霍亨索伦)(Wilhelm II(Hohenzollern)1859—1941)——普鲁士国王和德国皇帝(1888—1918)。——126、268、278、373。

威廉斯，T.罗素(Williams，T.Russell)——英国社会主义者，英国独立工党党员。第一次世界大战期间持反军国主义立场，曾批评第二国际领袖们推行的政策。——250、303、305、471。

韦伯，比阿特里萨(Webb，Beatrice 1858—1943)——英国经济学家和社会活动家，悉尼·韦伯的妻子。曾在伦敦一些企业中研究工人劳动条件，担任与失业和妇女地位问题相关的一些政府委员会的委员。——126。

韦伯，悉尼·詹姆斯(Webb，Sidney James 1859—1947)——英国经济学家和社会活动家，工联主义和所谓费边社会主义的理论家，费边社的创建人和领导人之一。1915—1925年代表费边社参加工党全国执行委员会。第一次世界大战期间持社会沙文主义立场。1922年起为议员，1924年任商业大臣，1929—1930年任自治领大臣，1929—1931年任殖民地大臣。与其妻比阿特里萨·韦伯合写的关于英国工人运动的历史和理论的许多著作，宣扬在资本主义条件下和平解决工人问题的改良主义思想，但包含有英国工人运动历史的极丰富的材料。主要著作有《英国社会主义》(1890)、《产业民主》(1897)(列宁翻译了此书的第1卷,并校订了第2卷的俄译文;俄译本书名为《英国工联主义的理论和实践》)等。——123、126。

维尼希,奥古斯特(Winnig,August 1878—1956)——德国社会民主党人,政论家。第一次世界大战期间是社会沙文主义者。——451、454。

魏尔,乔治(Weill,George 生于1882年)——德国社会民主党人,出生于阿尔萨斯。第一次世界大战期间转向法国人一边,作为志愿兵参加法国军队,为此被开除出德国社会民主党,剥夺了代表权,并宣布为逃兵。——74。

乌里茨基,米哈伊尔(莫伊塞)·索洛蒙诺维奇(博列茨基)(Урицкий,Михайл(Моисей)Соломонович(Борецкий)1873—1918)——1898年加入俄国社会民主工党,党的第二次代表大会后是孟什维克。1905年在彼得堡进行革命工作。多次被捕和流放。第一次世界大战期间持中派立场。1917年二月革命后参加区联派,在俄国社会民主工党(布)第六次代表大会上随区联派集体加入布尔什维克党,当选为中央委员。积极参加十月革命,是领导武装起义的彼得格勒军事革命委员会委员和党总部成员。十月革命后任内务人民委员部部务委员、驻全俄立宪会议选举委员会特派员。1918年2月任彼得格勒革命防卫委员会委员。在布列斯特和约问题上持"左派共产主义者"立场。在党的第七次代表大会上当选为候补中央委员。1918年3月起任彼得格勒肃反委员会主席。同年8月在彼得格勒被社会革命党人杀害。——452、453。

武尔姆,埃马努埃尔(Wurm,Emanuel 1857—1920)——德国社会民主党人,化学家。1890年起为帝国国会议员。1902—1917年是《新时代》杂志编辑之一。1910年出席哥本哈根国际社会党代表大会。第一次世界大战期间为中派分子。德国1918年十一月革命后任粮食部长。——111、125。

X

西门子,格奥尔格·冯(Siemens,Georg von 1839—1901)——德国最大的工业家和金融大王之一。1870年开办德意志银行,任经理。普鲁士议会议员和帝国国会议员。——364。

希尔,戴维·杰恩(Hill,David Jayne 1850—1932)——美国历史学家和外交

家，三卷本《欧洲国际关系发展中的外交史》一书的作者。——432。

希尔德布兰德，格尔哈德（Hildebrand，Gerhard）——德国经济学家，政论家，德国社会民主党党员；1912年因持机会主义立场被开除出党。——416。

希尔奎特，莫里斯（Hillquit，Morris 1869—1933）——美国社会党创建人之一；职业是律师。起初追随马克思主义，后来倒向改良主义和机会主义。出生在里加，1886年移居美国，1888年加入美国社会主义工人党。该党分裂后，1901年参与创建美国社会党。1904年起为社会党国际局成员；曾参加第二国际代表大会的工作。第一次世界大战期间是中派分子。敌视俄国十月革命，反对共产主义运动。——452、458、459。

希法亭，鲁道夫（Hilferding，Rudolf 1877—1941）——奥地利社会民主党、德国社会民主党和第二国际机会主义领袖之一，"奥地利马克思主义"理论家。1907—1915年任德国社会民主党中央机关报《前进报》编辑。1910年发表《金融资本》一书，对研究垄断资本主义起了一定的积极作用，但书中有理论错误。第一次世界大战期间是中派分子，主张同社会帝国主义者统一。战后公开修正马克思主义，提出"有组织的资本主义"的理论，为国家垄断资本主义辩护。1917年起为德国独立社会民主党领袖之一。敌视苏维埃政权和无产阶级专政。1920年取得德国国籍。1924年起为国会议员。1923年和1928—1929年任魏玛共和国财政部长。法西斯分子上台后流亡法国。——280、329、331、334、361—362、368、370、397、411、424、433。

谢德曼，菲力浦（Scheidemann，Philipp 1865—1939）——德国社会民主党右翼领袖之一。1903年起参加社会民主党国会党团。1911年当选为德国社会民主党执行委员会委员，1917—1918年是执行委员会主席之一。第一次世界大战期间是社会沙文主义者。1918年10月参加巴登亲王马克斯的君主制政府，任国务大臣。1918年十一月革命期间参加所谓的人民代表委员会，借助旧军队镇压革命。1919年2—6月任魏玛共和国联合政府总理。1933年德国建立法西斯专政后流亡国外。——61、62、83、321、329、448、449。

谢姆柯夫斯基，谢·（**勃朗施坦，谢苗·尤利耶维奇**）（Семковский，С.（Бронштейн，Семен Юльевич）1882—1937）——俄国社会民主党人，孟什

Y

尤尔凯维奇(**雷巴尔卡**),列夫(Юркевич(Рыбалка),Лев 1885—1918)——乌克兰民族主义者,乌克兰民族社会党人,乌克兰社会民主工党中央委员。1913—1914年参加资产阶级民族主义的《钟声》杂志的工作。第一次世界大战期间在洛桑出版《斗争》月刊,主张乌克兰工人单独成立社会民主主义政党,主张将乌克兰从俄国分离出去并建立地主资产阶级的乌克兰君主国。——75、263。

约诺夫(**科伊根,费多尔·马尔科维奇**)(Ионов(Койген,Федор Маркович)1870—1923)——俄国社会民主党人,崩得领袖之一,后为布尔什维克。1893年起在敖德萨社会民主主义小组工作。1903年当选为崩得中央委员,1906年代表崩得出席俄国社会民主工党第四次(统一)代表大会。1907年是党的第五次(伦敦)代表大会的代表。1908年12月参加俄国社会民主工党第五次代表会议的工作,在基本问题上支持孟什维克护党派的纲领,后对取消派采取调和主义态度。第一次世界大战期间加入接近中派立场的崩得国际主义派。十月革命后加入俄共(布),在党的沃佳基地区委员会工作。——136。

Z

张伯伦,约瑟夫(Chamberlain,Joseph 1836—1914)——英国国务活动家。1880—1885年任商业大臣,1886年任内务大臣,1895—1903年任殖民大臣。极力推行殖民掠夺政策,是1899—1902年英布战争的主要策划者之一。他提出将英国所有殖民地统一为一个实行共同关税税率的联邦帝国的思想,主张废除自由贸易。由于在这个问题上没有得到政府的充分支持,于1903年退出政府,以便在争取社会舆论的斗争中保持行动自由。1906年脱离政治活动。——391—392。

左尔格,弗里德里希·阿道夫(Sorge,Friedrich Adolph 1828—1906)——美国工人运动和国际工人运动活动家,马克思和恩格斯的学生和战友。生于德国,参加过德国1848—1849年革命。革命失败后先后流亡瑞士、比利时和英国,1852年移居美国。在美国积极宣传马克思主义,是纽约共产主义俱乐部(1857年创立)和美国其他一些工人组织和社会主义组织的领导人之一。第一国际成立后,积极参加国际的活动,是第一国际美国各支部的组织者。1872 年第一国际总委员会从伦敦迁至纽约后，担任总委员会总书记，直到 1874 年。1876 年参加北美社会主义工人党的创建工作，领导了党内马克思主义者对拉萨尔派的斗争。与马克思和恩格斯长期保持通信联系。90 年代从事美国工人运动史的研究和写作，著有《美国工人运动》一书以及一系列有关美国工人运动史的文章，主要发表在德国社会民主党理论刊物《新时代》杂志上。晚年整理出版了他与马克思和恩格斯等人的书信集。1907 年书信集俄译本出版，并附有列宁的序言。列宁称左尔格为第一国际的老战士。——90。

Nota-Bene——见布哈林，尼古拉·伊万诺维奇。

W.——《可笑的罪名》一文的作者。

文献索引

阿恩特,保·《法国资本的实力》(Arndt,P.Die Kapitalkraft Frankreichs.—«Weltwirtschaftliches Archiv»,Jena,1916,Bd.7,(1916.I),S.34—52)——377。

阿加德,欧·《大银行与世界市场。从大银行对俄国国民经济和德俄两国关系的影响来看大银行在世界市场上的经济作用和政治作用》(Agahd,E. Großbanken und Weltmarkt.Die wirtschaftliche und politische Bedeutung der Großbanken im Weltmarkt unter Berücksichtigung ihres Einflusses auf Rußlands Volkswirtschaft und die deutsch-russischen Beziehungen. Berlin,Paschke,1914.XXIV,290 S.)——366—368、373—374。

阿克雪里罗得,帕·《国际社会民主党的危机和任务》(Axelrod,P.Die Krise und die Aufgaben der internationalen Sozialdemokratie.Zürich,Genossenschaftsdruckerei,1915.46 S.)——57—63、73、113—114、115、116、121、126—127、128—129、138、320。

[阿克雪里罗得,帕·波·]《同帕·波·阿克雪里罗得的谈话摘录》([Аксельрод,П.Б.]Из беседы с П.Б.Аксельродом.О наших разногласиях.II.—«Наше Слово»,Париж,1915,№90,16 мая,стр.2)——135。

阿斯特罗夫《俄国与战争》(Астров.Россия и война.—В кн.:Интернационал и война.№1.[Цюрих],изд.Загр.секретариата Орг.к-та РСДРП,1915,стр.23—33.(РСДРП))——135。

埃施韦格,路·《财阀和官吏》(Eschwege,L.Plutokratie und Beamtenschaft.—«Die Bank»,Berlin,1911,II.Semester,S.825—832.Подпись:Ludwig Eschwege—Berlin)——373。

—《泥潭》(Der Sumpf.—«Die Bank»,Berlin,1913,II.Semester,S.952—963)——371、373。

—《女儿公司》(Tochtergesellschaften.—«Die Bank», Berlin, 1914, I. Semester, S.544—551)——364—365。

—《水泥》(Zement. Zur Berichterstattung der Syndikate.—«Die Bank», Berlin, 1909, I. Semester, S. 115 — 125. Подпись: Ludwig Eschwege—Charlottenburg)——343。

奥尔纳茨基——见契切林,格·瓦·。

奥兰斯基,库·《两种立场》(Оранский, К. Две позиции.—«Рабочее Утро», Пг., 1915, №2, 22 октября, стр. 1)—— 132 — 134、135、273、274、275、276—277。

奥斯特尔利茨,弗·《民族动力》(Austerlitz, F. Die nationalen Triebkräfte.—«Die Neue Zeit», Stuttgart, 1916, Jg.34, Bd.1, Nr.21, 18.Februar, S.641—648)——286。

巴尔博尼,T.《国际主义还是阶级民族主义?(意大利无产阶级与欧洲大战)》(Barboni, T. Internazionalismo o Nazionalismo di classe? (il proletariato d'Italia e la guerra europea). Ed. dall'autore. Campione d'Intelvi (Provincia di Como), 1915.143 p.)——19、24—28。

巴拉贝伦——见拉狄克,卡·。

鲍威尔,奥·《民族问题和社会民主党》(Bauer, O. Die Nationalitätenfrage und die Sozialdemokratie. Wien, Brand, 1907. VIII, 576 S. (Marx—Studien. Blätter zur Theorie und Politik des wissenschaftlichen Sozialismus. Hrsg. von M. Adler und R. Hilferding. Bd. 2))——258。

贝尔,麦·《现代英国帝国主义》(Beer, M. Der moderne englische Imperialismus.—«Die Neue Zeit», Stuttgart, 1897 — 1898, Jg. XVI, Bd. 1, Nr. 10, S. 300—306)——391—392、397—398。

贝拉尔,维·《英国与帝国主义》(Bérard, V. L'Angleterre et l'impérialisme. Avec une carte en couleur hors texte. Paris, Colin, 1900. VI, 381 p.)——423。

[波特列索夫,亚·尼·]《在两个时代的交界点》([Потресов, А. Н.] На рубеже двух эпох.—«Наше Дело», Пг., 1915, №1, стр.65—82. Подписи: А.П—в и А.П.)——24。

博列茨基，莫·——见乌里茨基，莫·索·。

[布尔德朗，阿·]《向代表大会提出的决议案》([Bourderon, A.] Projet de Résolution pour le Congrès.—В листовке: Aux Fédérations. Aux Sections. Aux Membres du Parti Socialiste. [Paris, 1915], p.2)——251、303、305—306、451、454、471。

布哈林，尼·《世界经济和帝国主义》(Бухарин, Н. Мировое хозяйство и империализм. (Экономический очерк.) Изд. «Прибой», Пг., 1918. [Подготовлялся к печати])——140、141。

察恩，弗·《从1905年人口普查和1907年职业与企业普查看德国经济的发展》(Zahn, F. Deutschlandswirtschaftliche Entwicklung unter besonderer Berücksichtigung der Volkszählung 1905 sowie der Berufsund Betriebszählung 1907.—«Annalen des Deutschen Reichs für Gesetzgebung, Verwaltung und Volkswirtschaft», München—Berlin, 1911, Nr.3—4, S.161—248)——332—333、337—338。

大卫，爱·《社会主义和农业》(David, E. Sozialismus und Landwirtschaft. Bd.1. Die Betriebsfrage. Berlin, «Sozialistische Monatshefte», 1903. 703 S.)——198。

—《世界大战中的社会民主党》(Die Sozialdemokratie im Weltkrieg. Berlin, Singer, 1915. 192 S.)——115、116、127—128、129。

德布兹，尤·《何时我会去作战》(Debs, E. When I Shall Fight.—«Appeal to Reason», Girard, Cansas, 1915, No. 1, 032, September 11, p. 1)——247、303、453、458、471。

—《合我心意的"备战"》(«Preparedness» I Favor.—«Appeal to Reason», Girard, Cansas, 1915, No.1, 045, December 11, p.1)——453、458。

—《我愿参加的唯一的战争》(The Only War I Will Fight In.—«Appeal to Reason», Girard, Cansas, 1915, No. 1, 047, December 25, p. 1)——453、458。

—《永远不当兵》(Never be a Soldier.—«Appeal to Reason», Girard, Cansas, 1915, No.1, 030, August 28, p.1)——453、458。

德—基，Б.《波兰侨民》(Д—кий, Б. Польская эмиграция.—«Рабочее Утро»,

Пг.,1915,№1,15 октября,стр.2)——277。

德里奥,爱·《19 世纪末的政治问题和社会问题》(Driault,E.Les problèmes politiques et sociaux à la fin du XIXe siècle.Paris,Alcan,1900.388,32 p.)——399—400。

迪乌里奇,乔·《德国银行在国外的扩张及其同德国经济发展的联系》(Diouritch,G.L'expansion des banques allemandes à l'étranger ses rapports avec le développement économique de l'Allemagne. Paris—Berlin, Rousseau, Puttkammer u. Mühlbrecht, 1909. 798 S.)——377—378、383—384。

恩格斯,弗·《暴力在历史中的作用》(Энгельс,Ф.Роль насилия в истории. Конец декабря 1887 г.—март 1888 г.)——322。

—《布拉格起义》(Пражское восстание.17 июня 1848 г.)——261。

—《给弗·阿·左尔格的信》(1889 年 12 月 7 日)(Письмо Ф.А.Зорге.7 декабря 1889 г.)——90—91。

—[《给弗·阿·左尔格的信》](1893 年 1 月 18 日)(Engels,F.[Brief an F.A.Sorge].18.Januar 1893.—В кн.:Briefe und Auszüge aus Briefen von Joh.Phil.Becker,Jos.Dietzgen,Friedrich Engels,Karl Marx u.A.an F.A.Sorge u.Andere.Stuttgart,Dietz,1906,S.389—391)——112、125。

—[《给弗·阿·左尔格的信》](1893 年 11 月 11 日)([Brief an F.A.Sorge].11.November 1893.—Ibidem,S.400—401)——112、125。

—《给弗·凯利-威士涅威茨基夫人的信》(1886 年 12 月 28 日)(Письмо Ф.Келли-Вишневецкой.28 декабря 1886 г.)——90—91。

—《给赫·施留特尔的信》(1890 年 1 月 11 日)(Письмо Г.Шлютеру.11 января 1890 г.)——90—91。

—[《给卡·考茨基的信》](1882 年 9 月 12 日)([Brief an K.Kautsky].12.September 1882.—В кн.:Kautsky,K. Sozialismus und Kolonialpolitik. Eine Auseinandersetzung. Berlin,«Vorwärts»,1907,S.79—80,в отд.:Anhang.Под загл.:Ein Brief von Friedrich Engels)——419。

—[《给卡·马克思的信》](1858 年 10 月 7 日)([Brief an K.Marx].7.Oktober 1858.—В кн.:Der Briefwechsel zwischen Friedrich Engels und Karl

Marx.1844 bis 1883. Hrsg. v. A. Bebel und E. Bernstein. Bd. 2. Stuttgart, Dietz,1913,S.289—291)——418—419。

—[《给卡·马克思的信》](1881 年 8 月 11 日)([Brief an K.Marx].11.August 1881.—Ibidem,Bd.4,S.432—433)——419。

—《工人阶级同波兰有什么关系?》(Какое Дело рабочему классу до Польши? Конец января—6 апреля 1866 г.)——66—67、75。

—《流亡者文献》(Эмигрантская литература. Май 1874—апрель 1875 гг.)——261。

—《民主的泛斯拉夫主义》(Демократический панславизм. 14—15 февраля 1849 г.)——261—262。

—《1891 年社会民主党纲领草案批判》(К критике проекта социал-демократической программы 1891 г. Конец июня 1891 г.)——109—110、124。

—《英国工人阶级状况》(Die Lage der arbeitenden Klasse in England. Nach eigner Anschauung und authentischen Quellen. 2. durchges. Aufl. Stuttgart,Dietz,1892.XXXII,300 S.)——419。

—[《〈英国工人阶级状况〉1892 年德文第二版序言》]([Vorwort zu 2.Aufl. der Arbeit: «Die Lage der arbeitenden Klasse in England». 21. Juli 1892].—В кн.: Engels, F. Die Lage der arbeitenden Klasse in England. Nach eigner Anschauung und authentischen Quellen. 2. durchges. Aufl. Stuttgart,Dietz,1892,S.VII—XXVI)——419。

菲林,爱·阿·《国际贸易中的共同开拓和担保》(Filene,E.A.Coöperative Pioneering and Guaranteeing in the Foreign Trade.—«The Annals of the American Academy of Political and Social Science»,Philadelphia,1915, vol.LIX,No.148,May,p.321—332)——380。

福格尔施泰因,泰·《现代大工业中的资本主义组织形式》第 1 卷《英美钢铁工业和纺织工业的组织形式》(Vogelstein,Th.Kapitalistische Organisationsformen in der modernen Großindustrie. Bd. 1. Organisationsformen der Eisenindustrie und Textilindustrie in England und Amerika. Leipzig, Duncker u.Humblot,1910.XV,277 S.)——337、339、387。

—《资本主义工业的金融组织和垄断组织的形成》(Die finanzielle Organisation der kapitalistischen Industrie und die Monopolbildungen.—B кн.: Grundriß der Sozialökonomik. Abt. VI. Industrie, Bergwesen, Bauwesen. Buch III. B I. Tübingen, Mohr (Siebeck), 1914, S. 187—246)——336—337。

盖得,茹·《警惕!》(Guesde, J. En garde! Contre les Contrefaçons, les Mirages et la Fausse Monnaie des Réformes bourgeoises. Polémiques. Paris, Rouff, 1911. 477 p.)——51、105、120、443。

哥尔特,赫·《帝国主义、世界大战和社会民主党》(Gorter, H. Het Imperialisme, de Wereldoorlog en de Sociaal-Democratie. Amsterdam, Brochurehandel Sociaal-Democratische Partij, [1914]. 116 bl.)——111、262、287—288。

格里鲍耶陀夫,亚·谢·《智慧的痛苦》(Грибоедов, А. С. Горе от ума)——134。

古尔维奇,伊·《移民与劳动》(Hourwich, I. Immigration and Labor. The Economic Aspects of European Immigration to the United States. New York—London, Putnam, 1912. XVII, 544 p.)——418。

果戈理,尼·瓦·《死魂灵》(Гоголь, Н. В. Мертвые Души)——132。

果雷,保·《正在死亡的社会主义和必将复兴的社会主义》(Golay, P. Le socialisme qui meurt et le socialisme qui doit renaître. Conférence donnée à la Maison du Peuple de Lausanne, le 11 mars 1915. Lausanne, imp. de l'université, 1915. 22 p.)——10—18。

哈尔姆斯,伯·《国民经济和世界经济》(Harms, B. Volkswirtschaft und Weltwirtschaft. Versuch der Begründung einer Weltwirtschaftslehre. Mit zwei lithogr. Taf. Jena, Fischer, 1912. XV, 495 S. (Probleme der Weltwirtschaft. Schriften des Instituts für Seeverkehr und Weltwirtschaft an der Universität Kiel. Hrsg. v. B. Harms. VI))——377。

海曼,汉·吉·《德国大钢铁工业中的混合企业》(Heymann, H. G. Die gemischten Werke im deutschen Großeisengewerbe. Ein Beitrag zur Frage der Konzentration der Industrie. Stuttgart—Berlin, Cotta, 1904. IX, 342 S.

(Münchener volkswirtschaftliche Studien hrsg.v.L.Brentano und W.Lotz. 65.Stück))——334—335、363。

海尼希,库·《电力托拉斯之路》(Heinig,K.Der Weg des Elektrotrusts.—«Die Neue Zeit»,Stuttgart,1912,Jg.30,Bd.2,Nr.39,28.Juni,S.474—485)——366、383。

亨盖尔,汉·《法国对有价证券的投资,特别是对工商业的投资》(Henger,H. Die Kapitalsanlage der Franzosen in Wertpapieren mit besonderer Berücksichtigung der Kapitalsanlage in Handel und Industrie.Stuttgart—Berlin,Cotta,1913.101 S.(Münchener Volkswirtschaftliche Studien hrsg. v.L.Brentano und W.Lotz.125.Stück))——418。

霍布森,约·阿·《帝国主义》(Hobson,J.A.Imperialism. A Study. London, Nisbet,1902.VII,400,(4)p.)——323、329、331、377、391、404、411、412、414—416、421、423、429。

基斯,威·S.《银行分行和我国的对外贸易》(Kies,W.S.Branch Banks and our Foreign Trade.—«The Annals of the American Academy of Political and Social Science»,Philadelphia,1915,vol.LIX,No.148,May,p.301—308)——380。

吉布森,W.[《给〈工人领袖〉编辑的信》](Gibsone,W.[A Letter to the Editor of «The Labour Leader»].—«The Labour Leader»,[Manchester—London],1915,No.52,December 30,p.9.Под общ.загл.:The I L P and the Labour Party,в отд.:The Views of our Readers)——250、453。

吉姆美尔,尼·尼·——见苏汉诺夫,尼·。

卡尔韦尔,理·《世界经济导论》(Calwer,R.Einführung in die Weltwirtschaft. Berlin, Simon, 1906. 95 S. (Maier-Rothschild-Bibliothek. Bd. 30))——407—408。

考茨基,卡·《党团和党》(Kautsky, K. Fraktion und Partei.—«Die Neue Zeit»,Stuttgart,1915,Jg.34,Bd.1,Nr.9,26.November,S.269—276)——110、111、124、128、129、279。

—《帝国主义》(Der Imperialismus.—«Die Neue Zeit»,Stuttgart,1914,Jg. 32,Bd.2,Nr.21,11.September,S.908—922)——402—405、406—407。

—[《给达·波·梁赞诺夫的信》(1915 年 2 月 9 日)](Каутский, К. [Письмо Д. Б. Рязанову. 9 февраля 1915 г.].—«Наше Слово», Париж, 1916, №34(421), 10 февраля, стр. 1—2, в ст.: [Рязанов, Д. Б.] Буквоед. Роль Каутского в заседании фракции 3 августа 1914 г.)——458。

—《国际观点和战争》(Die Internationalität und der Krieg.—«Die Neue Zeit», Stuttgart, 1914, Jg. 33, Bd. 1, Nr. 8, 27. November, S. 225—250)——282。

—《两本用于重新学习的书》(Zwei Schriften zum Umlernen.—«Die Neue Zeit», Stuttgart, 1915, Jg. 33, Bd. 2, Nr. 2, 9. April, S. 33—42; Nr. 3, 16. April, S. 71—81; Nr. 4, 23. April, S. 107—116; Nr. 5, 30. April, S. 138—146)——83—84、112、126、143、402—405、406—407、429—432、446—447。

—《民族国家、帝国主义国家和国家联盟》(Nationalstaat, imperialistischer Staat und Staatenbund. Nürnberg, Fränkischer Verlagsanstalt, 1915. 80 S.)——424、425—426。

—《取得政权的道路》(Der Weg zur Macht. Politische Betrachtungen über das Hineinwachsen in die Revolution. Berlin, Buchh. «Vorwärts», 1909. 104 S.)——62、105、112—113、143、144。

—《社会主义与殖民政策》(Sozialismus und Kolonialpolitik. Eine Auseinandersetzung. Berlin, Buchh. «Vorwärts», 1907. 80 S.)——419。

—《危险的改良主义者》(Gefährliche Reformisten.—«Sozialistische Auslandspolitik», Berlin, 1915, Nr. 27, 10. November)——458。

—《再论民族动力》(Noch einige Bemerkungen über nationale Triebkräfte.—«Die Neue Zeit», Stuttgart, 1916, Jg. 34, Bd. 1, Nr. 23, 3. März, S. 705—713)——75、268、286—287。

—《再论我们的幻想》(Nochmals unsere Illusionen. Eine Entgegnung.—«Die Neue Zeit», Stuttgart, 1915, Jg. 33, Bd. 2, Nr. 8, 21. Mai, S. 230—241; Nr. 9, 28. Mai, S. 264—275)——83、121、263—264、282、298—299、446—447、465—466。

考夫曼，欧·《法国大储蓄银行的组织》(Kaufmann, E. Die Organization der französischen Depositengroßbanken.—«Die Bank», Berlin, 1909, II. Semester, S.849—857)——358。

—《法国银行业,特别是三家大储蓄银行》(Das französische Bankwesen mit besonderer Berücksichtigung der drei Depositengroßbanken. Tübingen, Mohr, 1911. XII, 372 S.(Archiv für Sozialwissenschaft und Sozialpolitik. Hrsg. v. E. Jaffé. Ergänzungsheft I))——349。

科尔布,威·《处在十字路口的社会民主党》(Kolb, W. Die Sozialdemokratie am Scheidewege. Ein Beitrag zum Thema: Neuorientierung der deutschen Politik. [2. Aufl.]. Karlsruhe, Buchdruckerei Geck, [1915]. 67 S.)——128、280。

科索夫斯基,弗·《解放的臆想》(Косовский, В. Освободительная легенда.—«Информационный Листок Заграничной Организации Бунда», [Женева], 1915, №7, январь, стр. 3—7)——29—30。

—《怎样重建国际》(Как восстановить Интернационал.—«Информационный Листок Заграничной Организации Бунда», [Женева], 1915, №8, май, стр. 2—6)——29。

克勒芒德,埃·《不列颠帝国同德意志帝国的经济关系》(Crammond, E. The Economic Relations of the British and German Empires.—«Journal of the Royal Statistical Society», London, 1914, vol. LXXVII, part VIII, July, p. 777—807)——410。

[克鲁普斯卡娅,娜·康·]《俄国社会民主工党彼得堡委员会在战争期间的传单》([Крупская, Н. К.] Листки Петербургского комитета РСДРП за время войны.—«Социал-Демократ», Женева, 1915, №47, 13 октября, стр. 1—2)——53。

克罗美尔,伊·巴·《古代帝国主义和现代帝国主义》(Cromer, E. B. Ancient and Modern Imperialism. London, Murray, 1910. 143 p.)——395。

克斯特纳,弗·《强迫加入组织。卡特尔与局外人斗争情况的研究》(Kestner, F. Der Organisationszwang. Eine Untersuchung über die Kämpfe zwischen Kartellen und Außenseitern. Berlin, Heymann, 1912. XII, 395 S.)——338—339、341—343。

库诺,亨·《党破产了吗?》(Cunow, H. Parteizusammenbruch? Ein offenes

Wort zum inneren Parteistreit.Berlin,Singer,1915.38 S.)——405。

拉布里奥拉,阿·《的黎波里战争和社会党人的见解》(Labriola,A.La guerra di Tripoli e l'opinione socialista.Napoli,Morano,1912.142 p.)——21。

[拉狄克,卡·]《对所谓的反驳的必要的反驳》([Radek,K.]Eine notwendige Widerlegung einer angeblichen Widerlegung.—«Berner Tagwacht»,1915,Nr.247,22.Oktober.Beilage zur «Berner Tagwacht»,S.1.Подпись:Parabellum)——272—273。

—《兼并和社会民主党》(Annexionen und Sozialdemokratie.—«Berner Tagwacht»,1915,Nr.252,28.Oktober.Beilage zur «Berner Tagwacht»,S.1;Nr.253,29.Oktober.Beilage zur «Berner Tagwacht»,S.1.Подпись:Parabellum)——66、77—78、82—85、467、468、469—470。

莱斯居尔,让·《法国储蓄业》(Lescure,J.L'Épargne en France.Paris,Tenin,1914.VIII,114 p.)——350。

莱维,赫·《垄断组织——卡特尔和托拉斯同资本主义工业垄断组织的联系》(Levy,H.Monopole,Kartelle und Trusts in ihren Beziehungen zur Organisation der kapitalistischen Industrie,Dargest.an der Entwicklung in Großbritannien.Jena,Fischer,1909.XIV,322 S.)——335—336。

兰斯堡,阿·《德国的国外投资》(Lansburgh,A.Deutsches Kapital im Auslande.—«Die Bank»,Berlin,1909,II.Semester,S.819—833)——426—428。

—《德国是食利国》(Der deutsche Rentnerstaat.—«Die Bank»,Berlin,1911,I.Semester,S.1—13)——413—414。

—《德国银行业中的参与制》(Das Beteiligungssystem im deutschen Bankwesen.—«Die Bank»,Berlin,1910,II.Semester,S.497—508)——347—348。

—《公爵托拉斯的金融事业》(Die Finanzgeschäfte des Fürstentrust.—«Die Bank»,Berlin,1912,I.Semester,S.223—230.Подпись:A.L.)——372。

—《国家与外国债券》(Der Staat und die Auslandsanleihen.—«Die Bank»,Berlin,1913,II.Semester,S.623—637)——369—370。

—《金融的民族主义》(Finanzieller Nationalismus.—«Die Bank»,Berlin,

1914,I.Semester,S.313—321)——354。

—《金融托拉斯》(Der «Money Trust».—«Die Bank»,Berlin,1912,I.Semester,S.432—438.Подпись:A.L.)——355。

—《曲意逢迎的经济影响》(Die wirtschaftliche Bedeutung des Byzantinismus.—«Die Bank»,Berlin,1909,I.Semester,S.301—309)——373。

—《五年来的德国银行业》(Fünf Jahre deutsches Bankwesen.—«Die Bank»,Berlin,1913,II.Semester,S.725—736)——346。

—《一家有3亿资本的银行》(Die Bank mit den 300 Millionen.—«Die Bank»,Berlin,1914,I.Semester,S.415—426)——351。

劳合-乔治,戴·《1915年5月4日在下院的演说》——见《预算》。

里塞尔,雅·《德国大银行及其随着德国整个经济发展而来的集中》(Riesser,J.Die deutschen Großbanken und ihre Konzentration im Zusammenhang mit der Entwicklung der Gesamtwirtschaft in Deutschland. 4. verb. und verm.Aufl.Jena,Fischer,1912.XIII,768 S.1 Karte)——338—340、347、348、349、350、354—355、356、380、383、386、432、436、437—438。

利夫曼,罗·《参与和投资公司。对现代资本主义和有价证券业的研究》(Liefmann, R. Beteiligungs-und Finanzierungsgesellschaften. Eine Studie über den modernen Kapitalismus und das Effektenwesen(in Deutschland, den Vereinigten Staaten, England, Frankreich, Belgien und der Schweiz).Jena, Fischer, 1909. X, 495 S.)——339、344、347、361、363、370—371。

—《卡特尔与托拉斯以及国民经济组织今后的发展》(Kartelle und Trusts und die Weiterbildung der volkswirtschaftlichen Organisation.2-te, stark erweiterte Aufl.Stuttgart,Moritz,1910.210 S.)——338、387—388。

利西斯《反对法国金融寡头》(Lysis.Contre l'Oligarchie financière en France. Préf.de J.Finot.5-me éd.Paris,«La Revue»,1908.XI,260 p.)——369。

[列金,卡·]《为什么工会的官员应当更多地参加党内生活?》([Legien,C.] Warum müssen die Gewerkschaftsfunktionäre sich mehr am inneren Parteileben beteiligen?(Ein Vortrag von C.Legien in der Versammlung der Gewerkschaftskommission Berlins und Umgegend am 27. Januar

1915).Berlin,1915.47 S.)——129。

列宁,弗·伊·《帝国主义是资本主义的最高阶段(通俗的论述)》(Ленин,В. И. Империализм, как высшая стадия капитализма. Популярный очерк. Январь—июнь 1916 г.)——323—324、325—326、328、329。

—《帝国主义是资本主义的最新阶段》([Lénine, V. I.]Der Imperialismus als jüngste Etappe des Kapitalismus. Hamburg, Hoym, 1921. 136 p. (Bibliothek der Kommunistische Internationale. IX). Перед загл. авт.: N. Lenin)——325、328。

—《帝国主义是资本主义的最新阶段(通俗的论述)》(俄文版)(Империализм, как новейший этап капитализма. (Популярный очерк). Пг., [«Парус»], 1917. 130 стр. Перед загл. кн. авт.: Н. Ленин(Вл. Ильин))——323—324、325。

—《帝国主义是资本主义的最新阶段(通俗的论述)》(法文版)(L'Impérialisme dernière étape du Capitalisme. (Essai de vulgarisation). Paris, Librairie de l'Humanité, 1923. 140 p. (Bibliothèque communiste). Перед загл. авт.: N. Lénine)——325、328。

—《俄国资本主义的发展》(Развитие капитализма в России. Процесс образования внутреннего рынка для крупной промышленности. 1896—1899 гг.)——158。

—《革命的社会民主党的口号》[1915 年俄国社会民主工党国外支部代表会议通过的决议](Лозунги революционной социал-демократии. [Резолюция, принятая на конференции заграничных секций РСДРП. 1915 г.].—«Социал-Демократ», Женева, 1915, №40, 29 марта, стр. 2. Под общ. загл.: Конференция заграничных секций РСДРП)——115、128。

—《关于第四届国家杜马的选举》[俄国社会民主工党第六次(布拉格)全国代表会议决议(1912 年 1 月)](О выборах в 4-ую Государственную думу. [Резолюция, принятая на Шестой (Пражской) Всероссийской конференции РСДРП в январе 1912 г.].—В кн.: Всероссийская конференция Рос. соц.-дем. раб. партии 1912 года. Изд. ЦК. Paris, кооп. тип. «Идеал», 1912, стр. 18—21. (РСДРП))——97—98。

—《关于民族问题的决议》[有党的工作者参加的俄国社会民主工党中央委员会 1913 年夏季会议的决议](Резолюция по национальному вопросу, [принятая на летнем 1913 г. совещании ЦК РСДРП с партийными работниками].—В кн.: Извещение и резолюции летнего 1913 года совещания Центрального Комитета РСДРП с партийными работниками. Изд. ЦК. [Париж, декабрь] 1913, стр. 20—23. (РСДРП))——266、286。

—《和平主义与和平口号》[1915 年俄国社会民主工党国外支部代表会议通过的决议](载于列宁，弗·伊·和季诺维也夫，格·叶·《社会主义与战争》一书)(Пацифизм и лозунг мира. [Резолюция, принятая на конференции заграничных секций РСДРП. 1915г.].—В кн.: [Ленин, В. И. и Зиновьев, Г. Е.] Социализм и война. (Отношение РСДРП к войне). Изд. ред. «Социал-Демократа». Женева, Chaulmontet, 1915, стр. 44—45. (РСДРП). Перед загл. кн. авт.: Г. Зиновьев и Н. Ленин)——276。

—《和平主义与和平口号》[1915 年俄国社会民主工党国外支部代表会议通过的决议](载于 1915 年 3 月 29 日《社会民主党人报》第 40 号)(Пацифизм и лозунг мира. [Резолюция, принятая на конференции заграничных секций РСДРП. 1915 г.].—«Социал-Демократ», Женева, 1915, №40, 29 марта, стр. 2. Под общ. загл.: Конференция заграничных секций РСДРП)——276。

—《几个要点》(Несколько тезисов. От редакции.—«Социал-Демократ», Женева, 1915, №47, 13 октября, стр. 2)——137、138。

—《死去的沙文主义和活着的社会主义(怎样重建国际?)》(Мертвый шовинизм и живой социализм. (Как восстановлять Интернационал?).—«Социал-Демократ», Женева, 1914, №35, 12 декабря, стр. 1—2)——305。

—《土地问题和"马克思的批评家"》(Аграрный вопрос и «критики Маркса». Июнь—сентябрь 1901 г.—осень 1907 г.)——172。

—《序言》(Предисловие.—В кн.: [Ленин, В. И.] Империализм, как новейший этап капитализма. (Популярный очерк). Пг., «Жизнь и Знание», 1917, стр. 1—2. Перед загл. кн. авт.: Н. Ленин (Вл. Ильин))——325。

—《战争和俄国社会民主党》(Война и российская социал-демократия.—«Социал-Демократ», Женева, 1914, №33, 1 ноября, стр. 1. Подпись: Центральный Комитет Российской с.-д.рабочей партии)——42、47、115、116、127—128、305。

[列宁,弗·伊·和季诺维也夫,格·叶·]《社会主义与战争》(德文版)([Lenin, V.I. u. Zinowjew, G.E.]Sozialismus und Krieg.(Stellung der S DA P Rußlands zum Kriege).Б.м.,1915.36 S.(S DA P).После загл.авт.: G.Zinowjew und N.Lenin)——46、91。

—《社会主义与战争》(1915年日内瓦俄文版)([Ленин, В.И. и Зиновьев, Г.Е.]Социализм и война.(Отношение РСДРП к войне).Изд.ред.«Социал-Демократа».Женева, Chaulmontet, 1915.48 стр.(РСДРП).Перед загл. кн.авт.:Г.Зиновьев и Н.Ленин)——276。

卢卡斯,查·普·《大罗马和大不列颠》(Lucas, C.P. Greater Rome and Greater Britain.Oxford, Clarendon Press, 1912.184 p.)——395。

卢森堡,罗·《民族问题和自治》(Luxemburg, R. Kwestja narodowościowa i autonomja.—«Przegląd Socjaldemokratyczny», [Kraków], 1908, N 6, sierpień, s.482—515; N 7, wrzesień, s.597—631; N 8—9, październik—listopad, s.687—710; N 10, grudzień, s.795—818; 1909, N 12, czerwiec, s.136—163; N 14—15, sierpień—wrzesień, s.351—376)——74。

吕勒,奥·《论党的分裂》(Rühle, O.Zur Parteispaltung.—«Vorwärts», Berlin, 1916, Nr.11, 12.Januar.Beilage zu Nr.11 des «Vorwärts», S.2)——249—250、303、454、471。

吕西埃,昂·《大洋洲的瓜分》(Russier, H.Le Partage de L'Océanie.Paris, Vuibert et Nony, 1905.XI, 370 p.)——397—398。

[伦纳,卡·]施普林格,鲁·《奥地利民族为国家而斗争》([Renner, K.] Springer, R.Der Kampf der Österreichischen Nationen um den Staat.T.1: Das nationale Problem als Verfassungsund Verwaltungsfrage.Leipzig—Wien, Deuticke, 1902.IV, 252 S.)——258。

伦施,保·《关于自决的蠢话》(Lensch, P. Die Selbstbestimmungsflause.—«Die Glocke», München, Jg. 1915, Nr. 8, 15. Dezember, S. 465—476)

——261。

—《社会主义和过去的兼并》(Sozialismus und Annexionen in der Vergangenheit.—«Die Glocke», München, Jg. 1915 — 1916, Nr. 9, 1. Januar, S. 493—500)——261。

[罗兰-霍尔斯特,罕·]《胡斯曼在社会民主工党代表大会上的报告》([Roland-Holst, H.] Huysmans Rede auf dem Parteitag der SDAP.—«Berner Tagwacht», 1916, Nr. 18, 22. Januar. Beilage zur «Berner Tagwacht», S. 1. Подпись: H.R.H.)——450。

[罗特施坦,费·]《英国社会主义和战争》([Ротштейн, Ф.] Английский социализм и война.—«Наше Слово», Париж, 1915, №259, 7 декабря, стр. 1. Подпись: Ф. Р—н)——305。

—《再论英国社会党人》(Еще об английских социалистах.—«Наше Слово», Париж, 1916, №15(402), 19 января, стр. 1. Подпись: Ф. Р—н и Ф.Р.)——305。

马尔丁诺夫,亚·《爱国组织〈号召报〉》(Мартынов, А. Патриотическая организация «Призыв».—В кн.: Интернационал и война. №1. [Цюрих], изд. Загр. секретариата Орг. к-та РСДРП, 1915, стр. 146 — 148. (РСДРП). Подпись: А.М.)——135、136、274。

—《即将发生的事情中有哪点是新东西?》(В чем новизна грядущего? —В кн.: Интернационал и война. №1. [Цюрих], изд. Загр. секретариата Орг. к-та РСДРП, 1915, стр. 1—22. (РСДРП))——136。

马尔克,Ch.《驱逐》(Marck, Ch. Une expulsion.—«La Bataille», Paris, 1916, N 87, 28 janvier, p. 2)——249。

马尔托夫,尔·《从"民族自决权"中得出的结论是什么》(Мартов, Л. Что следует из «права на национальное самоопределение».—«Наш Голос», Самара, 1916, №3(17), 17 января, стр. 1—2; №4(18), 24 января, стр. 1)——287—288。

—《工人运动的国际化》。帕维尔·阿克雪里罗得《国际社会民主党的危机和任务》[书评](Martoff, L. Internationalisierung der Arbeiterbewegung. Paul Axelrod. Die Krise und die Aufgaben der internationalen Sozialdemokratie.[Рецензия на книгу].—«Volksrecht», Zürich, 1915, Nr. 236, 9. Oktober, S.1; Nr. 237, 11. Oktober, S.1—2)——57、60。

—《〈前进报〉已经死亡》(Умер «Vorwärts».—«Голос», Париж, 1914, №23, 9 октября, стр.1—2. Подпись: Л.М.)——452。

—《战争和俄国无产阶级》(Война и российский пролетариат.—В кн.: Интернационал и война. №1. [Цюрих], изд. Загр. секретариата Орг. к-та РСДРП, 1915, стр.102—125. (РСДРП))——135—136、137—139。

马克思,卡·《废除封建义务的法案》(Маркс, К. Законопроект об отмене феодальных повинностей. 29 июля 1848 г.)——94。

—《给弗·恩格斯的信》(1866年6月7日)(Письмо Ф.Энгельсу. 7 июня 1866 г.)——66、75、81—82。

—《给弗·恩格斯的信》(1866年6月20日)(Письмо Ф.Энгельсу. 20 июня 1866 г.)——66、75、82。

—《给弗·恩格斯的信》(1867年11月2日)(Письмо Ф.Энгельсу. 2 ноября 1867 г.)——82、257—258、261、286、447、449。

—《给弗·恩格斯的信》(1869年12月10日)(Письмо Ф. Энгельсу. 10 декабря 1869 г.)——66—67、75、82、85、261、447、449。

—《给路·库格曼的信》(1869年11月29日)(Письмо Л.Кугельману. 29 ноября 1869 г.)——82、261、447、449。

—《机密通知》(Конфиденциальное сообщение. Около 28 марта 1870 г.)——261。

—《路易·波拿巴的雾月十八日》(Восемнадцатое брюмера Луи Бонапарта. Декабрь 1851 г.—март 1852 г.)——93—94。

—《1848年至1850年的法兰西阶级斗争》(Классовая борьба во Франции с 1848 по 1850 г. Январь—1 ноября 1850 г.)——94。

—《资本论》(俄文版第1—3卷)(Капитал. Критика политической экономии, т.I—III. 1867—1894 гг.)——336。

—《资本论》(俄文版第3卷上下册)(Капитал. Критика политической экономии, т.III, ч.1—2. 1894 г.)——153、193—194、426。

—《资本论》(俄文版第3卷下册)(Капитал. Критика политической экономии. Т. 3, ч. 2. Кн. III. Процесс капиталистического производства, взятый в целом. Гл. XXIX—LII. Полный пер. с 2-го, подготовленного Ф. Энгельсом нем. Изд. под ред. В. Базарова и И. Степанова. Общ. ред. А. Богданова. М., «Московское Книгоиздательство», 1908. VI, 415 стр.)——352。

马克思，卡·和恩格斯，弗·《共产党宣言》(俄文版)(Маркс, К. и Энгельс, Ф. Манифест Коммунистической партии. Декабрь 1847 г.—январь 1848 г.)——6、49。

米歇尔斯，罗·《意大利的帝国主义》(Michels, R. L'imperialismo italiano. Studi politicodemografici. Milano, Società Editrice Libraria, 1914. XVIII, 187 p. (Studi economico-sociale contemporanei=8). На обл.: Roma—Milano—Napoli)——19—23。

莫里斯，亨·C.《从上古到今日的殖民史》(Morris, H. C. The History of Colonization from the Earliest Times to the Present Day. In two volumes. V. 1—2. New York—London, Macmillan, 1900. 2 v.)——390。

莫尼托尔《社会民主党和世界大战》(Monitor. Die Sozialdemokratie und der Weltkrieg.—« Preußische Jahrbücher », Berlin, 1915, Bd. 160, Hft. 1, April, S. 30—53)——109、123—124。

奈马尔克，阿·《有价证券的国际统计》(Neymarck, A. La statistique internationale des Valeurs Mobilières. IX-e Rapport... Première Partie. Exposé général du rapport.—В кн.: Bulletin de l'Institut international de statistique. T. XIX—2e Livraison. La Haye, Van Stockum, [1912], p. 201—225)——374—375、377、423。

尼布尔，赫·耶·《[书评:]〈民族和从属种族〉》(Nieboer, H. J. [Рецензия на книгу:] Nationalities and Subject Races. Report of Conference, held in Caxton Hall, Westminster, June 28—30, 1910. London, 1911. P. S. King and Son. XII u. 178 S.—« Weltwirtschaftliches Archiv », Jena, 1913, Bd. 2, S. 193—195)——421—422。

帕图叶，约·《美国帝国主义》(Patouillet, J. L'impérialisme américain. Thèse pour le doctorat. (Sciences politiques et économiques). Dijon, « Petit Bourguignon », 1904. 388 p. (Université de Dijon.—Faculté de droit))——423。

佩尔讷斯托弗,恩·《俄国和我们》(Pernerstorfer,E.Rußland und wir.—«Die Neue Zeit»,Stuttgart,1915,Jg.34,Bd.1,Nr.13,24.Dezember,S.412—414,в отд.:Notizen)——456。

—《再论俄国和我们》(Nochmals Rußland und wir.—«Die Neue Zeit»,Stuttgart,1916,Jg.34,Bd.1,Nr.20,11.Februar,S.638—640,в отд.:Notizen)——456。

佩什,乔·《大不列颠在各殖民地和国外的投资》(Paish,G.Great Britain's Capital Investments in Individual Colonial and Foreign Countries.—«Journal of the Royal Statistical Society»,London,1911,vol.LXXIV,part II,January,p.167—187)——377。

平克斯通,G.[《给〈工人领袖〉编辑的信》](Pinkstone,G.[A Letter to the Editor of «The Labour Leader»].—«The Labour Leader»,[Manchester—London],1915,No.52,December 30,p.9.Под общ.загл.:The ILP and the Labour Party,в отд.:The Views of our Readers)——250、453。

平内尔,费·《冯·格温纳先生的煤油垄断》(Pinner,F.Herrn v. Gwinners Petroleummonopol.—«Die Bank»,Berlin,1912,II.Semester,S.1032—1047)——385—386。

—《煤油战略》(Petroleum-Strategie.—«Die Bank»,Berlin,1912,II.Semester,S.629—638)——385—386。

普列汉诺夫,格·瓦·《革命的两条路线》(Плеханов,Г.В.Две линии революции.—«Призыв»,Paris,1915,№3,17 октября,стр.2—4)——93、94、95—96。

—《论游行示威》(О демонстрациях.—«Искра»,[Мюнхен],1902,№14,1 января,стр.1)——49。

—《在 20 世纪的门槛上》(На пороге двадцатого века.—«Искра»,[Мюнхен],1901,№2,февраль,стр.1)——460。

—《再论战争》(Еще о войне.(Ответ товарищу Н—ву).—В кн.:Война. Сборник статей.При участии:И.Аксельрод и др.[Paris,«Ideal»,1915],стр.11—48)——128、129、280。

契尔施基,齐·《卡特尔与托拉斯》(Tschierschky,S.Kartell und Trust.Vergleichende Untersuchungen über deren Wesen und Bedeutung. Göttingen, Vandenhoeck und Ruprecht, 1903. 129 S.)——339、351—352。

契恒凯里，阿·伊·《在柏林的五个星期》(Чхенкели, А. И. Пять недель в Берлине.—«Современный Мир», Пг., 1915, №5, стр. 125—152)——271。

[契切林，格·瓦·]《彼得罗夫同志案件和苏格兰的运动》([Чичерин, Г. В.] Дело тов. Петрова и движение в Шотландии.—«Наше Слово», Париж, 1916, №45(432), 23 февраля, стр. 1. Подпись: Орн. На газ. ошибочно указано: №44(431))——305、453。

—《关于召集社会党国际局的争论》(Споры о созыве Межд. соц. бюро. (Письмо из Англии).—«Наше Слово», Париж, 1916, №51(438), 1 марта, стр. 1. Подпись: Орн.)——305、453。

—《"社会民主党的机关报"〈正义报〉的告密》(英国来信)(Донос «Justice», «органа соц.-демократии». (Письмо из Англии).—«Наше Слово», Париж, 1916, №5(393), 7 января, стр. 1. Подпись: Орн.)——305、453。

萨尔托里乌斯·冯·瓦尔特斯豪森，奥·《国外投资的国民经济制度》(Sartorius von Waltershausen, A. Das volkswirtschaftliche System der Kapitalanlage im Auslande. Berlin, Reimer, 1907. 442 S.)——398、413。

桑巴特，韦·《19世纪的德国国民经济》(Sombart, W. Die deutsche Volkswirtschaft im neunzehnten Jahrhundert. 2. durchges. Aufl. Sechstes, siebentes und achtes Tausend. Berlin, Bondi, 1909. XVI, 611 S.)——370。

施蒂利希，奥·《货币银行业》(Stillich, O. Geld-und Bankwesen. Ein Lehr-und Lesebuch. Berlin, Curtius, 1907. 267 S.)——354、359、370、371。

施尔德尔，齐·《世界经济发展趋势》(Schilder, S. Entwicklungstendenzen der Weltwirtschaft. Bd. 1. Planmäßige Einwirkungen auf die Weltwirtschaft. Berlin, Siemenroth, 1912. VIII, 393 S.)——377、379、396、398—399、413、432。

舒尔采-格弗尼茨，格·《德国信用银行》(Schulze-Gaevernitz, G. Die deutsche Kreditbank.—В кн.: Grundriß der Sozialökonomik. Abt. V. Die einzelnen Erwerbsgebiete in der kapitalistischen Wirtschaft und die ökonomische Binnenpolitik im modernen Staate. Teil II. Bankwesen. Bearb. v. G. v.

Schulze-Gaevernitz, E. Jaffé. Buch III. A II. Tübingen, Mohr (Siebeck), 1915, S.1—189)——347、349、354—356、361、364、438—439。

—《20世纪初的不列颠帝国主义和英国自由贸易》(Britischer Imperialismus und englischer Freihandel zu Beginn des zwanzigsten Jahrhunderts. Leipzig, Duncker u. Humblot, 1906. 477 S.)——398、413、416—417。

[司徒卢威,彼·伯·]《时代的迫切任务》([Струве, П. Б.] Насущная задача времени.—«Освобождение», Париж, 1905, №63, 20(7) января, стр. 221—222. Подпись: П.С.)——279。

斯密斯,V.[《给〈工人领袖〉编辑的信》](Smith, V. [A Letter to the Editor of «The Labour Leader»].—«The Labour Leader», [Manchester—London], 1915, No.52, December 30, p.9. Под общ. загл.: The ILP and the Labour Party, в отд.: The Views of our Readers)——250、453。

[苏汉诺夫,尼·]《北美合众国最近一次人口普查总结摘录》([Суханов, Н.] Из итогов последнего ценза С.-А. Соединенных Штатов.—«Заветы», [Спб.], 1913, №6, стр. 39—62. Подпись: Ник. Гиммер)——150、156、159—160、161、162—163、170、175、180—181、190、228—229。

苏潘,亚·《欧洲殖民地的扩展》(Supan, A. Die territoriale Entwicklung der Europäischen Kolonien. Mit einem kolonialgeschichtlichen Atlas von 12 Karten und 40 Kärtchen im Text. Gotha, Perthes, 1906. XI, 344 S.)——389、392—393。

塔弗尔,保·《北美托拉斯及其对技术进步的影响》(Tafel, P. Die Nordamerikanischen Trusts und ihre Wirkungen auf den Fortschritt der Technik. Stuttgart, Wittwer, 1913. 74 S.)——339—340。

屠格涅夫,伊·谢·《贵族之家》(Тургенев, И.С. Дворянское гнездо)——100。

—《散文诗·处世之道》(Стихотворения в прозе. Житейское правило)——275。

[托洛茨基,列·达·]《基本问题》([Троцкий, Л. Д.] Основные вопросы.—«Наше Слово», Париж, 1915, №217, 17 октября, стр. 2—3. Подпись: Н. Троцкий)——97—98。

—《同社会爱国主义者合作(答马尔托夫同志)》(Сотрудничество с социал-патриотами. (Ответ т. Мартову).—«Наше Слово», Париж, 1915, №264,

12 декабря, стр.1—2)——250。

瓦尔,莫·《法国在殖民地》(Wahl, M. La France aux colonies. Paris, May et Motteroz, б.г.304 p.(Bibliothèque d'histoire illustrée))——397—398。

瓦扬,爱·《形式主义者——学理主义者》(Vaillant, E. Formalistes doctrinaires.—«L'Humanité», Paris, 1914, N 3827, 9 octobre, p.1)——454。

威廉斯,T.罗·《独立工党和工党》(Williams, T.R. The ILP and the Labour Party.—«The Labour Leader», [Manchester—London], 1915, No.49, December 9, p. 8; No. 51, December 23, p. 8, в отд.: The Views of our Readers)——250、303、305、453、454、471。

[乌里茨基,莫·索·]《与来自俄国的社会爱国主义者的谈话摘录》([Урицкий, М. С.] Из бесед с социал-патриотом из России.—«Наше Слово», Париж, 1916, №30(417), 5 февраля, стр. 1—2. Подпись: М. Борецкий)——452、453。

希尔,戴·杰·《欧洲国际关系发展中的外交史》(Hill, D.J. A History of Diplomacy in the International Development of Europe. V. 1. The Struggle for universal Empire. With maps and tables. New York—London—Bombay, Longmans. Green, 1905. XXIII, 481 p.)——432。

希尔德布兰德,格·《工业统治地位和工业社会主义的动摇》(Hildebrand, G. Die Erschütterung der Industrieherrschaft und des Industriesozialismus. Jena, Fischer, 1910. VI, 244 S.)——416。

希法亭,鲁·《处在十字路口的社会民主党》(Hilferding, R. Die Sozialdemokratie am Scheidewege.—«Die Neue Zeit», Stuttgart, 1915, Jg. 33, Bd. 2, Nr. 16, 16. Juli, S.489—499)——280。

—《金融资本》(德文版)(Das Finanzkapital. Eine Studie über die jüngste Entwicklung des Kapitalismus. Wien, Brand, 1910. XI, 477 S.)——331。

—《金融资本》(俄文版)(Гильфердинг, Р. Финансовый капитал. Новейшая фаза в развитии капитализма. Авторизов. пер. с нем. и вступит. статья И. Степанова. М., Знаменский, 1912. XXIX, 576, 3 стр.)——331、334、361—362、368、370、377、397、411、424—425、433。

谢姆柯夫斯基,谢·尤·《民族问题中的简单化的马克思主义》(Семковский,

С.Ю.Упрощенный марксизм в национальном вопросе.—«Новая Рабочая Газета»,Спб.,1913,№69,29 октября,стр.1;№71,31 октября,стр.2)——74—75、277—278。

许布纳尔,奥·《世界各国地理统计表》[1914 年版](Hübner,O.Geographisch-statistische Tabellen aller Länder der Erde.Fortgeführt und ausgestaltet von F. v. Juraschek. 63. umgearb. Ausgabe für das Jahr 1914. Frankfurt a.M.,Keller,[1914].XV,155 S.)——393。

—《世界各国地理统计表》(1916 年版)(Geographisch-statistische Tabellen aller Länder der Erde.Fortgeführt und ausgestaltet von F.v.Juraschek.64. Ausgabe.(Kriegs-Ausgabe).Im Druck vollendet Ende 1915.Frankfurt a. M.,Keller,1916.XV,158 S.)——393。

亚·马·——见马尔丁诺夫,亚·。

耶德尔斯,奥·《德国大银行与工业的关系,特别是与冶金工业的关系》(Jeidels,O.Das Verhältnis der deutschen Großbanken zur Industrie mit besonderer Berücksichtigung der Eisenindustrie. Leipzig, Duncker u. Humblot,1905.XII,271 S.(Staats-und sozialwissenschaftliche Forschungen,hrsg.von G.Schmoller u.M.Sering.24.Bd.2.Hft.(Der ganzen Reihe 112.Hft.)))—— 344、345、356 — 357、357 — 358、359、360 — 361、381、384。

约诺夫《论策略和组织的继承性》(Ионов.О тактической и организационной преемственности.(К позиции «Нашего Слова»).—В кн.:Интернационал и война.№1.[Цюрих],изд.Загр.секретариата Орг.к-та РСДРП,1915,стр.62—76.(РСДРП))——136。

W.《可笑的罪名》(W.Курьезное обвинение.—«Информационный Листок Заграничной Организации Бунда»,[Женева],1915,№8,май,стр.11—12)——30。

*　　*　　*

《奥地利国际主义者告各国国际主义者》(Die Internationalen in Österreich an die Internationalen aller Länder! —«Berner Tagwacht»,1915,Nr.283,3.

Dezember.1.Beilage zur «Berner Tagwacht», S. 1; Nr. 284, 4. Dezember. Beilage zur «Berner Tagwacht», S.1)——453。

《奥地利统计》(Österreichische Statistik hrsg. von der K.K. statistischen Zentralkommission. Bd. LXXXIII, Hft. I. Ergebnisse der landwirtschaftlichen Betriebszählung. Vom 3. Juni 1902 in den im Reichsrate vertretenen Königreichen und Ländern. Hft. I: Analytische Bearbeitung. Summarische Daten für das Reich, die Verwaltungsgebiete und Länder, nebst Anhang, enthaltend Übersichten nach natürlichen Gebieten. Bearb. von dem Bureau der K.K. statistischen Zentralkommission. Wien, 1909. [4], XLV, 65 S.)——164—165。

《澳大利亚社会党人对待战争的态度》(Die Stellung der Sozialdemokraten Australiens zum Krieg.—«Berner Tagwacht», 1916, Nr. 32, 8. Februar. Beilage zur «Berner Tagwacht», S. 1; Nr. 34, 10. Februar, S. 1—2. Подпись: I.K.)——458。

巴塞尔代表大会决议——见《国际关于目前形势的宣言》。

《崩得国外组织新闻小报》[日内瓦](«Информационный Листок Заграничной Организации Бунда», [Женева], 1915, №7, январь, стр. 3—7)——29。

—1915, №8, май, стр. 2—6, 11—12.——29。

《彼得堡新列斯纳工厂的决议》(Резолюция завода Новый Лесснер в Петербурге.—«Социал-Демократ», Женева, 1915, №47, 13 октября, стр. 2)——53。

《编辑部的话》[约诺夫《论策略和组织的继承性(论〈我们的言论报〉的立场)》一文的后记](От редакции. [Послесловие к статье Ионова «О тактической и организационной преемственности. (К позиции «Нашего Слова»)»].—В кн.: Интернационал и война. №1. [Цюрих], изд. Загр. секретариата Орг. к-та РСДРП, 1915, стр. 77—78. (РСДРП))——136。

[《编辑部的评论》]([Anmerkung der Redaktion].—«Berner Tagwacht», 1915, Nr. 250, 26. Oktober. Beilage zur «Berner Tagwacht», S. 1. Под общ. загл.: Eine Entgegnung)——272。

《编委会会议的决议(1915年6月1—2日)》(Rezolucja narady kolegjum

redakcyjnego,odbytej 1—2 czerwca 1915 r.—«Gazèta Robotnicza»,[Zürich],1916,Nr.25,styczeń,s.7—8)——290—293。

《表示同情的声明》[齐美尔瓦尔德国际社会党代表会议的决议](Sympathieerklärung.[Резолюция Международной социалистической конференции в Циммервальде].—« Internationale Sozialistische Kommission zu Bern. Bulletin»,Bern,1915,Nr.1,21.September,S.8)——37、470。

《波兰代表团在齐美尔瓦尔德国际社会党代表会议上的宣言》(Декларация польской делегации на Международной социалистич. конференции в Циммервальде.—В кн.:Интернационал и война.№1.[Цюрих],изд.Загр. секретариата Орг. к-та РСДРП, 1915, стр. 97 — 99.(РСДРП))——266—267。

《波兰和立陶宛社会民主党代表的声明》(Заявление представителей Социал-демократии Польши и Литвы.—В кн.:Второй очередной съезд Росс.соц.-дем. рабочей партии. Полный текст протоколов. Изд. ЦК. Genève, тип. партии,[1904],стр.388—390.(РСДРП))——265。

《伯尔尼国际社会党委员会》[关于召开国际社会党第二次代表会议的通告](Internationale sozialistische Kommission zu Bern.[Обращение по поводу созыва 2-ой Международной социалистической конференции].—« Internationale Sozialistische Kommission zu Bern.Bulletin»,Bern,1916,Nr.3,29.Februar,S.1)——294、463。

《伯尔尼国际社会党委员会。公报》(«Internationale Sozialistische Kommission zu Bern. Bulletin», Bern, 1915, Nr. 1, 21. September. 8 S. На нем., англ. и фр.яз.)——37、38—39、41、470—471。

—1915,Nr.2,27.November.16 S.——39、41、266—267、270、302—303。

—1916,Nr.3,29.Februar,S.1,2—3.——294、302—303、304、463、469、470—471、472。

《伯尔尼哨兵报》(«Berner Tagwacht»)——39、41、240。

—1915,Nr.218,18.September,S.1.——77、101、134、245、246、251、300、301、302、454、456、468—469、470—471。

—1915,Nr.247,22.Oktober.Beilage zur «Berner Tagwacht»,S.1.——272。

—1915, Nr. 250, 26. Oktober. Beilage zur «Berner Tagwacht», S. 1.——272、273—274。

—1915, Nr. 252, 28. Oktober. Beilage zur «Berner Tagwacht», S. 1; Nr. 253, 29. Oktober. Beilage zur «Berner Tagwacht», S. 1.——66、77—78、81—85、445、446、447。

—1915, Nr. 271, 19. November. Beilage zur «Berner Tagwacht», S. 1.——116、129。

—1915, Nr. 283, 3. Dezember. 1. Beilage zur «Berner Tagwacht», S. 1; Nr. 284, 4. Dezember. Beilage zur «Berner Tagwacht», S. 1.——453。

—1916, Nr. 18, 22. Januar. Beilage zur «Berner Tagwacht», S. 1.——450。

—1916, Nr. 32, 8. Februar. Beilage zur «Berner Tagwacht», S. 1; Nr. 34, 10. Februar, S. 1—2.——458。

《晨报》(彼得格勒)(«Утро», Пг.)——271。

《储金局的银行业务》(Die bankgewerbliche Tätigkeit der Sparkassen.—«Die Bank», Berlin, 1913, II. Semester, S. 1022—1024, в отд.: Umschau)——353。

《党执行委员会门前的一次群众游行示威》(Eine Massendemonstration vor dem Parteivorstandsdomizil.—«Berner Tagwacht», 1915, Nr. 271, 19. November. Beilage zur «Berner Tagwacht», S. 1)——116、129。

《德意志帝国立法、行政和国民经济年鉴》(慕尼黑—柏林)(«Annalen des Deutschen Reichs für Gesetzgebung, Verwaltung und Volkswirtschaft», München—Berlin, 1911, Nr. 3—4, S. 161—248)——333、338。

《德意志帝国统计》(Statistik des deutschen Reichs. Hrsg. vom kaiserli chen statistischen Amte. 211. Bd. Berufs-und Betriebszählung vom 12. Juni 1907. Berufsstatistik. Abt. X. Die berufliche und soziale Gliederung des deutschen Volkes. Berlin, 1913. 325, 270 S.)——418。

《德意志帝国统计年鉴》(Statistisches Jahrbuch für das Deutsche Reich. Hrsg. vom kaiserlichen statistischen Amte. Jg. 36. 1915. Berlin, Puttkammer u. Mühlbrecht, 1915. XXXVI, 480, 114 S.)——409。

《帝国主义》[德国社会民主党开姆尼茨代表大会通过的决议](Der Imperialismus.[Резолюция, принятая на Хемницком съезде Германской социал-демократической партии. 1912 г.].—В кн.: Protokoll über die Verhandlungen des Parteitages der Sozialdemokratischen Partei Deutschlands. Abgehalten in Chemnitz vom 15. bis 21. September 1912. Berlin, Singer, 1912, S.529—530, в отд.: Anhang)——331。

《对战争牺牲者和受迫害者表示同情的决议》[1915年齐美尔瓦尔德国际社会党代表会议通过](Резолюция симпатии жертвам войны и преследуемым, [принятая на Международной социалистической конференции в Циммервальде. 1915 г.].—«Социал-Демократ», Женева, 1915, №45—46, 11 октября, стр.1)——42—43、45—46、48、302。

《俄国的民族主义与工人阶级》(Der russische Nationalismus und die Arbeiterschaft.—«Volksrecht», Zürich, 1915, Nr. 296, 18. Dezember, S. 1)——132。

《俄国旗帜报》(彼得格勒)(«Русское Знамя», Пг.)——322。

《俄国社会民主党人论保卫国家》(Русские с.-д. о защите страны.—«День», Пг., 1915, №280(1078), 11 октября, стр.4)——136。

《俄国社会民主工党纲领(党的第二次代表大会通过)》(Программа Российской соц.-дем. рабочей партии, принятая на Втором съезде партии.—В кн.: Второй очередной съезд Росс. соц.-дем. рабочей партии. Полный текст протоколов. Изд. ЦК. Genève, тип. партии, [1904], стр. 1—6. (РСДРП))——75、265。

《俄国社会民主工党中央委员会关于战争的宣言》(1914年11月1日)——见列宁，弗·伊·《战争和俄国社会民主党》。

《俄国社会民主工党》[组织委员会的传单](《新闻小报》第9号抽印本)(Российская социал-демократическая рабочая партия. [Прокламация Организационного комитета].—Отдельный оттиск из №9 «Информационного Листка». [Женева, 1915], стр. 3. Подпись: Организационный комитет РСДРП)——272—273。

《俄国社会民主工党》[组织委员会的传单](载于《国际和战争》一书)(Российская социал-демократическая рабочая партия. [Прокламация

Организационного комитета].—В кн.：Интернационал и война. №1. [Цюрих]，изд.Загр.секретариата Орг.к-та РСДРП，1915，стр.143—145.（РСДРП）. Подпись：Организационный комитет РСДРП）——271—272。

《俄国社会民主工党组织委员会的工作报告》(Tätigkeitsbericht des Organisationskomitees der SDAP Rußlands.—«Internationale Sozialistische Kommission zu Bern.Bulletin»，Bern，1915，Nr.2，27.November，S.6—7)——270。

《俄国无产阶级的任务》(给俄国国内同志的信)(Задача российского пролетариата.(Письмо к товарищам в России).[Genève，Chaulmontet，1915].8 стр.(РСДРП))——33—34、62。

《法国社会党人见解的大改变》(Great Change in French Socialist Opinion. (From a Paris correspondent).—«The Labour Leader»，[Manchester—London]，1915，No.52，December 30，p.3)——451。

《法兰克福报》(法兰克福)(«Frankfurter Zeitung»，Frankfurt a.M.Abendblatt，1914，Nr.121，2.Mai，S.4)——355。

《告欧洲无产者书》[1915年齐美尔瓦尔德国际社会党代表会议通过的宣言]（Пролетарии Европы！[Манифест，принятый на Международной социалистической конференции в Циммервальде. 1915 г.].—«Социал-Демократ»，Женева，1915，№45—46，11 октября，стр.1）——42—45、46、47、50。

《告欧洲无产者书》(载于1915年9月18日《伯尔尼哨兵报》第218号)(Proletarier Europas！—«Berner Tagwacht»，1915，Nr.218，18.September，S.1.Под общ.загл.：Internationale sozialistische Konferenz zu Zimmerwald (Schweiz))——77、101、134、245、246、251、300、301、302、454、456、468—469、470—471。

《告欧洲无产者书》(载于1915年9月21日《伯尔尼国际社会党委员会。公报》第1期)(Proletarier Europas！—«Internationale Sozialistische Kommission zu Bern.Bulletin»，Bern，1915，Nr.1，21.September，S.2—3)——37、38—39。

《告所属各政党和团体书》(Rundschreiben an alle angeschlossenen Parteien und Gruppen.—«Internationale Sozialistische Kommission zu Bern.Bulletin»,Bern,1916,Nr.3,29.Februar,S.2—3.Подпись:Im Namen der Zimmerwalder Konferenz:Die ISK zu Bern)——243、302、303—304、468—469、470、471—472。

《告无产阶级妇女!》[传单](Aux femmes du prolétariat! [Листовка.Paris,1915].1 p.(Comité d'Action Féminine Socialiste pour la Paix contre le Chauvinism).Подпись:Pour le Comité:Louse Saumoneau)——455。

《哥达家谱宫廷历书及外交统计年鉴》(Gothaischer Genealogischer Hofkalender nebst diplomatisch-statistischem Jahrbuche.Jg.151 Gotha,Perthes,1914.XXIV,1208,36 S.)——64。

《格吕特利盟员报》(洛桑)(«Le Grutléen»,Lausanne)——10。

《工人报》[苏黎世](«Gazeta Robotnicza»,[Zürich],1915,Nr.24,luty.8 s.)——290。

—1916,Nr.25,styczeń,s.7—8.——290—293。

《工人报》(维也纳)(«Arbeiter-Zeitung»,Wien)——286。

《工人晨报》(彼得格勒)(«Рабочее Утро»,Пг.)——132、137、139、271、274、275、322、452。

—1915,№1,15 октября,стр.2—3.——276、277。

—1915,№2,22 октября.4 стр.——132、133—134、135、273、274—275、276—277。

《工人领袖》(曼彻斯特—伦敦—格拉斯哥)(«Labour Leader»,Manchester—London—Glasgow)——129、305。

—[Manchester—London],1915,No.33,August 19.12 p.——129。

—1915,No.46,November 18,p.3.——453、454、456。

—1915,No.49,December 9,p.8;No.51,December 23,p.8.——250、303、305、453、454、456、471。

—1915,No.52,December 30,p.3,9.——250、451、453。

—1916,No.2,January 13,p.8.——451。

—1916,No.4,January 27,p.8.——451。

《宫廷历书》——见《哥达家谱宫廷历书及外交统计年鉴》。

《共产党人》杂志(日内瓦)(«Коммунист», Женева, 1915, №1—2. 196 стр.)——305、307、308—309。

《关于波兰问题》(Zur Polenfrage.—«Internationale Sozialistische Kommission zu Bern. Bulletin», Bern, 1915, Nr. 2, 27. November, S. 15)——266—267。

《关于对农民运动的态度》[俄国社会民主工党第四次(统一)代表大会通过的决议](Об отношении к крестьянскому движению[Резолюция, принятая на IV (Объединительном) съезде РСДРП].—В кн.: Протоколы Объединительного съезда РСДРП, состоявшегося в Стокгольме в 1906 г. М., тип. Иванова, 1907, стр. 413—414)——98。

《关于〈世界大战和社会民主党的任务〉的决议案》(Vorschlag der Resolution über: Weltkrieg und die Aufgaben der Sozialdemokratie.—«Internationale Flugblätter», [Zürich], 1915, Nr. 1, November, S. 5—7. Под общ. загл.: Die Zimmerwalder Linke über die Aufgaben der Arbeiterklasse)——91。

[《关于征订1916年〈我们的呼声报〉的预告》]([Объявление о подписке на газету «Наш Голос» на 1916 г.].—«Наш Голос», Самара, 1916, №3(17), 17 января, стр. 1)——271。

《光线报》(圣彼得堡)(«Луч», Спб.)——270。

《光线》杂志(柏林)(«Lichtstrahlen», Berlin)——454。

《国际传单集》[苏黎世](«Internationale Flugblätter», [Zürich], 1915, Nr. 1, November, S. 5—8)——91。

《国际关于目前形势的宣言[巴塞尔国际社会党非常代表大会通过]》(Manifest der Internationale zur gegenwärtigen Lage, [angenommen auf dem Außerordentlichen Internationalen Sozialistenkongreß zu Basel].—В кн.: Außerordentlicher Internationaler Sozialistenkongreß zu Basel am 24. und 25. November 1912. Berlin, Buchh. «Vorwärts», 1912, S. 23—27)——2、11、25、60、62、102—106、113、115—116、117—120、123、125—126、127—128、130、244、246、327—328、331。

《国际和战争》(Интернационал и война. №1. [Цюрих], изд. Загр. секретариата Орг. к-та РСДРП, 1915. II, 148 стр. (РСДРП))——132、135—139、

266—267、270、271、272、274—275。

《国际统计研究所公报》(Bulletin de l'Institut international de statistique. T. XIX—2e Livraison. La Haye, Van Stockum, [1912], p. 201—225)——374—375、377、423。

《号召报》(巴黎)(«Призыв», Paris)——101、275。

—1915, №3, 17 октября, стр. 2—4.——93、94、95。

《呼声报》(巴黎)(«Голос», Париж, 1914, №23, 9 октября, стр. 1—2)——452。

《皇家统计学会杂志》(伦敦)(«Journal of the Royal Statistical Society», London, 1911, vol. LXXIV, part II, January, p. 167—187)——377。

—1914, vol. LXXVII, part VIII, July, p. 777—807.——410。

《回答》(Eine Entgegnung.—«Berner Tagwacht», 1915, Nr. 250, 26. Oktober. Beilage zur «Berner Tagwacht», S. 1. Подпись: Auswärtiges Sekretariat des Organisationskomitees der sozialdemokratischen Arbeiterpartei Rußlands)——272、273—274。

《火星报》(旧的、列宁的)[莱比锡—慕尼黑—伦敦—日内瓦](«Искра» (старая, ленинская), [Лейпциг—Мюнхен—Лондон—Женева])——51。

《火星报》[慕尼黑](«Искра», [Мюнхен], 1901, №2, февраль, стр. 1)——460。

—1902, №14, 1 января, стр. 1.——49。

《交易所一周。对贴现公司吞并沙夫豪森的评论。交易所趋向削弱。上西里西亚采矿工业状况》(Börsenwoche. Nachklänge zur Fusion Schaaff-hausen—Discontogesellschaft. Schwache Börsentendenz. Zur Lage in der oberschlesischen Montanindustrie.—«Frankfurter Zeitung», Frankfurt a. M. Abendblatt, 1914, Nr. 121, 2. Mai, S. 4)——355—356。

《解放》杂志(巴黎)(«Освобождение», Париж, 1905, №63, 20(7) января, стр. 221—222)——279。

《决议(伯尔尼国际妇女社会党人代表会议通过)》(Резолюция, принятая на интернациональной социалистической женской конференции в Берне.—«Социал-Демократ», Женева, 1915, №42. Приложение к №42 газеты «Социал-Демократ», 1 июня, стр. 2. Под общ. загл.: Женская международная социалистическая конференция)——47。

《军国主义和国际冲突》[斯图加特国际社会党代表大会通过的决议](Der Militarismus und die internationalen Konflikte.[Резолюция, принятая на Международном социалистическом конгрессе в Штутгарте].—В кн.: Internationaler Sozialistenkongreß zu Stuttgart. 18. bis 24. August 1907. Berlin, Buchh. «Vorwärts», 1907, S. 64—66)——11、244。

《卡·马克思、弗·恩格斯和斐·拉萨尔的遗著》(Aus dem literarischen Nachlaß von K. Marx, F. Engels und F. Lassalle. Hrsg. von F. Mehring. Bd. III. Gesammelte Schriften von K. Marx und F. Engels. Von Mai 1848 bis Oktober 1850. Stuttgart, Dietz, 1902. VI, 491 S.)——75。

《卡米耶·胡斯曼新的声明》(Nouvelles déclarations de Camille Huysmans.—«L'Humanité», Paris, 1916, N 4315, 9 février, p. 3. Под общ. загл.: L'Internationale, la Belgique et la guerre)——450。

《论坛报》(阿姆斯特丹)(«De Tribune», Amsterdam)——456。

《马克思和恩格斯通信集》(第2卷和第4卷)(Der Briefwechsel zwischen Friedrich Engels und Karl Marx. 1844 bis 1883. Hrsg. v. A. Bebel und E. Bernstein. Bd. 2, 4. Stuttgart, Dietz, 1913. 2 Bd.)

—第2卷(Bd. 2. XXIV, 429 S.)——418—419。

—第4卷(Bd. 4. XX, 536 S.)——418—419。

《煤油喜剧》(Die Petroleum-Komödie.—«Die Bank», Berlin, 1913, I. Semester, S. 388—391, в отд.: Umschau)——385—386。

《每日电讯》(伦敦)(«The Daily Telegraph», London, 1915, May 5, p. 6)——377。

《美国统计汇编》(Statistical Abstract of the United States. 1911. No. 34. Prepared by the Bureau of statistics, under the direction of the secretary of commerce and labor. Washington, 1912. 803 p. (Department of commerce and labor))——333—334、338。

《美国1910年第十三次人口普查》(第4—5卷)(Thirteenth census of the United States, taken in the year 1910. Vol. IV—V. Washington, Government printing office, 1913—1914. 2 v. (Department of commerce. Bureau of the census))

—第 4 卷(Vol. IV. Population 1910. Occupation Statistics. 1914. 615 p.)——167。

—第 5 卷(Vol. V. Agriculture. 1909 and 1910. General report and analysis. 1913.927 p.)——150—195、205—206、211—212、215—216、220—238。

《美国政治和社会科学学院年刊》(«The Annals of the American Academy of Political and Social Science», Philadelphia, 1915, vol. LIX, No. 148, May, p. 301—308, 321—332)——380。

《民权报》(苏黎世)(«Volksrecht», Zürich, 1915, Nr. 236, 9. Oktober, S. 1; Nr. 237, 11. Oktober, S. 1—2)——57、60。

—1915, Nr. 296, 18. Dezember, S. 1.——132。

—1916, Nr. 35, 11. Februar, S. 1.——455。

《农业生产统计》(Landwirtschaftliche Betriebsstatistik. Hrsg. vom kaiserlichen Statistischen Amte. Bd. 212, T. 1 a, 1 b, 2 a. Berlin, Verlag des Statistischen Reichsamts, [1909—1910]. 3 Bd. (Statistik des Deutschen Reichs. Berufs und Betriebszählung vom 12. Juni 1907))——164—165、166、167—168、181—182、219—220。

《欧洲与革命》(«Europa und die Revolution».—«Volksrecht», Zürich, 1916, Nr. 35, 11. Februar, S. 1)——455。

《普鲁士年鉴》(柏林)(«Preußische Jahrbücher», Berlin, 1915, Bd. 160, Hft. 1, April, S. 30—53)——109、123—124、125。

《齐美尔瓦尔德国际社会党代表会议通过的宣言》——见《告欧洲无产者书》。

[《齐美尔瓦尔德国际社会党代表会议左派代表起草的声明》]([Заявление, сделанное левой группой делегатов на Международной социалистической конференции в Циммервальде].—«Социал-Демократ», Женева, 1915, №47, 13 октября, стр. 2. Под общ. загл.: Два заявления на международной конференции. Подписи: Н. Ленин и др.)——9、46。

《齐美尔瓦尔德(瑞士)国际社会党代表会议(1915 年 9 月 5—8 日)》(Internationale sozialistische Konferenz zu Zimmerwald (Schweiz), abgehalten vom 5. bis 8. September 1915. Offizieller Verhandlungsbericht.—«Internationale Sozialistische Kommission zu Bern. Bulletin», Bern, 1915, Nr. 1, 21. September, S.4—8)——41。

《前进报》(柏林)(«Vorwärts», Berlin)——250。

—1916, Nr. 11, 12. Januar. Beilage zu Nr. 11 des «Vorwärts», S. 2—3.——250、302—303、305、454、471。

《前进报》(格拉斯哥)(«Forward», Glasgow)——453。

《前进报》(米兰)(«Avanti!», Milano, 1916, N. 43, 12 febbraio, p. 2)——450、453。

—1916, N.65, 5 marzo, p.1.——299、466。

[《〈前进报〉编辑部的回答》]([Die Antwort der Redaktion des «Vorwärts»].—«Vorwärts», Berlin, 1916, Nr. 11, 12. Januar. Beilage zu Nr. 11 des «Vorwärts», S.2—3)——250、305、454、471。

《人道报》(巴黎)(«L'Humanité», Paris, 1914, N 3827, 9 octobre, p.1)——7、444、454。

—1916, N 4315, 9 février, p.3.——450。

《人口普查报告》(Census reports. Twelfth census of the United States, taken in the year 1900. Vol. V. Agriculture. P. I. Farms, live stock, and animal products. Washington, United States Census office, 1902. CCXXXVI, 767 p.; 18 Plates)——150、163、164—165、185、186—191、194—198、200—202、205—206、207—214、215—216、220—227、228—229、232—235、236—238。

《人民呼声报》(开姆尼茨)(«Volksstimme», Chemnitz)——101。

《日报》(彼得格勒)(«День», Пг., 1915, №280(1078), 11 октября, стр. 4)——136。

《入境和出境》[斯图加特国际社会党代表大会通过的决议](Ein-und Auswanderung. [Резолюция, принятая на Международном социалистическом конгрессе в Штутгарте].—В кн.: Internationaler Sozialistenkongreß zu Stuttgart. 18. bis 24. August 1907. Berlin, Buchh. «Vorwärts», 1907, S.58—59)——91。

《商会的主张》(Aus den Handelskammern.—«Die Bank», Berlin, 1913, II. Semester,S.811—813)——353。

《哨兵报》(拉绍德封)(«La Sentinelle»,La Chaux-de-Fonds)——39、41。

《社会党人报》(格拉斯哥)(«The Socialist»,Glasgow)——453、456。

《社会经济概论》(第5部分《资本主义经济中的各个行业和现代国家的国内经济政策》。第2册《银行业》)(Grundriß der Sozialökonomik. Abt. V. Die einzelnen Erwerbsgebiete in der kapitalistischen Wirtschaft und die ökonomische Binnenpolitik im modernen Staate. Teil II. Bankwesen. Bearb. von G. v. Schulze-Gaevernitz, E. Jaffé. Buch III. A II. Tübingen, Mohr(Siebeck),1915,S.1—189)——347、348—349、354、355—356、360—361、364、438—439。

《社会经济概论》(第6部分《工业、采矿业、建筑业》)(Grundriß der Sozialökonomik. Abt. VI. Industrie, Bergwesen, Bauwesen. Buch III. B I. Tübingen, Mohr(Siebeck),1914,S.187—246)——337。

《社会民主党党团致国家杜马最近一次会议的宣言》(Декларация с.-д. фракции в последнюю сессию Государственной думы. (По стенограф. отчету заседания 1. 19. VII. 1915 г.).—В кн.: Интернационал и война. №1. [Цюрих], изд. Загр. секретариата Орг. к-та РСДРП, 1915, стр. 141—143. (РСДРП))——271、274—275。

《社会民主党评论》杂志[克拉科夫](«Przegląd Socjaldemokratyczny», [Kraków],1908,N 6,sierpień,s.482—515;N 7,wrzesień,s.597—631;N 8—9,październik—listopad,s.687—710;N 10,grudzień,s.795—818;1909,N 12,czerwiec,s.136—163;N 14—15,sierpień—wrzesień,s.351—376)——75。

《社会民主党人报》([维尔诺—圣彼得堡]—巴黎—日内瓦)(«Социал-Демократ»,[Вильно—Спб.]—Париж—Женева)——48、56、267、307—308。

—Женева, 1914, №33, 1 ноября, стр. 1.——42、47、115、116、127—128、305。

—1914,№35,12 декабря,стр.1—2.——305。

—1915,№40,29 марта,стр.2.——115、127—128、276。

—1915,№42.Приложение к №42 газеты «Социал-Демократ»,1 июня,стр.

2.——47。

—1915,№45—46,11 октября,стр.1,3—4.——6、7—8、42—46、47、48、50、51、90—91、251、302。

—1915,№47,13 октября.2 стр.——9、46、53、137、138、443—444。

《社会民主党人论保卫国家》(Социал-демократы о защите страны.—«Рабочее Утро»,Пг.,1915,№1,15 октября,стр.2—3)——276。

《社会民主党在彼得堡的工作情况》(Состояние с.-д. работы в Петербурге.—«Социал-Демократ»,Женева,1915,№47,13 октября,стр.1)——53。

《社会主义的对外政策》杂志(柏林)(«Sozialistische Auslandspolitik»,Berlin,1915,Nr.27,10.November)——458。

《社会主义宣传同盟传单》——见《社会主义宣传同盟》。

《社会主义宣传同盟。致社会党党员》(Socialist Propaganda League. To the Members of the Socialist Party. Oct.9,1915.[Листовка. Boston,1915].4 p. Подписи:[18 членов Лиги],Committee)——86、89、90—91。

《社会主义月刊》(柏林)(«Sozialistische Monatshefte»,Berlin)——107、122。

《声明》(载于1915年11月27日《伯尔尼国际社会党委员会。公报》第2期)(Eine Erklärung.—«Internationale Sozialistische Kommission zu Bern. Bulletin»,Bern,1915,Nr.2,27.November,S.2. Подпись:Internationale sozialistische Kommission zu Bern)——302—303。

《世界大战和社会民主党的任务》[齐美尔瓦尔德国际社会党代表会议左派提出的决议草案](Der Weltkrieg und die Aufgaben der Sozialdemokratie.[Проект резолюции, внесенный левой частью на Международной социалистической конференции в Циммервальде].—«Internationale Sozialistische Kommission zu Bern. Bulletin»,Bern,1915,Nr.2,27.November,S.14. Под общ. загл.:Nachträgliches von der Zimmerwalder Konferenz. Der Resolutionsentwurf)——39、41。

《世界大战和社会民主党的任务》([1915年齐美尔瓦尔德国际社会党]代表会议左派提出的决议草案)(Всемирная война и задачи социал-демократии.(Проект резолюции, внесенный левой частью[Международной социалистической]конференции[в Циммервальде. 1915 г.]).—«Социал-

Демократ»,Женева,1915,№45—46,11 октября,стр.3—4)——7、42—43、44、45—46、48、50、91。

《世界经济文汇》(耶拿)(«Weltwirtschaftliches Archiv»,Jena)——421。

—1913,Bd.2,S.193—195.——421—422。

—1916,Bd.7,(1916.I),S.34—52.——377。

《事实与结论(再论彼得格勒的选举)》(Факты и выводы.(Еще о петроградских выборах).—«Наше Слово»,Париж,1915,№270,19 декабря,стр.1)——131—132。

《斯图加特决议》——见《军国主义和国际冲突》。

《铁路业文汇》(柏林)(«Archiv für Eisenbahnwesen»,Berlin,1892,Hft.1—6)——409。

《外国债券引起的竞争》(Der Wettbewerb um die Auslandsanleihen.—«Die Bank»,Berlin,1913,II. Semester,S. 1024 — 1026,в отд.:Umschau)——379。

《危险的倾向》(Опасные тенденции.—В кн.:Интернационал и война. №1. [Цюрих],изд.Загр.секретариата Орг.к-та РСДРП,1915,стр.126—129.(РСДРП).Подпись:Редакция)——136—137。

《我们的呼声报》(萨马拉)(«Наш Голос»,Самара)——452。

—1916,№3(17),17 января,стр.1—2.——271、287。

—1916,№4(18),24 января,стр.1.——287。

—1916,№27.——317、318、319。

《我们的事业》杂志(彼得格勒)(«Наше Дело»,Пг.)——63、96、97、107、122、135、136、137、266、270、271、274、319、452。

—1915,№1,стр.65—82.——23—24。

《我们的曙光》杂志(圣彼得堡)(«Наша Заря»,Спб.)——25—26、33、46、55、107、122、136、270、271、443。

《我们的言论报》(巴黎)(«Наше Слово»,Париж)——40、97、132、271、292、450、452。

—1915,№90,16 мая,стр.2.——135。

—1915,№217,17 октября,стр.2—3.——97。

—383。

—1914,Jg.32,Bd.2,Nr.21,11.September,S.908—922.——402—404、405—407。

—1914,Jg.33,Bd.1,Nr.8,27.November,S.225—250.——282。

—1915,Jg.33,Bd.2,Nr.2,9.April,S.33—42;Nr.3,16.April,S.71—81;Nr.4,23.April,S.107—116;Nr.5,30.April,S.138—146.——83、112、126、143、402—405、406—407、429—431、446—447。

—1915,Jg.33,Bd.2,Nr.8,21.Mai,S.230—241;Nr.9,28.Mai,S.264—275.——83、121、264、282、298、446—447、465—466。

—1915,Jg.33,Bd.2,Nr.16,16.Juli,S.489—499.——280。

—1915,Jg.34,Bd.1,Nr.9,26.November,S.269—276.——110、111、124、128、129—130、279。

—1915,Jg.34,Bd.1,Nr.13,24.Dezember,S.412—414.——456、458。

—1916,Jg.34,Bd.1,Nr.20,11.Februar,S.638—640.——456、458。

—1916,Jg.34,Bd.1,Nr.21,18.Februar,S.641—648.——285—287。

—1916,Jg.34,Bd.1,Nr.23,3.März,S.705—713.——74—75、268、286。

《〈新闻小报〉第9号抽印本》[日内瓦,1915年](Отдельный оттиск из №9 «Информационного Листка».[Женева,1915],стр.3)——272—273。

《宣言草案》(Vorschlag des Manifestes.—«Internationale Flugblätter»,[Zürich],1915,Nr.1,November,S.7—8.Под общ.загл.:Die Zimmerwalder Linke über die Aufgaben der Arbeiterklasse)——90—91。

《1905年历史片段》(Из истории 1905 г.(1905—1915 гг.).—«Рабочее Утро»,Пг.,1915,№2,22 октября,стр.2.Подпись:В.Г—ъ)——132—133。

《银行存款和储金局存款统计》(Statistik der Depositen- und Spargelder.—«Die Bank»,Berlin,1910,II.Semester,S.1200,в отд.:Umschau)——352—353。

《银行与帝国邮政》(Banken und Reichspost.—«Die Bank»,Berlin,1914,II.Semester,S.713—714,в отд.:Aus den Handelskammern)——352—354。

《银行》杂志(柏林)(«Die Bank»,Berlin,1909,I.Semester,S.79,115—125,301—309)——343、372—374。

—1909,II.Semester,S.819—833,849—857.——358、426—428。

—1910,II.Semester,S.497—508,1200.——347—348、352—353。

—1911,I.Semester,S.1—13.——413—414。

—1911,II.Semester,S.825—832.——373。

—1912,I.Semester,S.223—230,432—438.——355、371—372。

—1912,II.Semester,S.629—638,1032—1047.——385—386。

—1913,I.Semester,S.388—391.——385—386。

—1913,II.Semester,S.623—637,725—736,811—813,952—963,1022—1024,1024—1026.——346、353—354、369—370、371—372、373、379。

—1914,I.Semester,S.89—90,313—321,415—426,544—551.——350—352、353—354、364—365、371—373。

—1914,II.Semester,S.713—714.——352—354。

《用阶级斗争反对战争！关于李卜克内西“案件”的材料》(Klassenkampf gegen den Krieg! Material zum «Fall» Liebknecht. Б. м.,[1915]. 88 S.(Als Manuskript gedruckt!))——111、125、455。

《预算》(The Budget. Daily Cost of the War. Enormous borrowing. No new taxes.—«The Daily Telegraph»,London,1915,May 5,p.6)——377。

《约·菲·贝克尔、约·狄慈根、弗·恩格斯、卡·马克思等致弗·阿·左尔格等书信集》(Briefe und Auszüge aus Briefen von Joh.Phil.Becker,Jos. Dietzgen,Friedrich Engels,Karl Marx u.A.an F.A.Sorge u.Andere.Stuttgart,Dietz,1906.XII,422 S.)——112、125。

《运输业托拉斯》(Verkehrstrust.—«Die Bank»,Berlin,1914,I. Semester,S. 89—90,в отд.:Bank und Börse)——372。

《在法国社会党代表大会上发生的事情(来自巴黎的通讯)》(What happened at the French Socialist Congress.(From a Paris Correspondent).—«The Labour Leader»,[Manchester—London],1916,No.4,January 27,p.8)——451。

《在社会主义国际周围》(Intorno all'organizzazione socialista internazionale.—«Avanti!»,Milano,1916,N.43,12 febbraio,p.2)——450、453。

《在1916年1月8—9日于阿纳姆召开的社会民主工党非常代表大会上的报

告》(Verslag van het buitengewoon congres der SDAP, gehouden op 8 en 9 Januari 1916, te Arnhem. Amsterdam, «Ontwikkeling», [1916].36 bl.) ——284、298、299、450、464—465。

《战斗报》(巴黎)(«La Bataille», Paris)——252。

—1916, N 87, 28 janvier, p.2)——249。

《战争》文集(Война. Сборник статей. При участии: И. Аксельрод и др. [Paris, «Ideal», 1915].107 стр.)——127、128—129、280。

《箴言》杂志(圣彼得堡)(«Заветы», [Спб.], 1913, №6, стр.39—62)——146—149、156、158—160、161、162—163、170、175、180—181、190、228。

《政治行动》[伦敦国际社会党代表大会通过的决议](Die politische Aktion. [Резолюция, принятая на Международном социалистическом конгрессе в Лондоне].—В кн.: Verhandlungen und Beschlüsse des Internationalen Sozialistischen Arbeiter-und Gewerkschafts-Kongresses zu London vom 27. Juli bis 1. August 1896. Berlin, Expedition der Buchh. «Vorwärts», 1896, S.18)——267。

《钟声》杂志(慕尼黑)(«Die Glocke», München)——100、101、320。

—Jg.1915, Nr.Nr.1—6, 1.September—15.November.——101。

—Jg.1915, Nr.8, 15.Dezember, S.465—476.——261。

—Jg.1915—1916, Nr.9, 1.Januar, S.493—500.——261。

《主战派和反战派之间的妥协》(Compromise between pro-and anti-warites. A Meaningless Manifesto: Great Dissatisfaction. From a Paris correspondent.—«The Labour Leader», [Manchester—London], 1916, No. 2, January 13, p. 8. Под общ. загл.: The National Congress of the French Socialist Party)——451。

《专门委员会委员关于烟草工业联合公司的报告》(Report of the Commissioner of Corporations on the Tobacco Industry. Part I. Position of the Tobacco combination in the Industry. Washington, Government printing office, 1909. XXIII, 489 p.)——339—340。

《自卫》文集(«Самозащита». Сборник статей. Пг. 1916)——317、318。

《钻进银行的欲望》(Der Zug zur Bank.—«Die Bank», Berlin, 1909, I.

Semester, S.79, в отд.: Bank und Börse)——372—373。

《左派代表(俄国社会民主工党中央委员会、波兰反对派、拉脱维亚边疆区社会民主党、瑞典人和挪威人、一名德国代表和一名瑞士人)提交[齐美尔瓦尔德国际社会党代表会议]的宣言草案》(Проект манифеста, внесенный на [Международной социалистической конференции в Циммервальде] левой группой делегатов (ЦК РСДРП, польская оппозиция, с.-д. Лат. края, швед и норвежец, 1 немецкий делегат и 1 швейцарец).—«Социал-Демократ», Женева, 1915, №45—46, 11 октября, стр. 4)——6、7、42—43、46、48、91、251。

[《左派代表同罗兰-霍尔斯特和托洛茨基在齐美尔瓦尔德国际社会党代表会议上对累德堡最后通牒的抗议书》]([Заявление-протест против ультиматума Ледебура, сделанное левой группой делегатов совместно с Роланд-Гольст и Троцким на Международной социалистической конференции в Циммервальде].—«Социал-Демократ», Женева, 1915, №47, 13 октября, стр. 2. Под общ. загл.: Два заявления на международной конференции)——444。

年　表

（1915年8月—1916年6月）

1915年

1915年8月—1916年6月

列宁居住在瑞士（伯尔尼、苏黎世和伯尔尼附近的泽伦堡山村）。同俄国党组织和一些布尔什维克党员通信；编辑俄国社会民主工党中央机关报《社会民主党人报》和齐美尔瓦尔德左派的刊物——《先驱》杂志；在团结国际工人运动中的各国左派国际主义者社会党人方面做了大量工作。

不晚于8月22日（9月4日）

起草《在左派社会民主党人会议上的报告的提纲》。

8月22日（9月4日）

在伯尔尼举行的左派社会民主党人的非正式会议上作关于世界大战性质和国际社会民主党策略的报告；对《世界大战和社会民主党的任务》的提纲草案提出了修改意见（会议通过了列宁的修改意见）。

8月23日—26日（9月5日—8日）

出席齐美尔瓦尔德国际社会党代表会议，在各次会议上发言并作发言记录，同会议的代表们谈话、通信，组织和团结这次会议的左翼。

用德文摘录卡·李卜克内西致代表会议的信，该信号召同机会主义者决裂并为社会主义革命而斗争。

用俄文和法文摘录法国和德国代表团在会议上宣读的共同宣言。

列宁的小册子《社会主义与战争》（德文版）由俄国社会民主工党中央委员会代表团散发给出席齐美尔瓦尔德代表会议的代表。

8月24日（9月6日）

在讨论各代表团表决权分配原则问题时发言。

8月24日—25日(9月6日—7日)

记录代表会议的辩论情况;起草答复格·累德堡和扎·塞拉蒂发言的讲话提纲。

不晚于8月25日(9月7日)

签署一批左派代表提交代表会议的决议草案和宣言草案。

8月25日(9月7日)

在讨论宣言和关于战争与社会民主党任务的决议草案时两次发言。

在答复扎·塞拉蒂的发言时,对齐美尔瓦尔德左派决议草案作了说明。

同左派代表一起投票反对罗·格里姆提出的代表会议不审议齐美尔瓦尔德左派决议草案的提案。

当选为代表会议宣言起草委员会的成员。

开列代表会议代表和宣言起草委员会成员的名单;统计在选举委员会时参加投票的人数以及投票赞成齐美尔瓦尔德左派决议草案的人数。

就代表会议的宣言草案写短评,并向委员会提出对宣言的原则性修改意见。

8月26日(9月8日)

为齐美尔瓦尔德左派起草关于撤回对宣言所作修改的原因的声明,这一修改的内容是要求投票反对军事拨款。代表会议上宣读了这一声明。

就投票赞成代表会议宣言一事,写便条给“分裂派”代表。

用德文和俄文对齐美尔瓦尔德左派关于投票赞成共同宣言的声明作补充。

同左派其他成员一起签署齐美尔瓦尔德左派关于投票赞成宣言的声明。代表会议上宣读了这一声明。

在讨论签署代表会议宣言的问题时发言,主张拉脱维亚代表团和波兰社会民主党代表也在宣言上签字。

签署齐美尔瓦尔德代表会议通过的宣言。

左派代表小组选举列宁为齐美尔瓦尔德左派常务局成员。

8月26日或27日(9月8日或9日)

组织委员会国外书记处代表帕·波·阿克雪里罗得向列宁提出建议:从

党的基金中拨出三四千法郎给国际社会党委员会。列宁表示不能作出肯定的答复，认为必须先同俄国社会民主工党中央委员会委员们商量。

从齐美尔瓦尔德回到山村泽伦堡。

8月26日和31日(9月8日和13日)之间

由于亚·米·柯伦泰打算去美国，列宁给她写信，要她务必团结美国的国际主义者，建议同芝加哥的出版人查·克尔取得联系，并在那里筹备用英文出版《社会主义与战争》这本小册子；告知已寄去该书的德文本；希望得到资助。

8月26日(9月8日)以后

写《关于齐美尔瓦尔德代表会议的文章的提纲》。

致函在黑尔滕斯泰恩的格·叶·季诺维也夫，指出《社会民主党人报》的所有版面都应用来报道齐美尔瓦尔德代表会议；告知传单的提纲已经拟好并将寄去。

收到亚·加·施略普尼柯夫从挪威瓦尔德的来信，信中谈到通过北方交通线向俄国运送书刊的安排问题、告知在地方报纸的印刷所里发现一批社会民主党的书刊和俄文铅字、提出关于利用印刷所为党工作的建议。

8月27日或28日(9月9日或10日)

同娜·康·克鲁普斯卡娅一起到山里去游玩。

8月28日或29日(9月10日或11日)

同前来泽伦堡的一位拉脱维亚社会民主党人(可能是扬·安·别尔津)谈话。

8月28日和9月6日(9月10日和19日)之间

收到由维·阿·卡尔宾斯基从日内瓦转来的俄国社会革命党人叶戈尔(波卢比诺夫)的信，该信批评社会革命党及其领袖们的活动，提出了社会革命党人和社会民主党人联合的建议。

不早于8月28日(9月10日)

读1915年《新时代》杂志第24期，并在爱·伯恩施坦《关于小国的历史权利》一文上作记号。

8月29日—30日(9月11日—12日)以前

收到格·列·皮达可夫的来信，信中告知筹备出版《共产党人》杂志第1

期的经过，并谈到为这一期杂志撰写文章的情况。

致函格·列·皮达可夫，不同意他对最低纲领的解释，也不同意皮达可夫对弗·尤·弗里多林的文章的批评（这封信没有找到）。

格·列·皮达可夫致函列宁，告知已收到列宁的来信，说不可能将现有的全部文章都刊登在《共产党人》杂志第1期上，其中有一部分要留在下一期使用。

8月29日和9月2日（9月11日和15日）之间

收到卡·伯·拉狄克的来信，信中谈到关于德国国际社会党人、关于同德国联系的安排以及其他问题。

不晚于8月30日（9月12日）

列宁的《第二国际的破产》、《一位法裔社会党人诚实的呼声》、《意大利的帝国主义和社会主义（短评）》三篇文章发表在《共产党人》杂志第1—2期合刊上。

8月31日（9月13日）以前

收到维·阿·卡尔宾斯基的来信，信中要求把载有罗·罗兰文章的几号《日内瓦日报》退还给他。

8月31日（9月13日）

致函在日内瓦的维·阿·卡尔宾斯基，担心载有罗曼·罗兰文章的几号《日内瓦日报》丢失；告知《共产党人》杂志第1—2期合刊已出版；询问为什么没有继续收到《生活报》和《前进》杂志。

致函在伯尔尼的格·李·什克洛夫斯基，要求寄来德文小册子《社会主义与战争》和决议各三份；请他给在挪威的亚·米·柯伦泰寄10本小册子和两份决议；建议在瑞士组织发售小册子《社会主义与战争》的工作，并催促卡·伯·拉狄克把在齐美尔瓦尔德通过的宣言抄件寄来。

8月31日（9月13日）以后

致函在瑞士黑尔滕斯泰恩的格·叶·季诺维也夫，告知给他寄去一份为俄国国内制定的反战传单的详细提纲和卡·伯·拉狄克的报道；要求复制一份报道并请他打听一下伊·费·阿尔曼德那里是否有载有罗曼·罗兰文章的《日内瓦日报》。

8月31日和9月22日（9月13日和10月5日）之间

收到叶·波·博什的来信，信中告知在《共产党人》杂志编辑部存有列宁和别的作者写的文章和短评。信中还谈到出版杂志的技术性问题，请列宁确定举行编辑部会议的地点和时间。

8月

起草《反战传单》。

收到尼·伊·布哈林的来信，信中反对在《共产党人》杂志上发表米·尼·波克罗夫斯基的《战争的祸首》一文并批评列宁对该文的评论。

夏天

写《感谢他的坦率》一文。

8月以后

收到尼·伊·布哈林的来信，信中附有从莫斯科寄来的关于俄国社会民主工党莫斯科组织工作情况的信的抄件，信中告知尼·苏汉诺夫的小册子和最新一期《保险问题》杂志已寄出。

9月1日(14日)以后

收到卡·伯·拉狄克从伯尔尼的来信，信中谈到给戴·怀恩科普寄信的事以及同罗·格里姆谈话的经过。

9月3日(16日)以前

收到尼·伊·布哈林的来信，信中告知他所得到的关于莫斯科和伊万诺沃-沃兹涅先斯克的一些消息，并请求寄去齐美尔瓦尔德代表会议的资料，以便转寄莫斯科。

致函在黑尔滕斯泰恩的格·叶·季诺维也夫，请他把手头现有的资料寄来以便写一篇关于齐美尔瓦尔德代表会议的报道；希望伊·费·阿尔曼德能把小册子《社会主义与战争》译成法文。

9月4日(17日)

收到格·叶·季诺维也夫从黑尔滕斯泰恩的来信，信中说已寄出两份齐美尔瓦尔德代表会议的文件并转去一份写传单的计划，计划上已注明哪些题目的传单他打算自己写，要求列宁提出意见。

9月4日和9月6日(9月17日和9月19日)之间

收到卡·伯·拉狄克的短信，信中说他已给列宁寄去宣言和关于齐美尔瓦尔德代表会议的报告，并告知《伯尔尼国际社会党委员会。公报》即将出版。

9月4日和11日(17日和24日)之间

同娜·康·克鲁普斯卡娅一起去山里游览。

不晚于9月5日(18日)

收到亚·米·柯伦泰从挪威寄来的她写的小册子《谁需要战争?》的手稿。柯伦泰请列宁审阅这本小册子并提出意见。

9月5日(18日)

收到亚·加·施略普尼柯夫从克里斯蒂安尼亚的来信,信中说有可能在挪威和瑞典出版《社会民主党人报》。信中还告知在斯德哥尔摩同卡·霍格伦谈过话以及霍格伦对小册子《社会主义与战争》的反应很好等情况。

9月5日(18日)以后

写《俄国的战败和革命危机》一文。

9月5日和13日(18日和26日)之间

审阅亚·米·柯伦泰的小册子《谁需要战争?》的手稿,并进行修改。

9月6日(19日)以前

收到社会革命党人亚历山德罗维奇的来信,信中批评社会革命党中央委员会的活动,说必须把党的工作重心从侨民中转向俄国,必须拒绝格·瓦·普列汉诺夫的批评。信中还提议把左派社会革命党人和社会民主党人联合起来。

致函在黑尔滕斯泰恩的格·叶·季诺维也夫,说为《社会民主党人报》撰写的文章以及格·列·皮达可夫的信已寄出,所附的两封社会革命党人的信,请他阅后退还;说无法从卡·伯·拉狄克那里得到决议草案。

不晚于9月6日(19日)

阅读以传单形式用德文刊印的齐美尔瓦尔德代表会议宣言,并在文中作了记号。

阅读载于1915年《伯尔尼哨兵报》第218号上的关于齐美尔瓦尔德代表会议的报告的一份校样,并在上面作了记号。

抵达伯尔尼并会见《共产党人》杂志编辑部成员。

致函在伯尔尼的格·列·皮达可夫和叶·波·博什,批评他们在出版《共产党人》杂志问题上一意孤行而不接受中央机关报编辑部的建议（这封信没有找到）。

9月6日（19日）

致函在斯德哥尔摩的亚·加·施略普尼柯夫，谈到在瓦尔德发现的布尔什维克文献的使用问题和把其中一部分运往俄国一事；就解散第四届杜马、布尔什维克对社会沙文主义者的策略、同俄国建立经常联系的必要性等问题发表自己的意见；告知关于为俄国印制宣言和传单的计划。

致函在克里斯蒂安尼亚的亚历山德罗维奇，对他不满侨民一事作了回答；指出必须同格·瓦·普列汉诺夫的社会爱国主义作斗争；认为俄国的两个基本派别——沙文主义派革命者和无产阶级国际主义派革命者的接近是不可能的和有害的；指出所有国家的无产阶级实行联合的任务已提到日程上来，并支持必须派工作人员去俄国的意见。

致函在日内瓦的维·阿·卡尔宾斯基，告知将在伯尔尼计划出版《社会民主党人报》的合刊号，说在这一号上要刊登关于齐美尔瓦尔德代表会议的报道。

致函在日内瓦的维·阿·卡尔宾斯基，告知寄去《日内瓦日报》，谈了在伯尔尼出版《社会民主党人报》合刊号的建议；希望在10月中前后作题为《1915年9月5—8日国际社会党代表会议》的专题报告，要求为别的城市印制海报；告知急需钱用。

通过维·阿·卡尔宾斯基给日内瓦的社会革命党人波卢比诺夫（叶戈尔）发了一封信（这封信没有找到）。

致函在苏黎世的莫·马·哈里东诺夫，表示希望在10月中前后作题为《1915年9月5—8日国际社会党代表会议》的专题报告，请求安排演讲的日期，并请把在苏黎世出版的帕·阿克雪里罗得的小册子《国际社会民主党的危机和任务》寄来；列举将刊登有关齐美尔瓦尔德代表会议的资料的一些报刊。

用德文致函在伯尔尼的卡·伯·拉狄克，对寄来宣言和关于齐美尔瓦尔德代表会议的报道表示感谢；指出报道中有很多不确切的地方；请他把齐美尔瓦尔德左派决议草案和说明左派社会民主党人在代表会议上为什么投票赞成宣言的声明寄来。

9月6日和11日(19日和24日)之间

致函在伯尔尼的格·李·什克洛夫斯基,请他设法让卡·伯·拉狄克把齐美尔瓦尔德左派的文件抄件寄来,因为《社会民主党人报》需要这些文件。

9月6日(19日)以后

读帕·阿克雪里罗得的小册子《国际社会民主党的危机和任务》(1915年苏黎世版),作记号、摘录并提出意见,在写《真正的国际主义者:考茨基、阿克雪里罗得、马尔托夫》和《机会主义与第二国际的破产》两篇文章时,利用了这些资料。

不晚于9月7日(20日)

用德文致函在伯尔尼的卡·伯·拉狄克,告知给戴·怀恩科普的信已发出,并给格·叶·季诺维也夫寄去了关于齐美尔瓦尔德代表会议的报道和拉狄克的信;要求把左派就齐美尔瓦尔德代表会议通过的宣言所作的声明复制一份抄件;对意大利人泄露齐美尔瓦尔德代表会议的机密一事表示不满。

9月8日(21日)以后

用德文致函在伯尔尼的卡·伯·拉狄克,证实收到了国际社会党委员会的第1号公报,再次要求把齐美尔瓦尔德左派的文件的抄件立即寄出。

9月11日(24日)以前

写明信片给在彼得格勒的母亲玛·亚·乌里扬诺娃和姐姐安·伊·乌里扬诺娃-叶利扎罗娃,请她们了解一下,格拉纳特兄弟出版社是否将刊用他的关于卡·马克思的条目,说他需要得到稿酬(这封信没有找到)。

不早于9月11日(24日)

致函在黑尔滕斯泰恩的格·叶·季诺维也夫,说书刊和文稿已寄出;提议把给格·列·皮达可夫和叶·波·博什的信改写一下;对如何为《社会民主党人报》撰写社论提出意见,并建议对孟什维克组织委员会的传单进行严肃的批判。

收到卡·伯·拉狄克的来信,信中通知已寄去齐美尔瓦尔德左派决议草案和宣言;告知他出发去苏黎世作关于代表会议的报告。

不早于9月12日(25日)

用德文致函卡·伯·拉狄克,告知已收到罗·格里姆1915年9月12日

(25日)建议组成国际社会党扩大委员会的来信,打算给予详细的答复;建议荷兰社会民主党人—论坛派签署齐美尔瓦尔德的决议草案和宣言,派自己的代表参加国际社会党扩大委员会。

9月12日(25日)以后

起草《致国际社会党委员会(I.S.K.)》一信的草稿。

9月13日和22日(9月26日和10月5日)之间

致函在黑尔滕斯泰恩的格·叶·季诺维也夫,建议即将出版的一号《社会民主党人报》专门报道齐美尔瓦尔德代表会议,而下一号则专谈俄国情况;说罗·格里姆的来信和自己的复信草稿已寄出;谈到《我们的言论报》被书报检查机关扣压稿件的情况;说他不久将搬到伯尔尼去;信中还谈到《共产党人》杂志第3期的内容。

9月13日(26日)以后

致函在斯德哥尔摩的亚·加·施略普尼柯夫,谈印制传单的事,并答应寄去传单的提纲,认为传单很重要,必须仔细考虑和集体商量。

9月14日(27日)以后

收到亚·米·柯伦泰的来信,信中谈了她对小册子《社会主义与战争》的批评意见,说她即将去美国,希望能看到对她的手稿的意见。

9月17日(30日)以前

协助把苏黎世社会主义青年组织国际局的呼吁书发往俄国社会民主工党彼得堡委员会,该呼吁书号召各国社会主义青年组织在1915年9月20日(10月3日)举行反战示威游行。

9月18日(10月1日)以前

就策略问题致函尼·伊·布哈林。

9月18日(10月1日)

就波卢比诺夫的健康状况致函在日内瓦的维·阿·卡尔宾斯基。

9月18日和23日(10月1日和6日)之间

致函维·阿·卡尔宾斯基,告知将于10月10日(23日)在苏黎世作报告,请他根据这一情况安排在日内瓦作报告的时间;告知给《社会民主党人报》第45—46合刊号的材料已经寄出。

列宁和娜·康·克鲁普斯卡娅从泽伦堡回到伯尔尼。

9月21日(10月4日)以后

收到索·瑙·拉维奇的来信,信中建议列宁作两个报告,把第二个报告的收入捐给政治流亡者救济协会。

9月23日(10月6日)以前

收到传单和其他关于彼得格勒布尔什维克工作情况的材料,这些材料是受俄国社会民主工党彼得堡委员会的委托从国内寄给列宁的。

9月23日(10月6日)

致函在日内瓦的维·阿·卡尔宾斯基,告知已收到《社会民主党人报》第45—46号的最后一批校样,答应当天就把它寄出;谈到必须马上出版下一号报纸,因为从俄国得到了重要消息。

9月23日和26日(10月6日和9日)之间

写《几个要点。编辑部的话》一文。

9月23日和30日(10月6日和13日)之间

修改娜·康·克鲁普斯卡娅为《社会民主党人报》第47号写的《俄国社会民主工党彼得堡委员会在战争期间的传单》一文。

不晚于9月23日(10月6日)

给姐姐安·伊·乌里扬诺娃-叶利扎罗娃寄去他所需的俄文书籍的书单。

写信给安·伊·乌里扬诺娃-叶利扎罗娃,请她物色一个出版人,以便出版他的《关于农业中资本主义发展规律的新材料》一书(该信没有找到)。

9月24日(10月7日)

致函在日内瓦的维·阿·卡尔宾斯基,请求告知《社会民主党人报》第45—46合刊号的出版日期,并请速将印刷《社会民主党人报》第47号的用纸寄到伯尔尼附近的本特利印刷厂股份有限公司。

写信给在彼得格勒的母亲玛·亚·乌里扬诺娃,告知他已迁至伯尔尼;谈到娜·康·克鲁普斯卡娅的健康已经恢复;对寄来书刊表示感谢。

9月27日(10月10日)以前

修改小册子《社会主义与战争》的俄文版校样。

9月27日(10月10日)

列宁和娜·康·克鲁普斯卡娅收到从彼得格勒的来信,信中报告了俄国社会民主工党彼得堡组织的情况，并谈到经费开支、出版《启蒙》杂志的计划、彼得堡委员会的传单等问题。

致函在斯德哥尔摩的亚·加·施略普尼柯夫，告知1915年9月28日(10月11日)将同时出版两号《社会民主党人报》——第45—46合刊号和47号；询问小册子《社会主义与战争》的俄文本是否已收到；指出目前重要的是必须同俄国建立经常的联系。

9月27日(10月10日)—1916年2月5日(18日)之间

几次致函在美国的亚·米·柯伦泰，谈修改她的小册子《谁需要战争?》的手稿一事和其他问题。

9月28日(10月11日)以前

修改格·叶·季诺维也夫为《社会民主党人报》第45—46合刊号撰写的《战争与俄国的革命危机》一文的手稿，并从刊载于《我们的言论报》第182号上的《战争危机与政治前景》一文中作摘录。

9月28日(10月11日)

列宁的《第一步》和《1915年9月5—8日国际社会党代表会议上的革命马克思主义者》两篇文章发表在《社会民主党人报》第45—46合刊号上。

不早于9月28日(10月11日)

列宁的小册子《社会主义与战争》(俄文版)在日内瓦出版，并获得广泛的传播。

写《真正的国际主义者：考茨基、阿克雪里罗得、马尔托夫》一文。

不晚于9月29日(10月12日)

同卡·伯·拉狄克讨论关于用德文出版齐美尔瓦尔德左派理论刊物问题，表示同意参加出版杂志的工作。

9月30日(10月13日)

列宁的《几个要点。编辑部的话》一文发表在《社会民主党人报》第47号上。

9月30日(10月13日)以后

致函在美国的亚·米·柯伦泰，谈齐美尔瓦尔德代表会议，回答她提出的问题；寄去《社会民主党人报》第45—46合刊号(该信没有找到)。

9月—10月

列宁和中央委员们讨论拟从瑞士迁往斯德哥尔摩的计划，迁移的目的是为了建立比较迅速的联系并能经常往俄国运送书刊，是为了为国内和召开代表会议出版通俗小报和传单。

10月1日(14日)以前

致函斯·格·邵武勉，要求详告有关巴库布尔什维克组织的工作情况和关于普·阿·贾帕里泽从事党务活动的情况(该信没有找到)。

不晚于10月1日(14日)

以俄国社会民主工党中央委员会名义致函国际社会党委员会的罗·格里姆，告知已决定拨款200法郎给委员会，并表示鉴于孟什维克组织委员会的无理要求，拒绝就属于俄国社会民主工党中央委员会的、保存在克·蔡特金处的党的经费一事同任何人举行谈判。

用法文和德文开列伯尔尼图书馆所藏有关埃及问题、有关帝国主义战争的历史前提、有关英国的书目。

10月5日(18日)

列宁和齐美尔瓦尔德左派常务局成员签署致齐美尔瓦尔德左派全体成员和小组的《第一号通告》，该通告谈到关于指定参加国际社会党扩大委员会的代表问题、关于为国际社会党委员会会议准备提纲的问题、关于用德文出版文集的计划的问题。通告要求对上述所有问题表明自己的态度，并对出版文集给予经济上的支持。

10月5日或6日(18日或19日)

在洛桑民众文化馆作题为《1915年9月5—8日国际社会党代表会议》的专题报告。

10月7日或9日(20日或22日)

在日内瓦作题为《1915年9月5—8日国际社会党代表会议》的专题报告。

10月9日(22日)以后

读罗·格里姆1915年10月9日(22日)的来信，信中请求授权他对俄国社会民主工党中央委员会的报告(供国际社会党委员会第2号公报发表的)进行删节。

10 月 10 日(23 日)

以俄国社会民主工党中央委员会名义签署并发出给罗·格里姆的德文信,该信对他的关于国际社会党扩大委员会的建议作了答复。

在苏黎世作题为《1915 年 9 月 5—8 日国际社会党代表会议》的专题报告。

10 月 11 日(24 日)以前

致函在斯德哥尔摩的格·列·皮达可夫,批评他的题为《俄国物价腾贵》的传单。

10 月 15 日(28 日)以前

准备关于《帝国主义和民族自决权》演讲的材料,从《宫廷历书》一书中作摘录;起草提纲草稿,写《要点》和《帝国主义和民族自决权(提纲)》。

10 月 15 日(28 日)

在日内瓦作题为《帝国主义和民族自决权》的演讲。

不早于 10 月 16 日(29 日)

读卡·伯·拉狄克刊登在 1915 年《伯尔尼哨兵报》第 252、253 号上的文章《兼并和社会民主党》,并作记号。

准备写《革命的无产阶级和民族自决权》一文,对卡·伯·拉狄克的《兼并和社会民主党》一文进行分析批判。

10 月 16 日(29 日)以后

用德文改写《革命的无产阶级和民族自决权》一文。

校订娜·康·克鲁普斯卡娅从德文译成俄文的《革命的无产阶级和民族自决权》一文。

10 月 26 日(11 月 8 日)以前

签署寄往斯德哥尔摩给卡·霍格伦的信,信中建议拨出一定数目的款项作为齐美尔瓦尔德左派出版活动经费。

10 月 26 日(11 月 8 日)

收到亚·米·柯伦泰 1915 年 10 月 5 日(18 日)从美国的来信,信中谈到德国社会民主党《人民报》小组的立场,说她暂时无法为中央委员会筹款,希望将《共产党人》杂志第 1—2 期寄往美国。信中还谈到关于《新世界报》编辑部的立场等问题。

10月27日(11月9日)以前

致函在日内瓦的维·阿·卡尔宾斯基,告知校样已寄出;感谢他寄来美国社会党人的《向理智呼吁报》。

致函格·李·什克洛夫斯基,托他给在美国的亚·米·柯伦泰寄500本《社会主义与战争》小册子。

不晚于10月27日(11月9日)

在巴塞尔的大学生和俄国工人侨民的集会上作题为《战局和俄国的未来》的报告。

10月27日(11月9日)

会见罗·格里姆并同他谈话。

致函在纽约的亚·米·柯伦泰,告知500本德文小册子《社会主义与战争》已寄出;谈到在伯尔尼筹备用德文和法文出版齐美尔瓦尔德左派的小册子《国际传单集》第1辑;希望她在美国组织出版该小册子的英文版。

不早于10月27日(11月9日)

列宁撰写的《卡尔·马克思》这一条目在格拉纳特兄弟出版公司出版的百科词典第7版第28卷上刊出。

不晚于10月30日(11月12日)

复函同意米·尼·波克罗夫斯基提出写一本关于帝国主义的小册子的建议。

10月31日和11月9日(11月13日和22日)之间

用英文致函美国"社会主义宣传同盟"书记C.W.菲茨杰拉德。

11月7日(20日)

列宁的《论革命的两条路线》和《堕落到了极点》两篇文章发表在《社会民主党人报》第48号上。

不早于11月8日(21日)

就在阿劳召开的瑞士社会民主党代表大会问题同卡·伯·拉狄克进行谈话。

11月8日和12日(21日和25日)之间

致函在苏黎世的莫·马·哈里东诺夫,对他在阿劳召开的瑞士社会民主党代表大会上的成功发言表示祝贺，要求寄来关于代表大会的速记记录全文；询问小册子《社会主义与战争》的发行情况。

11月8日(21日)以后

写信给一个姓名不详的人，商量把《国际传单集》第1辑译成意大利文及其发行问题。

11月9日(22日)

两次致函在纽约的亚·米·柯伦泰，建议了解有关"社会主义宣传同盟"成员的情况，设法把他们建立成齐美尔瓦尔德左派在美国的一个据点。

不早于11月13日(26日)

写《机会主义与第二国际的破产》一文。

11月14日(27日)以前

致函格·叶·季诺维也夫，了解《伯尔尼国际社会党委员会。公报》发表俄国社会民主工党中央委员会在战争期间活动的报告时，罗·格里姆希望删去报告中哪些内容；建议用专页全文刊印中央委员会工作报告。

不早于11月17日(30日)

用德文为《先驱》杂志第1期撰写《机会主义与第二国际的破产》一文。

11月17日和12月8日(11月30日和12月21日)之间

在组织委员会国外书记处文集《国际和战争》第1辑上作批注和记号，在《用国际主义词句掩饰社会沙文主义政策》一文里，对这一文集作了全面的批判。

11月20日(12月3日)以前

以《社会民主党人报》编辑部名义致函在斯德哥尔摩的尼·伊·布哈林、格·列·皮达可夫等人，批评他们在出版《共产党人》杂志问题上的派别活动；拒绝参加出版杂志的工作。

11月29日(12月12日)

主持召开旨在筹备国际社会党第二次代表会议的社会民主党人中的国际主义者会议。会议讨论关于和平、关于对社会党国际局的态度、关于使自己的政府在战争中失败的口号等问题。

秋天

出席在伯尔尼举行的对尔·马尔托夫报告的讨论会。

12月3日(16日)以前

致函在日内瓦的索·瑙·拉维奇,对她同《我们的事业》杂志决裂一事表示赞同;建议对布尔什维克日内瓦支部关于彼得格勒的军事工业委员会选举的决议作补充。

12月8日(21日)

列宁的《用国际主义词句掩饰社会沙文主义政策》一文发表在《社会民主党人报》第49号上。

12月14日(27日)以后

列宁在娜·康·克鲁普斯卡娅寄给巴黎的格·雅·别连基的信中写附言,要他吸收坚持齐美尔瓦尔德左派立场的一个法国人小组参加《先驱》杂志的工作。

12月21日(1916年1月3日)以前

为尼·伊·布哈林的《世界经济和帝国主义》一书写序言。

给在斯德哥尔摩的尼·伊·布哈林寄去为他的《世界经济和帝国主义》一书写的序言。

12月23日(1916年1月5日)

列宁和娜·康·克鲁普斯卡娅收到莫斯科的一封来信,信中报告了党组织的工作情况和10月中旬索科利尼基弹药工厂罢工的情况。

12月25日(1916年1月7日)

收到姐姐安·伊·乌里扬诺娃-叶利扎罗娃11月28日从彼得堡的来信,信中说已收到《共产党人》杂志、小册子《社会主义与战争》和列宁的信,并告知同高尔基谈话的情况。

12月27日和1916年1月6日(1916年1月9日和19日)之间

阅读卡·胡斯曼12月27日在荷兰社会民主工党代表大会上的讲话,在题为《有关民族问题的“和平条件”》的专题报告中对这个讲话作了批判。

不晚于12月29日(1916年1月11日)

写完小册子《关于农业中资本主义发展规律的新材料。第一编。美国的资本主义和农业》。

12月29日(1916年1月11日)

致函在彼得格勒的阿·马·高尔基,寄去小册子《关于农业中资本主义发展规律的新材料》第一编的手稿；由于经济原因，要求能早日出版这本小册子；说打算继续写第二编——论德国；告知他目前正在着手写论帝国主义的小册子。

12 月 31 日(1916 年 1 月 13 日)

致函在巴黎的伊·费·阿尔曼德，告知已得到俄国的一些好消息。

12 月底或 1916 年 1 月初

为写《帝国主义是资本主义的最高阶段》一节，开始在伯尔尼和苏黎世的一些图书馆里查阅资料，作写作的准备工作。

12 月底—1916 年 2 月

写《社会主义革命和民族自决权》提纲。

12 月

在伯尔尼会见谢·尤·巴戈茨基，以特别满意的心情谈到在第四届国家杜马中布尔什维克代表们的勇敢的反战言论。

1915 年

写《德国社会民主党和民族自决权》一文。

在伯尔尼、苏黎世和日内瓦的一些图书馆里进行工作，继续他在 1914 年开始的对哲学著作的研究，打算写一本关于辩证法的专著。

列宁和娜·康·克鲁普斯卡娅在伯尔尼市剧院观看一个俄国剧团用德语演出的列·尼·托尔斯泰的话剧《活尸》。

1915 年—1916 年初

研究关于民族问题的材料。

1916 年

1 月 2 日(15 日)以前

给格·叶·季诺维也夫寄去自己的《社会主义革命和民族自决权》提纲手稿；收到他提的意见，并在上面写了批语。

出席关于民族问题讨论会。卡·伯·拉狄克发言反对列宁的《社会主义革命和民族自决权》提纲，否定帝国主义时代的民族自决权，不同意在《先驱》杂志第 2 期上发表该提纲。

1 月 2 日(15 日)

主持齐美尔瓦尔德左派常务局会议。会议讨论荷兰左派社会民主党人在常务局的代表资格和出版《先驱》杂志的问题。会议还通过了授权常务局领导杂志编辑部工作的决议。

致函在巴黎的伊·费·阿尔曼德,告知格·雅·别连基的邮包(三个笔记本)已寄去;谈到同卡·伯·拉狄克之间的分歧以及荷兰革命社会主义者同盟一致同意加入齐美尔瓦尔德左派。

1月3日(16日)

列宁在娜·康·克鲁普斯卡娅寄给日内瓦的索·瑙·拉维奇的信里写附言,请她寄来1914年的《启蒙》杂志第4—6期。

1月6日(19日)

用法文致函在巴黎的伊·费·阿尔曼德,告知《先驱》杂志即将出版;谈到社会党国际局书记卡·胡斯曼在荷兰社会民主工党代表大会上的发言;询问是否有可能在巴黎出版书刊。

1月8日(21日)

收到伊·费·阿尔曼德从巴黎的来信,信中报告了有关国际行动委员会的情况,谈到法国社会党全国代表大会和俄国社会民主工党巴黎支部的工作。

致函在巴黎的伊·费·阿尔曼德,说列·达·托洛茨基拒绝参加《先驱》杂志的工作。

1月8日(21日)以后

用德文致函罕·罗兰-霍尔斯特,说他读了安·潘涅库克的信和《导言》,这封信和《导言》根本上改变了原先商定的《先驱》杂志的宪章;不反对为杂志撰稿,但强调《先驱》杂志应是齐美尔瓦尔德左派的机关刊物或者拥护齐美尔瓦尔德左派纲领的刊物。

1月12日(25日)

主持齐美尔瓦尔德左派常务局会议。会议通过下列决议:排印列宁写的提纲《社会主义革命和民族自决权》;向罗·格里姆询问关于国际社会党委员会工作的详细情况;写信给罕·罗兰-霍尔斯特,请她把自己掌握的齐美尔瓦尔德运动在英国和法国的支持者的信件寄来;批准致尤·博尔夏特的信。

1月12日(25日)以后

列宁的《机会主义与第二国际的破产》一文发表在《先驱》杂志第1期上。

1月14日(27日)

致函在苏黎世的莫·马·哈里东诺夫,询问苏黎世的生活情况,说他想同娜·康·克鲁普斯卡娅一起前往苏黎世住两三个星期,在图书馆写作一段时间,还说打算在苏黎世作题为《两个国际》的专题报告。

不晚于1月15日(28日)

把自己写的提纲《社会主义革命和民族自决权》寄给在苏黎世的莫·马·哈里东诺夫,以便将其译成德文。

1月16日(29日)

致函在苏黎世的莫·马·哈里东诺夫,感谢他对1月14日(27日)的信作了迅速答复,告知他到达苏黎世的日期为1月22日(2月4日),请他找一个租金便宜的双人房间,最好是在普通工人家里。

1月17日(30日)

致函在苏黎世的莫·马·哈里东诺夫,要求弄清楚即将举行的社会主义青年组织执行委员会国际代表会议的召开日期、地点、会期多长以及有哪些代表参加;询问俄国社会民主工党代表是否也可以参加这次会议。

1月17日和2月5日(1月30日和2月18日)之间

写《组织委员会和齐赫泽党团有自己的路线吗?》一文。

1月18日(31日)

致函在苏黎世的莫·马·哈里东诺夫,对没有收到《社会主义革命和民族自决权》提纲的译文一事感到不安;要求用快件把译文寄来;告知于1916年1月17日(30日)已给他寄去一封谈青年组织国际执行局的信。

1月18日(31日)以后

收到莫·马·哈里东诺夫从苏黎世的来信,信中告知《社会主义革命和民族自决权》提纲的译文已寄出,说社会主义青年组织国际执行局代表会议将于1916年1月19日(2月1日)召开,而国际社会党扩大委员会和青年组织国际执行局的联席会议将在1月23日(2月5日)举行。

1月23日—27日(2月5日—9日)

出席伯尔尼国际社会党扩大委员会会议。

1月23日(2月5日)

出席国际社会党扩大委员会会议。会议听取社会主义青年组织国际执行局活动概况的报告并确定了会议日程。

1月23日和27日(2月5日和9日)之间

用俄文和德文对国际社会党委员会会议通过的《告所属各政党和团体书》作修正和补充。

起草《关于召开社会党第二次代表会议的决议草案》。

用德文起草俄国社会民主工党中央委员会关于参加国际社会党第二次代表会议的代表资格问题的提案:《关于1916年4月24日代表会议。代表团的建议》。

1月23日(2月5日)以后

阅读亚·加·施略普尼柯夫从彼得格勒的来信,信中告知俄国社会民主工党彼得堡委员会的状况和他自己与委员会成员之间的冲突,询问《共产党人》杂志编辑部内部分歧的性质。信中还说他很快将离开俄国,请列宁考虑另派代表到那里去。

1月24日(2月6日)

上午,出席国际社会党扩大委员会会议。会议听取国际社会党委员会的报告。列宁在讨论是否准予转让委托书等问题时发言。

晚上,出席国际社会党扩大委员会会议。会议讨论国际社会党委员会的报告。列宁在会上发言,指出德国存在三个反对派集团,强调在弄清工人跟它们当中哪个集团走以前,国际社会党委员会对它们必须采取公正和平等的态度。

1月25日(2月7日)

上午和下午,出席国际社会党扩大委员会会议。会议审议关于召开国际社会党第二次会议的问题,听取代表们关于他们国内形势和工作的汇报。

晚上,出席国际社会党扩大委员会会议。会议讨论起草宣言草案是否合适的问题。在讨论时,列宁发言支持关于起草宣言的提案,认为在代表会议召开之前准备一个经齐美尔瓦尔德联盟的全体成员协商通过的文件是必要的。

1月26日(2月8日)以前

致函在彼得格勒的阿·马·高尔基,寄去娜·康·克鲁普斯卡娅写的小册子《国民教育和民主》，向他扼要地介绍了小册子的内容，并请他协助出版这本书。

1月26日(2月8日)

出席国际社会党扩大委员会会议。会议继续对宣言问题展开讨论。列宁发言反对尔·马尔托夫的提案，建议讨论罗·格里姆提出的宣言草案。

在伯尔尼国际群众大会上发表关于帝国主义战争和无产阶级任务的讲话。

1月27日(2月9日)

上午，出席国际社会党扩大委员会会议。会议讨论出席国际社会党第二次代表会议的条件和这次会议的议事日程。列宁代表俄国社会民主工党中央委员会代表团提出关于出席即将召开的代表会议资格的提案，该提案被原则通过。

下午，出席国际社会党扩大委员会会议。会议讨论关于公布国际社会党委员会材料的问题。列宁支持俄国社会民主工党中央委员会代表关于在瑞士社会党的报刊上发表国际社会党委员会材料的提案。

晚上，出席国际社会党扩大委员会会议。会议通过国际社会党委员会的通告信。列宁在会上宣读齐美尔瓦尔德左派常务局三个成员的声明。

代表俄国社会民主工党中央委员会、波兰王国和立陶宛社会民主党边疆区执行委员会宣读声明，反对个人邀请卡·考茨基、胡·哈阿兹和爱·伯恩施坦出席国际社会党第二次代表会议。

1月28日(2月10日)以前

主持俄国社会民主工党中央委员会代表和中央机关报编辑部代表的会议。会议讨论关于修改俄国社会民主工党第四次(统一)代表大会所通过的党的土地纲领问题。列宁在会上所作的报告中论证了在俄国国家制度彻底民主化条件下实行土地国有化的纲领。

1月28日(2月10日)

写《论法国反对派的任务(给萨法罗夫同志的信)》和给法国同志们的附言，附言建议把这封信的译文印成传单。

1月28日或29日(2月10日或11日)

列宁和娜·康·克鲁普斯卡娅从伯尔尼迁往苏黎世。

1月28日或29日和2月3日(2月10日或11日和16日)之间

阅读格·叶·季诺维也夫撰写的关于伯尔尼国际社会党扩大委员会会议的消息,并在上面作记号和写附言,指出关于这次会议的内情及其决议必须保密。

1月28日(2月10日)以后

列宁的《论法国反对派的任务(给萨法罗夫同志的信)》一文在日内瓦用法文印成传单发表,署名尼·列宁。

1月28日或29日(2月10日或11日)以后

列宁和娜·康·克鲁普斯卡娅参加布尔什维克苏黎世支部,出席它的会议。

参加苏黎世"工人自学小组"的工作,加入该小组的有俄国的政治流亡者。在一次学习会上,列宁宣讲《帝国主义是资本主义的最高阶段》一书的个别章节。

经常到民众文化馆拜访瑞士社会民主党执行委员会书记弗·普拉滕。

会见瑞士社会民主主义青年组织领导人和社会主义青年国际书记威·明岑贝格并同他谈话。

就《青年国际》杂志和《自由青年》杂志的编辑问题向明岑贝格提出建议。

在布尔什维克苏黎世支部、波兰王国和立陶宛社会民主党党员和瑞士社会民主党苏黎世组织的联席会议上作关于当前时局问题的报告。

1月30日(2月12日)

致函在伯尔尼的格·叶·季诺维也夫,告知星期三将作报告,请他把《伯尔尼哨兵报》第29、32、34号、《社会民主党人报》下一号的详细计划、列宁为这一号撰写的文章和《社会主义革命和民族自决权》提纲的校样一并寄来。

1月30日和2月4日(2月12日和17日)之间

准备作题为《两个国际》的报告;从报上作摘录,起草该报告的提纲。

1月31日(2月13日)

致函在日内瓦的索·瑙·拉维奇，告知星期四(2月17日)要在这里作第一个专题报告(《两个国际》)，过一些时候作第二个专题报告(《和平的条件和民族问题》或者与此类似的题目)；要她来信告知：什么时候可在日内瓦作专题报告(作第一个专题报告或者两个都作?)以及是否值得去洛桑一次。

1月—2月

用德文写《社会主义革命和民族自决权》提纲的短记。

2月初

致函在巴黎的伊·费·阿尔曼德，强调必须建立拥护齐美尔瓦尔德左派纲领的法国人组织，要求不要害怕分裂。

2月4日(17日)

在苏黎世社会民主党人俱乐部作题为《两个国际》的专题报告。

致函索·瑙·拉维奇，请她把在日内瓦作专题报告的日期订在1916年2月12日(25日)以前或13日(26日)以后，并请她函商在洛桑作专题报告的日期；同意这次报告的题目为《"和平的条件"和民族问题》。

2月5日(18日)

列宁的《组织委员会和齐赫泽党团有自己的路线吗?》一文发表在《社会民主党人报》第50号上。

2月7日(20日)

写信给在莫斯科的妹妹玛·伊·乌里扬诺娃，说他对苏黎世和苏黎世图书馆的印象很好，感谢她寄来报纸。

不晚于2月13日(26日)

为在苏黎世和日内瓦作题为《"和平的条件"和民族问题》的专题报告作准备；从报纸和杂志上作摘录并起草专题报告的详细提纲。

2月13日(26日)

致函在巴黎的伊·费·阿尔曼德，指出德国社会民主党内奥·吕勒和德国国际社会党人主张分裂，"国际"派正在动摇；请她把这方面的情况通知彼得格勒，同时告知法国社会党人。

作《"和平的条件"和民族问题》的专题报告。

2月14日(27日)

致函索·瑙·拉维奇,同她商议在日内瓦作报告的组织工作和报告的题目。

2月16日(29日)以前

读威·科尔布的小册子《处在十字路口的社会民主党》,在《威廉·科尔布和格奥尔吉·普列汉诺夫》一文中利用了这一资料。

2月16日(29日)

列宁的《论俄国当前的口号:没有兼并的和约和波兰独立》和《威廉·科尔布和格奥尔吉·普列汉诺夫》两篇文章发表在《社会民主党人报》第51号上。

列宁起草的《关于1916年4月24日代表会议。代表团的建议》摘要发表在《伯尔尼国际社会党委员会。公报》第3号上。

不晚于2月17日(3月1日)

抵达日内瓦。

2月17日(3月1日)

在日内瓦作题为《"和平的条件"和民族问题》的专题报告。出席报告会的有200多人。

2月19日和3月7日(3月3日和20日)之间

写《论"和平纲领"》一文。

2月20日和3月12日(3月4日和25日)之间

致函在伯尔尼的格·叶·季诺维也夫,告知他正在写《是分裂还是腐化?》一文和《俄国社会民主工党中央委员会向社会党第二次代表会议提出的提案》;询问是否已把他对《社会主义革命和民族自决权》提纲的增补部分送去排字;告知他打算为《社会民主党人报》第52号撰写一篇论述当前任务的文章。

2月24日(3月8日)

用德文致函罕·罗兰-霍尔斯特,强调指出,由于她对《先驱》杂志编辑部宪章突然作了修改,齐美尔瓦尔德左派常务局成员丧失了编辑权,对此不能不提出异议。列宁向罗兰-霍尔斯特详细地说明《社会主义革命和民族自决权》提纲的政治意义，揭露荷兰和波兰社会民主党人反对民族自决权的错误观点，认为“国际”派的提纲是向右转的决定性的一步；建议在三月份出版《先驱》杂志第2期。

2月27日(3月11日)

致函在斯德哥尔摩的亚·加·施略普尼柯夫，说《共产党人》杂志已无法继续出版，建议由俄国社会民主工党中央机关报编辑部主编出版《〈社会民主党人报〉文集》。

2月27日(3月11日)以后

致函在斯德哥尔摩的亚·加·施略普尼柯夫，说由于卡·伯·拉狄克和尼·伊·布哈林、格·列·皮达可夫等人在党纲原则问题上的动摇，必须停止出版《共产党人》杂志；再次建议以俄国社会民主工党中央机关报编辑部编辑的《〈社会民主党人报〉文集》来取代该杂志；阐明在俄国和国际的社会民主党中的分裂的意义；告知随信附去对尼·伊·布哈林的答复。

2月28日(3月12日)

致函住在彼得格勒的母亲玛·亚·乌里扬诺娃，告知他已迁居苏黎世，以便在图书馆从事研究工作；随信附去几张照片。

2月29日(3月13日)

致函在斯德哥尔摩的尤·拉林，说由于撰稿人的构成、文集性质的不明确和对撰稿人提出的限制条件，拒绝为尼·苏汉诺夫组织的在俄国公开出版的文集撰稿。

2月下半月—3月

草拟《俄国社会民主工党中央委员会向社会党第二次代表会议提出的提案》提纲，并几易其稿；组织把提纲译成德文和法文的工作，并把提纲分发给国外各布尔什维克支部和各国左派国际主义者。

2月—3月

写《国外组织委员会给俄国社会民主工党各支部的信》，信中对波兰社会民主党内的机会主义作了批判。

修改卡·伯·拉狄克的手稿《和平、粮食、自由和革命》，并在手稿上写了批评意见。

3月1日(14日)以后

收到亚·加·施略普尼柯夫从斯德哥尔摩的来信,信中告知给中央机关报编辑部寄去法院对俄国社会民主党工人党团成员——第四届杜马代表的审讯材料;报告俄国社会民主工党彼得堡委员会的工作情况;谈到经济上的困难和筹集经费的措施。

3月3日(16日)

函告在日内瓦的索·瑙·拉维奇,是继续出版《共产党人》杂志还是出版《〈社会民主党人报〉文集》,尚未决定。

3月3日(16日)以后

致函在伯尔尼的格·叶·季诺维也夫,希望俄国社会民主工党中央委员会提交国际社会党委员会的抗议声明能够刊登出来,这项声明证明孟什维克组织委员会没有资格选派代表出席国际社会党第二次代表会议;对《先驱》杂志第2期的出版日期表示关注,并请他把供《先驱》杂志用的稿件寄来。

3月6日(19日)以前

致函在伯尔尼的格·叶·季诺维也夫,告知寄去供《社会民主党人报》第52号付排用的稿件;答应寄去社论《论"和平纲领"》的手稿;建议该号在发表国际社会党委员会通告信的同时,刊登国际社会党第二次代表会议议程和参加会议的条件的简短叙述以及齐美尔瓦尔德左派在投票赞成通告信时所作的声明。

3月6日(19日)

致函伊·费·阿尔曼德,祝贺在巴黎出版了法文本小册子《社会主义与战争(俄国社会民主工党对战争的态度)》。

致函在克里斯蒂安尼亚的亚·米·柯伦泰,委托她把《国际传单集》第1辑译成英文并在挪威出版;对在美国、英国、瑞典、挪威传播该小册子的问题表示关心;建议同美国的社会党人建立联系;询问卡·霍格伦和挪威的青年社会党人是否正式加入齐美尔瓦尔德左派;寄去《社会主义革命和民族自决权》提纲,以便向瑞典和挪威的左派解释它的内容。

3月7日(20日)以前

致函在伯尔尼的格·叶·季诺维也夫,告知《俄国社会民主工党中央委员会向社会党第二次代表会议提出的提案》提纲已寄出，请他把提纲尽快寄回，以便最后定稿；强调必须立即把提纲寄往法国、英国、瑞典和其他国家，并将其译成德文和法文加以出版。

阅读俄国社会民主工党中央机关报编辑部关于《共产党人》杂志停刊和出版《〈社会民主党人报〉文集》的协议草稿，并在草稿上作批示。

3月7日(20日)

将增补文字寄给在伯尔尼的格·叶·季诺维也夫，要求务必将这些增补加进《俄国社会民主工党中央委员会向社会党第二次代表会议提出的提案》提纲和《论"和平纲领"》一文中去。

不早于3月7日(20日)

致函在克里斯蒂安尼亚的亚·米·柯伦泰，答应寄去"社会主义宣传同盟"的地址；询问在美国出版《国际传单集》第1辑的可能性；说明自己对挪威左派派人出席即将举行的国际社会党第二次代表会议的看法；对民族自决权问题上同柯伦泰的分歧表示遗憾。

3月7日或8日(20日或21日)

致函在伯尔尼的格·叶·季诺维也夫，说必须把他所寄的增补加进《俄国社会民主工党中央委员会向社会党第二次代表会议提出的提案》提纲和《论"和平纲领"》一文中去；论证在编辑部出现原则分歧之后《共产党人》杂志必须停刊的理由；不同意季诺维也夫在这个问题上的态度。

3月8日(21日)以前

致函在伯尔尼的格·叶·季诺维也夫，谈《共产党人》杂志停刊问题。

3月8日(21日)

致函在伯尔尼的格·叶·季诺维也夫，坚持把自己的"拒绝支付国债"这一增补加进《俄国社会民主工党中央委员会向社会党第二次代表会议提出的提案》提纲和《论"和平纲领"》一文中去。

3月10日(23日)以前

致函在伯尔尼的格·叶·季诺维也夫，告知给他寄去《俄国社会民主工党中央委员会向社会党第二次代表会议提出的提案》提纲中关于奥·吕勒和卡·李卜克内西的一段补充；建议把提纲寄给罗·格里姆并邀请他参加对提纲的讨论；请他早一点通知提纲排版的时间。

3月10日和12日(23日和25日)之间

致函在伯尔尼的格·叶·季诺维也夫,认为应当采纳米·尼·波克罗夫斯基就《战前和战时的欧洲》丛书征稿问题提出的建议;告知写《帝国主义是资本主义最高阶段》一书的情况并打算在5月或6月以前结束这项工作。

3月10日(23日)以后

致函在伯尔尼的格·叶·季诺维也夫,随信寄去《社会主义革命和民族自决权》提纲的校样,说已采纳了他的一条修正意见;不同意他所说的在民族自决权问题上的分歧与党籍无关的论点;请他尽快赶印出25册提纲的德文抽印本,以便在国际社会党第二次代表会议之前把它们分发给各国左派社会民主党人;建议把季诺维也夫关于这些分歧的声明连同提纲的俄文本一并在《〈社会民主党人报〉文集》上发表。

3月12日(25日)

列宁的《论"和平纲领"》一文发表在《社会民主党人报》第52号上。

不早于3月15日(28日)

根据苏黎世大学社会政治科学讲习班图书馆的目录,开列有关银行作用、经济地理等方面的英文和德文书目。

3月18日(31日)

复函在巴黎的伊·费·阿尔曼德,祝贺她在法国青年社会党人中的工作取得的成绩。

3月22日(4月4日)

致函在克里斯蒂安尼亚的亚·米·柯伦泰,说得到了关于一些俄国政治流亡者在斯德哥尔摩被捕的消息,希望她通过她的一切关系,尽一切可能,把他们营救出来,建议向挪威朋友、德国帝国国会社会民主党议员求援。

致函在伯尔尼的格·叶·季诺维也夫,询问卡·伯·拉狄克是否已答应他交出自己关于自决的提纲,为什么还没有收到;询问《社会民主党人报》第53号的出版时间。

3月22日(4月4日)以后

致函在伯尔尼的格·叶·季诺维也夫,告知《俄国社会民主工党中央委员会向社会党第二次代表会议提出的提案》提纲已寄出；请他看一看补充的内容；不同意亚·加·施略普尼柯夫来瑞士参加代表会议；提议把刊登关于民族自决材料的《〈社会民主党人报〉文集》的出版工作略为推迟一下。

3月23日(4月5日)

在布尔什维克苏黎世支部和波兰、拉脱维亚社会民主党人中的国际主义者联席会议上作题为《关于俄国社会民主党的当前任务》的报告。

3月25日(4月7日)

去苏黎世市剧院观看理·瓦格纳的歌剧《瓦尔基利亚》。

3月27日和4月11日(4月9日和24日)之间

致函在克里斯蒂安尼亚的亚·米·柯伦泰，说即将召开的国际社会党第二次代表会议将是一次人数众多并具有决定意义的会议。信中用很大的篇幅阐述了关于民族自决的问题。

3月28日(4月10日)

致函达·波·梁赞诺夫，告知格·列·皮达可夫已经获释；请他通过海·格罗伊利希和卡·布兰亭施加影响，把尼·伊·布哈林从斯德哥尔摩监狱中营救出来。

3月28日(4月10日)以后

鉴于编辑部成员中在民族自决问题上存在原则分歧，写《俄国社会民主工党中央委员会关于〈共产党人〉杂志停刊的决定草案》。

3月底

致函在伯尔尼的格·叶·季诺维也夫，建议将反映俄国事件的《社会民主党人报》第53号迅速送去排版；批评亚·加·施略普尼柯夫在《共产党人》杂志问题上的调和态度；认为必须派柳·尼·斯塔尔或者伊·费·阿尔曼德去俄国。

4月5日(18日)以前

致函在伯尔尼的格·叶·季诺维也夫，告知《俄国社会民主工党中央向社会党第二次代表会议提出的提案》提纲已寄出；强调指出必须在代表会议开幕前夕召开一系列左派会议，认为在代表会议上与考茨基分子的斗争将不可避免；认为必须把提纲译成法文。

致函在伯尔尼的格·叶·季诺维也夫，谈到出版《〈社会民主党人报〉文集》的问题；对国际社会党第二次代表会议的筹备工作提出一系列建议；认为有必要发表俄国社会民主工党中央委员会向国际社会党委员会提出的证明组织委员会没有资格出席代表会议的抗议声明。

4月5日(18日)

致函格·叶·季诺维也夫，谈到代表会议的材料准备情况，认为代表会议开幕后的第二天召开齐美尔瓦尔德左派常务局会议是合适的。

用德文向苏黎世警察局写一份申请书，提出由于需要使用苏黎世的图书馆，请求发给他和娜·康·克鲁普斯卡娅在该市居住的许可证。

4月5日和11日(18日和24日)之间

致函在伯尔尼的格·叶·季诺维也夫，委托他作为俄国社会民主工党中央委员会的代表，与卡·伯·拉狄克就提纲以及左派在即将召开的国际社会党第二次代表会议上的共同立场进行会谈；阐明布尔什维克在代表会议上的立场："情况仍同齐美尔瓦尔德会议之前一样：我们有自己的'决议'，但丝毫也不拒绝左派联盟"。

4月5日(18日)以后

给在伯尔尼的格·李·什克洛夫斯基寄去签证，并请他代为在伯尔尼警察局领取居留证。

4月6日和24日(4月19日和5月7日)之间

致函在克里斯蒂安尼亚的亚·米·柯伦泰，希望由卡·胡斯曼确定在1916年6月13日(26日)举行的中立国社会党人代表会议有斯堪的纳维亚左派国际主义者的代表参加。

4月9日(22日)

列宁起草的《俄国社会民主工党中央委员会向社会党第二次代表会议提出的提案》摘要发表在《伯尔尼国际社会党委员会。公报》第4号上。

4月11日—17日(24日—30日)

出席国际社会党第二次代表会议(昆塔尔会议)；主持齐美尔瓦尔德左派的一系列会议；组织并团结代表会议中的左翼；同代表会议的代表谈话。

4月12日(25日)

出席代表会议，听取德国和法国代表关于他们国内形势和工作的报告；

用俄文、法文和德文记录代表的发言；修改并签署由左派小组名义提出的、严厉谴责法国议会党团少数派投票赞成军事拨款的行径的声明。

4月13日（26日）

上午，出席代表会议。会上审议议程原定的项目：无产阶级对和平问题的态度。

被选入关于对待社会党国际局态度的决议起草委员会。

下午，继续出席代表会议。

4月13日和15日（26日和28日）之间

在关于社会党国际局问题的委员会的会议上，用法文起草答复尔·马尔托夫和意大利代表埃·莫迪利扬尼的发言稿。

4月13日和16日（26日和29日）之间

同瑞士社会民主党人厄·格拉贝就保卫祖国问题用便条交换意见。

就《无产阶级对和平问题的态度》这一决议草案写题为《反对和平主义。驳斥民主的和平或持久的和平口号的论据》的短评。

4月14日（27日）

出席代表会议，会议讨论检查委员会的报告和罗·格里姆关于国际社会党委员会财务的报告。

4月15日（28日）

上午，出席代表会议，会议讨论关于召开社会党国际局会议的问题。列宁领导关于对待社会党国际局态度的决议起草委员会中的左翼少数派，反对召开社会党国际局会议。

出席委员会全体会议。

下午，出席代表会议。会议讨论关于对待社会党国际局态度问题的表决程序。列宁用俄文和法文记录意大利代表扎·塞拉蒂和埃·莫迪利扬尼的发言；写自己的发言提纲并作了发言。

参加辩论，领导左派小组，提议在更广泛的基础上对多数派或少数派的决议案举行预先表决；批评罗·格里姆企图拖延表决；提议增补委员会成员，以便制定共同的决议。

用德文摘录理查·舒伯特和沙尔·奈恩向委员会提出的关于社会党国际局问题的决议草案，拟订将两个草案合并和修改的大纲。

记录关于召开社会党国际局会议问题的各种决议草案预先表决的结果和就这一问题增补制定共同决议委员会的代表姓名。

4月15日(28日)夜至16日(29日)晨

出席代表会议全体会议,和其他三个代表一起提出对记录的声明,在声明中强调在关于召开社会党国际局会议是否合适的问题上他们的观点是不同的,并说明:该声明的签名者在委员会表决时弃权,"旨在使拉品斯基的决议草案能够作为起草决议的基础而得到通过",并保留在全体会议上投票赞成委员会决议或放弃投票的权利。

4月16日(29日)

出席代表会议,会议讨论《告遭破产和受迫害的人民书》宣言。

不早于4月16日(29日)

起草关于国际社会党第二次代表会议(昆塔尔会议)的文章提纲。

4月17日(30日)

夜间,出席代表会议;签署齐美尔瓦尔德左派就投票赞成关于无产阶级对和平问题的态度的决议所发表的、附于代表会议记录之后的声明,同时还签署了关于向正在为反对战争和社会沙文主义而斗争的瑞典和荷兰社会民主党人致敬、号召中立国全体社会民主党人学习他们的榜样的决议草案。

4月17日(30日)以后

在国际社会党第二次代表会议(昆塔尔会议)结束之后,根据新的材料对《两个国际》的报告提纲进行一系列补充和修改。

4月18日(5月1日)

同国际社会党第二次代表会议的代表一起在昆塔尔欢度"五一"国际劳动节。

不早于4月18日(5月1日)

列宁的《社会主义革命和民族自决权(提纲)》发表在1916年《先驱》杂志第2期上。

4月19日和5月20日(5月2日和6月2日)之间

致函在伯尔尼的格·叶·季诺维也夫,谈必须为国内党组织和国外布尔什维克支部准备一份关于国际社会党第二次代表会议的总结;告知将致函亚·加·施略普尼柯夫,谈关于继续出版《共产党人》杂志的条件。

4月23日和30日(5月6日和13日)之间

致函克里斯蒂安尼亚的亚·加·施略普尼柯夫,告知关于国际社会党第二次代表会议的结果;还谈到了中央机关报编辑部认为可以继续出版《共产党人》杂志的条件,如果叶·波·博什和格·列·皮达可夫拒绝接受这些条件,建议出版《〈社会民主党人报〉文集》。

4月24日(5月7日)以后

致函在彼得格勒的中央委员会俄国局和俄国社会民主工党彼得堡委员会,以齐美尔瓦尔德左派的名义向正在为反对战争而进行斗争的彼得格勒工人致以热烈的问候;强调指出俄国布尔什维克党和彼得堡委员会在反对机会主义斗争中的重要作用。

5月2日(15日)

在布尔什维克苏黎世支部会议上作关于国际社会党第二次代表会议(昆塔尔会议)的报告。

5月3日(16日)

致函在克里斯蒂安尼亚的亚·加·施略普尼柯夫,说明早些时候寄给他的信中所提出的就出版《共产党人》杂志同格·列·皮达可夫和叶·波·博什达成的协议的条件是最后的尝试,而拒绝接受这些条件就表明协议没有达成。

5月4日(17日)以前

致函在伯尔尼的格·叶·季诺维也夫,指出必须给列·波·加米涅夫寄去供《社会民主党人报》用的评论初稿,并得到他的书面答复;认为鉴于昆塔尔代表会议决议存在许多不足之处,在中央机关报最近一号上全文刊载《俄国社会民主工党中央委员会向社会党第二次代表会议提出的提案》就显得十分重要。

5月4日(17日)

致函在日内瓦的维·阿·卡尔宾斯基,告知他打算大约过两周以后赴日内瓦和洛桑作题为《国际工人运动中的两派》的专题报告,请他商定好作专题报告的日期,并打听一下是否有可能到日内瓦大学图书馆去看书。

致函在伯尔尼的格·叶·季诺维也夫,批评他在恢复出版《共产党人》杂志的谈判问题上所采取的调和态度；表示不赞成跟“帝国主义经济派”一起参加出版工作；建议同他们决裂，并公布出版《〈社会民主党人报〉文集》的消息；表示支持维·阿·卡尔宾斯基关于出版国际代表大会决议汇编的建议。

5月6日(19日)

致函在克里斯蒂安尼亚的亚·加·施略普尼柯夫，告知已给他寄去关于国际社会党第二次代表会议的材料；再次说明为什么必须停止同格·列·皮达可夫和叶·波·博什就《共产党人》杂志复刊一事进行谈判。

5月8日(21日)

致函在伯尔尼的格·叶·季诺维也夫，重申自己拒绝共同出版《共产党人》杂志的意见，坚持在报刊上公布杂志停刊和出版《〈社会民主党人报〉文集》的消息。

5月10日(23日)

致函在克里斯蒂安尼亚的亚·加·施略普尼柯夫，告知已收到他1916年5月6日(19日)给季诺维也夫的信，批评他提出的就出版《共产党人》杂志同格·列·皮达可夫和叶·波·博什进行协商的计划。

5月11日(24日)

致函在伯尔尼的格·叶·季诺维也夫，批评格·列·皮达可夫1916年5月5日(18日)的信，提出自己就出版文集一事的条件；要求寄来载有尔·马尔托夫及其同伙的声明的那一号《我们的呼声报》；认为娜·康·克鲁普斯卡娅关于建立两个文集编辑部的计划是不可行的。

5月14日(27日)

致函在日内瓦的维·阿·卡尔宾斯基，同意在日内瓦和洛桑作题为《国际工人运动中的两派》报告的日期安排。

5月15日(28日)以后

收到亚·米·柯伦泰从克里斯蒂安尼亚的来信，信中告知瑞典社会民主党中央委员会书记弗·斯特勒姆和三个委员退出了该党中央委员会。

致函在克里斯蒂安尼亚的亚·米·柯伦泰，感谢她告诉的消息，建议她等候来自美国的答复：是否可能用英文出版齐美尔瓦尔德左派书刊；指出瑞典和挪威左派正式加入齐美尔瓦尔德左派的重要性，认为她必须出席将于 1916 年 6 月 13 日(26 日)在海牙召开的中立国社会党人代表会议。

5 月 18 日(31 日)

致函在日内瓦的索·瑙·拉维奇,告知不能在 1916 年 5 月 21 日(6 月 3 日)晚上作报告;同意于 5 月 20 日(6 月 2 日)在作题为《国际工人运动中的两派》专题报告之前一小时,在布尔什维克日内瓦支部会议上作关于国际社会党第二次代表会议(昆塔尔会议)的报告。

5 月 18 日或 19 日(5 月 31 日或 6 月 1 日)

离开苏黎世前往洛桑和日内瓦作报告,题目是《国际工人运动中的两派》。

5 月 19 日或 21 日(6 月 1 日或 3 日)

在洛桑作题为《国际工人运动中的两派》的专题报告。

5 月 20 日(6 月 2 日)

在布尔什维克日内瓦支部大会上作关于国际社会党第二次代表会议(昆塔尔会议)的报告。

在日内瓦作题为《国际工人运动中的两派》的专题报告。晚上,报告结束后,同米·格·茨哈卡雅沿着河岸散步,谈到俄国的情况、由于战争同地下组织联系困难、革命即将来临、召开党代表大会或代表会议的条件、在西欧各国开展革命工作等问题。

5 月 21 日和 24 日(6 月 3 日和 6 日)之间

致函在克里斯蒂安尼亚的亚·加·施略普尼柯夫,批评由格·列·皮达可夫和叶·波·博什起草的协议草案,建议断然向他们宣布协议的条件或者把问题提交中央委员会俄国局讨论。

5 月 22 日(6 月 4 日)以后

致函在克里斯蒂安尼亚的亚·加·施略普尼柯夫,对格·列·皮达可夫和叶·波·博什提出的继续出版《共产党人》杂志的条件表示愤慨;建议试办一本新的文集,它的编辑部由七人组成。

5 月 24 日(6 月 6 日)

致函在伯尔尼的格·叶·季诺维也夫,告知给亚·加·施略普尼柯夫寄去一封信,此信提出同格·列·皮达可夫和叶·波·博什就共同出版文集问题达成协议的条件，对谈判是否会取得成果表示怀疑。

5月26日(6月8日)

致函在索城的米·尼·波克罗夫斯基，说知道完成《帝国主义是资本主义的最高阶段》一书手稿的期限，正在加紧工作，但由于材料浩繁和身体有病，要耽误一些时候，希望编辑部和出版人允许他稍作拖延。

5月31日(6月13日)

列宁的《论德国的和非德国的沙文主义》一文发表在《保险问题》杂志第5期上，署名：格尔·。

6月4日(17日)以前

致函在克里斯蒂安尼亚的亚·加·施略普尼柯夫，谈到安排好通信联系的必要性；说鉴于格·列·皮达可夫、叶·波·博什、尼·伊·布哈林和卡·伯·拉狄克等人在党的理论和策略问题上所持的观点，不可能再继续出版《共产党人》杂志。

6月4日(17日)

致函在克里斯蒂安尼亚的亚·加·施略普尼柯夫，谈到就出版《共产党人》杂志同格·列·皮达可夫和叶·波·博什的谈判；谈到卡·伯·拉狄克在《工人报》上和在昆塔尔国际社会党第二次代表会议上的言论；坚持必须拒绝继续出版《共产党人》杂志，而代之以出版《〈社会民主党人报〉文集》。

6月4日和12日(17日和25日)之间

致函在伯尔尼的格·叶·季诺维也夫，建议出版《〈社会民主党人报〉文集》、拟定文章目录、约请撰稿人和立即开始排版。

6月7日(20日)以后

致函格·叶·季诺维也夫，告知自己准备就在巴黎出版《〈社会民主党人报〉文集》问题写信给格·雅·别连基；问及是否有供《〈社会民主党人报〉文集》用的材料。

6月12日(25日)以后

阅读列·尼·斯塔尔克给格·叶·季诺维也夫的信，信中告知在彼得格勒成立新的浪潮出版社，并建议季诺维也夫和列宁为该出版社将要出版的文集撰稿。

6月14日(27日)以前

致函在伯尔尼的伊·费·阿尔曼德，建议她到瑞典或挪威去几个月，因为亚·加·施略普尼柯夫即将离开那些地区，因为同格·列·皮达可夫和叶·波·博什已经决裂。

6月14日(27日)

致函在日内瓦的索·瑙·拉维奇，要求通过昂·吉尔波为伊·费·阿尔曼德弄到护照并询问是否有尤·杰列夫斯基的《历史上的社会对抗和阶级斗争》一书。

6月17日(30日)

致函在伯尔尼的伊·费·阿尔曼德，告知为她取得途经德国去哥本哈根的通行证的手续；建议向苏黎世的德国领事馆提出书面申请，说明此行的理由。

6月17日(30日)以后

根据报刊材料，用俄文、法文和德文在苏黎世图书馆索书单背面写关于各国反战活动的札记。

6月19日(7月2日)以前

开列有关帝国主义和对外政策问题的英文和法文书目，注明这些书的图书编号。

参考伯尔尼、苏黎世、洛桑和其他地方的图书馆的藏书，深刻、全面地研究和概括关于帝国主义经济和政治方面各种问题的大量材料，从事《帝国主义是资本主义的最高阶段》一书的写作。

不晚于6月19日(7月2日)

起草给米·尼·波克罗夫斯基的信的提纲，谈关于《帝国主义是资本主义的最高阶段》一书的出版问题。

6月19日(7月2日)

写完《帝国主义是资本主义的最高阶段》一书，把手稿寄给米·尼·波克罗夫斯基，以便转寄孤帆出版社。

《列宁全集》第二版第 27 卷编译人员

译文校订：罗秀凤　谢翰如

资料编写：丁世俊　张瑞亭　刘淑春　刘方清　王丽华　王锦文
刘彦章

编　　辑：江显藩　钱文干　许易森　李桂兰　李京洲

译文审订：张启荣　岑鼎山

《列宁全集》第二版增订版编辑人员

李京洲　高晓惠　翟民刚　张海滨　赵国顺　任建华　刘燕明
孙凌齐　门三姗　韩　英　侯静娜　彭晓宇　李宏梅　付　哲
戢炳惠　李晓萌

审　　定：韦建桦　顾锦屏　柴方国

本卷增订工作负责人：彭晓宇　李京洲

项目统筹：崔继新
责任编辑：曹　歌
装帧设计：石笑梦
版式设计：周方亚
责任校对：吕　飞

图书在版编目(CIP)数据

列宁全集.第27卷/(苏)列宁著;中共中央马克思恩格斯列宁斯大林著作编译局编译.
—2版(增订版)-北京:人民出版社,2017.3(2024.7重印)
ISBN 978-7-01-017113-5
Ⅰ.①列…　Ⅱ.①列…②中…　Ⅲ.①列宁著作-全集　Ⅳ.①A2
中国版本图书馆CIP数据核字(2016)第316464号

书　　名　列宁全集
LIENING QUANJI
第二十七卷
编 译 者　中共中央马克思恩格斯列宁斯大林著作编译局
出版发行　人民出版社
(北京市东城区隆福寺街99号　邮编 100706)
邮购电话　(010)65250042　65289539
经　　销　新华书店
印　　刷　北京新华印刷有限公司
版　　次　2017年3月第2版增订版　2024年7月北京第2次印刷
开　　本　880毫米×1230毫米 1/32
印　　张　22
插　　页　4
字　　数　581千字
印　　数　3,001—6,000册
书　　号　ISBN 978-7-01-017113-5
定　　价　54.00元

ISBN 978-7-01-017113-5
9 787010 171135>